統計學 第九版

Elementary Statistics

A Step by Step Approach, 9e

Allan G. Bluman
Professor Emeritus
Community College of Allegheny County

著

吳榮彬

譯

國家圖書館出版品預行編目資料

統計學 / Allan G. Bluman 著；吳榮彬譯. -- 二版. -- 臺北市：麥格羅希爾, 2015.01
面；　公分. -- (決策科學叢書；D050)
譯自：Elementary statistics : a step by step approach, 9th ed.
ISBN 978-986-341-145-1(平裝)

1.應用統計學

518   103019949

決策科學叢書 D050

統計學 第九版

作　　　者	Allan G. Bluman
譯　　　者	吳榮彬
教科書編輯	陳俊傑
特約編輯	張文惠
企劃編輯	陳佩狄
業務行銷	李本鈞　陳佩狄　林倫全
業務副理	黃永傑
出　版　者	美商麥格羅希爾國際股份有限公司台灣分公司
地　　　址	台北市 10044 中正區博愛路 53 號 7 樓
網　　　址	http://www.mcgraw-hill.com.tw
讀者服務	E-mail: tw_edu_service@mheducation.com TEL: (02) 2383-6000　　FAX: (02) 2388-8822
法律顧問	惇安法律事務所盧偉銘律師、蔡嘉政律師
總經銷(台灣)	臺灣東華書局股份有限公司
地　　　址	10045 台北市重慶南路一段 147 號 3 樓 TEL: (02) 2311-4027　　FAX: (02) 2311-6615 郵撥帳號：00064813
網　　　址	http://www.tunghua.com.tw
門　市　一	10045 台北市重慶南路一段 77 號 1 樓　TEL: (02) 2371-9311
門　市　二	10045 台北市重慶南路一段 147 號 1 樓 TEL: (02) 2382-1762
出版日期	2015 年 1 月（二版一刷）

Traditional Chinese Abridge Copyright © 2015 by McGraw-Hill International Enterprises, LLC., Taiwan Branch
Original title: Elementary Statistics: A Step by Step Approach, 9e　ISBN: 978-0-07-813633-7
Original title copyright © 2014 by McGraw-Hill Education
All rights reserved.

ISBN：978-986-341-145-1

※著作權所有，侵害必究。如有缺頁破損、裝訂錯誤，請寄回退換

譯者序

這本書真是太棒了！改版之後更顯特色！我只能這麼說。
讓我告訴你它有多棒？

1. 它絕對不囉嗦讓你討厭。
2. 它圖表多樣再再提醒你。
3. 它用演算法的觀點解題。
4. 它提供前所未有的細節。
5. 它有非常多的真實案例。
6. 它三不五時給你真數字。
7. 它用案例與難題測試你。
8. 它的每章都有模擬測驗。
9. 它免費送你速算程式碼。
10. 附錄公式表格貼心滿滿。

對一位剛學統計學的年輕人、對一位想要重新學習統計學的前輩、對一位曾經努力抄寫板書的學子、對一位需要最基本分析技巧的門外漢、甚至對一位重視且需要細節的統計學老師，這本書絕對是你的首選。

我從原文書挑選了 12 章，這 12 章絕對能滿足大部分讀者的需求。收集、整理數據有 3 章，機率與分配也有 3 章，信賴區間加 1 章，假設檢定有 3 章，迴歸分析則有 1 章，變異數分析再加 1 章。作者 Bluman 博士從數據分析的角度鋪陳題材，提供比較實用的觀點，絕對可以滿足各方讀者的最低需求，不會不夠用。

改版翻譯期間我還是那麼忙碌，一個主任、一個 SPSS 認證中心總幹事、一個逢甲大學 MOOCs 創新教學計畫、一個逢甲大學教學研究計畫、一個紙飛機實驗設計教學平台，生活就是這樣增增減減。如果沒有兩位愈來愈懂事的女兒跟老婆大人的支持，這本書的改版翻譯絕不會順利完成。

當然更要感謝佩狄、俊傑與特編文惠的努力與全心全力，讓這本書如期完成。所有人的努力無法保證這本書十全十美，您的細心與關心足以讓它越來越貼近您的心意。任何問題、抱怨與建議，請隨時上網 (http://www.mcgraw-hill.com.tw) 告知，我與整個編輯團隊一定及時為您解答。最後，不要忘了「輕鬆讀、歡喜收」。

吳榮彬
逢甲大學
2014 年 12 月

紀念先父　吳江溪

並且獻給

可愛的母親　毛淑子

永遠可愛漂亮的老婆大人　楊雅璘

漸漸長大絕對美麗的寶貝一號　吳姵穎

活潑好動可愛不輸人的寶貝二號　吳姵姍

關於作者

Allan G. Bluman 是美國賓州 Allegheny 郡社區大學南校區（鄰近匹茲堡）退休教授，教授數學和統計學長達 35 年。他曾獲得優良教師獎，表彰他為南校區帶來了優質的學習環境。他也曾在賓州州立大學 Greater Allegheny 校區和 Monroeville Center 教授統計學。他在匹茲堡大學取得碩士和博士學位。

他也是 *Elementary Statistics: A Brief Version* 一書的作者，並與他人合著 *Math in Our World* 一書。另外，他是 McGraw-Hill DeMystified 系列四本數學叢書的作者，這四本書分別是 *Pre-Algebra*、*Math Word Problems*、*Business Math*、*Probability*。

他已婚，有兩個兒子，一個孫子與一個孫女。

～獻給 Betty Bluman、Earl McPeek、Dr. G. Bradley Seager, Jr～

前言

發展

《統計學》(*Elementary Statistics: A Step by Step Approach*, 9e) 是為那些只有基礎代數背景、剛開始學統計的學生寫的。本書順著一種非理論、無嚴格證明、藉由直覺解釋觀念以及大量例子的路線發展，透過各式各樣應用案例引發各種領域學生的興趣，並且包括商學、運動、健康、建築、教育、娛樂、政治、心理、歷史、司法、環境、交通、物理、人口、飲食以及休閒等問題。

關於本書

本書提供學生一種學習與應用觀念有用的平台，包含以下特徵：

1. 每一小節後皆附有練習題，中文版收錄約數百題。本版加入數十個全新例題以及上百個全新練習題。
2. 在第 9 章（檢定平均數、比例、變異數的 z、t、χ^2 和 F 檢定）和第 12 章（相關係數、卡方和變異數分析）最末有假設檢定摘要。
3. 線上數據庫條列近百種的人群屬性（教育水準、膽固醇水準、性別等等），並且包含許多各種練習題所使用的額外真實數據集。
4. 每一章的結語（以條列方式說明，並標示對應小節）提供該章主題之簡要說明，這也是一項準備測驗與考試時的資源。
5. 每一章最末皆有複習題。
6. 每一章最末的小試身手，包含是非題、選擇題、填充題以及計算題，測驗學生關於該章內容的吸收程度。
7. 附錄提供一些有用的學習工具，包含練習題解答、重要公式以及相關統計圖表。
8. 每一小節最後的觀念應用，提供學生一個思考新觀念的機會，並且把它們用在一些報紙、雜誌、廣播以及電視的例子與假想情境裡。
9. 各章皆附有統計學相關的趣聞、非凡數字，促進學生的學習興趣。

CONTENTS 目錄

Chapter 1　機率與統計的本質

簡介　2
- **1-1** 敘述統計學與推論統計學　3
- **1-2** 變數與數據型態　6
- **1-3** 數據收集與抽樣技術　11
  - 隨機抽樣　12
  - 系統抽樣　13
  - 分層抽樣　13
  - 群集抽樣　14
  - 其他抽樣方法　14
- **1-4** 實驗設計　17
  - 觀察型研究與實驗型研究　17
  - 使用統計與誤用統計　22
- **1-5** 電腦與掌上型計算機　26

結語　29
- 複習題　30
- 小試身手　31
- 觀念應用的答案　31

Chapter 2　頻率分配

簡介　34
- **2-1** 組織數據　34
  - 類別頻率分配　35
  - 群組頻率分配　37
- **2-2** 直方圖、頻率多邊形與肩形圖　47
  - 直方圖　48
  - 頻率多邊形　49
  - 肩形圖　50
  - 相對頻率圖　52
  - 分配的形狀　55
- **2-3** 其他圖形　63
  - 直條圖　64
  - 柏拉圖　65
  - 時序圖　67
  - 圓餅圖　68
  - 點圖　72
  - 莖葉圖　73
  - 造成誤解的圖形　76

結語　83
- 複習題　84
- 小試身手　85
- 觀念應用的答案　86

Chapter 3　敘述統計量

簡介　90
- **3-1** 集中傾向測度　91
  - 平均數　91
  - 中位數　95
  - 眾數　96
  - 中檔數　99
  - 加權平均數　100
  - 分配形狀　102
- **3-2** 變化測度　106
  - 全距　107
  - 母體變異數與母體標準差　108
  - 樣本變異數與樣本標準差　112
  - 群組數據的變異數與標準差　115
  - 變異係數　118
  - 全距的經驗法則　119
  - 柴比雪夫定理　120
  - 經驗（常態）法則　123
- **3-3** 位置測度　126
  - 標準分數　126
  - 百分位數　128
  - 四分位數與十分位數　135
  - 離群值　137

3-4	探索式數據分析	142
	➡ 五數摘要與盒形圖	143
結語		148
	複習題	149
	小試身手	150
	觀念應用的答案	151

Chapter 4　機率與數數規則

簡介		154
4-1	樣本空間與機率	154
	➡ 基本觀念	154
	➡ 古典機率	157
	➡ 餘補事件	162
	➡ 經驗機率	164
	➡ 大數法則	166
	➡ 主觀機率	167
	➡ 機率與冒險	167
4-2	機率的加法規則	169
4-3	乘法規則與條件機率	178
	➡ 乘法規則	178
	➡ 條件機率	184
	➡ 「至少」的機率	187
4-4	數數規則	191
	➡ 基礎數數規則	191
	➡ 階乘符號	194
	➡ 排列	195
	➡ 組合	197
4-5	機率與數數規則	203
結語		206
	複習題	206
	小試身手	208
	觀念應用的答案	209

Chapter 5　離散機率分

簡介		212
5-1	機率分配	212
5-2	平均數、變異數、標準差、期望值	217
	➡ 平均數	217
	➡ 變異數與標準差	220

	➡ 期望值	223
5-3	二項分配	227
結語		237
	複習題	237
	小試身手	238
	觀念應用的答案	238

Chapter 6　常態分配

簡介		242
6-1	常態分配	243
	➡ 標準常態分配	245
	➡ 求出標準常態曲線下方的面積	247
	➡ 常態分配曲線	249
6-2	常態分配的應用	255
	➡ 求出特定機率的數據	260
	➡ 決定常態性	263
6-3	中央極限定理	269
	➡ 樣本平均數的分配	269
6-4	二項分配的常態近似	278
結語		285
	複習題	286
	小試身手	287
	觀念應用的答案	288

Chapter 7　信賴區間

簡介		292
7-1	σ 已知的平均數信賴區間	292
	➡ 信賴區間	293
	➡ 樣本數	299
7-2	σ 未知的平均數信賴區間	303
7-3	比例的信賴區間與樣本數	309
	➡ 信賴區間	311
	➡ 比例的樣本數	313
7-4	變異數和標準差的信賴區間	317
結語		323
	複習題	324
	小試身手	324
	觀念應用的答案	325

Chapter 8　假設檢定

簡介		328
8-1	傳統法的假設檢定步驟	328
8-2	平均數的 z 檢定	341
	➥ 假設檢定的 p 值法	346
8-3	平均數的 t 檢定	353
8-4	比例的 z 檢定	362
8-5	變異數或標準差的卡方檢定	369
8-6	假設檢定的其他主題	380
	➥ 信賴區間與假設檢定	380
	➥ 檢定的型 II 錯誤與檢定力	383
結語		386
	複習題	387
	小試身手	388
	觀念應用的答案	389

Chapter 9　檢定兩平均數、兩比例與兩變異數的差距

簡介		392
9-1	使用 z 檢定來檢定兩樣本平均數的差距	392
9-2	使用 t 檢定來檢定兩獨立樣本平均數的差距	402
9-3	檢定兩相依樣本平均數的差距	408
9-4	檢定兩比例的差距	420
9-5	檢定兩變異數的差距	427
結語		437
	複習題	437
	小試身手	438
	觀念應用的答案	439
	假設檢定摘要（一）	441

Chapter 10　相關與迴歸

簡介		444
10-1	散佈圖與相關	444
	➥ 相關	449
10-2	迴歸	460
	➥ 最適線	460
	➥ 決定迴歸線方程式	461
10-3	決定係數與估計的標準誤	471
	➥ 迴歸模型的各種變異	472
	➥ 殘差圖	474
	➥ 決定係數	476
	➥ 估計的標準誤	476
	➥ 預測區間	480
結語		483
	複習題	484
	小試身手	485
	觀念應用的答案	485

Chapter 11　卡方檢定

簡介		488
11-1	適合度檢定	488
11-2	使用列聯表的檢定	497
	➥ 獨立性檢定	497
	➥ 比例一致性檢定	504
結語		509
	複習題	510
	小試身手	510
	觀念應用的答案	511

Chapter 12　變異數分析

簡介		514
12-1	單向變異數分析	514
12-2	Scheffé 檢定和 Tukey 檢定	525
	➥ Scheffé 檢定	525
	➥ Tukey 檢定	526
12-3	雙向變異數分析	529
結語		541
	複習題	541
	小試身手	542
	觀念應用的答案	544
	摘要假設檢定（二）	544

附錄 A 習題解答	547
附錄 B 重要公式	573
附錄 C 表格	579

CHAPTER 1

機率與統計的本質

學習目標 ▶▶

經過本章的洗禮之後,你將具有以下的能力:

1. 了解統計名詞的知識。
2. 清楚區分統計的兩種分支。
3. 辨認數據的型態。
4. 辨認變數的測量尺度。
5. 辨認四種基本的抽樣技術。
6. 解釋觀察型研究與實驗型研究之間的差異。
7. 解釋如何使用統計與如何誤用統計。
8. 解釋電腦與掌上型計算機在統計上的重要性。

本章大綱 ▶▶

簡介
1-1 敘述統計學與推論統計學
1-2 變數與數據型態
1-3 數據收集與抽樣技術
1-4 實驗設計
1-5 電腦與掌上型計算機
結語

簡介

你或許從廣播、電視、報紙以及雜誌接觸過機率與統計。比如說，你或許曾經在報紙讀過類似以下的陳述：

> **非凡數字**
> 14% 的美國人說他們在六月時最開心；同樣 14% 的美國人說他們在十二月時最開心。

- FBI 報告指出 2011 年暴力犯罪下降了 6.4%。
- *USA TODAY* 報導指出大學畢業生平均負債大約是 19,000 美元。
- College Stress and Mental Illness Poll 指出 85% 的大專生覺得每天都有壓力；77% 指出壓力來自課業，而 74% 覺得壓力來自成績。
- Occupational Outlook Handbook 指出註冊護士的時薪中位數是每小時 31.10 美元。
- *Reader's Digest* 指出使用電漿電視的平均成本是每小時 0.1152 美元。
- 在 2013 年，全球估計售出 8.325 億支智慧型手機。

> **趣聞**
> 在美國，每天有 120 位高爾夫球選手打過一桿進洞。

人類在各個領域的努力都用得到統計。例如，在運動競賽上，統計學家可能會記錄一場美式足球賽中跑鋒跑了幾碼，或者，棒球員在一整個球季中的打擊次數。在其他領域，例如，公共衛生專家或許會注意到某一年有多少居民接觸過某一種新型流感病毒。教育研究員或許想知道新的教法是不是比舊的好。這只是各種領域中幾個使用統計學的例子。

再者，統計學可以用來分析調查的結果，統計學也是一種根據控制型實驗作決策的科學研究工具。另外，作業研究、品質控制、估計與預測等等都用得到統計學。

> **統計學 (statistics)** 是一種收集、組織、摘要、分析數據以及從中獲取結論的科學。

大學生學習統計學的理由有：

1. 就像許多專業人士一樣，你必須能夠閱讀與了解專業領域裡的統計研究報告。為了具備這一類的理解，你必須認識這些報告使用的名詞、符號、觀念以及統計程序。
2. 既然統計學是一種基本的研究工具，你很有可能接手一項專業領域內的研究。為了完成任務，你可能要會設計實驗或是問卷；收集、組織、分析與摘要數據；更可能要為未來找到可靠的預測或預估。最後，你必須用自己的言語與他人溝通研究的成果。
3. 你也可以因為習得統計知識變成更棒的顧客或是公民。比如說，你可以依據消費者研究決定買哪一項產品，或是根據「運用研究」得知政府開支的決策等等。

第 1 章　機率與統計的本質

以上這一些理由被視為學習統計學的部分目標。

這一章將透過回答以下問題為你介紹學習統計學的目標：

▶ 統計學有什麼走向？
▶ 什麼是數據？
▶ 如何選擇樣本？

1-1　敘述統計學與推論統計學

為了取得某些看似混亂狀況的知識，統計學家會收集那一些描述該狀況之變數的資訊。

學習目標 ❶
了解統計名詞的知識。

變數 (variable) 是一種特徵或屬性，它可以假定不一樣的數字。

數據 (data) 是變數假定的數字（測量值或是觀察值）。靠機率決定出現哪一個數字的變數叫做**隨機變數 (random variables)**。

假設有一家保險公司檢視過去幾年來的紀錄，發現每 100 輛該公司承保的轎車中，平均每一年有 3 部出過車禍。雖然沒有辦法預測哪一款轎車會出車禍（隨機事件），但是公司仍然根據這一項發現調整了保費，因為公司知道前述研究結果是一種長期的一般現象。（也就是說，平均而言，每年有 3% 的承保轎車會出車禍。）

一堆數字形成**數據集 (data set)**。數據集內的每一筆數字叫做**數據 (data value, datum)**。

分辨樣本與母體是重要的。

母體 (population) 包含所有被研究的個體（人類或是非人類）。

如果數據取自母體內的每一位成員，這樣的行動叫做普查。

比如說，美國政府每十年進行一次全美的普查。這一項普查的主要目的用來決定眾議院的席次。

根據美國憲法第一條第二項的要求，全美第一次普查發生在 1790 年。隨著美國的成長，普查的範圍也跟著成長。現今的普查只問人口、住居、製造業、農業以及死亡相關的問題。普查由美國商務部普查局執行。

大部分時候，因為經費、時間、母體規模、醫學上的考量等等，不太可能為了某一項統計研究而使用整個母體；因此，研究員會使用樣本。

樣本 (sample) 是一群從母體挑到的個體。

統計學

假如適當地挑選樣本內的個體，大部分時候它們應該跟母體內的個體有著一樣或是近似的特質。適當挑選樣本的技術會在第 1-3 節說明。

學習目標 ❷
清楚區分統計的兩種分支。

數據的使用方式有許多種。根據如何使用數據，統計知識大概被分成兩大領域。這兩大領域是：

1. 敘述統計學
2. 推論統計學

敘述統計學 (descriptive statistics) 包含收集、組織、摘要以及呈現數據的學問。

圖 1-1　母體與樣本

在敘述統計學這一個領域，統計學家試著描述狀況。考慮美國政府每十年一次的國家普查。這一項普查的結果告訴我們，美國人的平均年齡、平均收入以及其他特徵。為了取得這一些資訊，普查局必須有辦法收集相關的數據。取得數據之後，普查局必須組織與摘要這一些數據。最後，普查局必須用一些有意義的方式呈現數據，比如說，圖跟表。

統計學的第二個領域叫做推論統計學。

推論統計學 (inferential statistics) 包含估計、假設檢定、決定變數之間的關係、進行預測等等透過把樣本結果一般化到母體的工作。

這時候，統計學家試著從樣本推論母體的情況。推論統計學必須用到**機率 (probability)**，它是某一件事發生的機會。你或許已經從各種賭博遊戲得知機率的概念。如果你玩撲克牌、骰子、賓果或是樂透彩，你會輸或贏都跟機率有關。機率理論也用在保險業及其他產業。

推論統計學有一個領域叫做**假設檢定 (hypothesis testing)**，它是一種根據樣本資訊評估母體論述的決策機制。比如說，某一位研究員想知道某一種新藥能不能降低 70 歲男性的心臟病發病次數。為了這一項研究，挑選兩組年齡超過 70 歲的男性。一組服用新藥，另一組則服用安慰劑（不具有醫療效果的物質）。過一陣子，記錄每一組男性的心臟病發病次數、進行某一種統計檢定，最後得出關於新藥有效性的結論。

統計學家也會使用統計決定變數之間的關係。比如說，1964 年「Surgeon General of the United States」發表的「抽菸與健康」的關係是 20 世紀最有名的研究。他主張經過評估數據之後，他的團隊發現「抽菸」與「肺癌」之間有一種明確的關係。他並不是主張「抽菸」真的引起「肺癌」，而是說「抽菸」與「肺癌」之間有關係。這結論乃是根據 Hammond 跟 Horn 在 1958 年的一項研究。該研究觀察 187,783 位男性超過 45 個月。這一些自願參加研究的男性，

第 1 章　機率與統計的本質

因為肺癌而死亡的比率，抽菸者是不抽菸者的 10 倍。

最後，研究過往與現在的數據以及狀況，統計學家試著根據這一項資訊預測未來。比如說，售車的業務員說不定會從過去某一個月的銷售紀錄，決定明年同一個月要訂什麼樣的車款以及每一款需要訂多少部。

> **非凡數字**
> 29% 的美國人希望當老闆。

例題 1-1　敘述統計學還是推論統計學

決定以下情況是使用敘述統計學還是推論統計學？

a. 樂透彩最高獎金前五名得主的平均獎金是 3.676 億美元。
b. 一項 American Academy of Neurology 的研究指出，高熱量飲食的老人喪失記憶的風險超過兩倍。
c. 根據 National Retail Federation 這個機構一項針對 9,317 位消費者的調查指出，消費者為了 2011 年情人節這一天平均花費了 116 美元。
d. 英國牛津大學的科學家發現大笑可以顯著地提高人們的痛苦忍受度。

解答

a. 使用敘述統計學，因為這是一項平均數，而且根據現在這個時點的樂透彩前五名得主的數據算出結果。
b. 使用推論統計學，因為這是一項從樣本到母體的一般化過程。
c. 使用敘述統計學，因為這是一項根據 9,317 位消費者樣本的平均數。
d. 使用推論統計學，因為這是一項從樣本到母體的推論。

觀念應用 1-1　出席率與成績

閱讀下述出席率與成績的數據，並回答問題。

一項針對 Manatee Community College 的研究顯示，出席率達 95 到 100% 的學生通常在班上會拿 A。出席率達 80 到 90% 的學生會拿 B 或 C。至於那些出席率低於 80% 的學生不是拿 D 就是拿 F，要不然就是最後把課退掉。

根據這一項資訊，出席率與成績是相關的。出席率愈高，愈有可能拿到高分。如果你改善出席率，你的成績非常有可能會改善。有許多因素會影響你某一門課的成績，其中一項你可以控制的就是你的出席率。經常上課會增加你學習的機會。

> **非凡數字**
> 只有 1/3 的犯罪案件會被報案處理。

1. 這一項研究的變數為何？
2. 這一項研究的數據為何？
3. 此處使用敘述統計學，還是推論統計學，還是兩者都用上了？
4. 這一項研究的母體為何？
5. 是否收集樣本？如果是，從哪裡收集？

6. 由已知資訊，說明變數之間的關係。
答案在第 31 頁。

=== 練習題 1-1 ===

1. 定義統計學。
2. 解釋敘述統計學與推論統計學兩者間的差別。

針對練習題 3~5，決定該題使用的是敘述統計學還是推論統計學。

3. 因為經濟現況，年紀在 18 到 34 歲的族群裡有 49% 為了支付帳單而工作。（資料來源：Pew Research Center）
4. 2011 年有 79% 的美國成年人使用網路。（資料來源：Pew Research Center）
5. 44% 的美國人是 O 型血。（資料來源：American Red Cross）

1-2 變數與數據型態

學習目標 ③
辨認數據的型態。

誠如第 1-1 節所述，統計學家透過收集隨機變數的數據，取得某特定狀況的相關資訊。這一節將深入探索變數的本質以及數據的型態。

變數可以分成兩種：屬性變數跟屬量變數。

屬性變數 (qualitative variables) 是根據某些特徵或屬性把樣本歸類為某一種分類的變數。

比如說，如果根據性別（男或女）分類某群大學生，這時候性別就是一種屬性變數。其他屬性變數的例子有宗教信仰、地理位置等等。

屬量變數 (quantitative variables) 是數值的，而且可以排列大小順序。

比如說，年齡是數值的，而且人們可以根據年齡安排順序。其他屬量變數有身高、體重跟體溫等。

屬量變數可以進一步分成兩群：離散的跟連續的。離散變數被指定如 0, 1, 2, 3 這一些可數的數字。離散變數的例子，如家庭有幾個小孩、班級有幾個學生、交換機在某個月的每一天接到幾通電話。

離散變數 (discrete variables) 的數字通常是整數，它們是可數的。

相反地，連續變數可以是某區間內的任意數字。比如說，溫度就是一種連續變數，因為它可以是任意兩個已知溫度之間的數字（有無限多個）。

連續變數 (continuous variables) 可以是任意兩個數字之間的數字。透過測量取得這一類的數字。它們通常包含分數與小數。

變數的分類可以摘要如下：

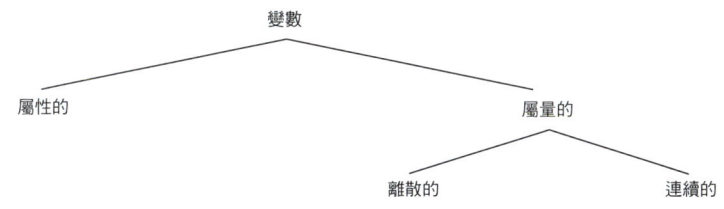

例題 1-2　離散變數還是連續變數

判斷以下變數是離散變數還是連續變數？

a. 龍捲風的最高風速
b. 飛機上的行李重量
c. 一本統計教科書的頁數
d. 每一年某一個人線上消費的總金額

解答

a. 連續變數，因為風速是測量出來的。
b. 連續變數，因為重量是測量出來的。
c. 離散變數，因為頁數是數出來的。
d. 離散變數，因為金額的最小單位是美分。

既然連續變數必須被測量，因為測量元件的極限，答案必須四捨五入。通常答案被四捨五入至最近的單位。比如說，身高可能被四捨五入至最近的吋，體重被四捨五入至最近的盎司等等。因此，身高 73 吋意味著真正的身高介於 72.5 吋和 73.5 吋（不含）。所以，這一項測量結果的界線被記錄為 72.5–73.5 吋。某一個數字的**界線 (boundary)** 被定義為數據被四捨五入前該數據應該被擺放的區間。我們為了方便，把界線寫成 72.5–73.5，但是要記得這一項寫法不包含 73.5 吋。73.5 會被四捨五入至 74，所以它會被包含在 73.5 到 74.5（不含），而寫為 73.5–74.5 吋。另一個例子如下，體重 86 磅意味著真正的體重介於 85.5 磅到 86.5 磅（不含），而被寫為 85.5–86.5 磅。表 1-1 幫助我們釐清這一項觀念。連續變數的界線會多一位小數，而且總是以數字 5 結尾。

非凡數字

52% 的美國人住在離海岸線 50 哩內。

變數	記錄的數字	界線
長度	15 公分 (cm)	14.5 – 15.5 公分
溫度	華氏 86 度 (°F)	華氏 85.5 – 86.5 度
時間	0.43 秒 (s)	0.425 – 0.435 秒
質量	1.6 公克 (g)	1.55 – 1.65 公克

表 1-1　紀錄數字與界線

例題 1-3　區間界線

求出以下每一個變數的界線。

a. 8.4 夸脫（液體單位）
b. 138 釐米汞柱（壓力單位）
c. 137.63 毫克/公合

解答

a. 8.35 – 8.45 夸脫
b. 137.5 – 138.5 釐米汞柱
c. 137.625 – 137.635 毫克/公合

學習目標 ❹
辨認變數的測量尺度

變數除了可以被分為屬性變數和屬量變數，也可以根據變數如何被分類、排序、計數或者是測量來區分。比如說，數據可以被組織在某個特定分類內，例如居住區域（農村、郊區或是城市）嗎？數據可以被排名，例如第一名、第二名等等嗎？數據是否來自測量，例如身高、智商或溫度？這一種分法──變數如何被分類、排名、計數或測量──使用**測量尺度 (measurement scales)**。有四種常用的尺度：名目、順序、區間和比例。

第一級的測量值叫做名目尺度測量值。根據講授什麼課程分類大學講師（例如英文、歷史、心理學或數學）就是一種名目尺度測量值。受訪對象有男有女，這也是一種名目尺度測量值。這些數據之間沒有順序、無法排名。根據郵遞區號分類居民也是一種名目尺度測量值。即便我們用數字表示郵遞區號，它們之間的順序並沒有任何意義。其他名目尺度數據的例子，有政黨（民主黨、共和黨、無黨無派等）、信仰（天主教、基督教、回教、佛教、道教等）以及婚姻狀態（單身、已婚、離婚、守寡、分居等）。

名目尺度測量值 (nominal level of measurement) 是一種類別數據，類別跟類別之間彼此互斥，而且無法為這一些類別安排順序或是進行排名。

下一級的測量值叫做順序尺度測量值。使用這一級尺度所測量的數據可以被放在各個類別內，而且這一些類別是有順序的，或是可以排名的。比如說，學生填寫演講者的滿意度，該名演講者可能被評為「滿意」、「尚可」或者是「不滿意」等等。返鄉遊行的花車可能被評為第一名、第二名等。注意，順序尺度測量值之間的差距並不存在，意思是說前後類別之間沒有固定的差距。比如說，如果根據體格（瘦小、中等、壯碩）區分每一個人，每一種體格的人們之間確實存在各種大小不一的差距。

另一個順序尺度測量值的例子，就是用英文字母 A、B、C、D、F 打成績。

非凡數字
63% 的人不希望先聽到壞消息。

順序尺度測量值 (ordinal level of measurement) 是一種類別數據，類別之間可以被排序；但是，類別之間並沒有固定大小的差距。

第三級的測量值叫做區間尺度測量值。這一級跟順序尺度最大的差別在於測量值之間的差距是存在的而且有著固定的意義。比如說，許多標準的心理量表產生區間尺度的數字。智商 (IQ) 就是其中一個例子。智商 109 與智商 110 的差距 1 有著固定的意義，也就是說，這個 1 跟智商 108 與智商 109 的差距 1 是一樣的。溫度是另外一個區間尺度測量值的例子，因為華氏 72 度與 73 度的 1 度差距是有意義而且固定的。區間尺度欠缺一種性質：原點 (0) 不代表「無」。比如說，智商 0 不代表「無智商」、華氏 0 度不代表「無溫度」。

區間尺度測量值 (interval level of measurement) 是一種可以排序的數據，測量單位之間的差距是固定的；但是這一級測量尺度沒有原點 (0)。

最後一級的測量值叫做比例尺度測量值。比例尺度的測量值的例子有身高、體重、面積、總機接到幾通電話等等。比例尺度的單位有著固定的意義（1 吋、1 磅等），而且原點 (0) 代表「無」。再者，比例尺度測量值之間可以計算比例。比如說，某人可以舉起 200 磅的東西，另一位可以舉起 100 磅，那麼他們之間（可以舉起多重東西）的比例是 2 比 1。也就是說，第一個人可以抬起第二個人所能抬起 2 倍重的東西。

比例尺度測量值 (ratio level of measurement) 有所有區間尺度測量值的特質，加上原點。另外，同樣單位的數據可以計算比例。

統計學家對於把數據分成以上四類並非人人皆具有共識。比如說，有些研究員認為智商應該被歸類為比例尺度而不是區間尺度。另外，轉換數據會改變原本的分類。例如，假如大學教授的薪資被分成三類：低、中、高，那麼原本比例尺度的薪資就會變成順序尺度的（薪資）變數。表 1-2 提供了一些各類型數據的例子。詳見圖 1-2。

名目尺度數據	順序尺度數據	區間尺度數據	比例尺度數據
郵遞區號	成績（A、B、C、D、F）	SAT 考試分數	身高
性別（男、女）	名次（第一名、第二名、……）	智商	體重
眼睛顏色（藍色、棕色、綠色、淡褐色）	滿意度（不好、好、極好）	溫度	時間
政黨傾向	網球選手的世界排名		薪資
信仰傾向			年齡
主修科系（數學系、資訊系等）			
國籍			

表 1-2 測量尺度的例子

例題 1-4　測量尺度

以下每一個變數的測量尺度是哪一種？

a. 某地區醫院患者的年齡
b. 這個月上映電影的排名
c. Oak Park Health Club 賣出的球衣顏色
d. 當地運動俱樂部熱水浴的溫度

解答

a. 比例
b. 順序
c. 名目
d. 區間

1. 名目尺度

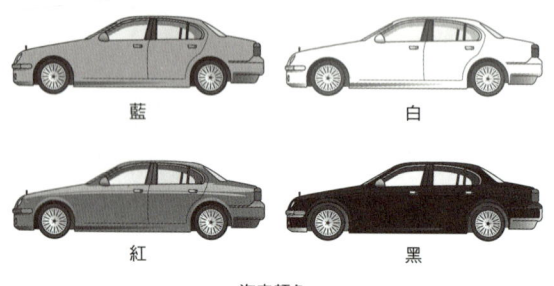

汽車顏色

3. 區間尺度

溫度

2. 順序尺度

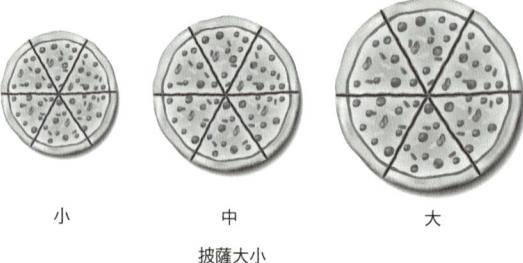

披薩大小

4. 比例尺度

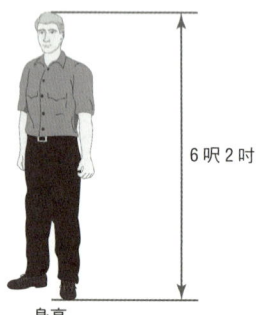

身高

圖 1-2　測量尺度

觀念應用 1-2　運輸業死亡傷害次數

閱讀以下關於運輸業 2010 年死亡傷害次數的資訊並回答每一道問題：

運輸業別	死亡次數
高速公路	968
鐵路	44
水路	52
飛機	151

資料來源：Bureau of Labor Statistics.

1. 這一項研究的變數為何？
2. 哪幾個變數是屬性的？哪幾個變數是屬量的？
3. 哪幾個變數是離散的？哪幾個變數是連續的？
4. 確認每一個變數的測量尺度。
5. 2010 年數據顯示鐵路的死亡次數最少。這是不是意味著比起其他交通工具，鐵路交通事故比較少？解釋之。
6. 有什麼樣的因素（除了安全以外）會影響人們選擇哪一種交通工具？
7. 從已知的資訊，說明變數之間的關係。

答案在第 32 頁。

練習題 1-2

1. 解釋屬性變數與屬量變數之間的差異。

針對練習題 2~3，決定該題的數據是屬性的或是屬量的。

2. 足球球衣的顏色。
3. 影星的性別。
4. 針對某地區高中籃球隊員的身高，決定此數據是離散的或是連續的。

針對練習題 5~6，決定每一個數字的界線。

5. 7 呎
6. 25.8 碼

針對練習題 7~8，決定該題的數字來自名目、順序、區間或是比例尺度。

7. 醫療檢查的開銷。
8. 線上購物花費。

1-3 數據收集與抽樣技術

學習目標 5
辨認四種基本的抽樣技術。

統計學家以及各種專業人士用各種方式利用數據。誠如之前所述，數據可以被用來描述狀況或事件。比如說，製造商或許想知道一些關於客戶的事，這樣他們就可以找出某種有效率的行銷策略。換個場景，公司的管理階層或許會調查員工的需求，以便與工會協商新的合約。數據也可以被用來決定是否已達成學區的教育目標。最後，透過分析股市數據的各種趨勢，讓有興趣的買家決定買哪一檔的股票。這些例子示範收集數據可以幫助人們找到更好的決策。

人們可以利用各種方式收集數據，其中最常用的辦法就是透過調查。有各式各樣的調查，最常見的三種是電話調查、郵寄問卷跟面訪。

跟面訪比起來，電話調查的開銷比較少。同時，因為沒有面對面的壓力，人們或許比較願意說實話。電話調查的最大缺點是有些人沒有電話，或者不願意回答問題；因此並不是每一個人都有機會被調查到。再者，有許多人不願意公開電話與行動電話的號碼，所以也調查不到這些人。最後，調查員的聲音、

語調可能也會影響受訪者的回答意願。

比起電話調查跟面訪，郵寄問卷可以涵蓋更大的區域，因為郵寄問卷是最便宜的調查方式。同時，受訪者可以不具名，如果他們想這麼做。郵寄問卷的缺點包括回應人數相對比較少、答非所問等。另外，有些人可能無法閱讀問卷，或是誤解問卷的意思。

面訪調查可以得到受訪者關於問題的深入答案。它有一項缺點，就是必須訓練訪員如何問問題，以及如何記錄回應，這樣會增加面訪的成本。另一項缺點是訪員可能會挑選受訪者。

也可以用其他方式收集數據，比如說，調查紀錄或直接觀察。

誠如第 1-1 節所述，研究員透過樣本收集某大型母體變數的資訊。利用樣本可以省時省力，有時候還可以讓研究員針對某特定對象進行深度調查。樣本不能隨意選取，因為這樣做可能會得到偏誤（誤導）的資訊。比如說，站在街角訪問路人無法取得當時在辦公室工作那些人以及正在學校上課那些人的意見，因此並不是每一位母體成員都有機會被訪問到。

為了取得不偏誤的樣本——也就是，為了讓每一位母體成員有著同樣的機會被選到——統計學家使用四種基本的抽樣方法：隨機抽樣、系統抽樣、分層抽樣、群集抽樣。

➡ 隨機抽樣

隨機樣本 (random sample) 是一種母體內所有成員有著一樣機會被選到的樣本。

人們利用機會機制或是亂數表挑選到的樣本是隨機樣本。有一種方式是，為每一位母體成員指定一個不重複的號碼，然後把這些號碼寫在卡片上並放入摸彩箱，搖晃摸彩箱充分混合這些號碼卡片，接著從中挑選需要張數的卡片，那些號碼被挑到的成員構成一組隨機樣本。因為不容易充分混合卡片，所以有可能會得到偏誤樣本。因為這樣的理由，統計學家透過其他方法取得號碼。他們利用電腦或是計算機取得亂數。在電腦發明之前，則是使用所謂的亂數表。

表 1-3 顯示一些兩位數的亂數。假如希望從 85 位成員挑選一組 15 位成員的隨機樣本，有必要為每一位成員編號 01 到 85。然後，閉上眼睛用手指在亂數表上挑選一個起始號碼。（雖然閉上眼睛看似奇怪，不過這樣可以隨機挑到一個數字。）現在假設你的手指停在第二行的數字 12。（它是從上而下的第 6 個數字。）然後往下走，直到你挑完 15 個介於 01 與 85 之間不同的數字。當你到達行底時，接著挑下一行最上面的數字。如果你挑到大於 85 的數字，或是數字 00，或是重複的數字，跳過它就對了。在這個例子，我們挑到成員 12,

79	41	71	93	60	35	04	67	96	04	79	10	86
26	52	53	13	43	50	92	09	87	21	83	75	17
18	13	41	30	56	20	37	74	49	56	45	46	83
19	82	02	69	34	27	77	34	24	93	16	77	00
14	57	44	30	93	76	32	13	55	29	49	30	77
29	12	18	50	06	33	15	79	50	28	50	45	45
01	27	92	67	93	31	97	55	29	21	64	27	29
55	75	65	68	65	73	07	95	66	43	43	92	16
84	95	95	96	62	30	91	64	74	83	47	89	71
62	62	21	37	82	62	19	44	08	64	34	50	11
66	57	28	69	13	99	74	31	58	19	47	66	89
48	13	69	97	29	01	75	58	05	40	40	18	29
94	31	73	19	75	76	33	18	05	53	04	51	41
00	06	53	98	01	55	08	38	49	42	10	44	38
46	16	44	27	80	15	28	01	64	27	89	03	27
77	49	85	95	62	93	25	39	63	74	54	82	85
81	96	43	27	39	53	85	61	12	90	67	96	02
40	46	15	73	23	75	96	68	13	99	49	64	11

表 1-3　亂數表

27, 75, 62, 57, 13, 31, 06, 16, 49, 46, 71, 53, 41 和 02。

➡ 系統抽樣

系統樣本 (systematic sample) 是一種每 k 個挑一個的樣本，其中 k 是整數。

　　研究員為每一位母體成員編號，然後以每 k 個挑一個的方式取得系統樣本。比如說，假設母體有 2,000 位成員，而且需要一組 50 位成員的樣本。因為 $2000 \div 50 = 40$，則 $k = 40$，每 40 個挑一個；但是必須隨機挑選樣本的第一位成員（編號落在 1 到 40）。假設第一位成員是 12 號，那麼樣本成員就是 12、52、92 等等，直到第 50 位成員被挑到才停下來。使用系統抽樣的時候，你必須注意到母體成員是如何編號的。如果用太太，先生，太太，先生這樣的方式安排成員順序，則每 40 個挑一個就會全挑到先生。再者，編號不一定需要。比如說，研究員從生產線上每 10 個挑一個成品或是半成品檢測是否有瑕疵。

➡ 分層抽樣

分層樣本 (stratified sample) 是一種根據研究的某一種特徵將母體分割為數個子群 (subgroup, strata)，然後每一個子群都進行一次隨機抽樣的樣本。

　　根據某些對研究而言是重要的特徵把母體成員分群（叫做層），然後從每一群成員抽樣，研究員透過這樣的方式取得分層樣本。每一層的樣本都是隨機挑到的。比如說，假設有一位兩年制大學的校長希望得知學生對某議題的感

受。校長也希望知道一年級生的感受是不是有別於二年級生的感受。這時候，校長會以從每一個年級隨機挑選學生的分層方式進行抽樣。

➡ 群集抽樣

> **群集樣本 (cluster sample)** 是一種將母體分割為區段 (section) 或是群集 (cluster)，然後隨機挑選某些區段並且選取區段內所有成員的樣本。

研究員也會使用群集樣本。這時候，母體成員依照某些方式被分群，比如說，地理區域或者是大型學區內的學校等等。然後研究員隨機挑選幾群，這時候被挑到那一些群內的所有成員都是樣本成員。假設研究員希望調查某大都市的公寓居民。如果有 10 棟公寓大樓，研究員從中隨機挑到 2 棟，然後訪問這 2 棟大樓內的每一位居民。當母體很大的時候，或是母體成員居住的區域很大的時候，使用群集抽樣。比如說，如果某人希望從事的研究包含紐約市所有病人，取得一組病人的隨機樣本應該是昂貴而且耗日費時的，因為他們（病人）散佈在一個很大的區域內。取而代之的是，先隨機挑選幾所醫院，然後訪問這一些醫院裡的每一位病人（因而得到群集樣本）。

這四種基本的抽樣方法摘要在表 1-4。

表 1-4 抽樣方法的摘要

隨機	透過亂數挑選成員。
系統	從編號 1 到 k 的成員隨機挑選第一位，然後每 k 位挑一位成員。
分層	把母體成員分成幾層，然後在每一層內隨機挑選成員。
群集	隨機挑選足以代表母體的一整群成員。

➡ 其他抽樣方法

除了前面這四種基本的抽樣方法，研究員也用其他方法取得樣本。有一種方法叫做**方便樣本 (convenience sample)**。這時候研究員使用那些「方便的」母體成員。例如，研究員或許會訪問進入賣場的人們，藉此決定他們逛街的目的與喜歡逛哪些店家。這樣的樣本或許無法代表一般顧客，比如說，樣本來自某一天的某一個時段，所以並不是每一位顧客都有著一樣的機會被訪問到，因為訪問進行時有些顧客不在現場。如果研究員追究母體成員的特質之後，發現該樣本足以代表母體，那麼就可以使用方便樣本。

還有一種統計學會用到的樣本，叫做自願樣本或是自選樣本。這時候受訪者自行決定是否加入樣本。比如說，匹茲堡一家廣播電台問到某種情況的某道問題，然後請求同意行動的聽眾撥打某一支專線，而不同意行動的聽眾撥打另一支專線。當天節目結束前會公布調查結果。注意，大部分都是那些有著強烈

> **趣聞**
> 年長的美國人不太願意為了高薪工作而犧牲快樂。根據一項調查，38%年紀在 18–29 歲的美國人會選擇金錢而不是快樂，而超過 65 歲的美國人則只有 3% 願意如此。

第 1 章 機率與統計的本質

1. 隨機

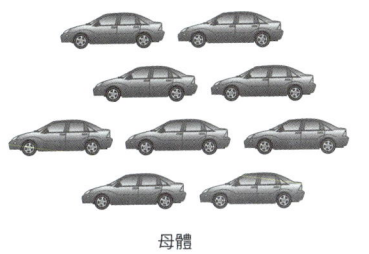

表 C	亂數表			
10480	15011	01536	02011	81647
22368	46573	25595	85393	30995
24130	48360	22527	97265	76393
42167	93093	06243	61680	07856
37570	39975	81837	16656	06121
77921	06907	11008	42751	27750
99562	72905	56420	69994	98872
96301	91977	05463	07972	18876
89579	14342	63661	10281	17453
85475	36857	43342	53988	
28918	69578	88321		
63553	40961			

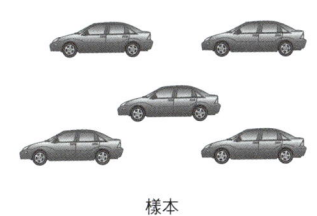

母體　　　　　　　　　　　　　　　　　　　　　　　　　樣本

2. 系統

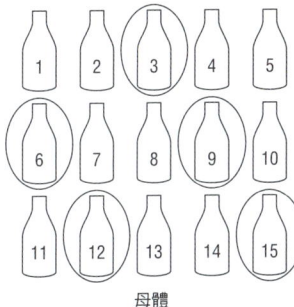 

母體　　　　　　　　　　樣本

3. 分層

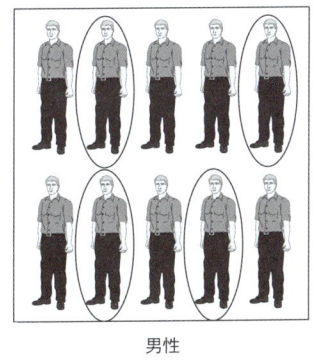 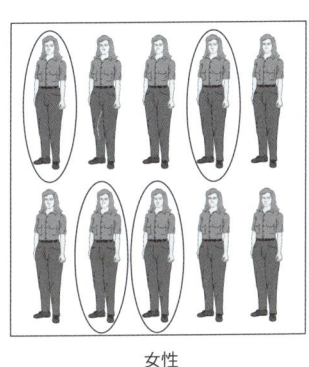 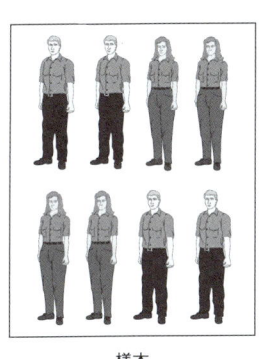

男性　　　　　　　　　　女性　　　　　　　　　　樣本

母體

4. 群集

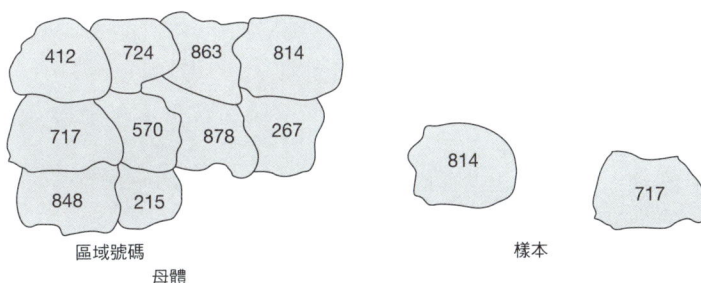

區域號碼　　　　　　　　樣本
母體

圖 1-3 抽樣方法

意願的聽眾才會撥打電話。電台通常會解釋這不是一項科學調查。

既然樣本無法完美地代表被抽樣的母體,所以結果總是會有一些誤差。這種誤差叫做抽樣誤差。

> **抽樣誤差 (sampling error)** 是從樣本取得之結果與被抽樣母體之結果的差距。

比如說,假如你挑選自己大學內全職學生的一組樣本,並且發現其中女性占 56%。然後你去註冊組得知該學期女學生占 54%。這 2% 的差距就是所謂的抽樣誤差。

大部分案例的差距是無法得知的,但是我們可以估計它。估計的程序會出現在第七章。

非抽樣誤差是另一種會發生在統計學的誤差。

> **非抽樣誤差 (sampling error)** 發生在錯誤的數據,或是樣本本身就是偏誤的,也就是不具代表性的。

比如說,使用瑕疵的磅秤收集數據。例如,每一筆體重都少了 2 磅。或者,紀錄錯誤也是一種非抽樣誤差。或許研究員寫下了不正確的數值。

收集數據時要提高警覺、小心警惕。

例題 1-5　抽樣方法

請說明以下情況使用哪一種抽樣方法。
a. 某都市有 10 家醫院,某研究員挑選了其中一家,並且收集過去 24 小時內該醫院急診室的處理種類。
b. 某研究員根據性別、主修、GPA(低、平均、高)把一堆學生分群。然後,從每一群挑選 6 位學生回答某一項調查的問題。
c. 將某雜誌的讀者群一一編號,然後使用亂數挑選這些人的一組樣本。
d. 每 10 罐 Super-Duper 可樂挑一罐,並且測量液體含量。這一項調查的目的是為了得知裝填機器是否正常運作。

解答
a. 群集抽樣
b. 分層抽樣
c. 隨機抽樣
d. 系統抽樣

第 1 章　機率與統計的本質

觀念應用 1-3　美國文化與藥物濫用

假設你是 Family Research Council 的成員，而且愈來愈關心職業運動員濫用藥物的情況。你啟動一項計畫，而且進行一項調查，看美國文化（電視、電影、雜誌與流行音樂）如何影響非法使用藥物。你的調查包含 2,250 位美國各階層的成人和青少年。某個消費者團體希望得知更多關於這一項調查的資訊。請回答以下關於調查的問題。

1. 你使用哪一種調查方法（電話、郵件或面訪）？
2. 你未採用的那些方法有什麼樣的優缺點？
3. 你使用哪一種測量尺度？為什麼？
4. 你使用隨機機制決定誰是樣本嗎？
5. 你使用哪一種隨機機制（分層抽樣、系統抽樣、群集抽樣或方便樣本）？
6. 你使用的那一種方法為什麼比較適合你的數據收集計畫？
7. 假如某方便樣本只包含青少年，那麼研究結果會有什麼樣的改變？

答案在第 32 頁。

練習題 1-3

1. 舉出五種收集數據的方法。
   針對練習題 2~3，求出可能使用的母體，並且解釋如何收集樣本。
2. 在 2011 年，25% 的民眾未曾參與一般的體育活動。（資料來源：SQL Server Reporting Services）
3. 食用他汀類藥物會提高得到糖尿病的風險。（主要資料來源：Journal of American Medical Association）
4. 在某個大型學區，某位研究員為所有專任老師編號，然後面訪隨機挑選的 30 位。說明此研究員使用的抽樣方法。

1-4　實驗設計

➤ 觀察型研究與實驗型研究

學習目標 ❻
解釋觀察型研究與實驗型研究之間的差異。

區分統計研究的方式有許多種。這一節將解釋其中的兩種：觀察型研究與實驗型研究。

所謂的**觀察型研究 (observational study)**，研究員只會觀察現在發生了什麼，或是過去發生了什麼，而且嘗試根據這些觀察結果下結論。

比如說，來自 Motorcycle Industry Council (*USA Today*) 的數據說「摩托車主人愈來愈老，也愈來愈有錢。」這一項結論是收集在 1980 年跟 1998 年這兩

年摩托車主人的年紀與收入並進行比較而得到的。這樣的發現顯示這兩年摩托車主人的年紀與收入有顯著的差別。在這一項研究裡，研究員只觀察摩托車主人在這段期間內發生了什麼事，並沒有以任何形式介入研究。

主要有三種觀察型研究。一次收完全部數據的研究叫做跨區段研究 (cross-sectional study)。收集過去已經取得的數據，這樣的研究叫做回顧研究 (retrospective study)。最後，如果收集從過去到現在的數據，我們稱呼這樣的研究是縱向研究 (longitudinal study)。

觀察型研究一樣有優點也有缺點。觀察型研究的一項優點就是它通常發生在自然環境裡。比如說，研究員可以觀察都市人在馬路及高速公路上的開車行為。觀察型研究的第二個好處，可以在不道德或是徹頭徹尾危險的情況下進行。運用觀察型研究，研究員可以研究自殺、強暴、謀殺等等。另外，研究員可以使用那些無法被操作的變數進行研究，例如「使用藥物的成員」對上「不使用藥物的成員」，以及「右撇子」對上「左撇子」。

觀察型研究也有缺點。誠如先前所述，既然研究員無法控制觀察型研究的變數，那麼明確的因果關係便無法被確立，因為還有其他因素也可能會影響結果。觀察型研究可能是昂貴且曠日費時的。比如說，如果有人希望研究非洲獅子的棲息地，他需要很多金錢和時間，而且這一項研究也是危險的。最後，因為研究員無法使用自己的測量儀器，可能需要面對數據收集者的錯誤。比如說，研究員想要研究 1800 年代發生的事，那麼他必須倚賴上一個世紀數據收集者的資訊與記錄，而且無法確定這一些記錄的正確性。

有另一種型態的研究，叫做實驗型研究。

所謂的**實驗型研究** (experimental study)，研究員會操作其中一個研究變數，並且試著決定這樣的操作如何影響其他變數。

> **趣　聞**
> 哪一天開車最安全？答案是禮拜二。

比如說，一項刊登在 *Psychology Today* 由 Virginia Polytechnic Institute 主導的研究，把女大學生分成兩群，而且記錄學生在 90 秒內可以做幾下仰臥起坐。第一組女大生只被告知「盡量做」，而第二組女大生則被叮嚀希望她們每天進步 10%。經過四天之後，那一些接到含糊指令「盡量做」的女大生平均仰臥起坐 43 下，而接到明確每天進步 10% 指令的女大生平均仰臥起坐 56 下。結論是接到明確指令的會比沒有接到明確指令的運動員表現更好。

這一項研究是一種統計實驗的例子，因為研究員透過操作其中一個變數（對兩群女大生下達不一樣的指令）介入研究。

真正的實驗型研究，參與研究的成員會被隨機指定給某一群。同時，哪一群要接受什麼處理（剛剛的指令）也是隨機的。在仰臥起坐實驗中，文章並沒

有提到是否隨機指定參與研究的女大生給哪一群。

有時候隨機指定是不可能的，研究員使用完整群。在教育界經常做這一類的研究，其中完整群就是已經存在的班級。用這樣的方式進行實驗，叫做**準實驗型研究 (quasi-experimental study)**。雖然處理應該隨機指定，但是大部分的文章都不會提到曾經這麼做。

統計研究經常包含一個或是數個獨立變數以及一個依變數。

實驗型研究的**獨立變數 (independent variable)** 是那一些被研究員操作的變數，所以獨立變數也叫做**解釋變數 (explanatory variable)**，而記載實驗結果的變數叫做**依變數 (dependent variable)**，也叫做**反應變數 (response variable, outcome variable)**。

所謂的反應變數，就是研究員想知道操作獨立變數是否造成顯著改變的變數。比如說，在仰臥起坐實驗，研究員對參與實驗的兩群大學生下達不一樣的指令，「含糊」與「清楚」。因此，獨立變數就是「指令」。接著，依變數就是結果變數，也就是，四天練習之後可以做幾次仰臥起坐。如果依變數或是反應變數差距很大而其他因素保持不變，那麼這樣的差距就可以歸因於操作獨立變數。這個案例顯示清楚的指令強化了運動員的表現。

在仰臥起坐實驗，有兩組大學生。接收到特殊指令的群組叫做**處理組 (treatment group)**，而另一組叫做**控制組 (control group)**。處理組會接收到特殊處理（在這個例子裡就是每一次都要進步的指令），而控制組就沒收到這一道特殊指令。

這兩種統計研究各有優缺點。實驗型研究有一個好處，它可以讓研究員自行決定如何挑選成員，以及如何指定成員到哪一組。研究員也能夠控制或是操作獨立變數。比如說，參與研究的成員需要每天吃某一劑量的藥，研究員可以決定多少劑量，而且如果需要的話，也可以讓每一組的劑量都不一樣。

實驗型研究有許多缺點。第一，研究用的實驗可能發生在一些不是那麼自然的環境裡，比如說，實驗室或是特教教室。這可能會帶出許多問題。其中一個問題就是結論不適用於自然環境。一個老生常談的問題是，「漱口水在試管裡可以殺死 10,000 隻細菌，但是在我的嘴巴裡可以殺死幾隻細菌呢？」

實驗型研究的另一個問題是所謂的**霍桑效應 (Hawthorne effect)**。在 1924 年 Western Electric Company 的一項勞工實驗發現這一種效應。在該項研究，研究員發現知道自己參與實驗的工人會改變行為，進而影響實驗的結果。

另一個進行統計研究的問題是所謂的變數彼此交絡或稱潛藏變數。

> **趣　聞**
> 在美國，大約有 5,600 萬個道路坑洞。

> 所謂的**交絡變數 (confounding variable)**，是指跟獨立變數一樣會影響依變數（反應變數）的變數，但是它卻與獨立變數分不開。

研究員試著控制實驗的大部分變數，但是有時候是不可能的。比如說，參與運動計畫的成員可能不知不覺中同時改變了飲食習慣，進而同時改善了健康，這樣就不是只有運動改善了健康。如此一來，飲食習慣就是這一項實驗的交絡變數。

當你在閱讀統計研究的結果，需要知道研究是觀察型的或是實驗型的，然後根據研究的本質，看看結果是不是符合邏輯。

另一項影響統計實驗的因素叫做安慰劑效果。這時候，研究參與者反應良好或是進步了，原因只是因為被挑到參與實驗（的一種優越感）。他們也可能會無意識地回應研究員的提示。比如說，一項 Houston VA Medical Center 關於膝蓋疼痛的研究，研究員把 180 位參與者分成三群。其中兩群動了手術移除受傷的軟骨，而對第三組參與者進行假手術。兩年後，每一組有著一樣多的患者表示手術後感覺良好。那些進行假手術的患者被認為對安慰劑效果有反應。

為了降低安慰劑效果，研究者使用所謂的盲測。使用盲測的研究，參與者無法得知接受了真實處理或是安慰劑。許多時候研究員使用外觀像是真實藥丸的糖果。通常會使用雙盲測。這時候，參與者跟研究員都不會知道哪一組人馬拿到了安慰劑。

為了降低兩群組或更多群組之間可能發生的差異，研究員使用區集法降低變異。比如說，先前提到過的仰臥起坐實驗，如果我們認為男性與女性對於「盡量做」與「每天進步 10%」的反應不會一樣，那麼我們應該把參與者分成兩區集（男性、女性），然後在每一區內隨機指定處理給研究參與者。

當參與者被隨機指派給某一區，加上也是隨機指定處理給參與者，這樣的實驗叫做**完全隨機設計 (completely randomized design)**。

許多實驗會使用所謂的**匹配設計 (matched-pair design)**。這時候某一位參與者指定給處理組，則下一位參與者就會被指定給控制組。但是在指定之前，會根據某些特質匹配參與者。早些年，使用雙胞胎的研究，就會指定一位給某一組，而另一位會被指定給另一組。可以透過例如年齡、身高以及體重匹配研究的參與者。

另一種驗證研究的方法就是重複。這時候，會在別的實驗室或是國內的其他區域再次進行同樣的實驗。同樣的研究可以針對非大學生的成年人，而不是大學生。然後，第二次實驗的結果會與原始的研究結果比較，看看是否有所差異。

非凡數字

每一年你家被闖空門的機會是 1/20。

第 1 章 機率與統計的本質

不論進行哪一類型的研究，有時候同樣主題前後兩次研究會有衝突的結果。為什麼會這樣呢？有一篇文章「Bottom Line: Is It Good for You?」(*USA TODAY Weekend*) 提到 1960 年代的研究指出，因為人造奶油包含比較少的飽和脂肪，跟奶油比起來，它對心臟比較好，讓食用者的膽固醇水準比較低。在 1980 年的研究，研究員發現奶油比人造奶油好，因為人造奶油含有反式脂肪酸，它跟奶油的飽和脂肪比起來，對心臟比較不好。然後在 1998 年的研究發現，人造奶油對個人健康比較好。現在，應該相信哪一項研究？人們應該使用奶油還是人造奶油呢？

答案是，你應該再一次深入閱讀這一些研究報告。實際上，問題並不是選擇奶油還是人造奶油，而是選擇使用哪一種人造奶油。在 1980 年代，研究顯示固態人造奶油含有反式脂肪酸，而且科學家相信跟飽和脂肪比起來，它們對心臟比較不好。在 1998 年的研究，使用液態人造奶油。它的反式脂肪酸非常少，因此它比奶油更健康，是因為反式脂肪酸已經證實會提高膽固醇。所以結論是，使用液態人造奶油，而不使用固態人造奶油跟奶油。

在根據研究結果下決策之前，取得所有事實並且認真檢查來龍去脈是重要的。

某項統計研究的目的是為了獲取並且處理研究收集到的資訊以回答某些關於研究對象的特定問題。統計研究員會使用某種特定程序進行統計研究以取得正確的結果。

一般而言，這一項程序的準則如下：

1. 擬訂研究目的。
2. 確立研究相關的變數。
3. 定義母體。
4. 決定使用何種抽樣方法收集數據。
5. 實際收集數據。
6. 摘要數據並且進行任何必要的統計計算。
7. 解讀結果。

也有一種撰寫研究流程與結果的正式方式，這一項資訊可以在本書英文版線上資源"Writing the Research Report"下找到。

例題 1-6 實驗設計

研究員隨機指定各 10 個人給三個不同的群組。第一群被要求寫一篇關於生活中曾經有過的爭論的短文。第二群被要求寫一篇關於生活中曾經感激過的事件的短文。第三群被要求寫一篇關於生活中曾經保持中立的事件的短文。練習之後，他們寫了一份關於生活展望的問卷。研究員發現撰寫關於生活中曾經感激過的那一組人對未來比較樂觀。結論是一般而言把焦點放在正面事件上會讓你感受樂觀生活。根據這一項研究，回答以下問題。

a. 這是一種觀察型研究或是實驗型研究？
b. 獨立變數是哪一個？
c. 依變數是哪一個？
d. 哪一個可能是這一項研究的交絡變數？
e. 樣本數是多少？
f. 你同意研究的結論嗎？解釋你的答案。

解答

a. 這是一種實驗型研究，因為可以操作變數（寫哪一種短文）。
b. 獨立變數是參與者撰寫短文的種類。
c. 依變數是生活展望問卷的分數。
d. 其他因子，例如年齡、撫養非婚生子女、收入等，都會影響結果；但是，隨機指定參與者有助於消除這些因子的影響。
e. 這一項研究總共有 30 位參與者。
f. 答案因人而異。

➥ 使用統計與誤用統計

學習目標 ❼
解釋如何使用統計與如何誤用統計。

就像之前解釋的，統計技術可以被用來描述數據、比較兩個或多個數據集、決定變數之間是否有關係、估計母體特徵以及檢定跟母體特徵有關的假設。但是，也可以從另一個角度看統計，比如說，誤用統計賣掉無法用的產品、試著證明假為真，或是用統計喚起人們驚恐、震驚、憤怒而引起注意。

有兩句流傳久遠的諺語，足以說明這個觀點：

「有三種謊言──謊言、該死的謊言跟統計。」

「圖不會說謊，但說謊者會畫圖。」

不要因為看到或是聽到某一項研究結果，或是在媒體上看到某一項民意調查，就認為這些結果是可靠的，或者是認為結果可以適用所有狀況。比如說，報告者有時候會省略關鍵的細節，例如樣本數以及如何挑選參與研究的成員。

沒有這一類的資訊，你無法正確評估研究的正確性以及合宜地解讀研究的結論。

說明統計如何被誤用是這一節的目的。你不應該就此對所有研究與調查報告存疑，但是當你根據研究或是調查結果下決定的那一刻，你應該考慮許多因素。這裡有一些統計可能被誤解的情形。

懷疑樣本　第一種情形是考慮研究所使用的樣本。有時候研究員使用非常少量的樣本取得資訊。許多年前，廣告業有這樣的名言：「調查四位醫生就有三位推薦某牌子」如果只調查四位醫生，結果應該純粹是機會造成的；但是如果調查 100 位醫生，結果應該會非常不一樣。

不只樣本數夠大是重要的，了解如何挑選樣本成員也是必要的。使用自願參與者的研究有時候會有內在的偏誤。自願者通常無法代表大型的母體。有時候他們會有特殊的社經背景，有時候為了拿到助學金的無業人士會自願參與研究。有些研究需要參與者在某一個不是家裡也不是工作場所的環境待上幾天甚至幾個禮拜，這樣就會自動排除那些上班族或是無法離開公司的人們。有時候只有大學生或是退休人員會參與研究。過去許多研究只採用男性，但是卻試圖把結果同時應用在男性與女性身上。有些民意調查會要求人們打電話進來回應意見，一般而言，主動打電話的那一些人無法代表母體，因為只有那些反應強烈或是意見相左的人才會打電話或是寫信。

方便樣本是另一種無法代表母體的樣本。教育研究有時候為了方便採用一整班的學生。通常，這些班級的學生並無法代表整個學區的學生母體。

解讀使用小樣本、方便樣本、自願樣本所得到的結果並一般化到整個母體時應該小心。

曖昧平均　你會在第三章學到四種常用的平均數字，分別是「平均數」、「中位數」、「眾數」、「中檔數」。針對同樣一份數據集，這四個數字有可能天南地北。知道這件事的人就可以挑選一個有利的數字支持他們的論點（這不是撒謊）。

改變主題　另一種統計失真發生在用不一樣的數字表達同一組數據。比如說，一位尋求連任的政黨候選人可能會這麼說，「在我的任內，開支只微幅上揚 3%。」試圖推翻他的對手可能會說，「在我的對手任內，開支勁揚高達 6,000,000 美元。」這時候兩者的論述都是正確的；但是用 6,000,000 美元表達上揚 3%，感覺上增加非常多。這裡再問自己一次，哪一種數字比較能夠代表數據？

分離的統計數字　沒有比較是一種使用分離的統計數字。比如說，你或許會聽到這一類的主張：「我們品牌的餅乾卡路里少 1/3。」這時候沒有比較。卡路里少 1/3 是跟誰比？另外一個使用分離統計數字的例子，像是「A 品牌的阿斯匹靈止痛快 4 倍。」比誰快 4 倍？當你看到這一類的主張，永遠要問「跟誰比？」

隱晦的聯繫　許多主張試圖意指變數之間不一定存在的聯繫。比如說，考慮以下的主張：「吃魚可能可以幫助降低膽固醇。」注意字眼「可能可以幫助」。這意味著，吃魚並不保證降低膽固醇。

「研究建議用我們的跑步機可以幫你減重。」這裡用的字眼是「建議」。這再一次意味著，使用廣告的跑步機不保證可以幫你減重。

另一種主張像是說，「某些人吃了鈣片會降低血壓。」注意字眼「某些」。你可能不是那一些「某些人」。從使用「可能可以」、「某些人」等等字眼的主張獲取結論要謹慎小心。

誤導的統計圖　統計圖形提供數據一種視覺上的呈現，比起只看數字，讓讀者更容易分析與解讀數據。在第二章，你將會看到許多呈現數據的圖形。但是，如果圖形畫得不適當，它們會扭曲數據的印象，並且造成讀者做出錯誤的結論。第二章會再一次討論不當使用圖形的情形。

錯誤的問卷　當分析問卷調查結果的時候，你應該確定問題有沒有寫錯，因為問題的用字遣詞經常會影響到受訪者的答案。比如說，這樣問「你認為 North Huntingdon 學區應該建一個新足球場嗎？」和這樣問「你認為應該加稅讓 North Huntingdon 學區有能力蓋新的足球場嗎？」得到的答案一定不一樣。只有一點點不一樣的問題可能會得到天南地北的答案。當你在解讀問卷調查結果的時候，請注意到這些常見的用字遣詞錯誤。

再一次說明本節的前提。正確使用統計數字對取得資訊是有利的，但是誤用統計數字，可能會帶來許多誤導。就像你的摩托車，騎它上學、上班、甚至是旅遊，摩托車是好的工具。如果騎它輾過那隻吠一整夜、破壞花園、隔壁鄰居的狗，那摩托車就不是好的工具了。

觀念應用 1-4　無煙菸草研究

當抽菸不利健康的證據持續被發現，人們嘗試了各種戒菸的辦法。許多人試著嚼菸草，或者嚼一種叫做無煙菸草的替代品。把小量的菸草放在臉頰與牙床之間，從菸草釋放出來的少量化合物會被吸收進入血液，產生吸菸的感覺。這樣的事實促使了對無煙菸草的反效果進行研究。一項研究挑選了 40 位大學生，其中

20 位安排嚼無煙菸草,剩下的 20 位則嚼一種形狀和味道皆類似無煙菸草的替代品（注意該項替代品是無害的）。這些學生被隨機指定給其中一組。在開始嚼之前與嚼了 20 分鐘之後,都會記錄每一位學生的血壓及心跳。嚼無煙菸草的那一組心跳明顯提高了。請回答以下的問題。

1. 這是一種什麼型態的研究（觀察型、準實驗型或實驗型）？
2. 獨立變數與依變數為何？
3. 哪一組是處理組？
4. 學生會因為知道參與研究因而改變心跳嗎？
5. 列舉一些可能的交絡變數。
6. 你認為這是一種研究無煙菸草效果的好方法嗎？

答案在第 32 頁。

練習題 1-4

1. 解釋觀察型研究與實驗型研究的差異。
2. 實驗型研究與準實驗型研究的差異為何？
3. 什麼是交絡變數？
4. 完全隨機設計與匹配設計的差異為何？
5. 「在一個公園問遊客一天遛狗多少分鐘。」使用的是觀察型研究或是實驗型研究？
6. 「某一項研究指出冥想可以幫助人們更合理地下決定。」指出獨立變數與依變數。
7. 「加州大學的一位學者發現正面心態的人可以帶來更長久更健康的人生。」建議學者一些研究時可能會考慮的交絡變數。
8. 「我們的止痛藥可以給你無痛的 24 小時。」說明為什麼該論述可能會產生誤導。
9. **益菌** 根據在 Minnesota 大學對 20 人進行的一份小量前測研究,每天吃一粒阿拉伯半乳聚糖 (arabinogalactan),經過六個月之後,會顯著增加一種乳酸菌 (lactobacillus)。為什麼這一項研究結論無法適用於廣大的群眾？
10. 在一項保濕化妝水廣告,有這樣的主張：「……這是皮膚科醫生推薦的首選品牌。」這一項主張會誤導大家什麼？
11. 「媽媽懷孕時抽菸生出的男孩在進入成年期會出現暴力跟犯罪傾向的行為。」我們可以推論懷孕時抽菸應該為犯罪行為負責嗎？
12. **咖啡因與健康** 在 1980 年代,研究結果認為咖啡是心臟病跟胰腺癌的高危險因子。而 1990 年代初期,研究發現喝咖啡對健康構成的威脅最小。但是,1994 年有一項研究發現孕婦每天喝超過 3 杯茶會有自然流產的風險。而 1998 年,有一項研究主張婦女每天喝超過半杯含咖啡因的茶會增進她們的生育能力。而同一年另一項研究顯示每天額外喝幾杯咖啡會提高血壓、心跳以及壓力。（資料來源：*"Bottom Line: Is It Good for You? Or Bad?"* by Monika Guttman, *USA TODAY Weekend*）為這幾項看似衝突的研究提出幾個理由。

1-5 電腦與掌上型計算機

學習目標 ⑧
解釋電腦與掌上型計算機在統計上的重要性。

以往，統計計算都是用筆和紙完成的。但是，由於計算機的發明，數值計算變得相當容易。電腦可以執行所有的數值計算。人們只需要把數據輸入電腦，接著使用適當的指令；電腦會把結果印出來，或是把它顯示在螢幕上。

市面上有許多統計套裝軟體，本書使用微軟的 Excel。Excel 的相關指令會放在每一節的最後面。章節的名稱叫做「Excel 技術步驟解析」。

你應該了解電腦與掌上型計算機只是提供數值答案，幫你省下手算的時間與體力。了解與解讀每一項相關的統計概念依舊是你的責任。另外，你應該了解來自數據的結果並不會神奇地出現在電腦螢幕上。使用程序表（作者的創意）進行計算將幫助你強化使用電腦的能力。

Excel 技術步驟解析

簡介

微軟的 Excel 2010 有兩種方式解答統計問題。第一種，有一些內建的函數，例如 STDEV 和 CHITEST，可以從標準工具列點選 Formulas（公式），然後點選 Insert Function（插入函數）小圖示 ƒx。另一項方便計算各種統計數字以及進行各種統計檢定的功能，就是 Analysis Tool-Pak Add-in（分析工具組外掛程式）的 Data Analysis（數據分析）指令。

為了載入 Analysis Tool-Pak：點選 Excel 工作簿左上角的 File（檔案）標籤，然後點選左邊面板上的 Options。

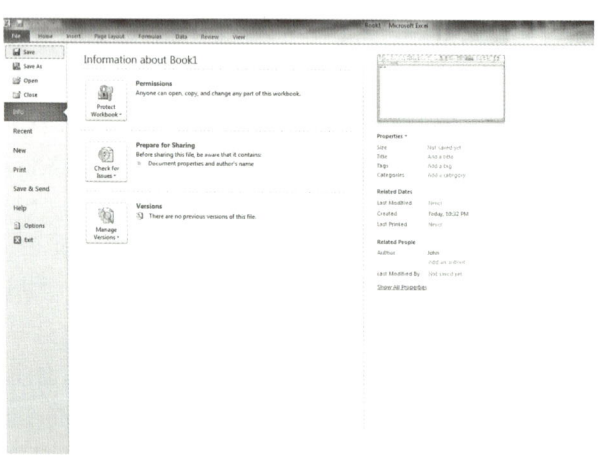

1. 點選 Add-Ins（外掛程式），接著點選 Excel Options 頁面下方在 Manage 工具右邊的 Go 按鈕。

第 1 章 機率與統計的本質

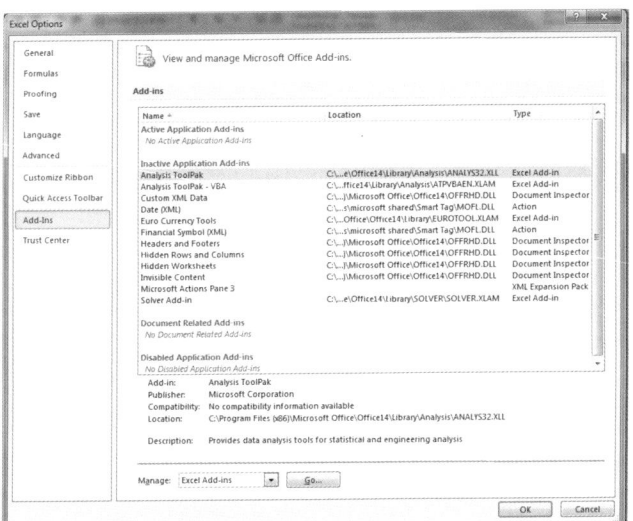

2. 勾選 Add-in 的 Analysis ToolPak，然後點選 OK。

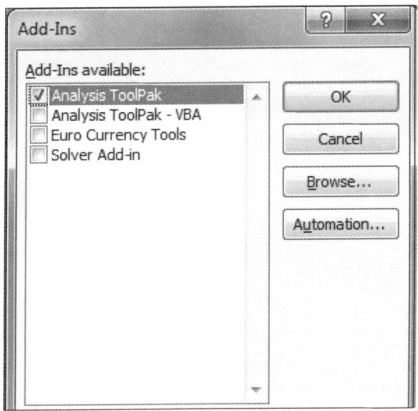

3. 點選 Data 標籤。Analysis ToolPak 會出現在 Analysis group。

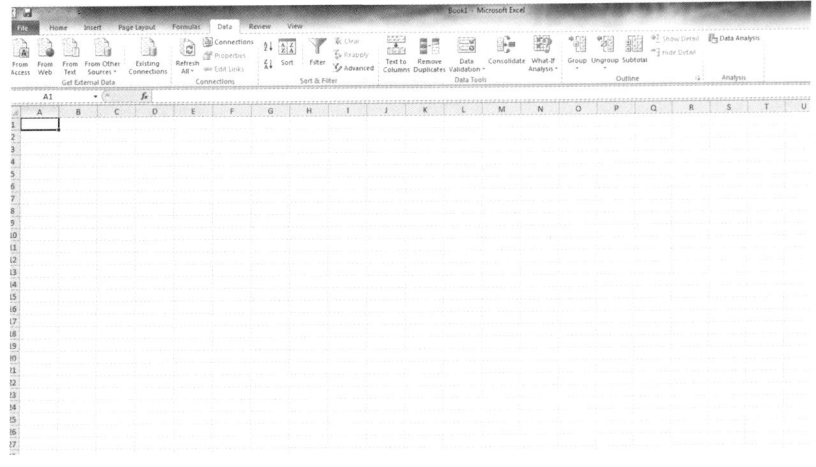

MegaStat

本書之後會遇到一些 Excel 技術步驟解析需要使用外掛程式 MegaStat。MegaStat 可以從網站 www.mhhe.com/megastat 下載。

1. 儲存包含 MegaStat 外掛程式 (MegaStat.xls) 以及線上輔助的 Zip 檔案到電腦的硬碟。
2. 開啟 Excel。
3. 點選 Excel 工作簿左上角的 File（檔案）標籤，然後點選左邊面板上的 Options。（就像之前安裝 Analysis ToolPak 一樣）。
4. 點選 Add-Ins 按鈕。MegaStat 不會像一支應用程式般出現，除非已經安裝。
5. 點選 Excel Options 視窗下方出現在 Manage (Add-Ins) 工具旁邊的 Go 按鈕。
6. 一旦 Add-Ins 勾選方塊出現，點選 Browse 找出 MegaStat.xls 在電腦硬碟的位置。
7. 從硬碟選取檔案 MegaStat.xls；點選在它右邊的勾選方塊，緊接著點選 OK。

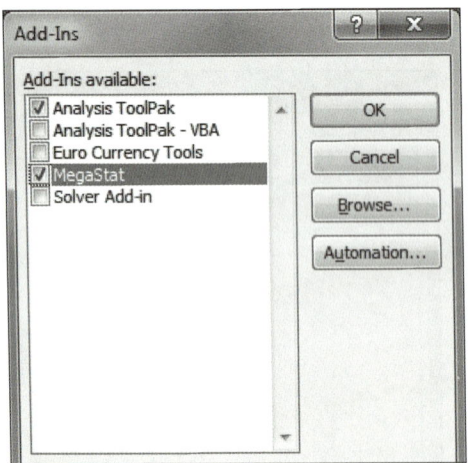

8. 當你在 Toolbar（工具列）選取 Add-Ins 的時候，MegaStat 外掛程式就會出現了。

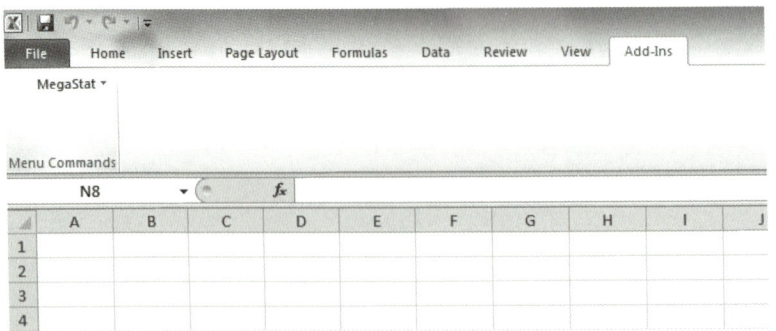

輸入數據

1. 想在哪裡輸入數據就點選 Excel 某一行的某一個空格 (cell)。當你只有一個變數

的數據，通常會把數據放在某一行。
2. 鍵入每一筆數據，然後按鍵盤上的 [Enter] 或是 [Tab]。

你也可以透過點選 workbook（工作簿）下方的 Insert Worksheet 小圖示 為 Excel 增加 worksheet（工作表）。

例題 XL1-1：開啟一個已經存在的Excel workbook（工作簿）/worksheet（工作表）

1. 開啟微軟 Office Excel 2010。
2. 點選 File 標籤，然後點選 Open。
3. 點選存放檔案的 library，例如我的文件（My documents），然後點選 Open。
4. 點選你想開啟之 Excel 檔案的名字，然後點選 Open。

注意：Excel 檔案的副檔名是 .xls。

結語

- 統計學有兩個分支：敘述統計學與推論統計學。敘述統計學包含數據的收集、組織、摘要以及呈現。推論統計學則包含各種從樣本推論母體的工作，估計與假設檢定，決定關係跟進行預測。推論統計學乃植基於機率論。(1-1)
- 數據可以分為屬性的與屬量的。屬量的數據可以再分為離散的和連續的，就看數字（數據＝數字＋單位）的本質。也可以用各種測量尺度區分數據。有四種基本的測量尺度，分別是名目、順序、區間和比例。(1-2)
- 因為大部分研究用的母體都很大，統計學家會用母體的一部分，叫做樣本，收集與研究相關的數據。有四種基本的方法取得樣本：隨機抽樣、系統抽樣、分層抽樣、群集抽樣。(1-3)
- 基本上有兩種類型的統計研究：觀察型研究跟實驗型研究。當進行觀察型研究的時候，研究員觀察現在跟過去發生了什麼事，然後根據這些觀察下結論。他們不會試圖以任何形式操作與研究有關的變數。(1-4)
- 當執行某一項實驗型研究，研究員操作一個或是多個獨立變數（解釋變數）並且觀察這樣的改變（操作）如何影響依變數（反應變數）。(1-4)
- 最後，統計數字用在很多地方。人們每天都遇得到，例如讀報章雜誌、聽 MP3、或者是看電視的時候。既然統計被用在人們努力的各個領域，受過教育的每一個人應該學習統計的辭彙、概念以及程序。同時，每一個人都應該知道統計會被誤用。(1-4)
- 今日，電腦跟掌上型計算機被廣泛地應用在與統計有關的各種計算上。(1-5)

複習題

1-1
針對練習題 1~4，決定該題使用的是敘述統計學或是推論統計學。

1. 2040 年之前至少有 3 億 5,000 萬人會無水可用。（資料來源：World Future Society）
2. 一項 1,000 位成年人的調查指出有 34% 會在社群網路貼文。（資料來源：AARP Survey）
3. 過敏療法會趕走蜜蜂。（資料來源：Prevention）
4. 2,000 位患有循環系統問題的病人平均住院天數是 4.7 天。

1-2
針對練習題 5~9，決定該題的數字是來自名目、順序、區間或是比例尺度。

5. 25 本最暢銷懸疑小說的頁數。
6. 10 個披薩烤爐的內部溫度。
7. NFL 教練的薪水。
8. 教科書的滿意度（壞、尚可、好、優秀）。
9. 安親班小朋友的年紀。

針對練習題 10~13，決定該題的數據是屬性的或是屬量的。

10. 醫院護士的婚姻狀態。
11. 餐廳水族箱內龍蝦的重量。
12. 大杯奶昔有多少盎司的冰淇淋。
13. 個人照護中心居民的年齡。

針對練習題 14~17，決定該題的數據是離散的或是連續的。

14. 披薩快遞每天賣出幾個披薩？
15. 數家地區超市一袋香蕉有幾根。
16. 校車上一年級學生的書包有多重？
17. 馬拉松選手的血壓。

針對練習題 18~19，決定每一個數字的界線。

18. 36 吋。
19. 72.6 噸。

1-3
針對練習題 20~22，指出該題使用的樣本是隨機的、系統的、分層的、群集的或是其他。

20. 在某一個大型學區內，訪談某兩棟大樓內的所有老師，詢問他們是否認為今年學生的功課比去年少。
21. 使用亂數挑選護士長以決定年薪。
22. 根據性別（男或女）與走路或是騎車送信，將某大都市的郵差分成四群，然後從每一群挑選 10 人接受訪談決定去年送信過程中是否曾被狗咬。

1-4
針對練習題 23~25，決定該題使用的是觀察型研究或是實驗型研究。

23. 參與研究的人員被隨機指定給兩群中的一群，其中一群服用草藥，而另一群則服用安慰劑。六個月之後，比較兩群的呼吸道感染次數。
24. 有一位研究員發現，看起來比較心懷敵意的人總膽固醇水準會比較高。
25. 參與研究的人員被隨機指定給四群中的一群，每一群人被指定採用一種特殊的食譜——低脂飲食、高魚蛋白飲食、低脂加高魚蛋白飲食以及普通飲食。六個月之後，比較四群人的血壓，看看飲食是否對血壓有任何效果。

針對練習題 26~27，指出獨立變數與依變數。

26. 從地區咖啡廳挑選各種咖啡，並且決定每一盎司的咖啡因有幾毫克。
27. 在 British Journal of Nutrition 的一篇文章提到隨機挑選兩群老鼠，其中一群在某一段時期服用麝香，而另一群則是什麼都不服用的控制組。然後分析這些老鼠的大腦，發現服用麝香的老鼠其抗氧化程度類似年輕老鼠。文章的結論是麝香補充劑強化了老鼠大腦的抗氧化程度。

第 1 章 機率與統計的本質

針對練習題 28~30，說明為什麼以下論述或許有疑慮。

28. 根據一項最新的電訪調查，其中 72% 接觸過網路商店。
29. Fairview 大學護士學院的畢業生平均年薪是 33,456 美元。
30. 一份最新的研究顯示，高中中輟生比起畢業生較少使用網際網路；因此，我們認為網際網路可以增加人們的智商。

小試身手

是非題。如果答案是「非」，請提供理由。

1. 機率是推論統計學的基礎。
2. 樣本測度與母體測度之間的差距叫做非抽樣誤差。
3. 溫度是一種屬量變數的例子。
4. 6 吋的界線是 5.9–6.1 吋。

選擇題

5. 25.6 盎司的界線為何？
   a. 25–26 盎司
   b. 25.55–25.65 盎司
   c. 25.5–25.7 盎司
   d. 20–39 盎司
6. 根據顏色分類的數據是用哪一種測量尺度得到的測量值？
   a. 名目
   b. 比例
   c. 順序
   d. 區間
7. 考慮同一個研究，干擾其他變數的變數叫做
   a. 交絡變數
   b. 解釋變數
   c. 反應變數
   d. 干擾變數

填充題

8. 機率的兩種用途是_____ 及_____。
9. 從所有成員中挑選一些成員，被挑中的成員叫做_____。
10. 四種基本的抽樣方法為_____、_____、_____、_____。
11. 如果可能的話，應該用_____方法指派參與者給各群。
12. 以下哪一個變數屬於名目尺度、哪一個屬於順序尺度、哪一個屬於區間尺度、哪一個屬於比例尺度？
    a. 電影被分級為普通級、保護級跟限制級。
    b. 募款活動賣出的糖果數。
    c. 車子被分類為「小型車」、「轎車」、「中型車」和「高級車」。
    d. 吹風機的溫度。
    e. 商務客機上行李的重量。
13. 為以下每一個數字找出界線。
    a. 32 分鐘
    b. 0.48 毫米
    c. 6.2 吋
    d. 19 磅
    e. 12.1 夸脫

觀念應用的答案

觀念應用 1-1 出席率與成績

1. 變數是成績與出席率。
2. 數據包含成績與出席率的細節。
3. 這些都是敘述統計學；但是，如果進行全體學生的推論，那麼就是推論統計學。
4. 研究的母體是 Manatee Community College 的學生。
5. 若沒有特別指明，可能是 Manatee Community College 全部學生的一組樣本的數據。
6. 根據數據，一般而言，似乎出席率愈高，成績愈好。

觀念應用 1-2　運輸業死亡傷害次數

1. 變數是運輸業別與死亡傷害的次數。
2. 運輸業別是屬性變數，而死亡傷害次數是屬量變數。
3. 死亡傷害的次數是離散的。
4. 運輸業別是名目的，而死亡傷害次數是比例的。
5. 鐵路死亡傷害的次數確實比較少；但是，或許應該考慮其他事。比如說，比起其他交通工具，使用鐵路旅行的人事實上比較少。
6. 人們選擇哪一種交通工具或許也會受方便性、花費、服務與供應情況等等影響。
7. 答案因人而異。鐵路的死亡傷害最少，而水路工具則次少，飛機大概是水路的三倍。當然，高速公路的死亡傷害次數最多。

觀念應用 1-3　美國文化與藥物濫用

答案因人而異，這只是一種可能的答案。

1. 我用電話調查。這一種調查方法的優點是它是一種相對便宜的調查方法（雖然比郵件調查貴），而且可以得到可觀的回覆率。這一種方法的缺點是我無法調查沒有電話的那些人。（注意：我的調查使用一種隨機撥號的方法，讓我可以找到那些不願意公開電話與行動電話的人們。）
2. 郵件調查也是一種不貴的方法，但是回覆率比電話調查低很多。面訪讓我在面訪的那一段時間可以使用後續問題追問，而且可以親自回答受訪者的疑問。但是，面訪非常耗時而且是一種成本密集的調查方法。
3. 我用 1-5 的順序尺度。分數分別是，1＝非常不同意、2＝不同意、3＝沒意見、4＝同意、5＝非常同意。
4. 我用的隨機方法是一種隨機撥號方法。
5. 為了包含每一州的民眾，我用一種分層隨機樣本，從每一個郵遞區號隨機挑選有電話的民眾。
6. 這一種方法讓我可以挑到美國每一個區域的民眾。
7. 方便樣本不一定可以代表母體，而且根據美國文化對非法使用藥物的影響，青少年的方便樣本可能跟一般民眾有著非常不同的差別。

觀念應用 1-4　無煙菸草研究

1. 這是一種實驗型研究，因為研究員強迫兩群參與者中的一群接受處理。
2. 獨立變數是參與者是否嚼無煙菸草。依變數是學生的血壓與心跳。
3. 處理組是菸草組，另一組是控制組。
4. 我認為學生的心跳不一定會因為知道參與研究而改變，但是，如果學生的心跳會因為知道而改變心跳，那麼所有學生（兩組）改變的程度應該差不多。這是一種安慰劑效應。
5. 答案因人而異。可能的交絡變數包括學生嚼無煙菸草的方式、學生有沒有抽菸（雖然我們希望這一項會因為隨機而被淡化），以及所有參與者都是大學生。
6. 答案因人而異。研究設計基本上可以被接受，但是可能無法把結果一般到大學生以外的民眾（或是那一個年齡層以外的民眾）。

Chapter 2

頻率分配

學習目標 ▶▶

經過本章的洗禮之後,你將具有以下的能力:

❶ 利用頻率分配組織數據。
❷ 利用直方圖、頻率多邊形以及肩形圖這一類頻率分配圖呈現數據。
❸ 利用直條圖、柏拉圖、時序圖以及圓餅圖呈現數據。
❹ 繪製與解讀莖葉圖。

本章大綱 ▶▶

簡介
2-1　組織數據
2-2　直方圖、頻率多邊形與肩形圖
2-3　其他圖形
結語

統計學

簡介

進行統計研究的時候，研究員必須收集某些與研究相關變數的數據。比如說，如果研究員希望探討過去幾年來某區域有多少人被毒蛇咬過，那麼他必須收集來自該區域各醫生、醫院或是衛生機關的數據。

為了描述狀況、下結論，或者是推論，研究員必須透過某種有意義的形式組織數據。建構某種頻率分配是組織數據最方便的方法。

組織數據之後，研究員必須呈現組織後的結果，好讓那些希望透過閱讀報告而獲利的人們有辦法理解。建構統計圖表乃是呈現數據最有用的方法。市面上有許多種圖表，而每一種皆有獨特的目的。

這一章將解釋如何透過建構頻率分配組織數據，以及如何透過建構圖表呈現數據。這裡會示範直方圖、頻率多邊形、肩形圖、圓餅圖、柏拉圖及時序圖，也會一併介紹結合頻率分配與直方圖特徵的莖葉圖。

2-1　組織數據

學習目標 ❶
利用頻率分配組織數據。

假設研究員希望探討全球前 50 大富豪的年齡，研究員應該先收集這些人的年齡。在《富比士》(*Forbes Magazine*) 可以發現這一份年齡的數據。當數據以原來的樣子存在，它們被叫做**原始數據 (raw data)**。全球前 50 大富豪的年齡如下所示：

45	46	64	57	85
92	51	71	54	48
27	66	76	55	69
54	44	54	75	46
61	68	78	61	83
88	45	89	67	56
81	58	55	62	38
55	56	64	81	38
49	68	91	56	68
46	47	83	71	62

因為無法從端詳原始數據得到任何資訊，研究員決定以頻率分配整理這一些數據。

非凡數字
超過 50 歲的美國人，有 23% 認為他們未來會有更高的成就。

利用組別與頻率，以表格組織原始數據的結果叫做**頻率分配 (frequency distribution)**。

頻率分配包含「組別（組）」以及對應的「頻率」。每一筆原始數據會被擺在某一種屬量的或是屬性的類別，叫做**組別 (class)**。某一組別的**頻率**

(frequency) 就是那一組包含了幾筆原始數據。前述數據集的頻率分配如下所示。

組界	劃記	頻率
27–35	/	1
36–44	///	3
45–53	𝍲 ////	9
54–62	𝍲 𝍲 𝍲	15
63–71	𝍲 𝍲	10
72–80	///	3
81–89	𝍲 //	7
90–98	//	2
總和		50

經過端詳頻率分配，我們有幾項一般的觀察。比如說，大部分前 50 大富豪的年齡超過 45 歲。

這一個分配的組別分別是 27–35, 36–44 等等。這一些數字叫做組界。年齡 27, 28, 29, 30, 31, 32, 33, 34, 35 會被放在第一組；36, 37, 38, 39, 40, 41, 42, 43, 44 會被放在第二組；以此類推。

最常用的兩種頻率分配是類別頻率分配與群組頻率分配。接著討論建構這兩種頻率分配的程序。

➡ 類別頻率分配

類別頻率分配 (categorical frequency distribution) 用在那些可以被歸為某一個類別的數據，例如名目或者是順序尺度的數據。比如說，政黨傾向、宗教傾向或主修領域等等，都可以使用類別頻率分配。

例題 2-1　血型的分配

25 位新兵接受血型檢測。數據集如下。

A	B	B	AB	O
O	O	B	AB	B
B	B	O	A	O
A	O	O	O	AB
AB	A	O	B	A

為數據建構頻率分配。

解答

因為是類別數據，可以使用離散組別。有四種血型：A、B、O 與 AB。這些血型就被用來當作是分配的「組別」。

為類別數據建構頻率分配的程序如下：

步驟 1 製作一張如下的表格。

A 組別	B 劃記	C 絕對頻率	D 百分比頻率
A			
B			
O			
AB			

步驟 2 劃記每一筆數據，並且把結果放在 B 行。

步驟 3 數一下劃記，並且把結果放在 C 行。

步驟 4 使用以下的公式求出每一組別絕對頻率的百分比：

$$\% = \frac{f}{n} \cdot 100$$

其中 f = 組別的絕對頻率，而 n = 數字的總個數。比如說，血型 A 這一組的百分比頻率是

$$\% = \frac{5}{25} \cdot 100 = 20\%$$

百分比不一定是頻率分配的一部分，但是它們可以被加總，所以會被用在某些圖形裡，例如圓餅圖。同時，百分比的數字部分叫做相對頻率。

步驟 5 求出 C 行（絕對頻率）的總和與 D 行（百分比頻率）的總和。加總百分比頻率這一行並確定加總結果是 100% 是一項好的想法。加總這一行的所有百分比並不會剛好是 100%，這是因為計算過程中的四捨五入。完成後的表格如下所示。

A 組別	B 劃記	C 絕對頻率	D 百分比頻率
A	卌	5	20
B	卌 //	7	28
O	卌 ////	9	36
AB	////	4	16
	總和	25	100%

對這一組樣本而言，比起其他血型，血型 O 的人比較多。

群組頻率分配

當數據範圍很大的時候,必須將數據分群,這時候得到的頻率分配叫做**群組頻率分配 (grouped frequency distribution)**。比如說,下述是 50 位隨機大學生樣本的血糖值(以每公合幾毫克 (mg/dL) 計)的分配。

組界	組邊際	劃記	絕對頻率
58–64	57.5–64.5	/	1
65–71	64.5–71.5	7H/ /	6
72–78	71.5–78.5	7H/ 7H/	10
79–85	78.5–85.5	7H/ 7H/ ////	14
86–92	85.5–92.5	7H/ 7H/ //	12
93–99	92.5–99.5	7H/	5
100–106	99.5–106.5	//	2
		總和	50

建構上述頻率分配的程序顯示在例題 2-2;不過,關於這個分配,我們應該注意到幾件事。在這個分配,第一組的 58 與 64 叫做組界。**下組界 (lower class limit)** 是 58;它代表這一組可以包含的最小數據。**上組界 (upper class limit)** 是 64;它代表這一組可以包含的最大數據。第二行的數字叫做**組邊際 (class boundary)**。這些數字連接各組,讓組別與組別之間沒有間隙。組界之間有間隙,比如說,64 與 65 之間就有間隙。

雖然已經給定組界,但是學生有時候無法得知組邊際。基本的經驗法則是,組界應該跟數據有著一樣多的位數,而組邊際會多一位小數,而且該位小數的阿拉伯數字是 5。比如說,如果數據都是整數,例如 59、68 及 82,某一組的組界可能是 58–64,而組邊際會是 57.5–64.5。把 58(下組界)減去 0.5 以及 64(上組界)加上 0.5,以得到組邊際。

$$下組界 - 0.5 = 58 - 0.5 = 57.5 = 下組邊際$$
$$上組界 + 0.5 = 64 + 0.5 = 64.5 = 上組邊際$$

假如數據有一位小數,例如 6.2, 7.8 及 12.6,某一組的組界可能是 7.8–8.8,而組邊際就會是 7.75–8.85。同樣地,把 7.8(下組界)減去 0.05 以及 8.8(上組界)加上 0.05,以得到組邊際。

頻率分配不一定包含組邊際;但是,它們提供了組織數據一種更正式的過程,包括有時候數據已經被四捨五入這樣的事實。假若在某些統計研究遇上組邊際,你就會更熟悉它。

最後,頻率分配某一組的**組距 (class width)** 等於下一組的下(上)組界

> **非凡數字**
> 6% 的美國人認為他們的生活平淡無奇。

> **非凡數字**
> 每 100 位美國人就會有一位是色盲。

減去這一組的下（上）組界。比如說，前述船用電池壽命分配的組距是 65 − 58 = 7。

組距也會等於任一組別的上組邊際減去下組邊際。在這個例子中，64.5 − 57.5 = 7。

注意：組距不是同一個組別的組界相減。這樣會得到錯誤的答案。

研究員必須決定需要幾組，以及每一組的組距。為了建構頻率分配，請遵循以下的規則：

1. 應該有 5 到 20 組。雖然沒有很嚴格的規則決定頻率分配應該包含幾組，但最重要的是要有足夠的組別清楚地呈現數據的分配。

2. 組距最好是奇數，但不一定需要。這樣可以確定每一組的中點和數據會是同樣的位數。**組中點 (class midpoint)** X_m 等於上下組邊際加起來除以 2，或是上下組界加起來除以 2：

$$X_m = \frac{下組邊際 + 上組邊際}{2}$$

或是

$$X_m = \frac{下組界 + 上組界}{2}$$

比如說，這個電池壽命例子第一組的組中點是

$$\frac{58 + 64}{2} = 61 \quad 或 \quad \frac{57.5 + 64.5}{2} = 61$$

組中點是各組中間位置的數字。繪圖時需要組中點（詳見第 2-2 節）。如果組距是偶數，則組中點會有一位小數。比如說，如果組距是 6，而組邊際是 5.5 和 11.5，則組中點是

$$\frac{5.5 + 11.5}{2} = \frac{17}{2} = 8.5$$

第二項規則只是一項建議，不一定要遵守，特別是用電腦程式分組數據的時候。

3. 組別必須彼此互斥。彼此互斥的組別有著不重疊的組界，所以一筆數據不會同時落入兩個不同的組別。很多時候，像以下的頻率分配：

年齡
10–20
20–30
30–40
40–50

會出現在文獻和調查裡。如果某人 40 歲，則他（她）的年齡會被放在哪一組？換成下述的組別會得到比較好的頻率分配：

年齡
10–20
21–31
32–42
43–53

回顧組邊際彼此間是分開的。比如說，當組邊際是 5.5 到 10.5，介於 6 到 10 的數據會落入這一項組邊際。數據 5 就會落入之前的組邊際，而 11 則會落入下一個在右邊更高的組邊際。

4. 組別必須是連續的。即使某一組沒有任何數字，該組還是必須被放在頻率分配內。頻率分配不應該有間隙。唯一的例外是，第一組或是最後一組沒有數字的時候，此時可以忽略。因為忽略兩端沒有數字的組別不會影響分配的性質。
5. 組別必須是完整的。必須要有足夠的組別包含每一筆數據。
6. 必須要有一樣組距的組別。這樣可以避免扭曲數據的分配。

當數據有一組是開放組時，會有例外。也就是說，該組沒有明確的起點或是終點。有著開放組的頻率分配叫做**開放分配 (open-ended distribution)**。以下的兩個分配有著開放組。

年齡	頻率
10–20	3
21–31	6
32–42	4
43–53	10
54 和以上	8

分鐘	頻率
110 以下	16
110–114	24
115–119	38
120–124	14
125–129	5

年齡頻率分配的最後一組是開放組，這意味著任何人如果是 54 歲或是超過 54 歲，他（她）的年齡會被放在最後一組。分鐘分配的第一組是開放組，意味著任何小於 110 分鐘的數據會被放在第一組。

建構群組頻率分配的程序摘要在以下的程序表。

程序表

建構群組頻率分配

步驟 1 決定組別。

求出最大值與最小值。

求出全距。

統計學

> **非凡數字**
>
> 美國人最常喝的飲料是汽水。據估計,平均而言,每一位美國人一年喝掉 52 加侖的汽水,而啤酒則是 22 加侖。

挑選希望的組數。

透過全距除以組數以及無條件進入求出組距。

挑選起點(通常是最小值或是小於最小值的方便數字);加上組距以得到下組界。

求出上組界。

求出組邊際。

步驟 2　劃記數據。

步驟 3　求出絕對頻率及累加頻率。

例題 2-2 顯示建構群組頻率分配的程序。

例題 2-2　高溫紀錄

這些數據是 50 州的高溫紀錄(以華氏溫度計)。使用 7 個組別為這些數據建構群組頻率分配。

112	100	127	120	134	118	105	110	109	112
110	118	117	116	118	122	114	114	105	109
107	112	114	115	118	117	118	122	106	110
116	108	110	121	113	120	119	111	104	111
120	113	120	117	105	110	118	112	114	114

資料來源:*The World Almanac and Book of Facts.*

解答

為數值型數字建構群組頻率分配的程序如下。

步驟 1　決定組別。

求出最大值 $H = 134$ 與最小值 $L = 100$。

求出全距:$R =$ 最大值 − 最小值 $= H - L$,所以 $R = 134 - 100 = 34$。

挑選希望的組數,通常介於 5 到 20。在此例中,7 是任意的選擇。

求出組距。組距等於全距除以組數。

$$\text{組距} = \frac{R}{\text{組數}} = \frac{34}{7} = 4.9$$

如果不能整除,把答案無條件進位到最接近的整數:4.9 ≈ 5。(無條件進位和無條件捨去是不一樣的。如果不能整除,就把答案無條件進位到下一個整數。比如說,$85 \div 6 = 14.167$ 會被無條件進位到 15。同樣地,$53 \div 4 = 13.25$ 會被無條件進位到 14。如果整除,你需要多增加一組以包含所有數據。)

為第一組的下組界(最小下組界)挑選起點。可以是最小值,或是一個比最小值小的方便數字。在此例中,我們選用 100。組距加上最小下組界會得到下一組(第二組)的下組界。持續這一個動作,直到完成 7 組的下組

界,此時是 100, 105, 110 等等。
第二組的下組界減去 1 得到第一組的上組界。然後,把每一組的上組界加上組距得到下一組的上組界。

$$105 - 1 = 104$$

第一組是 100–104,第二組是 105–109,依此類推。
利用下組界減去 0.5 和上組界加上 0.5 得到組邊際:

$$99.5–104.5,104.5–109.2,依此類推。$$

步驟 2 劃記數據。
步驟 3 求出絕對頻率。
完成的頻率分配是

組界	組邊際	劃記	絕對頻率
100–104	99.5–104.5	//	2
105–109	104.5–109.5	丅卌 ///	8
110–114	109.5–114.5	丅卌 丅卌 丅卌 ///	18
115–119	114.5–119.5	丅卌 丅卌 ///	13
120–124	119.5–124.5	丅卌 //	7
125–129	124.5–129.5	/	1
130–134	129.5–134.5	/	1
		總和	50

這一個頻率分配顯示 109.5–114.5 這一組包含最多筆數據 (18),而它的下一組 114.5–119.5 包含 13 筆高溫紀錄的數據。因此,大部分 (31) 高溫紀錄落在華氏 110 度與 119 度之間。

有時候需要一種累加頻率分配。**累加頻率分配 (cumulative frequency distribution)** 顯示有幾筆數據小於等於某個數字。為了建構累加頻率分配,加總小於等於某一組上組界之組別的所有絕對頻率就是答案。這樣做會得到一種遞增的累加頻率。在這個例子,第一組的累加頻率是 $0 + 2 = 2$;第二組是 $0 + 2 + 8 = 10$;第三組是 $0 + 2 + 8 + 18 = 28$。自然而然地,一個較簡單的方式是將上一組的累加頻率加上這一組的絕對頻率,就是這一組的累加頻率。比如說,小於等於 114.5 的累加頻率等於 $10 + 18 = 28$。這個例子的累加頻率分配如下所示:

	累加頻率
小於等於 99.5	0
小於等於 104.5	2
小於等於 109.5	10
小於等於 114.5	28
小於等於 119.5	41
小於等於 124.5	48
小於等於 129.5	49
小於等於 134.5	50

累加頻率分配可以用來顯示到目前這一組已經累加多少筆數據。在例題 2-2，總共有 28 筆高溫紀錄小於等於華氏 114 度，總共有 48 筆高溫紀錄小於等於華氏 124 度。

原始數據經過頻率分配的整理之後，可以用它來搜尋高峰和極值（異常高或是異常低的數字）。高峰的意思是哪些組別有比較多筆數據（比起其他組別）。極值，也叫做離群值，顯示相對而言很大或是很小的數據。

當數據的全距相對而言很小的時候，頻率分配可以用單一數字當組界。這樣的頻率分配叫做**不分組頻率分配 (ungrouped frequency distribution)**，顯示在下一個例題中。

例題 2-3　越野車的每加侖哩程數

這裡顯示的數據是 30 部四輪傳動越野車在都市行駛的每加侖哩程數。建構頻率分配，並且分析結果的分配。

12	17	12	14	16	18
16	18	12	16	17	15
15	16	12	15	16	16
12	14	15	12	15	15
19	13	16	18	16	14

資料來源：*Model Year Fuel Economy Guide.*
United States Environmental Protection Agency.

解答

步驟 1　決定組別。因為這一組數據集的全距很小 (19－12＝7)，所以可以用單一數字當組界。它們是 12, 13, 14, 15, 16, 17, 18, 19。

注意：如果數據是連續的，要用組邊際。將組界減去 0.5 得到下邊際，加上 0.5 得到上邊際。

步驟 2　劃記數據。

步驟 3　求出絕對頻率及累加頻率。

完成的不分組頻率分配如下所示：

組界	組邊際	劃記	絕對頻率
12	11.5–12.5	丱／	6
13	12.5–13.5	／	1
14	13.5–14.5	／／／	3
15	14.5–15.5	丱／	6
16	15.5–16.5	丱／／／	8
17	16.5–17.5	／／	2
18	17.5–18.5	／／／	3
19	18.5–19.5	／	1

這時候，幾乎半數車輛（14 部）的哩程數是 15 或是 16。
累加頻率分配如下：

	累加頻率
小於等於 11.5	0
小於等於 12.5	6
小於等於 13.5	7
小於等於 14.5	10
小於等於 15.5	16
小於等於 16.5	24
小於等於 17.5	26
小於等於 18.5	29
小於等於 19.5	30

當你建構一種頻率分配的時候，應該遵守這一節的指導原則。不過，你可以利用不同的組距、組數或是起點，建構許多種不一樣但都是正確的頻率分配。

更甚者，這裡提供建構頻率分配的方法不是唯一的，實際上還有其他方法。它們之間存在些微的差異，尤其是電腦程式之間。但是不論使用哪一種方法，組別之間仍然必須是彼此互斥、連續、完整而且是等組距的。

總結而言，這一節提供三種頻率分配。例題 2-1 所討論的第一種，用在類別數據（名目尺度數據），例如血型或是政黨傾向。這一種叫做「類別頻率分配」。第二種分配用在全距很大的時候，這時候需要數個單位之組距的組別。這一種分配叫做「群組頻率分配」。例題 2-2 示範了這一種分配。第三種分配用在全距很小的數值型數據。例題 2-3 示範了建構它的過程。因為每一組只有一單位，這一種分配被叫做「不分組頻率分配」。

統計學會使用這三種分配，而且這三種分配在組織與呈現數據上是有用的。

趣 聞

公狗比母狗喜歡咬小孩；不過，母貓比公貓喜歡咬小孩。

建構頻率分配的理由如下：

1. 使用有意義、可理解的方式組織數據。
2. 幫助讀者決定分配的本質或是它的形狀。
3. 有助於平均與分散的計算程序（詳見第 3-1 和 3-2 節）。
4. 幫助研究員繪製呈現數據的圖表（詳見第 2-2 節）。
5. 幫助讀者比較不一樣的數據集。

分析頻率分配的觀點，跟分析第 2-2 節的直方圖與頻率多邊形是完全一樣的。

觀念應用 2-1　總統就職時的年紀

以下數據是美國總統第一次就職時的年齡。

57	61	57	57	58	57	61	54	68
51	49	64	50	48	65	52	56	46
54	49	51	47	55	55	54	42	51
56	55	51	54	51	60	62	43	55
56	61	52	69	64	46	54	47	

1. 這個數據集是母體還是樣本？解釋你的理由。
2. 最老的總統就職時是幾歲？
3. 最年輕的總統就職時是幾歲？
4. 為這個數據集建構頻率分配。（自行決定組數與組距。）
5. 分配有高峰嗎？
6. 指出可能的離群值。
7. 為頻率分配顯示的數據本質撰寫一份簡短的摘要。

答案在第 86 頁。

練習題 2-1

1. 列舉使用頻率分配組織數據的五項理由。
2. 頻率分配應該使用幾個組別（區間）？為什麼組距應該是某一個奇數？

針對練習題 3~4，求出組界、組中點以及組距。

3. 43–47
4. 8.24–11.36

針對練習題 5~6，指出錯誤建構的頻率分配，並且說明錯誤的理由。

5. | 區間 | 頻率 |
|---|---|
| 27–32 | 1 |
| 33–38 | 0 |
| 39–44 | 6 |
| 45–49 | 4 |
| 50–55 | 2 |

6.

區間	頻率
123–127	3
128–132	7
138–142	2
143–147	19

7. **熱愛的運動** 50 個人被問到他們熱愛的運動，回應分別是 F = 職業美式足球、C = 大學足球、B = 棒球、A = 賽車。為數據建構類別頻率分配。最多人熱愛的運動是哪一種？最少人熱愛的運動是哪一種？（根據 Harris Interactive 調查。）

F	C	F	A	B
C	F	F	B	C
A	B	C	C	F
F	A	F	C	A
C	C	F	F	C
F	F	B	C	F
B	A	F	B	F
F	C	B	A	C
B	B	F	C	A
B	B	F	C	F

8. **電漿電視的能源消耗** 測試 40 部電漿電視，並且記錄每天開機四小時每一個小時的能源使用瓦數。採用 6 個區間為數據建構頻率分配。

480	503	514	472	465
473	475	500	502	506
492	477	483	475	481
512	473	488	485	503
508	484	486	499	512
485	468	507	501	470
497	479	492	468	492
466	472	483	511	481

9. **善心捐款** 一組 30 家美國大型企業某一年以百萬美元計的善心捐款樣本如下所示。使用 9 個區間為數據建構頻率分配。

26	25	19	31	14
48	35	43	25	46
17	21	57	58	34
41	12	27	15	53
16	63	82	23	52
56	75	19	26	88

10. **NFL 薪資** 以下數據披露某一年 NFL 球隊的薪資（以百萬美元計）。使用 7 個區間建構群組頻率分配以及累加頻率分配。

99	105	106	102
102	93	109	106
77	91	103	118
97	100	107	103
94	109	100	98
84	92	98	110
94	104	98	123
102	99	100	107

資料來源：NFL.

11. **平均風速** 挑選一組 40 個大都市的樣本，並且計算某一年的平均風速。使用 7 個區間為數據建構頻率分配。

12.2	9.1	11.2	9.0
10.5	8.2	8.9	12.2
9.5	10.2	7.1	11.0
6.2	7.9	8.7	8.4
8.9	8.8	7.1	10.1
8.7	10.5	10.2	10.7
7.9	8.3	8.7	8.7
10.4	7.7	12.3	10.7
7.7	7.8	11.8	10.5
9.6	9.6	8.6	10.3

資料來源：World Almanac and Book of Facts.

類別頻率分配表（屬性或離散數據）

Excel 技術步驟解析

1. 在一個已經打開的 workbook（工作簿）點選儲存格 A1，並且沿著 A 行往下輸入例題 2-1 的所有血型。
2. 在儲存格 B1 輸入變數名稱 Blood Type。
3. 點選儲存格 B2，並且沿著 B 行往下輸入四種血型代號。
4. 在儲存格 C1 輸入名稱 Count。
5. 點選儲存格 C2。從 toolbar（工具列）點選標籤 Formulas（公式集）。
6. 點選 Insert Function（插入函數）小圖示 fx，然後在 Insert Function 對話框點選

Statistical category（統計類）。
7. 從函數列表點選 Countif 函數。
8. 在對話框的 Range 框輸入 A1:A25。在 Criteria 框用雙引號輸入血型 A。對應血型的 A 的頻率數值會出現在 Range 的下方。為其他血型重複上述動作。
9. 算過所有數據之後，點選 worksheet（工作表）的儲存格 C6。
10. 從 toolbar（工具列）挑選 Formulas，然後點選 AutoSum，並且輸入 C2:C5 讓儲存格 C6 可以插入總頻率。

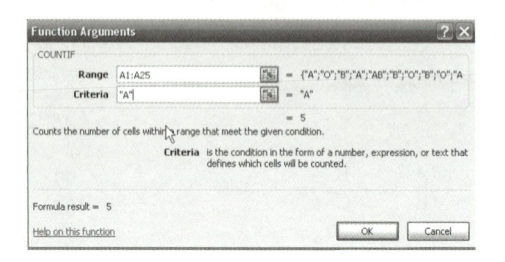

在輸入數據或是輸入 worksheet（工作表）的標題之後，你可以為了配合輸入內容而改變某一行的寬度。為了因應數據自動改變某一行的寬度：

1. 點選你想要改變寬度的那幾行。
2. 在 Home（常用）的儲存格那一群點選 Format（格式）。
3. 在 Cell Size（儲存格大小）點選 Autofit Column Width（自動調整行寬）。

製作群組頻率分配（屬量數據）

1. 按下 [Ctrl]-N 開啟新的 workbook 工作簿。
2. 在 A 行輸入例題 2-2 的原始數據，一個儲存格一個數字。
3. 在 B 行輸入上組邊際。
4. 從 toolbar（工具列）點選 Data（數據），然後點選 Data Analysis（數據分析）。
5. 在 Analysis Tools（分析工具）點選 Histogram 並且點選 [OK]。
6. 在 Histogram 對話框的 Input Range 框內輸入 A1:A50，並且在 Bin Range 框內輸入 B1:B7。
7. 點選 New Worksheet Ply 並且檢查 Cumulative Percentage 選項。點選 [OK]。
8. 你可以為包含上組邊際的那一行改變標籤，並且在重新定義標籤之後自動地調整行寬。

從 toolbar（工具列）點選 Home（常用）。
反白你想改變寬度的那幾行。
點選 Format（格式），然後點選 Autofit Column Width（自動調整行寬）。

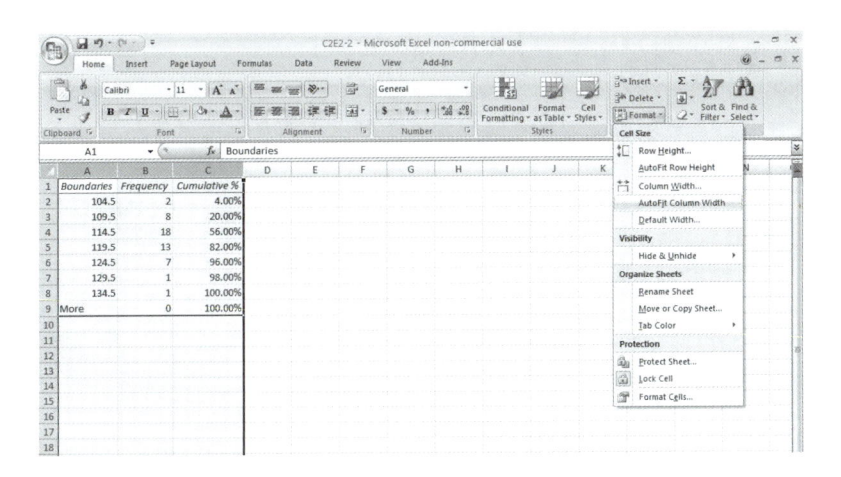

注意：透過不勾選 Chart Output，新的 worksheet（工作表）只會顯示表格。

2-2　直方圖、頻率多邊形與肩形圖

在你把數據組織為某一種頻率分配之後，你可以用圖的方式呈現之。在統計學，繪圖的用意是為了以圖的形式傳達數據內含的訊息。對大部分人而言，比起用數值表格或是頻率分配，用圖形比較容易理解數據。尤其是當讀者只有一點點統計知識，甚至完全沒有統計知識的時候。

統計圖形可以用來描述或者是分析數據集。在發表的文章或是演講的時候，圖形容易抓住讀者的注意力。在討論議題，加強關鍵問題，或是摘要數據集也用得到圖形。也可以用圖形發現某一段時間，某狀況的趨勢或是行徑。

研究上最常用的三種圖形是

1. 直方圖
2. 頻率多邊形
3. 累加頻率圖或是肩形圖

繪製前述這三種圖形直方圖、頻率多邊形和肩形圖的步驟被摘要在下述的程序表。

學習目標 ❷

利用直方圖、頻率多邊形以及肩形圖這一類頻率分配圖呈現數據。

程序表

建構直方圖、頻率多邊形以及肩形圖

步驟 1　在平面上繪製 x 軸和 y 軸以及標示座標軸的意義。

步驟 2　在 x 軸上，為直方圖或是肩形圖標上組邊際，為頻率多邊形標上組中點。

步驟 3 為每一個組別（區間）畫上頻率，為直方圖繪製直立的長條，或是為頻率多邊形跟肩形圖畫上直線。

注意：記住頻率多邊形的線起點與終點都在 x 軸上，而肩形圖只有起點在 x 軸上。

➥ 直方圖

> **直方圖 (histogram)** 是一種為了顯示數據，利用各種高度、一個接著一個的長方形（高度可能是 0）表達組別頻率的圖形。

例題 2-4　高溫紀錄

建構直方圖表達 50 州的高溫紀錄（詳見例題 2-2）。

組邊際	絕對頻率
99.5–104.5	2
104.5–109.5	8
109.5–114.5	18
114.5–119.5	13
119.5–124.5	7
124.5–129.5	1
129.5–134.5	1

解答

步驟 1　繪製 x 軸和 y 軸，並且標示它們的意義。x 軸是水平的，而 y 軸是垂直的。
步驟 2　y 軸代表頻率，而 x 軸代表組邊際。
步驟 3　為每一個組別畫上一個高度等於該組頻率的長方形。詳見圖 2-1。

如直方圖所示，擁有最多筆數字 (18) 的組別是 109.5–114.5，接著是 13 筆的 114.5–119.5。同時，只有一個高峰。

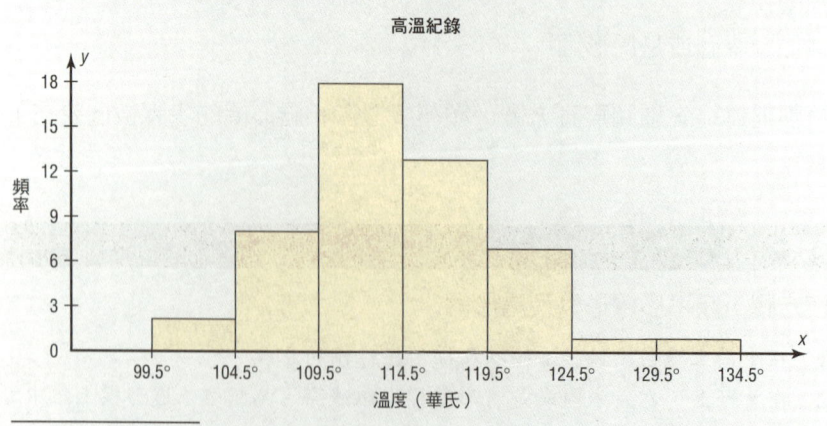

圖 2-1　例題 2-4 的直方圖

➥ 頻率多邊形

另一種表達同一組數據的方式是繪製一種頻率多邊形。

頻率多邊形 (frequency polygon) 是用線段連起以組中點為 x 座標，頻率為 y 座標的一種圖形。也就是說，頻率是圖形上每一點的高度。

例題 2-5 顯示如何建構一種頻率多邊形。

例題 2-5　高溫紀錄

使用例題 2-4 給定的頻率分配建構頻率多邊形。

解答

步驟 1　求出每一組的組中點。回憶一下，組中點是上組邊際加下組邊際除以 2：

$$\frac{99.5 + 104.5}{2} = 102$$

$$\frac{99.5 + 104.5}{2} = 102$$

依此類推。各組的組中點分別是

組邊際	組中點	頻率
99.5–104.5	102	2
104.5–109.5	107	8
109.5–114.5	112	18
114.5–119.5	117	13
119.5–124.5	122	7
124.5–129.5	127	1
129.5–134.5	132	1

步驟 2　標示 x 軸和 y 軸。在 x 軸標示每一組的組中點，以及使用適當的尺度在 y 軸標示頻率。

步驟 3　使用組中點為 x 座標，頻率為 y 座標，在平面上描點。

步驟 4　用線段把相鄰的兩點一一連起來。在開始的地方（最左邊那一點）往左一個組距多畫一條線段，同樣在最後面（最右邊那一點）往右一個組距再多畫一條線段。詳見圖 2-2。

高溫紀錄

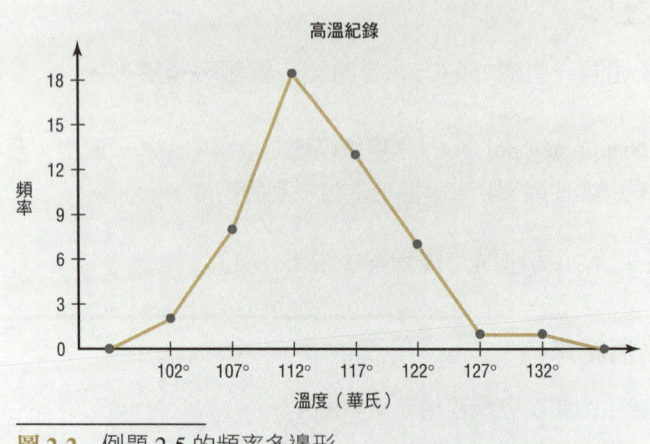

圖 2-2　例題 2-5 的頻率多邊形

頻率多邊形與直方圖是兩種表達同一組數據集的方式。選擇使用哪一個可以留給研究員自行決定。

➥ 肩形圖

第三種圖形可以用來表達各組別的累加頻率。這種圖形叫做累加頻率圖，或是叫做肩形圖。分配的**累加頻率 (cumulative frequency)** 是把頻率持續加總（每一次都是從 x 軸的最左邊往右邊加），直到各組別的上組邊際。

> **肩形圖 (ogive)** 是一種表達各組別累加頻率的圖形。

例題 2-6 顯示建構肩形圖的程序。

例題 2-6　高溫紀錄

為例題 2-4 所描述的頻率分配建構肩形圖。

解答

步驟 1　為每一組求出累加頻率。

	累加頻率
小於等於 99.5	0
小於等於 104.5	2
小於等於 109.5	10
小於等於 114.5	28
小於等於 119.5	41
小於等於 124.5	48
小於等於 129.5	49
小於等於 134.5	50

第 2 章　頻率分配

步驟 2　標示 x 軸和 y 軸。在 x 軸標示組邊際。在 y 軸用適當的尺度標示累加頻率。（端看累加頻率那一行的數字，可以是 0, 1, 2, 3, … 或者是 0, 5, 10, 15, 20, … 或者是 1000, 2000, 3000, … 都可以。不要使用累加頻率的結果標示 y 軸。）在這個例題，我們使用 0, 5, 10, 15, 20, …。

步驟 3　在每一個上組邊際（上方）點上累加頻率，如圖 2-3 所示。使用上組邊際是因為累加頻率代表持續累加各組頻率直到上組邊際的總頻率。

步驟 4　從第一組的上組邊際 (104.5) 開始，把相鄰兩組邊際上方的點用線段連起來，如圖 2-4 所示。最左邊無高度的那一點（累加結果是 0）位在第一組的下組邊際 (99.5)。

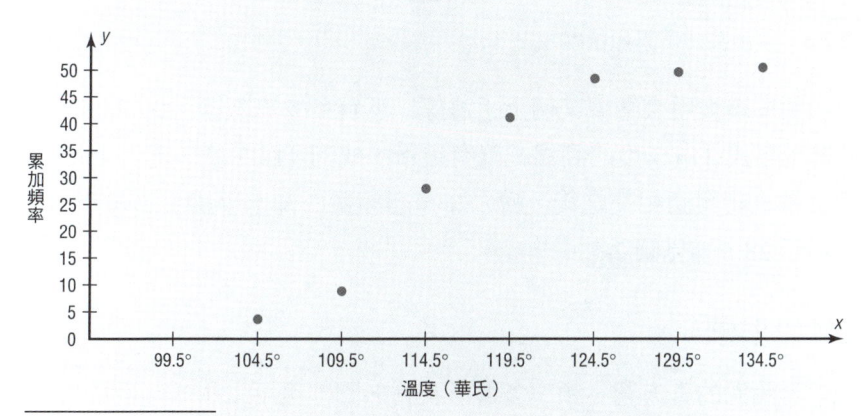

圖 2-3　為例題 2-6 繪製累加頻率

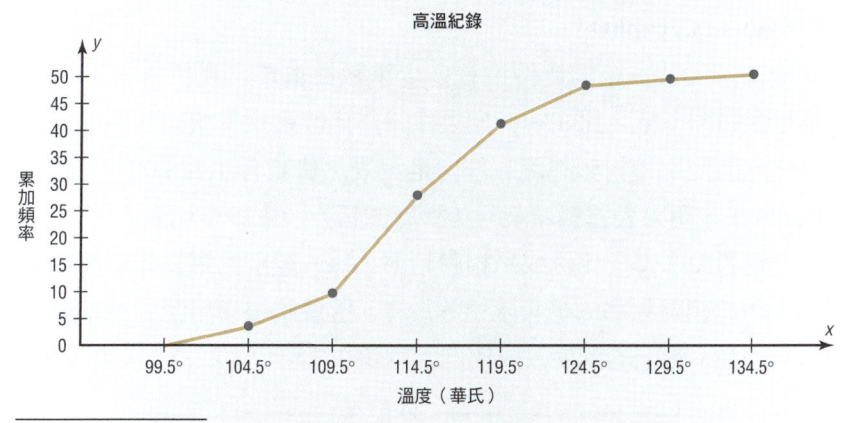

圖 2-4　例題 2-6 的肩形圖

統計學

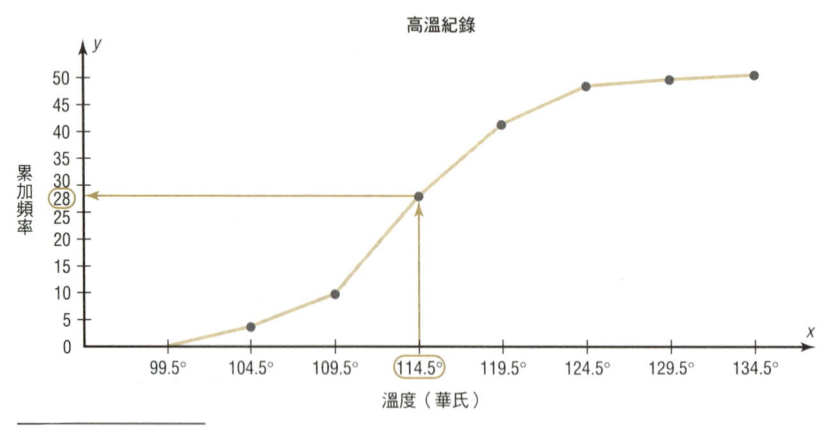

高溫紀錄

圖 2-5 求出某一個累加頻率

非凡數字
22% 的美國人每天睡眠時間不到 6 小時。

累加頻率圖被用來審視某個上組邊際以下有多少筆數據。比如說，為了找出小於等於華氏 114.5 度的高溫紀錄有幾筆，找到 114.5 度，從 x 軸出發，畫一條垂直線直到與圖相交之後，轉向左邊繼續畫一條水平線直到畫到 y 軸。y 軸現在顯示 28，詳見圖 2-5。

➡ 相對頻率圖

先前討論過的直方圖、頻率多邊形及肩形圖，也可以用原始數據的相對頻率建構。這些分配可以被轉成用比例表達的分配，這一類的圖叫做**相對頻率圖** (relative frequency graphs)。

如果數據落入某一組的比例比有多少筆數據重要，我們會使用相對頻率圖，而不是絕對頻率圖。比如說，如果你希望比較賓州費城與艾略市的成人年齡分配，你應該使用相對頻率圖。理由是，既然費城有 1,526,006 人而艾略市只有 101,786 人，用來表達費城某一年齡層的長方形應該會比較高。

為了把絕對頻率轉成比例或是相對頻率，每一組別的絕對頻率都要除以頻率的總和，因此相對頻率的總和永遠等於 1。這些圖跟使用絕對頻率得到的圖很類似，只差在 y 軸上的刻度改成比例。例題 2-7 顯示這三種相對頻率圖。

例題 2-7　每週跑幾哩

使用 20 位隨機選取慢跑者的每週跑步哩數的相對頻率分配，建構直方圖、頻率多邊形、肩形圖。

第 2 章 頻率分配

組邊際	絕對頻率
5.5–10.5	1
10.5–15.5	2
15.5–20.5	3
20.5–25.5	5
25.5–30.5	4
30.5–35.5	3
35.5–40.5	2
總和	20

解答

步驟 1 透過用每一組的絕對頻率除以觀察值總個數,把每一個絕對頻率換成比例或是相對頻率。

針對組別 5.5–10.5,相對頻率是 $\frac{1}{20}=0.05$;組別 10.5–15.5 的相對頻率是 $\frac{2}{20}=0.10$;組別 15.5–20.5 的相對頻率是 $\frac{3}{20}=0.15$;依此類推。

把結果放在標示為相對頻率的那一行。

組邊際	組中點	相對頻率
5.5–10.5	8	0.05
10.5–15.5	13	0.10
15.5–20.5	18	0.15
20.5–25.5	23	0.25
25.5–30.5	28	0.20
30.5–35.5	33	0.15
35.5–40.5	38	0.10
	總和	1.00

步驟 2 求出累加相對頻率。為了得到答案,把這一組的頻率加上前一組的累加頻率。在這個例子中,$0+0.05=0.05$, $0.05+0.10=0.15$, $0.15+0.15=0.30$, $0.30+0.25=0.55$ 等等。把這些數字放在標示為累加相對頻率的那一行。

另一種方法是先求出累加(絕對)頻率,然後把它們換成「相對累加頻率」(會等於累加相對頻率)。

	累加(絕對)頻率	累加相對頻率
小於等於 5.5	0	0.00
小於等於 10.5	1	0.05
小於等於 15.5	3	0.15
小於等於 20.5	6	0.30
小於等於 25.5	11	0.55
小於等於 30.5	15	0.75
小於等於 35.5	18	0.90
小於等於 40.5	20	1.00

步驟 3 繪製每一張圖,如圖 2-6 所示。針對直方圖與肩形圖,在 x 軸標示組邊際。針對頻率多邊形,在 x 軸標示組中點。在 y 軸上的刻度使用比例。

統計學

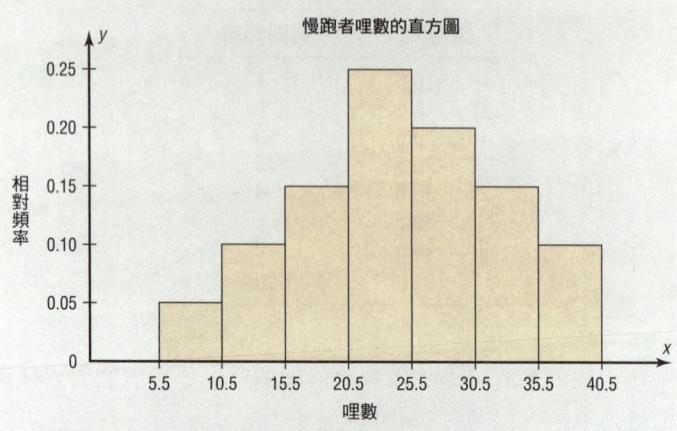

慢跑者哩數的直方圖

(a) 直方圖

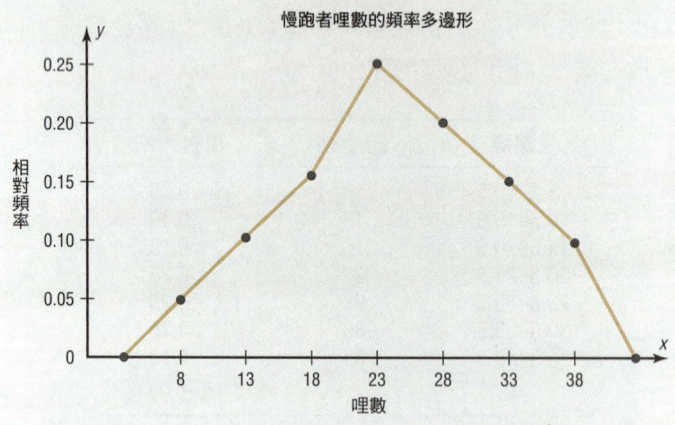

慢跑者哩數的頻率多邊形

(b) 頻率多邊形

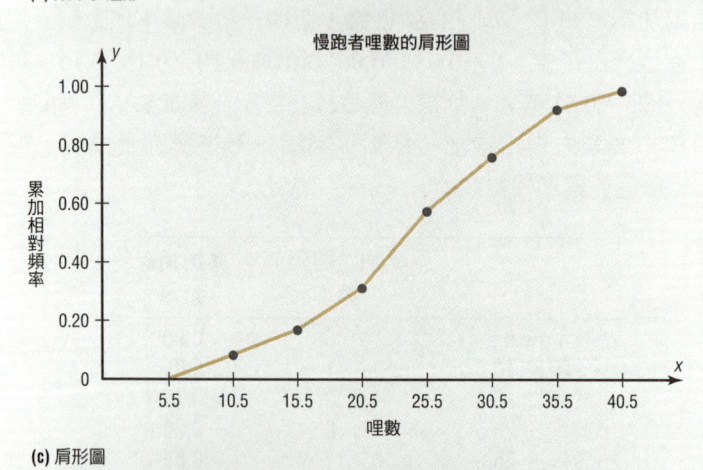

慢跑者哩數的肩形圖

(c) 肩形圖

圖 2-6 例題 2-7 的圖形

➥ 分配的形狀

當人們描述數據的時候，能夠辨識分配形狀是重要的。在之後的章節，你會發現分配的形狀可以用來決定使用哪一種方法分析數據。

分配可以有許多形狀，而繪製分配的直方圖或是頻率多邊形是一種分析分配的方法。許多常見的分配形狀顯示在圖 2-7：鐘形或是山形、均勻（等高）、J 形、倒 J 形、正偏斜、負偏斜、雙峰、U 形。

大部分的分配都沒有絕對的形狀，所以不需要指出正確的形狀，而是指出整體的樣子。

圖 2-7(a) 顯示的鐘形有著單峰，且往左右兩邊逐漸降低。它幾乎是對稱的，也就是說，中線兩側的長方形大概是一致的往左右跑開。

均勻分配基本上是平的或是長方形，詳見圖 2-7(b)。

圖 2-7(c) 顯示的是 J 形分配，它的左邊數字比較少，然後往右遞增。而倒 J 形分配則剛好相反，詳見圖 2-7(d)。

當分配的左邊出現高峰，然後愈往右邊數字愈少，這樣的分配叫做正偏斜（右偏斜），詳見圖 2-7(e)。當數字集中在右邊，然後愈往左邊數字愈少，這樣的分配叫做負偏斜（左偏斜），詳見圖 2-7(f)。在第三章將會詳細介紹偏度。只有一個高峰的分配，如圖 2-7(a), (e), (f)，叫做單峰分配。（分配的最高峰代表數據集的眾數。眾數是數據集內發生頻率最高的數字。第三章會詳細介紹這一個數字。）當分配有著同樣高度的兩個高峰，我們稱它為雙峰分配，詳見圖 2-7(g)。最後，圖 2-7(h) 叫做 U 形分配。

分配會有其他形狀，不只前述的那幾種；不過，前述這一些是你分析數據最容易遇到的幾種分配形狀。

當你正在分析直方圖與頻率多邊形的時候，注意看曲線的形狀。比如說，有一個高峰還是兩個高峰？相對而言，是比較平呢？還是 U 形？數字是很分散？還是集中在哪一個中心？有數字在非常遠的那一頭嗎？這些可能是離群值。（詳見第 3-3 節的解釋。）直方圖內有沒有間隙，或者是頻率多邊形在兩端點以外的地方接觸到 x 軸？最後，數字是不是集中在哪一頭，說明一種偏一邊的分配。

比如說，圖 2-1 的高溫紀錄直方圖顯示單峰、位置在組別 109.5-114.5，這一組包含最多個數的高溫紀錄。分配沒有間隙，而且比起最低的組別，最高組別的數字比較少。

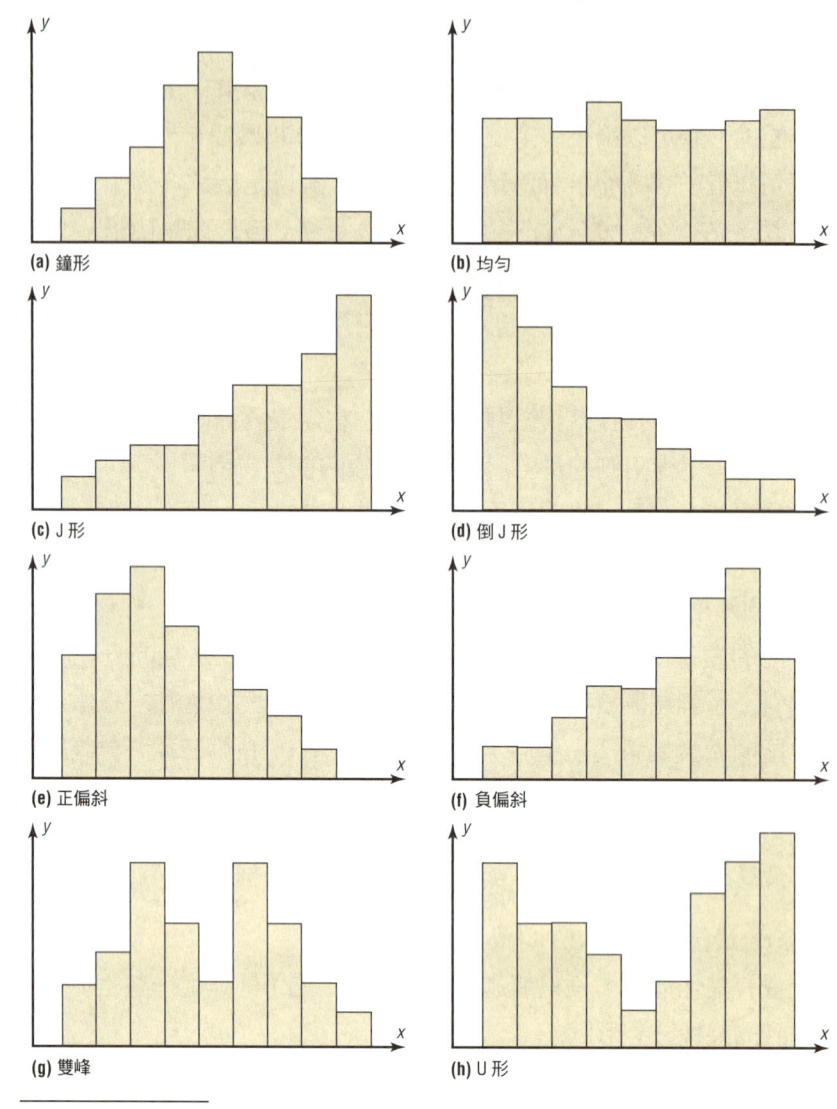

(a) 鐘形
(b) 均勻
(c) J 形
(d) 倒 J 形
(e) 正偏斜
(f) 負偏斜
(g) 雙峰
(h) U 形

圖 2-7 分配形狀

觀念應用 2-2　銷售房地產

假設你是佛州 Bradenton 的房地產仲介。你不久前取得一份最近 6 個月該地區房屋售價的資料。你希望組織這一些數字，讓你可以把有用的資訊提供給具有潛力的買家。利用以下的數據產生直方圖、頻率多邊形及累加頻率多邊形。

$ 142,000	127,000	99,600	162,000	89,000	93,000	99,500
73,800	135,000	119,500	67,900	156,300	104,500	108,650
123,000	91,000	205,000	110,000	156,300	104,000	133,900
179,000	112,000	147,000	321,550	87,900	88,400	180,000
159,400	205,300	144,400	163,000	96,000	81,000	131,000
114,000	119,600	93,000	123,000	187,000	96,000	80,000
231,000	189,500	177,600	83,400	77,000	132,300	166,000

1. 看著直方圖而不是上述表格，比較容易回答什麼樣的問題？
2. 看著頻率多邊形而不是上述表格，比較容易回答什麼不一樣的問題？
3. 看著累加頻率多邊形而不是上述表格，比較容易回答什麼不一樣的問題？
4. 有任何極大值或是極小值嗎？
5. 最好用哪一種圖表達這一些極值？
6. 分配偏向哪一邊嗎？

答案在第 86 頁。

練習題 2-2

1. **學生需要暑期先修嗎？** 針對 108 位隨機挑到的大學申請者，以下是入學考試成績的頻率分配。為數據建構直方圖、頻率多邊形、肩形圖。（這一組數據也會用在本節的練習題 4。）

組界	頻率
90–98	6
99–107	22
108–116	43
117–125	28
126–134	9
	總和 108

成績超過 107 分的申請者不需要參加暑期先修班。有多少學生不需要參加暑期先修班？

2. **平交道車禍** 以下表格顯示某一年美國 50 州平交道車禍的分配。為數據建構直方圖、頻率多邊形、肩形圖。說明分配的偏度。

組界	頻率
1–43	24
44–86	17
87–129	3
130–172	4
173–215	1
216–258	0
259–301	0
302–344	1
	總和 50

資料來源：Federal Railroad Administration.

3. **空氣污染** 我們會在挑到的都市測量一種污染物——二氧化硫，燃燒石化燃料會產生這一類的污染。以每立方公尺幾毫克測量二氧化硫。一組 24 個都市記錄的樣本數字放在如下所示的頻率分配裡。一組是最近的樣本，一組則是五年前的樣本。建構直方圖並且比較這兩項分配。

組界	頻率（現在）	頻率（五年前）
10–14	6	5
15–19	4	4
20–24	3	2
25–29	2	3
30–34	5	6
35–39	1	2
40–44	2	1
45–49	1	1
	總和 24	總和 24

4. 使用數據的相對頻率分配為本節的練習題 1 建構直方圖、頻率多邊形與累加頻率分配。

5. **穀類的熱量** 食用穀類的每份熱量如下所示。使用 7 個組別為數據建構頻率分配。接著，使用相對頻率繪製直方圖、頻率多邊形與肩形圖。描述直方圖的形狀。

```
130  190  140   80  100  120  220  220  110  100
210  130  100   90  210  120  200  120  180  120
190  210  120  200  130  180  260  270  100  160
190  240   80  120   90  190  200  210  190  180
115  210  110  225  190  130
```

資料來源：The Doctor's Pocket Calorie, Fat, and Carbohydrate Counter.

Excel 技術步驟解析

建構直方圖

1. 按下 [Ctrl]-N 開啟新的 workbook（工作簿）。
2. 在 A 行輸入例題 2-2 的原始數據，一個儲存格一個數字。
3. 在 B 行輸入上組邊際。
4. 從 toolbar（工具列）點選 Data（數據），然後點選 Data Analysis（數據分析）。
5. 在 Analysis Tools（分析工具）點選 Histogram 並且點選 [OK]。
6. 在 Histogram 對話框的 Input Range 框內輸入 A1:A50，並且在 Bin Range 框內輸入 B1:B7。

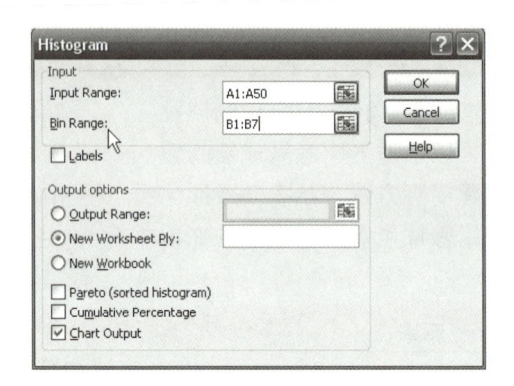

7. 點選 New Worksheet Ply 和 Chart Output。點選 [OK]。

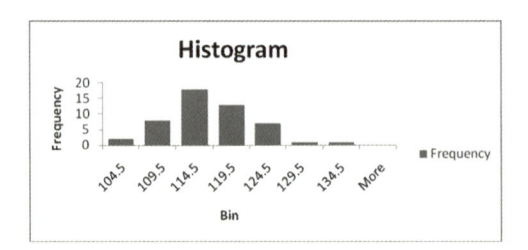

編輯直方圖

為了讓直方圖的直立長方形更靠近：

1. 用滑鼠右鍵點選直方圖的某一個長方形，然後點選 Format Data Series。

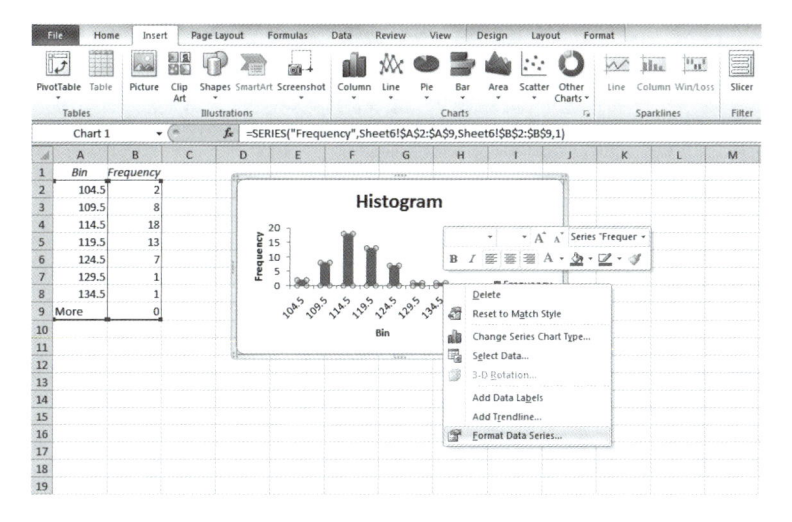

2. 移動直方圖的 Gap Width 滑動軸往左直到看到 0。

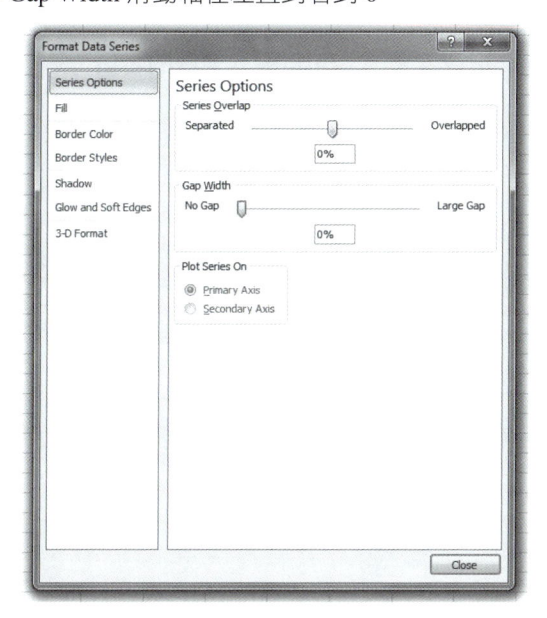

為了改變水平軸的標示：

1. 用滑鼠左鍵任意點選直方圖的範圍。
2. 從 toolbar（工具列）點選 Chart Tools。
3. 點選 Layout、Axis Titles 以及 Primary Horizontal Axis Title。

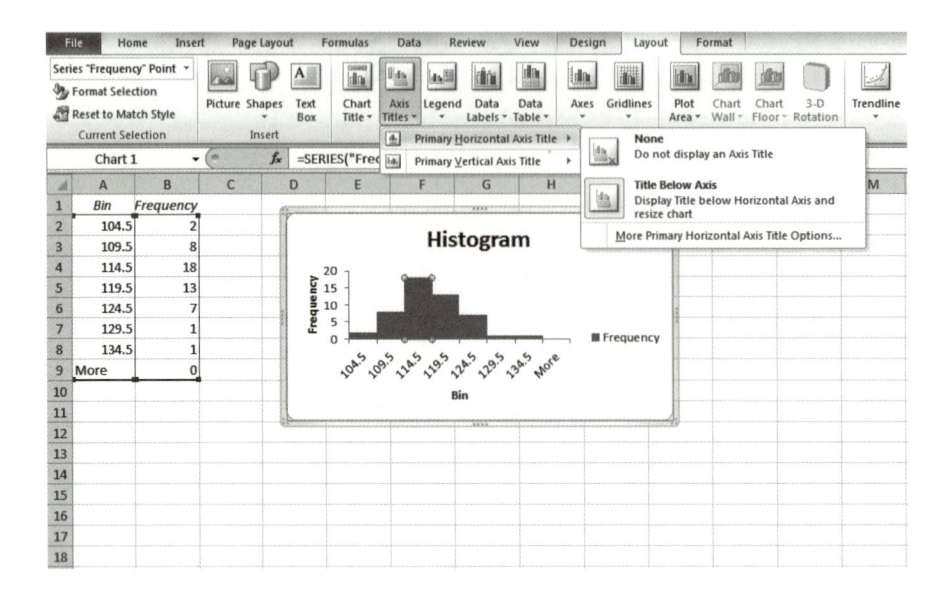

一旦選了 Axis Title 文字框,你可以輸入變數的名稱,這樣它就會出現在橫軸上。

建構頻率多邊形

1. 按下 [Ctrl]-N 開啟新活頁簿。
2. 在 A 行輸入例題 2-2 數據的組中點。在 B 行輸入頻率,包括 labels(標籤)。

注意:有著頻率等於 0 的組別已經被加了進來,讓頻率多邊形的起點和終點可以接上水平軸。

	A	B
1	Midpoints	Frequencies
2	97	0
3	102	2
4	107	8
5	112	18
6	117	13
7	122	7
8	127	1
9	132	1
10	137	0

3. 按住滑鼠左鍵,並且從 B 行拖過頻率(包括標籤)。
4. 從 toolbar(工具列)點選 Insert 和 Line Chart 選項。
5. 點選 2-D line 的圖形類別。

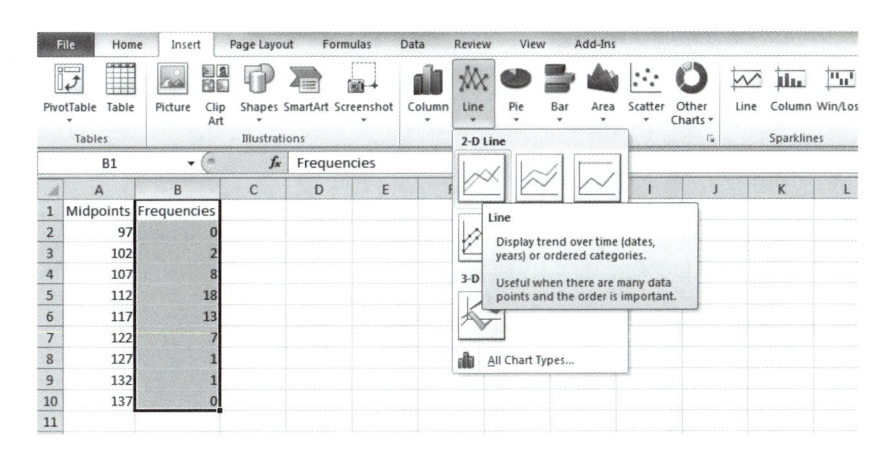

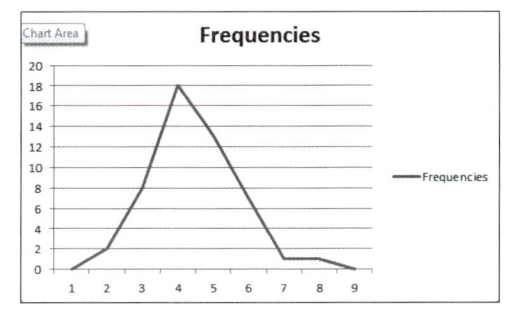

我們需要編輯圖形，讓組中點在橫軸。

1. 用滑鼠右鍵任意點選圖形的範圍。
2. 點選 Select Data 選項。
3. 點選右邊面板水平（分類）軸標籤下的 Edit。
4. 在座標軸標籤的範圍內，按住滑鼠左鍵，並且拖過中點（不含標籤），然後點選 [OK]。
5. 點選 Select Data Source 框的 [OK]。

在座標軸插入標籤

1. 用滑鼠右鍵任意點選圖形的範圍。
2. 點選 Chart Tools，然後點選 toolbar（工具列）的 Layout。
3. 點選 Axis Titles 打開橫軸與縱軸的文字框，然後為座標軸手動輸入標籤。

改變標題

1. 從 toolbar（工具列）點選 Chart Tools 和 Layout。
2. 點選 Chart Title。
3. 從 Chart Title 畫面選擇一種選項並且編輯它。

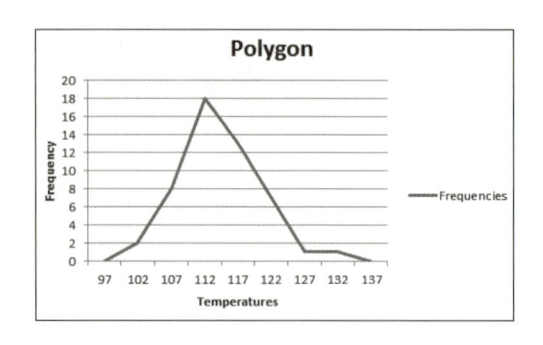

建構肩形圖

為了產生肩形圖，你可以使用頻率分配的上組邊際（橫軸）以及累加頻率（縱軸）。

1. 鍵入組界限的上限（包括 0，這讓圖可以在最小組別之前，也就是左邊可以接上水平軸），以及在 Excel 工作表隔壁行鍵入對應的累加頻率。
2. 按住滑鼠左鍵，並且從 B 行拖過累加頻率。
3. 點選 Line Chart，然後選項 2-D Line。

就像在頻率多邊形的時候，你也可以在座標軸上插入標籤，以及為肩形圖加上標題。

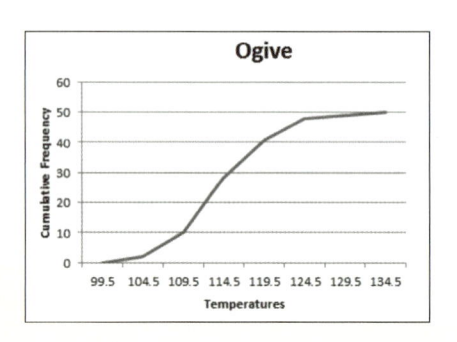

2-3 其他圖形

除了直方圖、頻率多邊形以及肩形圖，統計學還有許多常用的圖形。它們分別是直條圖、柏拉圖、時序圖及圓餅圖。圖 2-8 顯示每一種圖形的例子。

學習目標 ❸

利用直條圖、柏拉圖、時序圖以及圓餅圖呈現數據。

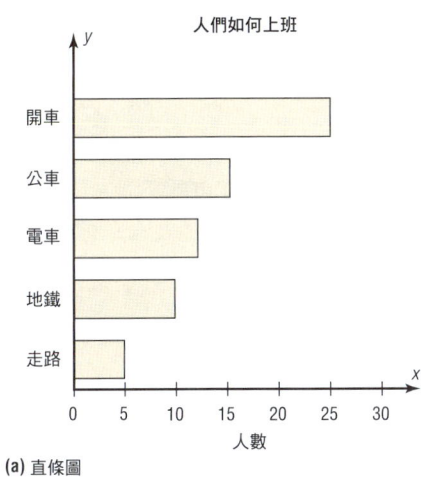

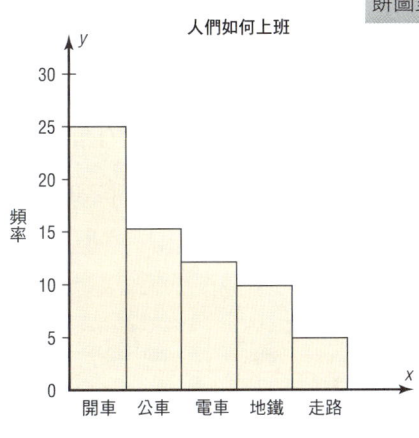

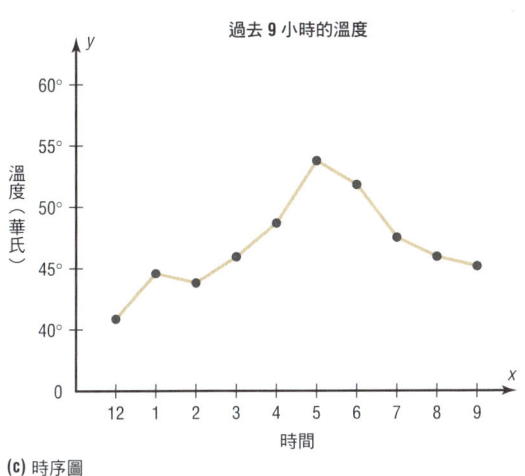

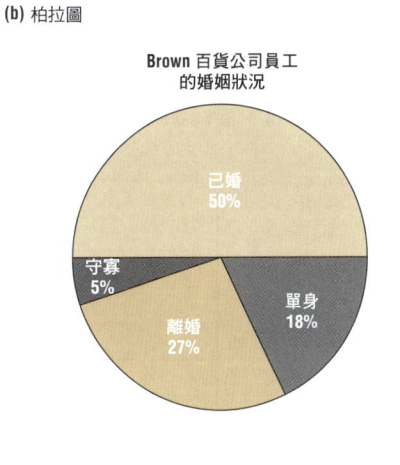

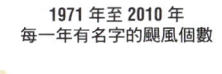

(a) 直條圖

(b) 柏拉圖

(c) 時序圖

(d) 圓餅圖

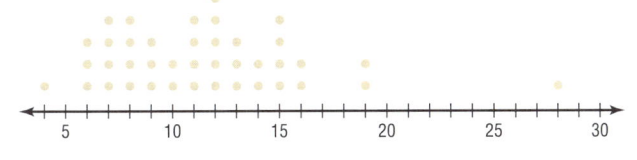

(e) 點圖

圖 2-8　其他統計學的圖形

統計學

➡ 直條圖

當數據是屬性的或是類別的,可以用直條圖表達數據。直條圖可以是橫向的,也可以是直向的。

> **直條圖 (bar graph)** 是以高度表達頻率的橫向或是直向長方形表達數據的分配。

例題 2-8　大一新生的開銷

下述表格記載大一新生的平均開銷。為數據繪製橫向直條圖、直向直條圖。

電子產品	$728
宿舍用品	344
衣物	141
鞋子	72

資料來源:The National Retail Federation.

解答

步驟 1　在平面上畫 x 軸和 y 軸,並且標示它們的意義。對橫向直條圖而言,把頻率的刻度標示在 x 軸,而對直向直條圖而言,把頻率的刻度標示在 y 軸。

步驟 2　根據頻率畫上適當的長方形。

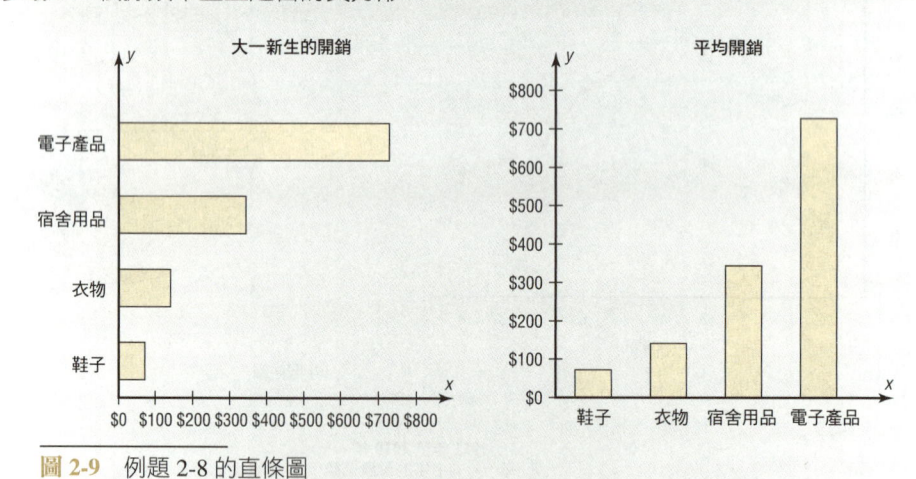

圖 2-9　例題 2-8 的直條圖

圖形顯示大一新生在電子產品花了最多錢。

直條圖也可以用來比較兩群以上的數據。這一類的直條圖叫做複合式直條圖。考慮以下美國成人未曾結婚的數據(以百萬人計)。

年度	男性	女性
1960	15.3	12.3
1980	24.2	20.2
2000	32.3	27.8
2010	40.2	34.0

資料來源：U.S. Census Bureau.

圖 2-10 顯示一張比較各個年度未曾結婚男性人數與女性人數的直條圖。透過把個別直條圖並排擺放的方式進行比較。這一張圖顯示未曾結婚男性人數一直都高於未曾結婚女性人數，而且兩者之間的差距在過去 50 年內持續些微擴大。

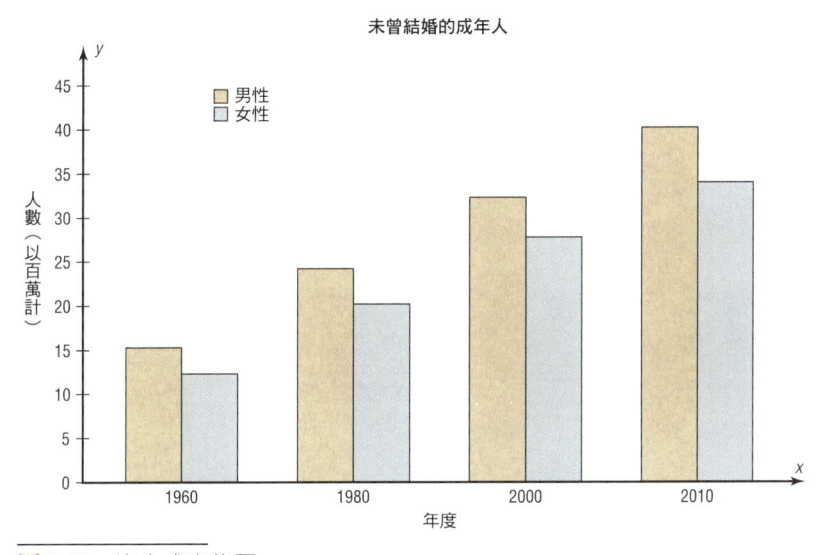

圖 2-10　複合式直條圖

➡ 柏拉圖

當橫向座標軸上的變數是屬性的或是類別的，也可以用柏拉圖表達數據。

柏拉圖 (Pareto chart) 是一種用來表達類別變數之頻率分配的圖形，它用高度表示頻率的縱向長方形，而且長方形必須由最高排到最低。

例題 2-9　報案電話

以下數據顯示 2011 年某鄉村都市報案電話的種類以及次數（數據由作者自行取得）。為數據繪製柏拉圖。

種類	次數
青少年投訴	92
噪音／音樂／舞會	27
毒品犯罪	79
酒後駕車	38
故障車輛	65

解答

步驟 1 根據頻率把數據從最大排到最小。

種類	次數
青少年投訴	92
毒品犯罪	79
故障車輛	65
酒後駕車	38
噪音／音樂／舞會	27

步驟 2 在平面上畫 x 軸和 y 軸,並且標示它們的意義。

步驟 3 根據頻率繪製對應的長方形。詳見圖 2-11。

圖 2-11 顯示警察局接到最多報案電話的種類是青少年投訴,最少的則是噪音／音樂／舞會這一項分類。

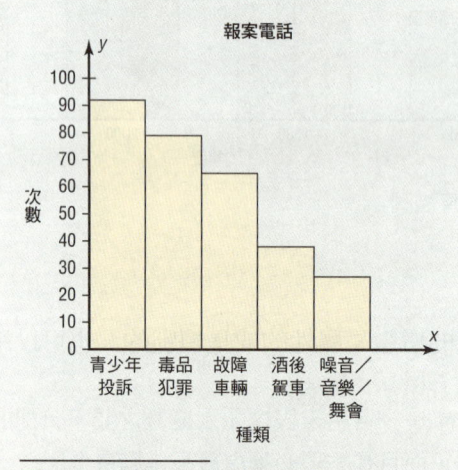

圖 2-11 例題 2-9 的柏拉圖

繪製柏拉圖的建議

1. 長方形應一樣寬。
2. 根據頻率把數據從最大排到最小。
3. y 軸頻率的刻度要等距離。

當你在分析柏拉圖的時候,請比較長方形的高度。

➡ 時序圖

如果將收集數據的時間記錄下來,你可以用一種時序圖表達這些數據。

時序圖 (time series graph) 表達數據隨著時間過往的先後變化情形。

例題 2-10 顯示建構時序圖的程序。

例題 2-10　吸菸者比例

以下數據顯示美國成人吸菸者比例。為數據繪製時序圖並進行分析。

年	1970	1980	1990	2000	2010
比例	37	33	25	23	19

資料來源:Center for Disease Control and Prevention.

解答
步驟 1　在平面上畫 x 軸和 y 軸,並且標示它們的刻度。
步驟 2　在 x 軸下方寫上「年」,在 y 軸左邊寫上「比例」。
步驟 3　根據上述表格在平面上描點。
步驟 4　用線段連接兩兩相鄰的點。不要試著找到通過每一點的平滑曲線。詳見圖 2-12。

過去 40 年內吸菸者比例往下掉了。

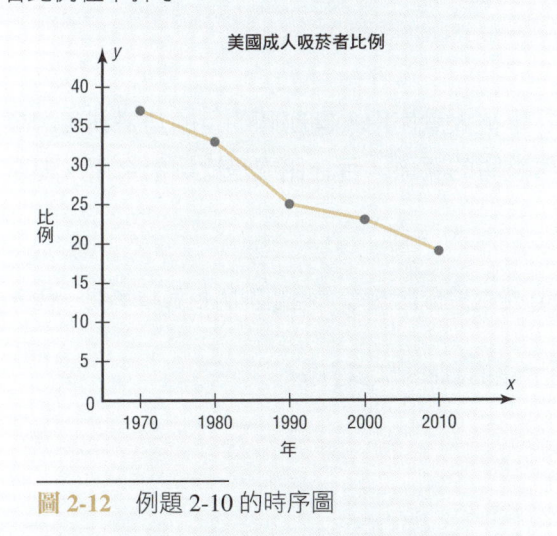

圖 2-12　例題 2-10 的時序圖

當你分析時序圖的時候,要注意隨著時間過往是不是有某種趨勢或是樣子。比如說,線段是否持續往上升(代表一種上揚)或者是往下掉(代表一種

下滑）？另外一件事，是要檢視整體的斜率，或是哪裡有陡坡。陡坡代表某一段時間有比較劇烈的上揚或是下滑。

可以在同一張圖上比較兩組以上的數據集，這種有兩條線或是更多線的圖叫做複合式時序圖，如圖 2-13 所示。這一張圖顯示從 1960 年到 2010 年美國老人勞動人口的男性與女性比例。從 1960 年到 1990 年，男性比例有明顯下滑，然後再微幅上揚，而女性比例從 1960 年到 1980 年有些微下滑，然後再從 1980 年上揚到 2010 年。

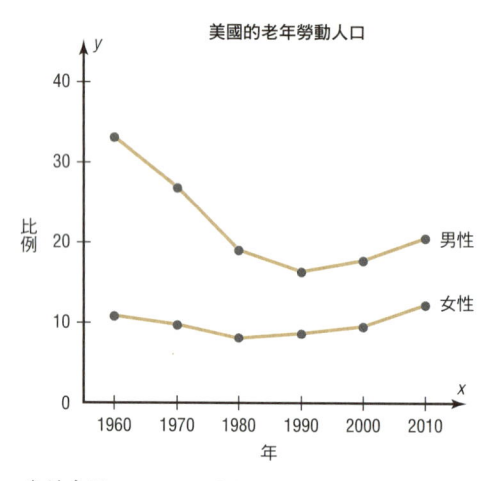

資料來源：Bureau of Census, U.S. Department of Commerce.

圖 2-13　比較兩條時序圖

➡ 圓餅圖

圓餅圖在統計學被大量使用。圓餅圖的目的乃是利用視覺比較各區段的大小進而表達部分與整體的關係。百分比或是比例都合用。變數可以是名目的，也可以是類別的。

圓餅圖 (pie graph) 是根據分配的每一種類別的相對頻率把一個圓切成幾個部分。

例題 2-11 顯示建構圓餅圖的程序。

例題 2-11　超級盃的零嘴

以下這一個頻率分配顯示超級盃期間吃掉幾磅的零嘴。為數據建構圓餅圖。

零嘴	磅數（頻率）
薯片	11.2 百萬
玉米片	8.2 百萬
椒鹽脆餅	4.3 百萬
爆米花	3.8 百萬
堅果類	2.5 百萬
總和 $n =$	30.0 百萬

資料來源：*USA TODAY Weekend.*

解答

步驟 1　因為一個圓有 360 度，必須把每一組的頻率轉換成占一圓 360 度的比例。這一項轉換可以用以下的公式完成：

$$\text{角度} = \frac{f}{n} \cdot 360°$$

其中 f 是每一組的頻率，而 n 是頻率的總和。因此，會得到以下的轉換。所有角度加起來應該等於 360 度。

薯片	$\frac{11.2}{30} \cdot 360° =$	$134°$
玉米片	$\frac{8.2}{30} \cdot 360° =$	$98°$
椒鹽脆餅	$\frac{4.3}{30} \cdot 360° =$	$52°$
爆米花	$\frac{3.8}{30} \cdot 360° =$	$46°$
堅果類	$\frac{2.5}{30} \cdot 360° =$	$30°$
總和		$360°$

注意：有可能因為四捨五入的緣故，角度的總和不會剛好是 360 度。

步驟 2　每一項頻率也必須被轉換成百分比。回憶例題 2-1，可以發現以下的轉換公式：

$$\% = \frac{f}{n} \cdot 100$$

因此，會得到以下的百分比。這一些百分比全部加起來應該等於 100%。

薯片	$\frac{11.2}{30} \cdot 100 = 37.3\%$
玉米片	$\frac{8.2}{30} \cdot 100 = 27.3\%$
椒鹽脆餅	$\frac{4.3}{30} \cdot 100 = 14.3\%$
爆米花	$\frac{3.8}{30} \cdot 100 = 12.7\%$
堅果類	$\frac{2.5}{30} \cdot 100 = 8.3\%$
總和	99.9%

注意：有可能因為四捨五入的緣故，百分比的總和不會剛好是 100%。

步驟 3 接著，利用量角器和圓規，在圓上切割出步驟 1 得到的角度，並且在各個區域標示步驟 2 得到的百分比以及零嘴，詳見圖 2-14。

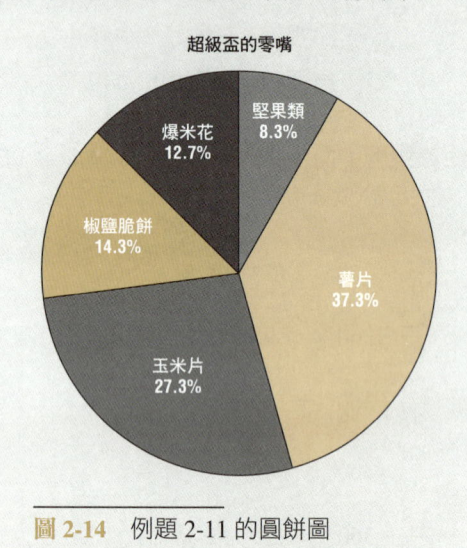

超級盃的零嘴

（圓餅圖：堅果類 8.3%、薯片 37.3%、玉米片 27.3%、椒鹽脆餅 14.3%、爆米花 12.7%）

圖 2-14 例題 2-11 的圓餅圖

例題 2-12　報案電話

建構並且分析 2011 年某鄉村都市報案電話各時段次數的圓餅圖（數據由作者自行取得）。

時段	頻率
1. 早上	2594
2. 下午	2800
3. 晚上	2436
	7830

第 2 章　頻率分配

解答

步驟 1　使用公式：

$$\text{角度} = \frac{f}{n} \cdot 360°$$

求出每一組的角度。然後，針對每一區段得到以下的結果：

早上：$\frac{2594}{7830} \cdot 360° = 119°$

下午：$\frac{2800}{7830} \cdot 360° = 129°$

晚上：$\frac{2436}{7830} \cdot 360° = 112°$

步驟 2　求出百分比：

早上：$\frac{2594}{7830} \cdot 100 = 33\%$

下午：$\frac{2800}{7830} \cdot 100 = 36\%$

晚上：$\frac{2436}{7830} \cdot 100 = 31\%$

步驟 3　利用量角器和圓規，根據步驟 1 的結果把圓切成四個部分，並且把百分比以及時段標示上去，詳見圖 2-15。

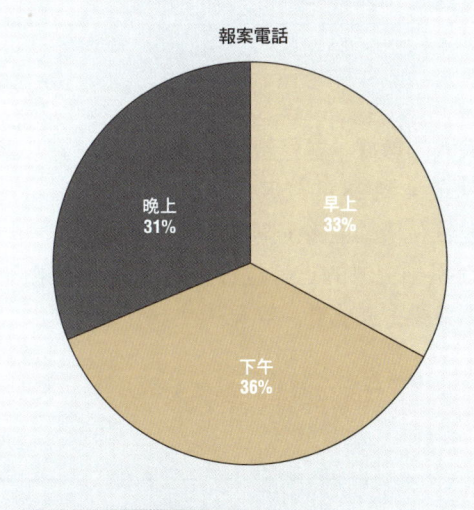

圖 2-15　例題 2-12 的圓餅圖

統計學

為了分析數據披露在圓餅圖上的資訊,看著圓餅圖上某一片的百分比,然後與其他片比較。比如說,這一片比哪幾片大?圖 2-15 顯示三時段的報案電話次數大概是一致的,雖然晚上時段稍微多一點。

注意:電腦程式可以輕鬆地建構圓餅圖,所以這裡顯示的數學只用在沒有電腦程式的時候。

➡ 點圖

點圖使用圓點表示數據的數值。如果同樣的數值出現兩次以上,對應的圓點就會往上堆疊。

> **點圖 (dotplot)** 是一種統計圖,在圖裡每一個橫軸上的圓點代表一筆數據。

點圖可以被用來顯示數據如何分佈的,以及檢視是否有任何異常高或是異常低的數據。

例題 2-13　有名字的颶風

以下數據顯示最近 40 年每一年出現有名字的颶風個數。為這些數據建構點圖並分析之。

19	15	14	7	6	11	11
9	16	8	8	11	9	8
16	12	13	14	13	12	7
15	15	19	11	4	6	13
10	15	7	12	6	10	
28	12	8	7	12	9	

資料來源:NOAA.

解答

步驟 1　找出最小和最大的數據,並且決定橫軸的刻度。最小數據是 4,而最大數據是 28,所以需要 4 到 28 的刻度。

步驟 2　畫上橫軸,並且在橫軸上畫上刻度。

步驟 3　為每一數據在橫軸上方的正確位置畫個圓點,如果同一筆數據出現多次,就把新的圓點堆疊上去。結果詳見圖 2-16。

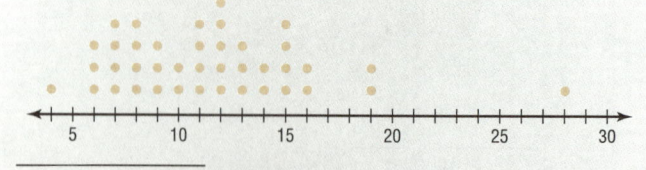

圖 2-16　例題 2-13 的點圖

這張圖顯示每一年颶風發生個數介於 6 個和 16 個之間。只有 3 個年度曾經出現過 19 個以上有名字的颶風。

➡ 莖葉圖

莖葉圖是另一種組織數據的方式，結合了排序與圖形的技巧。它有一項優勢，除了有著保留原始數據的頻率分配，同時還用圖形的方式顯示它們。

學習目標 ❹
繪製與解讀莖葉圖。

> **莖葉圖 (stem and leaf plot)** 是利用數據的部分位數為莖、部分位數為葉，定義群組數據的組別，進而得到一種類似頻率分配的圖形。

比如說，34 這一筆數據的莖是 3，而葉是 4。至於 356 這一筆的莖是 35，而葉是 6。

例題 2-14 顯示建構莖葉圖的程序。

例題 2-14　門診病人心電圖

在一個門診病人檢查中心，20 天內每一天進行心電圖檢查的次數如下所示。為這些數據建構莖葉圖。

25	31	20	32	13
14	43	02	57	23
36	32	33	32	44
32	52	44	51	45

解答

步驟 1　按大小順序排列數據：

02, 13, 14, 20, 23, 25, 31, 32, 32, 32,
32, 33, 36, 43, 44, 44, 45, 51, 52, 57

注意：按大小順序排列數據並不是絕對需要的，而且這一個動作可能是累贅的，如果數據很多的話；不過，它對建構莖葉圖是有幫助的。最後，莖葉圖的葉子部分應該按大小順序排列。

步驟 2　根據第一個位數把數據分開來，如下所示。

02　　13, 14　　20, 23, 25　　31, 32, 32, 32, 32, 33, 36
43, 44, 44, 45　　51, 52, 57

步驟 3　把最左邊的位數（領導位數）當作是莖，剩下來後面的位數當作是葉，可以建構一種圖形。比如說，數字 32 的領導位數是 3，是莖，而尾隨的位數是 2，是葉。對 14 而言，1 是莖，4 是葉。現在，可以建構一種如圖 2-17 所示的圖形。

領導位數（莖）	尾隨位數（葉）
0	2
1	3 4
2	0 3 5
3	1 2 2 2 2 3 6
4	3 4 4 5
5	1 2 7

```
0 | 2
1 | 3 4
2 | 0 3 5
3 | 1 2 2 2 2 3 6
4 | 3 4 4 5
5 | 1 2 7
```

圖 2-17　例題 2-14 的莖葉圖

圖 2-17 指出分配的高峰在中心位置，而且數據之間沒有間隙。20 天內有 7 天，接受心電圖檢查的人數介於 31 和 36 之間。該圖同時顯示任何一天，接受心電圖檢查的最低人數是 2，而最高人數是 57。

如果有一組沒有數據，你應該寫下莖，但是讓葉子處留白。不要放個 0 在葉子部分。

例題 2-15　大都市汽車的失竊件數

一家保險公司研究員進行了一項調查，調查去年夏季 30 天內某大都市汽車的失竊件數。原始數據如下所示。使用組別 50–54，55–59，60–64，65–69，70–74 和 75–79，建構莖葉圖。

52	62	51	50	69
58	77	66	53	57
75	56	55	67	73
79	59	68	65	72
57	51	63	69	75
65	53	78	66	55

解答

步驟 1　按大小順序排列數據：

50, 51, 51, 52, 53, 53, 55, 55, 56, 57, 57, 58, 59, 62, 63, 65, 65, 66, 66, 67, 68, 69, 69, 72, 73, 75, 75, 77, 78, 79

步驟 2　根據組別把數據分開：

50, 51, 51, 52, 53, 53　　55, 55, 56, 57, 57, 58, 59
62, 63　　65, 65, 66, 66, 67, 68, 69, 69　　72, 73
75, 75, 77, 78, 79

步驟 3　繪製如下所示的圖形。

5	0 1 1 2 3 3
5	5 5 6 7 7 8 9
6	2 3
6	5 5 6 6 7 8 9 9
7	2 3
7	5 5 7 8 9

領導位數（莖）	尾隨位數（葉）
5	0 1 1 2 3 3
5	5 5 6 7 7 8 9
6	2 3
6	5 5 6 6 7 8 9 9
7	2 3
7	5 5 7 8 9

圖 2-18　例題 2-15 的莖葉圖

這個圖同時顯示在圖 2-18。

第 2 章 頻率分配

當你分析莖葉圖的時候，尋找分配的高峰與間隙。觀察分配是對稱的，還是偏向哪一邊。透過觀察分散程度檢查數據的變化程度。

可以用一種背對背莖葉圖比較相關的分配。背對背莖葉圖用同樣的位數當作是兩分配的莖，但是按順序往兩側長的方式安排葉子。例題 2-16 舉了一個背對背莖葉圖的案例。

> **趣 聞**
>
> 賴特曼（David Letterman，美國知名談話性節目主持人）平均在一集節目中丟出 4 次的筆和小卡片。

例題 2-16　大樓的樓層數

亞特蘭大與費城兩組大樓樣本的樓層數如下所示。建構一種背對背莖葉圖，並且比較兩分配。

	亞特蘭大					費城			
55	70	44	36	40	61	40	38	32	30
63	40	44	34	38	58	40	40	25	30
60	47	52	32	32	54	40	36	30	30
50	53	32	28	31	53	39	36	34	33
52	32	34	32	50	50	38	36	39	32
26	29								

資料來源：*The World Almanac and Book of Facts.*

解答

步驟 1　為兩組數據集分別排序。

步驟 2　使用同樣一組位數當作是莖，分別建構數據的莖葉圖。亞特蘭大的葉子往左邊長，而費城的葉子往右邊長，結果詳見圖 2-19。

亞特蘭大		費城
986	2	5
8644222221	3	0000223466688999
74400	4	0000
532200	5	0348
30	6	1
0	7	

圖 2-19　例題 2-16 的背對背莖葉圖

步驟 3　比較這兩個分配。在亞特蘭大的大樓樓層數變化很大，雖然兩分配的高峰都是在 30 到 39 樓那一組，但是在費城這樣的大樓比較多。比起費城，在亞特蘭大超過 40 層的高樓比較多。

莖葉圖是探索式數據分析的一種技術。第三章會提供更多關於探索式數據分析的資訊。

➥ 造成誤解的圖形

比起只看原始數字,圖形這種視覺工具讓讀者更容易分析與解讀數據。不過,畫得不適當可能會讓人誤解數據,進而得出錯誤的結論。比如說,某一家汽車製造商的廣告說過去 10 年內賣出去的車有 98% 還在路上跑。該廣告有一張類似圖 2-20 的圖形。圖 2-20 顯示該製造商以及競爭者所生產舊車依舊在路上的比例。其中有很大的差距嗎?不必然。

注意圖 2-20 的 y 軸刻度。它被剪去一部分,而從 95% 開始。當使用 0 到 100% 的刻度再畫一次,見圖 2-21,幾乎無法察覺其百分比之間的差別。因此,對同一組數據集而言,改變 y 軸上的刻度以及起點會得到一種非常不一樣的印象。

把圖形上 y 軸剪去一段並沒有錯,許多時候必須這麼做。不過,讀者應該注意到這一項事實,然後據以解讀圖形。

讓我們考慮另一個例子。通用汽車的預估每加侖哩程數 (miles per gallon, MPG) 如下所示。在這個例子中,MPG 的預估從 21.9 增加到 23.2。

年	2008	2009	2010	2011
MPG	21.9	22.6	22.9	23.2

資料來源:National Highway Traffic Safety Administration.

當你用 0 到 25 MPG 檢視圖 2-22(a) 的時候,會發現有些微增加。但是,當刻度改成 21 到 24 MPG 的時候,圖形指出會有大幅的上揚。詳見圖 2-22(b)。再一次,改變 y 軸的刻度與起點,改變了圖形的視覺效果。

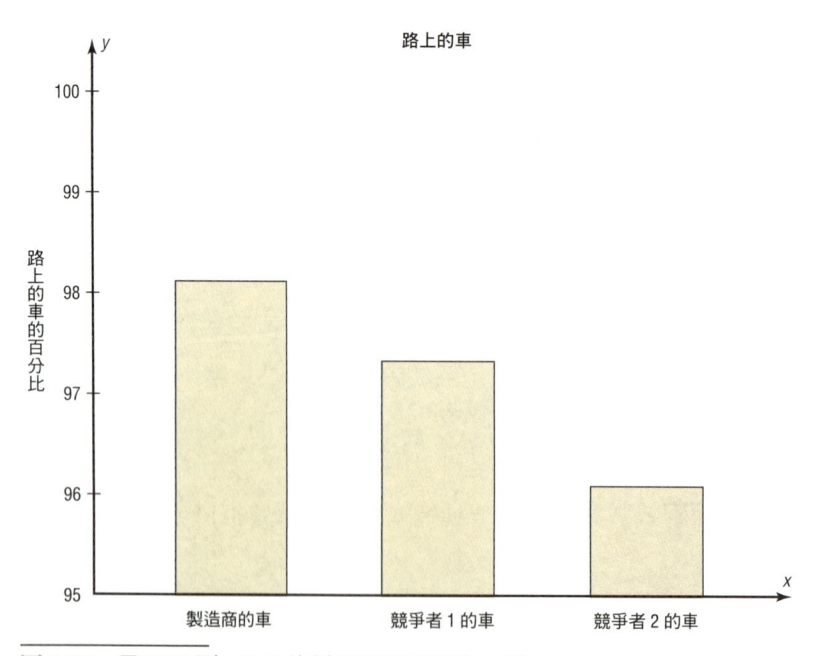

圖 2-20 用 95% 到 100% 的刻度顯示車商的主張

第 2 章　頻率分配

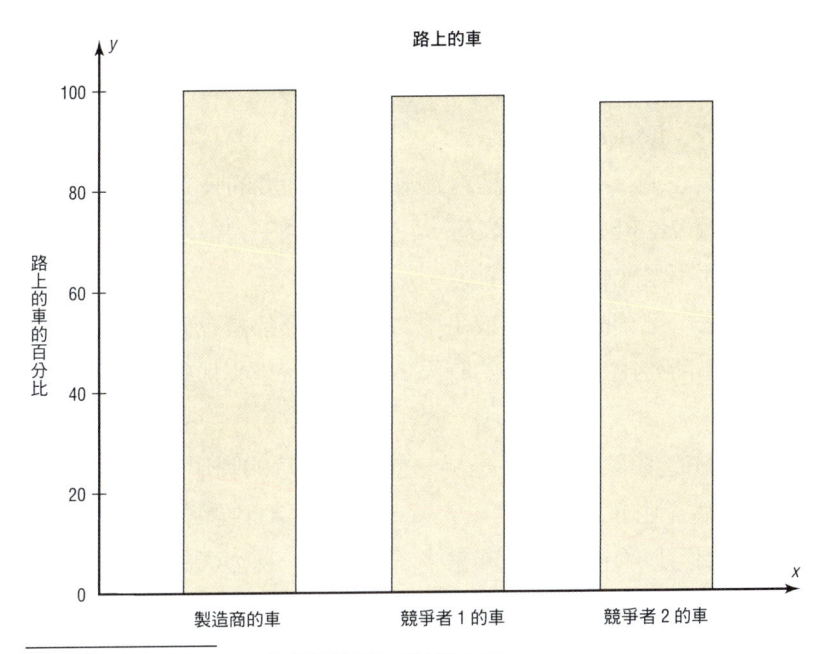

圖 2-21　用 0 到 100% 的刻度再畫一次圖 2-20

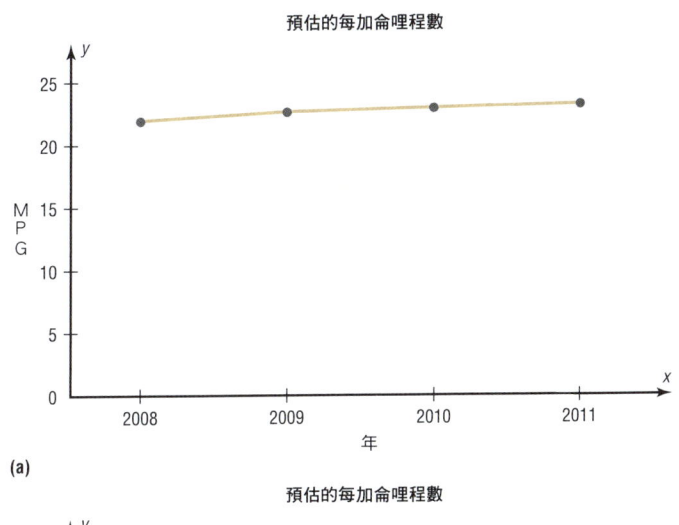

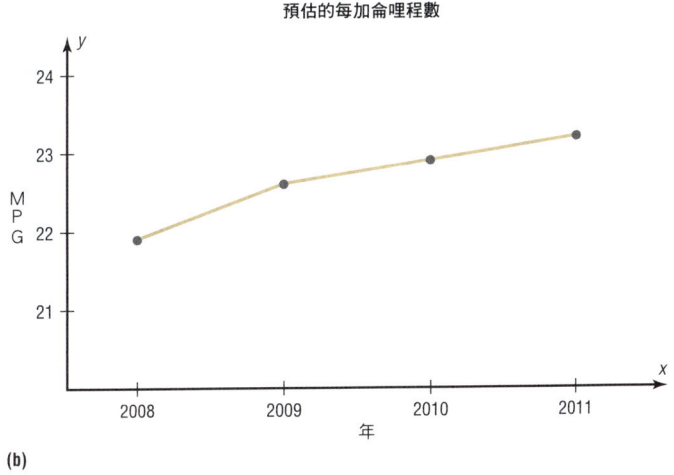

(a)

(b)

圖 2-22　預估的每加侖哩程數

另一個誤導讀者的圖形技術，用二維的手段誇大一維的上揚。比如說，超級盃 30 秒廣告的平均費用，從 1967 年的 42,000 美元攀升到 2012 年的 350 萬美元（資料來源：*USA TODAY*）。

這一項增長在圖 2-23(a) 中是透過兩個一維高度的長方形比較改變。同樣的數據，改用圖 2-23(b) 的圓圈表達。注意差距似乎大很多，因為眼睛會比較圓圈的面積，而不是比較圓圈的直徑。

注意，減去一部分的刻度，或是用二維的圖形都是正確的圖形技巧。但是當閱讀這些技巧所帶出來的圖形的時候，讀者應該小心那些根據圖形所得到的結論。

省略座標軸的刻度或標籤，是另一種誤導讀者的圖形。圖 2-24 比較美國四大區域的生活費用、經濟成長、人口成長等等。不過，因為 y 軸上沒有數字，從這一張圖可以獲得的資訊非常少，除了每一種因素的粗略排名，而且無法決定差距的真正大小。

最後，每一張圖都應該告知資料來源。有數據來源讓你可以檢查提供數據之組織的可靠度。

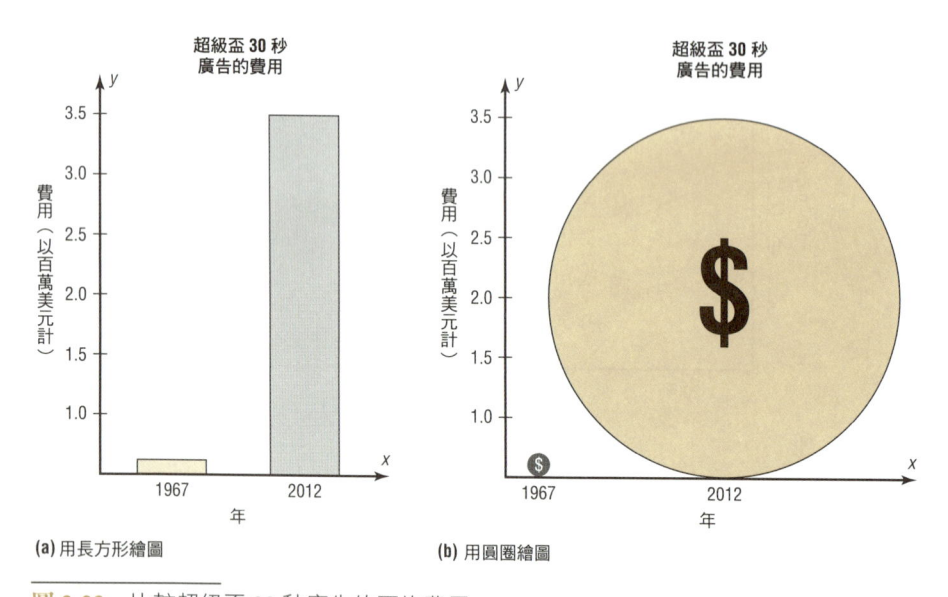

(a) 用長方形繪圖　　　　**(b)** 用圓圈繪圖

圖 2-23　比較超級盃 30 秒廣告的平均費用

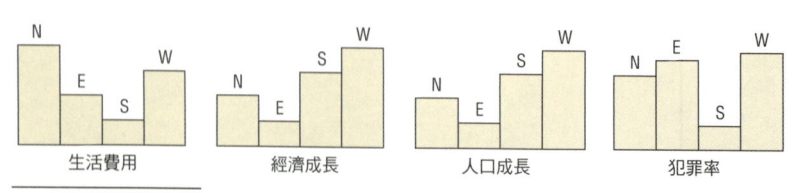

圖 2-24　y 軸沒有刻度的圖

觀念應用 2-3　1999–2009 年美國人意外死亡原因

以下是披露美國人意外死亡件數的圖形。回答以下關於此圖形的問題。

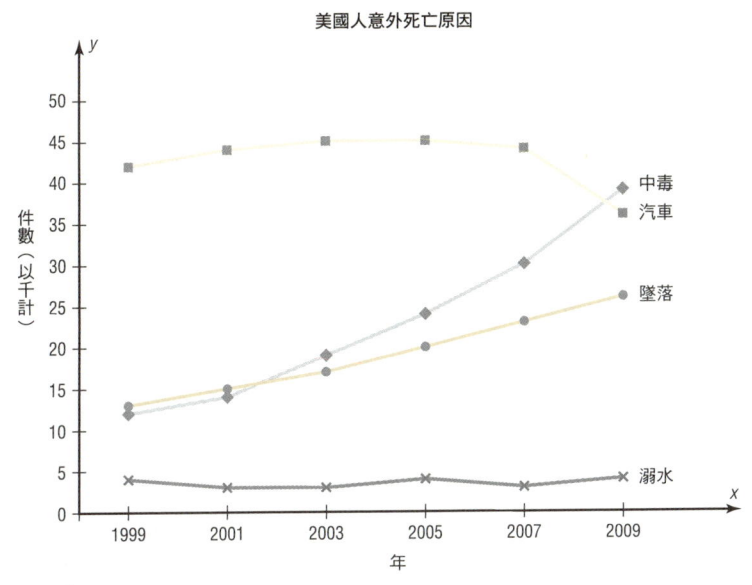

美國人意外死亡原因

資料來源：National Safety Council.

1. 圖上的變數為何？
2. 這些變數之中，哪些是屬性的？哪些是屬量的？
3. 這是什麼圖？
4. 哪一個變數顯示死亡件數逐年遞減？
5. 哪幾個變數顯示死亡件數逐年遞增？
6. 哪一個變數顯示死亡件數每年大致一樣？
7. 列舉 2001 年每一種死亡原因的死亡件數。
8. 在 1999 年，哪一種原因死了最多人？在 2009 年，哪一種原因死了最多人？
9. 哪一年中毒和墜落的死亡件數大概一致？

答案在第 87 頁。

練習題 2-3

1. **寵物數量**　為美國人以百萬計的寵物數量建構直向與橫向的直條圖。

種類	數量
狗	78
貓	86
魚	160
其他	53

資料來源：AAPA National Pet Owners.

2. **線上廣告開銷**　以十億美元計的線上廣告開銷數據如下所示（數字代表的是 2011 年到 2015 年）。繪製時序圖，並且說明圖上呈現的趨勢。

年度	2010	2011	2012	2013	2014	2015
金額	$68.4	$80.2	$94.2	$106.1	$119.8	$132.1

資料來源：eMarketer.

統計學

3. 學校成績 父母被要求為自己孩子在學校的整體表現打分數。數字如下所示。為數據繪製圓餅圖,並且分析該張圖。

等第	A	B	C	D	F
人數	337	424	144	48	10

資料來源:Harris Interactive Survey.

4. 足球員年齡 以下數據顯示 2012 年 New England Patriots 球員的年齡。為數據建構點圖,並且說明結果的分配。

28	24	26	23	27	25
26	27	28	25	23	33
24	21	23	29	22	
25	23	27	26	30	
34	24	25	24	32	
25	35	25	29	34	
23	22	34	24	22	
26	30	24	33	30	
29	28	30	25	34	
25	24	26	30	28	

資料來源:USA Today.

5. 50 支全壘打俱樂部 在 2011 年,當時總共有 42 位大聯盟球員在單一球季擊出 50 支以上的全壘打。建構莖葉圖並且分析數據。

50	51	52	54	59	51
54	50	58	51	54	54
56	58	56	70	54	52
58	54	64	52	73	57
50	60	56	50	66	54
52	51	58	63	57	52
51	50	61	52	65	50

資料來源:The World Almanac and Book of Facts.

6. 指出哪一種圖(柏拉圖、時序圖或是圓餅圖)最適合用來表達數據。
 a. 分散駕駛注意力的情況
 b. 每天開車上下班的人數
 c. 每學期教科書與文具用品的花費
 d. 最近 10 年每一年在美國死於龍捲風的人數
 e. 今年美國境內寵物(狗、貓、鳥、魚等等)的數目
 f. 過去 6 年每一個人在耶誕節假期為情侶所花費的平均金額

7. 牛奶成本 以下這一張圖表示每加侖牛奶的價格漲幅。為什麼漲幅看起來比實際上大?

Excel 技術步驟解析

建構柏拉圖

為了製作柏拉圖:
1. 打開新的 worksheet(工作表)並且在 A 行輸入例題 2-11 的零嘴類別。
2. 在 B 行輸入對應每一種零嘴的頻率。應該用依序遞減的方式輸入數據。
3. 反白 A 和 B 行的數據,並且從 toolbar(工具列)點選 Insert。
4. 點選 Column Chart 這一類的圖形。
5. 為了更改圖形的標題,點選畫面上的標題。
6. 當文字框出現的時候,標題的文字會被反白,這時候用滑鼠左鍵點選它就可以更改標題的文字了。

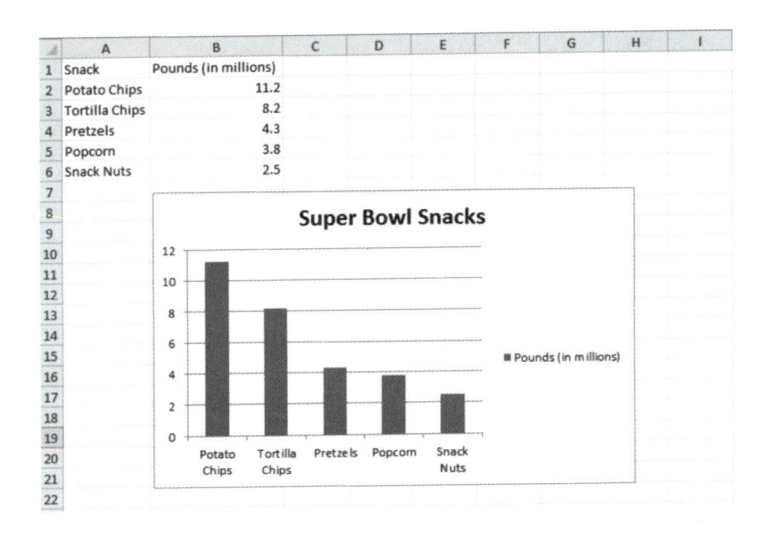

建構時序圖

例題 XL2-1

年份	1999	2000	2001	2002	2003
車輛數[*]	156.2	160.1	162.3	172.8	179.4

[*] 使用 Pennsylvania Turnpike 的車輛數（以百萬輛計）。
資料來源：*Tribune Review.*

為了製作時序圖：

1. 打開新的 worksheet（工作表）並且在 A 行輸入例題 XL2-1 的年份，1999 到 2003 年。
2. 在 B 行輸入對應的頻率。
3. 反白 B 行的數據並且從 toolbar（工具列）點選 Insert。
4. 點選 Line chart。

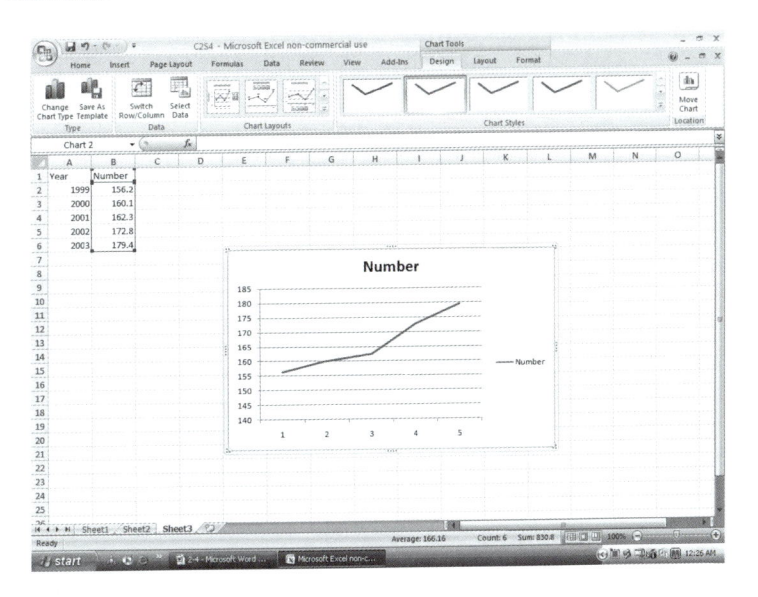

5. 用滑鼠右鍵點選圖形的任何一點。
6. 點選 Select Data 選項。
7. 從 Horizontal Axis Labels 點選 Edit，並且反白 A 行的年份，然後點選 [OK]。
8. 點選 Select Data Source 框的 [OK]。
9. 為你的圖設計標題，例如 1999 到 2003 年使用 Pennsylvania Turnpike 的車輛數。用滑鼠右鍵點選圖形的任何一點。從 toolbar（工具列）點選 Chart Tools，然後點選 Layout。
10. 點選 Chart Title 並且更改被反白的標題文字。
11. 如果想要更改橫軸與縱軸的標示，則點選 Axis Titles。

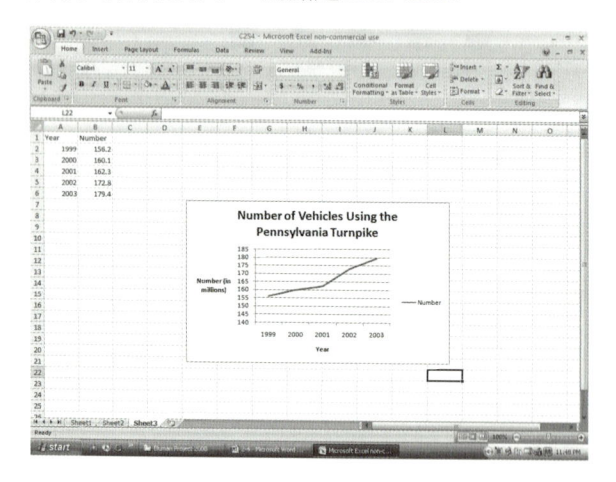

建構圓餅圖

為了製作圓餅圖：

1. 打開新的 worksheet（工作表）並且在 A 行輸入例題 2-12 的資料。
2. 在 B 行輸入對應每一個時段的頻率。
3. 反白 A 和 B 行的數據，並且從 toolbar（工具列）點選 Insert，然後點選 Pie chart。

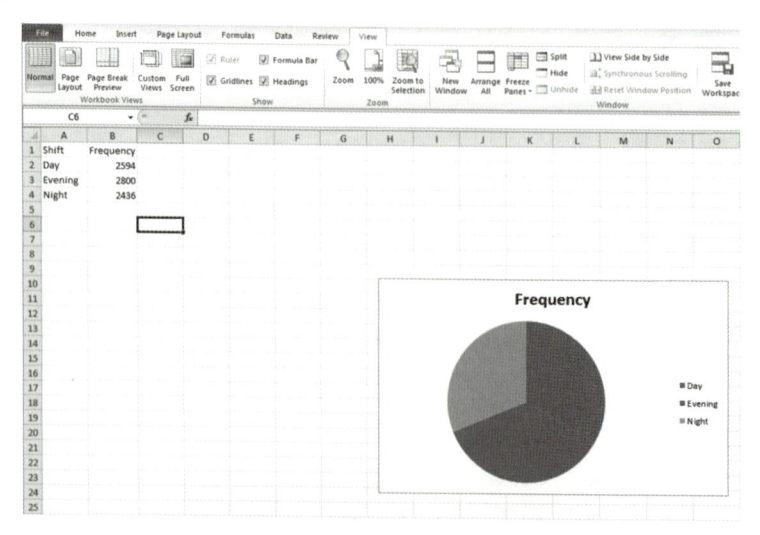

第 2 章　頻率分配

4. 點選圖形範圍內任意一點。然後從 toolbar（工具列）的 Chart Tools 點選 Design。
5. 從 toolbar（工具列）圖形的 Layouts 點選 Formulas。
6. 為了更改圖形的標題，點選畫面上的標題。
7. 當文字框出現的時候，標題的文字會被反白，這時候用滑鼠左鍵點選它就可以更改標題的文字了。

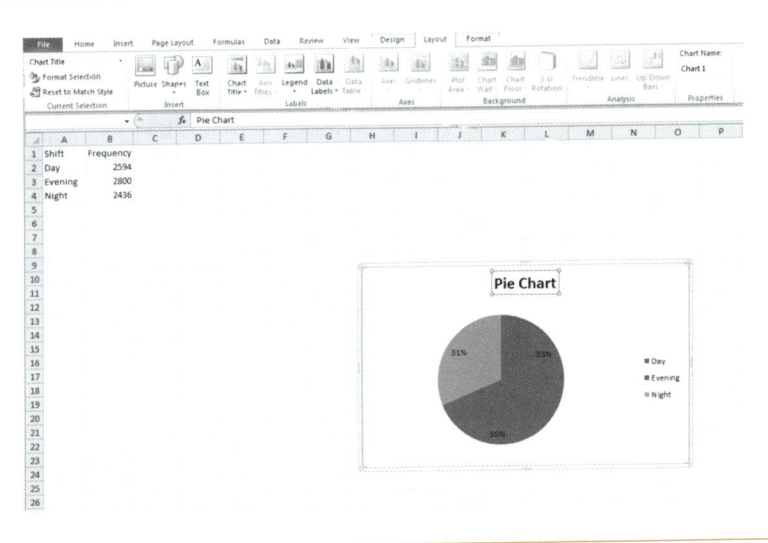

結語

- 收集數據的時候，被記錄下來的數字叫做原始數據。因為可以從原始數據取得的資訊非常有限，必須用某種有意義的方式組織原始數據。通常會用到利用組別的頻率分配。(2-1)
- 一旦建構頻率分配，可以為數據畫一張視覺效果的圖。統計學最常用的圖有直方圖、頻率多邊形與肩形圖。(2-2)
- 也可以用其他類型的圖，例如直條圖、柏拉圖、時序圖及圓餅圖。經常可以在報紙、雜誌及各種統計報告發現這些圖。(2-3)
- 莖葉圖使用數據的一些位數當作是莖、一些位數當作是葉。這種圖有著頻率分配和直方圖的優點。(2-3)
- 最後，圖形可能會誤導讀者，假如畫得不好。比如說，隨著時間遞增或是遞減的時序圖可以因為改變 y 軸刻度而被誇大。也可以利用二維的圖形誇大一維遞增或是遞減的圖形。當刻意省略標籤或是單位，就無法決定類別間真正的差距。(2-3)

複習題

2-1

1. **人們取得消息的管道** Brunswick Research Organization 調查 50 位隨機挑選的民眾，然後問他們取得消息的主要管道。他們的選項有報紙 (N)、電視 (T)、廣播 (R) 或是網路 (I)。為數據建構類別頻率分配，並且解讀結果。

N	N	T	T	T	I	R	R	I	T
I	N	R	R	I	N	N	I	T	N
I	R	T	T	T	N	R	I	R	I
R	R	I	N	T	R	T	I	I	T
T	I	N	T	T	I	R	N	R	T

2. **BUN 個數** 隨機挑選 20 位病人的血中尿素氮 (BUN) 個數（以 mg/dl 計）如下所示。為數據建構不分組頻率分配。

17	18	13	14
12	17	11	20
13	18	19	17
14	16	17	12
16	15	19	22

3. **大學學業** 每一州完成四年制（或更多年制）大學學業的人口比例（無條件進入到最近的整數百分比）如下所示。使用 5 個組別為數據建構一種群組頻率分配。（這一組數據也會用在練習題 4、5、6。）

完成四年制大學學業的人口比例

23	25	24	34	22	24	27	37	33	24
26	23	38	24	24	17	28	23	30	25
30	22	33	24	28	36	24	19	25	31
34	31	27	24	29	28	21	25	26	15
26	22	27	21	25	28	24	21	25	26

資料來源：*New York Times Almanac*.

2-2

4. 求出練習題 3 頻率分配的相對頻率分配。
5. 使用練習題 3 的數據建構直方圖、頻率多邊形與肩形圖。
6. 使用練習題 3 的相對頻率分配建構直方圖、頻率多邊形與肩形圖。

2-3

7. **開車時所做的事** 一份 1,200 位駕駛的調查顯示受訪者開車時做什麼事的比例。為數據建構直向直條圖與橫向直條圖。

喝飲料	80%
講行動電話	73%
吃飯	41%
違規駕駛	23%
抽菸	21%

資料來源：Nationwide Mutual Insurance Company.

8. **教室科技** 以下數據顯示使用各種教室科技的教師人數。為數據建構柏拉圖。（注意：受訪者可以複選。）

種類	人數
網站	280
線上遊戲	215
線上影音	165
線上圖片	220

資料來源：Vera Quest Research.

9. **太空發射** 以下數據顯示美國從 1960 年到 2009 年每 10 年的太空發射次數。為數據建構時序圖，並且分析得到的圖。

年代	60–69	70–79	80–89	90–99	100–109
發射	614	247	199	300	206

資料來源：NASA.

10. **大學新鮮人的花費** 大學新鮮人購買學用品的平均開銷如下所示。為數據建構圓餅圖。

電子產品／電腦	$728
宿舍用品	344
衣物	141
鞋子	72

資料來源：National Retail Federation.

11. **Peyton Manning 在 Colts 的職業生涯** Peyton Manning 為 Colts 打了 14 年的球（他在 2011 年沒打）。以下數據顯示他在 1998–2010 年的達陣數。為數據建構點圖，並且評論這一張圖。

26	33	27	49	31	27	33
26	26	29	28	31	33	

資料來源：NFL.com

12. **博物館遊客** 隨機挑選 24 小時到訪鐵路博物館的人數如下所示。為數據建構莖葉圖。

67	62	38	73	34	43	72	35
53	55	58	63	47	42	51	62
32	29	47	62	29	38	36	41

13. **止痛劑** 第一張圖形顯示 Quick Pain Relief 緩解疼痛所需的時間。第二張圖顯示競爭者產品所需的時間。為什麼這兩張圖會引起誤會？

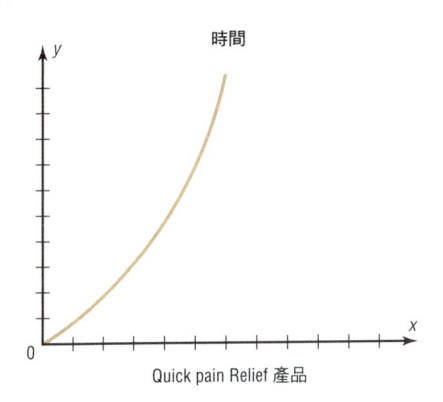

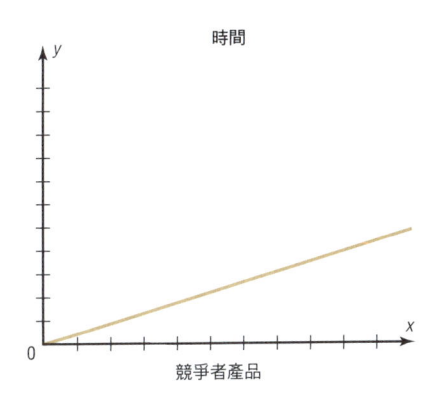

小試身手

是非題。如果答案是「非」，請提供理由。

1. 製作頻率分配的時候，使用重疊組界是一種好主意，例如 10–20, 20–30, 30–40。
2. 頻率分配的組距不需要一樣。
3. 數據種類以及研究員的目的決定了以何種圖形呈現數據。
4. 使用圓餅圖可以呈現隨時間過往收集到的數據。

選擇題

5. 8.6–8.8 的組邊際是
   a. 8–9
   b. 8.5–8.9
   c. 8.55–8.85
   d. 8.65–8.75

6. 若不計四捨五入誤差，將相對頻率加總應該等於
   a. 0
   b. 1
   c. 50
   d. 100

填充題

7. 頻率分配的組數應該介於_____和_____之間。
8. 要呈現隨時間過往收集到的數據應使用_____圖。
9. 柏拉圖的頻率應該放在_____軸。
10. **購屋意願** 一份購屋意願的問卷顯示 25 位受訪者的資訊如下，為以下數據建構圓餅圖（H＝透天厝，A＝公寓，M＝組合屋，C＝套房）。

    | H | C | H | M | H | A | C | A | M |
    | C | M | C | A | M | A | C | C | M |
    | C | C | H | A | H | H | M |

11. **便利商店購物** 隨機挑選 30 位某家便利商店的客人，當他們離開的時候，詢問客人買了幾樣東西。為以下數據建構直方圖、頻率多邊

統計學

```
2  9  4  3  6
6  2  8  6  5
7  5  3  8  6
6  2  3  2  4
6  9  9  8  9
4  2  1  7  4
```

12. **身分盜用**　調查 84 位身分被盜用的民眾，以下顯示他們身分被盜用的手段。為此資訊繪製圓餅圖。

皮夾、支票本、信用卡遺失或被偷	38
零售或電話轉帳	15
信件被偷	9
電腦病毒或駭客	8
網路釣魚	4
其他	10
總和	84

資料來源：Javelin Strategy and Research.

13. **博物館訪客**　隨機挑選 25 個小時，記錄期間歷史博物館的訪客數如下所示。為數據建構莖葉圖。

```
15  53  48  19  38
86  63  98  79  38
62  89  67  39  26
28  35  54  88  76
31  47  53  41  68
```

14. **用水量**　下圖顯示每一個人各種活動的平均用水量（以加侖計）。你可以看出這一張圖有任何誤導讀者的地方嗎？

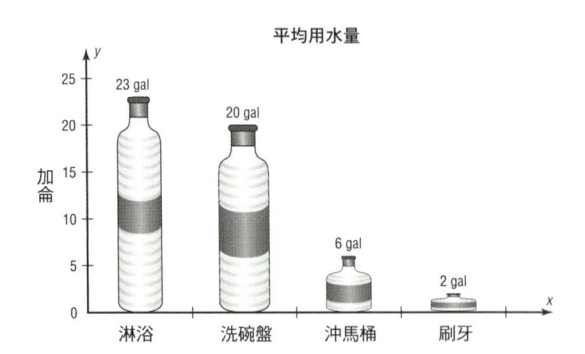

平均用水量

（淋浴 23 gal、洗碗盤 20 gal、沖馬桶 6 gal、刷牙 2 gal）

觀念應用的答案

觀念應用 2-1　總統就職時的年紀

1. 這些數據是在撰寫本書時所有總統的就職年齡，所以它們構成母體。
2. 最老的就職年齡是 69 歲。
3. 最年輕的就職年齡是 42 歲。
4. 答案因人而異。可能的答案是

就職年齡	頻率
42–45	2
46–49	7
50–53	8
54–57	16
58–61	5
62–65	4
66–69	2

5. 答案因人而異。針對第 4 題提供的頻率分配，高峰發生在組別 54–57。
6. 答案因人而異。沒有離群值。不過，如果我們把數據分成 14 組而不是 7 組，則年齡 42, 43, 68 和 69 可能是離群值。
7. 答案因人而異。數據似乎是單峰的，而且幾乎是對稱的，數據集中在 55 歲附近。

觀念應用 2-2　銷售房地產

1. 數據的直方圖告訴我們房價範圍，以及每一種價格範圍內的房子棟數。透過觀察直方圖也可以討論數據是如何分配的。
2. 頻率多邊形提供在什麼房價水準下，房屋數的上升與下滑情形。
3. 累加頻率多邊形提供賣出多少棟不超過某房價水準的房子。
4. 以 321,550 美元賣出的那一棟房子是這一組數據集的極值。
5. 答案僅供參考。可能的答案是直方圖顯示了極值，因為直方圖出現間隙。
6. 分配為正偏斜。

觀念應用 2-3　1999–2009 年美國人意外死亡原因

1. 圖上的變數有年度、死亡原因以及以千計的死亡件數。
2. 死亡原因是屬性的，而年度與死亡件數是屬量的。
3. 時序圖。
4. 汽車意外死亡件數顯示從 1999 年至 2007 年有些微逐年遞減，然後才遞減。
5. 中毒與墜落的死亡件數逐年遞增。
6. 溺水死亡件數每年大致一樣。
7. 在 2001 年，大約有 44,000 人死於汽車意外，大約有 15,000 人死於墜落意外，大約有 14,000 人死於中毒意外，而大約有 3,000 人死於溺水意外。
8. 在 1999 年，汽車意外死了最多人，然而在 2009 年，中毒死亡死了最多人。
9. 在 2002 年，中毒和墜落的死亡件數大概是一致的。

CHAPTER 3

敘述統計量

學習目標 ▶▶

經過本章的洗禮之後,你將具有以下的能力:

❶ 利用集中傾向測度摘要數據,例如平均數、中位數、眾數與中檔數。
❷ 利用變化測度描述數據,例如全距、變異數與標準差。
❸ 利用位置測度指出數據在整體數據集的位置,例如百分位數、十分位數與四分位數。
❹ 利用探索式數據分析技術,例如,找出各種數據的特徵。

本章大綱 ▶▶

簡介
3-1 集中傾向測度
3-2 變化測度
3-3 位置測度
3-4 探索式數據分析
結語

簡介

第二章透過把原始數據組織成頻率分配獲取有用的資訊，然後以各種圖形呈現頻率分配。這一章則提供摘要頻率分配的數字方法。一般最耳熟能詳的方法應該是求出平均數。

比如說，你應該聽過白天通過紐約市中心的平均車速是每小時 5.3 哩；4 歲小孩的父親與孩子單獨相處的平均時間是每天 42 分鐘。

Mike Feinsilber 和 William B. Meed 的書 *American Averages* 指出：

> 當你停下來想一想，「平均」是個有趣的概念。雖然它描述了我們大家，但它沒有說明我們大家。我們沒人希望是平均的美國佬，但我們都想要了解他或她。

作者繼續說到幾個平均的例子：

> 美國男性平均身高是 5 呎 9 吋；女性則是 5 呎 3.6 吋。
> 美國人平均一年生病躺在床上 7 天，請 5 天病假。
> 每天平均有 2,400 萬人被動物咬到。

在 70 歲生日那天之前，美國人平均吃掉 14 頭牛、1,050 隻雞、3.5 頭羊和 25.2 頭豬。（資料來源：Mike Feinsilber and William B. Meed, *American Averages* (New York: Bantam Doubleday Dell.)）

在這些例子，「平均」這個字是模糊不清的，因為市面上求出平均的方法有許多種。簡單地說，平均是頻率分配或是大半典型案例的中心（一種比物理學的重心還廣義的概念）。平均的測度（度量平均的方法）也叫做集中傾向測度，包括平均數、中位數、眾數以及中檔數。

知道平均並不足以描述整個數據集，就像鞋店老闆知道男性球鞋的平均尺寸是 10 號，但他卻不能單靠 10 號男鞋長久經營鞋店。

就像前一個例子，除了知道平均，還必須知道數據分散的情形。也就是說，必須知道數據集中在平均附近，還是它們均勻地散落整個分配？丈量數據分散程度的測度叫做變化測度，或是分散測度。這一類的測度包括全距、變異數、標準差等等。

最後，為了描述數據，也需要另一套測度，叫做位置測度。它們顯示某一個數據落在數據集的哪裡，或是與其他數據的相對位置。最常用的位置測度是百分位數、十分位數與四分位數。心理學與教育理論大量使用這些測度。有時候，它們被叫做「準則」。

這一章所解釋的集中傾向、變化與位置測度是所謂的傳統統計量。

趣聞

平均每人一年作夢 1,460 次。

第 3 章　敘述統計量

第 3-4 節討論所謂的「探索式數據分析」技術，包含盒形圖與五數摘要，可以用它們探索數據的內涵。

3-1　集中傾向測度

學習目標 ❶
利用集中傾向測度摘要數據，例如平均數、中位數、眾數與中檔數。

第一章說明統計學家從母體挑選樣本；不過，當母體很小的時候，不一定要用樣本，因為透過母體獲得資訊不是難事。比如說，假設保險公司的經理希望知道全公司所有業務員每週的平均業績。如果公司雇用很多業務員，比如說，在全國各地都有，這一位經理必須使用樣本，而且對整個業務人力進行推論。但是假如公司只有幾個業務員，比如說只有 87 位，那麼這一位經理應該可以計算所有業務員，某一週（可能是隨機挑選的一週）的業績。

利用母體內每一筆數字算出來的測度叫做「參數」；而利用樣本內每一筆數字算出來的測度叫做「統計量」。因此，業務員樣本算出來的平均業績是一種統計量，而整個母體的平均業績則是一種參數。

統計量 (statistic) 是用樣本內所有數字算出來的測度，被視為是一種樣本的特質。
參數 (parameter) 是用母體內所有數字算出來的測度，被視為是一種母體的特質。

與統計量和參數相關的概念以及代表它們的符號會在本章後續詳細討論。

統計學的四捨五入規則　在統計學，基本的四捨五入規則是最後的答案才四捨五入，過程中的中間數字不要四捨五入。因為如果不斷地四捨五入過程中的數字，這樣會累積誤差使得最後的計算結果與正確答案愈差愈遠。但是課本或是解答手冊的答案，因為無法記載很多中間過程的小數，因此例題內的數字通常會有 3 到 4 位小數，而在最後才四捨五入得到與計算機一樣的答案。

➡ 平均數

要計算平均數，也就是算術平均，會透過加總所有數字除以（所有分子用到的）數字的個數。比如說，3, 2, 6, 5, 4 的平均數等於加總 $3 + 2 + 6 + 5 + 4 = 20$ 然後除以 5；因此，上述數字的平均數等於 $20 \div 5 = 4$。用 X 表達數據內的每一個數字。在這個例子，我們習慣上採用 $X_1 = 3$, $X_2 = 2$, $X_3 = 6$, $X_4 = 5$ 以及 $X_5 = 4$。為了表達所有數字 X 的總和，我們使用符號 Σ，這是希臘字的大寫字母 Sigma。我們用 ΣX 表達加總數據集內所有數字 X。加總符號會在英文版線上資源 "Algebra Review" 那一節有所解釋。

> **平均數 (mean)** 是加總一批數字然後除以加總時用到數字的個數。
> 使用樣本數據計算的**樣本平均數 (sample mean)**，記作 $\bar{X}$（念作 X bar），是一種統計量。
>
> $$\bar{X} = \frac{X_1 + X_2 + X_3 + \cdots + X_n}{n} = \frac{\Sigma X}{n}$$
>
> 其中 n 代表樣本內有多少個數字。
> 使用母體內所有數字計算的**母體平均數 (population mean)**，記作 μ（念作 mew），是一種參數。
>
> $$\mu = \frac{X_1 + X_2 + X_3 + \cdots + X_N}{N} = \frac{\Sigma X}{N}$$
>
> 其中 N 代表母體內有多少個數字。

在統計學，希臘字母代表母體特質的參數，而羅馬字母則被用來代表統計量。一般情形我們假設數據來自樣本，除非特別指明它們來自母體。

平均數的四捨五入規則 平均數應該比原始數據多一位小數。比如說，原始數據是整數，那麼平均數就得從第二位小數四捨五入到第一位小數。如果原始數據帶有一位小數，那麼平均數就得從第三位小數四捨五入到第二位小數，依此類推。

例題 3-1　報案事故

一組九個月某地區警察局回應的報案次數樣本如下所示。求出平均數。（數據是作者親手取得。）

$$475, 447, 440, 761, 993, 1052, 783, 671, 621$$

解答

$$\bar{X} = \frac{\Sigma x}{n} = \frac{475 + 447 + 440 + 761 + 993 + 1052 + 783 + 671 + 621}{9}$$

$$= \frac{6243}{9} \approx 693.7$$

因此，每一個月警察回應的平均次數是 693.7。

例題 3-2　醫院感染

以下數據顯示一組 6 家醫院樣本的就醫時感染人數。求出平均數。

$$110 \quad 76 \quad 29 \quad 38 \quad 105 \quad 31$$

資料來源：Pennsylvania Health Care Cost Containment Council.

解答

$$\bar{X} = \frac{\Sigma X}{n} = \frac{110 + 76 + 29 + 38 + 105 + 31}{6} = \frac{389}{6} = 64.8$$

這 6 家醫院就醫時感染人數的平均數是 64.8 人。

大部分時候，平均數不會恰好是某一筆數據的數字。

求出群組頻率分配平均數的程序（這時候通常原始數據未知）是假設落入每一組的原始數據都等於該組的組中點，也就是假設每一組的平均數等於組中點。實際上，這是錯誤的，因為每一組原始數據的平均數通常不會等於組中點。不過，由上述程序會求出一種可以被接受的近似平均數，因為每一組總是有一些數據高於組中點，有一些低於組中點。

求出群組數據的平均數的程序，摘要在下一個程序表中。

程序表

求出群組數據的平均數

步驟 1　建立一張如下所示的表格。

A	B	C	D
組別	頻率 f	組中點 X_m	$f \cdot X_m$

步驟 2　求出每一組的組中點，然後把結果列於 C 行。
步驟 3　針對每一組，把頻率乘上組中點，然後把結果列於 D 行。
步驟 4　求出 D 行的總和。
步驟 5　把 D 行的總和除以數據的總筆數（B 行總和）得到平均數。

這一種平均數的公式如下：

$$\bar{X} = \frac{\Sigma f \cdot X_m}{n}$$

注意：符號 $\Sigma f \cdot X_m$ 代表求出頻率 (f) 乘上組中點 (X_m) 的總和。

例題 3-3　每週跑幾哩

求出例題 2-7 之群組頻率分配的平均數。該組數據顯示了一組 20 名慢跑者一週跑了多少哩路的隨機樣本。

組邊際	頻率
5.5–10.5	1
10.5–15.5	2
15.5–20.5	3
20.5–25.5	5
25.5–30.5	4
30.5–35.5	3
35.5–40.5	2
總和	20

解答

以下是求出群組頻率分配平均數的程序。

步驟 1　建立一張如下所示的表格。

A 組別	B 頻率 f	C 組中點 X_m	D $f \cdot X_m$
5.5–10.5	1		
10.5–15.5	2		
15.5–20.5	3		
20.5–25.5	5		
25.5–30.5	4		
30.5–35.5	3		
35.5–40.5	2		
	$n = 20$		

> **趣聞**
> 平均每個人花費 5.9 個月才找到一個新工作。

步驟 2　求出每一組的組中點，然後把結果列於 C 行。

$$X_m = \frac{5.5 + 10.5}{2} = 8 \quad \frac{10.5 + 15.5}{2} = 13 \quad 等等$$

步驟 3　針對每一組，把頻率乘上組中點，然後把結果列於 D 行。

$$1 \cdot 8 = 8 \quad 2 \cdot 13 = 26 \quad 等等$$

完成的表格如下所示。

A 組別	B 頻率 f	C 組中點 X_m	D $f \cdot X_m$
5.5–10.5	1	8	8
10.5–15.5	2	13	26
15.5–20.5	3	18	54
20.5–25.5	5	23	115
25.5–30.5	4	28	112
30.5–35.5	3	33	99
35.5–40.5	2	38	76
	$n = 20$		$\Sigma f \cdot X_m = 490$

步驟 4　求出 D 行的總和。
步驟 5　把總和除以數據的總筆數 n 得到平均數。

$$\bar{X} = \frac{\Sigma f \cdot X_m}{n} = \frac{490}{20} = 24.5 \text{ 哩}$$

> **非凡數字**
> 平均每個人買房子前會看過 14 間房子。

➡ 中位數

最近一項報告指出，大學教授收入的中位數等於 43,250 美元。這一項集中傾向測度意味著被調查的教授，有一半的收入所得高於 43,250 美元，另一半則小於 43,250 美元。

中位數是數據集的中點。在求出這一個數字之前，必須先按數字的大小順序排列數據。按大小順序排列的數據叫做**數據序列 (data array)**。中位數若不是數據集的特定數字，就是其中兩個特定數字的平均數。詳情請參考以下的例題。

中位數 (median) 是數據序列的中點。中位數的符號是 MD。

求出中位數的程序如下所示。

程序表

求出中位數

步驟 1　按由小到大的順序排序所有數字。
步驟 2　求出數據集內有幾個數字。
步驟 3　a. 如果個數是奇數個，挑選最中間那一個數字當作是中位數。
　　　　　b. 如果個數是偶數個，求出最中間那兩個數字的平均，也就是最中間那兩個數字加起來除以 2，這就是中位數了。

例題 3-4　被殺害的警察

過去 11 年執行勤務時被殺害的警察人數如下所示。求出它們的中位數。

　　　177　153　122　141　189　155　162　165　149　157　240

資料來源：National Law Enforcement Officers Memorial Fund.

解答

步驟 1　按由小到大的順序排序所有數字。

$$122, 141, 149, 153, 155, 157, 162, 165, 177, 189, 240$$

步驟 2 數據集內有 11 個數字。

步驟 3 挑選中間那個數字。

$$122, 141, 149, 153, 155, 157, 162, 165, 177, 189, 240$$
$$\uparrow$$
$$中位數$$

過去 11 年警察被殺人數的中位數是 157。

例題 3-5 美國的龍捲風

某一段 8 年期間，美國境內已經發生的龍捲風個數如下所示。求出這些數字的中位數。

$$684, 764, 656, 702, 856, 1133, 1132, 1303$$

資料來源：*The Universal Almanac.*

解答

步驟 1 按由小到大的順序排序所有數字。

$$656, 684, 702, 764, 856, 1132, 1133, 1303$$

步驟 2 數據集內有 8 個數字。

步驟 3 最中間的兩個數字是 764 和 856。

$$656, 684, 702, 764, 856, 1132, 1133, 1303$$
$$\uparrow$$
$$中位數$$

因為中間數字落在 764 和 856 的中點，藉由加總兩個數字除以 2 得知中位數。龍捲風個數的中位數是 810。

眾數

第三種平均的測度是眾數。眾數是數據集內出現最頻繁的數字。有時候被認為是最典型的案例。

眾數 (mode) 是數據集內出現最多次的數字。

如果最高頻率的數字只有一個，則這樣的分配是**單峰的** (unimodal)。
如果數據集內最高頻率的數字有兩個，兩者都會被認為是眾數，而且此時

數據集是**雙峰的 (bimodal)**。如果數據集內最高頻率的數字超過兩個，每一個都是眾數，而且數據集是**多峰的 (multimodal)**。當每一筆數據都只出現一次，這樣的數據集叫做「無眾數」。數據集的眾數可以超過一個，也可以一個都沒有。以下的例題顯示這些情況。

例題 3-6　NFL 簽約獎金

求出某一年 8 位 NFL 球員簽約獎金的眾數。簽約獎金（單位：百萬美元）如下所示：

$$18.0, 14.0, 34.5, 10, 11.3, 10, 12.4, 10$$

資料來源：*USA TODAY*.

解答

雖然並非必要，但是按大小順序排列數據是有幫助的，

$$10, 10, 10, 11.3, 12.4, 14.0, 18.0, 34.5$$

因為 1,000 萬美元出現 3 次，比其他數字的頻率都高，所以眾數是 1,000 萬美元。

例題 3-7　合格的核電廠

以下數據顯示最近 15 年美國境內的合格核電廠有幾座。求出眾數。

104	104	104	104	104
107	109	109	109	110
109	111	112	111	109

資料來源：*The World Almanac and Book of Facts*.

解答

因為 104 和 109 都出現 5 次，所以眾數是 104 和 109。我們可以說此數據集是雙峰的。

例題 3-8　槍械意外死亡

某一段 6 年期間，因為槍械意外而死亡的人數如下所示。求出這些數字的眾數。

$$649, 789, 642, 613, 610, 600$$

資料來源：National Safety Council.

解答

因為每一個數字只發生一次，就沒有眾數。

群組數據的眾數稱為眾數組。**眾數組 (modal class)** 是頻率最高的那一組。

例題 3-9　每週跑幾哩

繼續例題 2-7，求出 20 位慢跑者每週跑幾哩之頻率分配的眾數組。

組別	頻率
5.5–10.5	1
10.5–15.5	2
15.5–20.5	3
20.5–25.5	5 ← 眾數組
25.5–30.5	4
30.5–35.5	3
35.5–40.5	2

解答

眾數組是 20.5–25.5，因為它的頻率最高。有時候，我們用組中點而不是用組邊際；因此，也可以說眾數是每週 23 哩。

當數據是名目的或是類別的，只有眾數這種集中傾向測度可以用來衡量最典型的案例。

例題 3-10　登記的船隻

以下數據顯示在賓州西南方 6 郡登記的船隻有幾艘。求出眾數。

Westmoreland	11,008
Butler	9,002
Washington	6,843
Beaver	6,367
Fayette	4,208
Armstrong	3,782

資料來源：Pennsylvania Fish and Boat Commission.

解答

因為頻率最高的是 Westmoreland，所以最典型的案例（登記的船隻）發生在 Westmoreland。因此眾數是 Westmoreland。

極端高或低的數字對平均數有驚人的效果。這些極值叫做離群值。當你分析頻率分配的時候，要注意到這些數據。像以下例題 3-11 的數據，它的平均數、中位數與眾數非常不一樣，因為它有極值。第 3-3 節會討論一種求出離群值的方法。

例題 3-11　員工薪資

有一家小公司，只有一位董事長、一位經理、一位業務和兩位工程師，他們的年薪如下所示。（假設這是整個母體。）

員工	薪資
董事長	$100,000
經理	40,000
業務	24,000
工程師一	18,000
工程師二	18,000

求出平均數、中位數與眾數。

解答

$$\mu = \frac{\Sigma X}{N} = \frac{\$100,000 + 40,000 + 24,000 + 18,000 + 18,000}{5} = \frac{\$200,000}{5} = \$40,000$$

因此，平均數是 40,000 美元，中位數是 24,000 美元，而眾數是 18,000 美元。

在例題 3-11，平均數遠大於中位數和眾數。這是因為董事長的薪水非常高，提高了平均數。這一類的數據集應該用中位數衡量集中傾向。

➡ 中檔數

中檔數是中心點的一種粗略估計，等於數據集內的最小值加上最大值除以 2。它是一種非常粗略的平均估計，而且容易受到極大值或是極小值（離群值）的影響。

中檔數 (midrange) 是數據集內的最小值加上最大值除以 2，符號是 MR。

$$MR = \frac{最小值 + 最大值}{2}$$

例題 3-12　銀行錯誤

最近五年內，銀行錯誤的次數如下所示。求出中檔數。

$$3, 30, 148, 157, 71$$

資料來源：Federal Deposit Insurance Corporation.

解答

最小數字是 3，而最大數字是 157。

$$MR = \frac{3 + 157}{2} = \frac{160}{2} = 80$$

銀行錯誤次數的中檔數是 80。

例題 3-13　NFL 簽約獎金

求出例題 3-6 NFL 簽約獎金數據的中檔數。獎金（單位：百萬美元）如下所示：

$$18.0,\ 14.0,\ 34.5,\ 10,\ 11.3,\ 10,\ 12.4,\ 10$$

解答

最低獎金是 1,000 萬美元，而最高獎金是 3,450 萬美元，所以

$$MR = \frac{10 + 34.5}{2} = \frac{44.5}{2} = \$22.25 \text{ 百萬美元}$$

注意，這個數字高過 7 筆數據（總共只有 8 筆），所以它不是典型的平均獎金。之所以會這樣的原因是有一筆非常高的獎金 3,450 萬美元。

統計學有許多平均的測度。最常用的有平均數、中位數、眾數與中檔數。每一個都有它的特性以及用途。還有其他平均的測度，例如調和平均數、幾何平均數以及二次平均數，它們的應用被侷限在某些特殊的領域內。

➡ 加權平均數

有時候，你必須求出數據集的平均數，但是各數字的重要性不同。考慮以下的案例，三部計程車每加侖汽油的平均成本。假設計程車駕駛分別在三家加油站加油，每加侖單價分別是 3.22、3.53、3.63 美元。你或許會試著用以下的公式求出平均數：

$$\overline{X} = \frac{\Sigma X}{n}$$

$$= \frac{3.22 + 3.53 + 3.63}{3} = \frac{10.38}{3} = \$3.46$$

但並不是每位駕駛都加一樣多的油。因此，為了求出每加侖真正的平均成本，你必須考慮每一位駕駛加了多少加侖的油。

考慮其他因素的平均數叫做加權平均數，適用在數字不一樣重要時。

變數 X 的**加權平均數 (weighted mean)** 等於加總數字與權重的乘積除以權重的加總。

$$\bar{X} = \frac{w_1 X_1 + w_2 X_2 + \cdots + w_n X_n}{w_1 + w_2 + \cdots + w_n} = \frac{\Sigma wX}{\Sigma w}$$

其中 $w_1, w_2, ..., w_n$ 是分別對應數字 $X_1, X_2, ..., X_n$ 的權重。

例題 3-14 顯示計算 GPA（學校成績）的加權平均數作法。因為每一門課的學分數不盡相同，所以我們以學分數為其權重。

例題 3-14　GPA

有一位學生在英文作文（3 學分）得到 A，心理學（3 學分）得到 C，生物學（4 學分）得到 B，體育（2 學分）得到 D。假設 A＝4 點，B＝3 點，C＝2 點，D＝1 點，F＝0 點，求出該名學生的 GPA。

解答

課程	學分(w)	點數(X)
英文作文	3	A (4 點)
心理學	3	C (2 點)
生物學	4	B (3 點)
體育	2	D (1 點)

$$\bar{X} = \frac{\Sigma wX}{\Sigma w} = \frac{3 \cdot 4 + 3 \cdot 2 + 4 \cdot 3 + 2 \cdot 1}{3 + 3 + 4 + 2} = \frac{32}{12} \approx 2.7$$

GPA 是 2.7。

> **非凡數字**
>
> 有 45％ 的美國人住在距離最好朋友 15 分鐘車程的範圍內。

測度	定義	符號
平均數	加總所有數字除以數字的個數。	$\mu, \bar{X}$
中位數	數據按大小順序排列後的中點。	MD
眾數	出現頻率最高的數字。	無
中檔數	最小值加上最大值除以 2。	MR

表 3-1　集中傾向測度的摘要

表 3-1 摘要集中傾向測度。

研究員與統計學家必須知道該使用哪一個集中傾向測度，以及什麼時候使用集中傾向測度。接著，以下摘要四種集中傾向測度的性質以及用法。

集中傾向測度的性質以及用法

平均數

1. 需要使用所有數據。
2. 與其他三種平均測度比起來，平均數的變化比較小。
3. 用來計算其他統計量，例如樣本變異數。
4. 是唯一的，但不一定剛好是某一筆數據。
5. 不可以用在有著開放組的頻率分配。
6. 會被極大值或是極小值這一類的離群值所影響，所以有時候並不適合作為平均。

中位數

1. 用來求出數據集的中點。
2. 用來求出某一筆數據到底出現在分配的左半邊或右半邊。
3. 可以用在有著開放組的頻率分配。
4. 不會被極大值或是極小值這一類的離群值所影響。

眾數

1. 用於需要知道出現頻率最高的數據。
2. 最容易計算的平均。
3. 可以用在名目或是類別的數據，例如信仰、性別、政黨傾向等等。
4. 不唯一。有時候會有兩個，甚至兩個以上。

中檔數

1. 容易計算。
2. 是中心點。
3. 會被極大值或是極小值這一類的離群值所影響。

➡ 分配形狀

頻率分配可能有各種形狀，其中最重要的三種是正偏斜（右偏斜）、對稱和負偏斜（左偏斜）。圖 3-1 顯示每一種形狀的直方圖。

如果是**正偏斜 (positively skewed)**（**右偏斜 (right-skewed distribution)**）分配，它的大部分數字落在平均數的左邊，且集中在分配的下半段；「尾巴」會往右伸展（恐龍尾巴擺右邊）。同時，中位數在平均數的左邊，而眾數則在中位數的左邊。

比如說，假如某一次考試大部分學生都考不好，他們的成績應該會集中在分配的左邊。一小部分好成績會落在分配的右邊尾巴。另一個正偏斜分配的例子是美國人的收入。大部分美國人的收入集中在分配的下半段；那些高收入的

(a) 正偏斜或右偏斜
眾數　中位數　平均數

(b) 對稱
平均數
中位數
眾數

(c) 負偏斜或左偏斜
平均數　中位數　眾數

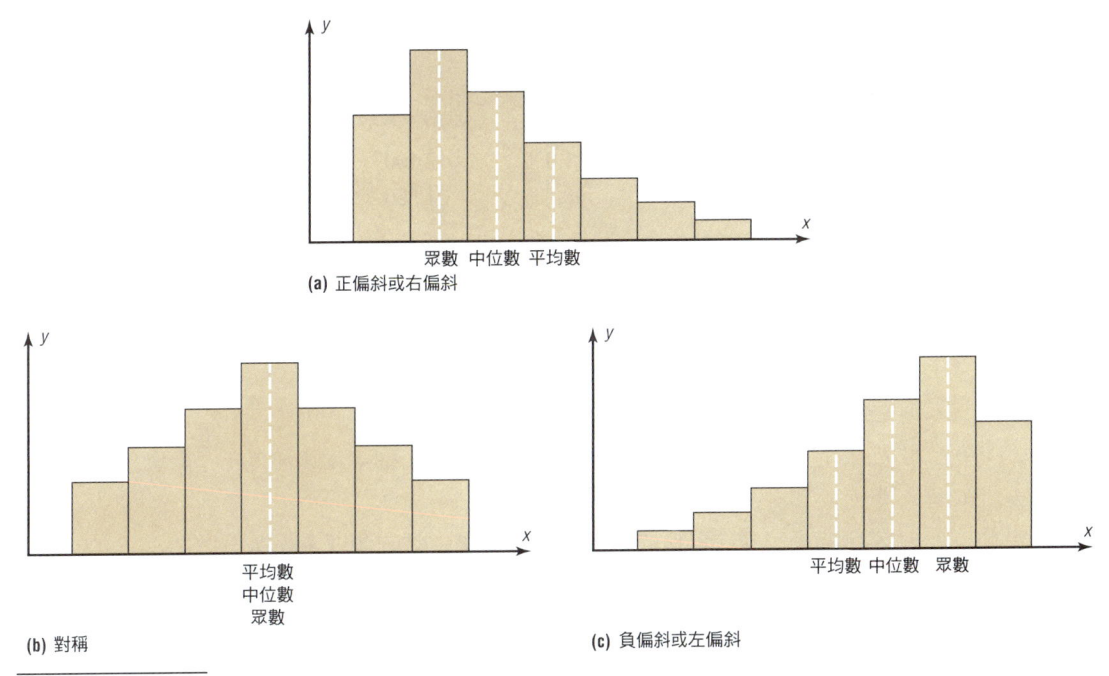

圖 3-1　分配種類

小眾會散落在分配右邊的尾巴。

如果是**對稱分配 (symmetric distribution)**，數字會均勻散落在平均的兩邊。另外，當分配是單峰的時候，平均數、中位數與眾數會是同一個數字，而且是落在分配的中心。對稱分配的例子包括智商分數以及成年人的身高。

當大部分的數字集中在平均數的右邊，且集中在分配的上半段，加上尾巴往左伸展（恐龍尾巴擺左邊），這樣的分配叫做**負偏斜 (negatively skewed)**（**左偏斜 (left-skewed)**）分配。同時，中位數在平均數的右邊，而眾數則在中位數的右邊。如果某一次考試大部分人的成績很高，那麼成績的分配就會是一種負偏斜分配，且成績會集中在分配的上半段。

當分配極端偏向某一邊，分配的平均數會被推往尾巴，而且大部分數字不是大於（負偏斜）就是小於（正偏斜）平均數；因此，中位數就會是比較合適的集中傾向測度，而不再是平均數。極端偏向某一邊的分配也會影響其他統計量。

觀念應用 3-1　教師薪資

以下數據顯示南加州 Greenwood 某一個學區的教師薪資。

| $ 10,000 | 11,000 | 11,000 | 12,500 | 14,300 | 17,500 |
| 18,000 | 16,600 | 19,200 | 21,560 | 16,400 | 107,000 |

1. 第一，假設你為學校董事會工作，且希望不要因為調高薪資而加稅。計算平均數、中位數與眾數，並且決定其中哪一個最能支持你不調高薪資的想法。
2. 第二，假設你為教師公會工作，而且你希望調高教師的薪資。求出一個最能支持你調高薪資想法的集中傾向測度。
3. 解釋離群值為何可以支持某一項想法？
4. 如果上述數據代表學區內所有教師的薪資，則平均（測度）是參數還是統計量？
5. 當數據集包含離群值的時候，哪一個集中傾向測度會誤導讀者？
6. 當你比較各種集中傾向測度的時候，分配顯示數據集偏向某一邊嗎？試解釋之。

答案在第 151 頁。

練習題 3-1

1. **沙拉的卡路里**　沙拉是一種健康餐點嗎？以下數據顯示幾家知名餐廳飯前沙拉的卡路里數。求出數據的平均數、中位數、眾數與中檔數。

1165	1180	1090	1595	900
1270	1005	1180	700	1260
590	860	840	755	1450
1100	985	1120	940	730
605	920	855	935	835

2. **暴力犯罪**　以下數據顯示 2010 年美國最少暴力犯罪的前十大都市（人口超過 100,000 人）的暴力犯罪件數。求出數據的平均數、中位數、眾數與中檔數。

Temecula, CA	74	Irvine, CA	120
Murriefa, CA	99	Cary, NC	120
Surprise, AZ	106	Amherst, NY	121
Round Rock, TX	116	Simi Valley, CA	129
Frisco, TX	119	Norman, OK	132

資料來源：*Time Almanac 2012*.

3. **大學入學**　以下數據顯示隨機挑到之私立教會學校的新生人數。求出數據的平均數、中位數、眾數與中檔數。比較平均數與中位數，並且說明它們指出數據的哪一點？

| 1469 | 1860 | 1422 | 1023 | 2532 | 1409 | 1648 |
| 1080 | 2082 | 1371 | 1197 | 1484 | 1106 | 1241 |

資料來源：*World Almanac 2012*.

4. **主管獎金**　大公司發給主管獎金（以百萬美元計）的一筆隨機樣本如下所示。求出數據的平均數、中位數、眾數與中檔數。

組邊際	頻率
0.5–3.5	11
3.5–6.5	12
6.5–9.5	4
9.5–12.5	2
12.5–15.5	1

5. **超過 25 歲的大學教育程度人口比例**　以下數據顯示在 50 州以及特區的超過 25 歲美國人有多少比例完成大學以上教育。求出平均數

與眾數的組別。

比例	頻率
15.2–19.6	3
19.7–24.1	15
24.2–28.6	19
28.7–33.1	6
33.2–37.6	7
37.7–42.1	0
42.2–46.6	1

資料來源：*New York Times Almanac.*

6. **影印機維修電話** 以下的頻率分配顯示從 75 位影印機維修員隨機樣本取得的數據。這些數字表示各式各樣影印機叫修電話間隔的天數。

組邊際	頻率
15.5–18.5	14
18.5–21.5	12
21.5–24.5	18
24.5–27.5	10
27.5–30.5	15
30.5–33.5	6

7. **健怡可口可樂的偏好** 最近一份新品健怡可口可樂的調查揭露人們喜好的比例，數據如下所示。求出比例的加權平均數。

區域	偏好比例%	多少人接受調查
1	40	1000
2	30	3000
3	50	800

8. 為以下這些狀況，說明個別應該使用哪一種集中傾向測度—平均數、中位數或者是眾數。
   a. 想要最典型的案例
   b. 開放分配
   c. 數據集內有極端值
   d. 類型的數據
   e. 需要進一步的統計計算
   f. 數字可以被概分為個數一樣的兩群，其中一群擁有較大的數字，而另一群擁有較小的數字。

求出集中傾向測度

Excel 技術步驟解析

例題 XL3-1

求出例題 3-7 數據的平均數、眾數以及中位數。數據顯示最近 15 年美國境內合格核子反應爐的母體。

104	104	104	104	104
107	109	109	109	110
109	111	112	111	109

1. 在某一個 Excel 的 worksheet（工作表）的儲存格 A2-A16 輸入數字。在儲存格 A1 輸入變數的名稱。

   跟數字同一張 worksheet（工作表）：

2. 計算數據的平均數：在某個空白儲存格輸入 = AVERAGE(A2:A16)。
3. 計算數據的眾數：在某個空白儲存格輸入 = MODE(A2:A16)。
4. 計算數據的中位數：在某個空白儲存格輸入 = MEDIAN(A2:A16)。

這一些和其他統計函數也可以不用打字，直接從 worksheet（工作表）呼叫它們。

1. 從 toolbar（工具列）選擇 Formulas（公式）並且選擇 Insert Function（插入函數）小圖示。

2. 選擇 Statistical category（統計類）取得統計函數。
3. 往下轉動滑鼠可以找到合適的函數並且點選 [OK]。

	A	B	C
1	Number of Reactors		
2	104	107.7333	mean
3	104	104	mode
4	104	109	median
5	104		
6	104		
7	107		
8	109		
9	109		
10	109		
11	110		
12	109		
13	111		
14	112		
15	111		
16	109		

（Excel 只報告雙峰或是多峰分配的第一峰。）

3-2　變化測度

學習目標 ❷
利用變化測度描述數據，例如全距、變異數與標準差。

為了更精準地描述頻率分配（數據集），統計學家不能只知道集中傾向測度。考慮例題 3-15。

例題 3-15　比較戶外油漆

某一家檢測實驗室希望檢測兩種品牌的戶外油漆，看哪一種牌子能撐較久才褪色。該實驗室對每一種品牌都測試了 6 加侖。因為每一種品牌所加的化學劑不一樣，而且只用了 6 罐，所以這兩種品牌組成兩個小母體。結果（以月數計）如下所示。求出每一種品牌的平均數。

A 品牌	B 品牌
10	35
60	45
50	30
30	35
40	40
20	25

解答

A 品牌的平均數為

$$\mu = \frac{\Sigma X}{N} = \frac{210}{6} = 35 \text{ 個月}$$

B 品牌的平均數為

$$\mu = \frac{\Sigma X}{N} = \frac{210}{6} = 35 \text{ 個月}$$

第 3 章　敘述統計量

油漆的變化（以月數計）

```
   A      A       A       A      A      A
───┼──────┼───────┼───┼───┼──────┼──────┼───
  10     20      30  35  40     50     60
```
(a) A 品牌

油漆的變化（以月數計）

```
                  B
          B   B   B   B   B
───┼─────┼───┼───┼───┼───┼─────┼───
  20    25  30  35  40  45    50
```
(b) B 品牌

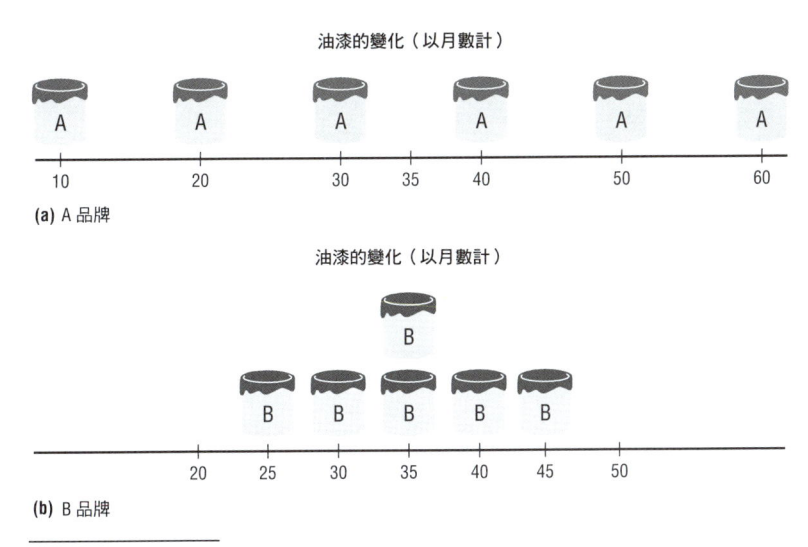

圖 3-2　以圖形檢查數據集

　　因為例題 3-15 的兩個平均數是一樣的，你或許會認為兩種牌子的油漆一樣好。不過，當你用圖形檢查數據集的時候，或許會得到些微不一樣的結論。詳見圖 3-2。

　　如圖 3-2 所示，雖然兩種牌子的平均數一樣，但是分散程度（變異、變化）卻很不一樣。圖 3-2 顯示品牌 B 表現得比較始終如一；它產生的數據比較沒變化。一般常用三種測度衡量數據集的分散程度（變化程度）：全距、變異數與標準差。這一節將一一討論。

➡ 全距

　　最簡單的一種分散測度是全距，定義如下。

> **全距 (range)** 是最大值減掉最小值。用符號 R 代表全距。
>
> $$R = 最大值 - 最小值$$

例題 3-16　比較戶外油漆

求出例題 3-15 油漆數據的全距。

解答

A 品牌的全距為

$$R = 60 - 50 = 50 個月$$

B 品牌的全距為

$$R = 45 - 25 = 20 \text{ 個月}$$

注意全距只是一個數字。

A 品牌的全距顯示它的最大值與最小值相差 50 個月，而 B 品牌則是 20 個月，比 A 品牌的一半還要少。

極大值或是極小值會嚴重影響全距的結果，如例題 3-17 所示。

例題 3-17　員工薪資

XYZ 公司的員工薪資如下所示。求出它的全距。

員工	薪資
董事長	$100,000
經理	40,000
業務	30,000
職員	25,000
	15,000
	18,000

解答

全距 R = $100,000 − $15,000 = 85,000 美元。

因為董事長的薪資也一起列於例題 3-17 的數據集裡，所以全距是一個很大的數字。為了得到更有意義衡量變化的測度，統計學家使用叫做變異數與標準差的測度。

➡ 母體變異數與母體標準差

在正式定義這些測度之前，有必要知道「數據變異」的意涵。它乃基於每一個數字與平均數之間的差距或是距離。這一項差距或是距離叫做「離異」。在戶外油漆的例子，A 品牌油漆的平均數是 35 個月，而某一罐油漆可以持續 50 個月，那麼這一罐油漆的離異是 $X - \mu$ 或者是 50 − 35 = 15。因此，那一筆數據的離異是 15 個月。如果你計算所有數據與平均數的離異（不得四捨五入）總和，你將發現這個總和永遠都是 0。也就是說，$\Sigma(X - \mu) = 0$。（你可以試試戶外油漆例子的所有離異總和。）

為了避免這個問題，我們加總平方，也就是 $\Sigma(X - \mu)^2$，並把這些平方和除以 N（數據集內總共有幾個數字）求出它們的平均數，符號是 $\Sigma(X - \mu)^2/N$。這一項測度叫做母體變異數，而且記作 σ^2，其中 σ 是希臘小寫字母 sigma。

第 3 章　敘述統計量

因為這一項測度 σ^2 的單位是原數據單位的平方，統計學家取變異數的正方根，並且稱呼它為標準差。

正式定義如下。

變異數 (variance) 是每一個數字與其平均數之距離平方的平均數。母體變異數的符號是 σ^2（σ 是希臘小寫字母 sigma）。

母體變異數的公式是

$$\sigma^2 = \frac{\Sigma(X - \mu)^2}{N}$$

其中　X = 各個數字
　　　μ = 母體平均數
　　　N = 母體數（表示母體內包含多少個數字）

標準差 (standard deviation) 是變異數的正方根。母體標準差的符號是 σ。

母體標準差的對應公式是

$$\sigma = \sqrt{\sigma^2} = \sqrt{\frac{\Sigma(X - \mu)^2}{N}}$$

可以使用下述的程序表求出某數據集的變異數與標準差。

程序表

求出母體變異數與母體標準差

步驟 1　求出數據集的平均數。

$$\mu = \frac{\Sigma X}{N}$$

步驟 2　求出每一筆數據的離異。

$$X - \mu$$

步驟 3　為每一筆離異取平方。

$$(X - \mu)^2$$

步驟 4　求出平方和。

$$\Sigma(X - \mu)^2$$

步驟 5　除以 N 得知變異數。

$$\sigma^2 = \frac{\Sigma(X - \mu)^2}{N}$$

> **趣　聞**
> 平均每一位美國人一年開車 10,000 哩。

步驟 6 取變異數的正方根得知標準差。

$$\sigma = \sqrt{\frac{\Sigma(X-\mu)^2}{N}}$$

標準差的四捨五入規則　標準差的四捨五入規則與平均數一樣。最後的答案應該比數據多一位小數。

例題 3-18　比較戶外油漆

求出例題 3-15 A 品牌油漆數據的變異數與標準差。A 品牌的月數如下：

$$10, 60, 50, 30, 40, 20$$

解答

步驟 1 求出數據的平均數 $(\overline{X}-\mu)$。

$$\mu = \frac{\Sigma X}{N} = \frac{10 + 60 + 50 + 30 + 40 + 20}{6} = \frac{210}{6} = 35$$

步驟 2 把每一個數字減去平均數。

$$10 - 35 = -25 \qquad 50 - 35 = +15 \qquad 40 - 35 = +5$$
$$60 - 35 = +25 \qquad 30 - 35 = -5 \qquad 20 - 35 = -15$$

步驟 3 把結果取平方 $(\overline{X}-\mu)^2$。

$$(-25)^2 = 625 \qquad (+15)^2 = 225 \qquad (+5)^2 = 25$$
$$(+25)^2 = 625 \qquad (-5)^2 = 25 \qquad (-15)^2 = 225$$

步驟 4 求出平方的總和（平方和）$\Sigma(\overline{X}-\mu)^2$。

$$625 + 625 + 225 + 25 + 25 + 225 = 1750$$

步驟 5 把平方和除以樣本數 $\dfrac{[\Sigma(\overline{X}-\mu)^2]}{N}$。

$$變異數 = 1750 \div 6 \approx 291.7$$

步驟 6 取變異數的正方根得到標準差。因此，標準差等於 $\sqrt{291.7}$，或是 17.1。為此建立一張表是有幫助的。

A X	B $X - \mu$	C $(X - \mu)^2$
10	-25	625
60	$+25$	625
50	$+15$	225
30	-5	25
40	$+5$	25
20	-15	225
		1750

A 行包含原始數據。B 行是步驟 2 得到的差距 $X - \mu$。C 行是步驟 3 得到的差距的平方。

前述的計算程序反應一些細節。第一，變異數的正方根是標準差，而標準差的平方是變異數。第二，變異數實際上是數據與其平均數之距離平方的平均數。因此，假如數字接近平均數的話，變異數會很小；反之，如果數字遠離平均數的話，變異數會很大。

你或許會懷疑為什麼用距離的平方，不用距離（含正負號）呢？其中一項理由是距離的總和等於 0。用一個明確的例子驗證這一件事，請把 B 行的所有數字加起來。當每一項平方之後，負號便會不見。

最後，有必要開根號嗎？理由是，距離平方後的單位（數據的單位）也跟著平方了。對變異數開根號得到標準差，讓標準差和數據有著一樣的單位。

當你開根號的時候，記得取正方根，因為變異數與標準差都不會是負的。

例題 3-19　比較戶外油漆

求出例題 3-15 B 品牌油漆數據的變異數與標準差。B 品牌的月數如下：

$$35, 45, 30, 35, 40, 25$$

解答

步驟 1　求出平均數。

$$\mu = \frac{\Sigma X}{N} = \frac{35 + 45 + 30 + 35 + 40 + 25}{6} = \frac{210}{6} = 35$$

步驟 2　每個數字減去平均數，而且把結果列於表格的 B 行。

$$35 - 35 = 0 \quad 45 - 35 = 10 \quad 30 - 35 = -5$$
$$35 - 35 = 0 \quad 40 - 35 = 5 \quad 25 - 35 = -10$$

步驟 3　每一個結果取平方，並且把結果的數字列於 C 行。

A X	B $X - \mu$	C $(X - \mu)^2$
35	0	0
45	10	100
30	-5	25
35	0	0
40	5	25
25	-10	100

步驟 4 求出 C 行的總和。

$$\Sigma(X - \mu)^2 = 0 + 100 + 25 + 0 + 25 + 100 = 250$$

步驟 5 把總和除以母體數 N 得到變異數。

$$\sigma^2 = \frac{\Sigma(X - \mu)^2}{N} = \frac{250}{6} = 41.7$$

步驟 6 取變異數的正方根得到標準差。

$$\sigma = \sqrt{\frac{\Sigma(X - \mu)^2}{N}} = \sqrt{41.7} \approx 6.5$$

因此，標準差是 6.5。

因為 A 品牌油漆的標準差是 17.1（詳見例題 3-18），而 B 品牌的標準差是 6.5，所以 A 品牌的變化比較大。整體而言，當平均數一致的時候，變異數或是標準差比較大的，數字的變化比較大。

➡ 樣本變異數與樣本標準差

當你為樣本計算變異數的時候，你或許會預期以下的公式：

$$\frac{\Sigma(X - \overline{X})^2}{n}$$

其中 $\overline{X}$ 是樣本平均數，而 n 是樣本數。但是這個公式比較少用，因為大半時候計算樣本統計量是為了估計對應的參數。比如說，樣本平均數 $\overline{X}$ 被用來估計母體平均數 μ。公式

$$\frac{\Sigma(X - \overline{X})^2}{n}$$

並不是母體變異數的最佳估計，因為當母體很大，樣本很小（通常是指小於 30）的時候，用這一個公式的結果會低估母體變異數。因此，不再除以 n 而是

第 3 章　敘述統計量

除以 $n-1$ 會得到比較大的數字，而且它是母體變異數的不偏估計。

計算樣本變異數的公式

樣本變異數（記作 s^2）的公式是

$$s^2 = \frac{\Sigma(X - \overline{X})^2}{n - 1}$$

其中　X ＝各個數字
　　　$\overline{X}$ ＝樣本平均數
　　　n ＝樣本數（表示樣本內包含幾個數字）

為了求出樣本的標準差，你必須取前述計算結果的正方根。

樣本標準差的公式

樣本標準差（記作 s）的公式是

$$s = \sqrt{s^2} = \sqrt{\frac{\Sigma(X - \overline{X})^2}{n - 1}}$$

其中　X ＝各個數字
　　　$\overline{X}$ ＝樣本平均數
　　　n ＝樣本數

　　求出樣本變異數與樣本標準差的程序，和求出母體變異數與母體標準差的程序是一樣的，除了原本除以 N（母體數）改為除以 $n-1$（樣本數減 1）。必要的話，請參考前面的程序表。下一個例題會示範這些步驟。

例題 3-20　教師罷工

一組賓州公立學校教師罷工次數的隨機樣本如下所示。求出樣本變異數與樣本標準差。

$$9 \quad 10 \quad 14 \quad 7 \quad 8 \quad 3$$

資料來源：Pennsylvania School Board Association.

解答

步驟 1　求出數據集的平均數。

$$\overline{X} = \frac{\Sigma X}{n} = \frac{9 + 10 + 14 + 7 + 8 + 3}{6} = \frac{51}{6} = 8.5$$

步驟 2 求出每一筆數據的離異 $(X-\bar{X})$。

$$9 - 8.5 = 0.5 \quad 10 - 8.5 = 1.5 \quad 14 - 8.5 = 5.5$$
$$7 - 8.5 = -1.5 \quad 8 - 8.5 = -0.5 \quad 3 - 8.5 = -5.5$$

步驟 3 為每一筆離異取平方 $(X-\bar{X})^2$。

$$(0.5)^2 = 0.25 \quad (1.5)^2 = 2.25 \quad (5.5)^2 = 30.25$$
$$(-1.5)^2 = 2.25 \quad (-0.5)^2 = 0.25 \quad (-5.5)^2 = 30.25$$

步驟 4 求出平方和。

$$\Sigma(X-\bar{X})^2 = 0.25 + 2.25 + 30.25 + 2.25 + 0.25 + 30.25 = 65.5$$

步驟 5 除以 $n-1$ 得知變異數。

$$s^2 = \frac{\Sigma(X-\bar{X})^2}{n-1} = \frac{65.5}{6-1} = \frac{65.5}{5} = 13.1$$

步驟 6 取變異數的正方根得知標準差。

$$s = \sqrt{\frac{\Sigma(X-\bar{X})^2}{n-1}} = \sqrt{13.1} \approx 3.6 \text{（四捨五入）}$$

這時得知的樣本變異數是 13.1，而樣本標準差是 3.6。

接下來，介紹計算變異數與標準差的快速公式，並且用它們回答相關的練習題。數學上，這些公式與先前定義用的公式是一致的，而且不需要知道平均數。它們可以省去許多之前公式內的減法與乘法（平方）計算。它們也會比較正確，因為不涉及四捨五入平均數的誤差。

計算 s^2 和 s 的快速公式

計算樣本數據變異數與標準差的快速公式，如下所示。

變異數   **標準差**

$$s^2 = \frac{n(\Sigma X^2) - (\Sigma X)^2}{n(n-1)} \quad s = \sqrt{\frac{n(\Sigma X^2) - (\Sigma X)^2}{n(n-1)}}$$

注意：符號 ΣX^2 和 $(\Sigma X)^2$ 並不一樣。符號 ΣX^2 表示先平方再加總；$(\Sigma X)^2$ 表示先加總再平方。

例題 3-21 解釋如何使用這些快速公式。

例題 3-21　教師罷工

一組賓州公立學校教師罷工次數的隨機樣本如下所示。求出樣本變異數與樣本標準差。

$$9, 10, 14, 7, 8, 3$$

解答

步驟 1　求出數據的總和。

$$\Sigma X = 9 + 10 + 14 + 7 + 8 + 3 = 51$$

步驟 2　平方每一筆數據並且計算它們的總和。

$$\Sigma X^2 = 9^2 + 10^2 + 14^2 + 7^2 + 8^2 + 3^2 = 499$$

步驟 3　代入上述公式並求解。

$$s^2 = \frac{n(\Sigma X^2) - (\Sigma X)^2}{n(n-1)}$$

$$= \frac{6(499) - 51^2}{6(6-1)}$$

$$= \frac{2994 - 2601}{6(5)}$$

$$= \frac{393}{30}$$

$$= 13.1$$

變異數是 13.1。

$$s = \sqrt{13.1} \approx 3.6 \text{（四捨五入）}$$

因此，樣本變異數是 13.1，而樣本標準差是 3.6。注意，這兩項結果和例題 3-20 的結果是一樣的。

➥ 群組數據的變異數與標準差

求出群組數據的變異數與標準差的程序和先前為了求出平均數差不多，一樣是用每一組的組中點。

計算群組數據 s^2 和 s 的快速公式

樣本變異數：

$$s^2 = \frac{n(\Sigma f \cdot X_m^2) - (\Sigma f \cdot X_m)^2}{n(n-1)}$$

統計學

樣本標準差：

$$s = \sqrt{\frac{n(\Sigma f \cdot X_m^2) - (\Sigma f \cdot X_m)^2}{n(n-1)}}$$

其中 X_m 是每一組別的中點，而 f 則是每一組別的頻率。

求出群組數據的變異數與標準差的程序摘要在如下的程序表。

程序表

求出群組數據的樣本變異數與樣本標準差

步驟 1 建立一張如下的表格，並且求出每一組的組中點。

A 組別	B 頻率 f	C 組中點 X_m	D $f \cdot X_m$	E $f \cdot X_m^2$

步驟 2 把每一組的組中點乘上該組的頻率，然後把結果列於 D 行。

步驟 3 把每一組的組中點平方後乘上該組的頻率，然後把結果列於 E 行。

步驟 4 求出 B、D 與 E 行的總和。（B 行的總和是 n，D 行的總和是 $\Sigma f \cdot X_m$，而 E 行的總和是 $\Sigma f \cdot X_m^2$。）

步驟 5 把前述結果代入公式，並且化簡得到變異數。

$$s^2 = \frac{n(\Sigma f \cdot X_m^2) - (\Sigma f \cdot X_m)^2}{n(n-1)}$$

步驟 6 取變異數的正方根得到標準差。

例題 3-22　每週跑幾哩

求出例題 2-7 之頻率分配的變異數與標準差。數據顯示了 20 位慢跑者某一週跑了幾哩路。

組別	頻率	組中點
5.5–10.5	1	8
10.5–15.5	2	13
15.5–20.5	3	18
20.5–25.5	5	23
25.5–30.5	4	28
30.5–35.5	3	33
35.5–40.5	2	38

解答

步驟 1 建立一張如下的表格，並且求出每一組的組中點。

非凡數字

男性出生人數超過女性人數 2%。25 歲之前，男性人數大致與女性人數一樣。65 歲之前，女性人數超過男性人數 14%。

第 3 章　敘述統計量

A 組別	B 頻率 f	C 組中點 X_m	D $f \cdot X_m$	E $f \cdot X_m^2$
5.5–10.5	1	8		
10.5–15.5	2	13		
15.5–20.5	3	18		
20.5–25.5	5	23		
25.5–30.5	4	28		
30.5–35.5	3	33		
35.5–40.5	2	38		

步驟 2　把每一組的組中點乘上該組的頻率,然後把結果列於 D 行。

$$1 \cdot 8 = 8 \quad 2 \cdot 13 = 26 \quad \ldots \quad 2 \cdot 38 = 76$$

步驟 3　把每一組的組中點平方後乘上該組的頻率,然後把結果列於 E 行。

$$1 \cdot 8^2 = 64 \quad 2 \cdot 13^2 = 338 \quad \ldots \quad 2 \cdot 38^2 = 2888$$

步驟 4　求出 B、D 和 E 行的總和。B 行的總和是 n,D 行的總和是 $\Sigma f \cdot X_m$,而 E 行的總和是 $\Sigma f \cdot X_m^2$。完成的表格如下所示:

A 組別	B 頻率 f	C 組中點 X_m	D $f \cdot X_m$	E $f \cdot X_m^2$
5.5–10.5	1	8	8	64
10.5–15.5	2	13	26	338
15.5–20.5	3	18	54	972
20.5–25.5	5	23	115	2,645
25.5–30.5	4	28	112	3,136
30.5–35.5	3	33	99	3,267
35.5–40.5	2	38	76	2,888
	$n = 20$		$\Sigma f \cdot X_m = 490$	$\Sigma f \cdot X_m^2 = 13,310$

步驟 5　把前述結果代入公式,並且化簡得到變異數。

$$s^2 = \frac{n(\Sigma f \cdot X_m^2) - (\Sigma f \cdot X_m)^2}{n(n-1)}$$

$$= \frac{20(13,310) - 490^2}{20(20-1)}$$

$$= \frac{266,200 - 240,100}{20(19)}$$

$$= \frac{26,100}{380}$$

$$\approx 68.7$$

步驟 6　取變異數的正方根得到標準差。

$$s \approx \sqrt{68.7} \approx 8.3$$

非凡數字
每個月每位男性平均哭過 1.4 次。

記得用 B 行的總和（頻率的總和）取代 n。不要用組數。

表 3-2 摘要先前提到的三種變化測度。

表 3-2 變化測度的摘要

測度	定義	符號
全距	最大值與最小值之間的距離	R
變異數	每個數字與其平均數之平方距離的平均數	σ^2, s^2
標準差	變異數的正方根	σ, s

變異數與標準差的用途

1. 誠如之前說過的，變異數與標準差可以用來衡量數據的分散程度。如果變異數或是標準差很大，數據被認為分散得比較開。在比較兩組（或是更多組）數據集的時候，這一項資訊對決定哪一組變化比較大是有用的。
2. 變異數與標準差這兩項測度可以用來衡量變數的一致性。比如說，製造插銷與軸心這一類的配件，直徑的變化必須很小，否則兩者無法接合。
3. 變異數與標準差可以用來決定多少筆數據落入分配的某一個範圍。比如說，柴比雪夫定理（將於之後解釋）證明對任意分配而言，至少有 75% 的數據落入與平均數相距 2 個標準差的範圍內。
4. 最後，變異數與標準差經常被用在推論統計學。這些用法會在本書之後的章節陸續介紹。

➡ 變異係數

每當兩組樣本有著同樣的測量單位，變異數與標準差可以直接比較。比如說，假如某一位汽車經銷商希望比較以舊車換新車的舊車使用里程數的標準差。她發現某一年，Buicks 的標準差是 422 哩，而 Cadillacs 的標準差則是 350 哩。根據這樣的資訊，她可以說 Buicks 的標準差比較大。但是，假如某一位經理希望比較兩種不同變數的標準差，例如，過去 3 個月每一位業務人員的業績，和這些業務人員領到的佣金，這時候可以直接比較標準差嗎？

有一種統計量可以比較不同單位變數之間的標準差，叫做變異係數。

變異係數 (coefficient of variation)，記作 CVar，等於標準差除以平均數。最後結果以百分比表示。

樣本變異係數　　　　母體變異係數

$$\text{CVar} = \frac{s}{\overline{X}} \cdot 100 \qquad \text{CVar} = \frac{\sigma}{\mu} \cdot 100$$

例題 3-23 汽車業績

過去 3 個月汽車銷售量的平均數是 87，標準差是 5。佣金的平均數是 5225 美元，標準差是 773 美元。比較兩者的變化程度。

解答

變異係數分別是

$$\text{CVar} = \frac{s}{\overline{X}} = \frac{5}{87} \cdot 100 = 5.7\% \quad 銷售量$$

$$\text{CVar} = \frac{773}{5225} \cdot 100 = 14.8\% \quad 佣金$$

因為佣金的變異係數比較大，所以佣金的變化程度高於銷售量。

例題 3-24 女性健美雜誌的頁數

一組女性健美雜誌樣本的平均頁數是 132，變異數是 23；而此組女性健美雜誌樣本的平均廣告數是 182，變異數是 62。比較兩者的變化程度。

解答

變異係數是

$$\text{CVar} = \frac{\sqrt{23}}{132} \cdot 100 = 3.6\% \quad 頁數$$

$$\text{CVar} = \frac{\sqrt{62}}{182} \cdot 100 = 4.3\% \quad 廣告數$$

廣告數的變化程度高過頁數的變化程度，因為廣告數的變異係數比較高。

➡ 全距的經驗法則

全距可以用來近似標準差。這樣的近似叫做**全距的經驗法則 (range rule of thumb)**。

全距的經驗法則

一種標準差的粗略估計是

$$s \approx \frac{全距}{4}$$

換言之，假如把全距除以 4，會得到標準差的近似值。比如說，數據集 5, 8, 8, 9, 10, 12, 13 的標準差是 2.7，而全距是 13 − 5 = 8。根據全距的經驗法則，$s \approx 2$。這時候，全距的經驗法則低估了標準差，不過，答案是可以接受的。

在這裡有一件事要提醒大家。全距的經驗法則只是一種近似解，而且它只適用於單峰且近乎對稱的分配。

全距的經驗法則也可以被用來估計數據集的最大值與最小值。最小值大概是在平均數以下 2 個標準差的地方，而最大值大概是在平均數以上 2 個標準差的地方。先前數據集的平均數是 9.3，所以

$$\text{最小值} = \overline{X} - 2s = 9.3 - 2(2.7) = 3.9$$
$$\text{最大值} = \overline{X} + 2s = 9.3 + 2(2.7) = 14.7$$

注意，最小值是 5，而最大值是 13。再一次地，這些都是近似的結果。對許多數據集而言，幾乎所有數字都會落入距離平均數 2 個標準差以內。可以用柴比雪夫定理與經驗法則得到比較好一點的近似解。接下來會解釋這兩項結果。

➤ 柴比雪夫定理

變數的變異數與標準差可以用來決定變數分散或是變化的程度。變異數或是標準差愈大，變數的變化愈大。比如說，如果兩個變數有著一樣的單位，以及有著一樣的平均數，70，但是第一個變數的標準差是 1.5，而第二個變數的標準差是 10，那麼第二個變數的變化程度就會高於第一個變數的變化程度。蘇聯數學家柴比雪夫 (1821–1894) 發展出**柴比雪夫定理 (Chebyshev's theorem)**，用標準差指出變數分散的比例。

> **柴比雪夫定理** 任意數據集至少有 $1 - 1/k^2$ 這麼多比例的數據落在與平均數相距 k 個標準差的範圍內，其中 k 是任何大於 1 的數字（k 不一定是整數）。

這個定理主張任意數據集至少有 3/4，也就是至少有 75% 的數據落在與平均數相距 2 個標準差的範圍內。把 $k = 2$ 代入表示式

$$1 - \frac{1}{k^2} \quad \text{或} \quad 1 - \frac{1}{2^2} = 1 - \frac{1}{4} = \frac{3}{4} = 75\%$$

得知這一項結果。比如前述的第一個變數，它的平均數是 70，而且標準差是 1.5，所以至少有 3/4 或是 75% 的數據落在 67 和 73 之間。這兩個數字分別等於平均數加上 2 個標準差與減去 2 個標準差，如下所示：

$$70 + 2(1.5) = 70 + 3 = 73$$

和

$$70 - 2(1.5) = 70 - 3 = 67$$

對第二個變數而言，至少有 3/4 或是 75% 的數據落在 50 和 90 之間。再一次地，這兩個數字分別等於平均數加上 2 個標準差與減去 2 個標準差，如下所示：

$$70 + 2(10) = 70 + 20 = 90$$

和

$$70 - 2(10) = 70 - 20 = 50$$

此外，這一項定理也主張至少有 8/9 或是 88.89% 的數據落在與平均數相距 3 個標準差的範圍內。把 $k = 3$ 代入表示式

$$1 - \frac{1}{k^2} \quad \text{或} \quad 1 - \frac{1}{3^2} = 1 - \frac{1}{9} = \frac{8}{9} = 88.89\%$$

得知這一項結果。對第一個變數而言，至少有 8/9 或是 88.89% 的數據落在 65.5 和 74.5 之間，因為

$$70 + 3(1.5) = 70 + 4.5 = 74.5$$

和

$$70 - 3(1.5) = 70 - 4.5 = 65.5$$

對第二個變數而言，至少有 8/9 或是 88.89% 的數據落在 40 和 100 之間。

總而言之，柴比雪夫定理指出

▶ 至少 3/4 或是 75% 的數據會落入與平均數相距 2 個標準差的範圍內。
▶ 至少 8/9 或是 89% 的數據會落入與平均數相距 3 個標準差的範圍內。

這個定理可以用在任何分配，不論它的形狀為何（詳見圖 3-3）。

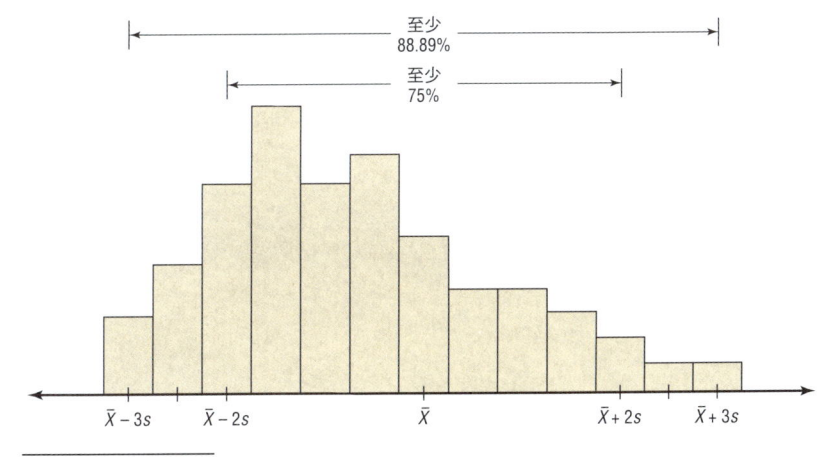

圖 3-3　柴比雪夫定理

例題 3-25 與 3-26 示範柴比雪夫定理的應用。

例題 3-25　房價

某個社區的平均房價是 50,000 美元，而且標準差是 10,000 美元。求出至少 75% 房子的房價會落入的範圍。

解答

柴比雪夫定理主張至少有 3/4 或是 75% 的數據落在與平均數相距 2 個標準差的範圍內。因此

$$\$50{,}000 + 2(\$10{,}000) = \$50{,}000 + \$20{,}000 = \$70{,}000$$

和

$$\$50{,}000 - 2(\$10{,}000) = \$50{,}000 - \$20{,}000 = \$30{,}000$$

也就是說，這個區域內的房子至少有 75% 的售價落在 30,000 與 70,000 美元之間。

柴比雪夫定理可以用來找出多少數據會落入任意兩數字之間的最小比例。例題 3-26 將顯示這一項程序。

例題 3-26　交通津貼

某項針對中小企業的調查發現，經理人交通津貼的平均數是每哩 0.25 美元，標準差是 0.02 美元。利用柴比雪夫定理，求出至少有多少比例的數據落入 0.20 和 0.30 美元之間。

解答

步驟 1　將上界減去平均數。

$$\$0.30 - \$0.25 = \$0.05$$

步驟 2　把上述差距除以標準差以得到 k。

$$k = \frac{0.05}{0.02} = 2.5$$

步驟 3　利用柴比雪夫定理求出比例。

$$1 - \frac{1}{k^2} = 1 - \frac{1}{2.5^2} = 1 - \frac{1}{6.25} = 1 - 0.16 = 0.84 \quad \text{或} \quad 84\%$$

因此，至少有 84% 的數據落入 0.20 到 0.30 美元這一個範圍內。

經驗（常態）法則

柴比雪夫定理可以用在任意形狀的分配。但是，當分配是鐘形的（或是所謂常態的），以下構成**經驗法則 (empirical rule)** 的主張是對的。

- 大約 68% 的數據落在與平均數相距 1 個標準差的範圍內。
- 大約 95% 的數據落在與平均數相距 2 個標準差的範圍內。
- 大約 99.7% 的數據落在與平均數相距 3 個標準差的範圍內。

比如說，假設全國性成就測驗成績的平均數是 480 以及標準差是 90。假如這些數據是常態分配，那麼大概有 68% 的數據會落入 390 與 570 之間（480 + 90 = 570 和 480 − 90 = 390）。大概有 95% 的數據會落入 300 與 660 之間（480 + 2 · 90 = 660 和 480 − 2 · 90 = 300）。大概有 99.7% 的數據會落入 210 和 750 之間（480 + 3 · 90 = 750 和 480 − 3 · 90 = 210）。詳見圖 3-4。（第六章會詳細解釋經驗法則。）

因為經驗法則需要分配大概是鐘型，結果會比所有分配都適用的柴比雪夫定理來得準。

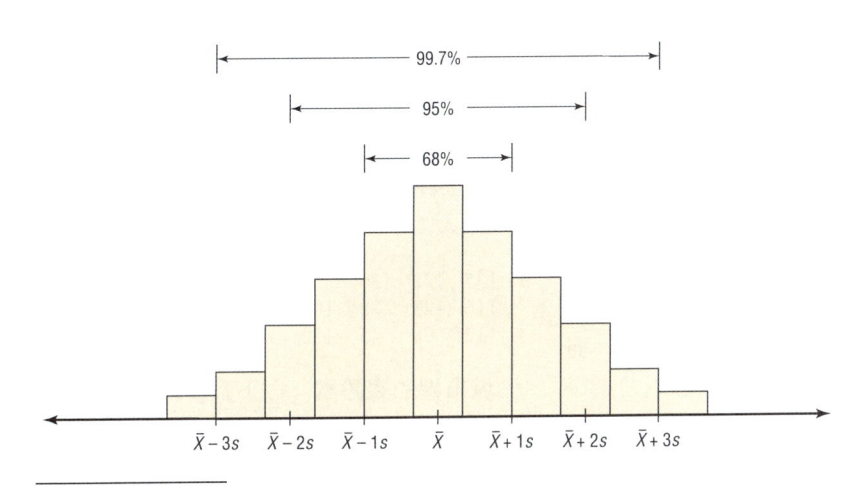

圖 3-4 經驗法則

觀念應用 3-2　血壓

以下表格列出平均數與標準差。平均數在正負號 (±) 之前，而標準差在後面。這一項結果來自一份試圖求出老人平均血壓的研究。利用這一些結果回答問題。

統計學

	正常血壓		高血壓	
	男性 ($n=1200$)	女性 ($n=1400$)	男性 ($n=1100$)	女性 ($n=1300$)
年齡	55 ± 10	55 ± 10	60 ± 10	64 ± 10
血壓 (mmHg)				
收縮壓	123 ± 9	121 ± 11	153 ± 17	156 ± 20
舒張壓	78 ± 7	76 ± 7	91 ± 10	88 ± 10

1. 針對正常血壓男性的收縮壓，引用柴比雪夫定理求出至少多少位參與研究的男性，他們的收縮壓會落入與平均數相距 1 個標準差的範圍內？
2. 在這些男性裡，至少有多少人的收縮壓會落入與平均數相距 2 個標準差的範圍內？

假設老年人的血壓是常態分配的，不用柴比雪夫定理，改用經驗法則回答問題。

3. 針對老年女性，求出正常血壓以及高血壓之舒張壓的各種範圍。
4. 正常血壓男性的收縮壓範圍是否與高血壓男性的收縮壓範圍部分重疊？

答案在第 151 頁。

練習題 3-2

1. 變異數與標準差之間有什麼關係？
2. 為什麼需要變異數的不偏估計？
3. **保齡球分數** U.S. Bowling Congress Championship 最近 10 年的男子與女子比賽成績如下所示。計算全距、變異數以及標準差。哪一個數據集比較有變化？

男子 823 837 858 791 812 814 832 862 833 826
女子 752 764 754 774 771 745 736 816 792 793
資料來源：*World Almanac 2012.*

4. **美國太空人候選人的年齡** 過去美國太空人候選人的年齡平均數是 34，但是這些候選人的年齡在 26 與 46 之間。利用全距的經驗法則估計應徵者年齡的標準差。
資料來源：www.nasa.gov

5. **年度降雨天數** 最大 50 個都會區其中 25 個的年度降雨天數如下所示。計算全距、變異數以及標準差。

135 128 136 78 116 77 111 79 44 97
116 123 88 102 26 82 156 133 107 35
112 98 45 122 125

6. **城市裡的謀殺案** 以下數據顯示 25 個樣本都市的謀殺案件數。計算變異數與標準差。

組界	頻率
34–96	13
97–159	2
160–222	0
223–285	5
286–348	1
349–411	1
412–474	0
475–537	1
538–600	2

7. **電池壽命** 測試一組 80 顆電池的隨機樣本並且決定它們的壽命（以小時計），數據的頻

率分配如下所示。計算變異數與標準差。

組邊際	頻率
62.5–73.5	5
73.5–84.5	14
84.5–95.5	18
95.5–106.5	25
106.5–117.5	12
117.5–128.5	6

可以說這些品牌的電池有著一致的壽命嗎？

8. **醫院急診等待時間** 需要額外處理的病人在急診室的等待時間，平均數是 80.2 分鐘，而標準差是 10.5 分鐘。處理後就可出院的病人在急診室的等待時間，平均數是 120.6 分鐘，而標準差是 18.3 分鐘。哪一組時間比較有變化？

9. 某一個分配有 160 個數字，平均數是 72，至少有 120 個數字落入 67–77 這個區間。使用柴比雪夫定理，求得大概有多少比例的數字落入 62-82 這個區間？

10. **房屋售價** 2003 年美國單戶住宅的平均售價是 246,300 美元。如果標準差是 48,500 美元，求出至少 75% 售價會落入哪一個範圍？
    資料來源：*New York Times Almanac*.

11. **SAT 成績** 在 2011 年 SAT 數學成績的全美平均數是 514 分。假設分數的分配接近鐘型且標準差大概是 40 分。你會預期 68% 的分數會在哪一個界限內？多少比例的分數會超過 594？

求出變化測度　　　　　　　　　　　　　　　　　　Excel
例題 XL3-2　　　　　　　　　　　　　　　　　技術步驟解析

求出例題 3-20 數據的變異數、標準差以及全距。

　　　　　　　9　　10　　14　　7　　8　　3

1. 在某一個 Excel 的 worksheet（工作表）的儲存格 A2-A7 輸入數字。在儲存格 A1 輸入變數的名稱。
2. 在空白儲存格內輸入 = VAR(A2:A7) 這樣就可以取得樣本變異數。
3. 在空白儲存格內輸入 = STDEV(A2:A7) 這樣就可以取得樣本標準差。
4. 為了求出全距，透過輸入 = MAX(A2:A7)-MIN(A2:A7) 計算最大值與最小值的差距。

注意：計算母體變異數的指令是 VAR.P，而計算母體標準差的指令是 STDEV.P。

　　這一些和其他統計函數也可以不用打字，直接從 worksheet（工作表）呼叫它們。

1. 從 toolbar（工具列）選擇 Formulas（公式），並且選擇 Insert Function（插入函數）小圖示。
2. 選擇 Statistical category（統計類）取得統計函數。
3. 往下轉動滑鼠可以找到合適的函數並且點選 [OK]。

	A	B	C	D
1	Strikes			
2	9		Variance	13.1
3	10		Standard Deviation	3.619392214
4	14		Range	11
5	7			
6	8			
7	3			

3-3 位置測度

學習目標 ③
利用位置測度指出數據在整體數據集的位置，例如百分位數、十分位數與四分位數。

除了集中傾向測度與變化測度，還有所謂的位置測度。這一類的測度包含標準分數、百分位數、十分位數與四分位數。它們被用來指出某一筆數據在數據集的相對位置。比如說，如果某一個數字落在第 80 個百分位數，這表示說數據集內有 80% 的數據比它小而且有 20% 的數據比它大。集中傾向的中位數就是第 50 個百分位數，因為有一半的數據比它小而且有一半的數據比它大。我們在這一節討論位置測度。

➡ 標準分數

有一句俗語：「你不能比較蘋果與橘子。」但是運用統計學，還是有機會在某種程度上做比較。假設有一位學生的音樂成績 90 分，而英文成績 45 分。直接比較原始分數是不可能的，因為從題目數、每一道題目的占分比例等等來看，這兩份測驗是不相等的。不過，比較兩者與某一項相對標準是可能的。這一項比較使用平均數與標準差，被叫做標準分數或是 z 分數。（往後章節我們用 z 分數稱呼這一類的結果。）

針對某一項數字的分配，標準分數（z 分數）告訴我們某一個數字與平均數相差（高過或是低於平均數）幾個標準差。如果標準分數等於 0，表示它等於平均數。

一個數字的 **z 分數** (z score) 或是**標準分數** (standard score)，就是它先減去平均數，再除以標準差後的數字。標準分數的代號是 z。公式如下，

$$z = \frac{數字 - 平均數}{標準差}$$

針對樣本，公式是

$$z = \frac{X - \bar{X}}{s}$$

第 3 章　敘述統計量

針對母體，公式是

$$z = \frac{X - \mu}{\sigma}$$

z 分數表示某一個數字高過平均數幾個標準差，或是低於平均數幾個標準差。

針對這一節的目的，當我們試圖求出 z 分數的時候，是假設數字來自某一個樣本。

例題 3-27　測驗分數

有一位學生在一次平均數 50 分且標準差 10 分的微積分考試拿到 65 分；在平均數 25 分且標準差 5 分的歷史考試拿到 30 分。比較她這兩次考試的相對位置。

> **趣　聞**
>
> 平均每人一生記得 10,000 張臉。

解答

首先，求出 z 分數。針對微積分成績，它的 z 分數是

$$z = \frac{X - \bar{X}}{s} = \frac{65 - 50}{10} = 1.5$$

歷史成績的 z 分數是

$$z = \frac{30 - 25}{5} = 1.0$$

因為微積分的 z 分數比較大，她在微積分這一班的相對位置高過她在歷史課那一班的相對位置。

注意，如果 z 分數是正的，表示成績高過平均數。如果 z 分數等於 0，表示成績等於平均數。最後，如果 z 分數是負的，表示成績低於平均數。

例題 3-28　測驗成績

求出每一項成績的 z 分數，並且說明哪一項比較高。

A 測驗	$X = 38$	$\bar{X} = 40$	$s = 5$
B 測驗	$X = 94$	$\bar{X} = 100$	$s = 10$

解答

針對 A 測驗，

$$z = \frac{X - \bar{X}}{s} = \frac{38 - 40}{5} = -0.4$$

針對 B 測驗，

$$z = \frac{94 - 100}{10} = -0.6$$

A 測驗的成績相對高於 B 測驗的成績。

當某一個變數的所有數據都被轉換為 z 分數，結果（z 分數）的分配會有著平均數 0 以及變異數 1。然後，每一個 z 分數實際上等於該分配某一個數字與平均數相距幾個標準差遠的位置資訊。在例題 3-29，微積分成績 65 分實際上位在高過平均數 50 有 1.5 個標準差的地方。我們會在第六章詳細討論這一件事。

➡ 百分位數

教育與健康相關領域經常使用的百分位數是一種位置測度，指出個別數字在整個數據集的位置。

百分位數 (percentiles) 把數據集切割成 100 等分。

百分位數的符號是

$$P_1, P_2, P_3, \ldots, P_{99}$$

而且它們把分配等分為 100 群。

```
最小                                              最大
數據  P₁  P₂  P₃    ● ● ●    P₉₇  P₉₈  P₉₉  數據
      1%  1%  1%              1%   1%   1%
```

各種圖與表顯示了各種測量值的百分位數，例如成績、身高、體重等等。表 3-3 顯示以英文為外文的測驗成績之百分位數等第。如果某一位學生第一階段（聽力）的成績是 58 分，那麼該名學生的百分位數等第是 81。也就是說，該名學生的表現高過 81% 參加第一階段測驗的學生。

圖 3-5 以圖形的方式顯示 2 到 18 歲女孩體重的百分位數。為了求出一名 11 歲 82 磅重女孩的百分位數等第，從左邊軸（y 軸）的 82 出發，水平往右。在水平軸（x 軸）找到 11，然後垂直往上。這兩條線交會在第 50 個百分位數的曲線上；因此一位 11 歲 82 磅重的女孩，她在同年齡那一群女孩的體重百分位數是第 50 個百分位數。如果前述那兩條直線沒有剛好交會在某一條百分位數的曲線上，必須想辦法近似它的百分位數等第。

趣 聞

地球最高溫紀錄是 1922 年發生在利比亞的華氏 136 度，而最低溫是 1983 年發生在南極洲的華氏 −129 度。

比例分數	第一階段：聽力	第二階段：文法與作文	第三階段：字彙與閱讀	總比例分數	百分位數等第
68	99	98			
66	98	96	98	660	99
64	96	94	96	640	97
62	92	90	93	620	94
60	87	84	88	600	89
→58	81	76	81	580	82
56	73	68	72	560	73
54	64	58	61	540	62
52	54	48	50	520	50
50	42	38	40	500	39
48	32	29	30	480	29
46	22	21	23	460	20
44	14	15	16	440	13
42	9	10	11	420	9
40	5	7	8	400	5
38	3	4	5	380	3
36	2	3	3	360	1
34	1	2	2	340	1
32		1	1	320	
30		1	1	300	
平均數	51.5	52.2	51.4	517	平均數
標準差	7.1	7.9	7.5	68	標準差

表 3-3 以英文為外文的測驗成績之百分位數等第與比例分數*

* 根據 1,178,193 位考生的測驗結果。

資料來源：Reprinted by permission of Educational Testing Service, the copyright owner. However, the test question and any other testing information are provided in their entirety by McGraw-Hill Companies, Inc. No endorsement of this publication by Educational Testing Service should be inferred.

百分位數也可以用來比較個別成績與全國成績。比如說，美國 9 與 10 年級學生所參加的全國教育發展測驗 (NEDT)。不論是區域性比較，還是全國性比較，都可以用百分位數等第比較彼此個別的成績。另一個美國小學生會參加的類似測驗是加州成就測驗 (CAT)。

百分位數不見得等於百分比。也就是說，一位在總分 100 分測驗取得 72 分的學生，他的成績百分比是 72%，但是不代表他在班上的排名也會是在第 72 個百分位數。他可能考最高分，也可能是最低分，當然也可能在兩者間的任何位置。另一方面，如果 72 的原始分數對應第 64 個百分位數，那麼他的表現高過 64% 班上的其他學生。

例題 3-29 及圖 3-6 顯示如何建構一種百分位數圖。百分位數圖使用與第 2-2 節累加相對頻率圖一樣的數字，但是比例換成百分比。

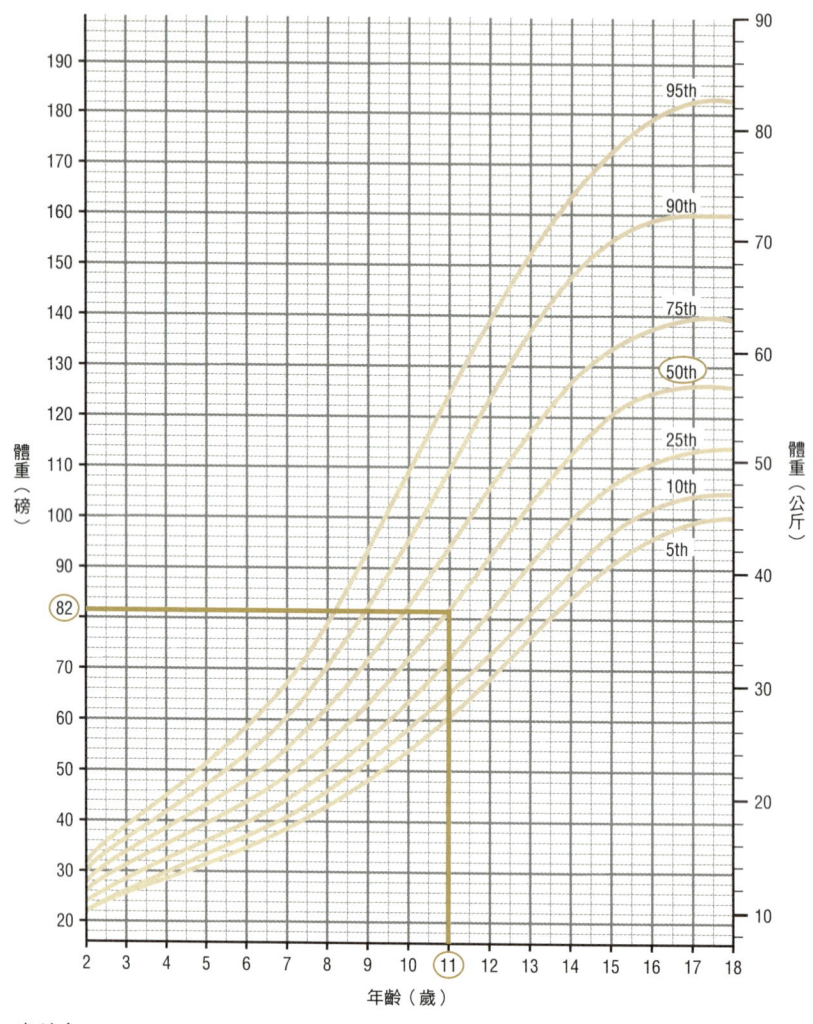

資料來源：Distributed by Mead Johnson Nutritional Division. Reprinted with permission.

圖 3-5　各種年齡女孩的體重以及對應的百分位數等第

例題 3-29　收縮壓

隨機挑選 200 位大學生，他們的收縮壓讀數（釐米汞柱，mmHg）的頻率分配如下所示。

A 組邊際	B 頻率	C 累加頻率	D 累加百分比
89.5–104.5	24		
104.5–119.5	62		
119.5–134.5	72		
134.5–149.5	26		
149.5–164.5	12		
164.5–179.5	4		
	200		

解答

步驟 1 求出累加頻率，把結果列於 C 行。

步驟 2 求出累加百分比，把結果列於 D 行。為了完成這一個步驟，請利用公式：

$$累加百分比 = \frac{累加頻率}{n} \cdot 100$$

比如說，針對第一組，

$$累加百分比 = \frac{24}{200} \cdot 100 = 12\%$$

完成後的表格如下所示。

A 組邊際	B 頻率	C 累加頻率	D 累加百分比
89.5–104.5	24	24	12
104.5–119.5	62	86	43
119.5–134.5	72	158	79
134.5–149.5	26	184	92
149.5–164.5	12	196	98
164.5–179.5	4	200	100
	200		

步驟 3 把組邊際當作是 x 軸，而百分比當作是 y 軸，開始繪圖。結果顯示在圖 3-6。

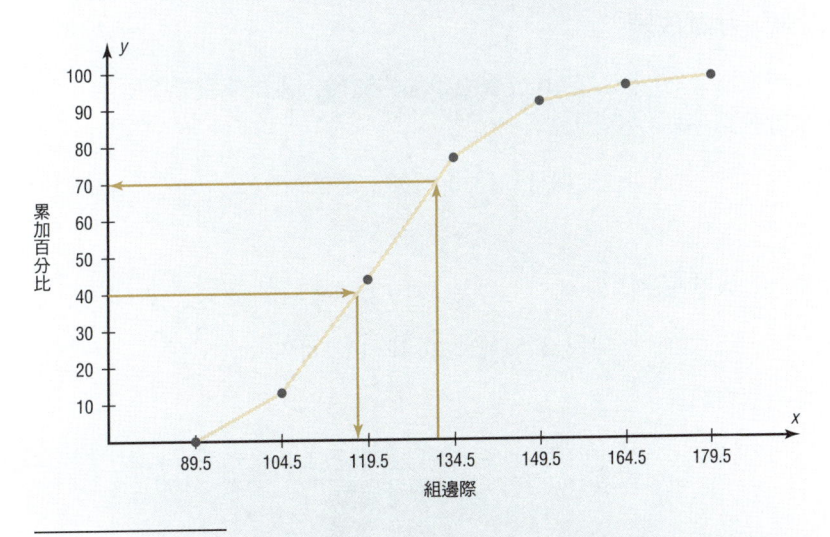

圖 3-6 例題 3-29 的百分位數圖

一旦完成建構百分位數圖，人們可以為任意血壓找到近似的百分位數等第，或者找到任意百分位數等第的近似血壓。

比如說，為了求出血壓 130 的百分位數等第，在圖 3-6 的 x 軸找到 130，並且從那裡出發畫一條垂直線，然後從與圖形交會的地方再度出發，畫一條與 y 軸交會的水平線。注意，這時候血壓 130 大概近似第 70 個百分位數。

如果想知道第 40 個百分位數是哪一個數字，從 y 軸的 40 出發，畫一條水平線，然後從與圖形交會的地方再度出發，畫一條與 x 軸交會的垂直線，最後讀取軸上的數字。在圖 3-6，第 40 個百分位數大概等於 118 這一個數字。因此，如果一個人的血壓是 118，則他位在第 40 個百分位數。

利用圖形找尋數字或是百分位數等第都只是近似解。實際上，有許多計算百分位數的數學方法。這些方法被用來求出近似的百分位數等第或是對應某一個百分位數等第的數字。當數據集夠大（超過 100 個數字）的時候，這些方法會得到更好的答案。例題 3-30 到 3-31 會討論這些方法。

百分位數公式

對應某一個已知數字 X 的百分位數等於以下公式的結果：

$$百分位數 = \frac{（比 X 小的數字個數） + 0.5}{總數字個數} \cdot 100$$

例題 3-30　考試成績

老師舉行一次滿分 20 分、有 10 位學生參加的測驗，最後成績如下所示。求出 12 分的百分位數等第。

$$18, 15, 12, 6, 8, 2, 3, 5, 20, 10$$

解答

把數據由小到大按順序排列。

$$2, 3, 5, 6, 8, 10, 12, 15, 18, 20$$

然後，把相關資訊代入公式：

$$百分位數 = \frac{（比 X 小的數字個數） + 0.5}{總數字個數} \cdot 100$$

因為有 6 個數字小於 12（6 個人成績不到 12 分），所以答案是

$$百分位數 = \frac{6 + 0.5}{10} \cdot 100 = 第 65 個百分位數$$

因此，成績為 12 分的這一位學生的表現高過這一班 65% 的學生。

注意：例題 3-30 假設 12 分這一項分數，實際上人們想知道的是任何介於 11.5 和 12.5 之間的數字。

例題 3-31　考試成績

使用例題 3-30 的數據，求出 6 分的百分位數等第。

解答

有 3 個分數低於 6 分，因此

$$百分位數 = \frac{3 + 0.5}{10} \cdot 100 = 第 35 個百分位數$$

所以成績為 6 分的這一位學生的表現高過這一班 35% 的學生。

求出第幾個百分位數的對應數字的步驟摘要在下方的程序表。

程序表

求出百分位數的對應數字

步驟 1　把數據由小到大按順序排列。

步驟 2　代入公式。

$$c = \frac{n \cdot p}{100}$$

其中　n = 總數字個數
　　　p = 百分比

步驟 3A　如果 c 不是整數，則無條件進位到下一個整數；從最小的數字往上數，數到那一個整數所代表的數字就是答案。

步驟 3B　如果 c 是整數，則答案就是從最小的數字往上數的第 c 個與第 $c+1$ 個數字的平均數。

例題 3-32 與 3-33 示範求出某一個百分位數的程序。

例題 3-32　考試成績

使用例題 3-30 的數據，求出第 25 個百分位數。

解答

步驟 1　把數據由小到大按順序排列。

$$2, 3, 5, 6, 8, 10, 12, 15, 18, 20$$

步驟 2 計算

$$c = \frac{n \cdot p}{100}$$

其中　n = 總數字個數
　　　p = 百分比

因此，

$$c = \frac{10 \cdot 25}{100} = 2.5$$

步驟 3 因為 c 不是整數，則無條件進位到下一個整數；在這個例題中，$c = 3$。從最小的數字往上數，數到第 3 個數字，是 5，因此第 25 個百分位數就是 5。

例題 3-33　考試成績

使用例題 3-30 的數據，求出第 60 個百分位數。

解答

步驟 1 把數據由小到大按順序排列。

$$2, 3, 5, 6, 8, 10, 12, 15, 18, 20$$

步驟 2 代入公式。

$$c = \frac{n \cdot p}{100} = \frac{10 \cdot 60}{100} = 6$$

步驟 3 因為 c 是整數，所以使用從最小值往上數的第 c 個和第 $c+1$ 個數字的中間值，在此例題中是第 6 個和第 7 個數字。

$$2, 3, 5, 6, 8, 10, 12, 15, 18, 20$$

　　　　　　　　　　第 6 個數字　第 7 個數字

10 和 12 的中間值就是 11，也就是把 10 和 12 加起來除以 2。

$$\frac{10 + 12}{2} = 11$$

因此，11 就是第 60 個百分位數。成績為 11 分的這一位學生，他的表現高過這一班 60% 的學生。

四分位數與十分位數

四分位數 (quartiles) 把數據集（分配）切割成四等分，切割點分別叫做 Q_1, Q_2, Q_3。

注意，Q_1 就是第 25 個百分位數；Q_2 就是第 50 個百分位數，也是中位數；Q_3 是第 75 個百分位數。

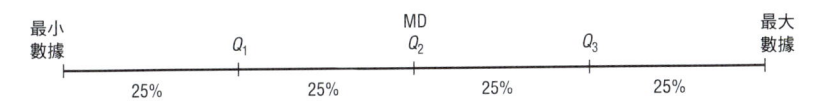

```
最小                         MD                        最大
數據          Q₁             Q₂             Q₃         數據
       25%         25%           25%          25%
```

活用第 132 頁計算百分位數的公式計算四分位數。針對 Q_1，$p = 25$。針對 Q_2，$p = 50$。針對 Q_3，$p = 75$。不過，有一個求出四分位數的更簡易辦法，顯示在以下的程序表。

程序表

求出對應 Q_1, Q_2, Q_3 的數據

步驟 1 把數據由小到大按順序排列。
步驟 2 求出數據的中位數。這是對應 Q_2 的數據。
步驟 3 求出低於 Q_2 那一些數據的中位數。這是對應 Q_1 的數據。
步驟 4 求出高過 Q_2 那一些數據的中位數。這是對應 Q_3 的數據。

例題 3-34 顯示如何運用上述程序求出 Q_1, Q_2, Q_3。

例題 3-34

針對數據集 15, 13, 6, 5, 12, 50, 22, 18，求出 Q_1, Q_2, Q_3。

解答

步驟 1 把數據由小到大按順序排列。

$$5, 6, 12, 13, 15, 18, 22, 50$$

步驟 2 求出數據的中位數 (Q_2)。

$$5, 6, 12, 13, 15, 18, 22, 50$$
$$\uparrow$$
$$\text{MD}$$

$$\text{MD} = \frac{13 + 15}{2} = 14$$

步驟 3 求出低於 14 那一些數據的中位數。

$$5, 6, 12, 13$$
$$\uparrow$$
$$Q_1$$
$$Q_1 = \frac{6+12}{2} = 9$$

所以 Q_1 是 9。

步驟 4 求出高過 14 那一些數據的中位數。

$$15, 18, 22, 50$$
$$\uparrow$$
$$Q_3$$
$$Q_3 = \frac{18+22}{2} = 20$$

這時候，Q_3 是 20。因此，$Q_1 = 9$、$Q_2 = 14$ 且 $Q_3 = 20$。

除了可以把數據分成四等分，四分位數也可以粗略估計變化的測度。四分位數間距定義為 Q_1 和 Q_3 之間的距離，它是中間 50% 數據的範圍。

> **四分位數間距 (interquartile range, IQR)** 是第三個四分位數與第一個四分位數的差。
>
> $$IQR = Q_3 - Q_1$$

例題 3-35

求出例題 3-34 數據的四分位數間距。

解答

首先，要先得知第一個四分位數 Q_1 和第三個四分位數 Q_3。這兩個數字在例題 3-34 已經求出：$Q_1 = 9$ 以及 $Q_3 = 20$。接下來，用 Q_1 減去 Q_3 就會得到四分位數間距。

$$IQR = Q_3 - Q_1 = 20 - 9 = 11$$

四分位數間距等於 11。

與標準差相似，數據集變化愈大，四分位數間距也愈大。

十分位數 (deciles) 把數據集切割成 10 等分，如下所示。它們的代號分別是 D_1、D_2 等等。

第 3 章　敘述統計量

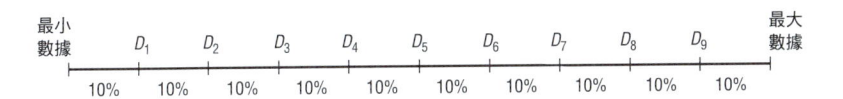

|最小數據| D_1 | D_2 | D_3 | D_4 | D_5 | D_6 | D_7 | D_8 | D_9 |最大數據|
| 10% | 10% | 10% | 10% | 10% | 10% | 10% | 10% | 10% | 10% |

> **非凡數字**
>
> 美國人喝的酒有 85% 是啤酒。

注意，D_1 對應 P_{10}；D_2 對應 P_{20} 等等。可以利用求出百分位數的公式求出十分位數。綜合來看，百分位數、十分位數與四分位數的關係如下：

記為 $D_1, D_2, D_3, ..., D_9$ 的十分位數分別對應於 $P_{10}, P_{20}, P_{30}, ..., P_{90}$。

記為 Q_1, Q_2, Q_3 的四分位數分別對應於 P_{25}, P_{50}, P_{75}。

中位數就是 P_{50}、Q_2，也是 D_5。

位置測度摘要於表 3-4。

表 3-4　摘要位置測度

測度	定義	記號
標準分數或是 z 分數	高過或是低於平均數幾個標準差	z
百分位數	把分配切割成 100 等分的數字	P_n
十分位數	把分配切割成 10 等分的數字	D_n
四分位數	把分配切割成 4 等分的數字	Q_n

➡ 離群值

數據集應該被檢視看看是否有極端高或是極端低的數字。這些數據被叫做離群值。

離群值 (outlier) 是指與其他數據比起來，它們不是極端高就是極端低的數字。

離群值會嚴重影響分配（數據集）的平均數與標準差（變異數）。比如說，假設研究員誤植一個極端高的數字，這個數字會造成平均數與標準差變大很多，遠遠高過原本正確的結果。

既然這些測度（平均數與標準差）會受離群值的影響，我們稱它們是「非阻抗統計量」。中位數與四分位數間距較不受離群值的影響，所以它們被叫做「阻抗統計量」。有時候，當分配是偏一邊的或是有著離群值，中位數與四分位數間距比起平均數與標準差更可以精確地描述該數據集。離群值也會影響其他統計量（把數據代入某一個計算程序所得到的數字）。

檢查離群值的辦法有許多種，其中一種顯示在下一個程序表。

程序表

指出離群值的程序

步驟 1　由小到大排列數據，並求出 Q_1 和 Q_3。

步驟 2 求出四分位數間距：IQR = $Q_3 - Q_1$。
步驟 3 把 IQR 乘以 1.5。
步驟 4 把 Q_1 減去上述的數字；把 Q_3 加上這個數字。
步驟 5 看看數據集內有沒有數據低於 $Q_1 - 1.5(IQR)$ 或是高過 $Q_3 + 1.5(IQR)$。

例題 3-36 示範這一個程序。

例題 3-36

檢查以下的數據看看是否有離群值。

$$5, 6, 12, 13, 15, 18, 22, 50$$

解答

數據 50 非常可疑。以下是檢查離群值的步驟。

步驟 1 求出 Q_1 和 Q_3。這在例題 3-34 已經完成：Q_1 是 9，而 Q_3 是 20。

步驟 2 求出四分位數間距 (IQR)：$Q_3 - Q_1$。

$$IQR = Q_3 - Q_1 = 20 - 9 = 11$$

步驟 3 把 IQR 乘以 1.5。

$$1.5(11) = 16.5$$

步驟 4 把 Q_1 減去上述的數字；把 Q_3 加上這個數字。

$$9 - 16.5 = -7.5 \quad 以及 \quad 20 + 16.5 = 36.5$$

步驟 5 看看數據集內有沒有數據低於 -7.5 或是高過 36.5，也就是看哪幾個數據落在 -7.5 與 36.5 之外。數字 50 確實不在此範圍內；因此，它可以被視為離群值。

出現離群值的理由有許多種。第一種，因為測量或是觀察誤差。或許是研究員誤量了變數。第二種，因為紀錄錯誤。也就是說，記錯了或是輸入錯誤。第三種，來自母體以外的數字。比如說，假設一組來自七年級生的考試成績，但是那一班有一位旁聽的六年級生也參加了該次的考試。第四種，因為機會而產生的合法數字（雖然該機會非常非常小）。

沒有一種確定且快速的規則可以規範如何面對離群值，也沒有一套統計學家都同意的離群值鑑定辦法。很明顯地，如果因為誤差造成離群值，不是試圖修正該誤差，要不然就是忽略掉那一些數據。當因為機會出現離群值，統計學家必須決定該數據集是不是要包含這一些數據。

當分配是常態的或是鐘形的，數據與平均數相距 3 個標準差以上的時候可以被認為是可疑的離群值。

觀念應用 3-3　決定劑量

在試圖決定控制敗血症新藥 HDL 的必要劑量時，假設你主張對 40 隻老鼠變化劑量。你建立了四種群組，並為它們貼上標籤：低劑量、中劑量、高劑量以及超高劑量。每一群組內的劑量也會變化。老鼠被注射 HDL 和敗血症細菌之後，會記錄敗血症出現所需要的時間。你是一位統計學家，請試圖以有效的方式溝通研究成果。

1. 哪一種位置測度可以幫助描述研究結果的數據。
2. 經過注射之後，如果在第一個四分位數 (Q_1) 內有 40% 的老鼠存活下來，請問會有幾隻？
3. 百分位數提供什麼樣的資訊？
4. 四分位數提供什麼樣的資訊？
5. 標準分數提供什麼樣的資訊？

答案在第 151 頁。

練習題 3-3

1. 什麼是 z 分數？
2. 四分位數與百分位數之間有什麼樣的關係？
3. **假日**　假如一組國家樣本顯示假日天數的平均數是 29.4 天，而標準差是 8.6 天，求出以下國家假日天數的 z 分數。

加拿大	26 天
義大利	42 天
美國	13 天

   資料來源：www.infoplease.com

4. 在平均數 60 分及標準差 10 分的統計考試中，考出 75 分的成績，比起在平均數 30 分及標準差 16 分的會計考試中，考出 36 分的成績，哪一個成績相對比較好？
5. **籃球戰績**　以下數據顯示 2012 年 NCAA 男子籃球比賽第二輪的戰績。
   a. 排序所有個別的分數，然後使用這一組數據集求出以下數字的百分位數：78、66 與 59。

72–65	70–64	77–54	78–59	73–49	79–70
65–59	66–63	81–66	77–64	68–60	68–64
62–59	79–66	75–70	67–63	58–57	77–58
79–65	74–59	65–60	58–44	72–69	65–50
58–41	88–68	69–62	75–68	61–54	89–67
71–45	86–84				

   使用同樣的數據集，求出以下百分位數對應的數字。
   b. 第 90 個百分位數
   c. 第 80 個百分位數
   d. 第 65 個百分位數

6. **平均週薪**　各種工業以美元計的平均週薪如下所示。求出每一個數字的百分位數等級。

   804　736　659　489　777　623　597　524　228

   針對同樣的數據，對應第 40 個百分位數的數字是哪一個？

   資料來源：*New York Times Almanac*.

7. **燃料稅**　一組州燃料稅的隨機樣本如下所示。求出數據集的第一個與第三個四分位數。

16	18	35.3	25	23.5	27.1	32.5	16	22
17.5	19	29.5	7.5	12				

資料來源：World Almanac 2012.

8. 檢查每一組數據集的離群值。
   a. 16, 18, 22, 19, 3, 21, 17, 20
   b. 24, 32, 54, 31, 16, 18, 19, 14, 17, 20
   c. 321, 343, 350, 327, 200

Excel 技術步驟解析

位置測度

例題 XL3-3

求出例題 3-36 數據的 z 分數。

5	6	12	13	15	18	22	50

1. 在某一個 Excel 的 worksheet（工作表）的儲存格 A2-A9 輸入數字。在儲存格 A1 輸入變數的名稱。
2. 標示儲存格 B1 為 z score（z 分數）。
3. 點選儲存格 B2。
4. 從 toolbar（工具列）選擇 Formulas，並且選擇 Insert Function（插入函數）小圖示。
5. 選擇 Statistical category（統計類）取得統計函數，往下轉動滑鼠找到 STANDARDIZE 並且點選 [OK]。

   在 STANDARDIZE 對話框：

6. 在 X 輸入 A2。
7. 在 Mean 輸入 average(A2:A9)。
8. 在 Standard_dev 輸入 stdev(A2:A9)。然後點選 [OK]。
9. 為 A 行的每一個數字重複上述動作。

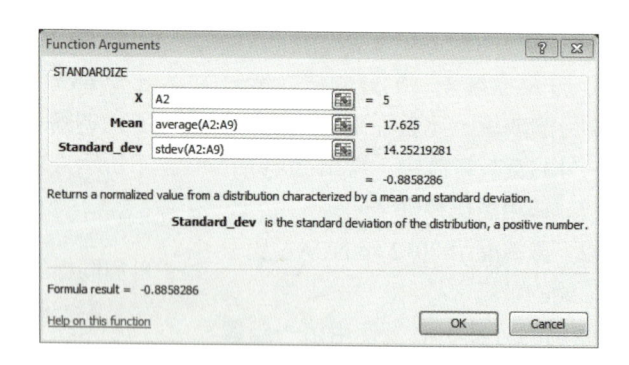

例題 XL3-4

Excel 有兩個內建的函數可以求出數據集內某一筆數據的百分位數等級：PERCENTRANK.INC 在 0 到 1（含）的範圍內計算某一筆數據的百分位數等級；PERCENTRANK.EXC 在 0 到 1（不含）的範圍內計算某一筆數據的百分位數等級。

我們將使用函數 PERCENTRANK.INC 和 PERCENTRANK.EXC 計算例題 3-36 數據集的百分位數等級，並示範兩者之間的差異。

    5 6 12 13 15 18 22 50

1. 在某一個 Excel 的 worksheet（工作表）的儲存格 A2-A9 輸入數字。在儲存格 A1 輸入變數的名稱。
2. 儲存格 B1 標示成 Percent Rank INC，而儲存格 C1 標示成 Percent Rank EXC。
3. 點選儲存格 B2。
4. 從 toolbar（工具列）選擇 Formulas，並且選擇 Insert Function（插入函數）小圖示 f_x。
5. 選擇 Statistical category（統計類）取得統計函數，往下轉動滑鼠找到 PERCENTRANK 並且點選 [OK]。

在 PERCENTRANK 對話框：

6. 在 Array 輸入 A2:A9。
7. 在 X 輸入 A2。然後點選 [OK]。你可以在 Significance 勾選框留空，除非你想要改變輸出數字的有效位數（預設值是 3 個有效位數）。
8. 為 A 行的每一個數字重複上述動作。

函數 PERCENTRANK.INC 和 PERCENTRANK.EXC 的結果如下所示。

注意：兩個函數都會回覆介於 0 到 1 之間的百分位數等級。你可以把這些數字藉由乘以 100 轉換為介於 0 和 100 之間的數字。

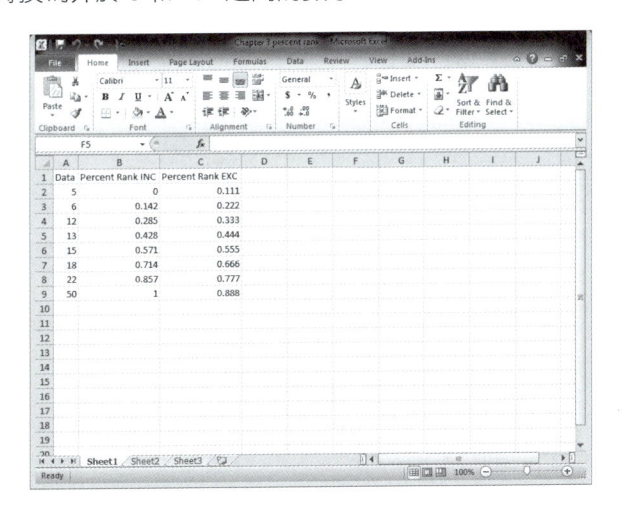

Excel 的敘述統計量

例題 XL3-5

  Excel 的 Analysis Tool-Pak Add-in Data Analysis 包含一項 Descriptive Statistics（敘述統計量），它可以報告許多關於某一數據集的有用測度。

1. 在新 worksheet（工作表）的儲存格 A1 到 A9 輸入以下的數據集。

   12　17　15　16　16　14　18　13　10

   關於載入 Analysis Tool-Pak Add-in 的步驟，請詳見第一章 Excel 的技術步驟解析。

2. 在 toolbar（工具列）選擇 Data（資料），並且選擇 Data Analysis（數據分析）。
3. 在 Analysis Tool（分析工具）對話框，往下轉動滑鼠找到 Descriptive Statistics（敘述統計量），並且點選 [OK]。
4. 在 Input Range 框內輸入 A1:A9，並且勾選 Grouped By Columns 的選項。
5. 勾選 Output Range 選項並且輸入 C1。
6. 勾選 Summary statistics（摘要統計量）選項並且點選 [OK]。

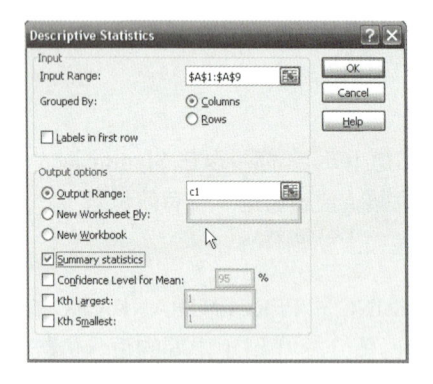

以下是針對這一組數據集所得到的摘要結果。

Column1	
Mean	14.55555556
Standard Error	0.85165054
Median	15
Mode	16
Standard Deviation	2.554951619
Sample Variance	6.527777778
Kurtosis	-0.3943866
Skewness	-0.51631073
Range	8
Minimum	10
Maximum	18
Sum	131
Count	9

3-4　探索式數據分析

學習目標 ❹
利用探索式數據分析技術，例如找出各種數據的特徵。

　　傳統統計學用頻率分配組織數據。從這個分配的各種圖形，例如直方圖、頻率多邊形以及肩形圖，都可以用來決定分配的形狀以及本質。另外，可以算出各種統計量，例如平均數與標準差以摘要數據。

　　傳統分析的目的乃是為了印證各種關於數據本質的假說。比如說，從某個謹慎設計過的研究，研究員或許想知道過去十年來每天運動的美國人口比例是

否已經提高了。這一項研究的背後應該有著一連串關於母體的假設，以及各種關於運動的定義，等等例如此類。

在**探索式數據分析 (exploratory data analysis, EDA)** 的範疇裡，可以用莖葉圖組織數據（詳見第二章）。EDA 用中位數測度集中傾向，用四分位數間距 $Q_3 - Q_1$ 測度變化。在 EDA，使用盒形圖（有時候叫做盒鬚圖）呈現數據。探索式數據分析的目的，旨在檢查數據進而發現關於數據的資訊，例如中心在哪裡以及分散程度。John Tukey 發展探索式數據分析，並且把相關理論寫在 *Exploratory Data Analysis* 一書中 (Addison-Wesley, 1977)。

五數摘要與盒形圖

盒形圖（是一種圖形）可以用來呈現數據。這一類的圖形與以下這五種數字有關：

1. 數據集的最小值。
2. Q_1
3. 中位數
4. Q_3
5. 數據集的最大值。

這五個數字叫做數據集的**五數摘要 (five-number summary)**。

盒形圖 (boxplot) 是一種數據集的圖形，把最小值與 Q_1 用線段連起來、把最大值與 Q_3 一樣用線段連起來（這兩線段放在同一條水平線或是同一條垂直線上），在 Q_1 和 Q_3 之間放一個長方形，在這個長方形的中位數，也就是在 Q_2 的地方用線段把長方形一分為二。

程序表

建構盒形圖

步驟 1　求出數據集的五數摘要，也就是找到最小值、Q_1、中位數、Q_3 和最大值。

步驟 2　假設完成後的盒形圖擺在水平線上。畫一段 x 軸把最小值和最大值都包含在裡面。

步驟 3　在 Q_1 和 Q_3 之間擺上一個長方形，在中位數的地方用垂直線段把長方形一分為二。從長方形的左邊出發，把 Q_1 和最小值用一線段連起來，同時從長方形的右邊出發，把 Q_3 和最大值用一線段連起來。

例題 3-37　發現的隕石數量

在美國 10 州找發現隕石數量分別是 89, 47, 164, 296, 30, 215, 138, 78, 48, 39。為這些數據建構盒形圖。

資料來源：Natural History Museum.

解答

步驟 1 按大小順序排列數據。

$$30, 39, 47, 48, 78, 89, 138, 164, 215, 296$$

求出中位數。

$$30, 39, 47, 48, 78, 89, 138, 164, 215, 296$$
$$\uparrow$$
$$\text{中位數}$$

$$\text{中位數} = \frac{78 + 89}{2} = 83.5$$

求出 Q_1。

$$30, 39, 47, 48, 78$$
$$\uparrow$$
$$Q_1$$

求出 Q_3。

$$89, 138, 164, 215, 296$$
$$\uparrow$$
$$Q_3$$

最小值是 30，而最大值是 296。

步驟 2 繪製水平軸與它的刻度。

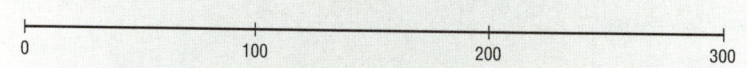

步驟 3 在 Q_1 和 Q_3 之間畫一個長方形，在中位數的地方加上一垂直線段（不要超出長方形），分別把最小值和最大值與中間的長方形用水平線段連起來。詳見圖 3-7。

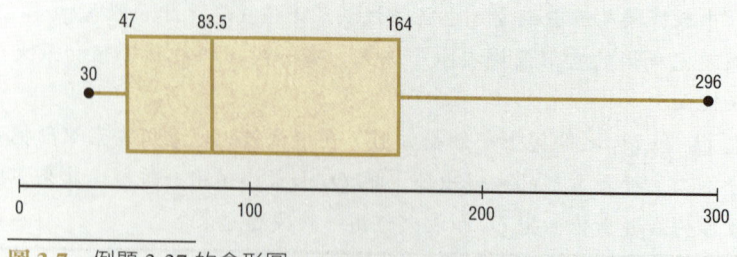

圖 3-7 例題 3-37 的盒形圖

可以由盒形圖看出的資訊

1. a. 如果中位數接近盒子（長方形）的中間，則分配大概是對稱的。
   b. 如果中位數落在盒子的左半邊，則分配是正偏斜。
   c. 如果中位數落在盒子的右半邊，則分配是負偏斜。
2. a. 如果兩側的線段大概一樣長，則分配大概是對稱的。
   b. 如果右邊線段比較長，則分配是正偏斜。
   c. 如果左邊線段比較長，則分配是負偏斜。

圖 3-7 的盒形圖指出該分配有一點正偏斜。

如果兩組或是更多組數據集的盒形圖被放在一起，就可以比較它們的分配。如果想要比較平均（位置），就用中位數。如果想要比較變化程度，就用四分位數間距，也就是盒子的寬度。例題 3-38 示範這一個程序。

例題 3-38　起司的鹽分

有一位營養師想比較天然起司與人工起司內的鹽分含量。以下顯示兩組隨機樣本的數據。運用盒形圖比較這兩個分配。

天然起司				人工起司			
310	420	45	40	270	180	250	290
220	240	180	90	130	260	340	310

資料來源：*The Complete Book of Food Counts.*

解答

步驟 1　求出每一個數據集的五數摘要。在天然起司中，

$$40 \quad 45 \quad 90 \quad 180 \quad 220 \quad 240 \quad 310 \quad 420$$
$$\qquad\qquad \uparrow \qquad\qquad \uparrow \qquad\qquad \uparrow$$
$$\qquad\qquad Q_1 \qquad\quad MD \qquad\quad Q_3$$

$$Q_1 = \frac{45 + 90}{2} = 67.5 \qquad MD = \frac{180 + 220}{2} = 200$$

$$Q_3 = \frac{240 + 310}{2} = 275$$

在人工起司中，

$$130 \quad 180 \quad 250 \quad 260 \quad 270 \quad 290 \quad 310 \quad 340$$
$$\qquad\quad \uparrow \qquad\qquad \uparrow \qquad\qquad \uparrow$$
$$\qquad\quad Q_1 \qquad\quad MD \qquad\quad Q_3$$

$$Q_1 = \frac{180 + 250}{2} = 215 \qquad MD = \frac{260 + 270}{2} = 26$$

$$Q_3 = \frac{290 + 310}{2} = 300$$

步驟 2 繪製水平軸與它的刻度。

步驟 3 繪製盒形圖。詳見圖 3-8。比較圖形。非常明顯，人工起司的數據分配的中位數高過天然起司的中位數。天然起司數據分配的變化程度高過人工起司的變化程度。

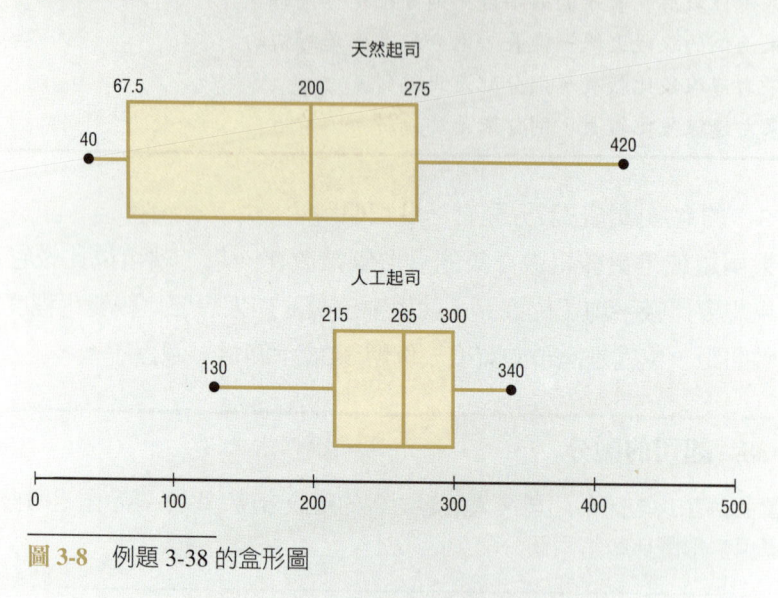

圖 3-8 例題 3-38 的盒形圖

有一種修正的盒形圖可以用來檢查離群值。

在探索式數據分析範疇，使用所謂的「鉸鏈」而不是四分位數建構盒形圖。當數據集包含偶數個數據的時候，鉸鏈和四分位數是一樣的。但是如果包含奇數個數據的時候，鉸鏈和四分位數有點不一樣。不過，因為大部分的計算機或是程式都使用四分位數，所以本書也是使用相同用法。

表 3-5 顯示傳統作法與探索式數據分析之間的對應關係。

表 3-5 傳統技巧與 EDA 技巧的比較

傳統技巧	探索式數據分析
頻率分配	莖葉圖
直方圖	盒形圖
平均數	中位數
標準差	四分位數間距

觀念應用 3-4　吵雜的工作場所

假設你為 OSHA (Occupational Safety and Health Administration)工作，而且接到一些州電力公司員工關於噪音的抱怨。你在同一天的不同時間，在 6 個不同地點測量噪音的分貝數，因此收集到以下的數據。利用盒形圖開始探索數據，並且建議電力公司哪些地點必須提供保護聽力的耳機。安全聽力水準大概是 120 分貝。

區域一	區域二	區域三	區域四	區域五	區域六
30	64	100	25	59	67
12	99	59	15	63	80
35	87	78	30	81	99
65	59	97	20	110	49
24	23	84	61	65	67
59	16	64	56	112	56
68	94	53	34	132	80
57	78	59	22	145	125
100	57	89	24	163	100
61	32	88	21	120	93
32	52	94	32	84	56
45	78	66	52	99	45
92	59	57	14	105	80
56	55	62	10	68	34
44	55	64	33	75	21

答案在第 151~152 頁。

練習題 3-4

針對練習題 1~2，求出五數摘要以及四分位數間距。

1. 8, 12, 32, 6, 27, 19, 54
2. 14.6, 19.8, 16.3, 15.5, 18.2
3. 利用盒形圖求出最大值、最小值、中位數、第一個四分位數、第三個四分位數以及四分位數間距。

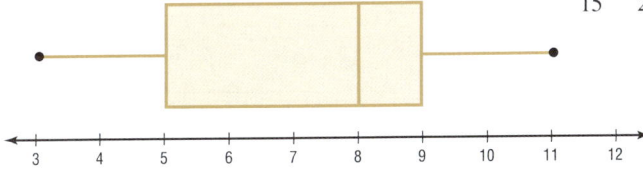

4. **投手責任得分率** 為以下數據建構盒形圖，並且說明過去幾年來投手責任得分率分配的形狀。

30 34 29 30 34 29 31 33 34 27 30 27 34 32

資料來源：*World Almanac.*

5. **能量補給棒的蛋白質含量** 一組能量補給棒的蛋白質含量之隨機樣本如下所示。為數據建構盒形圖。

14 15 11 4 26 10 24
15 12 15 27 8 10 10

另一組高蛋白質飲料的蛋白質含量如下所示，建構盒形圖，並與上邊盒形圖比較。

18 42 40 40 15 10 15
15 20 21 42 20 34

Excel 技術步驟解析

建構莖葉圖與盒形圖

例題 XL3-6

Excel 並沒有產生莖葉圖或是盒形圖的程序。不過，你可以透過 MegaStat Add-in 繪製這兩種圖。如果你還沒有安裝這一項外掛程式，根據第一章 Excel 技術步驟解析的說明進行安裝。

為了取得盒形圖與莖葉圖：

1. 在新 worksheet（工作表）的 A 行輸入數據的數字 33, 38, 43, 30, 29, 40, 51, 27, 42, 23, 31。
2. 從 toolbar（工具列）選擇 Add-Ins（外掛程式），然後選擇 MegaStat。
3. 從 MegaStat 的選項裡點選 Descriptive Statistics（敘述統計量）。
4. 在 Input range 輸入儲存格範圍 A1:A11。
5. 勾選 Boxplot 和 Stem and Leaf Plot。注意：針對現在這一個例子，你可以不勾選其他選項。點選 [OK]。

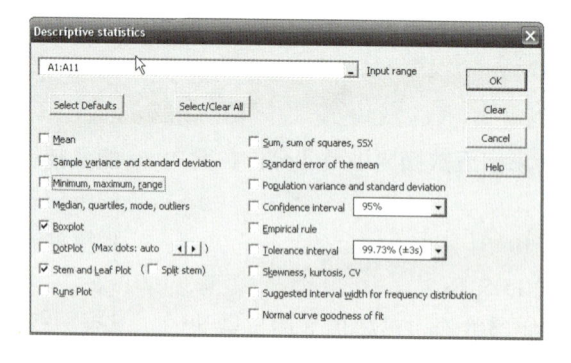

此例數據的莖葉圖與盒形圖如下所示。

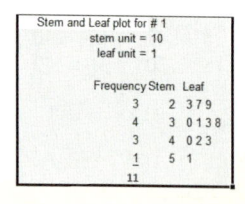

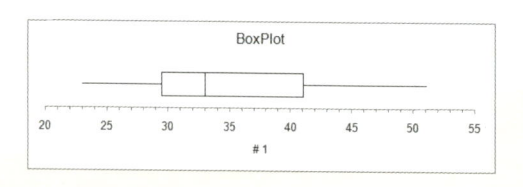

結語

- 這一章解釋摘要數據的基本方式，包括集中傾向的測度，它們是平均數、中位數、眾數以及中檔數，也可以用加權平均數。(3-1)
- 為了摘要數據的變化，統計學家使用變異或是分散測度。最常用的三種變異測度是全距、變異數與標準差。變異係數也可以用來比較兩數據集的變異程度。統計學家也會根據柴比雪夫定理或是經驗法則檢視數據分配的情形。(3-2)

第 3 章 敘述統計量

- 有幾種數據位置的測度，它們是標準分數、百分位數、四分位數以及十分位數。有時候，數據集會包含極端高或是極端低、被叫做離群值的數字。(3-3)
- 還有其他方法可以用來描述數據集。它們是五數摘要、莖葉圖與盒形圖。這幾種方法被歸類在探索式數據分析。(3-4)
- 第二章和這一章介紹的技術都是敘述統計學的基本技術。

複習題

3-1

1. **富豪的總資產** 一組美國樣本富豪的總資產（以億美元計）如下所示。求出這一組數據集的平均數、中位數、眾數以及中檔數。

59	52	28	26	19
19	18	17	17	17

   資料來源：*Forbes Magazine*.

2. **電池壽命** 檢測 12 顆電池得知它們可以持續多少個小時。頻率分配如下所示。

小時	頻率
1–3	1
4–6	4
7–9	5
10–12	1
13–15	1

   求出平均數與眾數組。

3. **四大電視網的收看家戶數** 有一份調查顯示四大電視網的收看人數與家戶數。利用加權平均數求出平均收看人數。

家戶數	1.4	0.8	0.3	1.6
人數（以百萬人計）	1.6	0.8	0.4	1.8

   資料來源：Nielsen Media Research.

3-2

4. **龍捲風次數** 以下數據顯示某一年每一個月發生的龍捲風次數。計算這一組數據的全距、變異數以及標準差。

33	10	62	132	123	316	123	133	18	150
26	138								

   資料來源：Storm Prediction Center.

5. **潮汐上升高度** 在美國 30 個樣本地點潮汐高度的頻率分配如下所示。求出平均數、眾數組、變異數與標準差。

潮汐高度（吋）	頻率
12.5–27.5	6
27.5–42.5	3
42.5–57.5	5
57.5–72.5	8
72.5–87.5	6
87.5–102.5	2

6. 如果一組數據集的全距是 24，使用全距的經驗法則求出標準差的近似值。

7. **教授研究室的教科書** 如果教授研究室裡平均有 16 本教科書，標準差是 5 本，而教授平均年齡是 43 歲，標準差是 8 歲，那麼哪一組數據集比較有變化？

8. **租車成本** 一份關於租車公司的調查顯示，每一部車行進每一哩路的租車成本是 0.32 美元，標準差是 0.03 美元。利用柴比雪夫定理求出至少 75% 數據會落入哪一個範圍？

9. **勞務費用** 汽車工人的平均勞務費用是每小時 54 美元，標準差是 4 美元。利用柴比雪夫定理，求出至少多少比例的數據會落入 48 到 60 美元這一個範圍？

10. **捷運時間** 在巴爾的摩捷運通勤時間的平均數是 29.7 分鐘。如果標準差是 6 分鐘，那麼大約 68% 的通勤時間會落入哪一個範圍？假設通勤時間的分配是鐘型的。

11. **高溫** 八月美國 23 個都市的最高溫如下所示。求出以下數字的 z 值：
    a. 溫度 80 度
    b. 溫度 56 度

62	72	66	79	83	61	62	85	72	64	74	71
42	38	91	66	77	90	74	63	64	68	42	

3-3

12. **NFL 年薪**　針對 1999-2000 年球季，29 支 NFL 球隊的薪資（以百萬美元計）對應的頻率分配如下所示。

組界	頻率
39.9–42.8	2
42.9–45.8	2
45.9–48.8	5
48.9–51.8	5
51.9–54.8	12
54.9–57.8	3

資料來源：www.NFL.com

a. 建構百分位數圖

b. 求出第 35、65、85 個百分位數對應的數字

c. 求出 44、48 和 54 的百分位數等第

13. 檢查每一組數據集的離群值。

a. 506, 511, 517, 514, 400, 521

b. 3, 7, 9, 6, 8, 10, 14, 16, 20, 12

3-4

14. **最佳電影上映廳數**　某一週前 9 名電影（其排名是根據每日淨收入）上映廳數如下所示。

3017	3687	2525
2516	2820	2579
3211	3044	2330

為此數據建構盒形圖。

小試身手

是非題。如果答案是「非」，請提供理由。

1. 計算平均數會用到所有數據。
2. 單單一個非常大的數字對中位數的影響遠大於對平均數的影響。
3. 眾數是唯一的。
4. 中位數的一項缺點是它不唯一。
5. 如果某一位學生的考試成績對應到第 75 個百分位數，則他在 100 道題目的考試作對了 75 道題目。

選擇題

6. 比如說，用居住區域（農村、郊區、城市）分類數據，這時候最合適的集中傾向測度是哪一種？

　　a. 平均數　　　c. 眾數
　　b. 中位數　　　d. 中檔數

7. 哪一個不是五數摘要的一部分？

　　a. Q_1 和 Q_3　　c. 中位數
　　b. 平均數　　　d. 最小值和最大值

8. 當分配接近鐘形時，大概有多少比例的數據會落入與平均數差距 1 個標準差的範圍內？

　　a. 50%　　　c. 95%
　　b. 68%　　　d. 99.7%

填充題

9. 一般而言，使用希臘字母代表＿＿＿＿＿，使用羅馬字母代表＿＿＿＿＿。
10. 代表母體標準差的符號是＿＿＿＿＿。
11. 如果眾數在中位數的左邊，而平均數在中位數的右邊，則該分配偏哪一邊？＿＿＿＿＿。
12. **每加侖里程數**　10 種最糟汽車行駛高速公路的每加侖里程數如下所示。

12　15　13　14　15　16　17　16　17　18

資料來源：Pittsburgh Post Gazette.

求出以下數字：

　　a. 平均數　　　e. 全距
　　b. 中位數　　　f. 變異數
　　c. 眾數　　　　g. 標準差
　　d. 中檔數

13. **員工服務年資**　在某個廣告，一家零售店宣稱員工的平均服務年資是 9 年。分配顯示如下。

員工數	服務年資
8	2
2	6
3	10

使用加權平均計算真正的平均值。

14. **運費** 一台冰箱的平均運費是 32 美元，標準差是 4 美元。利用柴比雪夫定理，求出至少多少比例的數據會落入 20 到 44 美元這一個範圍？

15. 如果某一組數據集的全距是 18，估計這組數據集的標準差。

16. **考試成績** 這一項分配來自 25 位學生在一次哲學考試的成績。

分數	頻率
40.5–45.5	3
45.5–50.5	8
50.5–55.5	10
55.5–60.5	3
60.5–65.5	1

a. 建構百分位數圖
b. 求出對應第 22、78 以及 99 個百分位數的分數
c. 求出分數 43、52 以及 64 的百分位數等第

觀念應用的答案

觀念應用 3-1　教師薪資

1. 樣本平均數是 22,921.67 美元，樣本中位數是 16,500 美元，而樣本眾數是 11,000 美元。如果你為學校董事會工作，而且希望不要調高薪資，你可以主張教師的平均薪資是 22,921.67 美元。

2. 如果你為教師公會工作，而且你希望調高教師的薪資，你最好用樣本中位數的 16,500 美元，或是樣本眾數的 11,000 美元當作是集中傾向測度（平均）。

3. 離群值是 107,000 美元。移去這一筆之後，樣本平均數是 15,278.18 美元，樣本中位數是 16,500 美元，而樣本眾數是 11,000 美元。離群值嚴重影響平均數，因為這樣學校董事會主張一個無法代表典型教師薪資的平均數。

4. 如果薪資數據代表學區內所有教師的薪資，那麼平均（測度）是參數，因為數據來自整個母體。

5. 當數據集包含離群值的時候，平均數會誤導讀者，因為離群值會嚴重影響平均數。

6. 因為平均數高過中位數和眾數，所以分配偏向右邊（正偏斜）。

觀念應用 3-2　血壓

1. 柴比雪夫定理無法用在 1 個標準差或 1 個以內的問題。

2. 至少 75% 的男性收縮壓會落入與平均數相距 2 個標準差的範圍內，即 105 到 141 mmHg。

3. 大致上會有 95% (1,330) 正常血壓女性的舒張壓落入 62 到 90 mmHg 的範圍內；大致上會有 95% (1,235) 高血壓女性的舒張壓落入 68 到 108 mmHg 的範圍內。

4. 大致上會有 95% (1,140) 正常血壓男性的收縮壓落入 105 到 141 mmHg 的範圍內；大致上會有 95% (1,045) 高血壓男性的收縮壓落入 119 到 187 mmHg 的範圍內。

觀念應用 3-3　決定劑量

1. 四分位數可以用來描述研究結果的數據。
2. 因為有 10 隻老鼠位在第一個四分位數內，表示它們之中有 4 隻會活下來。
3. 百分位數告訴我們單隻老鼠相對其他老鼠其壽命在分配的位置。
4. 四分位數把數據依個數切成四等分。
5. 標準分數告訴我們直到敗血症出現，單隻老鼠相對平均壽命的位置。

觀念應用 3-4　吵雜的工作場所

噪音水準對上區域的盒形圖

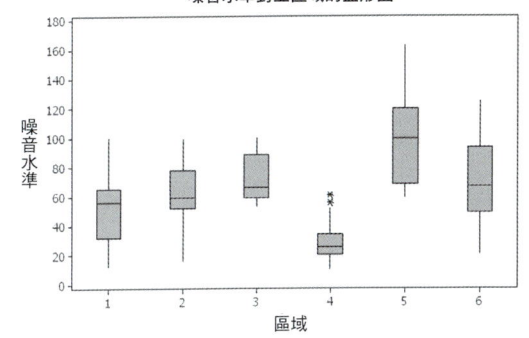

從這一張盒形圖，我們看出在區域 5，大概有 25% 的讀數超過安全聽力的 120 分貝，這些在區域 5 的工人一定要戴上保護聽力的耳機。在區域 6，有一筆數據超過安全的 120 分貝，在區域 6 也提供保護聽力的耳機是一項不錯的建議。對應安全聽力水準，區域 1–4 看起來是安全的，其中區域 4 應該是最安全的。

樣本空間 (sample space) 是某一項機率實驗所有可能出象所構成的集合。

各種機率實驗的樣本空間如下所示。

實驗	樣本空間
丟一枚銅板	正面、反面
擲一顆骰子	1點、2點、3點、4點、5點、6點
回答是非題	是、非
丟兩枚銅板	正面—正面、正面—反面、反面—正面、反面—反面

上表中的第四個例子，丟兩枚銅板的時候，必須知道會有四種可能出象。兩個銅板都是出現正面；兩個銅板都是出現反面；一號銅板出現正面、二號銅板出現反面；或是一號銅板出現反面、二號銅板出現正面。這一整章我們會用 H 表示正面，用 T 表示反面。

例題 4-1　擲骰子

求出擲兩顆骰子的樣本空間。

解答

因為每一顆骰子有 6 種面朝上的方式，而且現在是擲兩顆骰子，那麼可以用一個長方形陣列表達樣本空間，如圖 4-1 所示。樣本空間是表內那些一對一對的數字。

骰子 1 \ 骰子 2	1	2	3	4	5	6
1	(1, 1)	(1, 2)	(1, 3)	(1, 4)	(1, 5)	(1, 6)
2	(2, 1)	(2, 2)	(2, 3)	(2, 4)	(2, 5)	(2, 6)
3	(3, 1)	(3, 2)	(3, 3)	(3, 4)	(3, 5)	(3, 6)
4	(4, 1)	(4, 2)	(4, 3)	(4, 4)	(4, 5)	(4, 6)
5	(5, 1)	(5, 2)	(5, 3)	(5, 4)	(5, 5)	(5, 6)
6	(6, 1)	(6, 2)	(6, 3)	(6, 4)	(6, 5)	(6, 6)

圖 4-1　擲兩顆骰子的樣本空間（例題 4-1）

例題 4-2　抽撲克牌

求出從一般撲克牌抽出一張牌的樣本空間。

解答

因為有四種花色（紅心、梅花、方塊、黑桃），而且每一種花色有 13 張牌（A 到 K），所以樣本空間會有 52 種出象。如圖 4-2 所示。

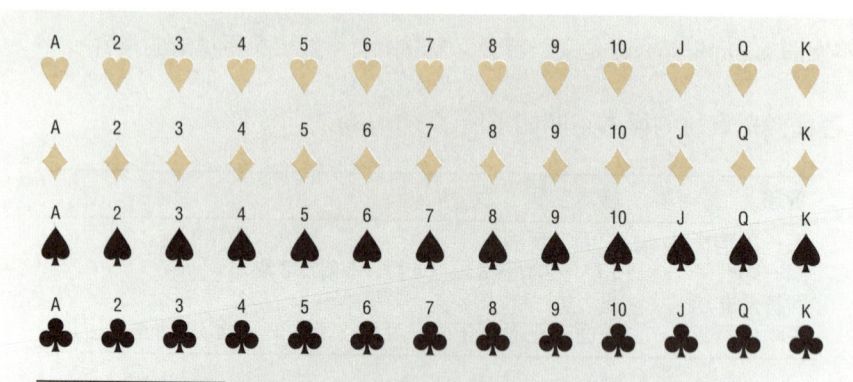

圖 4-2　抽出一張撲克牌的樣本空間（例題 4-2）

例題 4-3　小孩的性別

假如某一個家庭有 3 女個小孩，求出這幾位小孩性別的樣本空間。使用 B 表示男孩，G 表示女孩。

解答

有兩種性別：男和女，而且每一個小孩不是男孩就是女孩。因此，會有如下所示的 8 種可能性。

　　　　　BBB　BBG　BGB　GBB　GGG　GGB　GBG　BGG

從例題 4-1 到 4-3，透過觀察與推理求出樣本空間，不過還有其他方式可以協助找尋樣本空間，那就是樹狀圖。

> **樹狀圖 (tree diagram)** 是一種由起點藉由線段與出象（可能需要重複線段與出象數次）所構成的機制。它被用來描述某項機率實驗所有可能的出象。

例題 4-4　小孩的性別

用樹狀圖決定例題 4-3 的樣本空間。

解答

因為第一個小孩的性別有兩種可能性（男孩或女孩），所以從起點畫兩分支往右，並且一邊標記 B、一邊標記 G。然後如果第一個小孩是男孩，加上第二個小孩的性別也一樣有兩種可能性（男孩或女孩），所以從 B 出發一樣畫兩分支往右，並且一邊標記 B、一邊標記 G。如果第一個小孩是女孩，從 G 出發做同樣的事。為第三個小孩重複同樣的過程。完成後的樹狀圖顯示在圖 4-3。為了求出樣本空間內所有出象，從起點到終點循線所有可能的分支，並且按順序記錄經過的標記。

第 4 章　機率與數數規則

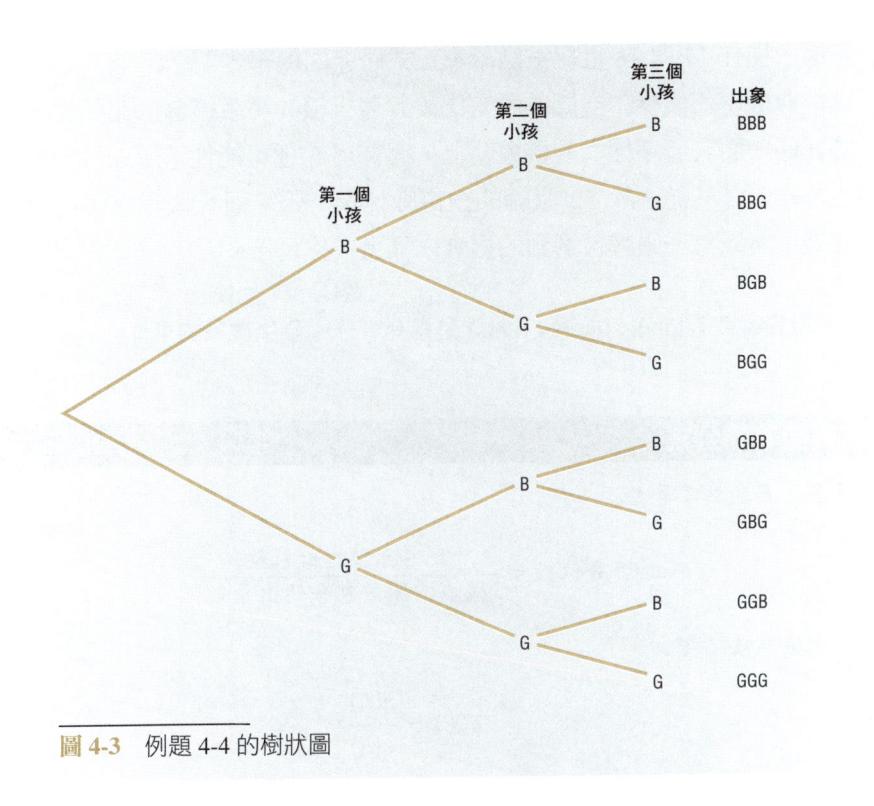

圖 4-3　例題 4-4 的樹狀圖

出象定義為機率實驗某一次試驗的結果。在許多問題，人們必須求出兩個或是更多個出象的機率。為了這個理由，我們有必要區分出象與事件。

事件 (event) 是一種包含機率實驗出象的集合。

一個事件可以包含一個出象，也可以包含數個出象。比如說，擲一顆骰子結果是 6 點朝上，這一個結果叫做出象，因為它是單一試驗的結果。只包含一個出象的事件叫做**簡單事件 (simple event)**。擲一顆骰子之後，得到奇數點的事件叫做**合成事件 (compound event)**，因為它包含三種出象，或說它是由三種簡單事件所合成。一般而言，合成事件會包含兩個或兩個以上的簡單事件。

有三種方式解讀機率：

1. 古典機率
2. 經驗或是相對頻率機率
3. 主觀機率

➡ 古典機率

古典機率 (classical probability) 用樣本空間決定事件發生的機率值。你不需要為了決定事件的機率值而進行機率實驗。之所以取名為古典機率，是因為

它是第一種在 17 與 18 世紀被數學家正式研究的機率。

古典機率假設樣本空間的所有出象有著一樣的發生機會。比如說，每顆骰子的任何一面有著一樣大的機會朝上，因為有 6 種可能性，所以每一種出象的發生機率是 $\frac{1}{6}$。從一般 52 張牌的撲克牌抽走一張，而且假設該副撲克牌被充分洗過，所以每一張牌被選到的機會一樣大，都是 $\frac{1}{52}$。

機會均等事件 (equally likely events) 是指有著一樣發生機率的事件。

古典機率的公式

任意事件 E 的機率等於

$$百分位數 = \frac{E\ 內包含的出象數}{樣本空間內包含的出象數}$$

這一項機率被記為

$$P(E) = \frac{n(E)}{n(S)}$$

其中 $n(E)$ 是 E 內包含的出象數，而 $n(S)$ 是樣本空間 S 內包含的出象數。

機率可以用分數、小數或是百分比（在適當的時候）表示。如果你好奇丟一枚銅板正面朝上的機率是多少？典型的答案可能是以下三種：

1/2

0.5

50%[1]

這三個答案都對。大部分時候，這一章的例題和練習題會使用分數或是小數表達機率，至於百分比則在適當的時候才會出現。

機率的四捨五入規則　應該以化簡過的分數或是四捨五入到第二位或是第三位小數的方式表達機率。當事件的機率是非常小的小數，可以四捨五入到第一個非零的小數。比如說，0.0000587 就會是 0.00006。從附錄 C 的任何一張表讀取機率的時候，照抄表格上的數字即可。如果小數被轉成百分比，把小數點往前移兩位並且加上百分比符號。

---

[1] 嚴格來說，百分比不是機率。不過，日常用語會用百分比表達機率（比如說，明天下雨的機會是 60%）。因為這樣的理由，本書的某些機率會用百分比表達機率。

例題 4-5　抽撲克牌

從一副 52 張牌的撲克牌隨機抽取一張，求出得到一張紅色人頭牌（傑克、皇后、國王）的機率。

解答

一副一般的撲克牌有 52 張，而且其中有 6 張是紅色人頭牌（紅心傑克、紅心皇后、紅心國王與方塊傑克、方塊皇后、方塊國王），因此，得到一張紅色人頭牌的機率是

$$\frac{6}{52} = \frac{3}{26} \approx 0.115$$

例題 4-6　小孩的性別

如果某一個家庭有 3 個小孩，求出其中有 2 個是女孩的機率。

解答

一個家庭裡有 3 個小孩，他們性別的樣本空間有 8 種出象，也就是 BBB、BBG、BGB、GBB、GGG、GGB、GBG 和 BGG（詳見例題 4-3 和 4-4）。因為有三種出象出現兩次 G，也就是 GGB、GBG、BGG，所以 P(2 個女孩) $= \frac{3}{8}$。

　　機率理論裡有兩個字要好好了解，「且」(and) 和「或」(or)。比如說，你被問到抽到一張牌是皇后且紅心的機率是多少，你要的是一張紅心皇后。這時候，「且」字的意思是「同時、又是」。「或」字的意思有兩種。比如說，如果你被問到抽到一張牌是皇后或紅心的機率是多少，你要的是 4 張皇后中的一張，或者是 13 張紅心中的一張。這時候，紅心皇后兩邊都出現，也就是說，上面那一句話（4 張皇后中的一張，或者是 13 張紅心中的一張）說到紅心皇后兩次，所以我們實際上只有 4 + 13 − 1 = 16 種可能性。

　　另外，如果你被問到抽到一張牌是皇后或國王的機率是多少，你要的是 4 張皇后中的一張，或者是 4 張國王中的一張。這時候會有 4 + 4 = 8 種可能性。在第一種情況，兩事件可能同時發生，這樣的「或」叫做「包或」(inclusive or)；而第二種情況，兩事件不可能同時發生，這樣的「或」叫做「互斥或」(exclusive or)。

例題 4-7　抽撲克牌

從一副一般的撲克牌抽出一張。求出以下事件的機率。

a. 國王
b. 黑桃 4
c. 人頭牌（傑克、皇后或是國王）
d. 紅色牌
e. 梅花

解答

a. 參考圖 4-2 的樣本空間。有 4 張國王，所以事件 E 有 4 種國王，加上樣本空間有 52 種可能的出象，因此

$$P(國王) = \frac{4}{52} = \frac{1}{13} \approx 0.077$$

b. 因為只有一張黑桃 4，機率是

$$P(黑桃\ 4) = \frac{1}{52} \approx 0.019$$

c. 每一種花色有三張人頭牌，而且有四種花色（紅心、梅花、方塊、黑桃），所以有 12 張人頭牌，因此

$$P(人頭牌) = \frac{12}{52} = \frac{3}{13} \approx 0.231$$

d. 有 26 張紅色牌：13 張方塊與 13 張紅心，因此

$$P(紅色牌) = \frac{26}{52} = \frac{1}{2} = 0.5$$

e. 有 13 張梅花，所以挑到一張梅花的機率是

$$P(梅花) = \frac{13}{52} = \frac{1}{4} = 0.25$$

基本的機率規則有四項。這些規則對解答機率問題、了解機率本質、決定答案對錯等是有用的。

機率規則

1. 任何事件 E 的機率是一個介於 0 和 1 的數字（不論是分數還是小數）。用 $0 \leq P(E) \leq 1$ 表達這一項規則。
2. 樣本空間內所有出象的機率加起來等於 1。

3. 如果事件 E 不可能發生（也就是說，事件內沒有任何一個出象），它的機率等於 0。
4. 如果事件 E 一定發生，則它的機率是 1。

機率規則 1 聲明機率值是在 0 到 1 之間。當事件的機率接近 0，它就非常不可能發生；當事件的機率接近 0.5，表示事件發生的機會是五五波；當事件的機率接近 1，它就非常有可能發生。詳見圖 4-4

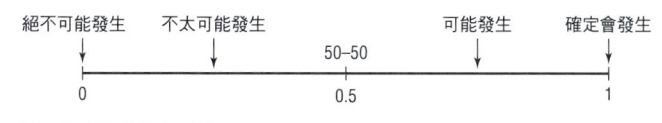

圖 4-4 機率的範圍

機率規則 2 可以擲一顆骰子為例說明，樣本空間內每一種出象的機率是 $\frac{1}{6}$，因此，加總所有出象的機率是 1，如下所示。

出象	1	2	3	4	5	6
機率	$\frac{1}{6}$	$\frac{1}{6}$	$\frac{1}{6}$	$\frac{1}{6}$	$\frac{1}{6}$	$\frac{1}{6}$
加總	$\frac{1}{6}$	$+\ \frac{1}{6}$	$+\ \frac{1}{6}$	$+\ \frac{1}{6}$	$+\ \frac{1}{6}$	$+\ \frac{1}{6} = \frac{6}{6} = 1$

機率規則 3 如例題 4-8 所示。

例題 4-8　擲骰子

求出擲一顆骰子看到 9 點朝上的機率。

解答

因為擲一顆骰子的樣本空間內只有 1 點、2 點、3 點、4 點、5 點、6 點，所以不可能看到 9 點，因此看到 9 點朝上的機率是 $P(9) = \frac{0}{6} = 0$。

機率規則 4 說明，如果 $P(E) = 1$，則事件 E 篤定發生。以例題 4-9 說明這一項規則。

例題 4-9　擲骰子

求出擲一顆骰子看到低於 7 點的機率。

解答

因為所有出象（1 點、2 點、3 點、4 點、5 點、6 點）都比 7 點小，所以機率是

$$P(低於\ 7\ 點) = \frac{6}{6} = 1$$

篤定會看到低於 7 點的點數。

➡ 餘補事件

另一項機率理論的重要觀念是餘補事件。比如說，擲一顆骰子的樣本空間包含 1 點、2 點、3 點、4 點、5 點以及 6 點。看到奇數點朝上的事件 E 包含點數 1、3 和 5。不會看到奇數點朝上的事件叫做事件 E 的餘補事件，它會包含點數 2、4 和 6。

> **餘補事件 (complementary event)** 就是樣本空間內那些不在事件 E 的出象所構成的事件。用 $\overline{E}$（讀作 E bar）代表事件 E 的餘補事件。

例題 4-10 進一步說明餘補事件的概念。

例題 4-10　求出餘補事件

求出以下事件的餘補事件。

a. 挑到有 31 天的月份
b. 挑到第一個英文字母是 T 的日子
c. 擲兩顆骰子，得到總和是某一個奇數
d. 挑到一個可以當作是母音或者是子音的英文字母

解答

a. 挑到少於 31 天的月份，也就是二月、四月、六月、九月和十一月。
b. 挑到第一個英文字母不是 T 的日子，也就是星期天、星期一、星期三、星期五和星期六。
c. 擲兩顆骰子，得到總和是某一個偶數，也就是總和是 2、4、6、8、10 或者是 12。
d. 因為只有 y 可以當作是母音或者是子音，所以餘補事件是挑到不是 y 的英文字母。

事件內的出象與餘補事件內的出象加起來就是樣本空間。比如說，如果丟兩枚銅板，樣本空間是 HH、HT、TH 和 TT。事件「都是正面」的餘補事件並不是「都是反面」，因為「都是正面」是 HH，它的餘補事件是 HT、TH 和 TT，因此，事件「都是正面」的餘補事件是「至少一個反面」。

因為事件與它的餘補事件構成整個樣本空間，意味著事件的機率與其餘補事件的機率加起來等於 1。也就是說，$P(E) + P(\overline{E}) = 1$。比如說，令 $E =$ 都是正面，或是 HH，並且令 $\overline{E} =$ 至少一個反面，或 HT、TH 和 TT，則 $P(E) = \frac{1}{4}$ 且 $P(\overline{E}) = \frac{3}{4}$，因此 $P(E) + P(\overline{E}) = \frac{1}{4} + \frac{3}{4} = 1$。

餘補事件的規則可以用三種代數式寫出來。

第 4 章　機率與數數規則

餘補事件規則

$$P(\overline{E}) = 1 - P(E) \quad 或 \quad P(E) = 1 - P(\overline{E}) \quad 或 \quad P(E) + P(\overline{E}) = 1$$

　　用文字敘述，上述規則主張：如果事件的機率，或是其餘補事件的機率為已知，則未知的那一個事件的機率等於 1 減去已知的機率值。這一項規則在機率理論是重要的，因為有時候求出餘補事件的機率會比直接求出事件的機率容易，然後我們要的答案就是 1 減去求出的餘補事件機率值。

　　可以用**凡氏圖 (Venn diagrams)** 了解機率。圖 4-5(a) 顯示一項簡單事件 E 的機率。圓形的區域表示事件 E 的機率，也就是，$P(E)$。長方形的區域代表樣本空間的機率，也就是 $P(S)$。

　　圖 4-5(b) 顯示如何用凡氏圖表達餘補事件的機率 $P(\overline{E})$。這時候，$P(\overline{E}) = 1 - P(E)$，它是長方形內部但是在圓形 $P(E)$ 外部的區域。回想 $P(S) = 1$ 且 $P(E) = 1 - P(\overline{E})$，因為圓形區域代表 $P(E)$，而 $P(\overline{E})$ 代表圓形外部區域的機率。

(a) 簡單機率

(b) $P(\overline{E}) = 1 - P(E)$

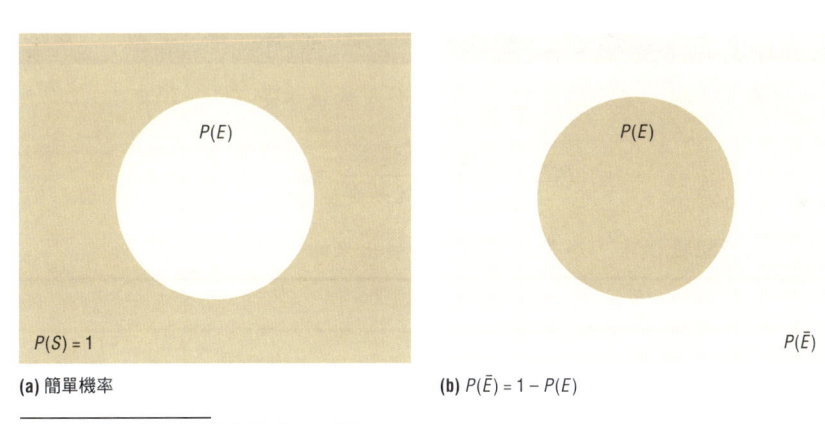

圖 4-5　機率與餘補事件的凡氏圖

例題 4-11　冰淇淋偏愛的口味

某一項研究調查的人之中，有 23% 喜歡香草冰淇淋。如果隨機挑選一個人，求出這個人不喜歡香草冰淇淋的機率。

資料來源：Rasmussen Report.

解答

$$P(不喜歡香草) = 1 - P(喜歡香草) = 1 - 0.23 = 0.77 = 77\%$$

➥ 經驗機率

古典機率與**經驗機率 (empirical probability)** 之間的差別,是古典機率假設某些出象是「機會均等的」(例如擲一枚公正骰子),而經驗機率仰賴實際經驗決定出象的可能性(機率)。在經驗機率,人們可能會擲一枚骰子 6000 次,觀察各種頻率並且利用這些頻率決定某一種出象的機率。

比如說,假如美國汽車協會的一位研究員詢問 50 位計畫在感恩節假期出遊的民眾,準備用什麼方式抵達目的地。結果的頻率分配如下所示。

方式	頻率
開車	41
搭飛機	6
搭火車或巴士	3
	50

現在可以計算各個類別的機率。比如說,任意挑選一個人,他決定開車前往目的地的機率是 $\frac{41}{50}$,因為 50 位民眾有 41 人說他們會開車前往。

經驗機率的公式

已知某一項機率分配,某一種組別(一種事件)的機率是

$$P(E) = \frac{組別的頻率}{分配的總頻率} = \frac{f}{n}$$

這一種機率叫做經驗機率,乃是根據觀察發展出來的。

例題 4-12　旅遊調查

在剛剛描述的旅遊調查中,求出民眾在感恩節假期出遊時搭飛機抵達目的地的機率。

解答

$$P(E) = \frac{f}{n} = \frac{6}{50} = \frac{3}{25}$$

注意:這些結果都是根據美國汽車協會的調查結果。

例題 4-13　血型分配

在一項 50 位民眾的樣本，有 21 位是 O 型血型，22 位是 A 型，5 位是 B 型，以及 2 位是 AB 型。設定數據的頻率分配並且求出以下的機率：

a. 某人是 O 型
b. 某人是 A 型或 B 型
c. 某人不是 A 型也不是 O 型
d. 某人不是 AB 型

資料來源：The American Red Cross.

解答

血型	頻率
A	22
B	5
AB	2
O	21
總計	50

a. $P(O) = \dfrac{f}{n} = \dfrac{21}{50}$

b. $P(A \text{ 或 } B) = \dfrac{22}{50} + \dfrac{5}{50} = \dfrac{27}{50}$

（加總兩種組別的頻率。）

c. $P(\text{不是 A 型也不是 O 型}) = \dfrac{5}{50} + \dfrac{2}{50} = \dfrac{7}{50}$

（不是 A 型也不是 O 型意味著是 B 型或是 AB 型。）

d. $P(\text{不是 AB 型}) = 1 - P(AB) = 1 - \dfrac{2}{50} = \dfrac{48}{50} = \dfrac{24}{25}$

（求出不是 AB 型的機率就是 1 減去 AB 型的機率。）

例題 4-14　膝關節置換手術的住院時間

下面的頻率分配顯示膝關節置換手術住院天數的醫院紀錄。

天數	頻率
3	15
4	32
5	56
6	19
7	5
	127

求出以下這些機率。

a. 剛好住 5 天
b. 低於 6 天
c. 至多 4 天
d. 至少 5 天

解答

a. $P(5) = \dfrac{56}{127}$

b. $P(低於6天) = \dfrac{15}{127} + \dfrac{32}{127} + \dfrac{56}{127} = \dfrac{103}{127}$

（低於 6 天意味著 3 天、4 天或是 5 天。）

c. $P(至多4天) = \dfrac{15}{127} + \dfrac{32}{127} = \dfrac{47}{127}$

（至多 4 天意味著 3 天或是 4 天。）

d. $P(至少5天) = \dfrac{56}{127} + \dfrac{19}{127} + \dfrac{5}{127} = \dfrac{80}{127}$

（至少 5 天意味著 5 天、6 天或是 7 天。）

也可以用第 2-2 節討論過的相對頻率分配求出經驗機率。比如說，旅遊調查的相對頻率分配如下所示。

方式	頻率	相對頻率
開車	41	0.82
搭飛機	6	0.12
搭火車或巴士	3	0.06
	50	1.00

這些頻率就是第二章解釋過的相對頻率。

➥ 大數法則

丟一枚銅板一次，一般人認為看到正面的機會是 $\frac{1}{2}$，但是如果丟一枚銅板 50 次呢？會出現 25 次正面嗎？並不是每一次都這樣。如果銅板是公正的，你應該會預期出現大約 25 次正面。但是因為機會帶來的變化，大部分時候並不會出現 25 次正面。

如果使用少量試驗的結果計算看到正面的經驗機率，通常不會剛好是 $\frac{1}{2}$。不過，當試驗次數不斷增加，看到正面的經驗機率會接近理論機率的 $\frac{1}{2}$，如果該枚銅板是公正的（正反面是平衡的）。這種現象是一種**大數法則 (law of large numbers)** 的例子。

你不應該認為正面的次數與反面的次數會「扯平」，而是當試驗次數不斷增加，正面次數對總試驗次數的比例會逼近 $\frac{1}{2}$。這一種法則對任何機會遊戲，例如擲骰子、輪盤賭等而言都是成立的。

我們要指出，比例穩定逼近的機率不一定會與古典機率的理論結果一致（或許是，或許不是）。如果不是，將會得到「骰子不公正」的弦外之音。拉斯維加斯的賭場老闆會注意到經驗機率與古典理論不同調，有時候甚至會帶著一整組的骰子到賭桌，如果觀察到的頻率與古典理論期待的數字相去太遠的話。

主觀機率

第三種機率叫做主觀機率。**主觀機率 (subjective probability)** 根據受過訓練的猜測或估計，並且夾帶個人意見或是不確定的資訊。

在主觀機率，個人或團體根據知識猜測某一件事發生的機會。這樣的猜測是根據個人經驗以及對答案的評估。比如說，運動評論員或許會說海盜隊有七成的機會贏得下年度的冠軍賽。醫生或許會說，根據她的診斷，病人需要手術的機會是三成。地質學家或許會說某個區域發生地震的機會是 80%。這些都是生活中應用主觀機率的例子。

這三種機率（古典、經驗與主觀）被用來解決商業、工程以及其他領域的各種問題。

機率與冒險

有一個機率領域是人們不了解的，那就是冒險。實際上，人們害怕那些不常發生的事件，而不是害怕那些容易發生的事件。比如說，很多人認為犯罪率年年增加，不過 *How Risk Affects Your Everyday Life* 的作者 James Walsh 主張，「儘管大家關心美國的犯罪率，但是 FBI 與司法部的統計數字顯示美國過去 20 年來，全國犯罪率穩定地停留在某水準。甚至在 1990 年代初期還曾經微微下降過。」

他進一步指出，「今天，大部分媒體談論健康的風險，使人們震驚和憤怒。」這些令人震驚和憤怒的故事會嚇到我們，讓我們誤認了健康的危險。比如說，作者指出如果一個人過胖 20% 會少活 900 天（大概 3 年），但是暴露在核電廠的輻射下只會少活 0.02 天。也就是說，過胖比暴露在輻射下更具威脅。

許多人生活中的每一天都在賭，比如說，抽菸、喝酒、開車、騎摩托車。當人們被要求估計各種死因的機會，他們傾向於高估車禍、火災以及洪水的機率，而低估疾病（不含癌症）與中風的機率。比如說，大部分的人認為死於心臟病的機會是 1 比 20，而實際上是 1 比 3；死於農藥殘餘的機會是 1 比 200,000（摘自 James Walsh 所著的 *True Odds*）。人們會這樣想的理由是，新

聞媒體危言聳聽天災人禍的結果，卻鮮少提到因為疾病所帶來的死亡。

當你面對威脅生命的天災人禍時，例如龍捲風、洪水、車禍或是開車發簡訊等，獲得事實是最重要的。也就是說，從認可的統計機構或是可靠的統計研究獲取真實數字，然後計算機率並且根據機率統計的知識下決定。

總而言之，當你根據機率下定主意或是規劃行動綱領的時候，先確定你知道事件發生的機率。同時，找出資訊來自哪裡（必須是可靠的資料來源）。權衡行動的成本並且決定是否值得。最後，尋求低風險的選項或是行動綱領。

觀念應用 4-1　丟銅板

假設你想在嘉年華會裡玩個遊戲。你看到一個人在桌上丟銅板，加上你懂一些基本的機率論，所以你覺得贏的勝算應該很大。你走近桌子，發現只需要猜測銅板被丟出去後哪一面會朝上。丟銅板那個人向你保證銅板是公正的，意味著正反兩面朝上的機會一樣大。在決定下什麼賭注之前，你開始回想在統計課學到的機率。回答以下關於丟銅板遊戲的問題。

1. 樣本空間為何？
2. 可能的出象有哪些？
3. 針對這一類的問題，古典機率會如何計算機率？

你決定賭正面，相信它會出現的機會有 50%。你的一位朋友在你下賭注前也正在玩，他告訴你已經連續出現 9 次正面。你想起大數法則。

4. 什麼是大數法則？這樣的法則會改變你下一次丟出哪一面的想法嗎？
5. 針對這一類的問題，機率的經驗法則告訴你什麼？你可以用它來解答這個問題嗎？
6. 主觀機率可以幫助你回答問題嗎？試解釋之。
7. 假如你猜中下一次出現哪一面，則你可以贏得一百萬美元。你會賭什麼？為什麼？

答案在第 209 頁。

練習題 4-1

1. 什麼是機率實驗？什麼是樣本空間？
2. 事件的機率值的範圍為何？
3. 如果明天下雨的機率是 0.20，則明天不下雨的機率是多少？你會建議明天出門時帶傘嗎？
4. **擲骰子**　一次擲一顆骰子，求出以下事件的機率：

a. 得到兩點
b. 得到大於 6 的點數
c. 得到奇數的點數
d. 得到奇數或是偶數的點數

5. **抽撲克牌** 從一副撲克牌一次抽出一張，求出以下結果的機率：
   a. 一張皇后
   b. 一張梅花
   c. 一張梅花皇后
   d. 3 或 8
   e. 6 或方塊

6. **人類的血型** 人類的血型被分成四群。美國人在各個分群的比例如下：

   O 型 43%　A 型 40%　B 型 12%　AB 型 5%

   隨機挑選一位美國人，求出以下事件的機率：
   a. 這個人的血型是 O 型
   b. 這個人的血型是 A 型或 B 型
   c. 這個人的血型不會是 A 型或是 O 型

   資料來源：www.infoplease.com

7. **小孩的性別** 某一對夫妻有 3 個小孩。求出以下事件的機率：
   a. 都是男孩
   b. 都是男孩或都是女孩
   c. 剛好兩個男孩或剛好兩個女孩
   d. 至少一男一女

8. **就學貸款** 以下的資訊顯示大學畢業生的負債情形。

$1 到 $5,000	$5001 到 $20,000	$20,001 到 $50,000	$50,000+
27%	40%	19%	14%

如果某一個畢業生有負債，求出以下事件的機率：
   a. 負債低於 5,001 美元
   b. 負債超過 20,000 美元
   c. 負債介於 1 到 20,000 美元
   d. 負債超過 50,000 美元

資料來源：*USA Today*.

9. **健康險** 2010 年在美國有 49,904,000 個人沒有健康險。下列各州沒有健康險的人數如下所示（以千人計）。

   加州 7,209　佛州 3,854
   德州 6,181　紐約州 2,886

   挑選一個沒有健康險的人；這個人來自加州或是德州的機會是多少？這個人不是來自上述四州的機會是多少？

   資料來源：*World Almanac*.

10. **挑選號碼球** 四顆球被標示 1 到 4 之後放在盒子內。隨機挑選一顆球，並且記錄它上面的號碼；然後把它放回盒子。再隨機挑選第二顆球，一樣記錄上面的號碼。繪製一張樹狀圖並進而決定這一項實驗的樣本空間。

4-2 機率的加法規則

學習目標 ❷
透過加法規則求出合成事件的機率。

許多問題要求你找尋兩種以上事件的機率。比如說，在一次大型的政治聚會，你或許想知道，隨機挑選一個人，會是女性或是共和黨員的機會是多少？這時候，必須考慮三種情況：

1. 那個人是女性。
2. 那個人是共和黨員。
3. 那個人既是女性也是共和黨員。

考慮另外一個例子。在同樣的聚會，有共和黨員、有民主黨員、有無黨無派的。如果隨機挑選一位在場的民眾，他是民主黨員或是無黨無派的機會是多

少？這時候只有兩種可能：

1. 那個人是民主黨員。
2. 那個人是無黨無派的。

這兩個例子之間的差別在於，第一個例子的那個人可以同時是女性與共和黨員，但是在第二個例子，任何人都不會既是民主黨員又是無黨無派的。在第二個例子，這樣的兩個事件叫做互斥事件；而第一個例子的兩個事件並不是互斥的。

> **互斥事件 (mutually exclusive events)** 是指不會同時發生的事件。意味著，它們沒有共同的出象。

換個例子，從一副撲克牌抽一張會看到 4 和會看到 6 也是互斥的，因為一張撲克牌不可能是 4 點又是 6 點。另一方面，抽一張撲克牌看到 4 和看到紅心並不是互斥事件，因為一般的撲克牌有一張紅心 4。

例題 4-15　決定彼此互斥的事件

決定以下各組的兩事件是否互斥，並解釋互斥的理由。

a. 隨機挑選一位女學生
　 隨機挑選一位大一的學生
b. 隨機挑選一位 A 型血的人
　 隨機挑選一位 O 型血的人
c. 擲一顆骰子並且得到奇數
　 擲一顆骰子並且得到小於 3 的數字
d. 隨機挑選一位年齡不到 21 歲的人
　 隨機挑選一位年齡超過 30 歲的人

解答

a. 兩事件不是互斥的，因為一位學生有可能既是大一又是女生。
b. 兩事件是互斥的，因為一個人不可能同時擁有 A 型血和 O 型血。
c. 兩事件不是互斥的，因為數字 1 既是奇數也是一個小於 3 的數字。
d. 兩事件是互斥的，因為一個年齡不到 21 歲的人當然年齡不可能超過 30 歲。

例題 4-16　抽撲克牌

當你從一副撲克牌抽一張,決定哪一些事件是互斥的,哪一些不是。

a. 得到國王;得到方塊
b. 得到 4 點;得到國王
c. 得到人頭;得到梅花
d. 得到人頭;得到 10 點

解答

a. 兩事件不是互斥的,因為有方塊國王這一張撲克牌。
b. 兩事件是互斥的,因為沒有國王 4 這一張撲克牌。
c. 兩事件不是互斥的,因為有梅花傑克、梅花皇后和梅花國王這三張撲克牌。
d. 兩事件是互斥的,因為沒有人頭 10 這一種撲克牌。

可以用加法規則決定兩個或者是兩個以上事件的機率。當事件彼此互斥的時候,使用第一條加法規則。

加法規則 1

當事件 A 和 B 互斥的時候,A 或 B 發生的機率是

$$P(A \text{ 或 } B) = P(A) + P(B)$$

圖 4-6 顯示兩互斥事件 A 和 B 的凡氏圖。這時候,$P(A \text{ 或 } B) = P(A) + P(B)$,因為這些事件彼此互斥而且沒有重疊。換言之,發生事件 A 或事件 B 的機率等於加總兩個圓圈所代表的機率。

$P(S) = 1$
彼此互斥事件
$P(A \text{ 或 } B) = P(A) + P(B)$

圖 4-6　加法規則 1 的凡氏圖:當事件彼此互斥

例題 4-17　挑選咖啡店

某都市有 9 家咖啡店：3 家 Starbucks、2 家 Caribou Coffees、4 家 Crazy Mocho Coffees。如果某人隨機挑選一家咖啡店買一杯咖啡，求出不是挑到 Starbucks 就是 Crazy Mocho Coffees 的機率。

解答

因為有 3 家 Starbucks 和 4 家 Crazy Mocho，而且總共有 9 家咖啡店，
$P(\text{Starbucks 或 Crazy Mocho}) = P(\text{Starbucks}) + P(\text{Crazy Mocho}) = \frac{3}{9} + \frac{4}{9} = \frac{7}{9} \approx 0.778$。
這兩個事件是互斥的。

例題 4-18　R&D 員工

3 家公司的 R&D 中心有著以下的員工人數：

U.S. Steel	110
Alcoa	750
Bayer Material Science	250

假如隨機挑選一名 R&D 員工，求出他受雇於 U.S. Steel 或是 Alcoa 的機率。

資料來源：*Pittsburgh Tribune Review.*

解答

$$P(\text{U.S. Steel 或 Alcoa}) = P(\text{U.S. Steel}) + P(\text{Alcoa})$$
$$= \frac{110}{1110} + \frac{750}{1110} = \frac{860}{1110} = \frac{86}{111}$$

例題 4-19　冰淇淋偏好

某一項研究調查的人之中，有 8% 喜歡餅乾與奶油冰淇淋，以及 6% 喜歡薄荷巧克力碎片冰淇淋。如果隨機挑選一個人，求出這個人不是喜歡餅乾與奶油冰淇淋就是喜歡薄荷巧克力碎片冰淇淋的機率。

資料來源：Rasmussen Report.

解答

$$P(\text{餅乾與奶油冰淇淋或是薄荷巧克力碎片冰淇淋})$$
$$= P(\text{餅乾與奶油冰淇淋}) + P(\text{薄荷巧克力碎片冰淇淋})$$
$$= 0.08 + 0.06 = 0.14 = 14\%$$

這些事件彼此互斥。

第 4 章 機率與數數規則

機率規則可以延伸到三個或是更多個事件的情況。針對三個彼此互斥的事件 A、B 和 C，

$$P(A \text{ 或 } B \text{ 或 } C) = P(A) + P(B) + P(C)$$

當事件彼此不互斥的時候，使用第二條加法規則求出事件的機率。

加法規則 2

當事件 A 和 B 不互斥的時候，A 或 B 發生的機率是

$$P(A \text{ 或 } B) = P(A) + P(B) - P(A \text{ 且 } B)$$

注意：這一條規則也可以用在彼此互斥的事件，因為 $P(A \text{ 且 } B)$ 永遠等於 0。不過，區分彼此（互斥與不互斥）是重要的。

圖 4-7 顯示兩個不互斥事件的機率。這時候，$P(A \text{ 或 } B) = P(A) + P(B) - P(A \text{ 且 } B)$。兩個圓圈交集或說是重疊的部分代表 $P(A \text{ 且 } B)$；當圓圈 A 的面積加上圓圈 B 的面積，重疊部分多加了一次，為此，必須減掉那一次，這樣才會得到正確答案。

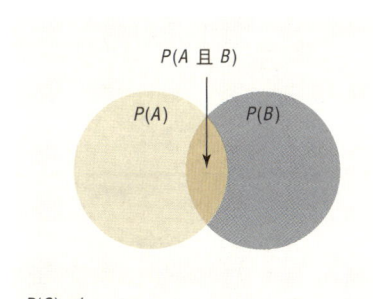

圖 4-7 加法規則 2 的凡氏圖：當事件不彼此互斥

趣 聞

洗牌

要洗幾次，一副牌才會是隨機順序？實際上，回答這一道問題並不容易，因為變數太多了。第一，有許多種洗牌方式。比如說，「riffle」、「overhand」、「Corgi」以及「Faro」。

另一個變數是什麼樣的順序才能被認為是隨機順序。在洗過幾次牌之後，有幾種統計檢定可以被用來決定隨機順序這個問題，但是它們的答案會有些不一樣。

有兩位數學家，Persi Diaconis 與 Dave Bayer，發現好好洗五次之後，撲克牌開始隨機排列，如果是七次之後，撲克牌會是完全隨機排列的。不過，後來 Trefthen 的研究發現只要六次就夠了。不同之處在於隨機順序的認定。

例題 4-20　抽撲克牌

隨機從一副一般的撲克牌抽取一張，求出 A 或是黑色牌的機率。

解答

因為有 4 張 A 以及 26 張黑色牌（13 張黑桃和 13 張梅花），其中有 2 張 A 是黑色的，它們是黑桃 A 和梅花 A，因此這兩張牌的機率必須被減掉，因為它們出現兩次。

$$P(\text{A 或黑色牌}) = P(\text{A}) + P(\text{黑色牌}) - P(\text{黑色 A})$$
$$= \frac{4}{52} + \frac{26}{52} - \frac{2}{52} = \frac{28}{52} = \frac{7}{13} \approx 0.538$$

例題 4-21　挑選醫護人員

某一家醫院有 8 位護士、5 位醫生，其中 7 位護士和 3 位醫生是女性。如果隨機挑選一位醫護人員，求出挑到護士或是男性的機率。

解答

樣本空間如下所示：

醫護人員	女性	男性	總計
護士	7	1	8
醫生	3	2	5
總計	10	3	13

機率是

$$P(\text{護士或男性}) = P(\text{護士}) + P(\text{男性}) - P(\text{男性護士})$$
$$= \frac{8}{13} + \frac{3}{13} - \frac{1}{13} = \frac{10}{13} \approx 0.769$$

例題 4-22　酒後駕車

新年除夕那一天，酒後駕車的機率是 0.32，車禍的機率是 0.09，而酒後駕車發生車禍的機率是 0.06。某人酒後駕車或車禍的機率是多少？

解答

$$P(\text{酒後駕車或車禍}) = P(\text{酒後駕車}) + P(\text{車禍})$$
$$- P(\text{酒後駕車且發生車禍})$$
$$= 0.32 + 0.09 - 0.06 = 0.35$$

對不是彼此互斥的三個事件，

$$P(A \text{ 或 } B \text{ 或 } C) = P(A) + P(B) + P(C) - P(A \text{ 且 } B) - P(A \text{ 且 } C)$$
$$- P(B \text{ 且 } C) + P(A \text{ 且 } B \text{ 且 } C)$$

第 4 章 機率與數數規則

總而言之，當兩事件彼此互斥的時候，使用加法規則 1。當兩事件彼此不互斥的時候，使用加法規則 2。

觀念應用 4-2　哪一種止痛劑最好？

假設你打球時發生某一種傷害，你取得並且閱讀一種新止痛劑的資訊。你讀到的資訊是關於兩項新止痛劑副作用的測試研究。使用以下的表格回答問題，並且決定你要使用哪一種新藥。

副作用	12 週臨床試驗的副作用次數		
	安慰劑 $n=192$	A 藥 $n=186$	B 藥 $n=188$
上呼吸道充血	10	32	19
竇性頭痛	11	25	32
腹痛	2	46	12
神經性頭痛	34	55	72
咳嗽	22	18	31
下呼吸道充血	2	5	1

1. 有多少人參與這一項試驗？
2. 試驗期間多長？
3. 研究的變數為何？
4. 它們是哪一種變數，以及它們的測量尺度是哪一種水準？
5. 表格中的數字是正確的嗎？
6. 隨機挑選一位參與者，他吃到安慰劑的機率是多少？
7. 吃到安慰劑或 A 藥的機率是多少？它們是互斥事件嗎？這個事件的餘補事件是？
8. 隨機挑選一位參與者，他吃到安慰劑或經歷神經性頭痛的機率是多少？
9. 隨機挑選一位參與者，他未吃到安慰劑或經歷竇性頭痛的機率是多少？

答案在第 209 頁。

練習題 4-2

1. 定義互斥事件，並舉例說明互斥事件與不互斥的事件。
2. 以下事件是否互斥？
   a. 擲一顆骰子：得到一個奇數的點數和得到小於 3 的點數
   b. 擲一顆骰子：得到質數點數和得到一個奇數
   c. 擲一顆骰子：得到大於 3 的點數和得到小於 3 的點數
   d. 從你的班上挑一位同學：金髮和藍眼
3. **大學學歷**　下表顯示最近大學授予學位的情形（依性別區分）。

	學士	碩士	博士
男	573079	211381	24341
女	775424	301264	21683

隨機挑選一種學歷。求出以下情形的機率：
a. 學士學位
b. 博士學位或授予女性
c. 授予女性博士學位
d. 不是碩士學位

資料來源：www.nces.ed.gov

4. **挑選講師**　在某一次的會議上，有 7 位數學講師、5 位資訊科學講師、3 位統計學講師以及 4 位科學講師。如果挑選一位講師，求出挑到科學講師或是數學講師的機率是多少？

5. **年輕人住所**　根據普查局的報告，以下數字描述 2004 年有多少年輕人住在家裡或宿舍（以千人為單位）。

	18–24 歲	25–34 歲
男	7022	2534
女	5779	995

資料來源：*World Almanac.*

隨機挑選一位學生，求出以下情形的機率，這位學生是
a. 年齡在 25–34 歲的女學生
b. 年齡在 18–24 歲或男學生
c. 年齡低於 25 歲而且不是男性

6. **學生調查**　在最近一項調查，以下數據來自問題「如果增加暑修班，你是否想要修一門以上的課？」的反應。

班級	是	否	沒意見
大一	15	8	5
大二	24	4	2

如果隨機挑選一位學生，求出以下情形的機率，如果這一位學生是
a. 沒意見
b. 是大一或者是持反對意見
c. 是大二而且持支持意見

7. **沿街叫賣**　某一位業務到府行銷後，得到以下的頻率分配：

賣出件數	頻率
0	8
1	10
2	3
3	2
4	1

求出以下情形的機率：
a. 剛好賣出一件
b. 超過兩件
c. 至少一件
d. 至多三件

8. **玉米製品**　美國農夫在 2005 年收成了 110 億蒲式耳的玉米。大概有 19 億用於外銷，加上 16 億用於生產乙醇。隨機挑選 1 蒲式耳玉米，它們不是用於外銷就是用於生產乙醇的機率是多少？

資料來源：www.census.gov

Excel 技術步驟解析　建構相對頻率分配

使用例題 4-14 的數據。

1. 在一張新 worksheet（工作表）的儲存格 A1 輸入 DAYS，從儲存格 A2 開始，輸入代表產婦住院天數的數據。
2. 在儲存格 B1，輸入頻率的標籤 COUNT。從儲存格 B2 開始，輸入對應左邊數字的頻率。
3. 在儲存格 B7，透過點選 toolbar（工具列）的 sum（加總）小圖示 Σ 計算總頻

率，並且按下 Enter。
4. 在儲存格 C1，輸入相對頻率的標籤 RF。在儲存格 C2，輸入 =(B2)/(B7) 並且按下 Enter。在儲存格 C3，輸入 =(B3)/(B7) 並且按下 Enter。為其他頻率的每一個重複上述這一項動作。
5. 為了求出總相對頻率，在儲存格 C7，透過點選 toolbar（工具列）的 sum（加總）小圖示 Σ，並且按下 Enter。

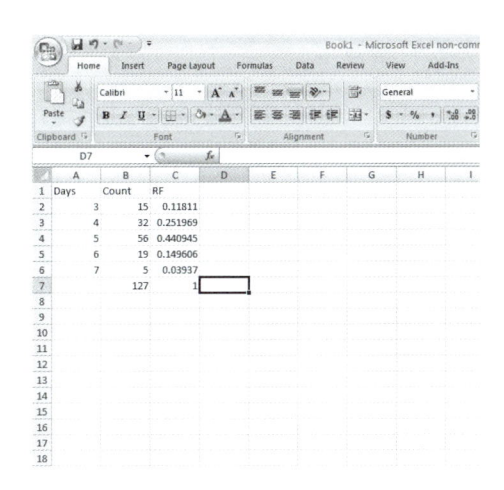

建構列聯表

例題 XL4-1

在這個例子，你需要在 Excel 安裝 MegaStat 外掛程式（請參考第一章 Excel 技術步驟解析的說明安裝 MegaStat）。

1. 至線上資源下載 Datatbank.xls 檔案並開啟。
2. 反白標示為 SMOKING STATUS 的那一行，然後把這些數據複製到一份新的 Excel worksheet（工作表）。
3. 點擊 Microsoft Office，點選 New Blank Workbook，然後點擊 Create。
4. 點選 A1 儲存格，點擊 toolbar（工具列）的「貼上」小圖示把數據貼在一份新的 workbook（工作簿）。
5. 回到檔案 Databank.xls。反白標示為 Gender 的那一行。複製貼上這些數據到包含 SMOKING STATUS 的 worksheet（工作表）。
6. 為 SMOKING STATUS 在儲存格 C2-C4 輸入 0、1 和 2。在儲存格 D2，為男性輸入 M，以及在儲存格 D3，為女性輸入 F。

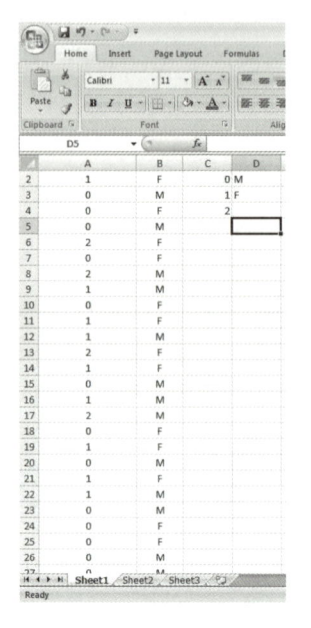

7. 在 toolbar（工具列）點選 Add-Ins。然後點選 MegaStat。注意：你必須從儲存在電腦硬碟的檔案 MegaStat.xls 打開 MegaStat。
8. 點選 Chi-Square/Crosstab>Crosstabulation。
9. 在 Row variable Data range 框輸入 A1:A101。在 Row variable Specification range 框輸入 C2:C4。在 Column Row variable Data range 框輸入 B1:B101。在 Column variable Specification range 框輸入 D2:D3。勾掉 Output Options 的任何選項。然後點選 [OK]。

Crosstabulation

SMOKING STATUS	GENDER M	F	Total
0	21	25	46
1	19	18	37
2	9	8	17
Total	49	51	100

4-3 乘法規則與條件機率

學習目標 ❸
透過乘法規則求出另一類合成事件的機率。

第 4-2 節顯示計算互斥事件與不互斥事件的加法規則。這一節即將介紹乘法規則。

➡ 乘法規則

乘法規則可以用來求出依序出現的兩事件或是更多事件的機率。比如說，你丟一枚銅板，然後擲一顆骰子，你說不定想知道看到正面朝上與 4 點朝上的機率。這兩個事件被認為是獨立的，因為丟銅板並不會影響擲骰子。

> **獨立事件 (independent events)** 是指兩事件 A 和 B 是獨立的，意味著，事件 A 已經發生的事實不會影響發生事件 B 的機率。

這裡有幾個獨立事件的例子：

擲一顆骰子看到 6 點，然後擲第二顆骰子看到 3 點。

從一副撲克牌抽一張，看到皇后，把它放回去，接著抽第二張，再看到皇后。

為了求出兩獨立事件依序發生的機率，你必須先分別求出每一個事件的機率，然後把答案乘起來。比如說，如果丟一枚銅板兩次，看到兩次正面的機率是 $\frac{1}{2} \cdot \frac{1}{2} = \frac{1}{4}$。這一個結果可以從實驗的樣本空間 HH、HT、TH、TT 帶出 $P(HH) = \frac{1}{4}$ 得到驗證。

乘法規則 1

如果兩事件是獨立的，則兩事件同時發生的機率等於

$$P(A \text{ 且 } B) = P(A) \cdot P(B)$$

例題 4-23　丟銅板

丟一枚銅板接著擲一顆骰子，求出看到正面與 4 點的機率。

解答

注意，銅板的樣本空間是 H、T；而骰子的樣本空間是 1, 2, 3, 4, 5, 6。

$$P(\text{正面且 4 點}) = P(\text{正面}) \cdot P(4 \text{ 點}) = \frac{1}{2} \cdot \frac{1}{6} = \frac{1}{12} \approx 0.083$$

例題 4-23 的問題也可以用以下的樣本空間得到答案：

H1　H2　H3　H4　H5　H6　T1　T2　T3　T4　T5　T6

答案是 $\frac{1}{12}$，因為得到正面與 4 點只有一種可能。

例題 4-24　抽撲克牌

從一副撲克牌抽出一張，取後放回，然後再抽一張。求出第一次看到皇后，第二次看到 A 的機率。

解答

抽到皇后的機率是 $\frac{4}{52}$，因為抽出來的撲克牌會放回去，所以抽到 A 的機會也是 $\frac{4}{52}$。因此，第一次看到皇后，第二次看到 A 的機率是

$$P(皇后且 A) = P(皇后) \cdot P(A) = \frac{4}{52} \cdot \frac{4}{52} = \frac{16}{2704} = \frac{1}{169} \approx 0.006$$

例題 4-25　挑選色球

一個甕裡有 3 顆紅球、2 顆藍球、5 顆白球。伸手到甕裡挑選一顆球，並且記錄它的顏色，然後把球放回去。挑選第二顆球，並且記錄它的顏色。求出以下事件的機率：

a. 挑選到兩顆藍球
b. 挑選到一顆藍球，再挑選到一顆白球
c. 挑選到一顆紅球，再挑選到一顆藍球

解答

a. $P(藍且藍) = P(藍) \cdot P(藍) = \frac{2}{10} \cdot \frac{2}{10} = \frac{4}{100} = \frac{1}{25} = 0.04$
b. $P(藍且白) = P(藍) \cdot P(白) = \frac{2}{10} \cdot \frac{5}{10} = \frac{10}{100} = \frac{1}{10} = 0.1$
c. $P(紅且藍) = P(紅) \cdot P(藍) = \frac{3}{10} \cdot \frac{2}{10} = \frac{6}{100} = \frac{3}{50} = 0.06$

乘法規則 1 可以延伸到三個或是更多個獨立事件，公式是

$$P(A 且 B 且 C 且 \cdots 且 K) = P(A) \cdot P(B) \cdot P(C) \cdots P(K)$$

當從很大的母體挑選一小部分的樣本，而且被挑到的物件不放回母體，這時候因為事件的機率改變不大以致於被認為保持不變。例題 4-26 和 4-27 示範這樣的概念。

例題 4-26　壓力調查

哈里斯民意調查發現 46% 的美國人每週至少感受到一次極大的壓力。如果隨機挑選三位民眾，這三位民眾都說每週至少感受到一次極大壓力的機率是多少？

資料來源：*100% American.*

解答

令 S 代表壓力，那麼

$$P(S 且 S 且 S) = P(S) \cdot P(S) \cdot P(S) = (0.46)(0.46)(0.46) \approx 0.097$$

全部三個人都說每週至少感受到一次極大壓力的機率是 9.7%。

例題 4-27　男性色盲

大約 9% 的男性患有色盲，無法分辨紅色與綠色。如果隨機挑選三位男性，他們都患有這種紅－綠色盲的機率是多少？

解答

令 C 表示紅－綠色盲，則

$$P(C \text{ 且 } C \text{ 且 } C) = P(C) \cdot P(C) \cdot P(C)$$
$$= (0.09)(0.09)(0.09) \approx 0.000729$$

因此，四捨五入後的機率是 0.0007。被挑到的全部三個人都是這一類紅－綠色盲的機會是 0.07%。

從例題 4-23 到 4-27，事件與事件之間是獨立的，因為第一個事件的行為無法影響第二個事件的行為。另一方面，如果發生第一個事件會改變第二個事件的發生機率，我們說兩事件是相依的。比如說，假設從一副撲克牌抽出一張，但是不放回，然後繼續抽第二張。第一張撲克牌看到 A 且第二張撲克牌看到國王的機會是多少？

在你回答這個問題之前，你必須了解這兩事件是相依的。第一張撲克牌看到 A 的機率是 $\frac{4}{52}$。如果撲克牌沒有放回去，第二張撲克牌看到國王的機率是 $\frac{4}{51}$，因為剩下的 51 張撲克牌裡有 4 張國王。第一張撲克牌出現後確實影響第二張撲克牌出現的機率。

相依事件正式定義如下。

當第一個事件的出象或是發生改變了發生第二個事件的機率，這樣的兩事件叫做**相依事件 (dependent events)**。

這裡有幾個相依事件的例子：

從一副撲克牌抽出一張，但是不放回，然後繼續抽第二張。

從甕裡挑一顆球，但是不放回，然後繼續挑第二顆。

擔任救生員和曬黑。

成績好和獲得獎學金。

在禁止停車區停車和被開停車罰單。

為了求出相依事件的相關機率，使用符號更動過的乘法規則。針對剛剛討論過的問題，第一次抽到 A 的機率是 $\frac{4}{52}$，而第二次抽到國王的機率是 $\frac{4}{51}$。根據乘法規則，兩事件同時發生的機率是

$$\frac{4}{52} \cdot \frac{4}{51} = \frac{16}{2652} = \frac{4}{663} \approx 0.006$$

已知第一次抽到 A，第二次抽到國王的機率叫做條件機率。

聯繫事件 A 的事件 B 的**條件機率 (conditional probability)** 是事件 A 已經發生之後，發生事件 B 的機率。條件機率的符號是 $P(B|A)$。這一個符號不是 B 除以 A；而是事件 A 已經發生了，事件 B 的機率。在撲克牌的例子，$P(B|A)$ 是第一張抽到 A 之後，第二張會抽到國王的機率，它等於 $\frac{4}{51}$，因為第一張撲克牌沒有放回去。

乘法規則 2

當兩事件是相依的，兩者同時發生的機率等於

$$P(A \text{ 且 } B) = P(A) \cdot P(B|A)$$

例題 4-28　大材小用的工人

最近一項調查發現有 33% 的受訪者認為他們被大材小用 (O)，這些人當中又有 24% 正在找新的工作 (J)。如果隨機挑選一個人，求出這個人自認為被大材小用且正在找新工作的機率。

解答

$$P(O \text{ 且 } J) = P(O) \cdot P(J|O) = (0.33)(0.24) \approx 0.079$$

這個人自認為被大材小用且正在找新工作的機率大概是 7.9%。

例題 4-29　房屋與汽車保險

World Wide Insurance ComPany 得知某都市的 53% 居民向他們買房屋保險。在這些保戶中，其中有 27% 也向他們買了汽車保險。假如隨機挑選一位居民，求出他同時向 World Wide Insurance ComPany 購買房屋保險與汽車保險的機率是多少？

解答

$$P(\text{房屋保險且汽車保險}) = P(\text{房屋保險}) \cdot P(\text{汽車保險}|\text{房屋保險})$$
$$= (0.53)(0.27) = 0.1431 \approx 0.143$$

他同時向 World Wide Insurance ComPany 購買房屋保險與汽車保險的機率大概是 14.3%。

乘法規則也可以應用到三個以上的事件，見例題 4-30。

第 4 章　機率與數數規則

例題 4-30　抽撲克牌

依序從一副一般的撲克牌抽三張,且抽後不放回。求出以下事件的機率:

a. 抽到三張傑克
b. 依序抽到 A、國王和皇后
c. 依序抽到梅花、黑桃和紅心
d. 抽到三張梅花

解答

a. $P(三張傑克) = \dfrac{4}{52} \cdot \dfrac{3}{51} \cdot \dfrac{2}{50} = \dfrac{64}{132600} = \dfrac{1}{5525} \approx 0.0002$

b. $P(A、國王和皇后) = \dfrac{4}{52} \cdot \dfrac{4}{51} \cdot \dfrac{4}{50} = \dfrac{2197}{132600} = \dfrac{8}{16575} \approx 0.0005$

c. $P(梅花、黑桃和紅心) = \dfrac{13}{52} \cdot \dfrac{13}{51} \cdot \dfrac{13}{50} = \dfrac{1716}{132600} = \dfrac{11}{850} \approx 0.017$

d. $P(三張梅花) = \dfrac{13}{52} \cdot \dfrac{12}{51} \cdot \dfrac{11}{50} = \dfrac{1716}{132600} = \dfrac{11}{850} \approx 0.013$

樹狀圖有助於求出依序事件的機率問題。例題 4-31 示範這一種用法。

例題 4-31　挑選色球

箱子 1 內含 2 顆紅球與 1 顆藍球。箱子 2 內含 3 顆藍球與 1 顆紅球。丟一枚銅板。如果正面朝上,從箱子 1 抽出一顆球。如果反面朝上,從箱子 2 抽出一顆球。求出挑到紅球的機率。

解答

一開始的兩分支代表不是挑到箱子 1 就是箱子 2。然後從箱子 1 出發,不是抽到紅球就是藍球。同樣的,從箱子 2 抽到的不是紅球就是藍球。因此,此例題的樹狀圖顯示在圖 4-6。

接下來決定每一分支的機率。因為丟一枚銅板決定挑選箱子 1 或是箱子 2,所以一開始的那兩分支的機率都是 $\frac{1}{2}$,因為是正面挑箱子 1、反面挑箱子 2。第二組分支的機率可以透過基本機率規則得到。比如說,如果選到箱子 1,因為箱子 1 有 2 顆紅球與 1 顆藍球,所以抽到紅球的機率是 $\frac{2}{3}$,而抽到藍球的機率是 $\frac{1}{3}$。如果選到箱子 2,因為箱子 2 有 3 顆藍球與 1 顆紅球,所以抽到紅球的機率是 $\frac{1}{4}$,而抽到藍球的機率是 $\frac{3}{4}$。

再來,為每一種出象利用規則 $P(A 且 B) = P(A) \cdot P(B|A)$ 求出機率。比如說,挑到箱子 1 且抽到紅球的機率是 $\frac{1}{2} \cdot \frac{2}{3} = \frac{2}{6}$。挑到箱子 1 且抽到藍球的機率是 $\frac{1}{2} \cdot \frac{1}{3} = \frac{1}{6}$。挑到箱子 2 且抽到紅球的機率是 $\frac{1}{2} \cdot \frac{1}{4} = \frac{1}{8}$。挑到箱子 2 且抽到藍球的機率是 $\frac{1}{2} \cdot \frac{3}{4} =$

$\frac{3}{8}$。（注意：這些機率的總和是 1。）

最後，不是從箱子 1 就是從箱子 2 抽到紅球的機率是 $P(紅球) = \frac{2}{6} + \frac{1}{8} = \frac{8}{24} + \frac{3}{24} = \frac{11}{24}$。

圖 4-8 例題 4-31 的樹狀圖

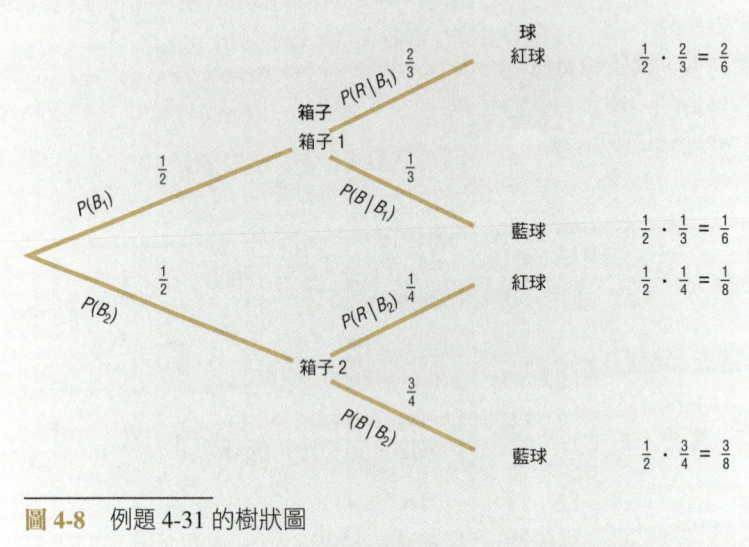

樹狀圖可以用在獨立或是相依事件，也可以用在一系列三事件或是更多事件的時候。

➡ 條件機率

學習目標 ④
求出事件的條件機率。

和事件 A 有關之事件 B 的條件機率，被定義為在事件 A 已經發生的條件下，發生事件 B 的機率。

某事件的條件機率可以從乘法規則 2 出發，在方程式兩邊除以 $P(A)$ 得到：

$$P(A \text{ 且 } B) = P(A) \cdot P(B|A)$$

$$\frac{P(A \text{ 且 } B)}{P(A)} = \frac{\cancel{P(A)} \cdot P(B|A)}{\cancel{P(A)}}$$

$$\frac{P(A \text{ 且 } B)}{P(A)} = P(B|A)$$

條件機率的公式

已知第一個事件 A 已經發生的條件下，發生第二個事件 B 的機率可以透過兩事件同時發生的機率除以發生第一個事件 A 的機率。公式如下：

$$P(B|A) = \frac{P(A \text{ 且 } B)}{P(A)}$$

第 4 章　機率與數數規則

條件機率的凡氏圖顯示在圖 4-9。這時候，

$$P(B|A) = \frac{P(A \text{ 且 } B)}{P(A)}$$

它代表圓圈 A 和 B 的交集或說是重疊區域的面積除以圓圈 A 的面積。理由是，如果你假設事件 A 已經發生了（現在把目光放在代表事件 A 的圓圈），那麼在這樣的條件下，事件 A 變成下一次計算的樣本空間，而且是機率比例 $P(A \text{ 且 } B)/P(A)$ 的分母。分子 $P(A \text{ 且 } B)$ 表示圓圈 B 被圓圈 A 圈到那部分的面積。因此，$P(A \text{ 且 } B)$ 變成機率比例 $P(A \text{ 且 } B)/P(A)$ 的分子。增加條件會縮小樣本空間。

$$P(B|A) = \frac{P(A \text{ 且 } B)}{P(A)}$$

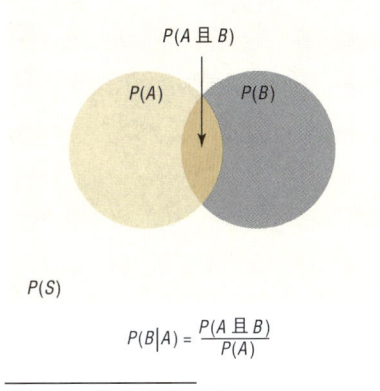

圖 4-9　條件機率的凡氏圖

例題 4-32、4-33 和 4-34 將接著示範這一個公式的用法。

例題 4-32　挑選色籤

有一個盒子，內有黑色與白色標籤。某人從盒子中取後不放回地挑選兩張標籤。如果挑到一黑一白的機率是 $\frac{15}{56}$，而第一次挑到黑色的機率是 $\frac{3}{8}$，求出已知第一張標籤是黑色的而第二張是白色的機率。

解答

令

$$B = \text{挑到黑色標籤} \quad W = \text{挑到白色標籤}$$

然後

$$P(W|B) = \frac{P(B \text{ 且 } W)}{P(B)} = \frac{15/56}{3/8}$$

$$= \frac{15}{56} \div \frac{3}{8} = \frac{15}{56} \cdot \frac{8}{3} = \frac{\overset{5}{\cancel{15}}}{56} \cdot \frac{\overset{1}{\cancel{8}}}{\cancel{3}} = \frac{5}{7} \approx 0.714$$

因此,已知第一張標籤是黑色的而第二張是白色的機率是 $\frac{5}{7} \approx 0.714$。

例題 4-33　停車罰單

山姆把車停在禁止停車區而且被開罰單的機率是 0.06,山姆無法找到合法停車位而且必須停在禁停區的機率是 0.20。在星期二,山姆開車到學校,發現自己必須停在禁停區,請問他被開罰單的機率是多少?

解答

令

$$N = \text{停在禁停區} \quad T = \text{被開罰單}$$

然後

$$P(T|N) = \frac{P(N \text{ 且 } T)}{P(N)} = \frac{0.06}{0.20} = 0.30$$

因此,已知山姆停車在禁停區,他被開罰單的機率是 0.30。

當以表格的方式呈現數據,也可以計算事件發生後的條件機率,如例題 4-34 所示。

例題 4-34　女兵調查

最近一份調查詢問了 100 位民眾,問及是否贊成「允許女兵參加作戰。」調查的結果如下所示。

性別	是	否	總計
男性	32	18	50
女性	8	42	50
總和	40	60	100

求出以下的機率:

a. 已知該名受訪者是女性,受訪者回答「是」。
b. 已知該名受訪者回答「否」,受訪者是男性。

第 4 章 機率與數數規則

解答

令

$$M = \text{受訪者是男性} \quad Y = \text{受訪者回答「是」}$$
$$F = \text{受訪者是女性} \quad N = \text{受訪者回答「否」}$$

a. 此問題是求出 $P(Y|F)$。規則主張

$$P(Y|F) = \frac{P(F \text{ 且 } Y)}{P(F)}$$

機率 $P(Y \text{ 且 } F)$ 是回答「是」的女性人數除以受訪者總人數：

$$P(F \text{ 且 } Y) = \frac{8}{100}$$

機率 $P(F)$ 等於挑到女性的機率：

$$P(F) = \frac{50}{100}$$

所以

$$P(Y|F) = \frac{P(F \text{ 且 } Y)}{P(F)} = \frac{8/100}{50/100}$$

$$= \frac{8}{100} \div \frac{50}{100} = \frac{\overset{4}{\cancel{8}}}{\underset{1}{\cancel{100}}} \cdot \frac{\overset{1}{\cancel{100}}}{\underset{25}{\cancel{50}}} = \frac{4}{25} = 0.16$$

b. 此問題是求出 $P(M|N)$。

$$P(M|N) = \frac{P(N \text{ 且 } M)}{P(N)} = \frac{18/100}{60/100}$$

$$= \frac{18}{100} \div \frac{60}{100} = \frac{\overset{3}{\cancel{18}}}{\underset{1}{\cancel{100}}} \cdot \frac{\overset{1}{\cancel{100}}}{\underset{10}{\cancel{60}}} = \frac{3}{10} = 0.3$$

➡ 「至少」的機率

乘法規則也可以用在餘補事件的規則（第 4-1 節），以降低回答「至少」這一類問題的難度。例題 4-35、4-36 和 4-37 示範如何辦到這件事。

例題 4-35　抽撲克牌

有一個人以每一張都取後放回方式從一副一般的撲克牌挑選三張。求出這個人至少得到一張紅心的機率。

解答

求出這個人每一張都不是紅心的機率會更容易，然後把這一項機率用 1.0 減去就是題目所求的機率。如果想直接解題，那你會需要知道得到一張紅心的機率、得到兩張紅心的機率和得到三張紅心的機率，然後把它們加起來就是答案。令 E = 至少抽到一張紅心，以及 $\bar{E}$ = 沒有抽到紅心。

$$P(\bar{E}) = \frac{39}{52} \cdot \frac{39}{52} \cdot \frac{39}{52} = \frac{3}{4} \cdot \frac{3}{4} \cdot \frac{3}{4} = \frac{27}{64}$$

$$P(E) = 1 - P(\bar{E})$$
$$= 1 - \frac{27}{64} = \frac{37}{64} \approx 0.578 = 57.8\%$$

因此，這個人至少抽到一張紅心的機率大概是 57.8%。

例題 4-36　丟銅板

丟一枚銅板 5 次。求出至少一次反面的機率。

解答

求出餘補事件（全是正面）的機率是比較容易的，然後用 1.0 減去之後就是至少一次反面的答案。

$$P(E) = 1 - P(\bar{E})$$
$$P(\text{至少一次反面}) = 1 - P(\text{全是正面})$$
$$P(\text{全是正面}) = \left(\frac{1}{2}\right)^5 = \frac{1}{32}$$

因此，

$$P(\text{至少一次反面}) = 1 - \frac{1}{32} = \frac{31}{32} \approx 0.969$$

故有 96.9% 的機率會至少得到一次反面。

例題 4-37　領帶

美國領帶公會指出，在美國賣出去的領帶中有 3% 是領結。假設現在有 4 位客人隨機購買領帶，那麼至少一位買領結的機率是多少？

解答

令 E = 至少一位買領結，$\bar{E}$ = 沒有人買領結。然後，

$$P(E) = 0.03 \quad \text{以及} \quad P(\bar{E}) = 1 - 0.03 = 0.97$$

$$P(\text{沒有人買領結}) = (0.97)(0.97)(0.97)(0.97) \approx 0.885$$

$$P(\text{至少一位買領結}) = 1 - 0.885 = 0.115$$

故至少一位買領結的機會是 11.5%。

觀念應用 4-3　有罪還是無罪？

1964 年 7 月，一位上了年紀的婦人在加州 Costa Mesa 被搶劫。在犯罪現場有一位高大、蓄鬍男性坐在一部黃色汽車裡等待。搶劫案發生不久後，一位年輕、高大、綁馬尾的金髮女性被看到從現場跑走並且坐上那部汽車，之後該車加速離開。警察公布搶匪的素描。不久後，一對符合搶匪描述的夫妻被逮捕，而且因此被定罪。雖然這個案例的證據都是間接的，那兩位被逮捕的民眾依舊被定罪。檢察官根據機率理論結束整個案件，機率顯示不可能有其他與老婦人描述的特徵如此吻合的夫妻出現在現場。檢察官使用了以下的機率。

特徵	假設機率
駕駛一部黃色汽車	1/12
身高超過 6 呎高的男性	1/10
穿網球鞋的男性	1/4
蓄鬍男性	1/11
金髮女性	1/3
紮馬尾的女性	1/13
身高超過 6 呎的女性	1/100

1. 計算另一對有著相同特徵的夫妻出現在現場的機率。
2. 你會使用加法規則還是乘法規則？為什麼？
3. 這些特徵是獨立的，還是相依的？
4. 假設是獨立的或者假設是相依的會如何影響計算？
5. 法院可以完全依賴機率結果審理案件嗎？
6. 你是否會定罪這一對被逮捕的夫妻，即便沒有證人？
7. 請闡述為什麼現在的司法體系不會全然根據機率理論定罪一個人。
8. 現實裡，大部分司法案件不會依賴無法計算的機率嗎？

答案在第 209~210 頁。

練習題 4-3

1. 指出哪一些事件是獨立的，哪一些事件是相依的。
   a. 丟一枚銅板和從一副撲克牌抽一張
   b. 從甕裡取一顆球，不放回去，之後再取第二顆球
   c. 加薪和買新車
   d. 在雪地開車和發生車禍

2. **汽車銷售** 某汽車業務員發現賣掉一部車的機率是 0.21。如果她向四位顧客推銷汽車，請問她賣掉四部車（一人一部）的機率是多少？這個事件是否容易發生？解釋你的理由。

3. **收發簡訊** 35% 擁有行動電話的人會用手機收發簡訊。隨機挑選四位持有手機的民眾，求出這四位都不會用手機收發簡訊的機率。

4. **抽撲克牌** 從一副撲克牌取後不放回地抽出四張。求出以下這些機率。
   a. 都是國王
   b. 都是方塊
   c. 都是紅色

5. 一個盒子裡有 24 台 iPod，其中 3 台故障。如果賣掉 3 台，求出它們皆故障的機率。你認為這事件常見還是稀有？

6. **車險** 某家保險公司把保戶分成低風險、中風險和高風險。這些買了保險的民眾，60% 是低風險，30% 是中風險，而 10% 是高風險。經過研究之後，該保險公司發現一年來，低風險駕駛有 1% 出過車禍、中風險駕駛有 5% 出過車禍、高風險駕駛有 9% 出過車禍。如果隨機挑選一位駕駛，一年來他出過車禍的機率是多少？

7. **心臟病** 25% 的人（所有年紀的人）死於心臟病。缺血性心臟病占 16.4% 的死因，而心臟失能占 2.3%。隨機挑選一位死者。已知其死於心臟病，則其死於缺血性心臟病的機率是多少？隨機挑選兩位死者，至少一位死於心臟病的機率是多少？

8. **披薩與沙拉** 在一家披薩餐廳，95% 的客人會點披薩。如果 65% 的客人會同時點披薩與沙拉，求出一位客人已經點了披薩也會點沙拉的機率是多少？

9. **雷擊** 聽說被雷打到的機會是 750,000 分之一，但是是在什麼環境下呢？以下是從 1996 年以來因雷擊致死的人數。

	高爾夫球場	水上泛舟	露營	建築工人	樹下	打電話	其他
1996–2000	16	23	117	9	40	0	30
2001–2005	17	16	112	3	35	0	23
2006–2010	15	17	91	0	42	1	16

隨機挑選一位死者，求出以下情形的機率：

a. 已知死於 2000 年之後，發生在樹下的機率。
b. 2001 年之前，死在露營時的機率。
c. 已知死於 2001 年之前，死在露營時的機率。

資料來源：Noaa.gov/hazstats

10. **女性的婚姻狀態** 根據 Statistical Abstract of the United States，20 到 24 歲的女性有 70.3% 未曾結婚。在這個年齡層隨機挑選 5 位年輕女性。求出以下情形的機率：
    a. 沒有任何一人結過婚
    b. 至少一個人結過婚

資料來源：*New York Times Almanac*.

11. **唸書給孩子聽** 58% 的美國幼童（3 到 5 歲）每天有人在家唸書給他們聽。假設隨機挑選 5 位幼童，求出至少一位幼童每天有人在家唸書給他聽的機率。
    資料來源：Federal Interagency Forum on Child and Family Statistics.

12. **家庭與小孩的電玩** 有一份報告指出，在 2005 年賣出的電玩有 19.8% 被分類為「適合家庭與小孩」。隨機挑選 5 部賣掉的電玩，求出以下情形的機率：
    a. 沒有任何一部被列為「適合家庭與小孩」
    b. 至少一部被列為「適合家庭與小孩」
    資料來源：www.theesa.gov

13. **擲骰子** 一顆骰子被擲了 6 次。求出至少一個 4 的機率。你認為這個事件容易發生嗎？解釋你的理由。

4-4 數數規則

人們常常必須知道一連串事件的可能出象到底有多少種。為了得到這個數字，有三種規則可以依循：基礎數數規則、排列規則及組合規則。我們會在這裡解釋這些規則，並且在第 4-5 節使用這一些規則求出事件的機率。

第一個規則叫做**基礎數數規則 (fundamental counting rule)**。

➡ 基礎數數規則

> **基礎數數規則**
>
> 一連串 n 個事件，其中第一個事件有 k_1 種可能，且第二個事件有 k_2 種可能，且第三個事件有 k_3 種可能，依此類推，則整個事件按順序發生的可能性有
>
> $$k_1 \cdot k_2 \cdot k_3 \cdots k_n$$
>
> 這麼多種。注意：這時候「且」字意味著「相乘」（一種乘法概念）。

學習目標 ❺
透過基礎數數規則求出一系列事件的出象總數。

例題 4-38 到 4-41 示範基礎數數規則的用法。

例題 4-38 丟銅板再擲骰子

丟一枚銅板再接著擲一顆骰子。求出這一系列事件的出象總數。

解答

因為丟一枚銅板不是出現正面就是出現反面，加上擲一顆骰子可以是 6 個數字的其中一個朝上，所以有 $2 \cdot 6 = 12$ 種可能。這一系列事件走向的樹狀圖顯示在圖 4-10。

趣 聞
西洋棋棋局可能有 25×10^{115} 種。

圖 4-10 例題 4-38 的完整樹狀圖

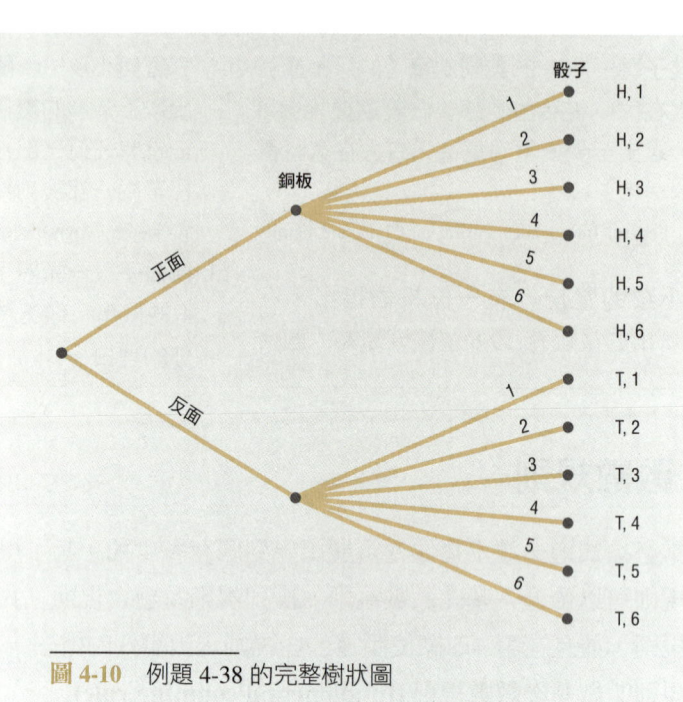

例題 4-39　油漆種類

一家油漆公司希望製造許多種不同款的油漆。分類包括

　　顏色　　紅、藍、白、黑、綠、棕、黃
　　樣式　　膠乳、油性
　　紋路　　平整、半光、全光
　　用途　　室外、室內

如果你能挑選一種顏色、一種樣式、一種紋路、一種用途，則會有多少種油漆？

> **解答**

你可以選擇一種顏色、一種樣式、一種紋路、一種用途，因為有 7 種顏色、2 種樣式、3 種紋路以及 2 種用途，所以可能的油漆會有

顏色	樣式	紋路	用途	
7 ·	2 ·	3 ·	2	= 84

這麼多種。

例題 4-40　血型分配

有四種血型：A 型、B 型、AB 型、O 型。血型也可以是 Rh＋或是 Rh－。最後，捐血者會被註記性別，不是男性就是女性。請問可能有多少種捐血者？

解答

因為有 4 種血型、2 種 Rh 因子，以及捐血者可能是男性也可能是女性（2 種性別），則捐血者可能就會有 4・2・2＝16 種，如下所示：

血型	Rh	性別	
4 ・	2 ・	2	＝ 16

這些事件的樹狀圖顯示在圖 4-11。

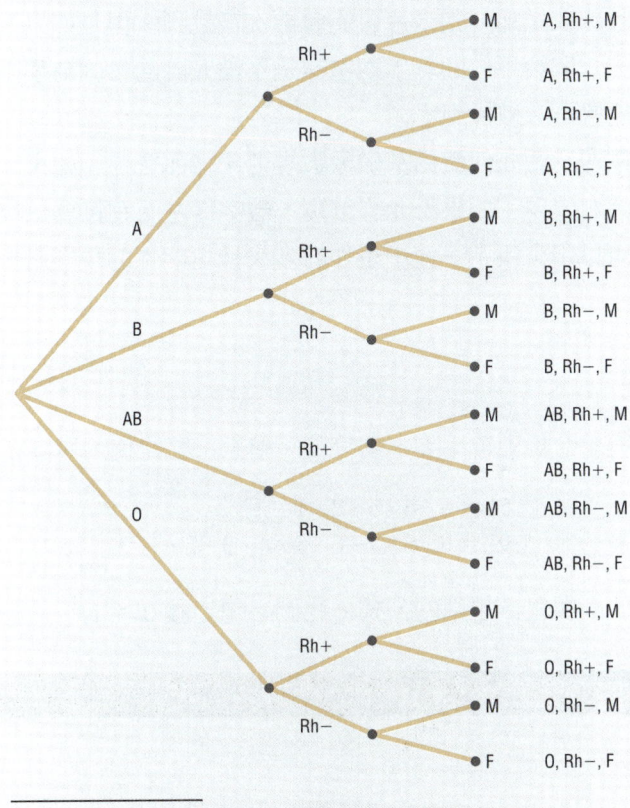

圖 4-11　例題 4-40 的完整樹狀圖

在決定一連串事件可能性的時候，有時候會有重複。

例題 4-41　鐵路紀念車牌

第一年賓州發行鐵路紀念車牌，車牌上有一幅蒸汽引擎的畫加上四個阿拉伯數字。假設數字可以重複，那可以發行幾張紀念車牌。

解答

因為有四個位置可以填入阿拉伯數字，那麼總共可以發行 $10 \cdot 10 \cdot 10 \cdot 10 = 10,000$ 張紀念車牌。注意：真正的需求超過這個數字，所以賓州政府也用了英文字母。

現在如果不准重複，例題 4-41 的第一個阿拉伯數字有 10 個可以挑，第二個只剩下 9 個等等，所以總共可以發行 $10 \cdot 9 \cdot 8 \cdot 7 = 5,040$ 張紀念車牌。

同樣的情形也發生在從甕裡挑球，或是從一副牌抽撲克牌。如果挑選下一顆球之前，將之前挑到的球或是卡片放回去（取後放回），則重複是被允許的，因為那一顆球或是那一張卡片可能會再次被挑到。但是如果被挑到的球或是卡片不放回去（取後不放回），則重複是不被允許的，因為那一顆球或是那一張卡片不可能會再次被挑到。

前述這些例題示範如何使用基礎數數規則。總而言之，如果允許重複，同一個數字從左而右出現；如果不允許重複，數字從左而右每寫一次就少 1。

另外兩個可以用來決定一連串事件有多少種可能性的規則是排列規則與組合規則。

➡ 階乘符號

排列規則與組合規則會用到階乘符號。階乘符號是使用驚嘆號。

$$5! = 5 \cdot 4 \cdot 3 \cdot 2 \cdot 1$$
$$9! = 9 \cdot 8 \cdot 7 \cdot 6 \cdot 5 \cdot 4 \cdot 3 \cdot 2 \cdot 1$$

為了使用排列規則與組合規則的公式，我們必須定義 $0! = 1$。

階乘公式

對任意整數 n，

$$n! = n(n-1)(n-2)\cdots 1$$
$$0! = 1$$

➡ 排列

排列 (permutation) 就是以某個順序安排 n 個物件。

例題 4-42 與 4-43 示範什麼是排列。

例題 4-42　展店地點

假設某位老闆有 5 個地點可以用於展店。她決定根據某些標準排序這些地點，例如店租、停車場等。請問要排序這 5 個地點可以有多少種方式？

解答

可能的排名有

$$5! = 5 \cdot 4 \cdot 3 \cdot 2 \cdot 1 = 120$$

種。理由是第一個地點有 5 種選擇，第二個地點有 4 種選擇，第三個地點有 3 種選擇，第四個地點有 2 種選擇，第五個地點有 1 種選擇。

在例題 4-42，所有物件都用到了，但是如果不是這樣，則結果會如何？這個問題的答案提示在例題 4-43。

例題 4-43　展店地點

假設例題 4-42 的老闆希望只排出 5 個地點的前 3 名，則會有多少種排名？

解答

利用基礎數數規則，她第一次選擇時，可以有 5 種選擇，然後第二次選擇只剩下 4 個地點可以挑，最後第三次選擇剩下 3 個地點可以挑，所以

第一次選擇	第二次選擇	第三次選擇	
5 ·	4 ·	3	= 60

例題 4-42 和 4-43 的答案是排列。

排列規則 1

以某個順序安排 n 個物件時只用到其中 r 個物件，叫做一次 n 個物件取 r 個物件的排列。用符號 $_nP_r$ 表達這一件事，公式如下：

$$_nP_r = \frac{n!}{(n-r)!}$$

學習目標 ❻

透過排列規則求出從 n 個物件論順序挑選 r 個物件的可能性個數。

符號 $_nP_r$ 用在排列。

$$_nP_r \text{ 意味著 } \frac{6!}{(6-4)!} \quad \text{或是} \quad \frac{6!}{2!} = \frac{6 \cdot 5 \cdot 4 \cdot 3 \cdot 2 \cdot \cancel{1}}{2 \cdot \cancel{1}} = 360$$

雖然例題 4-42 和 4-43 可以用乘法規則解答之，它們也可以用排列規則得到答案。

在例題 4-42，取出 5 個地點，然後按順序安排，因此是

$$_5P_5 = \frac{5!}{(5-5)!} = \frac{5!}{0!} = \frac{5 \cdot 4 \cdot 3 \cdot 2 \cdot 1}{1} = 120$$

（記得 $0! = 1$。）

在例題 4-43，從 5 個地點挑選 3 個，然後按順序安排，所以 $n = 5$ 且 $r = 3$；因此

$$_5P_3 = \frac{5!}{(5-3)!} = \frac{5!}{2!} = \frac{5 \cdot 4 \cdot 3 \cdot 2 \cdot \cancel{1}}{2 \cdot \cancel{1}} = 60$$

例題 4-44 和 4-45 示範排列規則。

例題 4-44　廣播節目來賓

某一個廣播電台的談話性節目可以從 6 位特別來賓挑選 3 位上節目。來賓出現的順序是很重要的，那麼可以有多少種方式挑選來賓？

解答

因為出現在節目的順序是重要的，所以有 $_6P_3$ 這麼多種方式挑選來賓。

$$_6P_3 = \frac{6!}{(6-3)!} = \frac{6!}{3!} = \frac{6 \cdot 5 \cdot 4 \cdot 3!}{3!} = 120$$

因此，會有 120 種挑選 3 位來賓的方式，而且讓他們以某種順序上節目。

例題 4-45　校園音樂劇

某校園音樂團長在下一年度可以挑選 2 齣音樂劇到校表演。一齣在秋季表演，而另一齣則在春季表演。如果她有 9 齣可以挑，到時候有多少種可能的安排？

解答

順序是重要的，因為秋季表演過的，春季不會再表演一次。

$$_9P_2 = \frac{9!}{(9-2)!} = \frac{9!}{7!} = \frac{9 \cdot 8 \cdot 7!}{7!} = 72$$

有 72 種可能性。

在前面的幾個例題裡，需要被排列的項目都不一樣，但是當某些項目是完全一樣時，可以使用第二種排列規則。

排列規則 2

當 r_1 個物件是一樣的，r_2 個物件是一樣的，$\cdots$，r_p 個物件是一樣的，這時候 n 個物件的排列方式有

$$\frac{n!}{r_1! \, r_2! \cdots r_p!}$$

種，其中 $r_1 + r_2 + \cdots + r_p = n$。

例題 4-46　字母排列

從 STATISTICS 這一個英文字的字母可以排出多少種排列？

解答

在 STATISTICS 這一個英文字，有 3 個 S、3 個 T、2 個 I、1 個 A 和 1 個 C。

$$\frac{10!}{3!3!2!1!1!} = \frac{10 \cdot 9 \cdot 8 \cdot 7 \cdot 6 \cdot 5 \cdot 4 \cdot 3 \cdot 2 \cdot 1}{3 \cdot 2 \cdot 1 \cdot 3 \cdot 2 \cdot 1 \cdot 2 \cdot 1 \cdot 1 \cdot 1} = 50400$$

從 STATISTICS 這一個英文字的字母可以排出 50,400 種排列。

➡ 組合

假如服裝設計師希望挑選兩種不一樣顏色的布料設計新衣服，而且她手上有四種顏色。這時候可以有多少種不一樣的可能性？

這一類的問題和之前的不一樣，因為這時候順序不重要。也就是說，如果設計師挑選黃色與紅色，這和她挑選紅色與黃色是一樣的。這一類的選擇問題叫做組合。排列與組合之間的差別，在於組合不關心物件出現的順序；相較之下，排列會關心順序。例題 4-46 示範這一項差別。

學習目標 ⑦
透過組合規則求出從 n 個物件不論順序挑選 r 個物件的可能性個數。

組合 (combination) 是不論順序地挑選不同物件。

組合與排列之間的差異可以用 A、B、C 和 D 這四個字母一窺究竟。字母 A、B、C 和 D 的排列是

```
AB    BA    CA    DA
AC    BC    CB    DB
AD    BD    CD    DC
```

在排列中，AB 和 BA 是不一樣的。但是在組合中，AB 和 BA 是一樣的，因為在組合的時候，字母出現的順序不重要。因此，從上述排列的答案移去「重複的答案」，留下來的就是組合的所有可能性了，如下所示：

```
AB   BA   CA   DA
AC   BC   CB   DB
AD   BD   CD   DC
```

因此，A、B、C、D 的組合有 AB、AC、AD、BC、BD、CD。可以用字母順序寫下組合，但是這不是必要的。

在挑選的過程中，如果物件出現的順序不重要，就用組合得知可能性的總數。假設從 25 位學生挑 5 位組成一個委員會。這 5 位被挑到的學生構成一種組合，因為誰是第一個、第二個、……被挑到，一點都不重要。

> **趣 聞**
> 每年美國人總共花了 2,220,000,000 個小時割草。

組合規則

從 n 個物件挑選 r 個的組合數，記作 $_nC_r$，公式如下：

$$_nC_r = \frac{n!}{(n-r)!r!}$$

例題 4-47　組合

從 4 個物件一次挑 2 個的組合數是多少種？

解答

因為這是組合問題，答案就是

$$_4C_2 = \frac{4!}{(4-2)!2!} = \frac{4!}{2!2!} = \frac{4 \cdot 3 \cdot \overset{2}{\cancel{2!}}}{2 \cdot 1 \cdot \cancel{2!}} = 6$$

這個答案和之前的答案是一樣的。

注意 $_nC_r$ 的表示式是

$$\frac{n!}{(n-r)!r!}$$

它是排列公式除以 $r!$。換言之，

$$_nC_r = \frac{_nP_r}{r!}$$

第 4 章 機率與數數規則

這個 r! 表示除掉重複的排列。針對每組兩個字母，有兩種排列，卻只有一種組合，因此，把排列數除以 r! 以消去重複。可以用其他 n 和 r 的數值驗證這一個結果。注意：$_nC_n = 1$。

例題 4-48　傳單種類

某一家廣告經理人必須為一張廣告傳單挑選 3 張圖。如果有 10 張不一樣的圖可以挑，則從中挑出 3 張的方式有多少種？

解答

$$_{10}C_3 = \frac{10!}{(10-3)!3!} = \frac{10!}{7!3!} = \frac{10 \cdot 9 \cdot 8}{3 \cdot 2 \cdot 1} = 120$$

因此，從 10 張圖挑出 3 張的方式有 120 種（彼此都不一樣）。

例題 4-49　挑選委員

俱樂部有 7 位女士與 5 位男士。需要組成一個有 3 女 2 男的委員會，請問有幾種可能的組合？

解答

這時候，你必須從 7 女挑 3 女，有 $_7C_3$ 或是 35 種可能；接著從 5 男挑 2 男，有 $_5C_2$ 或是 10 種可能。最後，根據基礎數數規則，總共會有 35 × 10 = 350 種不一樣的方式組成委員會，因為你必須挑男也挑女。使用公式得到

$$_7C_3 \cdot {_5C_2} = \frac{7!}{(7-3)!3!} \cdot \frac{5!}{(5-2)!2!} = 350$$

表 4-1 摘要數數規則。

表 4-1　數數規則的摘要

規則	定義	公式
基礎數數規則	一連串事件發生方式的可能性有幾種，如果第一個事件有 k_1 種方式、第二個事件有 k_2 種方式，依此類推。	$k_1 \cdot k_2 \cdot k_3 \cdots k_n$
排列規則 1	從 n 個物件挑選 r 個並且考慮它們出現的順序。	$_nP_r = \dfrac{n!}{(n-r)!}$
排列規則 2	n 個物件的排列方式，其中 r_1 個物件是一樣的，r_2 個物件是一樣的，…，r_p 個物件是一樣的。	$\dfrac{n!}{r_1! r_2! \cdots r_p!}$
組合規則	從 n 個物件挑選 r 個但是不考慮它們出現的順序。	$_nC_r = \dfrac{n!}{(n-r)!r!}$

觀念應用 4-4　　車庫密鑰

車庫密鑰原有一組 4 個 on/off 的開關，讓主人可以自行決定開啟車庫門的頻率。如果所有車庫密鑰有著一樣的頻率，那麼任何人就可以開啟其他人的車庫門。

1. 利用樹狀圖求出 4 個連續 on/off 開關會有多少種不同頻率。

在車庫密鑰愈來愈流行之後，系統又再增加了 4 個連續 on/off 開關。

2. 求出每增加一個 on/off 開關，系統會有幾種可能頻率？
3. 8 個連續 on/off 開關會有多少種不同頻率？
4. 如果你有一組 8 個連續 on/off 開關的車庫密鑰，假設有人可以用他的車庫密鑰開啟你的車庫，這是合理的嗎？（當然是嘗試各種可能組合之後。）

根據 1989 年的報導，1988 年的 Dodge Caravans 車款的啟動鑰匙由一組 5 個開關所組成，每一個開關可以設定為 5 個選項中的一個。假設在 1988 年美國國內賣出 420,000 部 Dodge Caravans。

5. 使用同一種空白密鑰可以有幾種不一樣的啟動鑰匙？
6. 任一把 Dodge Caravans 啟動鑰匙可以開走幾部 Dodge Caravans？

拿出你的啟動鑰匙，數一數有幾個開關。假設每一個開關有 5 個選項。大部分車商在各車種的所有出廠車子上皆使用同一種空白密鑰。

7. 估算過去幾年你的車商賣掉多少部車，然後計算你的密鑰可以發動幾部車。你如何降低他人以密鑰發動你的車的勝算？

答案在第 210 頁。

練習題 4-4

1. **郵遞區號**　如果數字可以重複，5 位數的郵遞區號會有多少種？如果數字不可以重複，則有多少種？
2. **樂透**　有一種名字叫 Quinto 的樂透，玩法是從 0 到 9 這 10 個數字每次挑五個。有多少種可能性（五個號碼）？如果不能重複，會有幾種可能性？
3. **針織款式**　針織帽的風格有 4 種：繡花有 4 種、尺寸有 3 種，而且有 7 種紗線。若不管尺寸，可以做出幾種不同款式的帽子？
4. 計算以下的答案。
   a. 8!　　　　e. $_7P_5$　　　i. $_5P_5$
   b. 10!　　　f. $_{12}P_4$　　j. $_6P_2$
   c. 0!　　　　g. $_5P_3$
   d. 1!　　　　h. $_6P_0$
5. **爬蟲類動物**　美國有 22 種具威脅性的爬蟲類動物。從中挑出 4 種（順序不重要），請問有多少種方式？
   資料來源：www.infoplease.com
6. **身分證**　如果使用 6 個數字且不得重複編成

身分證字號，請問有多少種？

7. **指派工作** 從班上 12 位學生挑選 4 位，假如指派同樣的工作給這四位學生，請問指派方式有多少種？如果指派不一樣的工作，又有多少種？

8. **密碼字** 使用符號 %、%、%、%、&、&、&、+、+，可以造出多少款不一樣的 9 字密碼？

9. 計算以下的答案。
   a. $_5C_2$
   b. $_8C_3$
   c. $_7C_4$
   d. $_6C_2$
   e. $_6C_4$

10. **挑選委員** 從 10 個人挑選 4 個人組成委員會的可能性有多少種？

11. **音樂演奏會** 有 6 個學生要在爵士音樂演奏會各自表演一首歌曲，其中兩位學生準備了五種曲目，而其他同學每人準備了四首歌。如果不論表演順序，可能會有多少種節目？

12. **夏威夷字母** 夏威夷字母包含 7 個子音和 5 個母音。在 3 個字母的單字中，如果子音不連續而且最後一個字母一定是母音，則這樣的單字會有幾個？

13. **骨牌** 骨牌是一種長方形扁平木頭，朝上的面分成兩個正方形，每一個正方形會畫上 0 到 6 個點。玩骨牌遊戲的時候，要同樣點數接著擺。請解釋為什麼一套完整的骨牌是 28 張？

14. **棒棒糖** 從 10 支棒棒糖挑 6 支，從 12 包鹹餅挑 6 包，然後把挑到的放入販賣機。請問這樣的挑選方式會有幾種可能性？

排列與組合

15. **挑老鼠** 從 20 隻老鼠中挑 5 隻，然後指定每一隻參與不同的實驗，如此有幾種可能性？

16. **公共服務告示牌** 一個小時內 5 支公共服務告示會有幾種出現方式？

17. **挑官員** 有一 8 人組成的董事會，從裡面挑選一位董事長、一位總經理以及一位祕書的可能方式會有多少種？

排列、組合與階乘

為了求出某一種排列的個數，比如說 $_5P_3$：

1. 點選某一份 Excel worksheet（工作表）的空白儲存格，再點選 toolbar（工具列）的 Formulas（公式），然後點選 Insert Function（插入函數）小圖示。

2. 點選 Statistical function 分項，然後是 PERMUT 函數，最後點選 [OK]。

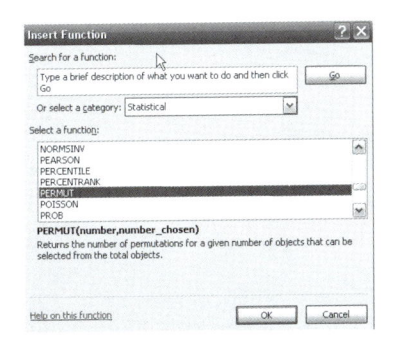

3. 在 Number 處輸入 5。
4. 在 Number_chosen 處輸入 3，然後點選 [OK]。

被挑到的儲存格會顯示答案：60。

為了求出某一種組合的個數，比如說 $_5C_3$：

1. 點選某一份 Excel worksheet（工作表）的空白儲存格，再點選 toolbar（工具列）的 Formulas（公式），然後點選 Insert Function（插入函數）小圖示。
2. 點選 All function 分項，然後是 COMBIN 函數，最後點選 [OK]。

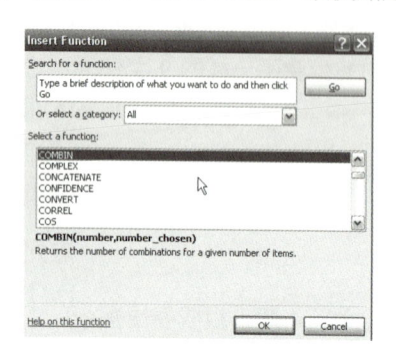

3. 在 Number 處輸入 5。
4. 在 Number_chosen 處輸入 3，然後點選 [OK]。

被挑到的儲存格會顯示答案：10。

為了求出某一個數字的階乘，比如說 7!：

1. 點選某一份 Excel worksheet（工作表）的空白儲存格，再點選 toolbar（工具列）的 Formulas（公式），然後點選 Insert Function（插入函數）小圖示。
2. 點選 Math & Trig function 分項，然後是 FACT 函數，最後點選 [OK]。

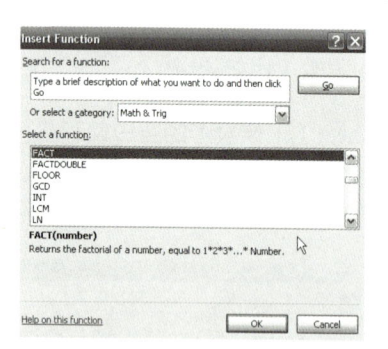

3. 在 Number 處輸入 7，然後點選 [OK]。

被挑到的儲存格會顯示答案：5040。

4-5 機率與數數規則

數數規則可以與這一章的機率規則結合以解決許多型態的機率問題。透過基礎數數規則、排列規則、組合規則，你可以計算許多實驗出象的機率，例如挑 5 張撲克牌看到「full house」，或是從 10 男 10 女的俱樂部挑 2 男 3 女組成委員會。

學習目標 ⑧
透過數數規則求出事件的機率。

例題 4-50 4 張 A

從一副一般的撲克牌挑出 5 張，得到 4 張 A 的機率是多少？

解答

從一副撲克牌抽出 5 張的可能性有 $_{52}C_5$ 種。只有一種方式得到 4 張 A ($_4C_4$)，但是挑選第 5 張撲克牌的可能性有 48 種。因此，有 48 種方式得到 4 張 A 和 1 張其他牌，所以

$$P(4 \text{ 張 A}) = \frac{_4C_4 \cdot 48}{_{52}C_5} = \frac{1 \cdot 48}{2598960} = \frac{48}{2598960} = \frac{1}{54145}$$

例題 4-51 有缺陷的電晶體

一盒 24 顆電晶體，其中 4 顆是有缺陷的。如果隨機賣出 4 顆，求出以下事件的機率：

a. 剛好兩顆有缺陷
b. 全部都沒有缺陷
c. 全部都有缺陷
d. 至少一顆有缺陷

解答

賣出 4 顆電晶體的可能性有 $_{24}C_4$ 種，所以每一種情形的分母都是 10,626。

a. 從 4 顆挑 2 顆是 $_4C_2$，從 20 顆挑 2 顆是 $_{20}C_2$，因此

$$P(\text{剛好兩顆有缺陷}) = \frac{_4C_2 \cdot _{20}C_2}{_{24}C_4} = \frac{1140}{10626} = \frac{190}{1771}$$

b. 從 20 顆挑 4 顆是 $_{20}C_4$，因此

$$P(\text{全部都沒有缺陷}) = \frac{_{20}C_4}{_{24}C_4} = \frac{4845}{10626} = \frac{1615}{3542}$$

c. 從 4 顆挑 4 顆是 $_4C_4$，因此

$$P(\text{全部都有缺陷}) = \frac{1}{{}_{24}C_4} = \frac{1}{10626}$$

d.（利用之前討論過的技巧）為了求出至少一顆有缺陷的機率，先求出全部都沒有缺陷的機率，然後用 1 減去結果就是答案。

$$P(\text{至少一顆有缺陷}) = 1 - P(\text{全部都沒有缺陷})$$

$$= 1 - \frac{{}_{20}C_4}{{}_{24}C_4} = 1 - \frac{1615}{3542} = \frac{1927}{3542}$$

例題 4-52　雜誌

一家商店的架上有 6 本 *TV GraPhic* 雜誌和 8 本 *Newstime* 雜誌。如果有兩位客人各購買一本雜誌，求出每一種都被買走一本的機率。

解答

$$P(\text{一本 } TV\ GraPhic\ \text{雜誌和一本 } Newstime\ \text{雜誌}) = \frac{{}_6C_1 \cdot {}_8C_1}{{}_{14}C_2} = \frac{6 \cdot 8}{91} = \frac{48}{91}$$

例題 4-53　州樂透號碼

玩賓州樂透時，每一個人挑選一個三位數的數字。數字可以重複。假如已挑出贏家號碼，求出這三個數字都一樣的機率。

解答

因為有 10 個阿拉伯數字，所以會有 10 · 10 · 10 = 1,000 種方式從中挑出一個贏家號碼。當所有位數都一樣，也就是 000、111、222、…、999，有 10 種可能性，所以挑到三個數字都一樣的贏家號碼的機率是 $\frac{10}{1000} = \frac{1}{100}$。

例題 4-54　網球比賽

某網球俱樂部有 8 對夫妻。如果隨機挑選 1 男 1 女參加暑期比賽，求出挑到一對夫妻的機率。

解答

因為有 8 種方式挑選男士，8 種方式挑選女士，所以有 8 · 8 種方式挑到 1 男 1 女。再則有 8 對夫妻，所以答案是 $\frac{8}{64} = \frac{1}{8}$。

第 4 章　機率與數數規則

如同本節一開始說的，數數規則與機率規則可以用來解決在商學、賭局、經濟學、生物學與其他領域中各式各樣的機率問題。

觀念應用 4-5　數數規則與機率

學生面對機率問題時，最大的難題是決定應該使用哪一個公式。另一個問題就是決定事件之間是獨立的還是相依的。利用以下的問題協助你深入理解這些觀念。

假設你面對 5 道單選題的考試。每一道問題都有 5 個答案：A、B、C、D、E。

1. 有多少個不一樣的事件？
2. 這些事件之間是獨立的還是相依的？
3. 如果每一道題目都用猜的，則全對的機率是多少？
4. 有一個人每一道題目都猜 A 的機率是多少？

假設你面對的考試是一道配合題（題目在左邊、答案在右邊），每個答案只能用一次。

5. 有多少個不一樣的事件？
6. 這些事件之間是獨立的還是相依的？
7. 如果每一道題目都用猜的，則全對的機率是多少？
8. 這兩種考試的差別在哪裡？

答案在第 210 頁。

練習題 4-5

1. **抽撲克牌**　從一副撲克牌取後不放回地抽出兩張，求出得到兩張人頭牌（國王、皇后、傑克）的機率。

2. **應徵工作**　6 男 7 女應徵兩份完全一樣的工作。隨機挑選兩人執行該工作，求出以下情形的機率：
    a. 挑到 2 個男人
    b. 挑到 2 個女人
    c. 挑到 1 男 1 女
    d. 挑到 1 男 1 女雙胞胎

3. **世界級交響樂團**　大英百科全書表列 20 團世界級交響樂團，其中包括七個美國交響樂團：波士頓交響樂團、芝加哥交響樂團、克利夫蘭交響樂團、洛杉磯管弦樂團、紐約管弦樂團、費城交響樂團與舊金山交響樂團。為一張公益 CD 從這 20 個樂團中隨機挑選 5 團。其中至少一團來自美國的機率是多少？至少兩團來自美國的機率是多少？五團都來自美國的機率是多少？
    資料來源：*Time Almanac 2012*.

4. **擲三顆骰子**　求出擲三顆骰子點數加起來等於 7 的機率。

5. **挑選植物**　所有冬青植物都是雌雄異株——雄株必須和雌株相距 30 到 40 呎內才會結果。某家居裝修店出售 12 株未標明雌雄的冬青植物，只知道其中 8 株是雌株。如果某一位屋主隨機買了 3 株，會結果的機率是多少？

結語

這一章解釋了基本的機率概念。

- 有三種基本型態的機率。它們分別是古典機率、經驗機率以及主觀機率。古典機率使用樣本空間；經驗機率使用頻率分配；而主觀機率則使用受過訓練的猜測決定事件的機率。任何事件的機率在 0 和 1 之間。如果是不可能發生的事件，它的機率會是 0；如果是一定發生的事件，它的機率會是 1。樣本空間內所有簡單事件的機率加總會是 1。為了求出餘補事件的機率，用 1 減去該事件的機率。(4-1)
- 如果兩事件不會同時發生，它們被叫做是互斥的事件；要不然，就是不互斥的事件。為了求出兩互斥事件至少發生一件的機率，把兩者的機率加起來。為了求出兩不互斥事件至少發生一件的機率，把兩者的機率加起來再減去兩者同時發生的機率。這些機率問題可以利用加法規則得到答案。(4-2)
- 如果出現第一個事件不會影響第二個事件的機率，這兩個事件被叫做是獨立的事件；要不然，事件是相依的。為了求出兩獨立事件同時發生的機率，把兩個機率乘起來就是答案。為了求出兩相依事件同時發生的機率，把第一個事件的機率乘上第二個事件給定第一個事件已經發生的條件機率。餘補事件是那些不在事件內的出象所構成的事件。這些機率問題可以利用乘法規則得到答案。(4-3)
- 最後，如果必須面對大量的事件，可以用基礎數數規則、排列規則以及組合規則決定這些事件出現的可能性總數。(4-4)
- 同時使用數數規則與機率規則解決更複雜的機率問題。(4-5)

複習題

4-1

1. 擲一顆標準骰子，求出以下情形的機率：
   a. 看到 5
   b. 看到大於 2 的數
   c. 看到奇數
2. **挑選軟體** 去年十大軟體銷售排行榜中，有 3 種與稅有關、5 種與防毒安全有關、2 種是其他。隨機挑選一種，求出以下情形的機率：
   a. 不是與稅有關的
   b. 與稅有關的或是其他

   資料來源：www.infoplease.com
3. **健身房會員** 在某一家健身房，64.1% 的會員至少選一門課，18.6% 的會員有個人教練，而有 9.2% 的會員兩者都具備。如果隨機挑選一位會員，她什麼都不具備的機率是多少？

4-2

4. **平價出租車** Cheap Rentals 專門出租平價車。某一部車有空調的機率是 0.5，而某一部車有 CD 播放器的機率是 0.37。某一部車同時有空調與 CD 播放器的機率是 0.06。隨機挑選一部車，沒有空調也沒有 CD 播放器的機率是多少？
5. **車主與船主** 擁有車的機率是 0.80，擁有船的機率是 0.30，而同時擁有車和船的機率是 0.12。求出不是擁有車子就是擁有船的機率。
6. **線上課程** 去年秋季每 6 個大學生就有 1 個至少選修一門線上課程。隨機挑選 5 個大學生，求出以下情形的機率：
   a. 5 個都選了線上課程
   b. 沒有人挑選線上課程
   c. 至少 1 個人選了線上課程

   資料來源：www.encarta.msn.com

4-3

7. **抽撲克牌** 從一副撲克牌取後不放回地隨機挑選 3 張。求出以下情形的機率：
   a. 都是黑色牌
   b. 都是黑桃
   c. 都是皇后

8. **電影製作** 今年製作最多電影的前五名國家，分別是美國 471 部、英國 386 部、德國 316 部、法國 132 部以及日本 79 部。隨機挑選一部，求出以下情形的機率：
   a. 來自歐洲
   b. 來自美國
   c. 來自德國或是法國
   d. 已知來自歐洲，則其來自德國

   資料來源：www.showbizdata.com

9. **疫苗的有效性** 某一種疫苗可有效預防某一種疾病的機率是 90%。如果某人沒接種該疫苗，得病的機率是 50%。在某地理區域，25% 的人們接種了疫苗。如果從該區域隨機挑選一人，求出他得病的機率。

10. **買車** 蘇住校且買車的機率是 0.37。如果蘇住校的機率是 0.73，當已知她住校，求出她買車的機率。

11. **健身俱樂部會員** 有 43% 的藍河健身俱樂部會員是終身會員且經常運動（一週三次以上）。如果 75% 的會員經常運動，已知一位隨機挑選的會員經常運動，求出他是終身會員的機率。

12. **學歷與吸菸** 在一家大型的工廠，調查員工並且根據他們的學歷以及吸菸習慣進行分類。數據顯示在下表。

吸菸習慣	高中未畢業	高中畢業	大學畢業
吸菸	6	14	19
不吸菸	18	7	25

隨機挑選一名員工，求出以下情形的機率：
   a. 已知該名員工大學畢業，他會吸菸。
   b. 已知該名員工高中未畢業，他會吸菸。

13. **DVD 播放器** 81% 的美國家庭擁有 DVD 播放器。隨機挑選 6 個家庭，至少一家沒有 DVD 播放器的機率是多少？

   資料來源：www.infoplease.com

4-4

14. **車牌** 車牌上的編號由 3 個字母和 4 個數字所組成。如果可以重複使用字母和數字，則會有多少張不一樣的車牌？如果不可以重複使用，則會有多少張不一樣的車牌？如果可以重複使用字母但是不可以重複使用數字，則會有多少張不一樣的車牌？

15. **棒球選手** 從 5 位外野手與 7 位內野手中，挑選 3 位外野手與 4 位內野手的方式有多少種？

16. **男孩姓名** 在 1880 年代美國男人最常用的前 10 個名字是 John、William、Charles、George、James、Frank、Joseph、Harry、Henry 和 Edward。1980 年代則變成 Michael、Christopher、Matthew、Joshua、David、Daniel、James、John、Robert 和 Brian。從這些名字中挑 5 個的方式有多少種？

17. **選歌** 一款促銷的 MP3 播放器可以存放 100 首歌曲，而且只要按一個鍵就可以改變歌曲的播放順序。請問有多少種可能的播放順序？（注意：階乘很快就會變得非常大！你的計算機可以計算多大的階乘呢？）

18. **選修課程** 有 12 位學生希望選修一門特殊的課程，但是只有 4 個名額。有多少種可能的學生組合可以選修成功？

19. **門號** 某家庭裝修用品店有下述的門號：335666，在一次拍賣會之後留下來。從這幾個數字（6 個）可以拼出多少個不一樣的門號？

20. **挑選文章** 某課程列了一份 20 篇文章的清單，如果學生可以挑選 5 篇，則會有多少種可能的閱讀清單？

4-5

21. **車牌** 車牌上有 3 個字母和 4 個數字。這樣的車牌有多少張？如果隨機挑選一張車牌，挑到 USA 和一個可以被 5 整除數字的機率是多少？

22. **挑選領地**　有許多領地與殖民地依舊接受其他國家管轄。法國最多，有 16 塊領地、英國 15 塊、美國 14 塊，其他國家也有。現在從法國、英國和美國的領地隨機挑選 3 塊，這三塊領地屬於同一個國家的機率是多少？

資料來源：www.infoplease.com

23. **個人資料**　針對一項調查，可以將一個人根據以下變數進行分類：

性別：男性或女性

婚姻狀態：單身、已婚、離婚、守寡

職業：主管、教員、職員

針對一個人會如何被分類，繪製一份樹狀圖。

小試身手

是非題。如果答案是「非」，請提供理由。

1. 主觀機率在真實世界裡很少使用。
2. 在古典機率理論，樣本空間內的所有出象都是機會均等的。
3. 如果兩事件是相依的，它們一定有著同樣的發生機率。
4. 對組合而言，ABC 和 BAC 是一樣的。

選擇題

5. 某一事件的發生機率是 0.42。請問該事件不會發生的機率是多少？
   a. -0.42　　c. 0
   b. 0.58　　d. 1
6. 丟 3 枚銅板的樣本空間有多少個出象？
   a. 2　　c. 6
   b. 4　　d. 8
7. 擲 2 顆骰子的樣本空間會有多少種事件？
   a. 6　　c. 36
   b. 12　　d. 54
8. 排列 6 個不同物件的可能性有多少種？
   a. 0　　c. 36
   b. 1　　d. 720
9. $_nC_n$ 等於下列何者？
   a. 0　　c. n
   b. 1　　d. 無法判定

填充題

10. 某事件的機率可以是_____和_____之間（含）的任意數字。
11. 所有簡單事件的發生機率加總等於_____。
12. 抽一張撲克牌，求出以下情形的機率：
    a. 一張傑克
    b. 一張 4
    c. 一張點數低於 6（A 被視為高於 6 點）
13. **抽撲克牌**　從一副撲克牌隨機挑選 1 張，求出以下事件的機率：
    a. 方塊
    b. 紅心或是 5 點
    c. 紅心 5
    d. 國王
    e. 紅色牌
14. **電器主人**　擁有微波爐的機率是 0.75，擁有 CD 播放器的機率是 0.25，且同時擁有這兩種電器的機率是 0.16。求出不是擁有微波爐就是擁有 CD 播放器的機率。
15. **抽撲克牌**　從一副一般的撲克牌取後不放回地抽出五張，求出以下情形的機率：
    a. 都是紅色牌
    b. 都是方塊
    c. 都是 A
16. **新車保固**　顧客買車同時買保固的機率是 0.16。若一位顧客買車的機率是 0.30，求出同時會買保固的機率。
17. **工作與氣象**　麥克加班工作且同時遇上下雨的機率是 0.028，麥克聽了氣象報導知道下雨的機率是 50%。現在正在下雨，求出麥克必須加班工作的機率。

第 4 章　機率與數數規則

18. **心臟病**　在某些高風險族群，罹患心臟病的機率是 55%。如果挑選 6 位民眾，求出至少一位罹患心臟病的機率。
19. **眼睛顏色**　85% 人類的眼睛是棕色，隨機挑選 6 個人，求出至少一位有棕色眼睛的機率。
20. **挑選演講者**　在台上安排 8 位演講者的座位有多少種可能性？
21. **身分證**　公司的職員證包含 5 個字母和 2 個數字，如果允許重複，請問可以製作出多少張職員證？如果不允許重複，可以製作出多少張？
22. **物理考試**　某次物理考試有 25 道是非題，可能有多少種可能的答案卷？
23. **挑選水果**　在餐桌上有 3 顆橘子、5 顆蘋果、2 條香蕉。如果挑選 3 份水果，求出挑到 1 顆橘子、1 顆蘋果、1 條香蕉的機率。
24. **挑選委員**　在一次聯誼會上，有 6 位大四學生、4 位大三學生、2 位大二學生，如果必須組成一個 3 人的委員會，求出每一個年級都挑到一位學生的機率。
25. **玩具展示**　玩具店的經理想要展示 7 隻完全一樣的毛絨狗狗、4 隻完全一樣的毛絨貓咪和 3 隻完全一樣的毛絨泰迪熊。可以有多少種安排？

觀念應用的答案

觀念應用 4-1　丟銅板

1. 樣本空間羅列所有丟銅板的出象。
2. 可能的出象有正面與反面。
3. 古典機率主張一枚公正的銅板出現正面或反面的機會是五五波。
4. 大數法則主張當你增加試驗的次數，整體結果會逼近理論值。但是因為銅板沒有「記憶」，在下一次丟的時候出現正面或反面的機率依舊是五五波。知道已經發生了什麼結果，不會改變下一次丟銅板出現哪一面的機率。
5. 機率的經驗法則乃根據實驗結果。不可以。
6. 如果你相信銅板是不公正的，就可以使用主觀機率。
7. 答案因人而異。不過，他們應該清楚指出公正銅板出現正面或是反面的機會是五五波。

觀念應用 4-2　哪一種止痛劑最好？

1. 有 192 + 186 + 188 = 566 位民眾參與研究。
2. 此研究持續 12 週。
3. 變數有止痛劑種類與副作用。
4. 兩個變數都是屬性的也是名目的。
5. 表格內的數字是正確無誤的。
6. 隨機挑到一位吃到安慰劑民眾的機率是 192/566 = 0.339（大約 34%）。
7. 隨機挑到一位吃到安慰劑或 A 藥民眾的機率是 (192 + 186)/566 = 378/566 = 0.668（大約 67%）。它們是彼此互斥的事件。餘補事件是隨機挑到一位吃到 B 藥的民眾。
8. 隨機挑到一位吃到安慰劑或經歷神經性頭痛民眾的機率是 (192 + 55 + 72)/566 = 319/566 = 0.564（大約 56%）。
9. 隨機挑到一位未吃到安慰劑或經歷實性頭痛民眾的機率是 (186 + 188)/566 + 11/566 = 0.680（大約 68%）。

觀念應用 4-3　有罪還是無罪？

1. 另一對有著一樣特徵夫妻的機率是 $\frac{1}{12} \cdot \frac{1}{10} \cdot \frac{1}{4} \cdot \frac{1}{11} \cdot \frac{1}{3} \cdot \frac{1}{13} \cdot \frac{1}{100} = \frac{1}{20,592,000}$，假設特徵之間是獨立的。
2. 使用乘法規則，因為正在尋找多樣事件同時發生的機率。
3. 我們不知道特徵之間是獨立的還是相依的，但是我們在計算問題 1 的答案時是假設事件之間是獨立的。
4. 如果兩個或兩個以上的事件彼此相依，則結果的機率會改變。
5. 答案因人而異。一種可能的答案是，這一項機率可以用來解釋同一時間擁有這麼多特徵是多麼不容易（或是另一對完全一樣的夫妻出現在那裡有多不可能）。

6. 答案因人而異。一種可能的答案是,如果唯一的證人是被搶的婦人,而且機率是正確的,則同一時間、同一地點與特徵完全一致的可能性非常小。這或許讓你想起訴那一對夫妻。
7. 答案因人而異。一種可能的答案是我們的機率是理論的,但是這個法庭例子是根據許多與人無關的機率。
8. 答案因人而異。一種可能的答案是法官決定起訴被告,如果他們發現超乎尋常的證據支持有罪。若用機率的語言,這意味著如果被告實際上是無罪的,則所看到的是非常不可能發生的事件。因此,法官會裁定被告有罪。

觀念應用 4-4　車庫密鑰

1. 4 個 on/off 開關會有 16 種不同的設定。

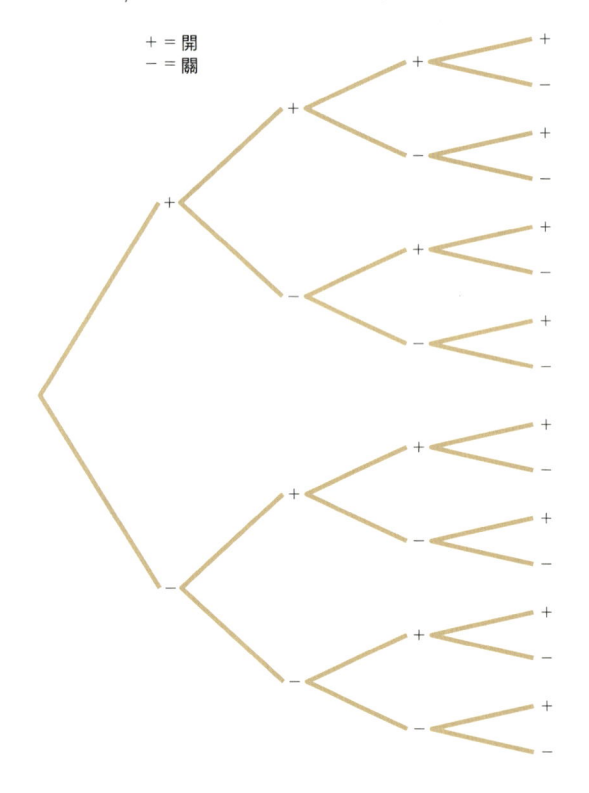

2. 5 個 on/off 開關會有 $2^5 = 32$ 種不同的設定。6 個 on/off 開關會有 $2^6 = 64$ 種不同的設定。一般而言,如果有 k 個 on/off 開關,會有 2^k 種不同的設定。
3. 8 個 on/off 開關會帶出 $2^8 = 256$ 種不同的設定。
4. 如果你有一組 8 個 on/off 開關(機率大概是 0.4%),比起 4 個 on/off 開關(機率大概是 6.0%),不太可能有人可以開啟你家的車庫門。有 8 個 on/off 開關是相當安全的。
5. 每一支空白密鑰可以製作 $5^5 = 3125$ 種可能的密鑰。
6. 如果在美國賣出 420,000 部 Dodge Caravans,則任何一支鑰匙大概可以發動 420000/3125(大概是 134)部不一樣的 Caravans。
7. 答案因人而異。

觀念應用 4-5　數數規則與機率

1. 有五個不同的事件:每一道單選題是一個事件。
2. 這些事件彼此是獨立的。
3. 如果你猜一題,答出正確答案的機率是 0.20,所以如果你每一題都是猜的,全對的機率是 $(0.20)^5 = 0.00032$。
4. 猜 A 的機率是 0.20,則每一題都猜 A 的機率是 $(0.20)^5 = 0.00032$。
5. 有五個不一樣的事件:每一道配合題都是一個事件。
6. 這些是相依事件。
7. 如果用猜的,全對的機率是 $\frac{1}{5} \cdot \frac{1}{4} \cdot \frac{1}{3} \cdot \frac{1}{2} \cdot \frac{1}{1} = \frac{1}{120} = 0.008$。
8. 兩種考試之間的差別在於第二種題目是一種取後不放回的抽樣,所以每一個事件的機率會有不一樣的分母。

CHAPTER 5

離散機率分配

學習目標 ▶▶

經過本章的洗禮之後,你將具有以下的能力:

❶ 為隨機變數建構機率分配。
❷ 求出離散隨機變數的平均數、變異數、標準差、期望值。
❸ 求出 n 次試驗的二項實驗有 X 次成功的機率。
❹ 求出二項分配隨機變數的平均數、變異數、標準差。

本章大綱 ▶▶

簡介
5-1　機率分配
5-2　平均數、變異數、標準差、期望值
5-3　二項分配
結語

統計學

簡介

關於商業、保險以及現實生活中其他狀況的許多決策，都可以透過指定各種可能結果的機率然後加以評估而達成。比如說，業務員可以計算一天內賣出 0 台、1 台、2 台、3 台或是更多台車子的機率。保險公司或許可以指定某一個家庭擁有幾部車的機率。演說家或許能夠得知一週內出外演講 0 次、1 次、2 次、3 次或是更多次的機率。這些機率一旦被指定，就可以計算這些狀況的統計量，例如平均數、變異數以及標準差。有了這些統計量，才能夠下達各式各樣的決策。業務員可以計算每個禮拜賣出幾台車的期望值，如果她的工作採佣金制，則她也就可以因此大概知道某一個月的收入。演說家可以先計畫並且約略知道他的平均收入以及開銷。保險公司可以用上述機率資訊設計滿足客戶未來需求的特殊保單以及程式。

這一章將解釋所謂機率分配的概念以及它的相關應用。另外，也會解釋所謂的二項分配。

5-1 機率分配

學習目標 ❶
為隨機變數建構機率分配。

正式定義機率分配之前，先回顧變數的定義。在第一章，變數被定義為可以有各種數字的特徵或是屬性。各種英文字母，例如 X、Y、Z 都可以被用來表示變數。因為這一章的變數都與某一種機率分配相關，所以我們把它們叫做「隨機變數」。

比如說，假設今天擲一顆骰子，字母 X 可以用來表示看到的結果，所以 X 可以是 1、2、3、4、5、6，對應擲一顆骰子看到哪一種點數的面朝上。如果是丟兩枚銅板，字母 Y 可以被用來表示幾枚正面，這時候可以是 0、1、2。另外再舉一個例子，如果早上 8 點的溫度是華氏 43 度，而且中午是華氏 53 度，則溫度 T 可能出現的數字被認為是隨機的，因為什麼時候會是什麼的溫度乃是根據當時的大氣狀況。

> **隨機變數 (random variable)** 是一種變數，並且由機率決定它會出現什麼樣的數字。

再一次回憶第一章，那時候我們透過觀察變數可能出現的數字把變數分成離散的和連續的。如果某一個變數只可能出現某一組固定的數字，例如擲一顆骰子或是丟一枚銅板，則這一類的變數被認為是離散變數。

離散變數只會有「有限個」或是「可數無限多個（所有整數就是其中一個例子）」可能的數字。「可數的」意思是說數字可以清楚可辨地一個、兩個、

三個、……數下去（雖然有可能一輩子也數不完）。比如說，每天河邊會有多少位慢跑者；電視廣告播出之後會接到多少通電話，都是離散變數的例子，因為這些變數都是可數的。

可能出現的數字如果是某一個數字區間內的所有數字，則這樣的變數叫做連續變數。比如說，如果 24 小時內溫度從 62 度一路升到 78 度，也就是說，溫度出現了 62 到 78 這一個數字區間的每一個數字。一般而言，連續變數應為測量變數而不是可數變數。連續變數可能出現的數字有無限多個，而且可以是小數形式或是分數形式。用連續的眼光來看，某人的體重可能剛好是 183.426 磅，但是在電子磅秤上只顯示 183.4 磅，是因為電子磅秤只能顯示一位小數。連續變數的例子有身高、體重、溫度和時間等等。在這一章我們只討論離散隨機變數，第六章會解釋連續隨機變數。

我們用一次丟三枚銅板為例，為各位介紹建構離散隨機變數機率分配的程序。回憶一下，當我們一次丟三枚銅板，樣本空間是 TTT、TTH、THT、HTT、HHT、HTH、THH、HHH；如果 X 代表出現幾個正面這一個變數，則 X 可能會出現數字 0、1、2 或是 3。

可以用以下的列表決定某一個 X 數字的機率：

無正面	一個			兩個			三個
TTT	TTH	THT	HTT	HHT	HTH	THH	HHH
$\frac{1}{8}$	$\frac{1}{8}$	$\frac{1}{8}$	$\frac{1}{8}$	$\frac{1}{8}$	$\frac{1}{8}$	$\frac{1}{8}$	$\frac{1}{8}$
$\frac{1}{8}$		$\frac{3}{8}$			$\frac{3}{8}$		$\frac{1}{8}$

因此，沒看到正面的機率是 $\frac{1}{8}$，一個正面是 $\frac{3}{8}$，兩個正面是 $\frac{3}{8}$，而三個都是正面的機率是 $\frac{1}{8}$。從這些數字，我們用列舉所有出象以及它們相對應出現機率的表格表示變數 X 的機率分配。

正面數 X	0	1	2	3
機率 $P(X)$	$\frac{1}{8}$	$\frac{3}{8}$	$\frac{3}{8}$	$\frac{1}{8}$

離散機率分配 (discrete probability distribution) 是包含隨機變數可能出現的數字以及對應該數字的機率。我們使用理論或是經驗決定機率。

我們可以用圖形、也可以用表格傳達離散機率分配，當然也可以用數學公式傳達機率分配。

例題 5-1　擲骰子

建構擲一顆骰子的機率分配。

解答

因為樣本空間是 1, 2, 3, 4, 5, 6，而且每一種出象的機率都是 $\frac{1}{6}$，則擲一顆骰子的機率分配如下所示：

X 的出象	1	2	3	4	5	6
機率 $P(X)$	$\frac{1}{6}$	$\frac{1}{6}$	$\frac{1}{6}$	$\frac{1}{6}$	$\frac{1}{6}$	$\frac{1}{6}$

　　機率分配也可以使用圖形表達，我們會把 X 的數值依序放在 x 軸，而對應的機率值 $P(X)$ 則放在 y 軸。這些圖在決定分配形狀（右偏斜、左偏斜和對稱）時是有用的。

例題 5-2　丟銅板

使用圖形表達丟三枚銅板的機率分配。

正面數 X	0	1	2	3
機率 $P(X)$	$\frac{1}{8}$	$\frac{3}{8}$	$\frac{3}{8}$	$\frac{1}{8}$

解答

將隨機變數 X 的數值放在 x 軸，而對應的 $P(X)$ 數值放在 y 軸。結果的圖形顯示在圖 5-1。

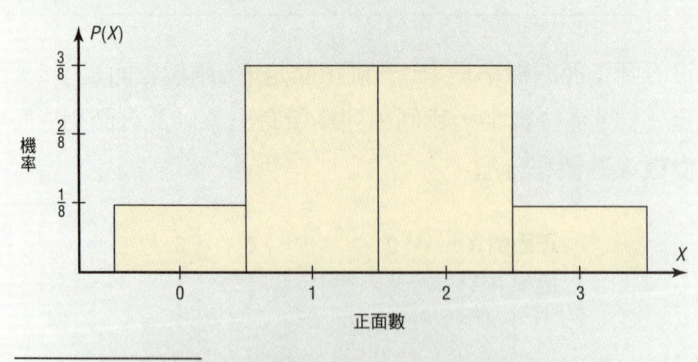

圖 5-1　例題 5-2 的機率分配

　　請注意，用圖形表達機率分配的時候，不一定要從原點 0 開始。

　　例題 5-1 和 5-2 談的都是所謂的理論機率分配。你不一定真的需要為了計算機率而進行某一項實驗。相對地，為了建構真正的機率分配，你必須持續觀察某一個變數一段時間。這樣的機率分配是實證的，如同例題 5-3 所示。

例題 5-3　世界盃棒球賽

世界盃由國家聯盟的冠軍與美國聯盟的冠軍對戰。先贏得 4 場比賽的隊伍就是世界盃冠軍。也就是說，世界盃會有 4 到 7 場比賽，就看戰況如何。以下數據包含 40 次世界盃比賽結果。變數 X 代表每一次打了幾場比賽才分出勝負。為每一個 X 求出它的機率，建構整體的機率分配，並且為它繪製一張圖。

X	球季次數
4	8
5	7
6	9
7	16
	總和 40

解答

每一個 X 的機率 $P(X)$ 可以透過將球季次數除以總球季次數得到。

針對 4 場比賽的情形，$\frac{8}{40} = 0.200$　　針對 6 場比賽的情形，$\frac{9}{40} = 0.225$

針對 5 場比賽的情形，$\frac{7}{40} = 0.175$　　針對 7 場比賽的情形，$\frac{16}{40} = 0.400$

機率分配的結果如下：

比賽場數 X	4	5	6	7
機率 $P(X)$	0.200	0.175	0.225	0.400

而圖形則顯示在圖 5-2。

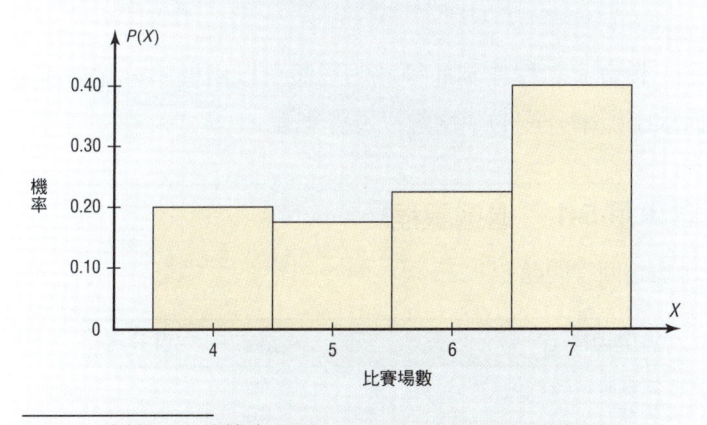

圖 5-2　例題 5-3 的機率分配

機率分配的兩項必要條件

1. 樣本空間內所有事件的機率加總必須等於 1；也就是說，$\Sigma P(X) = 1$。
2. 樣本空間內每一個事件的機率必須介於 0 和 1 之間，也就是說，$0 \leq P(X) \leq 1$。

第一項必要條件提到所有事件的機率總和會是 1。這一項總和不會小於 1，也不會大於 1，因為樣本空間包含了所有機率實驗的事件。第二項必要條件則提到任何事件的機率一定要介於 0 和 1 之間。理由是（第四章曾經說過），任何事件的機率不是 0、1，就是其他介於 0 和 1 之間的數字。機率不會是負的數字，也不會大於 1。

例題 5-4　機率分配

判斷以下每一項分配是否為機率分配。

a.

X	5	8	11	14
$P(X)$	0.2	0.6	0.1	0.3

b.

X	1	2	3	4	5
$P(X)$	$\frac{1}{4}$	$\frac{1}{8}$	$\frac{3}{8}$	$\frac{1}{8}$	$\frac{1}{8}$

c.

X	1	2	3	4
$P(X)$	$\frac{1}{4}$	$\frac{1}{4}$	$\frac{1}{4}$	$\frac{1}{4}$

d.

X	4	8	12
$P(X)$	-0.5	0.6	0.4

解答

a. 否，機率總和超過 1。
b. 是，所有事件的機率加起來等於 1。每一項機率都大於 0 且小於 1。
c. 是，所有事件的機率加起來等於 1。每一項機率都大於 0 且小於 1。
d. 否，有一項機率小於 0。

許多商業、教育、工程或其他領域的變數可以用機率分配分析之。第 5-2 節將討論如何求出機率分配的平均數以及標準差。

觀念應用 5-1　退選課程

利用以下表格回答問題。

退選理由	頻率	百分比
太難	45	
生病	40	
改變計畫	20	
改變主修	14	
家庭因素	9	
金錢因素	7	
其他	6	
無特殊理由	3	

1. 此研究的變數為何？它是隨機變數嗎？
2. 多少人參加這一項研究？
3. 完成表格。
4. 根據題目提供的資訊，某一位學生分別因為生病、金錢因素、改變主修而退選的機率是多少？
5. 你認為上述表格所提供的資訊是一種機率分配嗎？
6. 表格陳述的理由彼此間互斥嗎？
7. 表格陳述的理由彼此間獨立嗎？
8. 表格陳述的理由是否完備（沒有其他理由）？
9. 是否滿足離散機率分配的兩項必要條件？

答案在第 238~239 頁。

練習題 5-1

1. 定義隨機變數，並舉出三個例子。
2. 寫下與美國職棒大聯盟有關的三個連續型隨機變數和三個離散型隨機變數。
3. 判斷下表是否為正確的機率分配，如果不是，請說明理由。

X	−2	0	2	5
$P(X)$	0.3	0.4	0.2	0.1

針對練習題 4~5，判斷問題中的變數是離散的或是連續的。

4. 速食餐廳每天提供的漢堡數。
5. 有幾位學生主修數學。

針對練習題 6~7，為數據建構機率分配，並且為分配繪製一張圖。

6. **生日蛋糕銷售量** 某一天麵包師傅要做 2、3、5、7 個生日蛋糕的機率分別是 0.35, 0.41, 0.15, 0.09。
7. **選課** 某一位學生註冊 2、3、4、5 門課的機率分別是 0.01, 0.34, 0.62, 0.03。
8. **曲棍球得分** 對一支冰上曲棍球隊而言，一場比賽進球一次的機率是 0.124；兩次的機率是 0.297；三次的機率是 0.402；四次的機率是 0.094；五次的機率是 0.083。為這一個隨機變數建構機率分配，並且繪製圖形。

5-2 平均數、變異數、標準差、期望值

機率分配的平均數、變異數和標準差的計算方式和樣本的計算方式不一樣。這一節將解釋這些機率分配的測度——和一種叫做期望值的新測度——如何計算。

學習目標 ❷
求出離散隨機變數的平均數、變異數、標準差、期望值。

➤ 平均數

在第三章，計算樣本或是母體的平均數是將數字加總後除以加了幾個數

字,公式如下所示:

$$\text{樣本平均}: \bar{X} = \frac{\Sigma X}{n} \qquad \text{母體平均}: \mu = \frac{\Sigma X}{N}$$

但是你如何計算擲一顆骰子之點數的平均數?你可能會試著擲 10 次骰子,記錄出現的點數,然後求出這 10 個數字的平均數;不過,這一個答案只是真正平均數的近似解。如果換成擲 50 次或是 100 次呢?實際上,擲愈多次,答案愈接近真正平均數。接下來你或許會問要擲多少次才會得到真正的平均數?答案是無限多次。因為不可能擲無限多次,所以前述公式就無法拿來計算,因為這時候分母會是「無限大」。因此,必須找到計算平均數的新方法。這個方法所得到的正是理論解,就好像擲一顆骰子無限多次所得到的答案。

在列出公式之前,我們用一個例子解釋相關的觀念。假設重複丟兩枚銅板,而且記錄出現幾次正面。我們想問的是,正面個數的平均數等於多少?樣本空間是

$$HH, HT, TH, TT$$

而且每一種出象的機率是 $\frac{1}{4}$。現在,長期而言,你會期待大約總丟擲次數的 $\frac{1}{4}$ 會出現兩個正面 (HH)、大約總丟擲次數的 $\frac{1}{2}$ 會出現一個正面(HT 或 TH)、大約總丟擲次數的 $\frac{1}{4}$ 不會出現正面 (TT),因此平均而言,你會期待出現正面的次數是

$$\tfrac{1}{4} \cdot 2 + \tfrac{1}{2} \cdot 1 + \tfrac{1}{4} \cdot 0 = 1$$

也就是說,如果有可能丟很多很多次或是無限多次,正面個數的平均數會是 1。

因此,為了求出機率分配的平均數,你必須為每一種可能的出象乘上對應的機率,然後加總所有乘積的結果。

機率分配平均數的公式

有著離散機率分配的隨機變數,它的平均數是

$$\mu = X_1 \cdot P(X_1) + X_2 \cdot P(X_2) + X_3 \cdot P(X_3) + \cdots + X_n \cdot P(X_n)$$
$$= \Sigma X \cdot P(X)$$

其中 $X_1, X_2, X_3, \ldots, X_n$ 是出象,而 $P(X_1), P(X_2), P(X_3), \ldots, P(X_n)$ 是對應的機率。

注意:$\Sigma X \cdot P(X)$ 意味著加總所有乘積。

第 5 章 離散機率分配

機率分配之平均數、變異數以及標準差的四捨五入規則 機率分配之平均數、變異數以及標準差的四捨五入規則如下：平均數、變異數以及標準差應該比出象 X 多一位小數。使用分數的時候，要化簡為帶分數。

例題 5-5 到 5-8 示範如何使用這一個公式。

例題 5-5　擲骰子

擲一顆骰子，求出出現點數的平均數。

解答

擲一顆骰子會得到以下的機率分配：

出象 X	1	2	3	4	5	6
機率 $P(X)$	$\frac{1}{6}$	$\frac{1}{6}$	$\frac{1}{6}$	$\frac{1}{6}$	$\frac{1}{6}$	$\frac{1}{6}$

$$\mu = \Sigma X \cdot P(X) = 1 \cdot \tfrac{1}{6} + 2 \cdot \tfrac{1}{6} + 3 \cdot \tfrac{1}{6} + 4 \cdot \tfrac{1}{6} + 5 \cdot \tfrac{1}{6} + 6 \cdot \tfrac{1}{6}$$
$$= \tfrac{21}{6} = 3\tfrac{1}{2} \text{ 或 } 3.5$$

也就是說，當擲一顆骰子很多次，理論平均數會是 3.5。注意，即便骰子不會出現 3.5 點，理論平均數也可以是 3.5。

這一項公式為什麼會得到理論平均數？因為長期而言每一種出象的出現機率大概是 $\frac{1}{6}$，因此把出象（數字）乘以對應的機率，然後加起來會得到理論平均數。換言之，出象 1 大概會出現 $\frac{1}{6}$ 次，出象 2 大概會出現 $\frac{1}{6}$ 次，出象 3 大概會出現 $\frac{1}{6}$ 次，等等。

例題 5-6　家裡的小孩

一個有五個小孩的家庭，求出女孩人數的平均數。

解答

首先，有必要求出女孩 (F) 人數的機率分配。有 32 種出象，其中無女孩的家庭只有 1 種。有 5 種方式會有一個女孩，也就是 FMMMM, MFMMM, MMFMM, MMMFM, MMMMF。繼續是兩女三男、三女兩男、四女一男和五女。可以畫一張樹狀圖協助你。機率分配是

女孩個數 X	0	1	2	3	4	5
機率 $P(X)$	$\frac{1}{32}$	$\frac{5}{32}$	$\frac{10}{32}$	$\frac{10}{32}$	$\frac{5}{32}$	$\frac{1}{32}$

平均數是

$$\mu = \Sigma X \cdot P(X) = 0 \cdot \tfrac{1}{32} + 1 \cdot \tfrac{5}{32} + 2 \cdot \tfrac{10}{32} + 3 \cdot \tfrac{10}{32} + 4 \cdot \tfrac{5}{32} + 5 \cdot \tfrac{1}{32} = 2\tfrac{1}{2} = 2.5$$

因此，女孩個數的平均數是 2.5。

例題 5-7　丟銅板

如果丟三枚銅板，求出出現正面個數的平均數。（見例題 5-1 的表格。）

解答

機率分配是

正面個數 X	0	1	2	3
機率 $P(X)$	$\frac{1}{8}$	$\frac{3}{8}$	$\frac{3}{8}$	$\frac{1}{8}$

平均數是

$$\mu = \Sigma X \cdot P(X) = 0 \cdot \tfrac{1}{8} + 1 \cdot \tfrac{3}{8} + 2 \cdot \tfrac{3}{8} + 3 \cdot \tfrac{1}{8} = \tfrac{12}{8} = 1\tfrac{1}{2} \text{ 或 } 1.5$$

數字 1.5 不會是出象之一。雖然如此，它是長期或是理論的平均數。

例題 5-8　超過五夜的旅行

以下的機率分配顯示美國成人每年超過五夜的旅行次數。也就是說，6% 的人不曾有過五夜以上的旅行，70% 的人每年有過一次五夜以上的旅行等等。求出平均數。

旅行次數 X	0	1	2	3	4
機率 $P(X)$	0.06	0.70	0.20	0.03	0.01

解答

$$\begin{aligned}
\mu &= \Sigma X \cdot P(X) \\
&= (0)(0.06) + (1)(0.70) + (2)(0.20) + (3)(0.03) + (4)(0.01) \\
&= 0 + 0.70 + 0.40 + 0.09 + 0.04 \\
&= 1.23
\end{aligned}$$

因此，美國成人每年五夜以上旅行次數的平均數是 1.23。

➥ 變異數與標準差

對某一種機率分配而言，對應隨機變數的平均數描述一種長遠而言或是理論的平均，但是關於分配的分散程度，平均數並沒有透露任何一點相關的資訊。回憶第三章，為了測量這一項分散程度或是所謂的變化程度，統計學家使用變異數以及標準差。以前是使用以下的公式：

$$\sigma^2 = \frac{\Sigma(X-\mu)^2}{N} \quad \text{或} \quad \sigma = \sqrt{\frac{\Sigma(X-\mu)^2}{N}}$$

第 5 章　離散機率分配

這些公式不能用在某個機率分配的隨機變數，因為 N 是無限大的，所以必須用不一樣的方式計算變異數和標準差。

為了求出某個機率分配的隨機變數的變異數，把每一個隨機變數的出象減去理論平均數，並且取平方，然後把結果乘上對應的機率，並且加總所有結果。公式如下：

$$\sigma^2 = \Sigma[(X - \mu)^2 \cdot P(X)]$$

透過這一個公式求出變異數有點麻煩，所以為了簡化計算，統計學家提供一種快速公式。代數上，這一項公式等同於上述較長的公式，接下來的例題會示範這一項快速公式。

機率分配的變異數公式

把隨機變數出象取平方並且乘上對應的機率，然後加總所有結果，最後減去平均數的平方。這一項公式如下所示：

$$\sigma^2 = \Sigma[X^2 \cdot P(X)] - \mu^2$$

機率分配的標準差等於

$$\sigma = \sqrt{\sigma^2} \quad \text{或} \quad \sigma = \sqrt{\Sigma[X^2 \cdot P(X)] - \mu^2}$$

記住，變異數與標準差都不會是負的。

例題 5-9　擲骰子

計算例題 5-5 之機率分配的變異數與標準差。

解答

例題 5-5 的平均數是 $\mu = 3.5$。將每一個出象平方並且乘上對應的機率，加總這一些乘積，然後減去平均數的平方。

$$\sigma^2 = (1^2 \cdot \tfrac{1}{6} + 2^2 \cdot \tfrac{1}{6} + 3^2 \cdot \tfrac{1}{6} + 4^2 \cdot \tfrac{1}{6} + 5^2 \cdot \tfrac{1}{6} + 6^2 \cdot \tfrac{1}{6}) - (3.5)^2 = 2.917$$

為了得到標準差，求出變異數的正方根。

$$\sigma = \sqrt{2.917} \approx 1.708$$

因此，擲一顆骰子點數的標準差是 1.708。

例題 5-10　挑選號碼球

盒子裡面有五顆球。兩顆寫上 3，一顆寫上 4，而最後兩顆寫上 5。把球均勻混在一起，然後隨機挑選一顆。球被挑出來之後，記錄上面的數字，然後把它放回盒子。如果重複許多次實驗，求出號碼的變異數和標準差。

解答

令 X 表示球上的數字。機率分配如下：

球上的號碼 X	3	4	5
機率 $P(X)$	$\frac{2}{5}$	$\frac{1}{5}$	$\frac{2}{5}$

平均數是

$$\mu = \Sigma X \cdot P(X) = 3 \cdot \tfrac{2}{5} + 4 \cdot \tfrac{1}{5} + 5 \cdot \tfrac{2}{5} = 4$$

變異數是

$$\sigma = \Sigma[X^2 \cdot P(X)] - \mu^2$$
$$= 3^2 \cdot \tfrac{2}{5} + 4^2 \cdot \tfrac{1}{5} + 5^2 \cdot \tfrac{2}{5} - 4^2$$
$$= 16\tfrac{4}{5} - 16$$
$$= \tfrac{4}{5} \text{ 或 } 0.8$$

標準差是

$$\sigma = \sqrt{\tfrac{4}{5}} = \sqrt{0.8} \approx 0.894$$

平均數、變異數、標準差也可以用垂直往下的表格輔助計算，請看下方示範：

X	$P(X)$	$X \cdot P(X)$	$X^2 \cdot P(X)$
3	0.4	1.2	3.6
4	0.2	0.8	3.2
5	0.4	2.0	10
		$\Sigma X \cdot P(X) = 4.0$	16.8

加總 $\Sigma X \cdot P(X)$ 這一行求出平均數，加總 $X^2 \cdot P(X)$ 這一行並且減去平均數的平方會得到變異數。

$$\sigma^2 = 16.8 - 4^2 = 16.8 - 16 = 0.8$$

以及

$$\sigma = \sqrt{0.8} \approx 0.894$$

例題 5-11　談話性廣播節目的等待時間

某個談話性廣播節目有四線電話。如果主持人無法聊天（比如說，廣告時間），或是正在和其他人聊天，這時候打電話進來的聽眾會被設定為「等待」。當四線都是占線狀態，任何試圖打電話進來的聽眾都會聽到「忙線」的訊號。以下的分配顯示無人在線上以及 1 人、2 人、3 人、4 人在線上的機率。求出這個分配的變異數與標準差。

X	0	1	2	3	4
P(X)	0.18	0.34	0.23	0.21	0.04

這一家電台是否應該考慮增設更多的電話線？

解答

平均數是

$$\mu = \Sigma X \cdot P(X)$$
$$= 0 \cdot (0.18) + 1 \cdot (0.34) + 2 \cdot (0.23) + 3 \cdot (0.21) + 4 \cdot (0.04)$$
$$= 1.59$$

變異數是

$$\sigma^2 = \Sigma[X^2 \cdot P(X)] - \mu^2$$
$$= [0^2 \cdot (0.18) + 1^2 \cdot (0.34) + 2^2 \cdot (0.23) + 3^2 \cdot (0.21) + 4^2 \cdot (0.04)] - 1.59^2$$
$$= (0 + 0.34 + 0.92 + 1.89 + 0.64) - 2.528$$
$$= 3.79 - 2.528 = 1.262$$

標準差是 $\sigma = \sqrt{\sigma^2}$，或 $\sigma = \sqrt{1.262} \approx 1.123$。

不需要。在任何時間，打電話進來的人數平均數是 1.59。再加上標準差是 1.123，因為 $\mu + 2\sigma$ 會是 $1.59 + 2(1.123) = 3.8 \approx 4.0$，所以四線可以滿足絕大部分的聽眾。非常少數的聽眾會聽到「忙線」訊號，因為至少有 75% 的聽眾會打得進來或是被設定為「等待」狀態。（細節詳見第 3-2 節的柴比雪夫定理。）

➡ 期望值

另一個和分配平均數有關的觀念是期望值。期望值被用在各式各樣的機會遊戲裡，在保險領域也用得到，還有其他領域，例如決策理論。

> 離散隨機變數機率分配的**期望值 (expected value)** 是變數的理論平均數。公式是
> $$\mu = E(X) = \Sigma X \cdot P(X)$$

期望值的符號是 $E(X)$。

期望值的公式和理論平均數的公式是一樣的。期望值就是分配的理論平均數。也就是說，$E(X) = \mu$。

當期望值問題牽扯金錢的時候，習慣上會把答案四捨五入到美分。

例題 5-12　彩券

一張 1 美元的彩色電視機（價值 350 美元）摸彩券賣出 1,000 張。如果你買了其中一張，期望獲利是多少？

解答

與問題有關的機率分配如下所示：

	贏	輸
獲利 X	$349	−$1
機率 $P(X)$	$\dfrac{1}{1000}$	$\dfrac{999}{1000}$

有兩件事要注意。第一，如果得到電視機，總獲利是 349 美元，因為你無法要回買彩券的 1 美元。第二，如果輸了，要用負數表示獲利，現在的情況是 −1 美元。然後，答案是

$$E(X) = \$349 \cdot \frac{1}{1000} + (-\$1) \cdot \frac{999}{1000} = -\$0.65$$

因此，每買一張彩券平均而言一個人會損失 0.65 美元。

這一類的期望值問題也可以用整體獲利的角度解決。整體獲利的意思是，不考慮彩券的成本或是遊戲的成本下，獎品的價值或是總共贏多少錢，接著減去彩券或是玩遊戲的成本就是答案，計算方式如下：

$$E(X) = \$350 \cdot \frac{1}{1000} - \$1 = -\$0.65$$

此時，必須使用整體獲利（350 美元）。

注意期望值是 −0.65 美元。這不代表你會損失 0.65 美元，因為你若不是贏得一台價值 350 美元的電視機，就是輸掉一張一美元的彩券。這一項期望值的意思是假設 1,000 位民眾參加遊戲，則每一位平均而言會輸掉 0.65 美元。這種情形的另一種看法是：如果你每個禮拜買一張，長期而言每一張的損失是 0.65 美元，因為理論上平均每 1,000 張會開出一張電視機彩券。

例題 5-13　選球

六顆上面寫著 1、2、3、5、8 和 13 的球被放入某一個盒子裡。隨機挑選一顆球,記錄它的數字,並且把它放回盒子裡。求出這一個數字的期望值。

解答

因為會把球放回去,則每一個數字的機率是 $\frac{1}{6}$,所以這一個數字的機率分配是

點數 X	1	2	3	5	8	13
機率 $P(X)$	$\frac{1}{6}$	$\frac{1}{6}$	$\frac{1}{6}$	$\frac{1}{6}$	$\frac{1}{6}$	$\frac{1}{6}$

期望值是

$$E(X) = 1 \cdot \tfrac{1}{6} + 2 \cdot \tfrac{1}{6} + 3 \cdot \tfrac{1}{6} + 5 \cdot \tfrac{1}{6} + 8 \cdot \tfrac{1}{6} + 13 \cdot \tfrac{1}{6} = 5\tfrac{1}{3}$$

例題 5-14　債券投資

某一位理財專家建議他的客戶從兩種債券挑選一種,並且至少投資 5,000 美元。X 債券的獲利是 4%,而違約率是 2%。至於 Y 債券的獲利率是 $2\frac{1}{2}$%,而違約率是 1%。求出期望獲利,並且判斷投資哪一種債券是比較好的選擇。注意,當債券違約,投資者會失去所有投資。

解答

X 債券的獲利是 $5,000 · 4% = $200,所以期望獲利是

$$E(X) = \$200(0.98) - \$5{,}000(0.02) = \$96$$

Y 債券的獲利是 $5,000 · $2\frac{1}{2}$% = $125,所以期望獲利是

$$E(X) = \$125(0.99) - \$5{,}000(0.01) = \$73.75$$

因此,X 債券會是比較好的投資,因為它的期望獲利比較高。

在賭桌上,如果遊戲的期望值是 0,該項遊戲被認為是公正的。如果期望值是正的數字,則遊戲對玩家而言是有利的。如果期望值是負的數字,則遊戲有利於莊家,也就是說,長期下來玩家會輸錢。

在 *Probabilities in Everyday Life* (Ivy Books, 1986) 一書中,作者 John D. McGervy 提供賭場各種遊戲的期望值。比如說,針對遊戲「keno」而言,每賭 $1.00 莊家會贏 $0.27。針對遊戲「Chuck-a-Luck」而言,每賭 $1.00 莊家會贏 $0.52。針對遊戲「roulette」而言,每賭 $1.00 莊家會贏 $0.90。針對遊戲「craps」而言,每賭 $1.00 莊家會贏 $0.88。這時的底線是假如你賭得夠久,輸錢收場是遲早的事。

觀念應用 5-2　　期望值

1979 年 3 月 28 日賓州三哩島的核子反應爐開始釋出輻射到大氣。人們即便暴露在非常低的輻射劑量下也會引起低度到高度的健康問題，甚至引起死亡。一家當地的報紙指出三哩島核子電廠周邊的三郡區域出生 11 位有腎臟問題的嬰兒。該區域這一類問題新生兒的期望個數是 3。回答以下的問題。

1. 這時候期望值是什麼意思？
2. 你會預期總是剛好出現數字 3 嗎？
3. 如果有一位記者指出有腎臟問題的新生兒個數高過預期的四倍，你認為住在那個區域的孕婦應該被高度關心嗎？
4. 出現 11 個是不可能的嗎？
5. 是不是有其他統計量更適合向大眾報告？
6. 假設在意外發生的前一年，在電廠周邊三郡區域出生的 2,500 名新生兒中有 3 名有腎臟問題。同時假設在意外發生的那一年，在電廠周邊三郡區域出生的 2,500 名新生兒中有 11 名有腎臟問題。不正常增加的比例是多少？
7. 你認為用比例檢視結果之後，住在那個區域的孕婦應該被高度關心嗎？

答案在第 239 頁。

練習題 5-2

1. **有瑕疵的 DVD**　從過去的經驗，某一家公司發現，在數箱的 DVD 中，90% 無瑕疵的 DVD；5% 有一張瑕疵的 DVD；3% 有兩張瑕疵的 DVD；2% 有三張瑕疵的 DVD。求出瑕疵 DVD 張數的平均數、變異數和標準差。

2. **手機銷售量**　有一家手機公司每天賣出幾份新手機合約的機率如下所示。求出這一項分配的平均數、變異數和標準差。

X	4	5	6	8	10
$P(X)$	0.4	0.3	0.1	0.15	0.05

三天內賣出超過 6 份的機率是多少？

3. **使用數學實習室的學生**　每一天使用數學實習室的學生人數分配如下所示。求出這一項機率分配的平均數、變異數和標準差。

X	6	8	10	12	14
$P(X)$	0.15	0.3	0.35	0.1	0.1

某一天低於 8 人或是超過 12 人使用實習室的機率是多少？

4. **擲骰子**　當某人擲兩顆骰子出現一對，可以贏得 5 美元。為了讓這樣的遊戲公正起見，玩一次應該付多少錢？

5. **樂透**　有一種每天開獎的樂透，是挑選一個 3 位數的數字下注。如果某人玩 1 美元的，他可能會贏 500 美元。求出期望獎金。同一種樂透，如果某人玩「盒裝 (boxed)」號碼，他可能會贏 80 美元。如果以 123 這個號碼玩 1 美元的，也同時玩「盒裝」的，求出期望獎金。（當一個號碼被「盒裝」，表示那 3 個位數不計順序只要出現就能贏得獎金。）

5-3 二項分配

許多機率問題都只有兩種出象，或是可以被簡化到兩種出象。比如說，當丟一枚銅板，銅板可能正面朝上，也可能反面朝上。當生下一位新生兒，可能是男嬰，也可能是女嬰。一場籃球比賽，結局不是輸就是贏。是非題的答案不是是就是非。另外也可能有些情況被簡化到兩種出象。比如說，根據結局，某一種醫學療程可以被認定為有效或是無效。根據血壓測量儀器的結果，某一個人可以被認為是血壓正常或是血壓不正常。一題複選題，即使答案選項有四、五個，也一樣可以被分成正確答案與錯誤答案。像這些種類的情況都是二項實驗。

實驗的每一次重複叫做一次試驗。

學習目標 ❸
求出 n 次試驗的二項實驗有 X 次成功的機率。

二項實驗 (binomial experiment) 是一種滿足以下四項要求的機率實驗：
1. 試驗次數固定。
2. 每一次試驗只有兩種出象，或是可以被簡化到兩種出象。這些出象可以被認定為「成功」與「失敗」。
3. 每一次試驗的出象不會影響其他試驗的出象（獨立性）。
4. 每一次試驗的成功機率固定不變。

「成功」不代表發生了「好事」或是「正面的事」。比如說，某一個機率實驗，我們或許會挑選 10 個人，並且令 S 代表過去 6 個月發生過車禍的人數。這時候，「成功」就真的不是一件「好事」了。

例題 5-15

判斷以下實驗是否為二項實驗。如果不是，請說明理由。

a. 挑選 20 位大學生並且記錄他們的年級。
b. 從某一所大學挑選 20 位學生並且記錄他們的性別。
c. 從一副撲克牌取後不放回挑選五張，並且記錄顏色（紅的或是黑的）。
d. 從一所大型的學校挑選五位學生，並且問他們是否在院長榮譽榜上。
e. 記錄 50 個隨機挑到家庭的子女數。

解答

a. 否，因為會有五種可能的出象：大一、大二、大三、大四和研究生。
b. 是，所有條件都符合。
c. 否，因為撲克牌沒有被放回，意味著每一次抽牌彼此間並不獨立。
d. 是，所有條件都符合。
e. 否，因為答案會超過兩種選項。

二項實驗與它的結果構成一種特殊的機率分配，叫做二項分配。

二項分配 (binomial distribution) 是二項實驗出象與對應每一種出象機率的總稱。

在二項實驗，出象總是被認定為「成功」或者是「失敗」。比如說，答對一題複選題被認為是成功的，因此答錯了會被認為是失敗的。一般而言，二項實驗常使用這樣的觀念，現在定義二項分配。

二項分配的符號

$P(S)$　成功的機率
$P(F)$　失敗的機率
p　　代表成功機率的那一個數字
q　　代表失敗機率的那一個數字

$$P(S) = p \quad 或 \quad P(F) = 1 - p = q$$

n　　試驗次數
X　　n 次試驗中的成功次數

注意 $0 \leq X \leq n$ 以及 $X = 0, 1, 2, 3, \cdots, n$。

在一次二項實驗中，成功幾次的機率可以用以下的公式算出來。

二項機率公式

在一次二項實驗中，n 次試驗剛好 X 次成功的機率是

$$P(X) = \frac{n!}{(n-X)!X!} \cdot p^X \cdot q^{n-X}$$

接下來例題 5-16 會解釋為什麼上述公式是這個樣子。

例題 5-16　擲銅板

擲一枚銅板三次，求出剛好出現兩次正面的機率。

解答

這個問題可以直接由檢視樣本空間而獲得解決。有三個方式（樣本空間內的元素）會得到兩次正面。

HHH, HHT, HTH, THH, TTH, THT, HTT, TTT

所以答案是 $\frac{3}{8}$，或者說是 0.375。

如果從二項實驗的角度來看例題 5-15 的問題，可以證明問題中的實驗滿足四項要求：

1. 試驗次數固定（三次）。
2. 每一次試驗只有兩種出象（正面或是反面）。
3. 出象之間彼此獨立（這一次擲銅板的結果無法影響下一次的結果）。
4. 每一次試驗看到成功（正面）的機率都是 $\frac{1}{2}$。

在這一個例題，$n = 3$, $X = 2$, $p = \frac{1}{2}$ 且 $q = \frac{1}{2}$。因此，代入公式會得到

$$P(兩次正面) = \frac{3!}{(3-2)!2!} \cdot \left(\frac{1}{2}\right)^2 \left(\frac{1}{2}\right)^1 = \frac{3}{8} = 0.375$$

這一個答案和用樣本空間得到的答案完全一樣。

同樣的例子可以用來解釋公式。首先，八種可能性裡有三種可能性會剛好得到兩次正面和一次反面，它們分別是 HHT、HTH 和 THH。這時候，用第四章的理論會發現從擲三次銅板看到兩次正面有 $_3C_2 = 3$ 種可能。一般而言，如果不考慮出現次序，n 次試驗得到 X 次成功的可能性是

$$_nC_X = \frac{n!}{(n-X)!X!}$$

這是二項公式的第一部分。（有些計算機可以直接按出答案。）

接著，每一次成功的機率是 $\frac{1}{2}$，而且發生兩次，加上每一次失敗的機率是 $\frac{1}{2}$ 而且發生一次，得到公式中的 $(\frac{1}{2})^2(\frac{1}{2})^1$ 這一個部分。然後，為了一般化，每一次成功的機率是 p 而且發生 X 次，加上每一次失敗的機率是 q 而且發生 $n - X$ 次。把上述這兩項結果放在一起就是二項機率公式。

當抽樣採取後不放回，例如調查研究，事件之間是相依的；但是無論如何，只要樣本數沒有超過母體規模的 5%，也就是 $n \leq 0.05\,N$，事件就可以被認為是獨立的。理由是，雖然在下一次挑選之前，先前被挑出來的物件沒有被放回去，但是只要我們從大量物件裡挑選，下一個物件被挑到之機率的變化是可以被忽略的。

例題 5-17　醫療調查

有一項調查發現，在任何月份，每 5 位美國人就有一位表示剛看過醫生。如果隨機挑選 10 位美國人，剛好有 3 位在上個月看過醫生的機率是多少？

資料來源：*Reader's Digest*.

解答

這時候，$n=10$, $X=3$, $p=\frac{1}{5}$ 且 $q=\frac{4}{5}$，因此

$$P(3) = \frac{10!}{(10-3)!3!}\left(\frac{1}{5}\right)^3\left(\frac{4}{5}\right)^7 \approx 0.201$$

所以，一組 10 個人的隨機樣本剛好有 3 位在上個月看過醫生的機率是 0.201。

例題 5-18　職工調查

一項 Teenage Research Unlimited 執行的調查發現，30% 的青少年消費者花的錢來自打工的薪水。如果隨機挑選 5 位青少年，求出至少 3 位在打工的機率。

解答

為了求出至少 3 位在打工的機率，必須個別求出有 3 位、4 位、5 位在打工的機率，然後再把三項結果加總。

$$P(3) = \frac{5!}{(5-3)!3!}(0.3)^3(0.7)^2 \approx 0.132$$

$$P(4) = \frac{5!}{(5-4)!4!}(0.3)^4(0.7)^1 \approx 0.028$$

$$P(5) = \frac{5!}{(5-5)!5!}(0.3)^5(0.7)^0 \approx 0.002$$

因此

$$P(\text{至少 3 位在打工}) = 0.132 + 0.028 + 0.002 = 0.162$$

大部分時候，用二項機率公式計算機率是很煩人的，利用某些 n 和 p 的表格，可以直接查表就得到某些答案。附錄 C 的表 B 提供個別事件的機率。例題 5-19 示範如何使用表 B 計算二項實驗的機率。

例題 5-19

使用表 B 回答例題 5-16 的問題。

解答

因為 $n=3$, $X=2$ 且 $p=0.5$，如圖 5-3 所示得到數字 0.375。

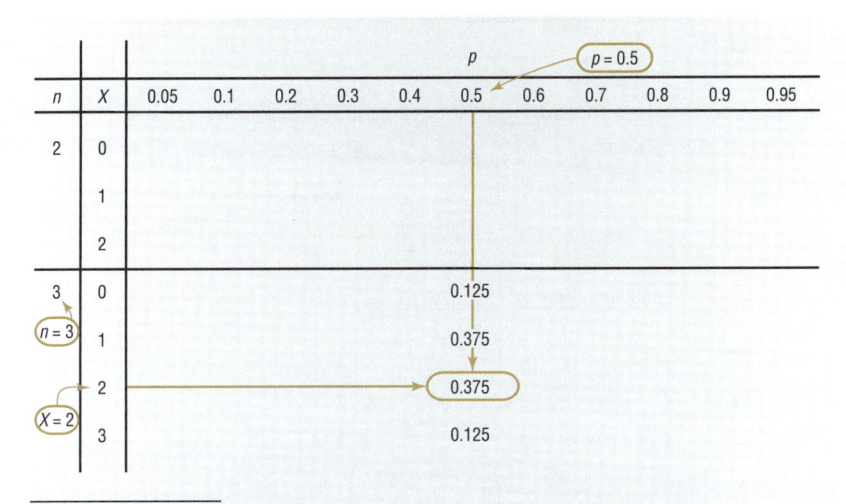

n	X	0.05	0.1	0.2	0.3	0.4	0.5	0.6	0.7	0.8	0.9	0.95
2	0											
	1											
	2											
3	0						0.125					
	1						0.375					
	2						0.375					
	3						0.125					

圖 5-3 使用表 B 回答例題 5-19

例題 5-20　害怕晚上一個人在家的調查

Public Opinion 調查指出，5% 的美國人害怕晚上一個人在家。如果隨機挑選 20 位美國人，使用二項表求出以下事件的機率：

a. 剛好 5 位害怕晚上一個人在家
b. 頂多 3 位害怕晚上一個人在家
c. 至少 3 位害怕晚上一個人在家

資料來源：*100% American* by Daniel Evan Weiss.

解答

a. $n = 20, p = 0.05$ 且 $X = 5$，從表 B 發現答案是 0.002。

b. $n = 20$ 且 $p = 0.05$，「頂多 3 位」的意思是有 0 位、1 位、2 位或者是 3 位，因此答案是

$$P(X \leq 3) = P(0) + P(1) + P(2) + P(3) = 0.358 + 0.377 + 0.189 + 0.060$$
$$= 0.984$$

c. $n = 20$ 且 $p = 0.05$，「至少 3 位」的意思是有 3 位、4 位、5 位、……或者是 20 位。這一個問題最好先求出 $P(0) + P(1) + P(2)$，然後用 1 減掉它。

$$P(0) + P(1) + P(2) = 0.358 + 0.377 + 0.189 = 0.924$$
$$P(X \geq 3) = 1 - 0.924 = 0.076$$

例題 5-21　酒駕

一項來自 Secretary of Health and Human Services 的調查顯示，70% 的週末夜單一車輛的致命車禍與酒醉駕駛有關。如果挑選 15 件週末夜單一車輛的致命車禍，求出涉案駕駛酒醉駕車件數介於 10 到 15 件之間（含）的機率。

解答

現在，$n = 15, p = 0.70$ 且 $X = 10, 11, 12, 13, 14,$ 或 15。

當 $X = 10,$　　$P(10) = 0.206$　　　　當 $X = 13,$　　$P(13) = 0.092$
當 $X = 11,$　　$P(11) = 0.219$　　　　當 $X = 14,$　　$P(14) = 0.031$
當 $X = 12,$　　$P(12) = 0.170$　　　　當 $X = 15,$　　$P(15) = 0.005$

$$P(10 \leq X \leq 15) = 0.206 + 0.219 + 0.170 + 0.092 + 0.031 + 0.005 = 0.723$$

因此，涉案駕駛酒醉駕車件數介於 10 到 15 件之間（含）的機率是 0.723。

　　二項隨機變數的平均數、變異數與標準差可以用第 5-2 節的公式算出來；但是，我們會用短一點且數學上等同的公式取得它的平均數、變異數和標準差。

學習目標 ❹
求出二項分配隨機變數的平均數、變異數、標準差。

二項分配的平均數、變異數、標準差

二項分配隨機變數的平均數、變異數、標準差可以用以下的公式得到：

平均數：$\mu = n \cdot p$　　　變異數：$\sigma^2 = n \cdot p \cdot q$　　　標準差：$\sigma = \sqrt{n \cdot p \cdot q}$

例題 5-22　丟銅板

丟一枚銅板四次。求出正面數的平均數、變異數、標準差。

解答

使用二項分配的公式，加上 $n = 4, p = \frac{1}{2}$ 且 $q = \frac{1}{2}$，答案會是

$$\mu = n \cdot p = 4 \cdot \tfrac{1}{2} = 2$$
$$\sigma^2 = n \cdot p \cdot q = 4 \cdot \tfrac{1}{2} \cdot \tfrac{1}{2} = 1$$
$$\sigma = \sqrt{1} = 1$$

這時候，平均數是 2，變異數是 1，而標準差是 1。

　　由例題 5-22，當丟四枚銅板很多很多次，正面數的平均是 2，且正面數的標準差是 1。注意，這些結果都是理論值。

如前所述，這個問題可以用期望值的基本公式得到答案。分配如下所示：

正面數 X	0	1	2	3	4
機率 $P(X)$	$\frac{1}{16}$	$\frac{4}{16}$	$\frac{6}{16}$	$\frac{4}{16}$	$\frac{1}{16}$

$$\mu = E(X) = \Sigma X \cdot P(X) = 0 \cdot \frac{1}{16} + 1 \cdot \frac{4}{16} + 2 \cdot \frac{6}{16} + 3 \cdot \frac{4}{16} + 4 \cdot \frac{1}{16} = \frac{32}{16} = 2$$
$$\sigma^2 = \Sigma X^2 \cdot P(X) - \mu^2$$
$$= 0^2 \cdot \frac{1}{16} + 1^2 \cdot \frac{4}{16} + 2^2 \cdot \frac{6}{16} + 3^2 \cdot \frac{4}{16} + 4^2 \cdot \frac{1}{16} - 2^2 = \frac{80}{16} - 4 = 1$$
$$\sigma = \sqrt{1} = 1$$

因此，被簡化過的二項公式會得到一樣的答案。

例題 5-23　擲骰子

有一顆八面骰子（每一面寫著數字 1 到 8 的其中一個）被擲了 560 次。求出擲到 7 這個數字幾次的平均數、變異數、標準差。

解答

這是一種二項實驗，其中 $n = 560$，$p = \frac{1}{8}$ 且 $q = \frac{7}{8}$，所以

$$\mu^2 = n \cdot p = 560 \cdot \frac{1}{8} = 70$$
$$\sigma^2 = n \cdot p \cdot q = 560 \cdot \frac{1}{8} \cdot \frac{7}{8} = 61\frac{1}{4} = 61.25$$
$$\sigma = \sqrt{61.25} = 7.826$$

這時候，擲到 7 的次數的平均數是 70，變異數是 61.25，而標準差是 7.826。

例題 5-24　雙胞胎的機率

Metropolitan Life Insurance Co. 出版的 *Statistical Bulletin* 發表一篇報告，指出 2% 的美國新生兒是雙胞胎。如果隨機挑選 8,000 位新生兒，求出雙胞胎數目的平均數、變異數、標準差。

資料來源：*100% American* by Daniel Evan Weiss.

解答

這也是一種二項情況，因為新生兒不是雙胞胎，要不然就是非雙胞胎（也就是說，雙出象）。

$$\mu = n \cdot p = (8000)(0.02) = 160$$
$$\sigma^2 = n \cdot p \cdot q = (8000)(0.02)(0.98) = 156.8$$
$$\sigma = \sqrt{n \cdot p \cdot q} = \sqrt{156.8} = 12.522$$

針對這一組樣本，雙胞胎的平均數是 160，變異數是 156.8 或是 157，而標準差是 12.522 或是四捨五入的 13。

觀念應用 5-3　不衛生的餐廳

衛生局官員定期檢查餐廳的衛生狀況。假設你到了某個觀光景點，而且在報紙上看到每 7 家餐廳就有 3 家被檢查出衛生狀況不佳。假設你計畫在當地外食 10 次，請回答以下的問題。

1. 吃到 3 家不衛生餐廳的機率是多少？
2. 吃到 4 家或是 5 家不衛生餐廳的機率是多少？
3. 解釋你如何計算至少一家餐廳不衛生的機率？你可以用餘集觀念求解這一題嗎？
4. 這一項實驗最可能出現的數字是哪一個？
5. 上一題答案的變異程度如何？
6. 你如何得知這是一種二項實驗？
7. 如果它是二項實驗，這是不是意味著成功的機率永遠是 50%，因為只有兩種可能的出象？

使用下述電腦程式產生的報表檢查你的答案。

平均數 = 4.29　　　　標準差 = 1.56492

X	$P(X)$	累積機率
0	0.00371	0.00371
1	0.02784	0.03155
2	0.09396	0.12552
3	0.18793	0.31344
4	0.24665	0.56009
5	0.22199	0.78208
6	0.13874	0.92082
7	0.05946	0.98028
8	0.01672	0.99700
9	0.00279	0.99979
10	0.00021	1.00000

答案在第 239 頁。

練習題 5-3

1. 以下哪一個是二項實驗或是可以被簡化為二項實驗？
   a. 調查 100 個人是否喜歡 Sudsy Soap
   b. 丟一枚銅板 100 次觀察會出現幾次正面
   c. 抽出後放回地從一副撲克牌抽到一張紅心
   d. 詢問 1,000 個人他們抽什麼牌子的菸
   e. 測試 4 種不同品牌阿斯匹靈的有效性

2. 引用二項公式計算 X 次成功的機率。
   a. $n = 6, X = 3, p = 0.03$
   b. $n = 4, X = 2, p = 0.18$

c. $n = 5$, $X = 3$, $p = 0.63$

針對練習題 3~4，假設所有變數都是二項的。（注意：如果在附錄 C 的表 B 查不到數值，則使用二項公式。）

3. **獨自開車上班**　根據報導，77% 16 歲以上的上班族獨自一人開車上班。隨機挑選 8 位上班族，求出以下的機率：

    a. 全部獨自開車上班

    b. 超過一半的人獨自開車上班

    c. 剛好 3 人獨自開車上班

    資料來源：www.factfinder.census.gov

4. **大學教育與職場成就**　R. H. Bruskin Associates Market Research 發現，40% 的美國人不認為擁有大學學歷對在職場上獲得成功是重要的。如果隨機挑選 5 位美國人，求出以下的機率：

    a. 剛好 2 位同意這個看法

    b. 頂多 3 位同意這個看法

    c. 至少 2 位同意這個看法

    d. 低於 3 人同意這個看法

    資料來源：*100% American* by Daniel Evans Weiss.

5. 求出以下各種二項分配（n 和 p）的平均數、變異數和標準差。

    a. $n = 100$, $p = 0.75$

    b. $n = 300$, $p = 0.3$

    c. $n = 20$, $p = 0.5$

    d. $n = 10$, $p = 0.8$

6. **在美國出生與在外國出生的公民**　在 2009 年，在外國出生的美國公民比例是 12.2%。隨機挑選 60 位美國公民，預期會有幾位是在美國出生的？求出在外國出生人數的平均數、變異數和標準差。

    資料來源：*World Almanac 2012.*

7. **為寵物洗澡**　一項調查發現，25% 的寵物主人會請專人為寵物洗澡而不是自己洗。如果隨機挑選 18 位寵物主人，求出剛好 5 位請專人為寵物洗澡的機率。

    資料來源：USA Snapshot, *USA TODAY.*

8. **網路認知調查**　有一項調查指出，58% 的美國成年人會使用網路。如果隨機挑選 20 位美國成年人，求出剛好 12 位會使用網路的機率。

    資料來源：*Harper's Index.*

建立二項分配與圖

Excel 技術步驟解析

這一些指令將告訴你如何用 Excel 建構 $n = 20$ 和 $p = 0.35$ 的二項分配表。

1. 在新 worksheet（工作表）的儲存格 A1 輸入二項變數的名字 X。
2. 在儲存格 B1 輸入代表對應機率的代號 P(X)。
3. 從 A 行的儲存格 A2 開始輸入整數 0 到 20。從 toolbar（工具列）點選 Data（資料），然後點選 Data Analysis。點選 Analysis Tools 下的 Random Number Generation，並且點選 [OK]。
4. 在 Random Number Generation 對話框輸入以下資訊：

    a. Number of Variables: 1

    b. Distribution: Patterned

    c. Parameters: From 0 to 20 in steps of 1, repeating each number : 1 times and repeating each sequence 1 times

    d. Output range: A2:A21

5. 然後點選 [OK]。

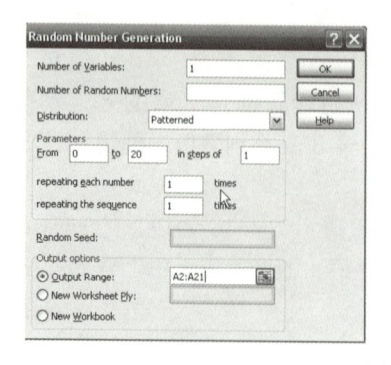

6. 為了決定對應二項隨機變數第一個數值的機率，點選儲存格 B2 並且輸入 =BINOMDIST(0,20,.35,FALSE)。這一道指令會取得 20 次二項試驗（成功機率是 0.35）得到 0 次成功的機率。
7. 為 A 行內每一個隨機變數值改變第一個參數而重複步驟 6。

注意：如果你希望得到 A 行內每一個數字的累加機率，你可以輸入 =BINOMDIST(0,20,.35,TRUE)，並且為每一個數字重複一次。

為了產生二項分配圖：

1. 從 toolbar（工具列）點選 Insert，並且點選 Column Chart。
2. 點選 Clustered Column（2-D Column 選項下的第一種 Column Chart）。
3. 你需要為圖編輯以下資訊。
   a. 在圖的任何位置按下滑鼠右鍵，點選 Select Data 選項。此時會出現 Select Data Source 對話框。
   b. 在 Legend Entries 框點選 X 並且點選 Remove。
   c. 點選 Horizontal Axis Labels 下的 Edit，插入變數 X 的範圍。
   d. 當 Axis Labels 框出現，反白 worksheet（工作表）的儲存格 A2 到 A21，然後點選 [OK]。
4. 為了更改圖形的標題：
   a. 用滑鼠左鍵點選現在的標題。
   b. 為圖形輸入新的標題，例如，Binomial Distribution (20, .35, .65)。

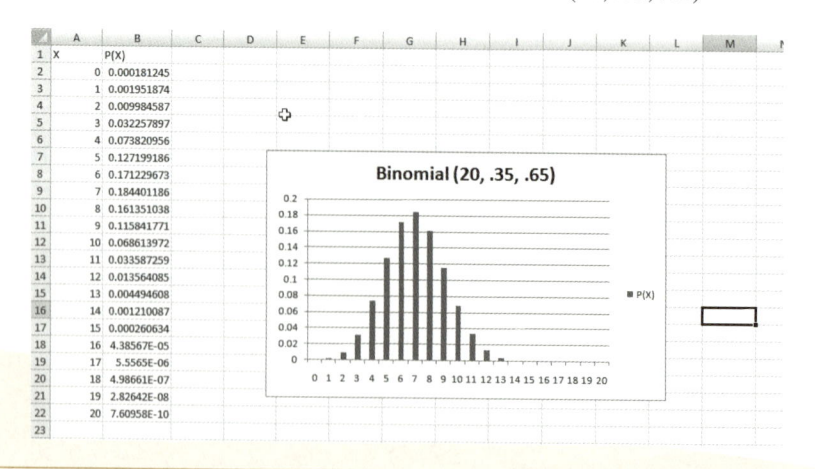

結語

- 一種離散機率分配由隨機變數可以假定的數字以及其對應的機率所組成。機率分配有兩項要求：基本事件的機率總和等於 1；任何單一事件的機率介於 0 和 1 之間。機率分配可以圖形化。(5-1)
- 機率分配的平均數、變異數以及標準差是可以求出的。也可以求出某一種機率分配之離散隨機變數的期望值。基本上這是一種平均測度。(5-2)
- 二項實驗有四項條件。固定的試驗次數；每一次試驗只有兩種出象；出象彼此間是獨立的；每一次試驗的成功機率保持不變。可以利用二項公式或是二項表求出各種出象的機率。(5-3)

複習題

5-1

針對練習題 1~2，判斷哪一個是機率分配。如果不是，請說明理由。

1.
X	1	2	3	4	5
$P(X)$	$\frac{1}{10}$	$\frac{3}{10}$	$\frac{1}{10}$	$\frac{2}{10}$	$\frac{3}{10}$

2.
X	8	12	16	20
$P(X)$	$\frac{5}{6}$	$\frac{1}{12}$	$\frac{1}{12}$	$\frac{1}{12}$

3. **信用卡** 一家大型賣場鼓勵員工向客人推薦賣場的聯名信用卡。以下分配顯示過去 8 小時每一位員工收到幾份申請書。

X	0	1	2	3	4	5
$P(X)$	0.27	0.28	0.20	0.15	0.08	0.02

   a. 收到 2 份或者是 3 份的機率
   b. 求出這一項機率分配的平均數、變異數、標準差

4. **領帶** 在 Tyler's Tie Shop，Tyler 發現顧客購買 0、1、2、3、4 條領帶的機率如下所示。建構這一項分配的圖形。

領帶的數目 X	0	1	2	3	4
機率 $P(X)$	0.30	0.50	0.10	0.08	0.02

5-2

5. **機場的旅客** 在某個鄉間的小機場，某一天每小時到達旅客人數有著以下的分配。求出數據的平均數、變異數、標準差。

旅客人數 X	5	6	7	8	9	10
機率 $P(X)$	0.14	0.21	0.24	0.18	0.16	0.07

6. **需求** 某一份大學目錄每天的需求數分配如下。求出數據的平均數、變異數、標準差。

需求數 X	22	23	24	25	26	27
機率 $P(X)$	0.08	0.19	0.36	0.25	0.07	0.05

7. **撲克牌遊戲** 有一種撲克牌遊戲如下：拿出所有方塊牌，並將這 13 張牌放在一個袋子裡。接著洗牌，然後隨機挑選一張卡片（取後放回）。玩家根據以下規則決定輸贏：

   如果抽到 A，玩家輸 20 美元。
   如果抽到人頭牌，玩家贏 10 美元。
   如果抽到其他牌，玩家贏 2 美元。
   為了公正起見，玩家抽一次牌應該付多少錢？

5-3

8. 令 x 表示一個二項隨機變數，其中 $n = 12$ 且 $p = 0.3$。求出以下的答案：
   a. $P(X = 8)$
   b. $P(X < 5)$
   c. $P(X \geq 10)$
   d. $P(4 < X \leq 9)$

9. **電腦詞彙測驗** 如果 80% 的應徵者可以通過電腦詞彙測驗，求出一組 150 位申請者有幾位會通過考試的平均數、變異數、標準差。

統計學

10. **警察局長與死刑** 一位警察局長相信死刑顯著降低凶殺案件數的機率是 $\frac{1}{4}$。如果隨機挑選 8 位局長，頂多 3 位相信死刑顯著降低凶殺案件數的機率是多少？

資料來源：*Harper's Index*.

11. **早餐披薩** 在 35 歲以下的美國成年人，4 位中有 3 位曾在早餐吃披薩。如果隨機挑選 20 位 35 歲以下的美國成年人，求出剛好 16 位曾在早餐吃披薩的機率。

資料來源：*Harper's Index*.

小試身手

是非題。如果答案是「非」，請提供理由。

1. 隨機變數的期望值可以視為是一種長期的平均數。
2. 使用二項分配的時候，出象必須是相依的。

填充題

3. ＿＿＿＿決定隨機變數的數字。
4. 機率分配的要求中，有一項是所有事件的機率總和是＿＿＿＿。

選擇題

5. 二項實驗有幾種出象？
   a. 0
   b. 1
   c. 2
   d. 變動的

針對第 6~7 題，判斷是否為機率分配，如果不是，請說明理由。

6.

X	1	2	3	4	5
$P(X)$	$\frac{1}{7}$	$\frac{2}{7}$	$\frac{2}{7}$	$\frac{3}{7}$	$\frac{2}{7}$

7.

X	50	75	100
$P(X)$	0.5	0.2	0.3

8. **消防公司的電話** Conestoga Valley Fire Company 每天接到的失火電話數目的分配如下所示：

數目 X	5	6	7	8	9
機率 $P(X)$	0.28	0.32	0.09	0.21	0.10

為此數據建構一張圖。

9. **CD 銷售量** 最近一次 Matt's Music Store 的 CD 促銷中，客人購買 CD 數目的分配如下所示：

數目 X	0	1	2	3	4
機率 $P(X)$	0.10	0.23	0.31	0.27	0.09

求出這一個分配的平均數、變異數、標準差。

10. **抽撲克牌** 有 6 張撲克牌被朝下置入一個盒子內，分別是方塊 4、紅心 5、梅花 2、黑桃 10、方塊 3 和紅心 7。某個人選了一張，求出所選之牌數字的平均數。

11. **搭便車** 如果有 40% 的上班族搭便車，假如選了 8 位上班族，求出 5 位搭便車的機率。

12. **駕照考試** 假如 80% 的申請者可以通過路考，有一組 300 位申請者樣本，求出通過路考人數的平均數、變異數、標準差。

觀念應用的答案

觀念應用 5-1　退選課程

1. 本研究的隨機變數是退選某一門課的理由。
2. 總共 144 人參與這一項研究。
3. 完整的表格如下所示：

退選理由	頻率	百分比
太難	45	31.25
生病	40	27.78
改變計畫	20	13.89
改變主修	14	9.72
家庭因素	9	6.25
金錢因素	7	4.86
其他	6	4.17
無特殊理由	3	2.08

4. 根據題目提供的資訊，某一位學生因為生病而退選的機率大概是 28%，因為金錢因素而退選的機率大概是 5%，因為改變主修而退選的機率大概是 10%。
5. 上述表格所提供的資訊本身不是一種機率分配，但是我們可以透過它得到一種機率分配。
6. 表格陳述的理由彼此間並不互斥。不過，我們在計算機率的時候，可以認為它們彼此間是互斥的。
7. 表格陳述的理由彼此間不獨立。
8. 表格陳述的理由是完備的。
9. 因為所有機率都介於 0 和 1 之間，而且機率的總和是 1，所以離散機率分配的兩項必要條件都被滿足了。

觀念應用 5-2　期望值

1. 期望值的意思是離散機率分配的平均數。
2. 我們會預期期望數字 3 以外的數字。
3. 答案因人而異。一種可能的答案是，如果有腎臟問題的新生兒個數高過預期的四倍，住在那個區域的孕婦應該被高度關心。其他媽媽（特別是那些修過統計學的媽媽！）或許會要求該項主張的進一步資訊。
4. 答案因人而異。當我們只期望 3 位新生兒有腎臟問題的時候，出現 11 個似乎是比較不可能的。

5. 用百分比或比例向大眾報告或許更適合。
6. 增加 8 位有腎臟問題的新生兒表示增加了 0.32%（低於 $\frac{1}{2}$%）。
7. 答案僅供參考。一種可能的答案是，用比例檢視增加之後，似乎不覺得應該高度關心這一件事。

觀念應用 5-3　不衛生的餐廳

1. 吃到 3 家不衛生餐廳的機率是 0.18793。
2. 吃到 4 家或是 5 家不衛生餐廳的機率是 0.24665 + 0.22199 = 0.46864 ≈ 0.469。
3. 為了求出這一項機率，你可以加總吃到 1 家、2 家、……10 家不衛生餐廳的機率。比較簡單的方式是用 1 減去每一家餐廳皆合乎衛生的機率（這即是使用餘集觀念解題）。
4. 這一項實驗最容易出現的數字是 4，但是你會吃到不衛生餐廳的期望家數是 $10 \cdot \frac{3}{7} = 4.29$。
5. 這一項分配的標準差是 $\sqrt{(10)(\frac{3}{7})(\frac{4}{7})} \approx 1.565$。
6. 我們有兩種出象，成功吃到不衛生的餐廳，與失敗吃到不衛生的餐廳。某一家餐廳不衛生的機率與其他家不衛生的機率是獨立的。不衛生餐廳的機率在過程中維持不變的 $\frac{3}{7}$。而且當我們搜尋不衛生餐廳的過程中，總共 10 家餐廳，10 次試驗，這是維持不變的。
7. 成功的可能性是會改變的。不會因為只有兩種可能的出象，就意味著成功的機率是 0.50。

CHAPTER 6

常態分配

學習目標 ▶▶

經過本章的洗禮之後，你將具有以下的能力：

1. 指出常態分配的性質。
2. 分辨對稱的或是偏斜的分配。
3. 在已知各種 z 值的條件下，求出標準常態分配的面積。
4. 透過轉換為標準常態變數得知常態分配變數的各種機率。
5. 在已知比例的條件下，透過標準常態求出某個特定的數據。
6. 針對大樣本，使用中央極限定理求解樣本平均的問題。
7. 使用常態分配近似二項變數的機率。

本章大綱 ▶▶

簡介
6-1　常態分配
6-2　常態分配的應用
6-3　中央極限定理
6-4　二項分配的常態近似
結語

簡介

隨機變數可以是離散的也可以是連續的。第五章已經解釋過離散變數和它們的分配。回憶一下，離散變數不會出現某兩個數字之間的任何數字。相反的，連續變數可能會出現某兩個數字之間的任何數字。連續變數的例子有成年男子的身高、老鼠的體溫、成人的膽固醇水準等。許多像剛剛提到的連續變數例子，有著鐘形分配，被稱為近似常態分配變數。比如說，如果研究者挑選一組 100 位成年女子的樣本，測量她們的身高，並且建構一個直方圖，研究者會得到類似圖 6-1(a) 的圖形。現在，假如研究者持續增加樣本數量，並且降低組別的寬度，直方圖會看起來像圖 6-1(b) 和 (c)。最後，如果有可能問到全美成年女子的身高，並且繪製它們的直方圖，直方圖會接近所謂的常態分配，如圖 6-1(d) 所示。這一種分配同時也叫做鐘形曲線或是高斯分配（這是為了紀念德國數學家 Carl Friedrich Gauss (1777–1855)，他發展了分配的方程式）。

沒有哪個變數會是完美的常態分配，因為常態分配是一種理論分配。不過，只要變數的分配與常態分配的偏離很小的話，常態分配就會被用來描述許多變數，這樣的概念會在第 6-1 節繼續討論。

這一章將呈現常態分配的性質，並且討論它們的應用。然後介紹一項關於常態分配的重要理論，叫做中央極限定理。最後，這一章將解釋如何用常態分配曲線近似其他分配，例如二項分配。因為二項分配是離散型分配，所以當常態分配被用來取近似它的時候，需要所謂的連續性校正。

(a) 100 位成年女子的隨機樣本

(b) 增加樣本數量並且降低組別的寬度

(c) 再增加樣本數量並且降低組別的寬度

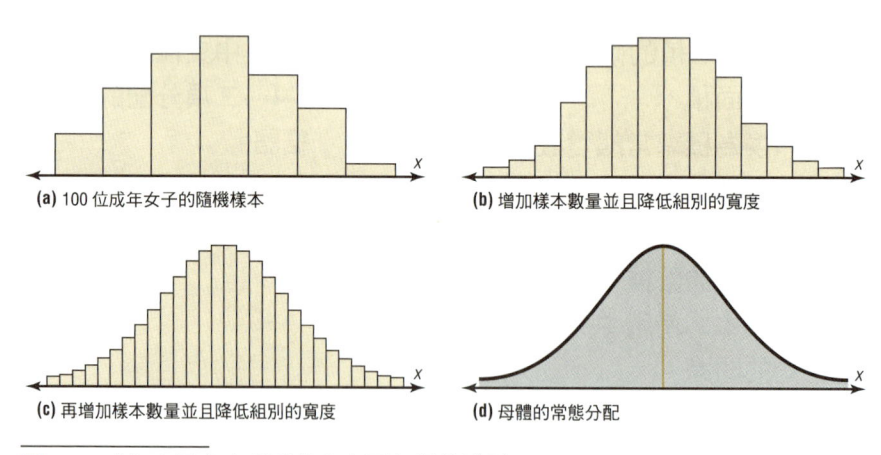

(d) 母體的常態分配

圖 6-1 成年女子身高分配的直方圖與常態模型

6-1 常態分配

在數學上，可以用方程式表達曲線。比如說，圖 6-2 的圓形方程式是 $x^2 + y^2 = r^2$，其中 r 是半徑。圓形可以用來代表許多物理上的實體，例如輪子或是齒輪。即使無法製作一顆形狀是完美圓形的輪子，圓的方程式與性質依舊可以用來研究輪子的各種面貌，例如面積、速度與加速度。同樣地，常態分配曲線這樣的理論曲線，可以用來研究許多不是完美常態分配，但是接近常態分配的變數。

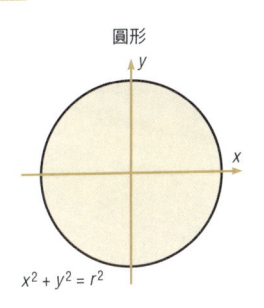

如果某一個隨機變數的機率分配具有連續、鐘型且對稱的圖形，我們稱呼它是**常態分配 (normal distribution)**，它的圖形是一種常態分配曲線。

常態分配的方程式是

$$y = \frac{e^{-(X-\mu)^2/(2\sigma^2)}}{\sigma \sqrt{2\pi}}$$

圖 6-2 圓形和應用的圖形

其中　$e \approx 2.718$（$\approx$ 意味著大概等於）

π = 母體平均數

σ = 母體標準差

這個方程式看起來不好用，但是在應用統計學的某些問題上，會使用表格或是特殊技巧取代上述的方程式。

另一項應用統計學的重點是，常態曲線下方的面積比 y 軸的高度更有用。因此，當繪製某一條常態曲線的時候，我們經常忽略 y 軸。

圓形可以有各種不同的大小，端賴它的直徑（或半徑），而且也可以用來代表各種尺寸的輪子。同樣地，常態曲線會有各式各樣的形狀，而且也可以用來代表各種變數。

常態分配曲線的形狀與位置端賴兩個參數：平均數與標準差。每一個常態分配的變數會有自己的常態分配曲線。曲線的形狀與位置和變數的平均數與標準差有關（實際上，這兩項參數完全決定對應常態分配曲線的形狀與位置）。

假設某一個常態分配變數有 $\mu = 0$ 以及 $\sigma = 1$，而另一個常態分配變數有 $\mu = 0$ 以及 $\sigma = 2$。如同你在圖 6-3(a) 看到的，當變異數變大，曲線的形狀會往外散出去。如果某一個常態分配變數有 $\mu = 0$ 以及 $\sigma = 2$，而另一個常態分配變數有 $\mu = 2$ 以及 $\sigma = 2$，那麼曲線的形狀一樣，但是 $\mu = 2$ 的曲線往右移動兩個單位。詳見圖 6-3(b)。

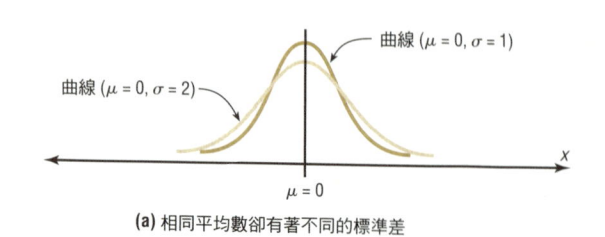

圖 6-3 常態分配的形狀

常態分配的各種性質解釋如下。

學習目標 ❶
指出常態分配的性質。

常態分配的理論性質摘要

1. 常態分配曲線是鐘形的。
2. 常態分配的平均數、中位數與眾數是同一個數字，而且位在分配的中心。
3. 常態分配曲線是單峰的（這意味著它只有一個眾數）。
4. 曲線對稱於平均數，也就是說，在通過分配中心的那一條垂直線兩側有著完全一樣的形狀。
5. 曲線是連續的；也就是說，曲線上沒有間隙或是洞。對每一個 X 值，都對應一個 Y 值。
6. 曲線不會接觸到 x 軸。理論上，不論往兩側延伸多遠，曲線都不會接觸到 x 軸——但是它會愈來愈接近 x 軸。
7. 常態分配曲線下方的總面積是 1.00，或說是 100%。這一項事實看似不尋常，因為曲線永遠不會接觸到 x 軸，但是數學上可以用微積分證明這一件事。
8. 與平均數偏離小於一個標準差的面積大約是 0.68，或是 68%；小於兩個標準差的面積大約是 0.95，或是 95%；而小於三個標準差的面積大約是 0.997，或是 99.7%。詳見圖 6-4，此圖同時顯示每一個區域的面積。

摘要中的第 8 項源自第 3-2 節的經驗法則。

為了解決分配是否接近常態的問題，你必須知道這一些性質。

回顧第二章所言，分配的圖形可以有各式各樣的形狀。當數據在平均數四周均勻分配的時候，這樣的分配可以說是**對稱分配 (symmetric distribution)**。（常態分配就是對稱分配。）圖 6-5(a) 顯示一種對稱分配。當大部分的數據落在平均數的右邊或是左邊，這時候分配是偏斜的分配。當大部分的數據落在平

學習目標 ❷
分辨對稱的或是偏斜的分配。

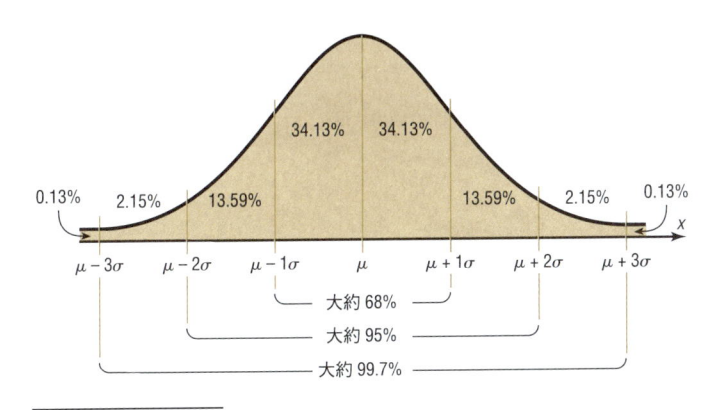

圖 6-4 常態分配曲線下的面積

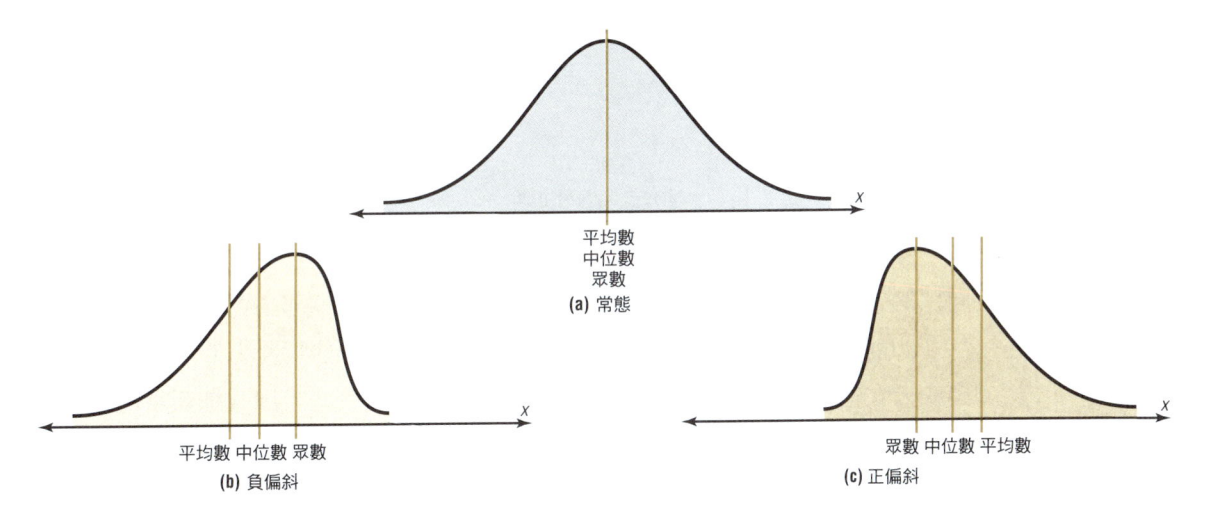

圖 6-5 常態與偏斜分配

均數右邊的時候，分配被稱為**負偏斜分配 (negatively-skewed distribution)** 或是**左偏斜分配 (left-skewed distribution)**。這時候，平均數在中位數的左邊，平均數和中位數都在眾數的左邊。詳見圖 6-5(b)。當大部分的數據落在平均數左邊的時候，分配被稱為**正偏斜分配 (positively-skewed distribution)** 或是**右偏斜分配 (right-skewed distribution)**。這時候，平均數在中位數的右邊，平均數和中位數都在眾數的右邊。詳見圖 6-5(c)。

分配曲線的「尾巴」會指出偏斜的方向（往右是正偏斜，往左是負偏斜）。這一些分配可以用圖 3-1 加以比較。兩種方式採用一樣的原則。

➡ 標準常態分配

因為每一個常態分配的變數有著自己的平均數和標準差，如前述，這些曲線的形狀和位置就會變動。實務上，你必須有每一個變數曲線下方面積的表

統計學

學習目標 ❸
在已知各種 z 值的條件下，求出標準常態分配的面積。

格。為了簡化，統計學家使用「標準常態分配」。

> **標準常態分配 (standard normal distribution)** 是一種平均數等於 0 且標準差等於 1 的常態分配。

標準常態分配顯示在圖 6-6。

曲線下的數字表示該區域面積的比例（百分比）。比如說，在平均數與一個標準差（往上或是往下）之間的面積大概是 0.3413，或是 34.13%。

標準常態分配的公式如下：

$$y = \frac{e^{-z^2/2}}{\sqrt{2\pi}}$$

利用以下標準分數的公式，每一個常態分配的變數都可以轉換為標準常態分配的變數：

$$z = \frac{數字 - 平均數}{標準差} \quad 或 \quad z = \frac{X - \mu}{\sigma}$$

同樣的公式在第 3-3 節也用過。在第 6-3 節會解釋這一項公式。

如前述，常態分配曲線下的面積可以用來回答一些實務上的問題，例如求出成人女性身高介於 5 呎 4 吋與 5 呎 7 吋的比例，或是求出某種新電池的壽命超過 4 年的機率。因此，這一節主要是討論針對任意 z 值，如何求出標準常態曲線下的面積。第 6-2 節會討論應用。一旦 X 值利用前述公式轉換，即為所謂的 z 值。這些 **z 值 (z value)** 或是所謂的 **z 分數 (z score)** 實際上是某一個特定 X 值與平均數偏離了幾個標準差。附錄 C 的表 D 提供標準常態曲線下方從 −3.49 到 3.49 的 z 值的面積（有四位小數）。

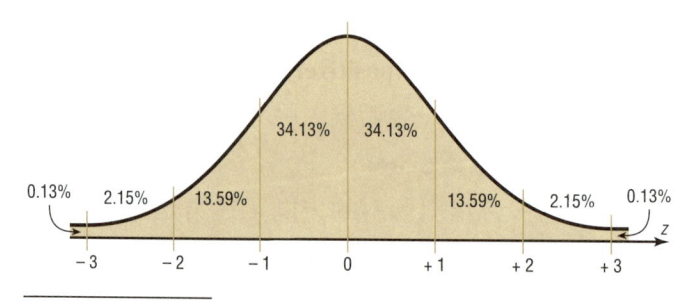

圖 6-6 標準常態分配

第 6 章 常態分配

➥ 求出標準常態曲線下方的面積

針對標準常態分配的問題,我們建議的兩步驟程序顯示在下方程序表。這兩項步驟是:

1. 繪製常態分配曲線,並且塗上(對應問題所求的)陰影。
2. 在程序表內找出合適的圖,然後按照指示的方向。

有三種基本問題,而且這三種都被摘要在程序表內。注意,這一張表旨在提供了解如何使用標準常態分配表,以及如何圖形化問題。在學過這一項程序之後,你會發現解題時不需要不斷地回顧這一張表。

> **趣 聞**
> 早期丟銅板以及擲骰子的實驗經常出現鐘形分配。

程序表

求出標準常態曲線下方的面積

1. z 值左邊的面積:在表上找到 z 值,然後讀取表格上的數字。

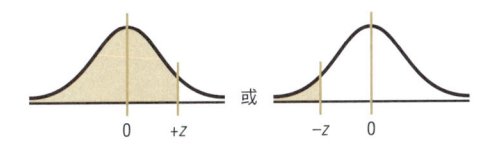

2. z 值右邊的面積:在表上找到 z 值,然後用 1 減去表格上的數字。

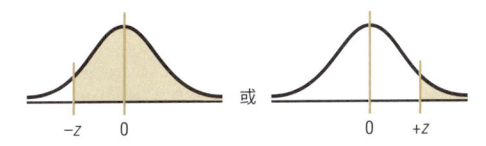

3. 介於兩個 z 值的面積:在表上找到兩個 z 值對應的數字,然後大的減去小的。

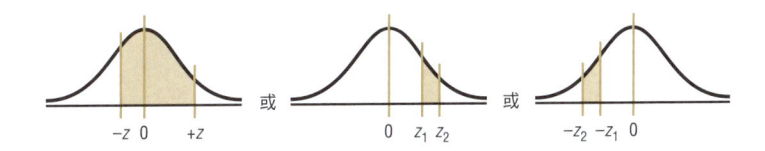

附錄 C 的表 D 提供標準常態曲線下方任意 z 值左邊的面積,有四位小數。比如說,1.39 這一個 z 值左邊的面積,落在最左邊那一行標示為 1.3 且最上面那一列標示為 0.09 這兩者交會的 0.9177。詳見圖 6-7。

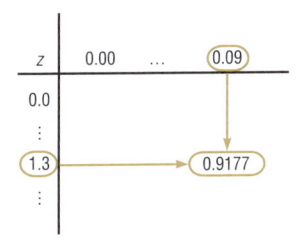

圖 6-7 表 D 中 z = 1.39 的面積

例題 6-1

求出 $z = 2.09$ 左邊標準常態曲線下的面積。

解答

步驟 1 繪圖。欲求的面積顯示在圖 6-8。

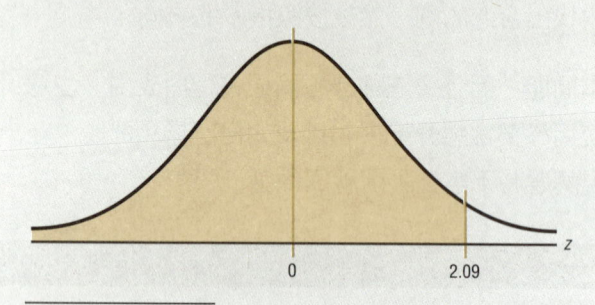

圖 6-8 針對例題 6-1，標準常態曲線下方的面積

步驟 2 我們求出位在 $z = 2.09$ 左邊標準常態曲線下方的面積。因為這是第一種情況的例子，所以面積就在表格內。它是 0.9817。因此，$z = 2.09$ 左邊的面積占 98.17%。

例題 6-2

求出 $z = -1.14$ 右邊標準常態曲線下的面積。

解答

步驟 1 繪圖。欲求的面積顯示在圖 6-9。

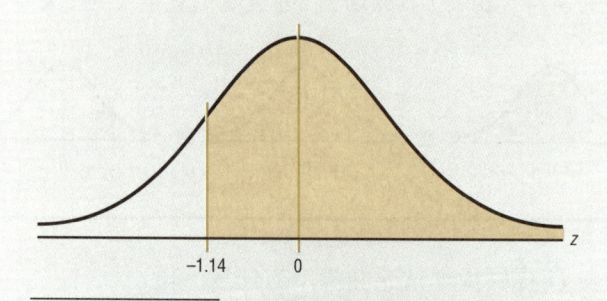

圖 6-9 針對例題 6-2，標準常態曲線下方的面積

步驟 2 我們現在想要知道 $z = -1.14$ 右邊的面積。這是第二種情況的例子。在表 D 找出 $z = -1.14$ 左邊的面積，它是 0.1271。用 1.0000 減去這一個數字，$1.0000 - 0.1271 = 0.8729$。因此，在標準常態曲線下方有 87.29% 的面積在 $z = -1.14$ 的右邊。

注意:這時候,我們用 1.0000 減去面積 0.1271,這是因為表格提供的面積是從最左邊到 −1.14 的答案。所以,為了取得 −1.14 右邊曲線下的面積,用標準常態曲線下的總面積 1.0000 減去面積 0.1271。

例題 6-3

求出介於 $z = 1.62$ 和 $z = -1.35$ 之間標準常態曲線下的面積。

解答

步驟 1　繪圖。欲求的面積顯示在圖 6-10。

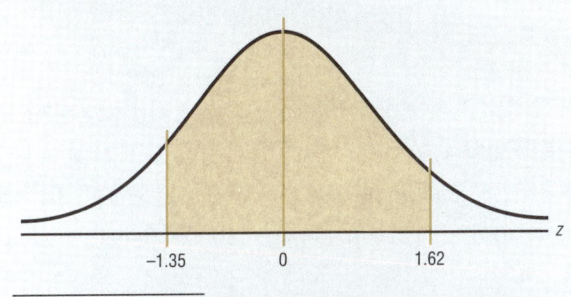

圖 6-10　針對例題 6-3,標準常態曲線下方的面積

步驟 2　因為欲求的面積介於兩個已知的 z 值之間,先找出對應這兩個 z 值的面積,然後大的面積減去小的面積(不是大的 z 值減去小的 z 值)。$z = 1.62$ 的面積是 0.9474;$z = -1.35$ 的面積是 0.0885。介於這兩個 z 值之間的面積是 $0.9474 - 0.0885 = 0.8589$,或是 85.89%。

➡ 常態分配曲線

　　常態分配曲線是一種機率分配曲線,可以被用來當作是常態變數的機率分配曲線。先回顧一下,常態分配是連續型分配,和第五章討論過的離散型機率分配是不一樣的。事實上,它是連續的,意味著曲線上沒有任何間隙。換言之,對每一個 x 軸上的 z 值,都會有一個對應的高度,或說是頻率值。

　　標準常態分配曲線下方的面積可以被認為是一種機率,也就是說,如果可以隨機挑選 z 值,比如說在 0 和 2.00 之間挑一個的機率就會是曲線下方介於 0 和 2.00 的面積。這時候,面積是 0.4772。因此,隨機挑選一個數字,它落在 0 和 2.00 之間的機率是 0.4772。解答涉及機率的問題就像這一節先前我們解答面積的問題一樣。比如說,隨機挑選一個數字,求出它落在 2.25 和 2.94 之間的機率這樣的問題,可以利用程序表第三個情況提供的作法來解答。

　　針對機率,我們使用一種特殊的符號。比如說,如果問題是為了求出 z 值

落入 0 和 2.32 之間的機率,這一項機率會被寫成 $P(0<z<2.32)$。

注意:針對某一種連續型分配,剛好挑到某一個 z 值的機率是 0,因為這一項機率就是在那一個 z 值上方垂直線的面積,但理論上這一條直線(實際上只是一條線段)是沒有面積的,所以 $P(a \leq z \leq b) = P(a<z<b)$。

例題 6-4

求出以下每一個面積。(假設這是一種標準常態分配。)

a. $P(0<z<2.53)$
b. $P(z<1.73)$
c. $P(z>1.98)$

解答

a. $P(0<z<2.53)$ 被用來代表標準常態曲線下介於 $z=0$ 和 $z=2.53$ 之間的面積。首先,畫個標準常態曲線,並且為目標面積畫上陰影,如圖 6-11 所示。接著,從表 D 找出對應 $z=2.53$ 的面積是 0.9943。第三,在表 D 找出對應 $z=0$ 的面積是 0.5000。最後,兩項面積一減,0.9943 − 0.5000 = 0.4943。因此,機率是 0.4943 或者是 49.43%。

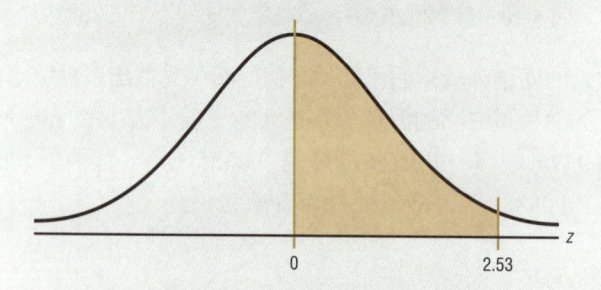

圖 6-11 針對例題 6-4 的 a 小題,標準常態曲線下方的面積

b. $P(z<1.73)$ 被用來代表標準常態曲線下 $z=1.73$ 左邊的面積。首先,畫個標準常態曲線,並且為目標面積畫上陰影,如圖 6-12 所示。接著,從表 D 找出對應 1.73 的面積是 0.9582。因此,得到小於 1.73 之 z 值的機率是 0.9582 或者是 95.82%。

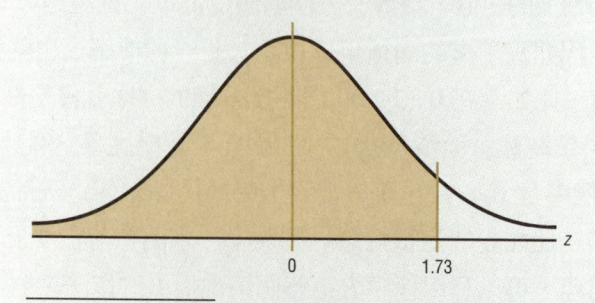

圖 6-12 針對例題 6-4 的 b 小題,標準常態曲線下方的面積

c. $P(z > 1.98)$ 被用來代表標準常態曲線下 $z = 1.98$ 右邊的面積。首先,畫個標準常態曲線,並且為目標面積畫上陰影,如圖 6-13 所示。接著,從表 D 找出對應 $z = 1.98$ 的面積是 0.9761。最後,用 1.0000 減去這一項面積,1.0000 − 0.9761 = 0.0239。因此,得到大於 1.98 之 z 值的機率是 0.0239 或者是 2.39%。

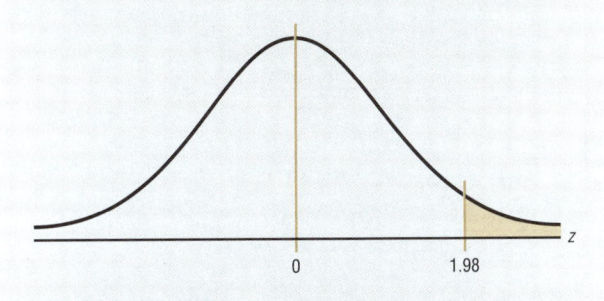

圖 6-13 針對例題 6-4 的 c 小題,標準常態曲線下方的面積

有時候,人們必須求出對應某一個標準常態分配曲線下方面積的 z 值。這個過程是一種反向查表 D 的過程。

因為表 D 是一種累積(從遙遠的左邊往右邊累積面積)的表格,有必要求出累積到某一個特定 z 值的面積。例題 6-5 示範這件事。

例題 6-5

求出 z 值使得標準常態分配曲線下方介於 0 和它之間的面積是 0.2123。

解答

繪圖。欲求的面積顯示在圖 6-14。

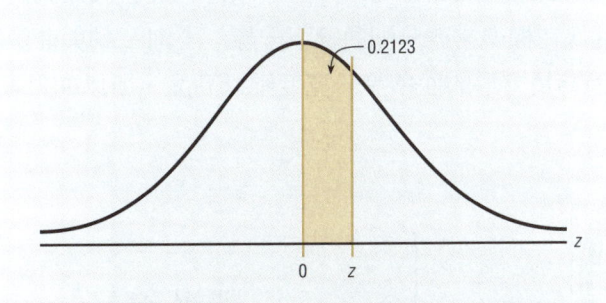

圖 6-14 針對例題 6-5,標準常態曲線下方的面積

在這個例子,需要將題意給定的面積 0.2123 加上 0.5000,以取得 0.7123 的累積面積。在表 D 找出這一項面積。從這一個數字出發,往左邊看找出在最左邊那一行的 0.5,接著往上看找出在最上面那一列的 0.06,把這兩個數字加起來會得到 $z = 0.56$。詳見圖 6-15。

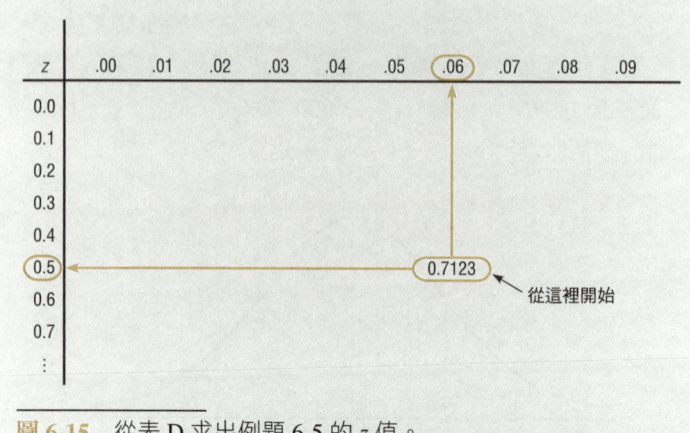

z	.00	.01	.02	.03	.04	.05	.06	.07	.08	.09
0.0										
0.1										
0.2										
0.3										
0.4										
0.5							0.7123			
0.6										
0.7										

圖 6-15 從表 D 求出例題 6-5 的 z 值。

　　如果無法直接求出答案，可以使用最接近的數字。比如說，如果你想要求出面積 0.9241 的 z 值，最接近的面積是 0.9236，對應的 z 值是 1.43。詳見附錄 C 的表 D。

　　透過電池驅動的手錶，可以理解使用某種連續曲線的面積來決定機率的理由。當電池的電量愈來愈少，分針停在數字 2 和 5 之間的機率是多少？這時候，因為時針可能停在 0 和 12 之間的任何一點，因此樣本空間可以被視為有 12 個單位。而數字 2 和 5 之間的距離是 3 個單位，所以分針停在數字 2 和 5 之間的機率是 $\frac{3}{12} = \frac{1}{4}$。詳見圖 6-16(a)。

　　同樣的問題也可以透過連續變數的圖得到答案。讓我們假設手錶停在任何時間是隨機的，加上時針以均勻的速度在 0 到 12 之間繞行。所以答案可以透過一個有著 12 個單位的連續均勻分配圖取得。現在假如我們需要曲線下方面積等於 1（就像在標準常態分配曲線下一樣），則 x 軸與曲線圍成的長方形高度會是 $\frac{1}{12}$。因為長方形的面積等於寬度乘以高度，所以如果寬度有 12 個單

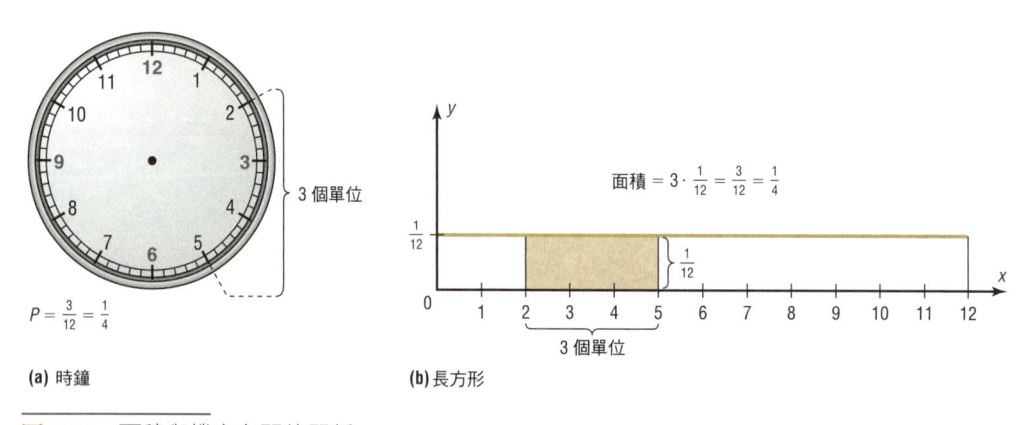

$P = \frac{3}{12} = \frac{1}{4}$

(a) 時鐘

面積 $= 3 \cdot \frac{1}{12} = \frac{3}{12} = \frac{1}{4}$

(b) 長方形

圖 6-16 面積與機率之間的關係。

位,則高度會是 $\frac{1}{12}$,因為 $12 \cdot \frac{1}{12} = 1$。

從 2 到 5 為底所圍出來的長方形面積是 $3 \cdot \frac{1}{12}$,或是 $\frac{1}{4}$。詳見圖 6-16(b)。注意,這一個小長方形的面積和先前求出的機率是一樣的。因此這一項面積對應這一項事件的機率。同樣的論證也可以用在例題 6-5 的標準常態分配曲線。

為了解決各式各樣常態分配變數的問題,求出標準常態分配曲線下方的面積是整個過程的第一步。有一些這一類的應用會出現在第 6-2 節。

觀念應用 6-1　保證常態性

在統計學經常需要檢視一組數據是否接近常態分配。有一些特殊的技巧可以用。其中一項就是為數據繪製一份直方圖,並且檢查它的形狀是不是接近鐘形的。(注意:不需要絕對對稱才會是鐘形的。)

以下是前 50 大圖書館的分館數資料。

67	84	80	77	97	59	62	37	33	42
36	54	18	12	19	33	49	24	25	22
24	29	9	21	21	24	31	17	15	21
13	19	19	22	22	30	41	22	18	20
26	33	14	14	16	22	26	10	16	24

資料來源:*The World Almanac and Book of Facts.*

1. 建構數據的頻率分配。
2. 建構數據的直方圖。
3. 描述直方圖的形狀。
4. 根據第 3 題的答案,你覺得數據的分配接近常態嗎?

除了直方圖,如果數據的分配接近常態,大概會有 68% 的數據與平均數偏離會落在一個標準差的範圍內,大概會有 95% 的數據與平均數偏離會落在兩個標準差的範圍內,幾乎 100% 的數據與平均數偏離會落在三個標準差的範圍內。詳見圖 6-5。

5. 求出數據的平均數以及標準差。
6. 有多少比例的數據與平均數偏離會落在一個標準差的範圍內?
7. 有多少比例的數據與平均數偏離會落在兩個標準差的範圍內?
8. 有多少比例的數據與平均數偏離會落在三個標準差的範圍內?
9. 第 6、7、8 題的答案分別與 68、95、100% 比較,結果如何?
10. 你的答案對第 4 題的結論有幫助嗎?

答案在第 288 頁。

練習題 6-1

1. 常態分配的特性是什麼？
2. 常態分配曲線下方距離平均數上下各一個標準差的比例大概是多少？兩個標準差呢？三個標準差呢？

針對練習題 3~7，求出標準常態分配曲線下的面積。

3. 介於 $z=0$ 和 $z=-2.14$ 之間。
4. $z=-1.39$ 的左邊。
5. 介於 $z=-1.56$ 和 $z=-1.83$ 之間。
6. $z=2.22$ 的左邊。
7. $z=1.92$ 的右邊加上 $z=-0.44$ 的左邊。

針對練習題 8~10，使用標準常態分配求出每一個問題的機率答案。

8. $P(-1.43 < z < 0)$
9. $P(z < -1.46)$
10. $P(1.51 < z < 2.17)$

針對練習題 11~12，求出對應已知面積的 z 值。

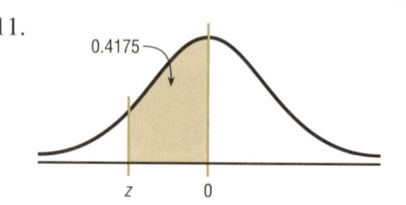

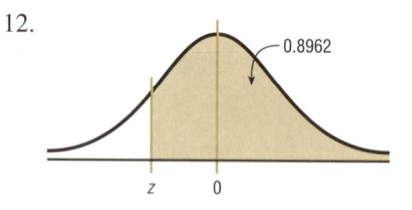

11. 面積 0.4175（z 在 0 的左邊）
12. 面積 0.8962（z 在 0 的左邊）

13. 求出兩個 z 值，一正一負，它們距離平均數一樣遠，使得這兩個數字往左及往右的尾巴面積分別是
    a. 5%
    b. 10%
    c. 1%

Excel 技術步驟解析

標準常態分配

求出標準常態分配曲線下方的面積

例題 XL6-1

求出 $z=1.99$ 左邊的面積。
在空白儲存格內輸入 =NORMSDIST(1.99)
答案是 0.976705

例題 XL6-2

求出 $z=-2.04$ 右邊的面積。
在空白儲存格內輸入 =1−NORMSDIST(−2.04)
答案是 0.979325

例題 XL6-3

求出介於 $z=-2.04$ 和 $z=1.99$ 之間的面積。
在空白儲存格內輸入 =NORMSDIST(1.99)−NORMSDIST(−2.04)
答案是 0.956029

求出已知標準常態分配曲線下方面積的某一個 z 值

例題 XL6-4
求出已知累加面積（z 左邊的面積）是 0.0250 的 z 值。
在空白儲存格內輸入 = NORMSINV(0.025)
答案是 − 1.95996

例題 XL6-5
求出右邊面積是 0.4567 的 z 分數。
我們必須求出對應累積面積 1 − 0.4567 的 z 分數。
在空白儲存格內輸入 = NORMSINV(1 − 0.4567)
答案是 0.108751

例題 XL6-6
求出介於 − z 和 z 之間的面積是 0.98 的 z 分數。
我們必須求出對應累積面積 0.98 + 0.01 或者是 0.99 的 z 分數。
在空白儲存格內輸入 = NORMSINV(0.99)
答案是 2.326348

注意：我們也可以在某個儲存格內輸入 = − NORMSINV(0.01) 而求出例題 XL6–6 的 z 分數。

6-2 常態分配的應用

學習目標 ❹
透過轉換為標準常態變數得知常態分配變數的各種機率。

標準常態分配曲線可以應用在各式各樣的實務問題。唯一的要求就是變數是常態分配的或是接近常態分配的。有幾種數理檢定可以用來決定某一個變數是否為常態分配的。對於出現在這一章的所有問題，皆可以假設變數是常態分配的或是接近常態分配的。

為了利用標準常態分配求解問題，先利用以下的公式：

$$z = \frac{\text{數字} - \text{平均數}}{\text{標準差}} \quad \text{或} \quad z = \frac{X - \mu}{\sigma}$$

把原始變數轉換為標準常態分配變數，這一個公式和第 3-3 節的一樣。這個公式把變數的數值轉換為標準單位，或說是 z 數值。一旦變數被轉換過後，接著便可以利用程序表以及附錄 C 的表 D 來回答問題。

比如說，假設某一項標準測驗的分數是常態分配的，它有著平均數 100 以及標準差 15。當分數被轉換為 z 值，兩者的分配會重疊在一起，如圖 6-17 所示。（回憶一下，z 分配的平均數是 0，而標準差是 1。）

統計學

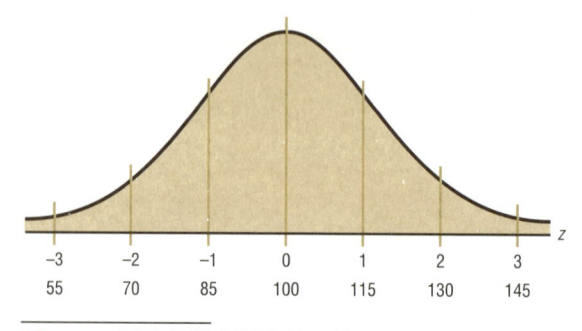

圖 6-17 測驗分數與對應的 z 值

注意：本書的 z 值會被四捨五入到兩位小數，因為表 D 提供的 z 值只有兩位小數。

既然我們有能力得知標準曲線下的面積，故把變數的數值轉換為 z 值，然後再求出如第 6-1 節討論過標準常態分配下的面積。

這一項程序摘要如下。

程序表

求出任意常態曲線下的面積

步驟 1 畫個標準常態曲線，並且為目標面積畫上陰影。

步驟 2 利用公式 $z = \dfrac{X - \mu}{\sigma}$ 把 X 值轉成 z 值。

步驟 3 使用表格、計算機或是軟體求出面積。

例題 6-6　血液公升數

每一位成年人平均有 5.2 公升的血液。假設這個變數是常態分配的，而且標準差是 0.3。求出血液總量低於 5.4 公升的人數比例。

解答

步驟 1 畫個標準常態曲線，並且為目標面積畫上陰影。顯示在圖 6-18。

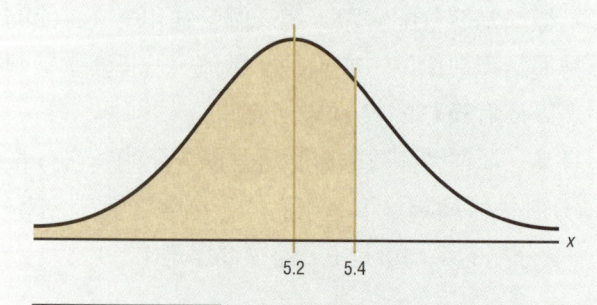

圖 6-18 針對例題 6-6，標準常態曲線下方的面積

步驟 2 求出對應 5.4 的 z 值。

$$z = \frac{X - \mu}{\sigma} = \frac{5.4 - 5.2}{0.3} = \frac{0.2}{0.3} = 0.67$$

因此，5.4 高過平均數 0.67 個標準差，如圖 6-19 所示。

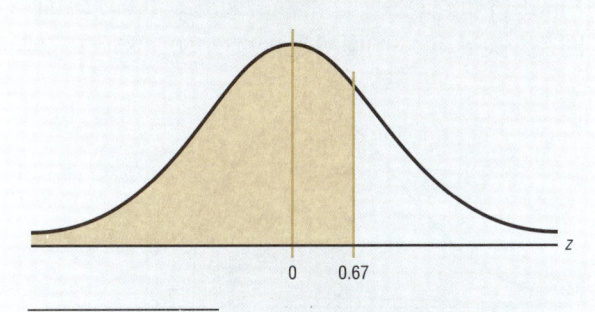

圖 6-19 例題 6-6 的 z 值和面積

步驟 3 利用表 D 求出面積。在 z = 0.67 左邊曲線下方的面積是 0.7486。

因此，有 0.7486 或說是 74.86 % 的成年人身體裡血液總量低於 5.4 公升。

例題 6-7　每月回收報紙

每一個月，每一戶美國家庭平均產生 28 磅的報紙垃圾或是回收物。假設標準差是 2 磅。如果隨機挑選一戶人家，求出每個月其產生下列回收量的機率。

a. 介於 27 和 31 磅
b. 超過 30.2 磅

資料來源：Michael D. Shook and Robert L. Shook, *The Book of Odds*.

解答 a

步驟 1 繪圖。欲求的面積顯示在圖 6-20。

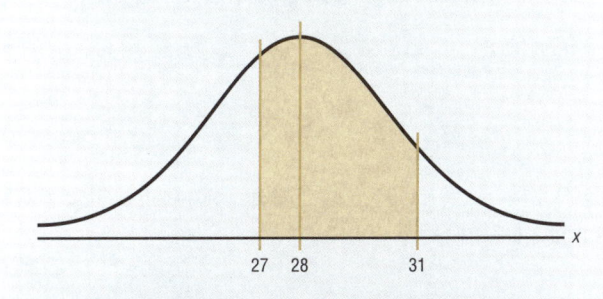

圖 6-20 針對例題 6-7 的 a 小題，標準常態曲線下方的面積

步驟 2 求出兩個 z 值。

$$z_1 = \frac{X - \mu}{\sigma} = \frac{27 - 28}{2} = -\frac{1}{2} = -0.5$$

$$z_2 = \frac{X - \mu}{\sigma} = \frac{31 - 28}{2} = \frac{3}{2} = 1.5$$

步驟 3 使用表 D 求出合適的面積。z_2 左邊的面積是 0.9332，而 z_1 左邊的面積是 0.3085。因此介於 z_1 和 z_2 的面積是 0.9332－0.3085＝0.6247。見圖 6-21。

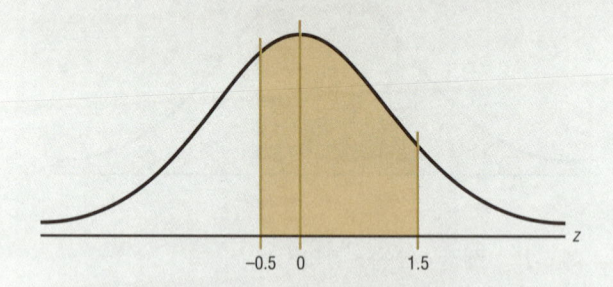

圖 6-21 例題 6-7 的 a 小題之 z 值和面積

所以，隨機挑選一戶美國家庭，每個月回收量介於 27 和 31 磅的機率是 62.47%。

解答 b

步驟 1 繪圖。欲求的面積顯示在圖 6-22。

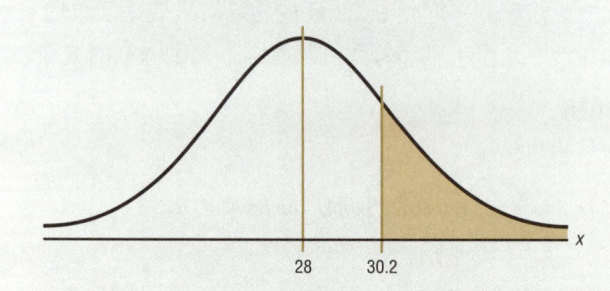

圖 6-22 針對例題 6-7 的 b 小題，標準常態曲線下方的面積

步驟 2 求出 30.2 的 z 值。

$$z = \frac{X - \mu}{\sigma} = \frac{30.2 - 28}{2} = \frac{2.2}{2} = 1.1$$

步驟 3 求出合適的面積。$z = 1.1$ 的左邊面積是 0.8643，因此 $z = 1.1$ 的右邊面積是 1.0000－0.8643＝0.1357。見圖 6-23。

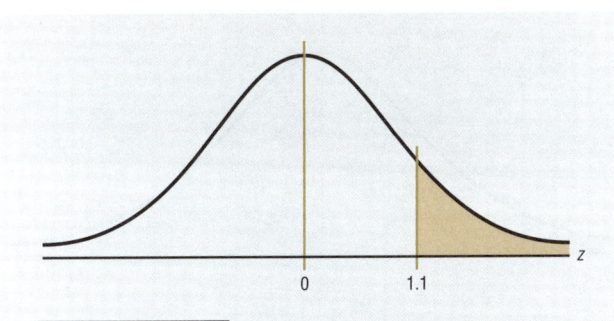

圖 6-23 例題 6-7 的 b 小題之 z 值和面積

所以，隨機挑選一戶美國家庭，每個月回收量超過 30.2 磅的機率是 0.1357，或 13.57%

常態分配也可以被用來回答「有幾個？」這一類的問題。這一項應用顯示在例題 6-8。

例題 6-8　桌機的用電量

一部桌機每天使用四小時，每小時會使用 120 瓦的電量。假設這個變數大概是常態分配的，而且標準差是 6。如果挑選 500 部桌機，大概會有幾部耗電量低於 106 瓦？

解答

步驟 1　畫個標準常態曲線，並且為目標面積畫上陰影。見圖 6-24。

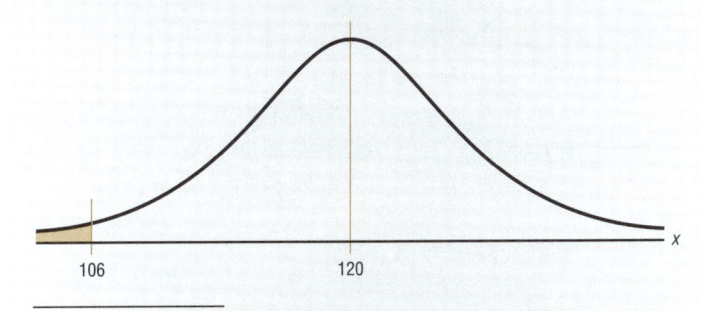

圖 6-24 針對例題 6-8，標準常態曲線下方的面積

步驟 2　求出對應 106 的 z 值。

$$z = \frac{X - \mu}{\sigma} = \frac{106 - 120}{6} = -2.33$$

步驟 3　在表 D 求出對應 $z = -2.33$ 的面積，它是 0.0099。見圖 6-25。

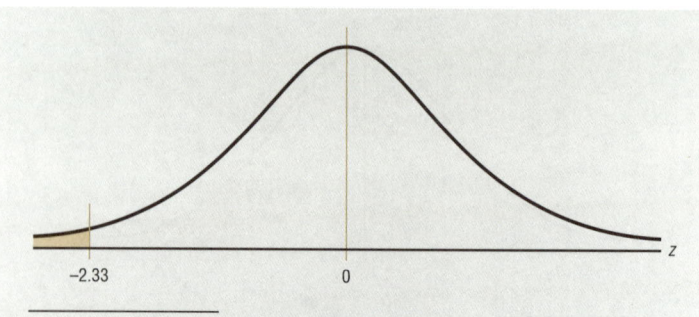

圖 6-25 例題 6-8 的 z 值和面積

為了求出耗電量低於 106 瓦的桌機有幾部，計算乘法 500×0.0099 = 4.95。既然我們正在使用一部一部的桌機，四捨五入到 5，因此，大概有 5 部桌機的耗電量低於 106 瓦。

注意：針對使用比例的問題，記得在乘法計算之前，把比例變成小數。同時，記得把答案四捨五入到最接近的整數，因為不可能會有 4.95 部桌機。

➥ 求出特定機率的數據

常態分配也可以用來求出對應特定機率的數據。這時候，已知某一個機率或是比例，然後需要得知對應數據的數值 X。你可以使用公式 $z = \frac{X-\mu}{\sigma}$，代入 z、μ 和 σ 等三項數值，然後解 X。但是，你也可以轉換前述公式並且如下所示般解 X。

$$z = \frac{X - \mu}{\sigma}$$
$$z \cdot \sigma = X - \mu \quad \text{兩邊乘以 } \sigma$$
$$z \cdot \sigma + \mu = X - \mu + \mu \quad \text{兩邊都加上 } \mu$$
$$X = z \cdot \sigma + \mu \quad \text{交換方程式的左右邊}$$

現在你可以使用這一項新公式求解 X 的數值。

求出某一個常態變數 X 數值的公式

$$X = z \cdot \sigma + \mu$$

求出 X 數值的完整程序摘要在下述的程序表。

第 6 章 常態分配

程序表

求出特定機率的數據

步驟 1 畫個標準常態曲線，並且為目標機率、比例或是百分比畫上陰影。
步驟 2 從表格找出對應需求面積的 z 值。
步驟 3 使用公式 $X = z\sigma + \mu$ 求解 X 數值。

例題 6-9　警校資格考

為了取得警校入學資格，候選人的一般能力測驗分數必須位在前 10%。這一項測驗有著平均數 200 以及標準差 20。求出入學資格的最低分。假設測驗分數是常態分配的。

學習目標 ❺

在已知比例的條件下，透過標準常態求出某個特定的數據。

解答

步驟 1 畫個標準常態曲線，並且為目標機率、比例或是百分比畫上陰影。

因為測驗分數是常態分配的，測驗分數 X 必須截去常態分配曲線上方 10% 的面積。這一項面積如圖 6-26 所示。

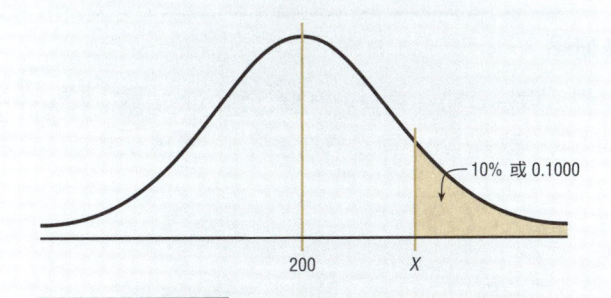

圖 6-26　針對例題 6-9，常態曲線下方的面積

倒著找出答案。用 1.0000 減去 0.1000，得到常態分配曲線下方 X 的左邊面積，即 $1.0000 - 0.1000 = 0.9000$。

步驟 2 透過在表 D 的面積部分尋找 0.9000，求出對應面積 0.9000 的 z 值。如果無法求出特定的數字，我們會建議使用最接近的數字——這時候是 0.8997，如圖 6-27 所示。對應的 z 值是 1.28。（如果面積剛好落在兩個 z 值面積的中點，採用比較大的 z 值。比如說，面積 0.9500 落在 0.9495 以及 0.9505 之間，這時候我們建議 z 值採用 1.65 而不是 1.64。）

統計學

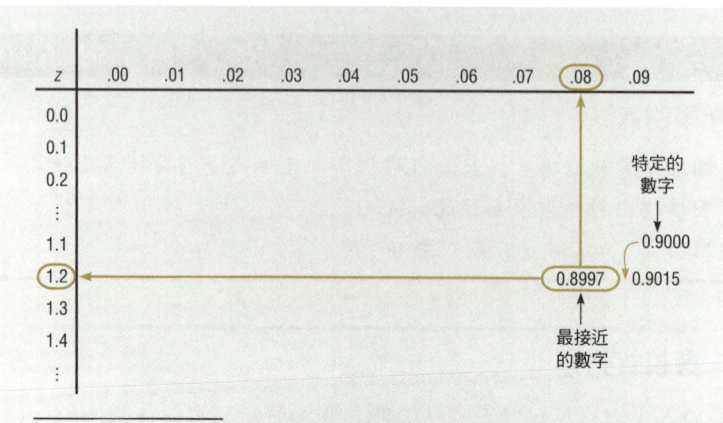

圖 6-27　從表 D 求出 z 值（例題 6-9）

趣聞
美國是最大的巧克力消費國，一年花掉 166 億美元。

步驟 3　求出 X 數值。

$$X = z \cdot \sigma + \mu = 1.28(20) + 200 = 25.6 + 200$$
$$= 225.6 = 226（四捨五入）$$

226 這一個分數應該被當作是切割點。任何人分數超過 226 都會取得資格。

例題 6-10　收縮壓

針對一項醫學研究，有一位研究者需要挑選母體內收縮壓位在中間 60% 的那一些人。假如收縮壓的平均數是 120，而且標準差是 8，求出有資格參與研究那一群人的最低與最高血壓。

解答

步驟 1　畫個標準常態曲線，並且為目標機率、比例或是百分比畫上陰影；而且切割點如圖 6-28 所示。

需要兩個數字，一個高於平均、一個低於平均。

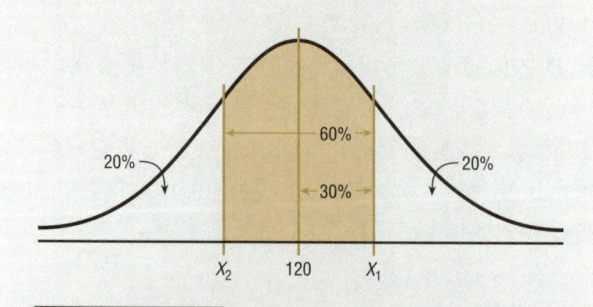

圖 6-28　針對例題 6-10，常態曲線下方的面積

步驟 2　求出 z 值。

為了得到正 z 值左邊的面積，作加法 0.5000 + 0.3000 = 0.8000（30% = 0.3000）。左邊面積最靠近 0.8000 的 z 值是 0.84。

步驟 3 計算 X 數值。

代入公式 $X = z\sigma + \mu$ 得到

$$X_1 = z\sigma + \mu = (0.84)(8) + 120 = 126.72$$

負 z 值左邊的面積是 20%，或說是 0.2000。面積最接近 0.2000 的 z 值是 -0.84。

$$X_2 = (-0.84)(8) + 120 = 113.28$$

所以，中間 60% 那一些人的收縮壓讀數位在 $113.28 < X < 126.72$。

如這一節所示，在回答常態分配變數或是接近常態分配變數的許多問題上，常態分配是一項有用的工具。

➥ 決定常態性

常態造型或是鐘形分配只是許多分配形狀中的一種；不過，它非常重要，因為許多統計方法都需要數據的分配是常態的或是接近常態的形狀。

統計學家有許多方法檢查常態性。最簡單的方法是為數據繪製一張直方圖，並且檢查它的形狀。如果直方圖的形狀不接近鐘形，則數據就不是常態分配的。

可以透過 Pearson 偏斜係數 (Pearson coefficient of skewness, PC) 檢查偏斜程度，這一個係數也叫作 Pearson 偏斜指數。公式如下：

$$PC = \frac{3(\overline{X} - 中位數)}{s}$$

如果指數超過或等於 $+1$，或者是低於或等於 -1，我們可以認定數據顯著地往某一邊偏斜。

另外，可以用第三章的方法檢查離群值。即使只有一個或是兩個離群值，都會對常態性造成重大的影響。

例題 6-11 和 6-12 討論如何檢查常態性。

例題 6-11　科技公司的庫存

一份 18 家高科技公司的調查指出，他們手邊商品的庫存天數如下所示。決定這一組數據是否接近常態分配。

| 5 | 29 | 34 | 44 | 45 | 63 | 68 | 74 |
| 81 | 88 | 91 | 97 | 98 | 113 | 118 | 151 |

資料來源：*USA TODAY*.

解答

步驟 1 建構數據的頻率分配，並且繪製數據的直方圖，如圖 6-29 所示。

組別	頻率
5-29	2
30-54	3
55-79	4
80-104	5
105-129	2
130-154	1
155-179	1

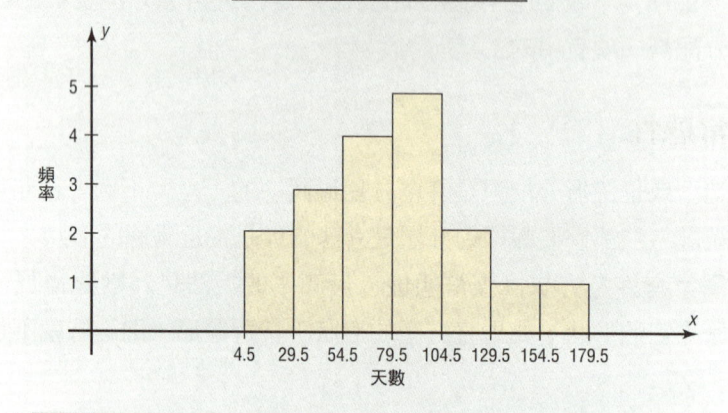

圖 6-29 例題 6-11 的直方圖

因為直方圖的形狀接近鐘形，我們可以說數據的分配接近常態。

步驟 2 檢查偏斜程度。針對這一些數據，$\bar{X} = 79.5$，中位數 $= 77.5$，以及 $s = 40.5$。利用 Pearson 偏斜係數得到

$$PC = \frac{3(79.5 - 77.5)}{40.5}$$
$$= 0.148$$

這時候，PC 沒有超過 +1 或是低於 -1，所以可以論斷數據背後的分配並沒有顯著偏斜。

步驟 3 檢查離群值。回憶一下，離群值是落在高過 Q_3 1.5 倍 IQR 以上或是低於 Q_1 1.5 倍 IQR 以下的數據。在此例題中，$Q_1 = 45$ 以及 $Q_3 = 98$；因此，IQR $= Q_3 - Q_1 = 98 - 45 = 53$。如果是離群值，會是低於 $45 - 1.5(53) = -34.5$ 或是高於 $98 + 1.5(53) = 177.5$ 的數據。在這個例題中，沒有離群值。

因為直方圖大概是鐘形的，數據沒有嚴重偏斜，而且沒有離群值，可以斷定本題的數據分配大概是常態分配的。

例題 6-12　棒球比賽次數

以下數據顯示棒球名人 Bill Mazeroski 職業生涯每一年的比賽場次。決定這一些數據是否為常態分配。

81	148	152	135	151	152
159	142	34	162	130	162
163	143	67	112	70	

資料來源：*Greensburg Tribune Review.*

解答

步驟 1　為數據建構頻率分配並且繪製直方圖。見圖 6-30。

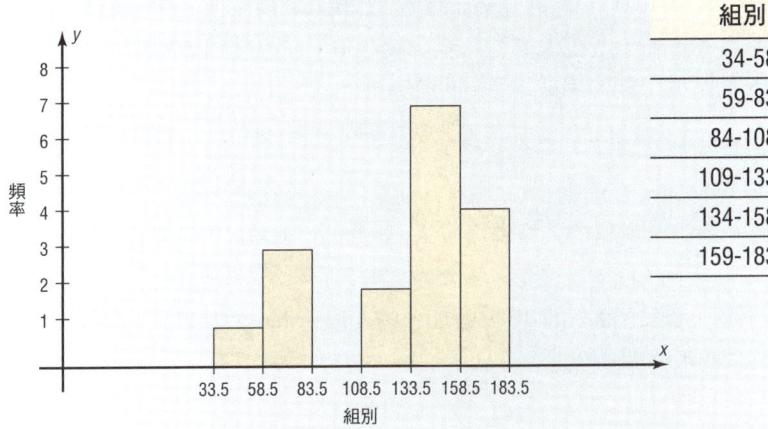

組別	頻率
34-58	1
59-83	3
84-108	0
109-133	2
134-158	7
159-183	4

圖 6-30　例題 6-12 的直方圖

這一項直方圖顯示頻率分配有一點負偏斜（左偏斜）。

步驟 2　檢查偏斜程度；$\bar{X} = 127.24$，中位數 = 143，以及 $s = 39.87$。

$$PC = \frac{3(\bar{X} - \text{中位數})}{s}$$

$$= \frac{3(127.24 - 143)}{39.87}$$

$$\approx -1.19$$

因為 PC 比 -1 小，我們可以論斷分配顯著地偏向左邊。

步驟 3　檢查離群值。在此例題中，$Q_1 = 96.5$ 且 $Q_3 = 155.5$。IQR = $Q_3 - Q_1 = 155.5 - 96.5 = 59$。任何小於 $96.5 - 1.5(59) = 8$ 或是超過 $155.5 + 1.5(59) = 244$ 的數據都會被認為是離群值。此例題沒有離群值。

摘要來看，分配有一點負偏斜。

非凡數字

扒手平均每次偷走 128 美元。

另一種用來檢查常態性的方法是繪製常態位數圖。位數，有時候叫做分位數，是那些大概等分數據的數字。回憶一下，四分位數大概把數據分為四等分，而十分位數大概把數據分為十等分。一張常態位數圖包含代表數據的 x 軸，對應數據位數的 z 值是 y 軸，以及成對數字（數據的位數，對應位數的 z 值）所構成的二維座標上的點。（注意：這一些 z 值的計算有一點複雜，而且必須使用科技輔助繪圖。技術步驟解析會討論如何繪製一張常態位數圖。）如果位數圖上的點沒有大致落在一條直線上，則我們會拒絕常態性假設。

觀念應用 6-2　聰明人

假設你想要在人口 10,000 的加州 Visiala 經營 Mensa 俱樂部。你必須知道有多少人有資格進入 Mensa，這些人的智商至少要 130。你已經知道智商是平均數 100 且標準差 15 的常態分配。完成以下的問題。

1. 求出在 Visiala 大概有多少人符合資格。
2. 在 Visiala 經營 Mensa 合理嗎？
3. 你如何能夠知道符合資格的人會有多少人真的加入俱樂部？明確說明你收集資訊的辦法。
4. 如果你想經營只允許智商在前 10% 者加入的 Ultra-Mensa 俱樂部，請問有資格加入者的智商最少要多少？

答案在第 288~289 頁。

練習題 6-2

1. **電影票**　一部電影早場票的平均價格是 5.81 美元。假如電影票價接近常態分配，而且標準差是 0.81 美元，則隨機挑選一張票，它的價格低於 3.50 美元的機率是多少？

2. **巧克力棒的熱量**　一支 1.5 盎司巧克力棒的平均熱量是 225 卡路里。假設熱量的分配接近標準差 $\sigma = 10$ 的常態分配。隨機挑選一支巧克力棒，求出以下事件的機率：
   a. 熱量介於 200 和 220 卡路里
   b. 熱量低於 200 卡路里
   資料來源：*The Doctor's Pocket Calorie, Fat, and Carbohydrate Counter.*

3. **每年的里程數**　在美國，每部車每年平均跑了 12,494 哩。隨機挑選一部車，並且假設年度里程數是一種標準差等於 1,290 哩的常態變數。一部車開超過 15,000 哩的機率是多少？低於 8,000 哩的機率是多少？如果對方告訴你某部車去年開不到 6,000 哩，你會不會買這部車？
   資料來源：*World Almanac.*

4. **紙張用量**　每一位美國人每一年平均使用 650 磅的紙。假設分配大概是常態的，且母體標準差是 153.5 磅。假如紙張用量這一個變數是常態分配的，求出隨機挑選一位美國人的使用量如下的機率：
   a. 每年超過 800 磅
   b. 每年低於 400 磅
   c. 每年介於 500 和 700 磅之間
   資料來源：*Time—Kids Almanac 2012.*

5. **教授薪資** 私立獨立學院博士級男教授每年平均薪資是 159,964 美元，女教授則是 147,702 美元。就女教授薪資來看，假設其服從標準差為 8,900 美元的常態分配，求出女教授薪資超過男教授平均薪資的機率。

資料來源：*World Almanac 2012*.

6. **個人電腦的價格** 個人電腦的平均價格是 949 美元。假如電腦價格大概是常態分配的，而且 $\sigma = 100$ 美元，隨機挑選一部個人電腦，求出它的價格超過 1,200 美元的機率。價格最低的 10% 之個人電腦的最高價格是多少？

資料來源：*New York Times Almanac*.

7. **住院天數** 所有病患的平均住院天數是 4.8 天。假設住院天數是一種常態分配的變數，而且變異數是 2.1，則 10% 的病患住院天數超過幾天？30% 的病患住院天數低於幾天？

資料來源：www.cdc.gov

8. **手錶壽命** 手錶的平均壽命是 25 個月，標準差是 5 個月。假如分配是常態的，如果廠商不希望換錶的比例超過 10%，則應該提供幾個月的保固？假設壽命分配是常態的。

9. 如以下所示的分配，指出每一種分配的平均數以及標準差。提示：參考圖 6-4 以及圖 6-6。同時，每一條垂直線相隔一個標準差。

   a.

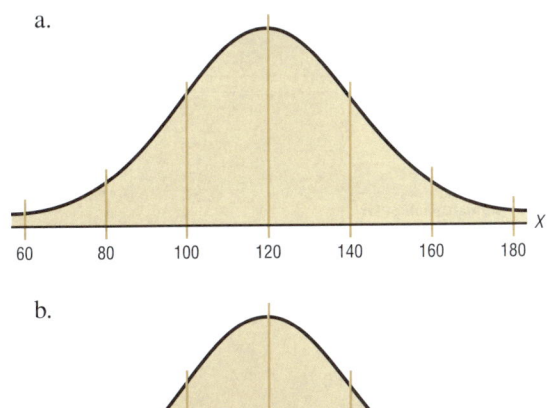

   b.

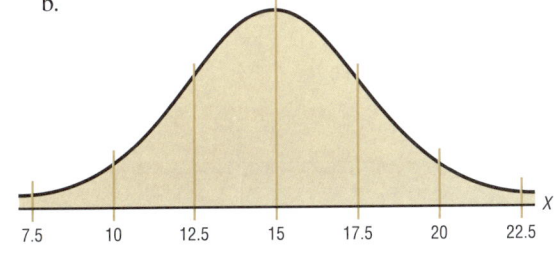

   c.

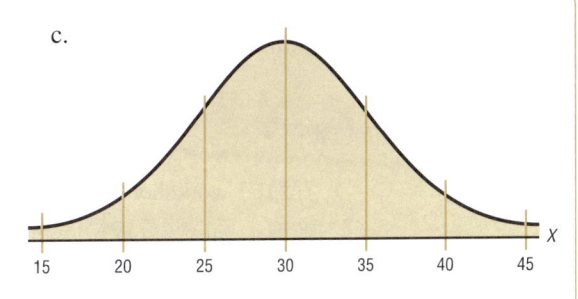

10. **達拉斯的溫度** 德州達拉斯七月平均溫度（每日最高溫）是華氏 85 度。假設一種常態分配，如果每日最高溫超過華氏 100 度的天數比例是 10%，那麼分配的標準差一定要多少才行？

11. **社會福利支出** 考慮每月社會福利支出的分配。假設一種標準差等於 120 美元的常態分配。如果 $\frac{1}{4}$ 的支出超過 1,255.94 美元，那麼每月支出的平均數應該要多少？

資料來源：*World Almanac 2012*.

12. **網路用量** 美國網民每週平均上線 18.3 小時。如果 95% 的網民每週上線時數介於 13.1 與 23.5 小時之間，則隨機挑選一位網民，求出他每週上線時數低於 15 小時的機率。

資料來源：*World Almanac 2012*.

13. **戶外汽車電影院** 以下數據顯示過去 14 年，美國有多少間戶外汽車電影院。檢查這一組數據的常態性。

| 2084 | 1497 | 1014 | 910 | 899 | 870 | 837 | 859 |
| 848 | 826 | 815 | 750 | 637 | 737 | | | |

資料來源：National Association of Theater Owners.

14. **票房收入** 以下數據代表 2009 年一組最賣座影片隨機樣本的票房收入（以百萬美元計）。檢查常態性。

37	32	155	277
146	80	66	113
71	29	166	36
28	72	32	32
30	32	52	84
37	402	42	109

資料來源：http://boxofficemojo.com

15. 使用你的計算機產生 20 個介於 1 到 100 的整數，並且檢查這一些數字是否具有常態性質。你會期待這些數字來自常態嗎？請解釋之。

Excel 技術步驟解析

常態位數圖

為了檢查某一組數據的分配是否接近常態分配，Excel 可以被用來建構一種常態位數圖。

1. 在新的 worksheet（工作表）輸入數據。數據應該以小到大排序。如果尚未排序數據，反白需要被排序的數據，並且從 toolbar（工具列）點選 Sort & Filter（排序與過濾）小圖示。然後點選 Sort Smallest to Largest（從小到大排序）。

2. 在 A 行輸入所有數據且排序之後，點選儲存格 B1，輸入 ＝NORMSINV(1/(2*18))。因為樣本數是 18，每一個分數代表樣本的 $\frac{1}{18}$，或是接近 5.6%。假設每一個數字把數據所在的區間切割成一段一段長度一樣的子區間，而且每一個數字代表某一個子區間的中點。因此，這一項程序藉由假設每一個數字代表某一個長度為 $\frac{1}{18}$ 之子區間的中點把數據標準化了。

3. 針對 A 行每一筆數據重複步驟 2 的程序。不過針對 A 行內每一個後續的數據，為 NORMSINV 函數輸入下一個 $\frac{1}{36}$ 的奇數倍。比如說，在儲存格 B2 輸入 ＝NORMSINV(3/(2*18))，在儲存格 B3 輸入 ＝NORMSINV(5/(2*18))，以下類推，直到所有數據都有了對應的 z 分數。

4. 反白 A 和 B 行的數據，並且點選 Insert，然後是 Scatter chart（散佈圖）。點選 Scatter with only markers（第一種散佈圖）。

5. 為圖形插入標題：用滑鼠左鍵點選圖形的任何區域。從 toolbar（工具列）點選 Chart Tools（圖形工具）與 Layout（佈局），然後點選 Chart Title（圖形標題）。

6. 為水平座標軸變數插入標籤：用滑鼠左鍵點選圖形的任何區域。從 toolbar（工具列）點選 Chart Tools（圖形工具）和 Layout（佈局），然後點選 Axis Titles > Primary Horizontal Axis Title。

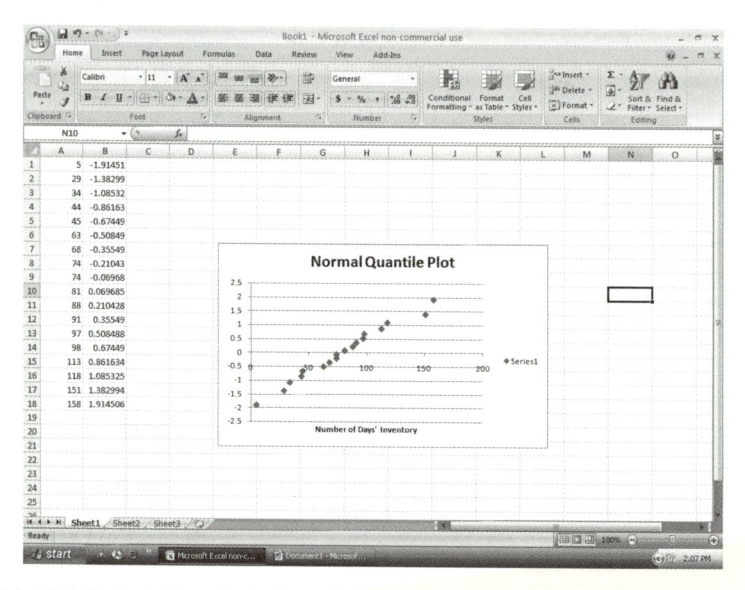

圖形上面的點落在某一條直線的附近，因此，我們推斷數據來自接近常態分配的分配。

6-3 中央極限定理

為了知道個別數據如何在母體平均數附近變化，統計學家有興趣知道來自同一個母體的樣本，它們的平均數在母體平均數附近的變化情形。

學習目標 ❻
針對大樣本，使用中央極限定理求解樣本平均的問題。

➥ 樣本平均數的分配

假設一位研究者挑選一組 30 位成人男性的樣本，並且求出他們的三酸甘油酯水準平均數是每公合 187 毫克。然後挑選第二組樣本，求出平均數是每公合 192 毫克。繼續這樣的過程，共挑選 100 組樣本。現在樣本平均數是一種隨機變數，而且樣本平均數 187, 192, 184, …, 196 構成一項樣本平均數的抽樣分配。

樣本平均數的抽樣分配 (sampling distribution of sample means) 是不斷地從母體挑選固定數量的樣本，並且計算每一次的樣本平均數，所有這些數字所構成的一種分配。

如果隨機取後放回地抽取樣本，大部分時候樣本平均數會和母體平均數 μ 有一些差別。這一些差別源自所謂的抽樣誤差。

抽樣誤差 (sampling error) 是因為每一次的樣本都不是母體的完美代表，所以樣本測度會和母體測度有一些差異。這一項差異就是所謂的抽樣誤差。

當某一個樣本數的所有樣本都是從母體取後放回地被抽出來，則樣本平均數的分配會有兩項重要性質，如下所示。

樣本平均數分配的性質

1. 樣本平均數的平均數等於母體平均數。
2. 樣本平均數的標準差比母體標準差小，而且它會等於母體標準差除以樣本數的正方根。

以下的例子示範這兩項性質。假設有一位大學教授對只有 4 位學生的班級舉辦了一場滿分 8 分的考試。考試結果分別是 2、6、4、8 分。為了方便討論，我們假設這四位學生構成整個母體。母體平均數等於

$$\mu = \frac{2+6+4+8}{4} = 5$$

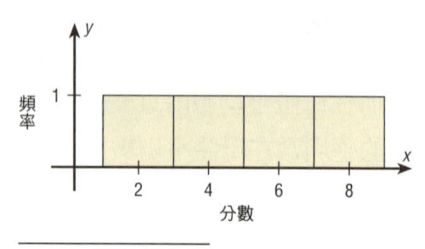

圖 6-31 考試分數的分配

母體的標準差等於

$$\sigma = \sqrt{\frac{(2-5)^2 + (6-5)^2 + (4-5)^2 + (8-5)^2}{4}} \approx 2.236$$

原始母體分配顯示在圖 6-31。這是所謂的均勻分配。

現在，假如取後放回地挑選所有樣本數等於 2 的樣本，並且求出每一組樣本的平均數，它們的分配如下所示：

樣本	平均數	樣本	平均數
2, 2	2	6, 2	4
2, 4	3	6, 4	5
2, 6	4	6, 6	6
2, 8	5	6, 8	7
4, 2	3	8, 2	5
4, 4	4	8, 4	6
4, 6	5	8, 6	7
4, 8	6	8, 8	8

樣本平均數的頻率分配如下所示：

$\overline{X}$	f
2	1
3	2
4	3
5	4
6	3
7	2
8	1

針對剛剛討論的例子，圖 6-32 顯示樣本平均數的直方圖。這一張直方圖看起來很接近常態。

樣本平均數的平均數，記作 $\mu_{\overline{X}}$，等於

$$\mu_{\overline{X}} = \frac{2 + 3 + \cdots + 8}{16} = \frac{80}{16} = 5$$

它和母體有一樣的平均數，因此，

第 6 章 常態分配

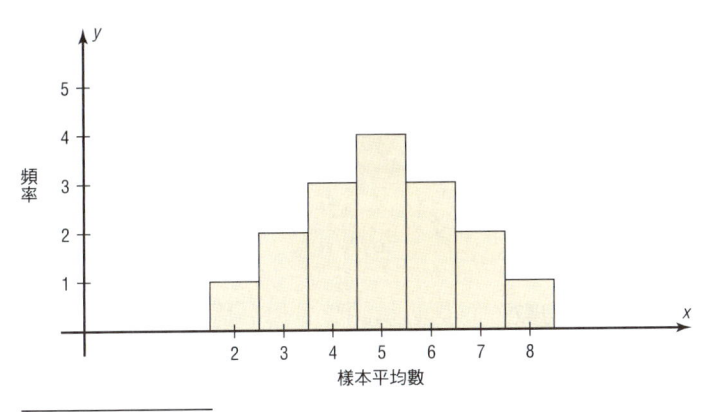

圖 6-32 樣本平均數的分配

$$\mu_{\overline{X}} = \mu$$

樣本平均數的標準差，記作 $\sigma_{\overline{X}}$，等於

$$\sigma_{\overline{X}} = \sqrt{\frac{(2-5)^2 + (3-5)^2 + \cdots + (8-5)^2}{16}} \approx 1.581$$

它等於母體標準差除以 $\sqrt{2}$：

$$\sigma_{\overline{X}} = \frac{2.236}{\sqrt{2}} \approx 1.581$$

（注意：這時候不用四捨五入才能看到它們完全一樣。）

摘要一下，如果從同一個母體取後放回地挑出所有樣本數等於 n 的樣本，這一些樣本平均數的平均數，記作 $\mu_{\overline{X}}$，剛好等於母體平均數 μ。而樣本平均數的標準差，記作 $\sigma_{\overline{X}}$，等於 $\sigma/\sqrt{n}$。樣本平均數的標準差被叫做**平均數的標準誤 (standard error of the mean)**，因此，

$$\sigma_{\overline{X}} = \frac{\sigma}{\sqrt{n}}$$

樣本平均數之抽樣分配的第三個性質和分配的形狀有關，我們用**中央極限定理 (central limit theorem)** 解釋之。

中央極限定理

如果樣本數 n 不斷增長，從有著平均數 μ 且標準差 σ 的母體取後放回地抽樣，樣本平均數的抽樣分配會逼近某一種常態分配。如前述，該項分配會有著平均數 μ 以及標準差 $\sigma/\sqrt{n}$。

非凡數字

在美國，每一個人每年平均吃掉 1,400 磅的食物。

如果樣本數夠大，中央極限定理可以用來回答關於樣本平均數的問題，就像常態分配可以用來回答個別數值（變數）的問題一樣。這之間唯一的差別是用以下的公式轉換為 z 值：

$$z = \frac{\overline{X} - \mu}{\sigma/\sqrt{n}}$$

注意，$\overline{X}$ 是樣本平均數，而且必須調整分母，因為分子是使用樣本平均數而不是個別的數值。分母是樣本平均數的標準差。

如果從常態分配母體挑選很多某特定樣本數的樣本，或者從不是常態分配的母體挑選很多樣本數超過 30 的樣本，並且計算樣本平均數，則樣本平均數的分配會看起來像是圖 6-33。它們的百分比表示該區域的面積。

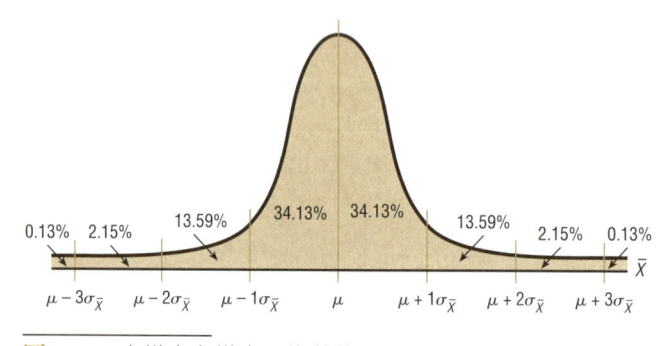

圖 6-33 大樣本之樣本平均數的分配

當你使用中央極限定理的時候，記住兩件事：

1. 當原始變數是常態分配的時候，對於任意樣本數 n，樣本平均數的分配皆是常態分配。
2. 當原始變數不是常態分配的時候，樣本數必須超過 30 才能使用常態分配近似樣本平均數的分配。樣本數愈大，這一項近似會愈好。

例題 6-13 到 6-15 示範標準常態分配如何用來回答關於樣本平均數的問題。

例題 6-13　孩童看電視時數

AC Neilsen 調查公司調查指出，2 到 5 歲的孩童每週平均花 25 小時看電視。假設這一項變數是常態分配的，標準差是 3 小時。如果隨機挑選 20 位 2 到 5 歲的小孩，求出他們看電視的平均時數超過 26.3 小時的機率。

資料來源：Michael D. Shook and Robert L. Shook, *The Book of Odds*.

解答

因為變數（看電視時數）大概是常態分配的，樣本平均數的分配也大概會是常態的，它的平均數是 25 小時。樣本平均數的標準差是

$$\sigma_{\bar{X}} = \frac{\sigma}{\sqrt{n}} = \frac{3}{\sqrt{20}} = 0.671$$

步驟 1 樣本平均數的分配顯示在圖 6-34，為適當的區域畫上陰影。

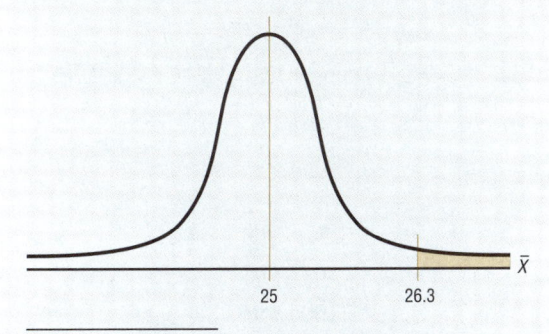

圖 6-34 例題 6-13 的樣本平均數分配

步驟 2 $\bar{X}$ 轉換數值為 z 值。

z 值是

$$z = \frac{\bar{X} - \mu}{\sigma/\sqrt{n}} = \frac{26.3 - 25}{3/\sqrt{20}} = \frac{1.3}{0.671} = 1.94$$

步驟 3 求出 z 值對應的面積。

1.94 右邊的面積是 $1.0000 - 0.9738 = 0.0262$，或說是 2.62%。

我們可以下結論，樣本平均數超過 26.3 小時的機率是 2.62%（也就是說，$P(\bar{X} > 26.3) = 0.0262\%$）。具體來說，挑選 20 位 2 到 5 歲的小孩，每週看電視時間超過 26.3 小時的機率是 2.62%。

例題 6-14　註冊車子的壽命

在美國註冊的車子，它們的平均壽命是 8 年，或說是 96 個月。假設標準差是 16 個月。如果挑選一組 36 部車的隨機樣本，求出它們的平均壽命介於 90 和 100 個月的機率。

資料來源：*Harper's Index*.

解答

步驟 1 畫個標準常態曲線，並且為需求面積畫上陰影。

因為樣本數超過 30(36＞30)，不需要假設常態性。欲求的面積顯示在圖 6-35。

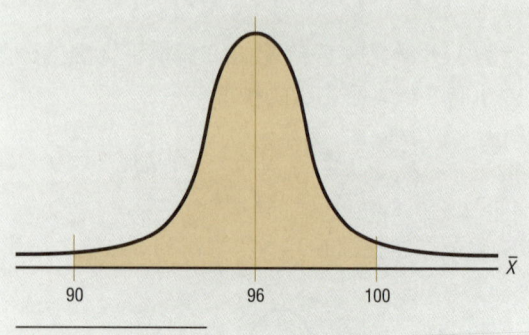

圖 6-35　針對例題 6-14，常態曲線下方的面積

步驟 2　$\bar{X}$ 轉換數值為 z 值。
需要的兩個 z 值是

$$z_1 = \frac{90 - 96}{16/\sqrt{36}} = -2.25$$

$$z_2 = \frac{100 - 96}{16/\sqrt{36}} = 1.50$$

步驟 3　求出 z 值對應的面積。
為了求出介於兩個 z 值 -2.25 和 1.50 的面積，先在表 D 求出對應的面積，然後大的減去小的。$z = -2.25$ 的面積是 0.0122，而 $z = 1.50$ 的面積是 0.9332，因此介於兩個 z 值之間的面積是 $0.9332 - 0.0122 = 0.9210$，或說是 92.1%。

因此，得到樣本平均數介於 90 和 100 個月的機率是 92.1%；也就是說，$P(90 < \bar{X} < 100) = 92.1\%$。具體來說，挑選 36 部車，它們的平均壽命介於 90 到 100 個月的機率是 92.1%。

學生有時候會對到底該用哪一個公式感到困擾：

$$z = \frac{\bar{X} - \mu}{\sigma/\sqrt{n}} \quad \text{或} \quad z = \frac{X - \mu}{\sigma}$$

公式

$$z = \frac{\bar{X} - \mu}{\sigma/\sqrt{n}}$$

應該被用在取得關於樣本平均數的資訊，如這一節所示。公式

$$z = \frac{X - \mu}{\sigma}$$

則被用來取得關於母體個別數據的資訊。注意第一個公式包含 $\bar{X}$，這是樣本平均數的符號，而第二個公式包含 X，它是個別數據的符號。例題 6-15 示範這兩個公式的用法。

例題 6-15　週末加班

建築工人週末加班的平均時數是 7.93 小時（以每兩天計）。假設分配大概是常態的，而且標準差是 0.8 小時。

a. 求出一位建築工人週末加班時數低於 8 小時的機率
b. 如果挑選一組 40 位工人的隨機樣本，求出工人加班時數低於 8 小時的機率。

資料來源：Bureau of Labor Statistics.

解答 a

步驟 1　畫個標準常態曲線，並且為需求面積畫上陰影。

因為這個問題牽涉某一個工人，我們使用公式 $z = (X - \mu)/\sigma$。分配如圖 6-36 所示。

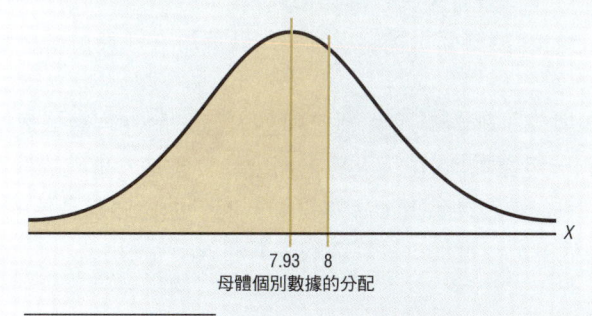

圖 6-36　針對例題 6-15 的 a 小題，常態曲線下方的面積

步驟 2　z 值是

$$z = \frac{X - \mu}{\sigma} = \frac{8 - 7.93}{0.8} \approx 0.09$$

步驟 3　求出 $z = 0.09$ 左邊的面積。

它是 0.5359。

因此，挑選一位建築工人週末加班時數低於 8 小時的機率是 0.5359 或是 53.59%。

解答 b

步驟 1　畫個標準常態曲線，並且為需求面積畫上陰影。

因為這個問題牽涉一組樣本數 40 的樣本，我們將使用中央極限定理的公式 $z = (\bar{X} - \mu)/(\sigma/\sqrt{n})$。需求面積如圖 6-37 所示。

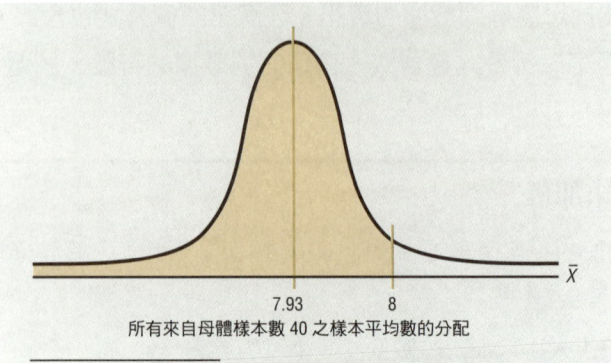

圖 6-37 針對例題 6-15 的 b 小題，常態曲線下方的面積

步驟 2 求出平均數 8 且樣本數是 40 的 z 值。

$$z = \frac{\overline{X} - \mu}{\sigma/\sqrt{n}} = \frac{8 - 7.93}{0.8/\sqrt{40}} \approx 0.55$$

步驟 3 求出對應 $z = 0.55$ 的面積是 0.7088。

因此，當樣本數等於 40 的時候，挑到樣本平均數低於 8 小時的機率是 0.7088 或是 70.88%。

比較上述兩個機率，你會發現挑到個別工人週末加班時數低於 8 小時的機率是 53.59%，而挑到一組樣本 40 位工人週末加班時數低於 8 小時的機率是 70.88%，這之間的差距 17.28% 是因為事實上樣本平均數的分配比個別數值的分配的變化較少，這是起因於當樣本數一增加，平均數的標準差就降低了。

觀念應用 6-3　中央極限定理

統計課 20 位學生個別收集一組樣本，他們詢問其他同學上學要花多少時間。所有樣本的樣本數都是 30。結果的平均數如下所示。

學生	平均數	標準差	學生	平均數	標準差
1	22	3.7	11	27	1.4
2	31	4.6	12	24	2.2
3	18	2.4	13	14	3.1
4	27	1.9	14	29	2.4
5	20	3.0	15	37	2.8
6	17	2.8	16	23	2.7
7	26	1.9	17	26	1.8
8	34	4.2	18	21	2.0
9	23	2.6	19	30	2.2
10	29	2.1	20	29	2.8

1. 學生們注意到每一個答案都不一樣。假如你隨機從任意母體不斷地抽樣，每一次的樣本數都一樣，這樣的話，結果有可能會一樣嗎？

2. 學生會懷疑到底誰的答案是對的。他們能夠求出母體平均數和母體標準差是多少嗎？
3. 把上述的平均數輸入電腦，並且檢查它們的分配是不是常態的。
4. 檢查樣本平均數的平均數和標準差。這些數字和學生個別的答案，比較起來如何？
5. 這些樣本平均數的分配是一種抽樣分配嗎？
6. 檢查第 3、7 和 14 位學生的抽樣誤差。
7. 比較這 20 個平均數的標準差。這是否等於第 3 位學生的標準差除以樣本數的正方根？第 7 和 14 位學生呢？

答案在第 289 頁。

練習題 6-3

1. 如果從某一個母體挑選固定樣本數的樣本幾組，並且計算個別的樣本平均數，如何稱呼這一項樣本平均數的分配？
2. 中央極限定理如何主張樣本平均數分配的形狀？

針對練習題 3~7，假設樣本來自某一個很大的母體，而且連續性校正可以被忽略。

3. **大學學費** 針對四年制大學，每一年的平均學費是 26,489 美元。假設 $\sigma = 3,204$ 美元，而且隨機挑選 36 所四年制大學。求出這 36 所大學學費的樣本平均數滿足以下狀況的機率：

   a. 低於 25,000 美元
   b. 高過 26,000 美元
   c. 介於 24,000 和 26,000 美元之間

   資料來源：www.nces.ed.gov

4. **電影票價格** 最近一年平均一場電影的票價是 7.89 美元。從四面八方隨機挑選 50 張電影票的一組樣本，假定母體標準差是 1.39 美元，它們的平均數超過 8.00 美元的機率是多少？

   資料來源：World Almanac.

5. **用水量** Old Farmer's Almanac 指出，每一天每人平均用水量是 123 加侖。假如標準差是 21 加侖，隨機挑選一組 15 人的樣本，求出他們的平均用水量介於 120 和 126 加侖之間的機率。假設用水量是常態分配的。

   資料來源：The Harper's Index Book.

6. **年度降雨量** 美國大中西部的平均年度降雨量是 30.85 吋，標準差是 3.6 吋。假設降雨量是常態分配的。

   a. 隨機挑選一個月份，求出它的降雨量低於 30 吋的機率。
   b. 隨機挑選 32 個月份，求出它們的平均降雨量低於 30 吋的機率。
   c. 某一個月降雨量低於 30 吋是合理的嗎？
   d. 一組 32 個月份的樣本平均降雨量低於 30 吋是合理的嗎？

7. **TIMSS 測驗** 最近一年的 TIMSS (Trends in International Mathematics and Science Study) 測驗，美國的平均分數是 508（低於南韓 597、新加坡 593、香港 572、日本 570）。假設我們挑一組 n 個美國成績的隨機樣本，並且知道母體標準差是 72。如果樣本平均數超過 520 的機率是 0.0985，則樣本數應該要等於多少？

   資料來源：World Almanac.

6-4 二項分配的常態近似

學習目標 7
使用常態分配近似二項變數的機率。

當 n 很大的時候（比如說，100），常態分配經常被用來解決二項分配的問題，因為這時候用手計算二項分配實在是太困難了。回憶第五章，二項分配具有以下幾個特徵：

1. 試驗次數固定。
2. 每一次試驗的出象彼此間是獨立的。
3. 每一次試驗只有兩種出象，或是可以被簡化到兩種出象。
4. 每一次試驗的成功機率固定不變。

同時，回憶一下二項分配是由試驗次數 n 以及成功機率 p 所唯一決定。當 p 接近 0.5，而且 n 不斷增加，這時候二項分配的形狀會愈來愈像某一種常態分配。試驗次數 n 愈大且成功機率 p 愈靠近 0.5，二項分配的形狀接近常態分配形狀的速度愈快。

但是當 p 接近 0 或是 1 而且 n 相對很小的時候，常態分配就不準了。一般而言常用的準則是，統計學家原則上同意只有在 $n \cdot p$ 和 $n \cdot q$ 同時大於等於 5 的時候，才能使用常態近似。（注意：$q = 1 - p$。）比如說，如果 p 是 0.3 而且 n 是 10，則 $np = (10)(0.3) = 3$，這時候我們不建議使用常態近似。但如果 p 是 0.5 而且 n 是 10，因為 $np = (10)(0.5) = 5$ 且 $nq = (10)(0.5) = 5$，則這時候常態分配就可以被用來近似二項分配。見圖 6-38。

除了之前提到的條件 $np \geq 5$ 且 $nq \geq 5$，常態近似必須使用所謂的連續性校正。

> **連續性校正 (correction for continuity)** 是當使用連續型分配近似離散型分配的時候會引用的一種校正。

連續性校正意味著針對 X 的特定數值，比如說 8，在二項分配的時候必須使用 7.5 到 8.5 這個界限（詳見第 1-2 節）。因此，當我們引用常態分配近似二項分配的時候，對任意 X 的特定數值，你必須使用如二項分配所顯示的界限。比如說，針對 $P(X = 8)$，我們用的連續性校正是 $P(7.5 < X < 8.5)$。對 $P(X \leq 7)$ 而言，我們則用 $P(X < 7.5)$。如果是 $P(X \geq 3)$，我們建議使用 $P(X > 2.5)$。

趣聞
在美國，8月份的出生率最高。

學生有時候會不知道該加上 0.5 還是減去 0.5。表 6-1 摘要各種不一樣的情況。

第 6 章 常態分配

針對 $n = 10$ 和 $p = 0.3$ 的二項機率
$[n \cdot p = 10(0.3) = 3;\ n \cdot q = 10(0.7) = 7]$

X	$P(X)$
0	0.028
1	0.121
2	0.233
3	0.267
4	0.200
5	0.103
6	0.037
7	0.009
8	0.001
9	0.000
10	0.000

針對 $n = 10$ 和 $p = 0.5$ 的二項機率
$[n \cdot p = 10(0.5) = 5;\ n \cdot q = 10(0.5) = 5]$

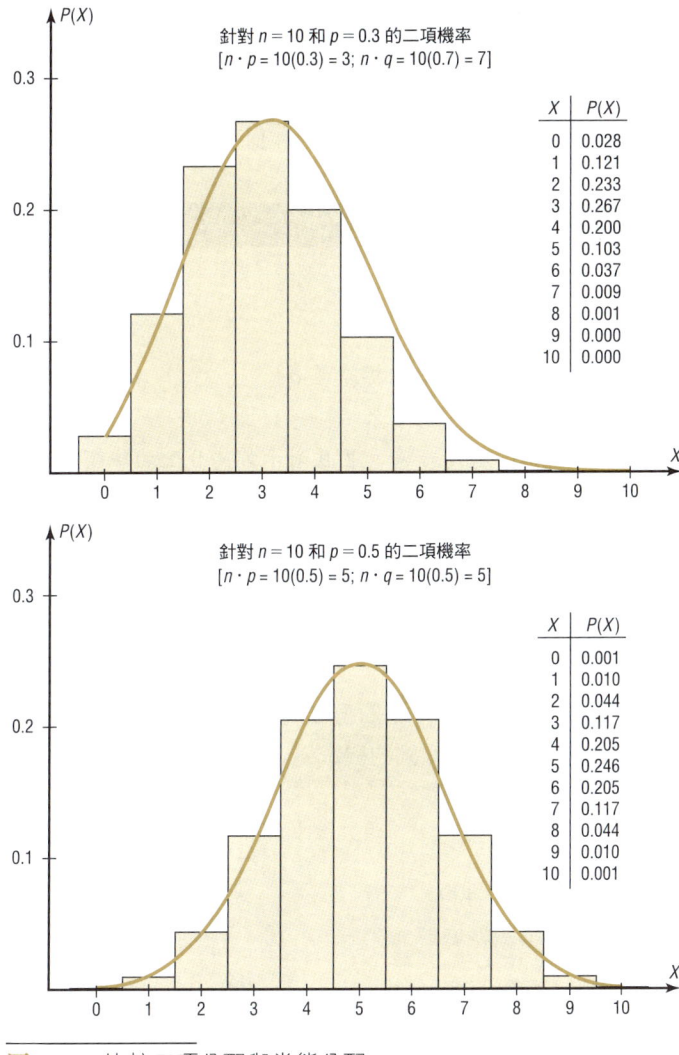

X	$P(X)$
0	0.001
1	0.010
2	0.044
3	0.117
4	0.205
5	0.246
6	0.205
7	0.117
8	0.044
9	0.010
10	0.001

圖 6-38 比較二項分配與常態分配

表 6-1 二項分配的常態近似摘要

二項	常態
當我們試圖求出：	使用：
1. $P(X = a)$	$P(a - 0.5 < X < a + 0.5)$
2. $P(X \geq a)$	$P(X > a - 0.5)$
3. $P(X > a)$	$P(X > a + 0.5)$
4. $P(X \leq a)$	$P(X < a + 0.5)$
5. $P(X < a)$	$P(X < a - 0.5)$

針對所有情況，$\mu = n \cdot p$，$\sigma = \sqrt{n \cdot p \cdot q}$，$n \cdot p \geq 5$ 且 $n \cdot q \geq 5$。

計算時會使用到二項分配的平均數與標準差，它們分別是

$$\mu = n \cdot p \quad \text{和} \quad \sigma = \sqrt{n \cdot p \cdot q}$$

使用常態分配近似二項分配的步驟顯示在以下的程序表。

程序表

使用常態分配近似二項分配的程序

步驟 1　檢查是否可以使用常態近似。
步驟 2　求出二項分配的平均數 μ 以及標準差 σ。
步驟 3　用機率符號以及 X 把問題寫下來。
步驟 4　用連續性校正再把問題寫一遍，並且圖示常態分配曲線下的對應面積。
步驟 5　求出對應的 z 值。
步驟 6　找到答案。

例題 6-16　開車時看書

有一本雜誌指出，有 6% 的美國人會在開車的時候看報紙。如果隨機挑選 300 位駕駛，求出剛好 25 位會在開車時看報紙的機率。

資料來源：USA Snapshot, *USA TODAY*.

解答

此時，$p = 0.06$，$q = 0.94$，$n = 300$。

步驟 1　檢查是否可以使用常態近似。

$$np = (300)(0.06) = 18 \qquad nq = (300)(0.94) = 282$$

　　　　因為 $np \geq 5$ 且 $nq \geq 5$，我們可以採用常態近似。

步驟 2　求出二項分配的平均數和標準差。

$$\mu = np = (300)(0.06) = 18$$
$$\sigma = \sqrt{npq} = \sqrt{(300)(0.06)(0.94)} = \sqrt{16.92} \approx 4.11$$

步驟 3　用機率符號把問題寫下來：$P(X = 25)$。
步驟 4　用連續性校正再寫一次問題。先參考表 6-1 的第一種近似：$P(25 - 0.5 < X < 25 + 0.5) = P(24.5 < X < 25.5)$。圖示對應的常態分配曲線下的面積。見圖 6-39。

圖 6-39 針對例題 6-16，常態曲線下方的面積與 X 值

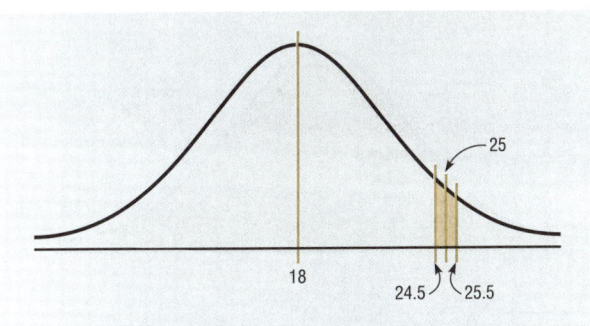

步驟 5 求出需要的 z 值。因為 25 表示任何介於 24.5 與 25.5 之間的數字，我們必須計算兩個 z 值。

$$z_1 = \frac{25.5 - 18}{4.11} \approx 1.82 \quad z_2 = \frac{24.5 - 18}{4.11} \approx 1.58$$

步驟 6 $z = 1.82$ 左邊的面積是 0.9656，$z = 1.58$ 左邊的面積是 0.9429。這兩個 z 值之間的面積是 $0.9656 - 0.9429 = 0.0227$，或說是 2.27%。因此，剛好 25 人會在開車時看報紙的機率是 2.27%。

例題 6-17　豚草過敏

有 10% 的美國人對豚草會有過敏反應。如果隨機挑選 200 位美國人，其中有 10 位以上對豚草產生過敏反應的機率會有多少？

解答

步驟 1 檢查是否可以使用常態近似。
此時，$p = 0.10$，$q = 0.90$，$n = 200$。
因為 $np = (200)(0.10) = 20$ 且 $nq = (200)(0.90) = 180$，可以使用常態近似。

步驟 2 求出平均數與標準差。

$$\mu = np = (200)(0.10) = 20$$
$$\sigma = \sqrt{npq} = \sqrt{(200)(0.10)(0.90)} = \sqrt{18} \approx 4.24$$

步驟 3 引用機率符號把問題寫出來。

$$P(X \geq 10)$$

步驟 4 引用連續性校正改寫問題，並且圖示常態曲線下的需求面積。
參考表 6-1 的第二種近似：$P(X > 10 - 0.5) = P(X > 9.5)$。欲求面積顯示在圖 6-40。

統計學

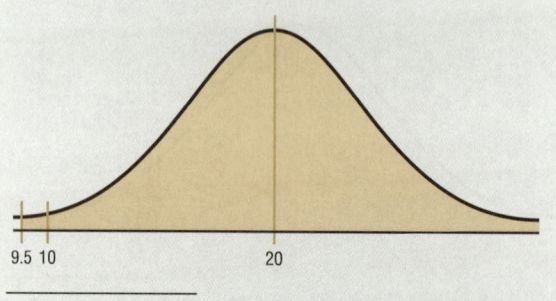

圖 6-40 針對例題 6-17，常態曲線下方的面積與 X 值

步驟 5 求出對應的 z 值。

因為想要知道有 10 位以上美國人對豚草產生過敏反應的機率，欲求常態分配圖如圖 6-38 所示。

需要的 z 值是

$$z = \frac{9.5 - 20}{4.24} = -2.48$$

步驟 6 求解。

$z = -2.48$ 左邊的面積是 0.0066。因此，$z = -2.48$ 右邊的面積是 $1.0000 - 0.0066 = 0.9934$，或說是 99.34%。

然後，我們可以結論說一組 200 位美國人的隨機樣本中，有 10 位以上對豚草產生過敏反應的機率是 99.34%。

例題 6-18　打擊率平均數

如果某一個棒球選手的打擊率是 0.320 (32%)，求出這一位選手上場 100 次最多成功打擊 26 次的機率。

解答

步驟 1 檢查是否可以使用常態近似。

此時，$p = 0.32$，$q = 0.68$，$n = 100$。

因為 $np = (100)(0.32) = 32$ 且 $nq = (100)(0.68) = 68$，所以常態分配可以用來近似此二項分配。

步驟 2 求出平均數與標準差。

$$\mu = np = (100)(0.320) = 32$$
$$\sigma = \sqrt{npq} = \sqrt{(100)(0.32)(0.68)} \approx \sqrt{21.76} \approx 4.66$$

步驟 3 引用機率符號把問題寫出來。

$$P(X \leq 26)$$

第 6 章　常態分配

步驟 4　引用連續性校正改寫問題，並且圖示常態曲線下的需求面積。
參考表 6-1 的第四種近似：$P(X<26+0.5) = P(X<26.5)$。欲求面積顯示在圖 6-41。

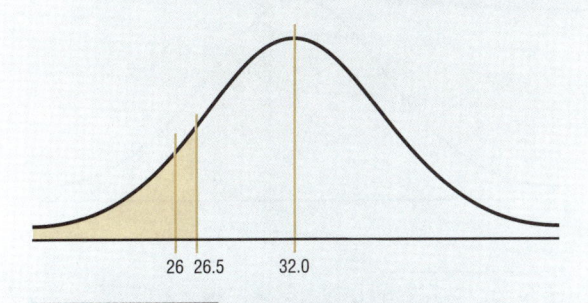

圖 6-41　針對例題 6-18，常態曲線下方的面積

步驟 5　求出對應的 z 值。
需要的 z 值是

$$z = \frac{26.5 - 32}{4.66} \approx -1.18$$

步驟 6　求解。
$z = -1.18$ 左邊的面積是 0.1190，因此機率是 0.1190，或說是 11.9%。

結論是每 100 次至多成功打擊 26 次的機率是 11.9%。

常態近似的適用性顯示在例題 6-19。

例題 6-19

當 $n = 10$ 且 $p = 0.5$，使用二項分配表（附錄 C 的表 B）求出 $X = 6$ 的機率，接著使用常態近似求出 $X = 6$ 的機率。

解答

針對 $n = 10$，$p = 0.5$，$X = 6$，從表 B 得知機率是 0.205。
針對常態近似，

$$\mu = np = (10)(0.5) = 5$$
$$\sigma = \sqrt{npq} = \sqrt{(10)(0.5)(0.5)} \approx 1.58$$

現在，用界限 5.5 和 6.5 表達 $X = 6$，所以兩個需要的 z 值是

$$z_1 = \frac{6.5 - 5}{1.58} \approx 0.95 \qquad z_2 = \frac{5.5 - 5}{1.58} \approx 0.32$$

對應 0.95 的面積是 0.8289，而對應 0.32 的面積是 0.6255。介於兩個 z 值 0.95 和

0.32 之間的面積是 0.8289 − 0.6255 = 0.2034，它非常接近二項分配表的 0.205。見圖 6-42。

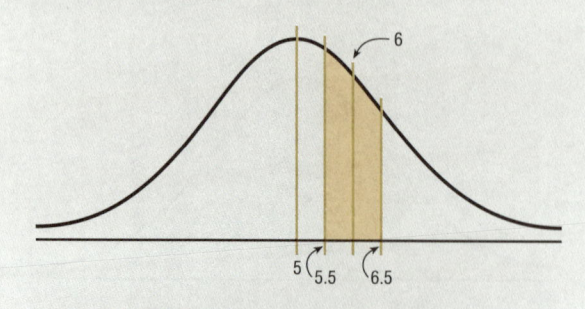

圖 6-42　針對例題 6-19，常態曲線下方的面積

常態分配也可以用來近似其他離散型分配，例如布瓦松分配（本書未討論，請讀者自行參考其他統計學書籍）。

觀念應用 6-4　你有多安全？

假設你最喜歡的活動是爬山。當你去爬山的時候，會攜帶幾種安全設備預防墜山。你注意到某一個安全掛鉤的可靠度指數是 97%。你預估明年會用到這一項器材的次數大概是 100 次。回答以下的問題：

1. 可靠度指數 97% 的意思是不是使用這一項器材 100 次，每一次該器材不失誤的機率是 97%？
2. 至少失誤一次的機率是多少？
3. 這一項事件的餘集是哪一個事件？
4. 這個事件可以視為一種二項實驗嗎？
5. 你可以使用二項機率公式嗎？為什麼可以或為什麼不可以？
6. 求出至少失誤兩次的機率。
7. 你可以使用某一種常態分配精確地近似這一項二項分配嗎？試著解釋為什麼可以或為什麼不可以？
8. 需要連續性校正嗎？
9. 在獨立於第一支掛鉤的情況下，使用第二支掛鉤會有多安全？

答案在第 289 頁。

練習題 6-4

1. 解釋為什麼常態分配可以用來近似二項分配？
2. 使用常態近似二項並且求出以下特定 X 值的機率：
   a. $n = 30, p = 0.5, X = 18$
   b. $n = 50, p = 0.8, X = 44$
   c. $n = 100, p = 0.1, X = 12$
3. **吸菸人口** 最近一年有 23.3% 的美國人吸菸。一組 200 位美國人的隨機樣本中，超過 50 位吸菸的機率是多少？
   資料來源：*World Almanac.*
4. **健康險** 最近一年有 56% 的雇主提供 CDHP 健康險給員工。這種保險結合高可抵扣額度與醫療儲蓄計畫。隨機挑選 80 位雇主，超過 50 位提供 CDHP 的機率是多少？
   資料來源：*USA TODAY.*
5. **選民偏好** 某一位政黨候選人預估支持該政黨的選民有 30% 喜歡她提出的稅賦改革方案。假如隨機挑選 400 位選民，求出至少 100 位選民喜歡該方案的機率。根據你的答案，超過 100 位支持該方案的可能性高嗎？
6. **小學老師** 小學老師中有 80.3% 是女性。在一組 300 位小學老師的樣本中，女性老師在比例上低於 $\frac{3}{4}$ 的機率是多少？
   資料來源：*New York Times Almanac.*

結語

- 常態分配可以用來描述許多變數，例如身高、體重或者是溫度。常態分配是鐘形、單峰、對稱且連續的；它的平均數、中位數以及眾數是同一個數字。因為每一個常態分配變數都有自己的平均數 μ 以及標準差 σ，數學家使用一種標準常態分配，它的平均數是 0，而且標準差是 1。使用公式 $z = (X - \mu)/\sigma$，可以把其他接近常態分配的變數轉換為標準常態分配變數。(6-1)
- 常態分配也可以用來解決許多近似常態變數的問題。(6-2)
- 樣本平均數的抽樣分配是某特定樣本數所有樣本的樣本平均數的分配。樣本測度與母體測度之間的差異叫做抽樣誤差。樣本平均數的平均數是母體平均數。樣本平均數的標準差是母體標準差除以樣本數的正方根。中央極限定理主張當樣本數無限制地不斷增長，取後放回地從母體抽樣的樣本平均數，其分配會趨近某一種常態分配。(6-3)
- 常態分配可以被用來近似其他分配，例如二項分配。針對用來近似的某一項常態分配，必須同時滿足兩項條件：$np \geq 5$ 和 $nq \geq 5$。另外，使用連續性校正可以讓結果更準確。(6-4)

複習題

6-1

1. 求出以下每一小題標準常態分配曲線下的面積。
   a. 介於 $z=0$ 和 $z=1.92$ 之間
   b. 介於 $z=0$ 和 $z=0.37$ 之間
   c. 介於 $z=1.32$ 和 $z=1.82$ 之間
   d. 介於 $z=-1.05$ 和 $z=2.05$ 之間
   e. 介於 $z=-0.03$ 和 $z=0.53$ 之間

2. 使用標準常態求出以下的機率：
   a. $P(0<z<2.07)$
   b. $P(-1.83<z<0)$
   c. $P(-1.59<z<2.01)$
   d. $P(1.33<z<1.88)$
   e. $P(-2.56<z<0.37)$

6-2

3. **每人的醫療費用** 在美國，每一個人平均花在醫療的費用是 5,274 美元。假如標準差是 600 美元，而且醫療費用的分配接近常態分配，隨機挑選一人，求出她的費用超過 6,000 美元的機率。求出中間 50% 民眾的個人醫療費用的上下界。

   資料來源：*World Almanac.*

4. **捷運乘客** 在某一條捷運線上，平均載客量是 476 人，標準差是 22 人。假設該項變數是常態分配的。如果這一班捷運上路了，求出以下載客量的機率：
   a. 介於 476 人和 500 人之間
   b. 不到 450 人
   c. 超過 510 人

5. **iPod 維修費用** 維修一台 iPod 的平均費用是 120 美元，標準差是 10.50 美元。假設維修成本是常態分配的。如果費用的前 15% 被認為是過度的，求出高過什麼樣的金額會被認為是過度的？

6. **私立大學報到率** 以下列出賓州內一組私立大學樣本的報到人數。檢查它的常態性。

1350	1886	1743	1290	1767
2067	1118	3980	1773	4605
1445	3883	1486	980	1217
3587				

資料來源：*New York Times Almanac.*

6-3

7. **糖果製品** 美國人去年每人平均吃掉 25.7 磅的糖果製品，而且糖果開銷平均為 61.50 美元。假設消耗量的標準差是 3.75 磅，糖果開銷的標準差是 5.89 美元。
   a. 在一組 40 位美國人的隨機樣本，求出他們消耗量的樣本平均數超過 27 磅的機率。
   b. 在一組 50 位美國人的隨機樣本，求出他們糖果開銷的樣本平均數超過 60.00 美元的機率。

   資料來源：www.census.gov

8. **冷凍食物的含鹽量** 某一品牌的低鹽微波冷凍食物平均含鹽量是 660 微克，且標準差是 35 微克。假設變數是常態分配的。
   a. 假如只挑一道晚餐，求出含鹽量超過 670 微克的機率。
   b. 如果挑到一組 10 道晚餐的隨機樣本，求出這一組樣本的平均含鹽量超過 670 微克的機率。
   c. 為什麼 a 小題的機率高過 b 小題的機率？

6-4

9. **退休俸** 針對美國的家戶數，有 17.3% 領取退休俸。在一組 120 個家庭的隨機樣本，求出超過 20 戶但不到 35 戶領取退休俸的機率。

   資料來源：www.bls.gov

10. **身兼數職** 根據美國官方數據，5.3% 的勞工身兼數職。在一組 150 名勞工的隨機樣本，求出不到 10 人身兼數職的機率，以及求出超過 50 名沒有身兼數職的機率。

    資料來源：www.bls.gov

11. **美國人口** 美國總人口的 20% 住在東北部。如果隨機挑選 200 位美國人，求出至少 50 人住在東北部的機率。

    資料來源：*Statistical Abstract of the United States.*

小試身手

是非題。如果答案是「非」，請提供理由。
1. 常態分配曲線下方的總面積是無限大的。
2. 所有接近常態分配的變數都可以被轉換為標準常態變數。
3. 標準常態曲線下 $z=0$ 左邊的面積是負的。

選擇題

4. 標準常態分配的平均數是
   a. 0
   b. 1
   c. 100
   d. 變化的
5. 哪一項不是標準常態分配的性質？
   a. 對稱於平均數
   b. 均勻的
   c. 鐘形的
   d. 單峰的
6. 所有可能的樣本平均數的標準差等於
   a. 母體標準差
   b. 母體標準差除以母體平均數
   c. 母體標準差除以樣本數的正方根
   d. 母體標準差的正方根

填充題

7. 樣本平均數與母體平均數之間的差異是因為_____所造成的。
8. 所有可能的樣本平均數的標準差叫做_____。
9. 當 $n \cdot p$ 和 $n \cdot q$ 同時超過_____，常態分配可以用來近似二項分配。
10. 求出以下各小題的標準常態分配曲線下的面積。
    a. 介於 0 和 1.50 之間
    b. 介於 0 和 -1.25 之間
    c. 介於 1.56 和 1.96 之間
    d. 介於 -1.20 和 -2.25 之間
    e. 介於 -0.06 和 0.73 之間
    f. 介於 1.10 和 -1.80 之間
    g. $z=1.75$ 的右邊
    h. $z=-1.28$ 的右邊
    i. $z=-2.12$ 的左邊
    j. $z=1.36$ 的左邊
11. 使用標準常態分配求出以下每一小題的機率。
    a. $P(0 < z < 2.16)$
    b. $P(-1.87 < z < 0)$
    c. $P(-1.63 < z < 2.17)$
    d. $P(1.72 < z < 1.98)$
    e. $P(-2.17 < z < 0.71)$
    f. $P(z > 1.77)$
    g. $P(z < -2.37)$
    h. $P(z > -1.73)$
    i. $P(z < 2.03)$
    j. $P(z > -1.02)$
12. **人類的身高** 人類在某一個年齡層的平均身高是 53 吋，標準差是 4 吋。假如身高是一種常態變數，現在隨機挑選一位該年齡層的人，求出其身高符合以下各小題的機率：
    a. 超過 59 吋
    b. 低於 45 吋
    c. 介於 50 到 55 吋
    d. 介於 58 到 62 吋
13. **完成研究所學業** 為了完成碩士學位，平均每一個人需要花上 3 年的時間。標準差是 4 個月。假設該項變數是常態的。如果有一個人註冊了某一個碩士班，求出以下事件的機率：
    a. 超過 4 年才完成學業
    b. 不到 3 年就完成學業
    c. 超過 3.8 年且不到 4.5 年完成學業
    d. 超過 2.5 年且不到 3.1 年完成學業
14. **圖書館藏書的厚度** 某圖書館的某一排書籍平均厚度為 8.3 公分。標準差是 0.6 公分。如果有 20% 的書是所謂的「大尺寸」，求出大尺寸圖書的最低厚度。假設變數是常態分配的。
15. **微波爐的維修費用** 一台微波爐的平均維修費用是 55 美元，標準差是 8 美元。假設維修費用是常態變數。如果有 12 台微波爐需要維

修，求出維修費用的平均數超過 60 美元的機率。

16. **睡眠調查** 根據最近一份調查，38% 的美國人每晚睡眠時間未超過 6 小時。如果隨機挑選 25 位美國人，求出超過 14 人每晚睡眠時間未超過 6 小時的機率。這一個數字看起來是極有可能的嗎？

   資料來源：*Amazing Almanac.*

17. **家庭上網** 美國家庭的上網比例是 44.9%。在一組 420 個家庭的隨機樣本，上網戶數低於 200 的機率是多少？

資料來源：*New York Times Almanac.*

18. **速食三明治的熱量** 以下數據顯示一些速食三明治的熱量（以卡路里計）。檢查它們的常態性。

390	405	580	300	320
540	225	720	470	560
535	660	530	290	440
390	675	530	1010	450
320	460	290	340	610
430	530			

資料來源：*The Doctor's Pocket Calorie, Fat, and Carbohydrate Counter.*

觀念應用的答案

觀念應用 6-1　保證常態性

1. 答案因人而異。一種可能的頻率分配如下所示：

組別	頻率
0–9	1
10–19	14
20–29	17
30–39	7
40–49	3
50–59	2
60–69	2
70–79	1
80–89	2
90–99	1

2. 根據第 1 題的答案，本題的答案可能會有變化。這一項直方圖是根據第 1 題的頻率分配。

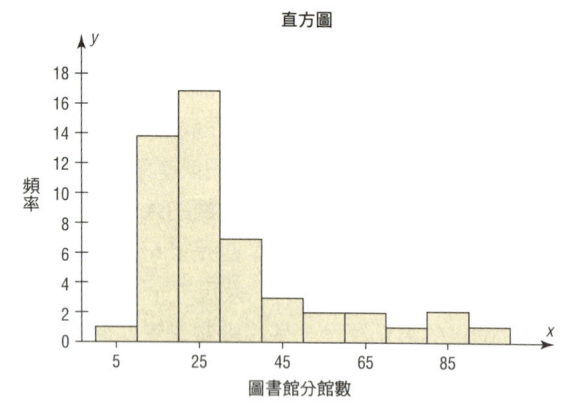

3. 直方圖是單峰且右偏斜（正偏斜）。

4. 這一項分配看起來不像是常態分配。

5. 分館數的平均數是 $\overline{X} = 31.4$，標準差是 $s = 20.6$。

6. 根據數據，80% 的數據與平均數偏離落在一個標準差內（介於 10.8 和 52）。

7. 根據數據，92% 的數據與平均數偏離落在兩個標準差內（介於 0 和 72.6）。

8. 根據數據，98% 的數據與平均數偏離落在三個標準差內（介於 0 和 93.2）。

9. 第 6、7、8 題的答案與 68、95、100%（在常態時的數字）比起來很不一樣。

10. 這些數字支持認為此變數的分配不是常態的結論。

觀念應用 6-2　聰明人

1. $z = (130 - 100)/15 = 2$。在標準常態表，2 右邊的面積大概是 0.0228，所以預期在 Visiala 大概有 $10{,}000(0.0228) = 228$ 人有資格進入 Mensa。

2. 在 Visiala 繼續經營 Mensa 看起來似乎是可行的。

3. 答案因人而異。一種可能的答案是在 Visiala 隨機撥打電話（家用電話或是行動電話），接通後要求與家中成人對話，接著詢問是否有意加入 Mensa。

4. 為了經營 Ultra-Mensa 俱樂部，需要求出在

Visiala 有誰的智商高過平均數 2.326 個標準差。這意味著需要找到智商至少是 135 的成人：

$$2.326 = \frac{x - 100}{15}$$

$$\Rightarrow x = 100 + 2.326(15) = 134.89$$

觀念應用 6-3　中央極限定理

1. 非常不可能得到相同結果的樣本。雖然這是一種遙遠的可能性，但這相當不可能！
2. 母體平均數的良好估計可以是所有樣本平均數（20 個）的平均數。類似地，母體標準差的良好估計是所有樣本標準差的平均數。
3. 此分配看起來似乎有一點左偏斜（負偏斜）。

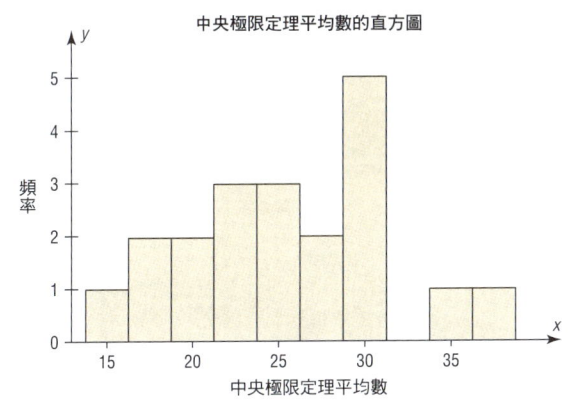

中央極限定理平均數的直方圖

4. 學生們的樣本平均數的平均數是 25.4，標準差是 5.8。
5. 這一些樣本平均數的分配不是抽樣分配，因為它只代表 20 組樣本數等於 30 之樣本的結果。
6. 第 3 位學生的抽樣誤差是 $18 - 25.4 = -7.4$；第 7 位學生的抽樣誤差是 $26 - 25.4 = +0.6$；第 14 位學生的抽樣誤差是 $29 - 25.4 = +3.6$。
7. 這 20 個樣本平均數的標準差高過每一位個別學生的標準差，因此它不會等於母體標準差除以樣本數的正方根。

觀念應用 6-4　你有多安全？

1. 可靠度指數 97% 的意思是，平均而言，在 100 次中，器材不會失誤的次數是 97 次。我們無法知道爬山特定 100 次中這一項器材會失誤幾次。
2. 在 100 次爬山至少有一次失誤的機率是 $1 - (0.97)^{100} = 1 - 0.0476 = 0.9524$（大約 95%）。
3. 第 2 題事件的餘集是「在 100 次中有 0 次失誤」。
4. 這一件事可以視為是二項實驗。我們有兩種出象：有效與失誤。該器材有效的機率為 97%。我們有 100 次獨立的爬山活動，而且我們正在計數該器材在這 100 次爬山裡有幾次是有效的。
5. 我們可以使用二項機率的公式，但會是相當惱人的計算。
6. 至少兩次失誤的機率無法用常態分配估計（詳見以下說明），所以機率是 $1 - [(0.97)^{100} + 100(0.97)^{99}(0.03)] = 1 - 0.1946 = 0.8054$（大約 80.5%）。
7. 我們無法使用常態近似，因為 $nq < 10$。
8. 假如我們用了常態近似，我們需要連續性校正，因為是使用連續型分配近似離散型分配。
9. 因為第二支掛鉤是否有效與第一支掛鉤是獨立的，失誤的機率從 3% 掉到 $(0.03)(0.03) = 0.0009$，或說是 0.09%。

CHAPTER 7

信賴區間

學習目標 ▶▶

經過本章的洗禮之後，你將具有以下的能力：

❶ 當 σ 已知，求出平均數的信賴區間。
❷ 決定求出平均數信賴區間需要的最小樣本數。
❸ 當 σ 未知，求出平均數的信賴區間。
❹ 求出比例的信賴區間。
❺ 決定求出比例信賴區間需要的最小樣本數。
❻ 求出變異數以及標準差的信賴區間。

本章大綱 ▶▶

簡介
7-1　σ 已知的平均數信賴區間
7-2　σ 未知的平均數信賴區間
7-3　比例的信賴區間與樣本數
7-4　變異數和標準差的信賴區間
結語

簡介

推論統計學有一件事就是**估計 (estimation)**，它是透過樣本內含的資訊估計參數數值的過程。比如說，考慮以下的內容：

你付給郡政府財產稅的每一美元，有 22 美分用來監禁罪犯。(*Pittsburgh City Paper*)

員工與雇主每年給付健康保險的平均金額是 11,664 美元。(*USA TODAY*)

當被問到如果明天贏了 5,000 美元會怎麼花，54% 表示他們會拿去還債。(ING U.S. Survey)

超級盃電視觀眾的平均開銷是 63.87 美元。(Retail Advertising and Marketing Association)

在美國，8% 接受調查的人們表示他們冬天會去滑雪。(IMRE sports)

今年為了情人節消費者平均花了 126 美元。(National Retail Federation)

因為我們從中取得數據的母體很大，這些數值只是真實參數的估計，而且是從樣本的數據推導這些數值。

這一章會解釋估計母體平均數、比例、變異數和標準差的統計程序。

估計時有一項重要的問題是樣本數到底要多少？要回答為了取得準確的估計到底需要多大的樣本這個問題並不容易，因為樣本數和幾件事有關，例如需要多準確的估計以及正確估計的機率。這一章也會討論樣本數的問題。

在正確下結論之前，統計推論技術必須滿足許多**假設 (assumptions)**。樣本必須是隨機挑選的是一項最普通的假設。在第一章我們已經解釋過如何取得一組隨機樣本。另一個常見的假設是樣本數必須超過 30，或者是當樣本數低於 30，母體必須是常態分配的或是接近常態分配的。

為了檢查這一項假設，你可以使用第六章討論過的技術。現在我們簡單回顧一下，檢查數據的直方圖形狀是否接近鐘形，並且檢查離群值，如果可能的話，建立一張常態位數圖並且看看二維座標的點是否落在某一條直線上。（注意：有一種無母數統計學不需要常態假設。）

7-1　σ 已知的平均數信賴區間

學習目標 ❶
當 σ 已知，求出平均數的信賴區間。

這一節的主要學習目標是在已知母體標準差的情況下清楚說明估計未知母體平均數的程序。

假設有一位大學校長希望得知這學期註冊學生的平均年齡。校長或許可以

挑選一組 100 位學生的隨機樣本，然後求出這些學生的平均年齡，假設為 22.3 歲。從樣本平均數出發，校長可以推論全校所有學生的平均年齡是 22.3 歲。這一類的估計（就是白話說的「猜測」）叫做點估計。

> **點估計 (point estimate)** 是估計參數的某一個特定數字。母體平均數 μ 的最佳點估計是樣本平均數 $\overline{X}$。

你或許會問為什麼不使用其他「集中傾向」的測度，例如中位數和眾數，來估計母體平均數？理由是如果從同樣的母體挑選很多樣本，樣本平均數的變化比其他統計量（例如中位數和眾數）的變化來得小。因此，樣本平均數是母體平均數的最佳點估計。

樣本測度（也就是統計量）會被用來估計母體測度（也就是參數）。這一些統計量被稱為**估計式 (estimators)**。就像先前說過的，比起樣本中位數和樣本眾數，樣本平均數是一種母體平均數比較好的估計式。

一種良好的估計式應該要滿足以下三項性質：

良好估計式的三項性質

1. 估計式應該是**不偏的估計式 (unbiased estimator)**。也就是說，從某一種樣本數的樣本算出來的估計式，它的期望值或是平均數會等於它希望估計的參數。
2. 估計式應該是一致的。對一種**一致的估計式 (consistent estimator)** 而言，當樣本數遞增的時候，估計式會趨近它希望估計的參數。
3. 估計式應該是一種**相對有效的估計式 (relatively efficient estimator)**。也就是說，針對所有可以用來估計參數的統計量，相對有效的估計式有著最小的變異數。

➡ 信賴區間

就像第六章說明的，因為抽樣誤差的關係，所以大部分的樣本平均數和母體平均數總是會有一點點不一樣。因此，你或許會問第二個問題：某一種點估計到底有多好？答案是，並沒有一種方法可以得知某一項特定的點估計到底有多靠近母體平均數。

這一項答案讓我們懷疑點估計的準確性。因為這個原因，統計學家喜歡另一種估計，叫做區間估計。

> 參數的**區間估計 (interval estimate)** 是一種用來估計參數的區間或是數字的範圍。這一項估計或許會、或許不會包含它希望估計的參數。

一般使用兩個數字帶出來的區間指定某一項參數的區間估計。比如說，針

對所有學生的平均年齡，區間估計可能寫成 21.9＜μ＜22.7，或寫成 22.3±0.4 歲。

這一項區間不是包含參數就是不包含參數。包含參數的信心程度（通常用百分比表達）可以在計算區間估計之前預先指定。比如，你或許希望有 95% 的信心認為區間包含真實的母體平均數。接著你可能會問，為什麼是 95%？為什麼不是 99% 或是 99.5%？

如果你希望更有信心，例如 99% 或是 99.5% 的信心，你必須讓區間更寬一點。比如說，一種大學生平均年齡 99% 信心的信賴區間或許是 21.7＜μ＜22.9，或說是 22.3±0.6。因此，發生了「有得必有失」。也就是說，為了增加區間包含母體平均數的信心，你必須讓區間更寬。

> 參數區間估計的**信心水準 (confidence level)** 是區間估計會包含參數的機率，假設挑選大量的樣本，而且估計同一個參數的過程不斷重複。
>
> **信賴區間 (confidence interval)** 是用樣本數據和某特定信心水準所決定的區間估計。

使用這種方式建構的區間叫做信賴區間。有三種常用的信賴區間：90%、95%、99% 信賴區間。

接下來，我們會詳細示範平均數信賴區間的代數推導過程。先看一段簡要且直覺的說明。

如果樣本數很大，中央極限定理主張來自同一個母體、同樣多樣本數的樣本平均數，大概會有 95% 落入與母體平均數偏離 ±1.96 個標準誤的範圍內，也就是說，

$$\mu \pm 1.96\left(\frac{\sigma}{\sqrt{n}}\right)$$

現在，如果挑選某一個特定的樣本平均數，比如說 $\bar{X}$，區間 $\mu \pm 1.96(\sigma/\sqrt{n})$ 有 95% 的機會包含 $\bar{X}$。同樣地，以下的區間

$$\bar{X} \pm 1.96\left(\frac{\sigma}{\sqrt{n}}\right)$$

有 95% 的機率會包含 μ，這一件事將於稍後討論。使用另一種方式來描述，

$$\bar{X} - 1.96\left(\frac{\sigma}{\sqrt{n}}\right) < \mu < \bar{X} + 1.96\left(\frac{\sigma}{\sqrt{n}}\right)$$

因此，你可以有 95% 的信心認為母體平均數會被包含在該區間，如果母體的

那一個變數是常態分配的。

從附錄 C 的表 D 得到 95% 信賴區間用到的數字 1.96。如果是 99% 信賴區間，公式將改用 2.58，而不是 1.96。這一個數字一樣來自表 D，而且也是根據標準常態分配得到的。因為統計學還有其他信賴區間，在信賴區間的一般公式裡會使用符號 $z_{\alpha/2}$。希臘字母 α (alpha) 表示標準常態分配曲線在雙尾（左尾和右尾）的總面積，因此 $\alpha/2$ 表示在每一尾的面積。$z_{\alpha/2}$ 這一些數字叫做臨界值 (critical value)。

α 和信心水準之間的關係乃是信心水準為小數 $1-\alpha$ 乘以 100%。當你想要求出 95% 信賴區間，$\alpha = 0.05$，因為 $1-\alpha = 0.95$ 或說是 95%。當 $\alpha = 0.01$，則 $1-\alpha = 1-0.01 = 0.99$，所以我們會試圖計算 99% 信賴區間。

> **趣　聞**
>
> 郵差每天平均會走上 5.2 哩發送郵件。

當 σ 已知，針對某特定 α 之平均數的信賴區間的公式

$$\bar{X} - z_{\alpha/2}\left(\frac{\sigma}{\sqrt{n}}\right) < \mu < \bar{X} + z_{\alpha/2}\left(\frac{\sigma}{\sqrt{n}}\right)$$

如果是 90% 信賴區間，$z_{\alpha/2} = 1.65$；如果是 95% 信賴區間，$z_{\alpha/2} = 1.96$；最後，如果是 99% 信賴區間，$z_{\alpha/2} = 2.58$。

$z_{\alpha/2}(\sigma/\sqrt{n})$ 這一項叫做誤差界限（也叫做估計的最大容許誤差）。針對某一個特定的數字，比如說，$\alpha = 0.05$，會有 95% 的樣本平均數落入母體平均數兩側與母體平均數偏離這一項誤差界限的範圍內。詳見圖 7-1。

當 $n \geq 30$，可以用 s 取代 σ，但是會用不一樣的分配。

誤差界限 (margin of error)，也被叫做「估計的最大容忍誤差」，是參數點估計與參數之間的可容忍的最大誤差。

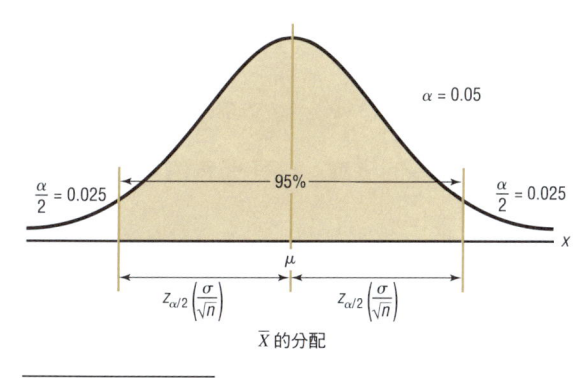

圖 7-1　95% 信賴區間

我們會在例題 7-1 和 7-2 示範計算信賴區間，接著會詳細討論誤差界限。

當 σ 已知，求出平均數信賴區間的假設

1. 樣本是一種隨機樣本。
2. 如果 $n < 30$，則母體必須是常態的或是接近常態的，要不然就是 $n \geq 30$。

本書會在練習題指明該有的假設；但是，當你在其他情況遇到統計學，必須在繼續之前檢查這一些該有的假設是否滿足。有一些統計技術被認為是**穩健的 (robust)**。這意味著變數的分配可以與常態偏離一些，而且依舊可以得到正確的結論。

計算平均數信賴區間的四捨五入規則　當你透過原始數據計算平均數信賴區間的時候，把結果四捨五入到比原始數據的小數位多一位。當你用樣本平均數與樣本標準差計算信賴區間的時候，把結果四捨五入到和樣本平均數一樣多的小數位。

例題 7-1　賣出一部 Aveo 所需的天數

某位研究員希望估計車商賣掉一部 Chevrolet Aveo 需要花幾天。在一組 50 部車的樣本，平均天數是 54 天。假設母體標準差是 6.0 天。求出母體平均數的最佳點估計，以及母體平均數的 95% 信賴區間。

資料來源：Power Information Network.

解答

母體平均數的最佳點估計是 54 天。針對 95% 信賴區間，我們使用 $z = 1.96$。

$$\bar{X} - z_{\alpha/2}\left(\frac{\sigma}{\sqrt{n}}\right) < \mu < \bar{X} + z_{\alpha/2}\left(\frac{\sigma}{\sqrt{n}}\right)$$

$$54 - 1.96\left(\frac{6.0}{\sqrt{50}}\right) < \mu < 54 + 1.96\left(\frac{6.0}{\sqrt{50}}\right)$$

$$54 - 1.7 < \mu < 54 + 1.7$$

$$52.3 < \mu < 55.7 \text{ or } 54 \pm 1.7$$

因此，人們可以根據一組 50 部車的樣本，說有 95% 的信心認為 52.3 和 55.7 天之間的區間確實包含母體平均數。

例題 7-2　顧客數

一家大型百貨公司發現每小時平均有 362 位來店客人。假設標準差是 29.6，而且一組 40 小時的隨機樣本被用來計算平均數。求出母體平均數的 99% 信賴區間。

解答

母體平均數的最佳點估計是 362。母體平均數的 99% 信賴區間是

$$\bar{X} - z_{\alpha/2}\left(\frac{\sigma}{\sqrt{n}}\right) < \mu < \bar{X} + z_{\alpha/2}\left(\frac{\sigma}{\sqrt{n}}\right)$$

$$362 - 2.58\left(\frac{29.6}{\sqrt{40}}\right) < \mu < 362 + 2.58\left(\frac{29.6}{\sqrt{40}}\right)$$

$$362 - 12.1 < \mu < 362 + 12.1$$

$$349.9 < \mu < 374.1$$

$$350 < \mu < 374$$

因此，人們可以有 99% 的信心（四捨五入之後）認為每小時該大型百貨公司的平均來店人數介於 350 到 374 位。

資料來源：Number Freaking.

另一個看待信賴區間的方式顯示在圖 7-2。根據中央極限定理，如果樣本數超過或等於 30，或者是如果 σ 已知，而 n 小於 30 且母體是常態分配的，大概會有 95% 的樣本平均數落在與母體平均數偏離 1.96 個標準差的範圍內。如果為每一次抽樣的樣本平均數計算 μ 的信賴區間（就像在例題 7-1 和 7-2 所做的一樣），則會有 95% 的結果（信賴區間）包含母體平均數，如圖 7-3 所示。因此，你可以有 95% 的信心認為在樣本平均數四周建立起來的某一個區間會包含母體平均數。如果你希望信心是 99%，你必須加大信賴區間，好讓每 100 個信賴區間會有 99 個包含真實的母體平均數。

因為在統計學中有時候也會用到其他信賴區間（除了 90%、95%、99%），所以有必要說明如何求出數值 $z_{\alpha/2}$。就像先前說過的，希臘字母 α 表示常態分配曲線下方兩尾的總面積。α 的數值等於 1 減掉希望的信心水準除

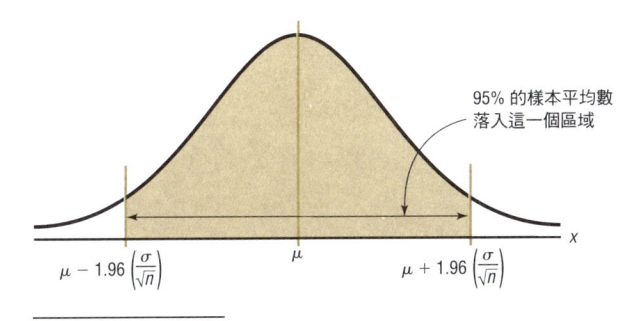

圖 7-2　樣本平均數的 95% 區間

圖 7-3 針對每一個樣本平均數的 95% 信賴區間

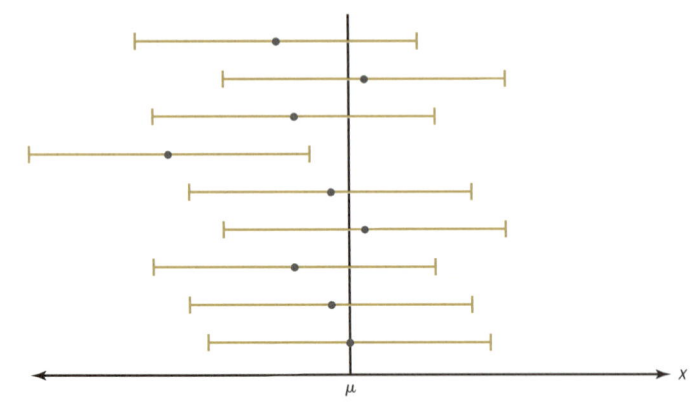

每一個 ● 代表一個樣本平均數
每一個 ├──┤ 代表一個 95% 信賴區間

以 100 後的小數。比如說，如果你希望求出 98% 信賴區間，會先把 98% 改 0.98，然後求出 $\alpha = 1 - 0.98$，或說是 0.02。接著把 α 除以 2 得到 $\alpha/2$。所以，$\alpha/2$ 是 0.02/2，或說是 0.01。最後，$z_{0.01}$ 是標準常態分配曲線下方右尾面積是 0.01 的 z 值。詳見圖 7-4。

一旦決定了 $\alpha/2$，可以用第六章的程序求出對應的 $z_{\alpha/2}$ 數值。我們現在回顧一下。為了取得 98% 信賴區間的 $z_{\alpha/2}$，用 1.0000 減去 0.01 得到 0.9900。接著，在表 D 找一個面積最接近 0.9900（在這個例子中，是 0.9901），然後求出對應的 z 值，在這個例子中是 2.33。詳見圖 7-5。

針對信賴區間，公式只需要正的 z 值。

當原始變數是常態分配的而且已知 σ，標準常態分配可以用來求出信賴區間，不論樣本數的多寡。當 $n \geq 30$ 的時候，樣本平均數的分配會接近常態，即使原始變數和常態有點不一樣。

當我們無法得知 σ，可以用 s 估計 σ，但是會用不一樣的分配試著求出公式需要的臨界值。我們會在第 7-2 節解釋這個方法。

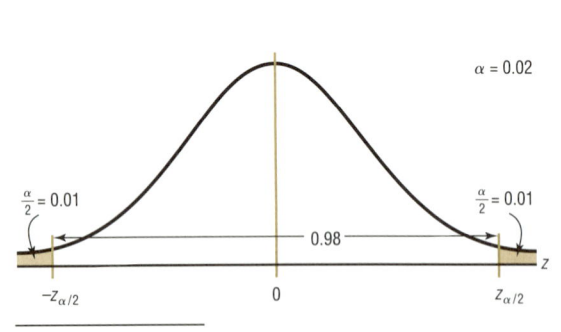

圖 7-4 求出 98% 信賴區間的 $\alpha/2$

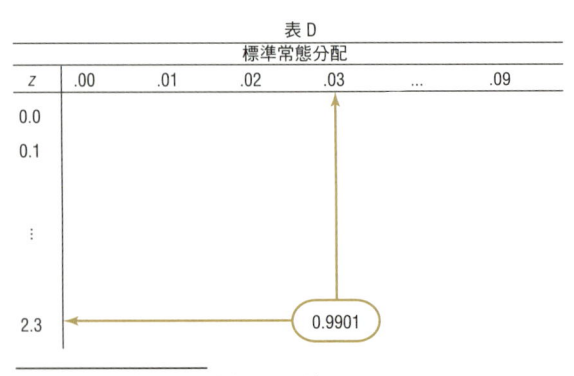

圖 7-5 求出 98% 信賴區間的 $z_{\alpha/2}$

例題 7-3　聯合信用社的資產

以下數據顯示一組 30 家位在西南賓州聯合信用社的資產（以百萬美元計）。假設母體標準差是 14.405。求出平均數的 90% 信賴區間。

12.23	16.56	4.39
2.89	1.24	2.17
13.19	9.16	1.42
73.25	1.91	14.64
11.59	6.69	1.06
8.74	3.17	18.13
7.92	4.78	16.85
40.22	2.42	21.58
5.01	1.47	12.24
2.27	12.77	2.76

資料來源：*Pittsburgh Post Gazette*.

解答

步驟 1　利用第三章的公式或是你的計算機，求出數據的平均數與標準差。樣本平均數 $\bar{X} = 11.091$。假設母體的標準差是 14.405。

步驟 2　求出 $\alpha/2$。因為要 90% 信賴區間，所以 $\alpha = 1 - 0.90 = 0.10$ 且

$$\frac{\alpha}{2} = \frac{0.10}{2} = 0.05$$

步驟 3　求出 $z_{\alpha/2}$。用 1.000 減去 0.05 得到 0.9500。從表 D 得到對應的 z 值是 1.65。（注意：這一個數字是透過面積介於 0.9495 和 0.9505 的 z 值求出。用數學得到更精確的數字是 1.645，而且有時候我們會用這一個數字；不過，我們在本書是使用 1.65。）

步驟 4　代入公式

$$\bar{X} - z_{\alpha/2}\left(\frac{\sigma}{\sqrt{n}}\right) < \mu < \bar{X} + z_{\alpha/2}\left(\frac{\sigma}{\sqrt{n}}\right)$$

$$11.091 - 1.65\left(\frac{14.405}{\sqrt{30}}\right) < \mu < 11.091 + 1.65\left(\frac{14.405}{\sqrt{30}}\right)$$

$$11.091 - 4.339 < \mu < 11.091 + 4.339$$

$$6.752 < \mu < 15.430$$

因此，根據一組 30 家聯合信用社的樣本，人們可以有 90% 的信心認為所有聯合信用社的母體平均資產介於 6.752 百萬和 15.430 百萬美元之間。

➜ 樣本數

學習目標 ❷

決定求出平均數信賴區間需要的最小樣本數。

樣本數的決定和統計估計的關係非常密切。你經常會問：「為了得到一種準確的估計，應該準備多大的樣本（樣本數要多少）？」答案不簡單，因

為它和三件事有關：誤差界限、母體標準差和信心水準。比如說，你希望有多靠近真正的平均數（2個單位、5個單位），以及你希望有多少信心（90%、95%、99% 等等）？針對這一章的目的，你必須假設變數的母體標準差已知，或者是它可以從以前的研究估計出來。

從誤差界限

$$E = z_{\alpha/2}\left(\frac{\sigma}{\sqrt{n}}\right)$$

推導樣本數公式，用上述公式解 n：

$$E\sqrt{n} = z_{\alpha/2}(\sigma)$$

$$\sqrt{n} = \frac{z_{\alpha/2} \cdot \sigma}{E}$$

因此，

$$n = \left(\frac{z_{\alpha/2} \cdot \sigma}{E}\right)^2$$

針對母體平均數之區間估計所需要的最小樣本數公式

$$n = \left(\frac{z_{\alpha/2} \cdot \sigma}{E}\right)^2$$

其中 E 是誤差界限。如果有必要，把答案無條件進位到整數。也就是說，不要有任何小數，使用下一個整數。

例題 7-4　河川深度

某一位科學家希望估計某一條河的平均深度。他希望有 99% 的信心認為答案和估計相距在 2 呎以內。從過去的研究發現，測量深度的標準差是 4.33 呎。

解答

因為 $\alpha = 0.01$（或者是 $1 - 0.99$），$z_{\alpha/2} = 2.58$，加上 $E = 2$。代入公式，

$$n = \left(\frac{z_{\alpha/2} \cdot \sigma}{E}\right)^2 = \left[\frac{(2.58)(4.33)}{2}\right]^2 = 31.2$$

把 31.2 無條件進位到 32。因此，為了有 99% 的信心認為答案和估計相距在 2 呎以內，科學家至少需要一組有 32 筆數據的樣本。

在統計學的大部分答案，我們會採用無條件捨去，但是，當我們在決定樣本數的時候，我們會採用無條件進位。

第 7 章　信賴區間

注意，當你在求樣本數的時候，如果母體很大，或是無限大，或是用取後放回的方式抽樣，則母體規模是不相干的。其他時候，計算樣本數的公式需要加入調整項。這個調整項已超出本書介紹的範圍。

決定樣本數的公式需要用到母體的標準差。如果 σ 未知，會發生什麼事？這時候，我們會試圖估計 σ。有一個方法是使用先前研究的樣本標準差 s 當做這一回 σ 的一種估計。另外，也可以用全距除以 4 估計母體標準差。

有時候，會報告區間估計而不會報告點估計。比如說，你或許會聽到這樣的一段敘述：「根據一組 200 個家庭的樣本，調查結果估計，一家兩口的美國家庭每週平均花費 84 美元在零食上。人們可以有 95% 的信心認為估計和真實平均數之間的差距在 3 美元內。」這一段敘述意味著，真實平均數的 95% 信賴區間是

$$\$84 - \$3 < \mu < \$84 + \$3$$
$$\$81 < \mu < \$87$$

> **趣　聞**
>
> 根據估計，在美國，每天的比薩消耗量可以鋪滿 75 畝的農地。

接下來說明信賴區間的代數推導。就像第六章解釋過的，當我們從母體取得一組大樣本的時候 ($n \geq 30$)，樣本平均數的抽樣分配大概是常態的。同時，

$$z = \frac{\bar{X} - \mu}{\sigma/\sqrt{n}}$$

進一步而言，z 落入 $-z_{\alpha/2}$ 和 $+z_{\alpha/2}$ 之間的機率為 $1 - \alpha$，因此，

$$-z_{\alpha/2} < \frac{\bar{X} - \mu}{\sigma/\sqrt{n}} < z_{\alpha/2}$$

透過代數，公式可以改寫為

$$-z_{\alpha/2} \cdot \frac{\sigma}{\sqrt{n}} < \bar{X} - \mu < z_{\alpha/2} \cdot \frac{\sigma}{\sqrt{n}}$$

兩邊減去 $\bar{X}$ 得到

$$-\bar{X} - z_{\alpha/2} \cdot \frac{\sigma}{\sqrt{n}} < -\mu < -\bar{X} + z_{\alpha/2} \cdot \frac{\sigma}{\sqrt{n}}$$

再乘以 -1 會得到

$$\bar{X} + z_{\alpha/2} \cdot \frac{\sigma}{\sqrt{n}} > \mu > \bar{X} - z_{\alpha/2} \cdot \frac{\sigma}{\sqrt{n}}$$

把結果顛倒過來寫，會得到信賴區間的公式：

$$\bar{X} - z_{\alpha/2} \cdot \frac{\sigma}{\sqrt{n}} < \mu < \bar{X} + z_{\alpha/2} \cdot \frac{\sigma}{\sqrt{n}}$$

觀念應用 7-1　使用信賴區間作決策

假設你為 Kleenex 的製造者 Kimberly Clark Corporation 工作。你現在的工作是決定在汽車置物箱需要放多少張 Kleenex。完成以下的工作。

1. 你如何決定在汽車置物箱需要放多少張 Kleenex 的合理數量？
2. 通常人們什麼時候會需要 Kleenex？
3. 你使用哪一種數據收集技術？
4. 假設你發現，樣本內的 85 人在感冒期間平均大概在汽車置物箱放了 57 張 Kleenex，母體標準差是 15 張。使用一種信賴區間協助你決定要在汽車置物箱放多少張 Kleenex。
5. 解釋你如何決定在汽車置物箱內需要放多少張 Kleenex。

答案在第 325 頁。

練習題 7-1

1. 參數的點估計和區間估計之間的差別在哪裡？哪一種比較好？為什麼？
2. 良好估計式的三項性質是什麼？
3. **汽車與卡車的油耗**　自從 1975 年，美國汽車與輕型卡車（運動休旅車）的平均油耗從 13.5 mpg 提升為 25.8 mpg，增量超過 90%。某大型社區的一組 40 部車子的隨機樣本，得知每一部車的平均油耗是 28.1 mpg，母體標準差是 4.7 mpg。引用 95% 信心水準估計真實的平均油耗。

   資料來源：*World Almanac 2012*.

4. **教員人數**　32 所州立且註冊學生人數低於 12,000 位的專科與大學的隨機樣本，它們的教員人數如下所示。使用這些數據引用 92% 的信心水準估計真實的平均教員人數。假設 $\sigma = 165.1$。

211	384	396	211	224	337	395	121	356
621	367	408	515	280	289	180	431	176
318	836	203	374	224	121	412	134	539
471	638	425	159	324

   資料來源：*World Almanac*.

5. **看電視**　一份 415 位幼稚園孩童的調查顯示，平均而言他們已經看了 5,000 小時的電視。如果母體標準差是 900 小時，為所有幼稚園孩童求出平均看電視的小時數的 95% 信賴區間。如果某一位家長主張他的孩子看了 4,000 小時，這樣的主張可信嗎？

   資料來源：U.S. Department of Education.

6. **每月汽油花費**　為了在 10 美元的誤差內以及 95% 的信心下，估計每月汽油花費的母體平均數，需要多大的樣本？母體標準差是 59.50 美元。

7. **國家會計考試**　假如某一次國家會計考試的變異數是 900 分，如果希望有 99% 的信心發現真實平均數與樣本平均數之間的差距不超過 5 分，則需要挑選多大的樣本？

求出平均數的 z 信賴區間

Excel 技術步驟解析

Excel 有計算誤差界限的程序，但是它不能計算信賴區間。不過，你可以藉由線上資源的 MegaStat 外掛程式決定平均數的信賴區間。如果你還沒有安裝這一項外掛程式，根據第一章 Excel 技術步驟解析的說明進行安裝。

例題 XL7-1

使用下述這一組樣本求出平均數的 95% 信賴區間，其中 $\sigma = 11$。

| 43 | 52 | 18 | 20 | 25 | 45 | 43 | 21 | 42 | 32 | 24 | 32 | 19 | 25 | 26 |
| 44 | 42 | 41 | 41 | 53 | 22 | 25 | 23 | 21 | 27 | 33 | 36 | 47 | 19 | 20 |

1. 在 Excel 的 worksheet（工作表）輸入數據。
2. 從 toolbar（工具列）點選 Add-Ins（外掛程式），MegaStat>Confidence Intervals/Sample Size。注意：你或許需要從電腦硬碟的檔案 MegaStat.xls 打開 MegaStat。
3. 輸入數據的平均數 32.03。
4. 點選標準常態分配的 z。
5. 為標準差輸入 11，為樣本數 n 輸入 30。
6. 輸入或是轉到 Confidence Level 的 95%，然後點選 [OK]。

接下來顯示上述程序的結果。

Confidence Interval—Mean

95%	Confidence level
32.03	Mean
11	Standard deviation
30	n
1.960	z
3.936	Half-width
35.966	Upper confidence limit
28.094	Lower confidence limit

7-2 σ 未知的平均數信賴區間

學習目標 ❸
當 σ 未知，求出平均數的信賴區間。

當 σ 已知而且樣本數超過 30 的時候，或者是當樣本數低於 30 但是母體是常態分配的時候，可以用第 7-1 節的 z 分配建構母體平均數的信賴區間。不過，大部分時候，σ 是未知的，所以我們必須用樣本標準差 s 估計它。當使用 s 的時候，特別是當小樣本的時候，為了讓信賴區間維持 95% 的信心水準，我們會使用大於 $z_{\alpha/2}$ 的臨界值。這一些數值來自所謂的學生 t 分配，大部分時候我們稱之為 **t 分配 (t distribution)**。

為了使用這個方法，樣本必須是簡單隨機樣本，而且取樣的母體必須是常態的或是接近常態的，或者是樣本數超過或是等於 30。

一些 t 分配的重要特徵現在描述如下：

t 分配的特徵

t 分配與常態分配共同分享某些性質，但是還是有一些部分是不一樣的。*t* 分配和標準常態分配類似之處如下：

1. 鐘形的。
2. 對平均數對稱的。
3. 平均數、中位數以及眾數都是 0，而且位在分配的中央位置。
4. 曲線永遠不會接觸到 *x* 軸。

t 分配和標準常態分配不同之處如下：

1. 變異數超過 1。
2. *t* 分配實際上是一群根據自由度（和樣本數有密切關係）區分彼此的曲線。
3. 當樣本數遞增，*t* 分配會逼近標準常態分配。見圖 7-6。

　　許多統計分配採用自由度的概念，不一樣的統計檢定會有不一樣的自由度公式。**自由度 (degrees of freedom)** 是某一個樣本統計量算出來之後，依舊可以自由改變數值的數值個數，而且這一個數字會告訴研究員應該使用某一群曲線中的哪一條。

　　比如說，如果 5 個數字的平均數是 10，則 5 個數字有 4 個可以自由變化。但是一旦選了 4 個數字，第五個數字一定是可以讓總和等於 50 的特定數字，因為 50 ÷ 5 = 10。因此，自由度是 5 − 1 = 4，而且這一個數字告訴研究員應該用哪一條 *t* 曲線。

　　符號 d.f. 被用來表示自由度。平均數信賴區間的自由度等於樣本數減掉 1。也就是說，d.f. = $n - 1$。注意：對於某些本書之後會用到的檢定，自由度不會等於 $n - 1$。

　　採用 *t* 分配求出信賴區間的公式會有一個臨界值 $t_{\alpha/2}$。

　　可以在附錄 C 的表 E 找出 $t_{\alpha/2}$ 的數值。表 E 最上面那一列，標示著信賴區間，被用來標示這些數值。接著兩列，標示著單尾和雙尾的部分，稍後會在

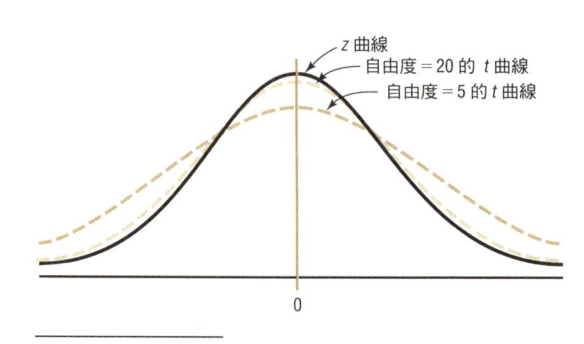

圖 7-6 *t* 曲線家族

第八章解釋，而且不會在這一章用到。

例題 7-5 示範如何在表 E 求出 $t_{\alpha/2}$ 的數值。

例題 7-5

當樣本數是 22 的時候，求出平均數 95% 信賴區間需要的 $t_{\alpha/2}$ 數值。

解答

自由度 d.f. = 22 − 1，或是 21。在最左邊那一行找出 21，而且在標示為信賴區間那一列找出 95%。這兩者交會的地方指出 $t_{\alpha/2}$ 等於 2.080。詳見圖 7-7。

當自由度 d.f. 超過 30 的時候，它或許會落入兩個表格內的數字之間。比如說，如果 d.f. = 68，它落在 65 和 70 之間。許多教科書都建議採用最接近的數字，比如說 68 比較靠近 70 而不是 65；不過在本書，我們採用一種比較保守的作法，我們建議往下找，找到最接近而不超過的數字。所以，這時候從 68 往下找，會得到 65。

注意：在表 E 的最下方，在那裡自由度 d.f. 是無限大，可以找到某些特定信賴區間的 $z_{\alpha/2}$ 數值。理由是，當自由度遞增，t 分配會逼近標準常態分配。

例題 7-6 和 7-7 顯示如何使用 t 分配求出平均數的信賴區間。

		表 E				
		t 分配				
	信賴區間	80%	90%	95%	98%	99%
d.f.	單尾 α	0.10	0.05	0.025	0.01	0.005
	雙尾 α	0.20	0.10	0.05	0.02	0.01
1						
2						
3						
⋮						
21				2.080	2.518	2.831
⋮						
$(z)\infty$		1.282[a]	1.645[b]	1.960	2.326[c]	2.576[d]

圖 7-7 求出例題 7-5 的 $t_{\alpha/2}$

使用 t 分配的平均數信賴區間的公式如下所示。

當 σ 未知的時候，平均數某特定信賴區間的公式

$$\bar{X} - t_{\alpha/2}\left(\frac{s}{\sqrt{n}}\right) < \mu < \bar{X} + t_{\alpha/2}\left(\frac{s}{\sqrt{n}}\right)$$

自由度是 $n-1$。

當 σ 未知，求出平均數信賴區間的假設如下所示。

> **當 σ 未知的時候，求出平均數信賴區間的假設**

1. 樣本是一種隨機樣本。
2. 如果 n＜30，母體就必須是常態分配的，要不然就要 n≧30。

本書會在練習題指明該有的假設；但是，當你在其他情況遇到統計學，必須在繼續之前檢查這一些該有的假設是否滿足。

例題 7-6　新生兒的發育

一組 10 個小孩的隨機樣本指出他們第一年的平均成長數是 9.8 吋。假設變數是常態分配的，而且樣本標準差是 0.96 吋。求出第一年期間母體平均成長數的 95% 信賴區間。

解答

$$\bar{X} = 9.8 \quad s = 0.96 \quad n = 10$$

因為 σ 是未知的，而且必須用 s 取代它，這時候計算信賴區間必須使用 t 分配（表 E）。因此，9 個自由度的 $t_{\alpha/2} = 2.262$。透過把相關資訊代入公式而得到 95% 信賴區間。

$$\bar{X} - t_{\alpha/2}\left(\frac{s}{\sqrt{n}}\right) < \mu < \bar{X} + t_{\alpha/2}\left(\frac{s}{\sqrt{n}}\right)$$
$$9.8 - 2.262\left(\frac{0.96}{\sqrt{10}}\right) < \mu < 9.8 + 2.262\left(\frac{0.96}{\sqrt{10}}\right)$$
$$9.8 - 0.69 < \mu < 9.8 + 0.69$$
$$9.11 < \mu < 10.49$$

因此，人們可以有 95% 的信心認為第一年期間母體平均成長數介於 9.11 到 10.49 吋之間。

例題 7-7　蠟燭引起的火災

以下數據代表過去數年因為蠟燭引起家庭火災的件數。（數據來自 National Fire Protection Association。）求出每一年因為蠟燭引起火災的平均件數的 99% 信賴區間。

5460　　5900　　6090　　6310　　7160　　8440　　9930

解答

步驟 1 利用第三章的公式或是你的計算機，求出數據的平均數和標準差。平均數 $\bar{X} = 7041.4$。標準差 $s = 1610.3$。

步驟 2 在表 E 求出 $t_{\alpha/2}$。使用 99% 信賴區間和 d.f. = 6，我們求出它是 3.707。

步驟 3 代入公式並解題。

$$\bar{X} - t_{\alpha/2}\left(\frac{s}{\sqrt{n}}\right) < \mu < \bar{X} + t_{\alpha/2}\left(\frac{s}{\sqrt{n}}\right)$$

$$7041.4 - 3.707\left(\frac{1610.3}{\sqrt{7}}\right) < \mu < 7041.4 + 3.707\left(\frac{1610.3}{\sqrt{7}}\right)$$

$$7041.4 - 2256.2 < \mu < 7041.4 + 2256.2$$

$$4785.2 < \mu < 9297.6$$

根據過去七年發生的家庭火災樣本，人們可以有 99% 的信心認為每一年因為蠟燭引起火災的平均件數介於 4,785.2 和 9,297.6 件之間。

學生有時候無法決定該用 $z_{\alpha/2}$ 還是用 $t_{\alpha/2}$ 求出平均數的信賴區間。例如前述，當 σ 已知，不論樣本數如何，只要變數是常態的或是 $n \geq 30$，都可以用 $z_{\alpha/2}$ 數值。當 σ 未知而且 $n \geq 30$，用 s 以及 $t_{\alpha/2}$ 數值。最後，當 σ 未知而且 $n < 30$，只要變數是常態的或是接近常態的分配，則可用 s 以及 $t_{\alpha/2}$ 數值。這一些規則摘要在圖 7-8。

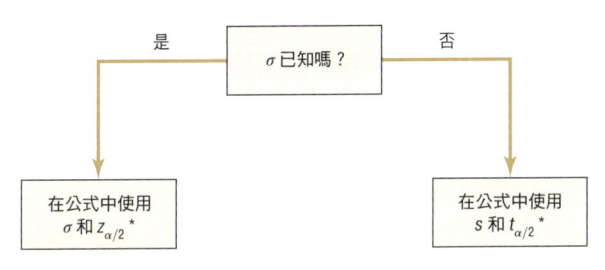

* 如果 $n < 30$，變數必須是常態的或是接近常態的。

圖 7-8 什麼時候用 z 分配，什麼時候用 t 分配

觀念應用 7-2 決定運動飲料

假設你得到一份球隊教練的新工作。你的第一份工作是選擇球隊在練習和比賽時飲用的運動飲料。你手邊有一本 *Sports Report* 雜誌，所以你可以用統計背景幫助你做出最好的決策。以下表格列出最流行的運動飲料以及一些相關的重要資訊。回答以下關於表格的問題。

飲料	卡路里	鹽份	鉀	價格
Gatorade	60	110	25	$1.29
Powerade	68	77	32	1.19
All Sport	75	55	55	0.89
10-K	63	55	35	0.79
Exceed	69	50	44	1.59
1st Ade	58	58	25	1.09
Hydra Fuel	85	23	50	1.89

1. 你認為這是小樣本嗎？
2. 計算每一瓶的平均價格，而且求出關於平均數的 90% 信賴區間。是不是每一種飲料的價格都落入這一個信賴區間內？如果不是，哪一種品牌沒有落入區間內？
3. 是否有哪一個價格可以被認為是離群值？
4. 自由度是多少？
5. 如果價格是你決策的主要因素，你會考慮每一瓶的價格還是每喝一次的成本？
6. 你會建議上述哪一種飲料？並說明理由。

答案在第 326 頁。

練習題 7-2

1. t 分配有哪一些性質？

針對練習題 2~6，假設所有變數都接近常態分配。

2. **五月高溫** 一組美國城市隨機樣本的五月下旬單日最高溫預測結果如下所示。引用 90% 的信心水準估計單日的母體平均最高溫。

   60 73 103 67 89 76
   88 86 79 72 88 87

3. **糖果條的卡路里** 一組標準尺寸糖果條的隨機樣本顯示以下每一條的卡路里數目。引用 98% 的信心水準估計每一條糖果的平均卡路里數目。

   220 220 210 230 275
   260 240 260 320 240
   240 280 230 280

4. **美國公立學校的師生比** 全美所有公立學校的每一位老師平均教授 15.9 位學生。由一組中型人口密度的 12 所學校的樣本發現每一位老師的平均學生數是 19.2 位，變異數是 4.41 位。引用 95% 的信心水準估計每一位老師教授學生人數的真實平均。你的答案和全國平均數相比有何結果？

   資料來源：*World Almanac.*

5. **有線電視 30 秒廣告的成本** 一組各種有線電視網路的隨機樣本，其 30 秒廣告的大概成本顯示如下。引用 90% 的信心水準估計有線電視 30 秒廣告成本的母體平均數。

   14 55 165 9 15 66 23 30 150
   22 12 13 54 73 55 41 78

   資料來源：www.spotrunner.com

6. **NYSE 股票價格** 有個投資社團考慮隨機挑到的 15 支 NYSE 股票，並且得知它們每一股的價格如下所示。引用 95% 的信心水準估計每一支股票的平均價格（以美元計）。

41.53	19.83	15.18	50.40	29.97
58.42	21.63	121.17	5.49	54.87
13.10	87.78	19.32	54.83	13.89

求出平均數的 t 信賴區間

Excel 技術步驟解析

Excel 有計算誤差界限的程序，但是它不能計算信賴區間。不過，你可以藉由線上資源的 MegaStat 外掛程式決定平均數的信賴區間。如果你還沒有安裝這一項外掛程式，根據第一章 Excel 技術步驟解析的說明進行安裝。

例題 XL7-2

使用下述這一組樣本數據求出平均數的 95% 信賴區間。

1. 在 Excel 的 worksheet（工作表）輸入數據。
2. 從 toolbar（工具列）點選 Add-Ins（外掛程式），MegaStat>Confidence Intervals/Sample Size。注意：你或許需要從電腦硬碟的檔案 MegaStat.xls 打開 MegaStat。
3. 輸入數據的平均數 563.2。
4. 點選 t 分配的 t。
5. 為標準差輸入 87.9，為樣本數 n 輸入 10。
6. 輸入或是轉到 Confidence Level 的 95%，然後點選 [OK]。

接下來顯示上述程序的結果。

Confidence Interval—Mean

95%	Confidence level
563.2	Mean
87.9	Standard deviation
10	n
2.262	t (d.f. = 9)
62.880	Half-width
626.080	Upper confidence limit
500.320	Lower confidence limit

7-3 比例的信賴區間與樣本數

學習目標 ④ 求出比例的信賴區間。

最常用的一種信賴區間是比例的，許多統計研究與求出某一種特性的母體比例有關。你會在這一節學到如何求出比例的信賴區間。

USA TODAY 的 Snapshots 調查指出，在美國有 12% 的休閒遊艇取名為「Serenity」。參數 12% 叫做**比例 (proportion)**。它意味著所有在美國註冊的遊艇，每 100 艘就有 12 艘取名為「Serenity」。比例代表全體的一部分，可以用分數、小數或者是百分比表達比例。像這個例子，12% = 0.12 = $\frac{12}{100}$ 或者是 $\frac{3}{25}$。

統計學

比例也可以表示機率。像這個例子，如果隨機挑到一艘遊艇，這一艘船叫做「Serenity」的機率是 0.12。

比例可以從樣本或是母體取得。我們會使用以下的符號。

比例概念的符號

$$p = 母體比例$$
$$\hat{p} = 樣本比例$$

針對樣本比例，

$$\hat{p} = \frac{X}{n} \quad 且 \quad \hat{q} = \frac{n-X}{n} \quad 或是 \quad \hat{q} = 1 - \hat{p}$$

其中 $X=$ 樣本內有多少個擁有我們感興趣的特徵，$n=$ 樣本數。

比如說，在某一項研究，有 200 人被問到是否滿意現在的工作或是專業；162 人回答滿意。在這個例子，$n = 200$，$X = 162$ 且 $\hat{p} = X/n = 162/200 = 0.81$。我們可以說針對這一組樣本，0.81 或 81% 被調查的人滿意現在的工作或是專業。樣本比例是 $\hat{p} = 0.81$。

當被問到是否滿意現在的工作或是專業，被調查的人回答不滿意的比例是 $\hat{q}$，其中 $\hat{q} = (n-X)/n$。針對這一項調查，$\hat{q} = (200-162)/200 = 38/200$，或是 0.19，或說是 19%。

當我們用小數或是分數表達 $\hat{p}$ 和 $\hat{q}$ 的時候，$\hat{p} + \hat{q} = 1$。當我們用百分比表達 $\hat{p}$ 和 $\hat{q}$ 的時候，$\hat{p} + \hat{q} = 100\%$。接著，帶出 $\hat{q} = 1 - \hat{p}$，或者是 $\hat{p} = 1 - \hat{q}$，當我們用小數或是分數表達 $\hat{p}$ 和 $\hat{q}$ 的時候。對工作滿意度調查而言，也可以用 $\hat{q} = 1 - \hat{p}$ 或是 $1 - 0.81 = 0.19$ 求出 $\hat{q}$。

類似的理由也可以被應用在母體比例上；也就是說，$p = 1 - q$，$q = 1 - p$，且 $p + q = 1$，當我們用小數或是分數表達 p 和 q 的時候。當我們用百分比表達 p 和 q 的時候，$p + q = 100\%$，$p = 100\% - q$，且 $q = 100\% - p$。

例題 7-8　開車上班

一組 200 位工人的隨機樣本指出有 128 位單獨開車上班。求出 $\hat{p}$ 和 $\hat{q}$，其中 $\hat{p}$ 是工人單獨開車上班的比例。

解答

這時候，$X = 128$ 且 $n = 200$。

$$\hat{p} = \frac{X}{n} = \frac{128}{200} = 0.64 = 64\%$$

$$\hat{q} = \frac{n-X}{200} = \frac{200-128}{200} = \frac{72}{200} = 0.36 = 36\%$$

也可以用公式求出 $\hat{q}$。在這裡，$\hat{q} = 1 - 0.64 = 0.36$，所以在這一項調查的 64% 工人單獨開車上班，而 36% 則與其他人一起開車上班。

就像平均數一樣，有了樣本比例之後，統計學家試圖估計母體比例。可以透過樣本比例取得母體比例的點估計和區間估計。針對母體比例 p 的點估計，我們用樣本比例 $\hat{p}$。根據良好估計的三項性質，$\hat{p}$ 是不偏、一致而且是相對有效的。但是就像母體平均數一樣，我們無法決定點估計 p 有多靠近母體比例，因此，統計學家一樣也想發展比例的區間估計，並且希望指定該區間包含母體比例的機率。

根據 $\hat{p}$ 的抽樣分配發展某個 p 的信賴區間。當樣本數 n 不超過母體規模（比如說，母體內有多少人）的 5%，$\hat{p}$ 的抽樣分配接近平均數 p 且標準差 $\sqrt{pq/n}$ 的常態分配，其中 $q = 1 - p$。

➡ 信賴區間

為了建構比例的信賴區間，你必須使用誤差界限，這時候它是

$$E = z_{\alpha/2}\sqrt{\frac{\hat{p}\hat{q}}{n}}$$

比例的信賴區間必須滿足 $n\hat{p} \geq 5$ 以及 $n\hat{q} \geq 5$。

比例信賴區間的公式

$$\hat{p} - z_{\alpha/2}\sqrt{\frac{\hat{p}\hat{q}}{n}} < p < \hat{p} + z_{\alpha/2}\sqrt{\frac{\hat{p}\hat{q}}{n}}$$

其中 $n\hat{p}$ 和 $n\hat{q}$ 必須大於等於 5。

求出母體比例信賴區間的假設

1. 樣本是一組隨機樣本。
2. 必須滿足二項實驗的條件（詳見第五章）。

本書會在練習題指明該有的假設；但是，當你在其他情況遇到統計學，必須在繼續之前檢查這一些該有的假設是否滿足。

比例信賴區間的四捨五入規則　四捨五入到第三位小數。

例題 7-9　支付大學費用

一項 Sallie Mae and Gallup 針對 1,404 位學生的調查發現，其中 323 位學生使用助學貸款支付大學學費。求出使用助學貸款支付大學學費真實比例的 90% 信賴區間。

解答

步驟 1　決定 $\hat{p}$ 和 $\hat{q}$。

$$\hat{p} = \frac{X}{n} = \frac{323}{1404} = 0.23$$
$$\hat{q} = 1 - \hat{p} = 1.00 - 0.23 = 0.77$$

步驟 2　決定臨界值。

$$\alpha = 1 - 0.90 = 0.10$$
$$\frac{\alpha}{2} = \frac{0.10}{2} = 0.05$$
$$z_{\alpha/2} = 1.65$$

步驟 3　代入公式。

$$\hat{p} - z_{\alpha/2}\sqrt{\frac{\hat{p}\hat{q}}{n}} < p < \hat{p} + z_{\alpha/2}\sqrt{\frac{\hat{p}\hat{q}}{n}}$$

$$0.23 - 1.65\sqrt{\frac{(0.23)(0.77)}{1404}} < p < 0.23 + 1.65\sqrt{\frac{(0.23)(0.77)}{1404}}$$

$$0.23 - 0.019 < p < 0.23 + 0.019$$
$$0.211 < p < 0.249$$

或者是
$$21.1\% < p < 24.9\%$$

因此，你可以有 90% 的信心認為學生使用助學貸款支付大學學費的真實比例介於 21.1 和 24.9% 之間。

當給定某一個特定的百分比，把它改成小數，百分比變成 $\hat{p}$。比如說，如果問題指出有 12% 的應徵者是男性，則 $\hat{p} = 0.12$。

例題 7-10　花園雜草

Harris Interactive Poll 針對 1,898 位擁有草坪成年人的一項調查發現 45% 認為在他們的花園裡蒲公英是最難控制的雜草。求出認為在他們的花園裡蒲公英是最難控制雜草真實比例的 95% 信賴區間。

解答

步驟 1　決定 $\hat{p}$ 和 $\hat{q}$。

這種情形下，已經知道 $\hat{p}$，它是 45%，也就是 0.45。

$$\hat{q} = 1 - \hat{p} = 1.00 - 0.45 = 0.55$$

步驟 2　決定臨界值。

$$\alpha = 1 - 0.95 = 0.05$$
$$\frac{\alpha}{2} = \frac{0.05}{2} = 0.025$$
$$z_{\alpha/2} = 1.96$$

步驟 3　代入公式。

$$\hat{p} - z_{\alpha/2}\sqrt{\frac{\hat{p}\hat{q}}{n}} < p < \hat{p} + z_{\alpha/2}\sqrt{\frac{\hat{p}\hat{q}}{n}}$$

$$0.45 - 1.96\sqrt{\frac{(0.45)(0.55)}{1898}} < p < 0.45 + 1.96\sqrt{\frac{(0.45)(0.55)}{1898}}$$

$$0.45 - 0.022 < p < 0.45 + 0.022$$
$$0.428 < p < 0.472$$
$$42.8\% < p < 47.2\%$$

因此，你可以說「有 95% 的信心認為在他們的花園裡蒲公英是最難控制雜草的真實比例介於 42.8% 與 47.2% 之間」。

➡ 比例的樣本數

為了求出決定比例信賴區間所需要的樣本數，使用以下這個公式。

母體比例區間估計所需最小樣本數的公式

$$n = \hat{p}\hat{q}\left(\frac{z_{\alpha/2}}{E}\right)^2$$

如果必要，無條件進位到最近的整數。

學習目標 ❺
決定求出比例信賴區間需要的最小樣本數。

這一個公式可以從誤差界限出發，解 n 而得到

$$E = z_{\alpha/2}\sqrt{\frac{\hat{p}\hat{q}}{n}}$$

$\hat{p}$	$\hat{q}$	$\hat{p}\hat{q}$
0.1	0.9	0.09
0.2	0.8	0.16
0.3	0.7	0.21
0.4	0.6	0.24
0.5	**0.5**	**0.25**
0.6	0.4	0.24
0.7	0.3	0.21
0.8	0.2	0.16
0.9	0.1	0.09

需要考慮兩種狀況。第一，如果已知某些近似的 $\hat{p}$（比如說，從之前的研究），可以把那個數值代入公式。

第二，如果沒有已知的 $\hat{p}$，你可以使用 $\hat{p} = 0.5$。這一個數值將提供夠大且保證準確預測的樣本數。理由是當 $\hat{p}$ 和 $\hat{q}$ 都是 0.5 的時候，乘積 $\hat{p}\hat{q}$ 會最大，請看左表。

針對已知的誤差界限與信賴區間，引用最大值會得到 n 的最大可能值。這個方法的缺點是會帶出比所需更大的樣本數。

例題 7-11　家庭電腦

有一位研究員希望有 95% 的信心估計擁有家庭電腦的個人比例。之前的研究顯示有 40% 的受訪者表示家裡有電腦。該名研究員希望準確性在真實比例的 2% 之內。求出需求樣本數的最小值。

解答

因為 $z_{\alpha/2} = 1.96$，$E = 0.02$，$\hat{p} = 0.40$ 且 $\hat{q} = 0.60$，然後

$$n = \hat{p}\hat{q}\left(\frac{z_{\alpha/2}}{E}\right)^2 = (0.40)(0.60)\left(\frac{1.96}{0.02}\right)^2 = 2304.96$$

無條件進位，表示至少要訪問 2,305 個人。所以研究者必須面訪 2,305 個人。

例題 7-12　家庭電腦

在例題 7-11，假設之前未曾做過這一類的研究。求出準確性在真實比例的 2% 之內所需要的最小樣本數。

解答

這時候，我們不知道 $\hat{p}$ 和 $\hat{q}$，所以我們採用 $\hat{p} = 0.5$ 和 $\hat{q} = 0.5$。

$$E = 0.02 \text{、} z_{\alpha/2} = 1.96$$

$$\begin{aligned}n &= \hat{p}\hat{q}\left(\frac{z_{\alpha/2}}{E}\right)^2 \\ &= (0.5)(0.5)\left(\frac{1.96}{0.02}\right)^2 \\ &= 2401\end{aligned}$$

因此，當 $\hat{p}$ 未知的時候，必須訪問 2,401 個人。這個數字比起已知 $\hat{p}$ 的時候高出 96 個人。

第 7 章 信賴區間

在決定樣本數的時候，母體規模是不相關的。決定時只需要信心水準以及誤差界限。

觀念應用 7-3　感染流感

為了回答問題，使用以下描述感染流感人數的報告表格（用性別和種族分類）。

特徵	流感 百分比	95% CI（信賴區間的英文縮寫）
性別		
男	48.8	(47.1–50.5%)
女	51.5	(50.2–52.8%)
種族		
高加索人	52.2	(51.1–53.3%)
非裔美國人	33.1	(29.5–36.7%)
西班牙裔美國人	47.6	(40.9–54.3%)
其他	39.7	(30.8–48.5%)
總和	50.4	(49.3–51.5%)

49 州和華盛頓特區參與這一份研究。使用加權平均數。樣本數是 19,774。有 12,774 位女性和 7,000 位男性。

1. 解釋 95% CI 所代表的意義。
2. 男性感染流感的報告數字有多大的誤差？
3. 樣本數是多少？
4. 樣本數如何影響信賴區間的寬度？
5. 如果使用同樣的數據，90% 的 CI 會比較長還是比較短？
6. 感染流感女性的比例數字 51.5% 和對應 95% CI 的關係如何？

答案在第 326 頁。

練習題 7-3

1. 在以下每一個小題，求出 $\hat{p}$ 和 $\hat{q}$。
   a. $n = 80$ 和 $X = 40$
   b. $n = 200$ 和 $X = 90$
   c. $n = 130$ 和 $X = 60$
   d. 25%
   e. 42%

2. **私立學校**　私立學校的學生比例大概是 11%。一組大範圍區域 450 位學生的樣本顯示，55 位在私立學校念書。引用 95% 的信心水準估計在私立學校念書學生的真實比例。

   資料來源：National Center for Education Statistics (www.nces.ed.gov)。

3. **參加 SAT 的高中畢業生**　全國高中畢業生參加 SAT 考試的比例是 49%，但是州比例從最小的 4% 到最高的 92%。從一組 300 位來自三州大區域高中畢業生的隨機樣本發現有 195

位參加 SAT 考試。引用 95% 的信心水準估計這個區域內高中畢業生參加 SAT 考試的真實比例。

資料來源：World Almanac.

4. **居家保全系統** 在 2008 年，17% 的美國房屋採用了居家保全系統。有一家行銷公司想估計現在的比例，其挑選一組 200 間房子的隨機樣本，並且發現其中 53 間安裝了居家保全系統。引用 99% 的信心水準估計擁有居家保全系統的真實比例。

資料來源：pollingreport.com

5. **衛星電視** 一般相信有 25% 的美國家庭裝置了衛星電視接收器。如果希望有 95% 的信心水準且誤差在 3% 以內，則我們需要多大的樣本數？如果對這一個比例的估計什麼都不知道，則需要多少樣本數？

資料來源：New York Times Almanac.

Excel 技術步驟解析

求出比例的信賴區間

Excel 有計算誤差界限的程序，但是它不能計算信賴區間。不過，你可以藉由線上資源的 MegaStat 外掛程式決定平均數的信賴區間。如果你還沒有安裝這一項外掛程式，根據第一章 Excel 技術步驟解析的說明進行安裝。

例題 XL7-3

某一組樣本有 500 人申請護士的工作，包括 60 位男士。求出男性申請人真實比例的 90% 信賴區間。

1. 從 toolbar（工具列）點選 Add-Ins（外掛程式），MegaStat>Confidence Intervals/Sample Size。注意：你或許需要從電腦硬碟的檔案 MegaStat.xls 打開 MegaStat。
2. 在對話框點選 Confidence interval - *p*。
3. 在標示為 *p* 的輸入框輸入 60；*p* 會自動換成 *x*。
4. 在標示為 *n* 的輸入框輸入 500。
5. 輸入或是轉到 Confidence Level 的 90%，然後點選 [OK]。

接下來顯示上述程序的結果。

Confidence Interval—Proportion

90%	Confidence level
0.12	Proportion
500	n
1.645	z
0.024	Half-width
0.144	Upper confidence limit
0.096	Lower confidence limit

7-4 變異數和標準差的信賴區間

在第 7-1 到 7-3 節,我們學到了如何計算平均數和比例的信賴區間。這一節將解釋如何求出變異數和標準差的信賴區間。在統計學,變異數以及標準差和平均數一樣重要。比如說,當組合元件(比如說管子)製造某一項產品的時候,控制管子的直徑讓它們的變化盡可能的小是重要的;否則,無法順利地把它們串起來,或是串起來之後無法使用而報廢。在藥廠,藥物的變異數和標準差是非常重要的,因為變化小才能保證病人吃到適當劑量的藥。針對這一些理由,我們需要變異數和標準差的信賴區間。

學習目標 ❻

求出變異數以及標準差的信賴區間。

為了計算這些信賴區間,我們需要一種新的統計分配,叫做**卡方分配** **(chi-square distribution)**。

卡方分配類似 t 分配,它的分配也是一群用自由度分辨彼此的曲線。卡方的符號是 χ^2(希臘字母,讀作 ki)。圖 7-9 顯示幾個卡方分配和對應的自由度。當隨機樣本來自變異數是 σ^2 的常態分配,$(n-1)s^2/\sigma^2$ 數值的分配就是卡方分配。

卡方分配變數不能是負的,分配是右偏斜的(正偏斜)。大概在 100 自由度的時候,卡方變得有一點對稱。每一個卡方分配曲線下方的面積等於 1.00,或說是 100%。

卡方分配的特質摘要如下。

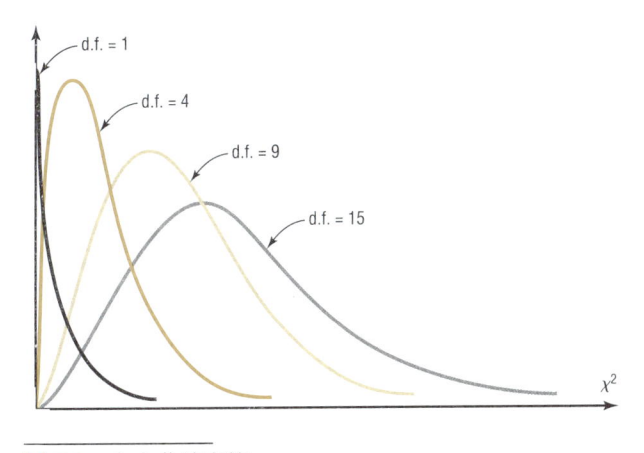

圖 7-9 卡方曲線家族

卡方分配的特質

1. 所有卡方值都會大於 0。
2. 卡方分配是一個基於自由度的家族。
3. 卡方分配曲線下的總面積等於 1。
4. 卡方分配是右偏斜分配。

附錄 C 的表 F 提供卡方分配的數值。這些數值用在變異數信賴區間公式的分母部分。公式用了兩個不一樣的數值，因為分配不是對稱的。在表格的左邊找出其中一個數值，在右邊找出另一個數值。見圖 7-10。

表 F 類似 t 分配的表。最左邊的欄位記錄自由度，而最上方的列表示臨界值右邊的面積。比如說，為了在表上求出對應 95% 信賴區間的數值，你必須先把 95% 變成小數，接著用 1 減去它 (1 − 0.95 = 0.05)。然後把答案除以 2 ($\alpha/2 = 0.05/2 = 0.025$)，這在表格的右半邊，用來求出 χ^2_{right} 的數值。為了求出 χ^2_{left}，用 1 減去 $\alpha/2$ (1 − 0.05/2 = 0.975)。最後，在對應自由度 $n - 1$ 那一列的適當位置求出 χ^2_{right} 和 χ^2_{left}。同樣的過程可以求出 90% 或是 99% 信賴區間需要的數值。

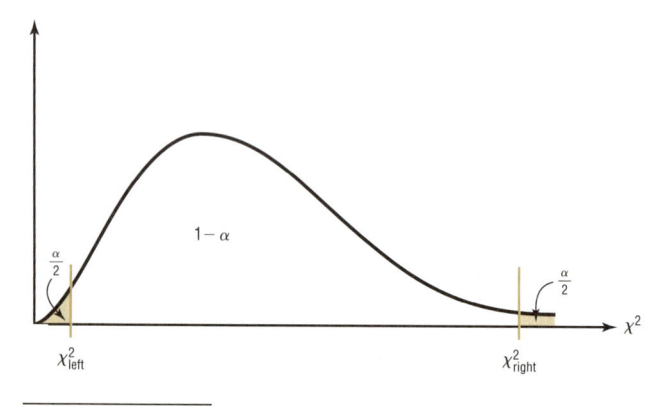

圖 7-10 d.f. = $n - 1$ 的卡方分配

例題 7-13

針對 $n = 25$ 的 90% 信賴區間求出 χ^2_{right} 和 χ^2_{left}。

解答

為了求出 χ^2_{right}，減法運算 1 − 0.90 = 0.10 以及除以 2 得到 0.05。
為了求出 χ^2_{left}，減法運算 1 − 0.05 得到 0.95。因此用 0.95 和 0.05 那兩行，並且在對應自由度 24 那一列。見圖 7-11。

	表 F
	卡方分配

自由度	0.995	0.99	0.975	0.95	0.90	0.10	0.05	0.025	0.01	0.005
1										
2										
⋮										
24				13.848			36.415			

χ^2_{left} χ^2_{right}

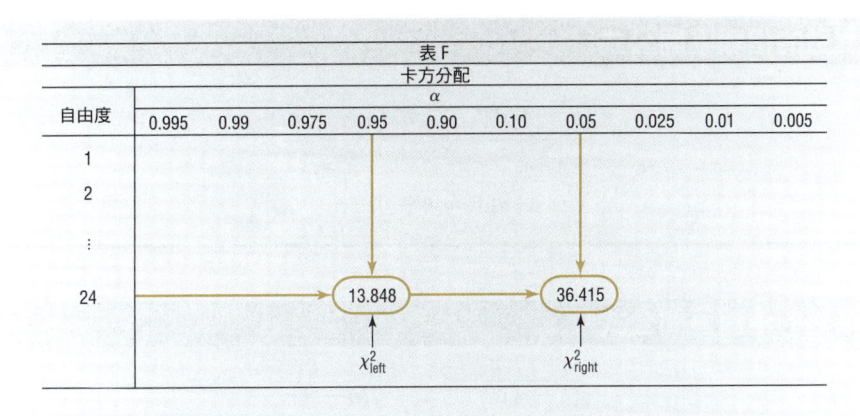

圖 7-11 例題 7-13 需要的卡方表

其值為

$$\chi^2_{\text{right}} = 36.415$$

$$\chi^2_{\text{left}} = 13.848$$

見圖 7-12。

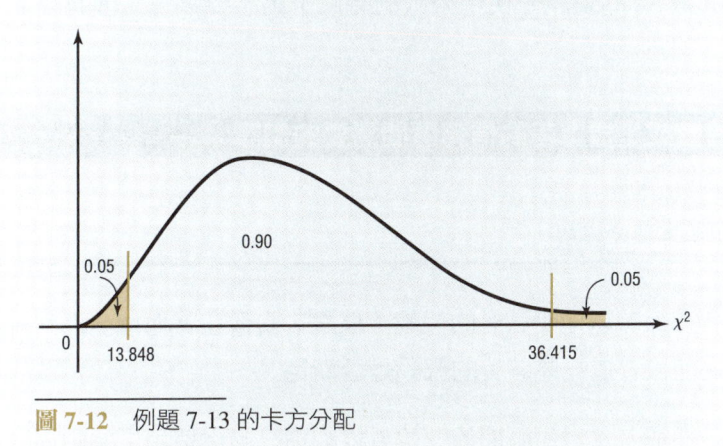

圖 7-12 例題 7-13 的卡方分配

　　如果這一張表沒有需要的自由度，採用表格內下方最靠近的數值。比如說，針對 d.f. = 53，使用 d.f. = 50。這是一種比較保守的作為。

　　s^2 和 s 分別是 σ^2 和 σ 有用的估計。

　　為了求出變異數和標準差的信賴區間，你必須假設變數是常態分配的。

　　信賴區間公式如下所示。

變異數的信賴區間公式

$$\frac{(n-1)s^2}{\chi^2_{\text{right}}} < \sigma^2 < \frac{(n-1)s^2}{\chi^2_{\text{left}}}$$

$$\text{d.f.} = n - 1$$

標準差的信賴區間公式

$$\sqrt{\frac{(n-1)s^2}{\chi^2_{\text{right}}}} < \sigma < \sqrt{\frac{(n-1)s^2}{\chi^2_{\text{left}}}}$$

$$\text{d.f.} = n - 1$$

回憶一下，樣本變異數的符號是 s^2 以及樣本標準差的符號是 s。如果題目提供標準差 s 的資訊，記得使用公式的時候要先平方該數字。但是如果題目提供樣本變異數 s^2 的資訊，使用公式的時候千萬不要平方，因為變異數已經是平方了。

求出變異數或是標準差的信賴區間需要的假設

1. 樣本是隨機樣本。
2. 母體必須是常態分配的。

本書會在練習題指明該有的假設；但是，當你在其他情況遇到統計學，必須在繼續之前檢查這一些該有的假設是否滿足。

變異數或是標準差之信賴區間的四捨五入規則　當你使用原始數據計算母體變異數或是標準差信賴區間的時候，四捨五入答案到比原始數據多一位小數的小數位。

當你使用樣本變異數或是樣本標準差計算母體變異數或是標準差信賴區間的時候，四捨五入答案到和樣本變異數或是樣本標準差一樣多小數的小數位。

例題 7-14 顯示如何求出變異數和標準差的信賴區間。

例題 7-14　尼古丁含量

如果由一組 20 支香菸的樣本發現尼古丁含量的樣本標準差是 1.6 毫克，求出尼古丁含量變異數和標準差的 95% 信賴區間。假設常態分配的變數。

解答

因為 $\alpha = 0.05$，針對自由度 19，0.025 以及 0.975 水準的臨界值分別是 32.852 和 8.907。透過代入公式求出變異數的 95% 信賴區間。

$$\frac{(n-1)s^2}{\chi^2_{\text{right}}} < \sigma^2 < \frac{(n-1)s^2}{\chi^2_{\text{left}}}$$

$$\frac{(20-1)(1.6)^2}{32.852} < \sigma^2 < \frac{(20-1)(1.6)^2}{8.907}$$

$$1.5 < \sigma^2 < 5.5$$

因此，你可以有 95% 的信心認為尼古丁含量的真實變異數介於 1.5 和 5.5 之間。

針對標準差，信賴區間是

$$\sqrt{1.5} < \sigma < \sqrt{5.5}$$

$$1.2 < \sigma < 2.3$$

因此，根據一組 20 支香菸的樣本，你可以有 95% 的信心認為尼古丁含量的真實標準差介於 1.2 和 2.3 之間。

例題 7-15　有名字的颶風

求出每年在大西洋岸出現有名字颶風個數的變異數與標準差之 90% 信賴區間。以下是一組 10 年資料的隨機樣本。假設分配接近常態。

```
10   5  12  11  13
15  19  18  14  16
```

資料來源：Atlantic Oceanographic and Meteorological Laboratory.

解答

步驟 1　使用第三章的公式或是計算機求出數據的變異數。變異數 $s^2 = 16.9$。

步驟 2　從附錄 C 的表 F 可以求出 χ^2_{right} 和 χ^2_{left}。使用 $10 - 1 = 9$ 個自由度。

在此例題，使用 $\alpha = 0.05$ 和 0.95；$\chi^2_{\text{right}} = 3.325$；$\chi^2_{\text{left}} = 16.919$。

步驟 3　代入公式。

$$\frac{(n-1)s^2}{\chi^2_{\text{right}}} < \sigma^2 < \frac{(n-1)s^2}{\chi^2_{\text{left}}}$$

$$\frac{(10-1)(16.9)}{16.919} < \sigma^2 < \frac{(10-1)(16.9)}{3.325}$$

$$8.99 < \sigma^2 < 45.74$$

$$\sqrt{8.99} < \sigma < \sqrt{45.74}$$

$$3.0 < \sigma < 6.8$$

因此，你可以有 90% 的信心根據一組 10 年的樣本認為有名字颶風個數的標準差介於 3.0 和 6.8 之間。

注意：如果你正在使用標準差（就像例題 7-14）而不是變異數，當代入公式的時候，記得要將標準差平方。

觀念應用 7-4　　標準差的信賴區間

以下數據顯示歷屆總統死亡時的歲數。

67	90	83	85	73	80	78	79
68	71	53	65	74	64	77	56
66	63	70	49	57	71	67	71
58	60	72	67	57	60	90	63
88	78	46	64	81	93	93	

1. 數據代表母體還是樣本？
2. 隨機挑選 12 個數字，並且求出它們的變異數和標準差。
3. 求出標準差的 95% 信賴區間。
4. 求出所有數字的標準差。
5. 第 3 題得到的信賴區間包含上一題的標準差嗎？
6. 如果沒有，請說明理由。
7. 在第 3 題建構標準差 95% 信賴區間的時候，必須考慮哪一些假設？

答案在第 326 頁。

練習題 7-4

1. 計算變異數和標準差的信賴區間時應用什麼分配？

2. **優格的醣類** 每一杯 8 盎司優格含醣類克數的數據如下所示（這是一組隨機樣本）。引用 95% 的信心水準估計每一杯 8 盎司優格含醣類克數的變異數以及標準差。

   17 42 41 20 39 41 35 15 43
   25 38 33 42 23 17 25 34

3. **新車租賃費用** 一家新車的車商正在出租各式各樣的車款，每個月的價格如下所示。引用 90% 的信心水準估計真實的母體變異數和標準差。

   169 169 199 239 239 249

4. **標準尺寸糖果條的卡路里** 引用 95% 的信心水準估計這些隨機挑選、標準尺寸糖果條之卡路里的標準差。（以下數字是每個糖果條的卡路里。）假設變數是常態分配的。

   220 220 210 230 275 260 240
   220 240 240 280 230 280 260

5. **每日膽固醇攝取量** 美國心臟協會建議單日膽固醇攝取量應該低於 300 微克。以下數字是一組烤肉隨機樣本的膽固醇含量。引用 95% 的信心水準估計膽固醇含量的標準差。假設變數是常態分配的。

   90   200 80   105 95
   85   70   105 115 110
   100 225 125 130 145

結語

- 估計是統計推論重要的一環。透過從母體隨機抽樣，加上選擇與計算某一個統計量達成母體參數的最佳估計式。一個好的估計式必須是不偏、一致而且是相對有效的。μ 的最佳估計是 $\bar{X}$。(7-1)

- 參數的估計有兩種型態：點估計和區間估計。點估計是某一個特定的數值。比如說，如果某一位研究員想要估計某一種魚的平均身長，挑選一組樣本並且加以丈量。計算這一組樣本的平均數，比如說結果是 3.2 公分。從這一項樣本平均數出發，研究員就用 3.2 公分估計母體平均數。點估計的問題是無法決定估計的準確性。因為這個原因，統計學家比較喜歡區間估計。透過計算樣本數值的某一個區間，統計學家可以有 95% 或是 99% 的信心（或者是其他百分比）認為他們的估計包含真正的參數。研究員可以決定信心水準。信心水準愈高，估計的區間會愈寬。比如說，某一種魚真實平均身長的 95% 信賴區間可能是

$$3.17 < \mu < 3.23$$

而 99% 的信賴區間則可能是

$$3.15 < \mu < 3.25 \quad (7-1)$$

- 當母體標準差已知，z 值被用來計算信賴區間。(7-1)
- 決定估計平均數所需的樣本數和計算信賴區間關係密切。決定最小樣本數需要這一項資訊。
  1. 必須說明信心水準。

2. 必須知道母體標準差或是有能力估計母體標準差。

3. 必須說明誤差界限。(7-1)

- 如果母體標準差未知，會使用 t 值。當樣本數低於 30，母體一定要是常態的（或是接近常態的）。(7-2)
- 利用常態分配也可以計算母體比例的信賴區間和所需的樣本數。(7-3)
- 最後，變異數和標準差的信賴區間可以用卡方分配計算。(7-4)

複習題

7-1

1. **同位素**　有八種化學元素沒有同位素（原子數一樣但是質量和形式皆不一樣的元素）。一組 30 個有同位素元素的隨機樣本顯示，每個元素的平均同位素個數是 19.63 個，而且假設母體標準差是 18.73 個。引用 90% 的信心水準估計所有有同位素元素的同位素平均數。

   資料來源：Time Almanac.

2. **郵資開銷**　有一位研究員希望在誤差 25 美元以內估計一位大學生每年的平均郵資開銷。如果他希望信心水準是 90%，則需要多大的樣本數？假設母體標準差是 80 美元。

7-2

3. **兒童動畫的長度**　一組兒童動畫長度（以分鐘計）的隨機樣本如下所示。引用 90% 的信心水準估計兒童動畫長度的真實平均數。

   93　83　76　92　77　81　78　100　78　76　75

7-3

4. **總統出遊**　一份 1,004 人的調查顯示，有 442 位感覺美國總統 George W. Bush 花了太多時間出遊（遠離華盛頓特區）。為真實母體比例求出一種 95% 信賴區間。

   資料來源：USA TODAY/CNN/Gallup Poll.

5. **美國人的婚姻**　在 1960 年，67.6% 的美國人（14 歲以上）已婚。在 2011 年，一組 600 位美國人的隨機樣本指出有 312 位已婚。引用 99% 的信心水準估計美國人結婚的真實比例。假設變數是常態分配的。

   資料來源：World Almanac 2012.

6. **寵物主人**　據信些微超過 60% 的美國人擁有寵物。在 0.02 的誤差界限內以及 90% 信心水準下，估計真實比例需要多少樣本？

7-4

7. **棒球直徑**　18 顆棒球直徑的標準差是 0.29 公分。求出棒球直徑真實標準差的 95% 信賴區間。你認為廠商應該檢查不一致性嗎？

8. **雪車電池的壽命**　挑選一組 15 部雪車的隨機樣本，並且測量它們的電池壽命。樣本變異數是 8.6。求出真實變異數的 90% 信賴區間。

小試身手

是非題。如果答案是「非」，請提供理由。

1. 因為可以指定信心水準，所以比起點估計，人們較喜歡區間估計。
2. 估計式是一致的，如果當樣本數遞增，估計式的數值會逐漸逼近參數值。

選擇題

3. 使用同樣的樣本數 n，建構 99% 信賴區間而不是 95% 信賴區間，這時候誤差界限會如何？
   a. 變小
   b. 變大

c. 一樣
d. 無法決定

4. 當母體標準差未知，而且樣本數比 30 小，應該使用哪一種表格的數值計算平均數的信賴區間？
   a. z
   b. t
   c. 卡方
   d. 以上皆非

填充題

5. 參數的點估計和參數真實數值之間的最大可容忍差距叫做＿＿＿＿＿＿。

6. 常用的三種信賴區間是＿＿＿＿＿%、＿＿＿＿%和＿＿＿＿＿%。

7. **門診費用** 一位怒氣沖沖的病人抱怨門診費用太高。她隨機挑選 20 位病人（不含自己），發現每一次門診的平均費用是 44.80 美元。樣本的標準差是 3.53 美元。求出母體平均數的一種點估計。求出母體平均數的 95% 信賴區間。假設變數是常態分配的。

8. **保險經紀人的年紀** 調查某大都會的 10 位保險經紀人，發現他們的平均年齡是 48.6 歲，而標準差是 4.1 歲。假設變數是常態分配的。求出該都市所有保險經紀人年紀平均數的 95% 信賴區間。

9. **竊案** 針對某一個鄉下，發現某一組 4 個月的樣本，每一個月竊案的平均數是 31。標準差是 4。假設變數是常態分配的。求出每一個月竊案真實平均數的 90% 信賴區間。

10. **道路維修費用** 有一位研究員希望在相距 300 美元內以及 90% 的信心水準下，估計每一年每郡真實的平均道路維修費用，必須使用多大的樣本數？標準差是 900 美元。

11. **急診室意外** 在需要急診室治療的 150 項意外中，36% 發生在 6 歲以下的孩童。求出 6 歲以下孩童意外比例的 90% 信賴區間。

12. **不吃午餐** 有一位營養師希望在相距 3% 內以及 95% 的信心水準下，估計不吃午餐的成人真實比例，必須要用多大的樣本數？先前的研究發現 125 位參與調查的成人有 15% 不吃午餐。

13. **卡車安全檢查** 求出州警檢查卡車安全所需時間的變異數與標準差的 95% 信賴區間，如果 27 部卡車的樣本有標準差 6.8 分鐘。假設變數是常態分配的。

觀念應用的答案

觀念應用 7-1　使用信賴區間作決策

1. 答案因人而異。一種可能的答案是，求出一組個人的隨機樣本兩週內的使用情形，並且求出它們的平均數。
2. 人們通常在感冒或是過敏的時候使用 Kleenex 面紙。
3. 如果你只想知道人們在感冒時使用多少張 Kleenex 面紙，我們挑選現在感冒的人，而且記錄他們在感冒期間用了多少張 Kleenex 面紙。
4. 答案因人而異。我們會用一種 95% 信賴區間：

$$\bar{x} \pm 1.96 \frac{\sigma}{\sqrt{n}} = 57 \pm 1.96 \frac{15}{\sqrt{85}} = 57 \pm 3$$

我們有 95% 的信心認為區間 54–60 包含感冒的人使用多少張 Kleenex 面紙的平均數。看起來，在置物箱內要放 60 張 Kleenex 面紙是合理的。

5. 答案因人而異。因為我們有 95% 的信心認為信賴區間包含真實的平均數，任何超過 54 張至不到 60 張 Kleenex 面紙都是合理的。60 張看起來最合理，因為它最靠近平均數上方兩個標準差的位置。

觀念應用 7-2　決定運動飲料

1. 答案因人而異。一種可能的答案是這是一種小樣本，因為我們只看了七種流行的運動飲料。
2. 每一瓶的平均價格是 1.25 美元，而且標準差是 0.39 美元。90% 信賴區間是

$$\bar{X} \pm t_{\alpha/2} \frac{s}{\sqrt{n}} = 1.25 \pm 1.943 \frac{0.39}{\sqrt{7}} = 1.25 \pm 0.29$$

或說是 $0.96 < \mu < 1.54$。

10-K、All Sport、Exceed 以及 Hydra Fuel 都落在信賴區間之外。
3. 沒有離群值。
4. 自由度是 $7 - 1 = 6$。
5. 每喝一次的成本是我們決策的主要因素，因為這樣可以讓我們在一樣的水平上比較價格。
6. 答案因人而異。

觀念應用 7-3　感染流感

1. 95% CI 代表利用數據建構出來的 95% 信賴區間。
2. 男性感染流感的誤差界限是 $(50.5 - 47.1)/2 = 1.7\%$。
3. 樣本數是 19,774。
4. 樣本數愈大，誤差界限愈小（其他條件保持不變）。
5. 90% 的 CI 會比 95% 的 CI 來得短，因為我們區間包含的數字比較少。
6. 數字 51.5% 在信賴區間的中間，因為它是 95% CI 的點估計。

觀念應用 7-4　標準差的信賴區間

1. 數據代表母體，因為在寫這本書的時候，我們有所有已下台總統的死亡歲數。
2. 答案因人而異。一種可能的樣本是 56, 67, 53, 46, 63, 77, 63, 57, 71, 57, 80, 65，它們的變異數是 98.0，標準差是 9.9。
3. 答案因人而異。標準差的 95% 信賴區間是 $\sqrt{\frac{(n-1)s^2}{\chi^2_{\text{right}}}}$ 到 $\sqrt{\frac{(n-1)s^2}{\chi^2_{\text{left}}}}$，所以在這個例題中是 $\sqrt{\frac{(12-1)9.9^2}{21.920}} = \sqrt{49.1839} = 7.0$ 到 $\sqrt{\frac{(12-1)9.9^2}{3.816}} = \sqrt{282.524} = 16.8$，或說是 7.0 年到 16.8 年。
4. 所有數字的標準差是 11.9 年。
5. 答案因人而異。是的，第 3 題得到的信賴區間確實包含母體的標準差。
6. 答案因人而異。
7. 我們必須考慮死亡歲數是否常態的假設。

CHAPTER 8

假設檢定

學習目標 ▶▶

經過本章的洗禮之後,你將具有以下的能力:

❶ 了解假設檢定用到的各項定義。
❷ 陳述虛無假設以及對立假設。
❸ 求出 z 檢定的臨界值。
❹ 陳述假設檢定的五步驟。
❺ 當 σ 已知的時候使用 z 檢定來檢定平均數。
❻ 當 σ 未知的時候使用 t 檢定來檢定平均數。
❼ 使用 z 檢定來檢定比例。
❽ 使用卡方檢定來檢定變異數或是標準差。
❾ 使用信賴區間進行假設檢定。
❿ 解釋型 I 錯誤和型 II 錯誤以及檢定力之間的關係。

本章大綱 ▶▶

簡介
8-1 傳統法的假設檢定步驟
8-2 平均數的 z 檢定
8-3 平均數的 t 檢定
8-4 比例的 z 檢定
8-5 變異數或標準差的卡方檢定
8-6 假設檢定的其他主題
結語

簡介

研究員有興趣回答各式各樣的問題。比如說，科學家或許想知道地球是不是愈來愈熱；醫生或許想知道某一種新藥是不是可以降低人們的血壓；教育學家或許想知道某一種新教法是不是比傳統教法好；零售商或許想知道人們是不是比較喜歡某一種色系的時尚商品；汽車製造商有興趣決定安全帶是否降低了車禍的傷害程度。透過統計上所謂的**假設檢定 (hypothesis testing)** 可以回答這一類的問題，假設檢定是一種評估母體主張的決策機制。在假設檢定，研究員必須定義研究考慮的母體，陳述研究所需的假設（一種關於母體的主張），指定顯著水準，從母體挑選一組隨機樣本，收集數據，執行統計檢定所需要的計算，最後下結論。

可以研究和平均數以及比例這一類參數有關的假設。針對平均數，我們考慮兩種常用的假設檢定：z 檢定和 t 檢定。這一章會詳細解釋 z 檢定和 t 檢定的過程。另外，在第 8-5 節會討論用卡方分配檢定變異數和標準差的假設。

基本上到目前為止，檢定假設有三種方式：

1. 傳統法
2. p 值法
3. 信賴區間法

我們將先討論**傳統法 (traditional method)**，這是自假設檢定發展以來所使用的方法。一種比較新的方法，叫做 **p 值法 (p-value method)**，因為現代電腦以及高效能統計計算機而變得愈來愈流行。我們會在第 8-2 節的最末解釋這一種方法。第三種方法，叫做**信賴區間法 (confidence interval method)**，會在第 8-6 節解釋，並且清楚說明假設檢定與信賴區間之間的關係。

8-1 傳統法的假設檢定步驟

不管是哪一種假設檢定，都是從寫出假設出發。

> **統計假設 (statistical hypothesis)** 是一種關於母體參數的主張。這一項主張可能對，也可能錯。

學習目標 ❶
了解假設檢定用到的各項定義。

每一次假設檢定都有兩種主張：虛無假設與對立假設。

> **虛無假設 (null hypothesis)**，符號是 H_0，是一種主張母體參數與某一個數字之間無差別，或是兩個參數之間無差別的統計假設。
> **對立假設 (alternative hypothesis)**，符號是 H_1，是一種主張母體參數與某一個數字之間有差別，或是兩個參數之間有差別的統計假設。

（注意：雖然這裡定義虛無假設與對立假設時使用**參數 (parameter)** 這樣的字眼，這些定義也可以延伸至**分配 (distribution)** 和**隨機性 (randomness)**。這一類的假設檢定會在後續的章節裡說明。）

接著將示範如何陳述假設，以三種不一樣的統計研究為例。

情況 A 有一位醫藥研究員有興趣得知某一種新藥是否不會有任何不想要的副作用。這位研究員對患者吃了藥之後的心跳速度特別感興趣。患者吃了這一項新藥之後，他的心跳速度是增加、減少、還是維持不變呢？

因為研究員知道研究母體的平均心跳速度是每分鐘 82 下，則這時候的假設是

$$H_0: \mu = 82 \quad \text{以及} \quad H_1: \mu \neq 82$$

虛無假設主張平均心跳速度維持不變，而對立假設主張平均心跳速度會變得不一樣。這一類的檢定叫做雙尾檢定（本節稍後會定義這一項名詞），因為新藥的副作用可能會增加或降低心跳速度。

情況 B 有一位化學家為了延長汽車電池壽命發明了一種添加物。如果沒有添加物的時候，電池壽命是 36 個月，則她的假設會是

$$H_0: \mu = 36 \quad \text{以及} \quad H_1: \mu > 36$$

這時候，該名化學家只對增加電池壽命有興趣，所以她的對立主張平均壽命大於 36 個月。虛無假設是平均壽命等於 36 個月。這一類的檢定叫做右尾檢定，因為只對增加那一部分有興趣。

情況 C 有一位承包商希望在家裡用某一種特殊的絕緣物質以降低暖氣帳單。如果每一個月的平均暖氣帳單是 78 美元，則使用絕緣物質之後暖氣帳單的假設是

$$H_0: \mu = \$78 \quad \text{以及} \quad H_1: \mu < \$78$$

這一類的檢定叫做左尾檢定，因為承包商只對降低暖氣帳單有興趣。

為了正確陳述假設，研究員必須把文字敘述的主張改寫為用符號描述的**主張 (conjecture)**。這一類基本的符號如下所示：

| 等於 | = | 大於 | > |
| 不等於 | ≠ | 小於 | < |

虛無假設與對立假設必須同時陳述，而且虛無假設一定要有等號，請看以下的摘要（其中 k 代表某一個數字）。

> **學習目標 ❷**
> 陳述虛無假設以及對立假設。

> **非凡數字**
> 63% 的人在聽好消息之前不想聽壞消息。

同時注意到,右尾檢定,不等式符號指向右邊;而左尾檢定,不等式符號指向左邊。右尾檢定和左尾檢定都叫做單尾檢定。

雙尾檢定	右尾檢定	左尾檢定
$H_0: \mu = k$	$H_0: \mu = k$	$H_0: \mu = k$
$H_1: \mu \neq k$	$H_1: \mu > k$	$H_1: \mu < k$

不同類型檢定的正式定義會在本節稍後說明。

在本書中,虛無假設永遠是用等號描述。這樣做的原因是,因為當我們檢定虛無假設的時候,大部分的專業期刊都假設平均數、比例或標準差等於某一個特定的數字。同時,當研究員進行一項實驗的時候,一般會尋找支持主張的證據。因此,主張應該被放在對立假設,也就是說,使用 < 或是 > 或是 ≠。因為這樣,對立假設一般叫做**研究假設 (research hypothesis)**。

雖然主張可以用虛無假設陳述,也可以用對立假設陳述,不過統計證據只能用來支持對立假設。統計證據也只能用來拒絕虛無假設。當你在陳述一項統計研究的結論時,這樣的事實是重要的。

表 8-1 顯示一些假設和主張常用的用語。這張表對你把文字或口語敘述改寫為數學符號應該是有幫助的。

表 8-1 假設檢定的一般用語

>	<
大於	小於
超過	低於
高過	矮過
長過	短於
大過	小過
增加的	減少的
=	≠
等於	不等於
同樣的	不同於
未改變	已改變
一致的	不一致

例題 8-1

針對以下每一種主張,陳述虛無假設以及對立假設。

a. 有一位研究員認為,如果孕婦吃維他命,新生兒的體重會增加。新生兒的母體平均體重是 8.6 磅。
b. 有一位工程師假設,如果在 USB 製程中的某些工作使用機器人取代人類,則平均瑕疵個數會因此降低。每 1,000 支 USB 的平均瑕疵個數是 18 支。
c. 有一位心理學家認為,在測驗過程中聽輕音樂會改變測驗的結果。這一位心理學家不確定分數會變多還是變少。在過去,平均分數是 73。

解答

a. $H_0: \mu = 8.6$ 以及 $H_1: \mu > 8.6$
b. $H_0: \mu = 18$ 以及 $H_1: \mu < 18$
c. $H_0: \mu = 73$ 以及 $H_1: \mu \neq 73$

在陳述假設之後，研究員會設計研究。研究員先挑選正確的統計檢定，選擇合適的顯著水準，並且形成進行研究的計畫。比如說，如果是情況 A，研究員會選擇一組願意服用新藥的患者樣本。經過一段時間之後，確定藥物已被患者吸收，研究員會測量每一位參與患者的心跳速度。

回顧一下，當從母體挑選某個固定樣本數的樣本，這一些樣本的平均數會在母體平均數附近跳動，而且樣本平均數的分配會接近常態分配，只要樣本數大於等於 30。（詳見第 6-3 節。）所以即使虛無假設是正確的，大部分時候，樣本的平均心跳速度也不會剛好等於母體平均數的每分鐘 82 次。這有兩種可能。若不是虛無假設正確，而且樣本平均數與母體平均數之間的差異純粹是因為機會；就是虛無假設不正確，樣本來自某一個平均數不是每分鐘 82 次而是其他但未知數字的母體。這一些情況顯示在圖 8-1。

樣本平均數離母體平均數愈遠，有愈多的證據拒絕虛無假設。如果兩平均數之間的距離或是絕對差距遞增，樣本來自平均數等於 82 的母體的機率會遞減。

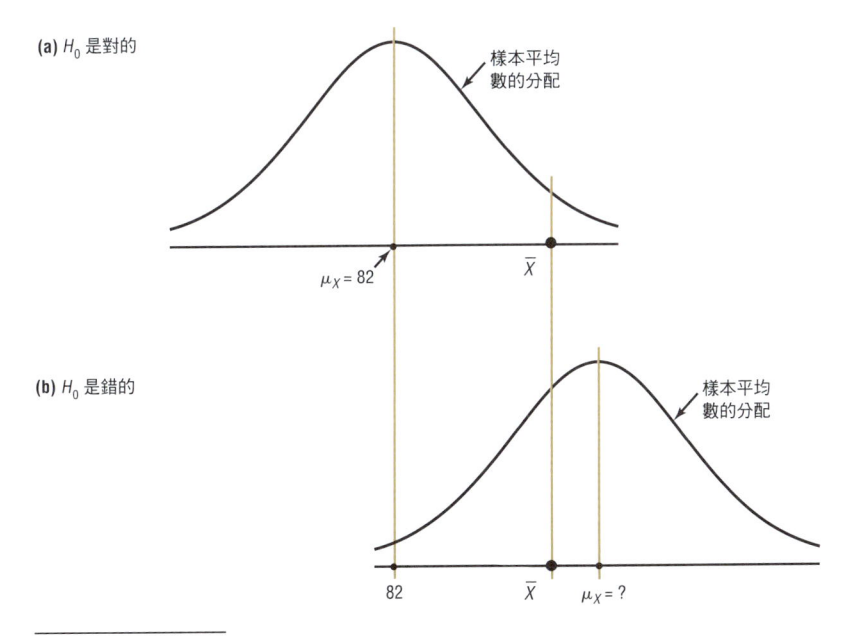

圖 8-1 假設檢定的情況

如果說樣本平均數是 83，研究員或許會認為這一項差距源自於機會，所以不會拒絕虛無假設。但是如果樣本平均數是 90，則這時候研究員會很有信心的認為新藥加速心跳，而且會拒絕虛無假設。問題是研究員下不同結論的哪一條線在哪裡？不能根據心情或是直覺下結論，它必須是統計的。也就是說，差距必須是顯著的，而且絕對不會是因為機會所造成的。這時候我們會用到統計檢定以及顯著水準這樣的概念。

> 一項**統計檢定** (statistical test) 使用從母體取得的一組隨機樣本，讓研究員可以決定是否拒絕虛無假設。
> 從一項統計檢定得到的數字叫做**檢定數值** (test value)。

在這一類的統計檢定，從樣本取得之數據的平均數會和母體平均數比較。然後根據統計檢定的數值決定拒絕或是不拒絕虛無假設。如果差距是顯著的，虛無假設會被拒絕。如果不是，虛無假設不會被拒絕。

就像之前已經說過的，樣本數據被用來決定是否拒絕某種虛無假設。因為是基於樣本數據的決策，就有可能下錯決定。

在假設檢定的情境裡，有四種可能的結局。現實裡，虛無假設可能是真的也可能不是真的，而根據樣本數據下的結論可能是拒絕也可能是不拒絕虛無假設。圖 8-2 顯示這四種可能的狀況。注意，有兩種情況是正確的決策，而另外兩種情況則是錯誤的決策。

四種可能性如下所示：

1. 拒絕真實的虛無假設。這是一項錯誤的決定，而且會形成所謂的型 I 錯誤。
2. 拒絕錯誤的虛無假設。這是一項正確的決定。

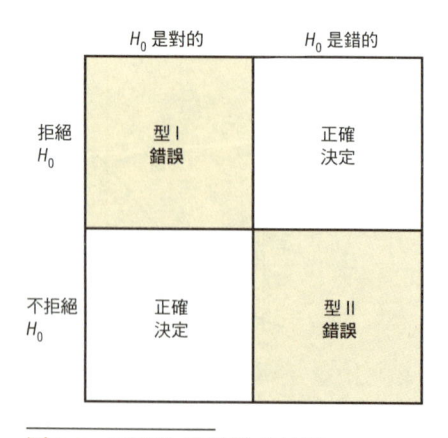

	H_0 是對的	H_0 是錯的
拒絕 H_0	型 I 錯誤	正確決定
不拒絕 H_0	正確決定	型 II 錯誤

圖 8-2　可能的假設檢定結局

3. 不拒絕真實的虛無假設。這是一項正確的決定。
4. 不拒絕錯誤的虛無假設。這是一項錯誤的決定，而且會形成所謂的型 II 錯誤。

型 I 錯誤 (type I error) 是指拒絕正確的虛無假設。
型 II 錯誤 (type II error) 是指不拒絕錯誤的虛無假設。

如果虛無假設是正確的，而且它被拒絕了，則造成了型 I 錯誤。在情況 A，新藥沒有顯著改變母體內所有使用者的心跳速度；但是有可能因為機會新藥改變了樣本內患者的心跳速度。這時候，研究員會拒絕真的正確的虛無假設，因此造成了型 I 錯誤。

反過來說，新藥或許並沒有改變樣本內患者的心跳速度，但是當母體內其他患者服用新藥之後，說不定會顯著地增加或是降低使用者的心跳速度。根據樣本數據的資訊，研究員不會拒絕虛無假設，因此就造成了型 II 錯誤。

在情況 B，添加物或許不會顯著地增加母體內電池的使用壽命，但是有可能增加樣本內電池的使用壽命。這時候，虛無假設被拒絕了，但虛無假設實際上是正確的。這樣的錯誤是型 I 的。反過來看，添加物或許無法增加樣本內電池的使用壽命，但是如果用在母體內的其他電池，或許會顯著地增加它們的使用壽命。根據樣本數據帶出來的資訊，研究員不會拒絕虛無假設，因此就造成了型 II 錯誤。

假設檢定和陪審團審判使用相同的邏輯。在審判的最後，有四種可能的結局。被告不是有罪的就是清白的，而他或是她不是被定罪就是被判無罪。詳見圖 8-3。

審判會用到的假設是

H_0：被告是清白的。
H_1：被告不是清白的（也就是有罪的）。

接著，檢察官會在法庭上提供證據，而根據這一些證據，法官會判決被告無罪或是有罪。

如果被告被定罪，但是他沒犯下罪行，則這時候就發生了型 I 錯誤，詳見圖 8-3 的左上角。另一方面，如果被告被定罪，而且他確實犯下罪行，則這時候的判決就是正確無誤的，詳見圖 8-3 的右上角。

如果被告被判無罪，而且他沒犯下罪行，則這時候的判決是正確的而且還被告清白，詳見圖 8-3 的左下角。不過，如果被告被判無罪，但是他確實犯下罪行，則這時候就發生了型 II 錯誤，詳見圖 8-3 的右下角。也就是說，型 II 錯

H_0：被告是清白的。
H_1：被告不是清白的（也就是有罪的）。
審判的結果如下所示：

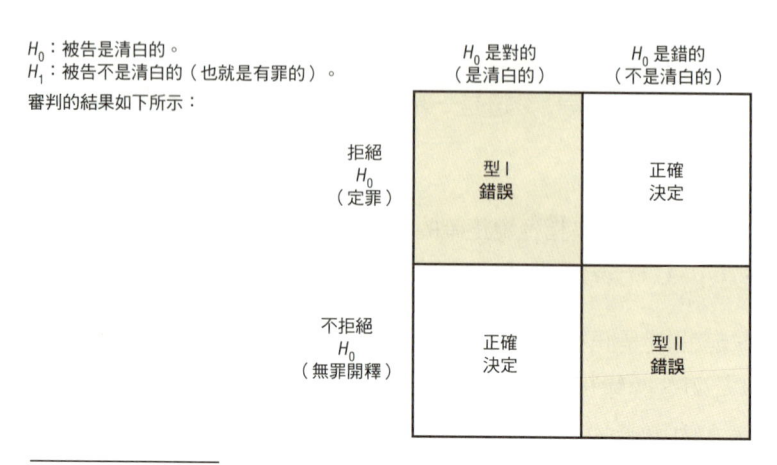

	H_0 是對的（是清白的）	H_0 是錯的（不是清白的）
拒絕 H_0（定罪）	型 I 錯誤	正確決定
不拒絕 H_0（無罪開釋）	正確決定	型 II 錯誤

圖 8-3 假設檢定和審判

誤就是讓有罪之人自由離開了。

　　審判最後的決定無法證明被告到底有沒有犯下罪行。這一項決定乃根據出現的證據。如果證據夠強，大部分案例的被告會被定罪。如果證據薄弱，大部分案例的被告會被判無罪。無法絕對證明任何事。就像是，拒絕或是不拒絕虛無假設不能證明任何事。使用整個母體才能用統計證明任何事，但是大多數情況下，這是不可能的。於是，人們會根據機率下決定。也就是說，當樣本平均數與假設認定的平均數之間有著大幅的差距，虛無假設或許不是真的。問題是，要有多大的差距才能拒絕虛無假設？這時候，我們會使用一種所謂的顯著水準。

> **非凡數字**
>
> 有 64% 的美國上班族自己一個人開車上班，而 6% 的上班族則走路上班。

顯著水準 (level of significance) 是允許犯下型 I 錯誤的最大機率。這一項機率的符號是 α（希臘字母 **alpha**）。也就是說，P(型 I 錯誤) = α。

　　型 II 錯誤機率的符號是 β（希臘字母 **beta**）。也就是說，P（型 II 錯誤）= β。大多數假設檢定情況的 β 無法容易計算；不過，α 和 β 是相關的，一個變大，另一個就變小。

　　一般而言，統計學家同意使用三種顯著水準：0.10、0.05、0.01。也就是說，如果虛無假設被拒絕，犯下型 I 錯誤的機率會是 10%、5%、1%，就看研究員使用哪一種顯著水準。換個角度來看，當 α = 0.10，有 10% 的機會拒絕正確的虛無假設；當 α = 0.05，有 5% 的機會拒絕正確的虛無假設；當 α = 0.01，有 1% 的機會拒絕正確的虛無假設。

　　在某種假設檢定的情境下，研究員決定使用某一種顯著水準。不一定要是 0.10、0.05 或是 0.01，可以是任意水準，端賴型 I 錯誤的嚴重性。顯著水準選定之後，研究員會根據檢定從表格挑到適當的臨界值。如果是 z 檢定，會從附錄 C 表 D 的 z 表找合適的臨界值。然後研究員透過臨界值定義拒絕域與非拒絕域。

第 8 章 假設檢定

> **拒絕域 (critical region 或 rejection region)** 是檢定數值的某一個範圍，這一個範圍內的數字表示有顯著的差距，也就是這時候虛無假設會被拒絕。
>
> **非拒絕域 (noncritical region 或 nonrejection region)** 是檢定數值的某一個範圍，這一個範圍內的數字表示沒有顯著的差距，也就是這時候虛無假設不會被拒絕。
>
> **臨界值 (critical value)** 是區分拒絕域與非拒絕域的數字。臨界值的符號是 C.V.。

針對單尾檢定，臨界值可能在假定平均數的右邊，也可能在左邊。它的位置與對立假設的不等號有關係。比如說，在情況 B，化學家想增加汽車電池的平均壽命，對立假設是 $H_1: \mu > 36$。因為不等號是 >，所以虛無假設只有在樣本平均顯著大於 36 的時候才會被拒絕。因此，臨界值必須在假定平均數 (36) 的右邊。也是因為這樣，這樣的檢定被叫做右尾檢定。

> **單尾檢定 (one-tailed test)** 是檢定數值落入假定平均數的某一邊時才會拒絕虛無假設的檢定。單尾檢定不是**右尾檢定 (right-tailed test)** 就是**左尾檢定 (left-tailed test)**，端賴對立假設不等號的方向而定。

為了取得臨界值，研究員必須先挑選顯著水準。在情況 B，假設研究員挑選 $\alpha = 0.01$。然後，研究員必須求出一個 z 值，讓 z 值右邊的面積是 1%，而它左邊的面積是 99%，如圖 8-4(a) 所示。

接下來，研究員必須在表 D 求出接近 0.9900 的面積。臨界值的 z 值現在會是 2.33，因為這一個數字的面積最接近 0.9900（實際上是 0.9901），如圖 8-4(b) 所示。

拒絕域與非拒絕域以及臨界值同時顯示在圖 8-5。

學習目標 ❸
求出 z 檢定的臨界值。

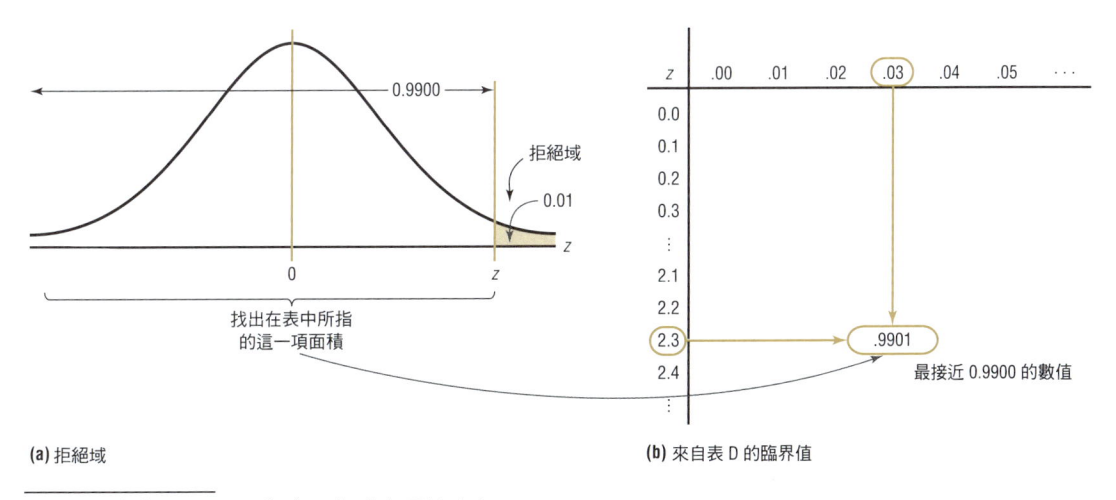

(a) 拒絕域

(b) 來自表 D 的臨界值

圖 8-4 求出 $\alpha = 0.01$ 的臨界值（右尾檢定）

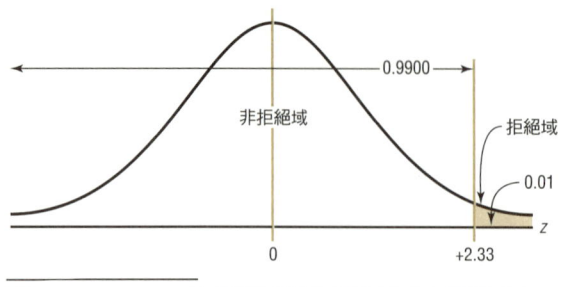

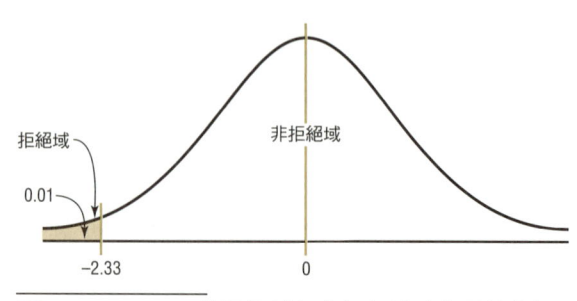

圖 8-5 α = 0.01 的拒絕域與非拒絕域（右尾檢定）

圖 8-6 α = 0.01 的拒絕域與非拒絕域（左尾檢定）

現在，前進至情況 C，即承包商希望降低暖氣帳單。對立假設是 H_1：$\mu < \$78$。因此，臨界值落在假定平均數的左邊。這是一種左尾檢定。在 $\alpha = 0.01$ 的時候，臨界值是 −2.33，因為 0.0099 最接近 0.01。這一件事顯示在圖 8-6。

當研究員進行一項雙尾檢定，就像情況 A，不論在假定平均數的左邊（低於）還是右邊（高過），只要有顯著差距就會拒絕虛無假設。

雙尾檢定 (two-tailed test) 是當檢定數值落入左右兩邊其中一邊拒絕域時會拒絕虛無假設的檢定。

針對一種雙尾檢定，拒絕域必須被等分為兩部分。如果 $\alpha = 0.01$，則一半的面積是 0.005，必須在假定平均數的右邊，而另一半必須在假定平均數的左邊，如圖 8-7 所示。

這時候，找尋面積是 0.0050 的 z 值，它是左邊的 z 值。這一個 z 值大概在對應面積 0.0051 的 −2.57 和對應面積 0.0049 的 −2.58 兩者的中間。−2.57 和 −2.58 的平均數是 [(−2.57) + (−2.58)] ÷ 2 = −2.575，所以如果需要三位小數的 z 值，我們用 −2.575。不過，如果 z 值被四捨五入到兩位小數，我們會用 −2.58。

在右邊，需要求出對應面積 0.99 + 0.005 或是 0.9950 的 z 值。再一次，這一項面積介於 0.9949 和 0.9951 之間，所以可以用 +2.575 或是 2.58。詳見圖 8-7。

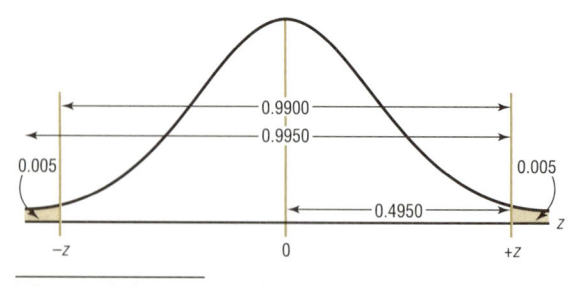

圖 8-7 求出 α = 0.01 的臨界值（雙尾檢定）

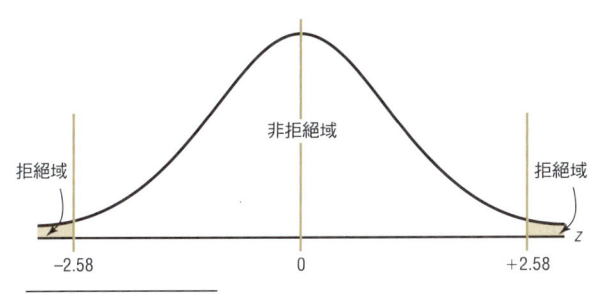

圖 8-8 α = 0.01 的拒絕域與非拒絕域（雙尾檢定）

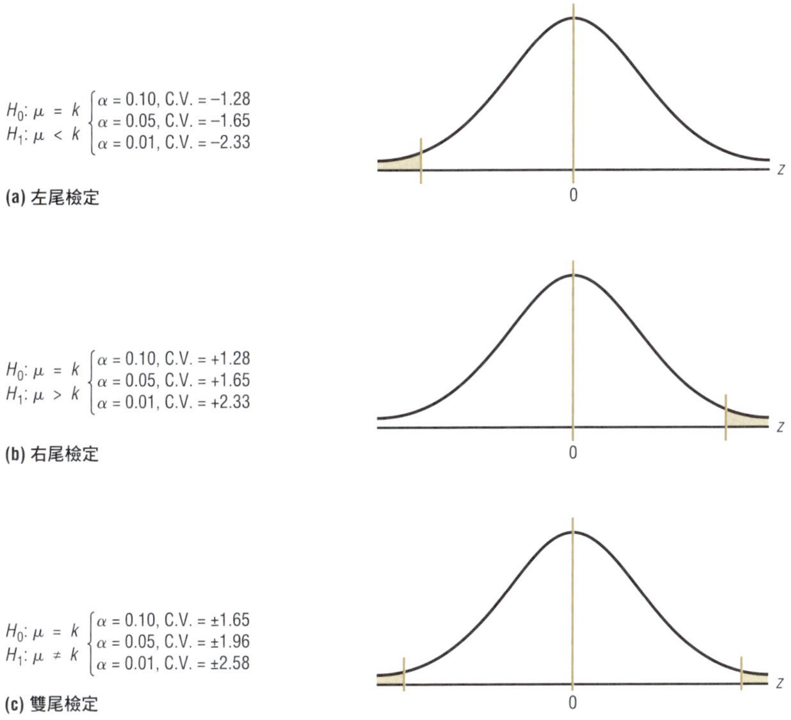

$H_0: \mu = k$
$H_1: \mu < k$ $\begin{cases} \alpha = 0.10, \text{C.V.} = -1.28 \\ \alpha = 0.05, \text{C.V.} = -1.65 \\ \alpha = 0.01, \text{C.V.} = -2.33 \end{cases}$

(a) 左尾檢定

$H_0: \mu = k$
$H_1: \mu > k$ $\begin{cases} \alpha = 0.10, \text{C.V.} = +1.28 \\ \alpha = 0.05, \text{C.V.} = +1.65 \\ \alpha = 0.01, \text{C.V.} = +2.33 \end{cases}$

(b) 右尾檢定

$H_0: \mu = k$
$H_1: \mu \neq k$ $\begin{cases} \alpha = 0.10, \text{C.V.} = \pm 1.65 \\ \alpha = 0.05, \text{C.V.} = \pm 1.96 \\ \alpha = 0.01, \text{C.V.} = \pm 2.58 \end{cases}$

(c) 雙尾檢定

圖 8-9 假設檢定與臨界值的摘要

臨界值是 +2.58 和 −2.58，如圖 8-8 所示。

可以用類似的步驟求出其他 α 的 z 值。

針對 α = 0.10、α = 0.05 以及 α = 0.01，圖 8-9 顯示這一節三種討論過情況的臨界值和其拒絕域。接下來顯示求出臨界值的程序（其中 k 是某一個特定的數字）。

程序表

利用表 D 求出特定 α 的臨界值

步驟 1 繪圖並指出適當的面積。

    a. 如果檢定是左尾的，面積等於 α 的拒絕域會在假定平均數的左邊。

b. 如果檢定是右尾的，面積等於 α 的拒絕域會在假定平均數的右邊。
c. 如果檢定是雙尾的，α 必須先除以 2，會有一半的面積在假定平均數的左邊，另一半則在假定平均數的右邊。

步驟 2 a. 針對左尾檢定，在表 D 求出面積等於 α 的 z 值。
b. 針對右尾檢定，在表 D 求出面積等於 $1-\alpha$ 的 z 值。
c. 針對雙尾檢定，在表 D 求出面積等於 α/2 左邊的 z 值，它會是負的數字；面積等於 $1-\alpha/2$ 右邊的 z 值，它會是正的數字。

例題 8-2

利用附錄 C 的表 D，求出每一種情況的臨界值，並且繪製適當呈現拒絕域的圖。

a. $\alpha = 0.10$ 的左尾檢定
b. $\alpha = 0.02$ 的雙尾檢定
c. $\alpha = 0.005$ 的右尾檢定

解答 a

步驟 1 繪圖並且指出適當的面積。因為是左尾檢定，0.10 的面積被放在左尾，如圖 8-10 所示。

步驟 2 在表 D 求出最接近 0.1000 的面積。這時候，它是 0.1003。所以 z 值是 -1.28。詳見圖 8-10。

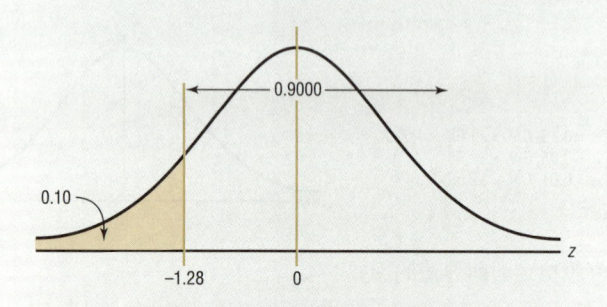

圖 8-10 例題 8-2(a) 的臨界值與拒絕域

解答 b

步驟 1 繪圖並且指出適當的面積。現在有兩塊等於 α/2 或是 $0.02/2 = 0.01$ 的面積。

步驟 2 針對左邊的臨界值，求出最接近 α/2 或是 $0.02/2 = 0.01$ 的面積。這時候，它是 0.0099。

針對右邊的臨界值，求出最接近 $1-\alpha/2$ 或是 $1-0.02/2 = 0.9900$ 的面積。這時候，它是 0.9901。

求出這兩個面積的 z 值。針對 0.0099，$z = -2.33$；針對 0.9901，$z = +2.33$。詳見圖 8-11。

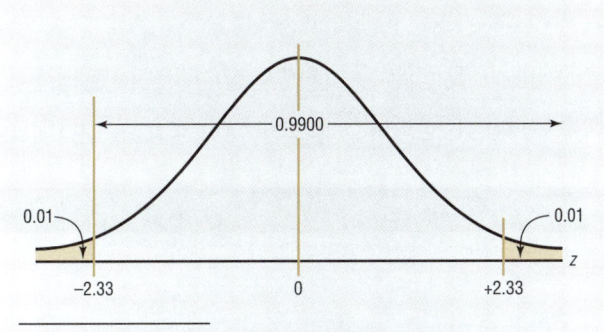

圖 8-11 例題 8-2(b) 的臨界值與拒絕域。

解答 c

步驟 1 繪圖並且指出適當的面積。因為是右尾檢定，0.005 的面積被放在右尾，如圖 8-12 所示。

步驟 2 在表 D 求出最接近 $1-\alpha$ 也就是 $1-0.005=0.9950$ 的面積。這時候，它是 0.9949 或是 0.9951。

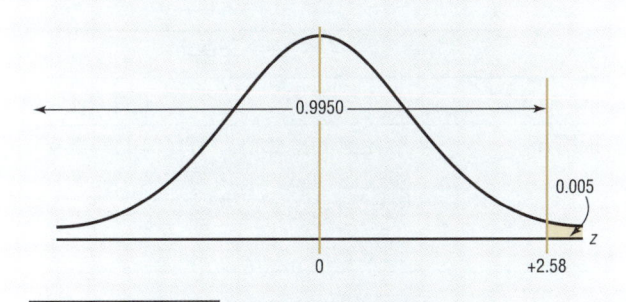

圖 8-12 例題 8-2(c) 的臨界值與拒絕域

針對 0.9949 的 z 值是 +2.57，而針對 0.9951 的 z 值是 +2.58。因為 0.9500 是這兩個面積的平均，所以我們要的 z 值是 $(+2.57+2.58)\div 2=+2.575$。不過，大多數情況下我們使用 2.58。詳見圖 8-12。

通常會為假設檢定建議以下的步驟。

學習目標 ❹
陳述假設檢定的五步驟。

1. 陳述假設。確立虛無假設與對立假設。
2. 設計研究。這一個步驟包括選擇正確的統計檢定、挑選顯著水準以及形成執行研究的計畫。這一項計畫應該包含母體資訊、抽樣計畫以及收集數據的方法。
3. 執行研究並且收集數據。
4. 評估數據。這時候表列收集來的數據，進行統計檢定。最後，決定是否拒絕或是不拒絕虛無假設。

5. 摘要結論。

針對這一章的目的，我們使用一種簡易版的假設檢定程序，因為我們省略了設計研究和收集數據這兩項步驟。這些步驟摘要在以下的程序表。

程序表

解答假設檢定的傳統法

步驟 1 陳述假設並確立主張。
步驟 2 從附錄 C 的某一張表求出合適的臨界值。
步驟 3 計算檢定數值。
步驟 4 決定拒絕虛無假設或是不拒絕虛無假設。
步驟 5 摘要結論。

正確地摘要統計研究結果是重要的。以下表格將協助你摘要結果。

決定	主張 H_0	主張 H_1
拒絕 H_0	有足夠的證據拒絕主張	有足夠的證據支持主張
不拒絕 H_0	沒有足夠的證據拒絕主張	沒有足夠的證據支持主張

為了進一步示範，主張可以是虛無假設，也可以是對立假設，而且人們必須確認是哪一個。在研究完成之後，虛無假設不是「被拒絕」就是「不被拒絕」。從這兩項事實研判，決定可以在合宜的框架下被確認。比如說，假設有一位研究者主張某一物種成年動物的平均重量是 42 磅。這時候，主張是虛無假設，$H_0: \mu = 42$，因為研究者主張參數的某一個特定的數字。如果虛無假設被拒絕，結論會是有充分的證據拒絕平均重量是 42 磅的主張。

另外，假設研究者主張成年動物的平均重量不是 42 磅。那麼主張會是對立假設，$H_1: \mu = 42$。再則，如果虛無假設沒有被拒絕，然後結論會是沒有足夠的證據支持平均重量不是 42 磅的主張。

再一次，記住假設檢定並不是為了證明對或錯。統計學家只會說「有」或是「沒有」足夠的證據支持主張「可能是對」或是「可能是錯的」。就像之前說過的，證明某一件事唯一的辦法是看過研究的整個母體，但是這通常是不可行的，尤其是母體很大的時候。

觀念應用 8-1　蛋與健康

Incredible Edible Egg 公司最近發現，吃蛋並不會增加個人血液血清膽固醇水準。有 500 位民眾參加一項持續兩年的研究，參加者被隨機指定給無蛋組或是適量蛋組，記錄一開始和研究結束時的血液血清膽固醇水準。整體而言，兩組的水準並沒有顯著差異。該公司提醒我們，適量吃蛋是有益健康的。之前許多連結蛋和血液血清膽固醇的研究都留下不適當的結論。

使用上述的資訊，回答以下的問題。

1. 這一項研究的目的是什麼？
2. 研究所定義的母體是什麼？
3. 此處是否收集樣本？
4. 假設為何？
5. 此處是否收集數據？
6. 是否進行任何統計檢定？
7. 結論是什麼？

答案在第 389 頁。

練習題 8-1

1. 定義虛無假設與對立假設，並且各舉一個例子。
2. 拒絕域是什麼？非拒絕域是什麼？
3. 什麼時候用單尾檢定？什麼時候用雙尾檢定？
4. 針對每一種主張，陳述虛無假設與對立假設。
   a. 社區大學學生的平均年齡是 24.6 歲
   b. 會計師的平均收入是 51,497 美元
   c. 律師的平均年齡超過 25.4 歲
   d. 高中籃球比賽的平均分數低於 88 分
   e. 男性馬拉松選手的平均心跳速度每分鐘低於 70 下

8-2　平均數的 z 檢定

在這一章會解釋兩種關於平均數的檢定：當 σ 已知時的 z 檢定和當 σ 未知時的 t 檢定。

學習目標 ❺
當 σ 已知的時候使用 z 檢定來檢定平均數。

這一節先解釋 z 檢定，然後在第 8-3 節解釋 t 檢定。

可以用以下的一般公式檢定許多假設：

$$檢定數值 = \frac{觀察值 - 期待值}{標準誤}$$

觀察值在這裡意味著某一種自樣本數據計算而來的統計量（比如說樣本平均數），期待值是如果虛無假設為真時你期望看到的參數值（比如說母體平均數）——換言之，參數的假定值。分母是上述統計量的標準誤（比如說樣本平均數的標準誤）。

z 檢定的正式定義如下。

> **z 檢定 (z test)** 是一種母體平均數的檢定。如果 $n \geq 30$ 或母體是常態的，且 σ 已知的時候，我們會使用 z 檢定。
>
> z 檢定的公式如下：
>
> $$z = \frac{\overline{X} - \mu}{\sigma/\sqrt{n}}$$
>
> 其中　$\overline{X}$ = 樣本平均數
> 　　　μ = 假定的母體平均數
> 　　　σ = 母體標準差
> 　　　n = 樣本數

針對 z 檢定，觀察值是樣本平均數的觀察值。期待值是當虛無假設為真的時候，母體平均數的某一個數值。分母 $\sigma/\sqrt{n}$ 是樣本平均數的標準誤。

z 檢定的公式和當時在第六章討論樣本平均數的分配時是一樣的。回憶一下，中央極限定理讓你在 $n \geq 30$ 的時候用標準常態分配近似樣本平均數的分配。

當 σ 已知時，z 檢定需要的假設如下所示。

當 σ 已知，平均數 z 檢定的假設

1. 樣本是隨機樣本。
2. $n \geq 30$；或是當 $n < 30$ 時，母體是常態的或是接近常態的。

本書會在練習題指明該有的假設；但是，當你在其他情況遇到統計學，必須在繼續之前檢查這一些該有的假設是否滿足。

如在第 8-1 節所述，解答假設檢定問題的五步驟是：

步驟 1　陳述假設並確立主張。
步驟 2　求出臨界值。
步驟 3　計算檢定數值。
步驟 4　決定拒絕虛無假設或是不拒絕虛無假設。
步驟 5　摘要結論。

注意：與假設檢定的初體驗或許有點具挑戰性而且讓人搞不清楚，因為我們同時介紹了太多新觀念。為了了解所有新觀念，你必須小心跟隨例子的每一個步驟，並且嘗試每一道練習題。只有在小心與耐心研讀之後，觀念才有可能變得清晰。

再一次，z 值會被四捨五入到小數點第二位，因為表 D 提供的數字都只有兩位小數。

例題 8-3　智力測驗

賓州的平均智力商數是 101.5。變數是常態的，而且母體標準差是 15。某一位校長主張在她的學區內學生的智力商數高過 101.5。她挑選了一組 30 位學生的隨機樣本，並且發現他們測量結果的平均數是 106.4。在 $\alpha = 0.05$ 下檢定這一項主張。

資料來源：top50states.com

解答

步驟 1　陳述假設並確立主張。

$$H_0: \mu = 101.5 \quad \text{以及} \quad H_1: \mu > 101.5 \text{（主張）}$$

步驟 2　求出臨界值。因為 $\alpha = 0.05$ 而且檢定是右尾的，臨界值是 $z = +1.65$。

步驟 3　計算檢定數值。

$$z = \frac{\bar{X} - \mu}{\sigma/\sqrt{n}} = \frac{106.4 - 101.5}{15/\sqrt{30}} = 1.79$$

步驟 4　下決定。因為檢定值是 1.79，高過於臨界值 1.65，所以結論是拒絕虛無假設。這一項檢定摘要在圖 8-13。

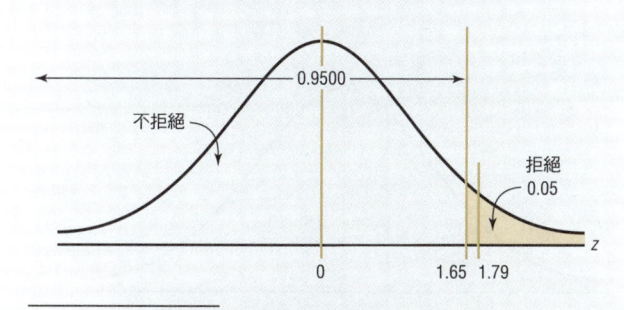

圖 8-13　例題 8-3 的 z 檢定摘要

步驟 5　摘要結論。有足夠的證據支持學生的智力商數高過州的平均智力商數。

註記：在例題 8-3，該項差距可以說是顯著的。不過，當虛無假設被拒絕的時候，就是有機會犯下型 I 錯誤。這時候，犯下型 I 錯誤的機率不會超過 0.05 或說是 5%。

例題 8-4　SAT 測驗

針對某一年，SAT 的數學平均成績是 515。變數是常態的，而且母體標準差是 100。假設前一個例題的校長希望知道她學生的成績是否低於全國平均。她隨機挑選 36 筆學生的成績，如下所示。在 $\alpha = 0.10$ 下，有足夠的證據支持這一項主張嗎？

資料來源：www.chacha.com

496	506	507	505	438	499
505	522	531	762	513	493
522	668	543	519	349	506
519	516	714	517	511	551
287	523	576	516	515	500
243	509	523	503	414	504

解答

步驟 1　陳述假設並確立主張。

$$H_0: \mu = 515 \quad \text{以及} \quad H_1: \mu < 515 \text{（主張）}$$

步驟 2　求出臨界值。因為 $\alpha = 0.10$ 而且檢定是左尾的，臨界值是 -1.28。

步驟 3　計算檢定數值。因為這一個例題提供原始數據，所以必須自己求出樣本平均數。

$$\bar{X} = \frac{496 + 505 + 522 + \cdots + 504}{36} = \frac{18{,}325}{36} = 509.028$$

$$z = \frac{\bar{X} - \mu}{\sigma/\sqrt{n}} = \frac{509.028 - 515}{100/\sqrt{36}} = -0.36$$

步驟 4　下決定。因為檢定數值 -0.36 落入拒絕域，所以我們決定拒絕虛無假設。詳見圖 8-14。

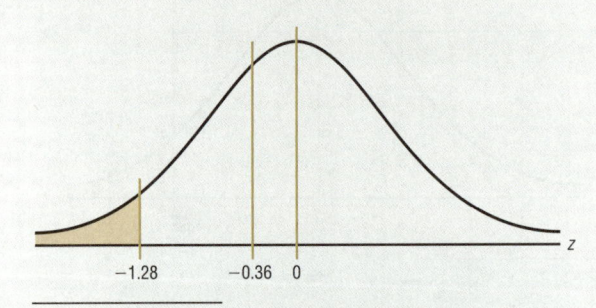

圖 8-14　例題 8-4 的臨界值和檢定數值

步驟 5　摘要結論。沒有足夠的證據支持學生的成績低於全國平均的主張。

註記：即使例題 8-4 的樣本平均數 509.028 低於假定的母體平均數 515，它仍不是顯著的低於 515。因此，這一項差距純粹是因為機會造成的。當虛無

假設不被拒絕的時候，會有機會犯下型 II 錯誤，也就是說，不拒絕錯誤的虛無假設。

型 II 錯誤的機率是不容易計算的。第 8-6 節會進一步解釋型 II 錯誤。針對目前而言，只需要知道當虛無假設不被拒絕的時候，會有一個型 II 錯誤機率的問題。

同時注意到，當虛無假設不被拒絕的時候，不代表虛無假設為真。只是沒有足夠的證據說它是錯誤的。這樣的說法令人容易混淆，但是這個情況就像審判一樣。判決書上寫著，根據呈堂證供，不是有罪就是無罪。如果一個人被判無罪，不代表那個人是清白的；只能說證據不足無法達成有罪的判決。

例題 8-5　復原成本

Medical Rehabilitation Education Foundation 報告指出，中風患者的復原成本是 24,672 美元。為了求出某一家醫院的平均復原成本是否有差別，有一位研究員在醫院挑選一組 35 位中風患者的樣本，並且求出他們的平均復原成本是 26,343 美元。母體標準差是 3,251 美元。在 $\alpha = 0.01$ 之下，可以得到該醫院的平均復原成本有別於 24,672 美元的結論嗎？

資料來源：Snapshot, *USA TODAY*.

解答

步驟 1　陳述假設並確立主張。

$$H_0: \mu = 24672 \quad \text{以及} \quad H_1: \mu \neq 24672 \text{（主張）}$$

步驟 2　求出臨界值。因為 $\alpha = 0.01$ 而且檢定是雙尾的，所以臨界值是 $+2.58$ 和 -2.58。

步驟 3　計算檢定數值。

$$z = \frac{\bar{X} - \mu}{\sigma/\sqrt{n}} = \frac{26343 - 24672}{3251/\sqrt{35}} = 3.04$$

步驟 4　下決定。決定拒絕虛無假設，因為檢定數值落入拒絕域。詳見圖 8-15。

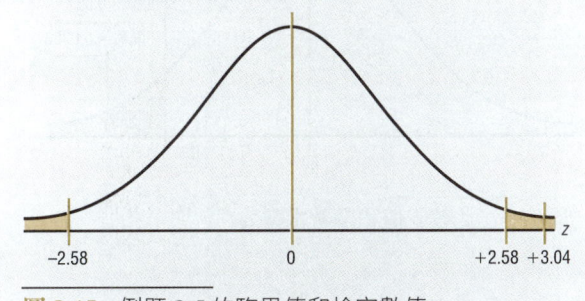

圖 8-15　例題 8-5 的臨界值和檢定數值

步驟 5 摘要結論。有足夠的證據支持該醫院的平均復原成本有別於 24,672 美元的主張。

➡ 假設檢定的 p 值法

統計學家通常在常用的 α 等於 0.05 或是 0.01 的水準下檢定假設，有時候會用 0.10。回憶一下，水準的選擇和型 I 錯誤的嚴重性有關。除了列舉某一個 α 值，許多統計電腦程式會提供假設檢定的 p 值。

> p 值 (p-value)（或是機率值），就是當虛無假設為真的時候，看到觀察值或是往對立假設方向看到比觀察值更極端的機率。

換言之，p 值是標準常態曲線下的真正面積（或是其他曲線，就看用哪一種統計檢定），它代表如果虛無假設為真，看到某一個特定樣本統計量或是看到更極端樣本統計量的機率。

比如說，假如對立假設是 $H_1: \mu > 50$，而且樣本平均數是 $\overline{X} = 52$。如果由電腦得出某個檢定的 p 值是 0.0356，則如果真正母體平均數是 50 的話（針對某一個樣本數以及標準差），看到大於等於樣本平均數 52 的機率是 0.0356。p 值和 α 之間的關係是這樣的，如果 p 值是 0.0356，我們會在 $\alpha = 0.05$ 之下拒絕虛無假設，但是不會在 $\alpha = 0.01$ 之下拒絕虛無假設。詳見圖 8-16。

當假設檢定是雙尾的時候，單尾的面積必須被乘以 2。針對某一種雙尾檢定，如果 $\alpha = 0.05$ 且單尾面積是 0.0356，則 p 值就會是 2(0.0356) = 0.0712。也就是說，虛無假設不會在 $\alpha = 0.05$ 之下被拒絕，因為 0.0712 大於 0.05。總括來看，如果 p 值小於 α，我們會拒絕虛無假設；如果 p 值大於 α，我們不會拒絕虛無假設。

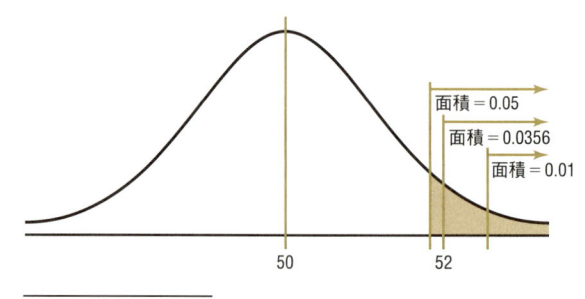

圖 8-16 比較 p 值和顯著水準 α

使用 p 值的決策規則

如果 p 值 ≤ α，拒絕虛無假設。
如果 p 值 > α，不拒絕虛無假設。

針對 z 檢定，我們可以用附錄 C 的表 D 求出 p 值。首先求出對應 z 檢定數值的標準常態曲線下的面積。如果是左尾檢定，這個面積就是答案。如果是右尾檢定，用 1.0000 減去這個面積就是答案。如果是雙尾檢定，把這個面積乘以 2 就是答案。這個過程會顯示在例題 8-6 和例題 8-7 的步驟 3。

檢定假設的 p 值法和傳統法有一些不一樣。p 值法的步驟摘要如下。

程序表

使用 p 值法解答假設檢定的問題

步驟 1 陳述假設並確立主張。
步驟 2 計算檢定數值。
步驟 3 求出 p 值。
步驟 4 決定拒絕虛無假設或是不拒絕虛無假設。
步驟 5 摘要結論。

例題 8-6 和例題 8-7 示範如何使用 p 值法檢定假設。

例題 8-6　大學學費

有一位研究員希望檢定四年制公立大學的平均學費超過 5,700 美元的主張。她挑選了一組 36 位公立大學生的樣本，並且發現平均數是 5,950 美元。母體標準差是 659 美元。在 α = 0.05 之下是不是有證據支持主張？使用 p 值法。

資料來源：College Board.

解答

步驟 1 陳述假設並確立主張。

$$H_0: \mu = 5700 \quad \text{以及} \quad H_1: \mu > 5700 \text{（主張）}$$

步驟 2 計算檢定數值。

$$z = \frac{\bar{X} - \mu}{\sigma/\sqrt{n}} = \frac{5950 - 5700}{659/\sqrt{36}} = 2.28$$

步驟 3 求出 p 值。使用附錄 C 的表 D，求出對應 z = 2.28 標準常態曲線下的面積。它是 0.9887。用 1.0000 減去這一個數字會得到右尾面積。

$$1.0000 - 0.9887 = 0.0113$$

因此，p 值是 0.0113。

步驟 4 下決定。因為 p 值小於 0.05，我們決定拒絕虛無假設。詳見圖 8-17。

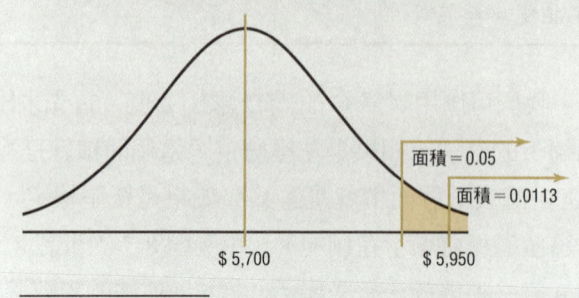

圖 8-17 例題 8-6 的 p 值和 α 值

步驟 5 摘要結論。有足夠的證據支持四年制公立大學的平均學費超過 5,700 美元的主張。

注意：如果研究員選擇 $\alpha = 0.01$，虛無假設就不會被拒絕，因為 p 值 0.0113 超過 0.01。

例題 8-7　風速

有一位研究員主張某城市的平均風速是每小時 8 哩。一組 32 天的樣本顯示平均風速是每小時 8.2 哩。母體標準差是每小時 0.6 哩。在 $\alpha = 0.05$ 之下，有足夠的證據拒絕主張嗎？使用 p 值法。

解答

步驟 1 陳述假設並確立主張。

$$H_0: \mu = 8 \text{（主張）} \quad \text{以及} \quad H_1: \mu \neq 8$$

步驟 2 計算檢定數值。

$$z = \frac{8.2 - 8}{0.6/\sqrt{32}} = 1.89$$

步驟 3 求出 p 值。使用表 D，求出對應 $z = 1.89$ 的面積。它是 0.9706。用 1.0000 減去這一個數字。

$$1.0000 - 0.9706 = 0.0294$$

因為是雙尾檢定，這一項面積必須乘以 2 才會是 p 值。

$$2(0.0294) = 0.0588$$

步驟 4 下決定。因為 p 值大於 0.05，我們決定不拒絕虛無假設。詳見圖 8-18。

圖 8-18 例題 8-7 的 p 值和 α 值

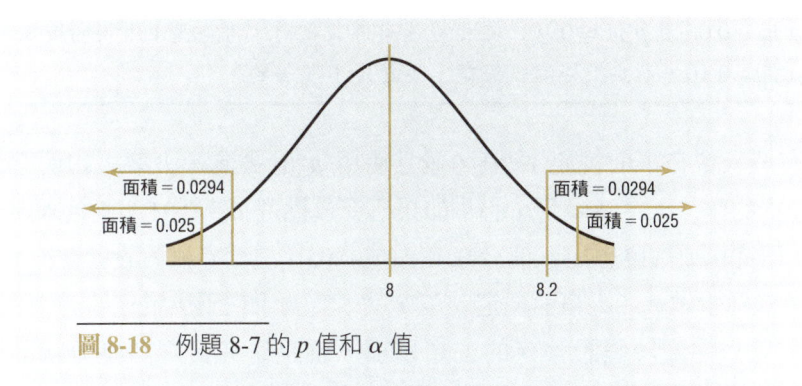

步驟 5 摘要結論。沒有足夠的證據支持某城市的平均風速是每小時 8 哩的主張。

在例題 8-6 和例題 8-7，在標準常態分配曲線同時顯示 p 值和 α 值，用這樣的方式示意它們兩者之間的關係；不過，實際上沒有這個必要用這樣的輔助工具協助我們決定到底要不要拒絕虛無假設。你可以用以下的規則：

p 值法的決策規則

如果 p 值 ≤ α，拒絕虛無假設。
如果 p 值 > α，不拒絕虛無假設。

在例題 8-6，p 值等於 0.0113，而且 α = 0.05。因為 p 值 ≤ α，虛無假設被拒絕了。在例題 8-7，p 值等於 0.0588，而且 α = 0.05。因為 p 值 > α，虛無假設不會被拒絕。

計算機或是電腦程式提供的 p 值和透過表 D 求出的 p 值會有些微不同。這是因為 z 值和表 D 的面積都被四捨五入過了。同時，大部分的計算機和電腦程式提供雙尾檢定的正確 p 值，所以我們不用再乘以 2（就好像我們直接從表 D 得到答案一般）。

有必要指出 α 值和 p 值之間的一項區別。研究員會在統計檢定執行之前挑出 α 值，但是 p 值必須在樣本平均數出現之後才能算得出來。

關於 p 值法有兩種學派。有一些研究員不會選擇某一個 α 值，而只是報告 p 值，並且讓讀者自行決定是否拒絕虛無假設。

請使用以下的指導原則，但是這些指導原則並不是一定的，必要時可以參考其他意見。

p 值的指導原則

如果 p 值 ≤ 0.01，拒絕虛無假設。差異是高度顯著的。
如果 p 值 > 0.01 且 p 值 ≤ 0.05，拒絕虛無假設。差異是顯著的。

如果 p 值 > 0.05 且 p 值 ≤ 0.10，在拒絕虛無假設之前，考慮型 I 錯誤的後果。
如果 p 值 > 0.10，不要拒絕虛無假設。差異是不顯著的。

有些人會在事前挑定 α 值，並且使用 p 值法進行決策，如例題 8-6 和 8-7 一樣的作法。這時候要小心：如果研究員挑選 $\alpha = 0.01$，並且求出 p 值是 0.03，研究員或許會想把 α 值從 0.01 改成 0.05，這樣虛無假設就會被拒絕。當然不應該這麼做。如果事前挑定 α 值，就一定要用它下決定。

還有一件關於假設檢定的注意事項，就是研究員應該區分**統計顯著性 (statistical significance)** 與**實務顯著性 (practical significance)**。當我們在某一個顯著水準下拒絕虛無假設，只能結論說差距不是機會造成，也因此是統計顯著的。不過，結果可能沒有任何實務顯著性。比如說，假設一種新的燃油添加劑為樣本的 1,000 部車每加侖平均增加 $\frac{1}{4}$ 哩。這樣的結果在 0.05 水準下可能是顯著的，但是廠商很難把這樣的產品推上市場，因為它只能增加一點點的哩程數。因此，結果沒有實務顯著性。當研究員在解讀某一項統計檢定的結論時，必須適當運用常識。

觀念應用 8-2　汽車失竊

你最近接受了一份製造汽車防盜器材公司的工作。為了拍產品的促銷廣告，你需要一項關於每一年失竊汽車數量的主張。因為美國各個都市的人口會變動，所以你決定用每 10,000 人的比例。（這樣的話，這一項比例就會根據各個都市的實際居住人口。）你的老闆說，去年每 10,000 人的失竊率是 44 部車。你想要知道這個數字是否改變。以下數據是在美國隨機挑選 36 個都市每 10,000 人的失竊率。假設 $\sigma = 30.3$。

55	42	125	62	134	73
39	69	23	94	73	24
51	55	26	66	41	67
15	53	56	91	20	78
70	25	62	115	17	36
58	56	33	75	20	16

資料來源：National Insurance Crime Bureau.

使用上述的資訊，回答以下的問題。

1. 你會使用什麼樣的假設？
2. 該組樣本是小樣本還是大樣本？
3. 在進行假設檢定之前，必須滿足哪一些假設？
4. 你會使用哪一種機率分配？
5. 你會挑選單尾檢定還是雙尾檢定？為什麼？
6. 你會使用什麼樣的臨界值（一個或是兩個）？

7. 進行一項假設檢定。
8. 你會下什麼樣的決定（拒絕還是不拒絕虛無假設）？
9. 你的結論是什麼？
10. 為你的結論寫一段簡短的論述。
11. 如果你住在一個大約有 50,000 人的都市，你預期每一年會失竊幾部車？

答案在第 389 頁。

練習題 8-2

針對練習題 1~7，寫出以下每一個步驟。
    a. 陳述假設並確立主張
    b. 求出臨界值（一個或是兩個）
    c. 計算檢定數值
    d. 下決定
    e. 摘要結論
除非特別聲明，否則使用圖形顯示拒絕域，並且用假設檢定的傳統法。

1. **暖化與熔冰** Hudson 灣的平均深度是 305 呎。氣象學家有興趣得知全球暖化與熔冰對海平線的影響。在過去一個禮拜測量 55 次，得到樣本平均是 306.2 呎。已知母體變異數是 3.6。可以在 0.05 的水準下，認定平均深度已經變大嗎？有證據支持這是什麼引起的嗎？

   資料來源：*World Almanac and Book of Facts 2010.*

2. **非父母照護** 根據 *Digest of Educational Statistics*，某一群學齡前兒童在一歲以前平均每個禮拜的非父母照護時間是 30.9 小時。一項州立大學照護中心的研究指出，一組 32 個新生兒的樣本每週平均花了 32.1 小時待在該中心。母體標準差是 3.6 小時。在 $\alpha = 0.01$ 之下，有充分的證據認為樣本平均和全國平均有差別嗎？

   資料來源：www.nces.ed.gov

3. **汽車的駕駛成本** 擁有以及駕駛一部汽車的平均成本每 15,000 哩是 8,121 美元，包含固定成本與變動成本。一組 40 位車主的隨機樣本反應平均成本是 8,350 美元。假設母體標準差是 750 美元。有充分的證據認為這一項平均超過 8,121 美元嗎？使用 $\alpha = 0.01$。

   資料來源：*New York Times Almanac 2010.*

4. **美國參議員的年齡** 第 109 屆美國參議員的平均年齡是 60.35 歲。從各州參議會挑選一組 40 位議員的樣本，發現平均年齡是 55.4 歲，母體標準差是 6.5 歲。在 $\alpha = 0.05$ 之下，有充分的證據認為州參議員比華盛頓的參議員年輕嗎？

   資料來源：*CG Today.*

5. **煞車距離** 有一項研究指出，速度每小時 50 哩的校車平均煞車距離是 264 呎。一群汽車工程師決定進行一項校車的實驗，並且發現 20 部校車速度每小時 50 哩的平均煞車距離是 262.3 呎，母體標準差是 3 呎。檢定該公司校車的平均煞車距離是否小於 264 呎。求出 p 值。根據 p 值，應該在 $\alpha = 0.01$ 拒絕虛無假設嗎？假設變數是常態分配的。

   資料來源：*Snapshot, USA TODAY.*

6. **農場規模** 在美國，農場的平均規模是 444 畝。一組 Oregon 州 40 處農場的隨機樣本發現平均規模是 430 畝，母體標準差是 52 畝。在 $\alpha = 0.05$，可以認為 Oregon 州的平均農場規模低於全國的平均規模嗎？使用 p 值法。

   資料來源：*New York Times Almanac.*

7. **病假** 有一位經理這麼說，在他的公司，員

工的病假天數低於全國平均的 10 天。以下數據是去年 40 位員工的病假天數。有充分的證據在 $\alpha = 0.05$ 相信這一位經理的主張嗎？$\sigma = 3.63$。使用 p 值法。

0	6	12	3	3	5	4	1
3	9	6	0	7	6	3	4
7	4	7	1	0	8	12	3
2	5	10	5	15	3	2	5
3	11	8	2	2	4	1	9

Excel 技術步驟解析

平均數的假設檢定：z 檢定

Excel 不提供進行平均數假設檢定的程序，不過你可以藉由線上資源的 MegaStat 外掛程式決定平均數的信賴區間。如果你還沒有安裝這一項外掛程式，根據第一章 Excel 技術步驟解析的說明進行安裝。

例題 XL8-1

這個例題與例題 8-4 有關。在 10% 的顯著水準下，檢定 $\mu < 515$ 的主張。MegaStat 的 z 檢定使用 p 值法。因此，沒必要輸入顯著水準。

1. 在 Excel 的新 worksheet（工作表）的 A 行輸入例題 8-4 的數據。
2. 從 toolbar（工具列）點選 Add-Ins（外掛程式），MegaStat>Hypothesis Tests>Mean vs. Hypothesized Value。注意：你或許需要從電腦硬碟的檔案 MegaStat.xls 打開 MegaStat。

	A	B	C	D	E	F	G	H	I
1	496								
2	506								
3	507								
4	505								
5	438								
6	499								
7	505								
8	522								
9	531								

3. 點選 data input（輸入數據）以及輸入 A1:A36 當作是 Input Range（輸入範圍）。
4. 為 Hypothesized mean（假定平均數）輸入 515，並且點選 less than（小於）的對立假設。
5. 點選 z test（z 檢定），然後點選 [OK]。

接下來顯示上述程序的結果。

Hypothesis Test: Mean vs. Hypothesized Value

```
515.000   Hypothesized value
509.028   Mean data
 92.703   Std. dev.
 15.450   Std. error
     36   n

  −0.39   z
 0.3495   P-value (one-tailed, lower)
```

8-3 平均數的 t 檢定

當母體標準差未知，用來檢定平均數假設的 z 檢定（統計量）並不是常態分配的。可以使用另一種檢定，叫做 t 檢定。這時候母體帶出來的變數必須是常態的或是接近常態的。

學習目標 ❻
當 σ 未知的時候，使用 t 檢定來檢定平均數。

在第七章已經說過，t 分配和標準常態分配有以下相似之處：

1. 它是鐘形的。
2. 它在平均數兩側是對稱的。
3. 平均數、中位數以及眾數都等於 0，而且位在分配的中心。
4. 分配曲線不會接觸到 x 軸。

t 分配和標準常態分配有以下相異之處：

1. 變異數大於 1。
2. t 分配是一個家族，利用和樣本數有關的自由度區分彼此。（回憶一下，自由度的符號是 d.f.。關於自由度的解釋請詳見第 7-2 節。）
3. 當樣本數漸增，t 分配會逼近某一種常態分配。

t 檢定的定義如下：

t 檢定 (t test) 是一種母體平均數的統計檢定，而且用在 σ 未知且母體的變數不是常態分配就是接近常態分配的時候。

檢定的公式如下所示：

$$t = \frac{\bar{X} - \mu}{s/\sqrt{n}}$$

自由度是 d.f. = $n - 1$。

t 檢定的公式類似 z 檢定的公式。但是因為母體標準差未知，所以 t 檢定的公式使用樣本標準差取代母體標準差。

可以在附錄 C 的表 E 求出 t 檢定的臨界值。針對單尾檢定，在表格的最上方那一列找出對應 α 水準的那一行，然後在表格最左手邊那一行往下找出對應自由度那一列。

注意，表 E 列舉了自由度 1 到 30，以及 30 以上的區間。當自由度超過 30，部分教科書建議你使用最靠近的數字；不過本書建議你往下找到最接近的表列整數。比如說，如果 d.f. = 59，用 d.f. = 55 求出臨界值。這是一種保守的作法。

當自由度愈來愈大,臨界值會逼近 z 值。因此,表 E 最下方那一列數字（對應所謂的大樣本）和上一節採用的 z 值是一樣的。

例題 8-8

針對右尾的 t 檢定,求出 d.f. = 16 且 α = 0.05 的臨界值。

解答

在最上面那一列找出 0.05 那一行,在最左手邊那一行找出 16 那一列。在列和行交會的地方,+1.746 就是我們要的臨界值。詳見圖 8-19。

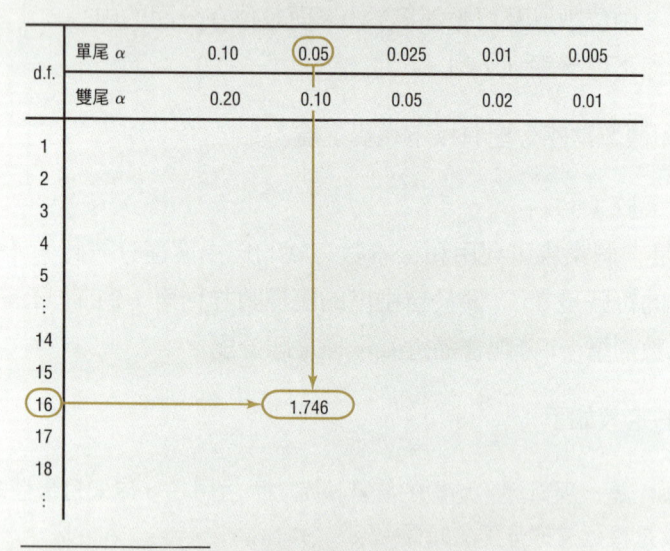

d.f.	單尾 α	0.10	0.05	0.025	0.01	0.005
	雙尾 α	0.20	0.10	0.05	0.02	0.01
1						
2						
3						
4						
5						
⋮						
14						
15						
16			1.746			
17						
18						
⋮						

圖 8-19 在表 E 求出 t 檢定的臨界值（例題 8-8）

例題 8-9

針對左尾的 t 檢定,求出 d.f. = 22 且 α = 0.01 的臨界值。

解答

在最上面標示為「單尾」那一列找出 0.01 那一行,在最左手邊那一行找出 22 那一列。在列和行交會的地方,−2.508 就是我們要的臨界值,因為這一項檢定是單尾的左尾檢定。

例題 8-10

針對雙尾的 t 檢定，求出 d.f. = 18 且 $\alpha = 0.10$ 的臨界值。

解答

在表格上方標示為「雙尾」那一列找出 0.10 那一行，在最左手邊標示「d.f.」那一行找出 18 那一列。在列和行交會的地方，+1.734 和 -1.734 就是我們要的臨界值。

例題 8-11

針對右尾的 t 檢定，求出 d.f. = 28 且 $\alpha = 0.05$ 的臨界值。

解答

在最上面標示為「單尾」那一列找出 0.05 那一行，在最左手邊那一行找出 28 那一列。在列和行交會的地方，+1.701 就是我們要的臨界值。

標準差未知的時候，為了檢定母體平均數的假設，以下這些假設應該先被確認。

當 σ 未知，平均數 t 檢定的假設

1. 樣本是一種隨機樣本。
2. 不是 $n \geq 30$；就是當 $n < 30$，母體是常態的或是接近常態的。

本書會在練習題指明該有的假設；但是，當你在其他情況遇到統計學，必須在繼續之前檢查這一些該有的假設是否滿足。

當你用傳統法的 t 檢定檢定假設時，按照和 z 檢定一樣的步驟，只是這時候你使用的是表 E。

步驟 1 陳述假設並確立主張。
步驟 2 從附錄 C 的表 E 求出臨界值。
步驟 3 計算檢定數值。
步驟 4 決定拒絕虛無假設或是不拒絕虛無假設。
步驟 5 摘要結論。

記住，當母體標準差未知而且母體是常態的或是接近常態的時候，應該使用 t 檢定。

例題 8-12 到例題 8-13 示範 t 檢定的應用。

例題 8-12　醫院感染

有一位醫學研究人員主張在西南賓州的一家醫院平均每週院內感染人數是 16.3 人。由一組 10 週的隨機樣本發現平均感染人數是 17.7 人。樣本標準差是 1.8 人。有足夠的證據在 $\alpha = 0.05$ 之下拒絕該研究人員的主張嗎？假設變數是常態的。

資料來源：Pennsylvania Health Care Cost Containment Council.

解答

步驟 1　$H_0: \mu = 16.3$（主張）以及 $H_1: \mu \neq 16.3$。

步驟 2　針對 $\alpha = 0.05$ 和 d.f. = 9，臨界值是 +2.262 和 -2.262。

步驟 3　檢定數值是

$$t = \frac{\bar{X} - \mu}{s/\sqrt{n}} = \frac{17.7 - 16.3}{1.8/\sqrt{10}} = 2.460$$

步驟 4　因為 2.460 > 2.262，我們會拒絕虛無假設。詳見圖 8-20。

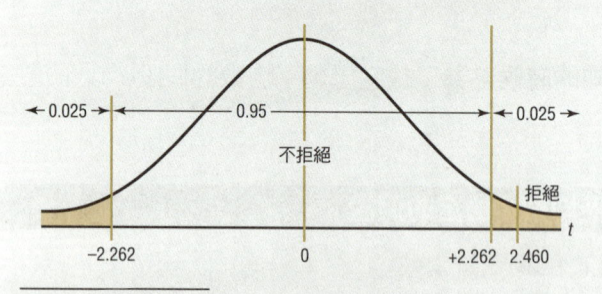

圖 8-20　例題 8-12 的 t 檢定摘要

步驟 5　有足夠的證據支持在西南賓州的一家醫院平均每週院內感染人數是 16.3 人的主張。

例題 8-13　護士從業人員的起薪

根據 payscale.com，護士從業人員的平均起薪是 79,500 美元。有一位研究者希望檢定平均起薪低於 79,500 美元的主張。挑選一組 8 位剛開始工作的護士樣本，而且他們的薪水（以美元計）如下所示。在 $\alpha = 0.10$ 之下，有足夠的證據支持研究者的主張嗎？假設變數是常態分配的。

| 82000 | 68000 | 70200 | 75600 |
| 83500 | 64300 | 78600 | 79000 |

解答

步驟 1　陳述假設並確立主張。

$$H_0: \mu = \$79{,}500 \quad \text{以及} \quad H_1: \mu < \$79{,}500 \text{（主張）}$$

步驟 2 求出臨界值。針對 $\alpha = 0.10$ 和 d.f. $= 7$，臨界值是 -1.415。

步驟 3 為了計算檢定數值，必須求出樣本平均數和樣本標準差。使用第三章的公式或是你的計算機。

$$\overline{X} = \$75{,}150 \quad s = \$6{,}937.68$$

$$t = \frac{\overline{X} - \mu}{s/\sqrt{n}} = \frac{75150 - 79500}{6937.68/\sqrt{8}} = -1.773$$

步驟 4 下決定。因為 -1.773 落入拒絕域，所以拒絕虛無假設。詳見圖 8-21。

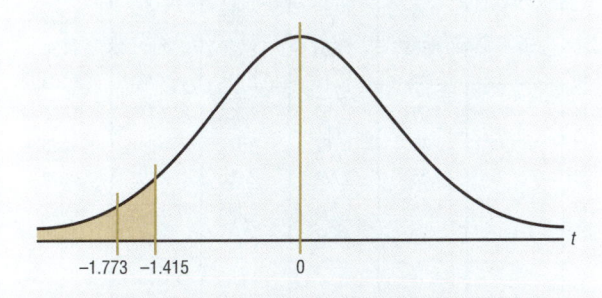

圖 8-21 例題 8-13 的臨界值和檢定數值摘要

步驟 5 摘要結論。有足夠的證據支持護士從業人員的平均起薪低於 79,500 美元的主張。

可以使用表 E 求出 t 檢定的 p 值；不過，無法從表 E 得到特定 t 檢定的 p 值，因為該表只提供某一些 α 的臨界值（比如說，0.01、0.05）。為了求出特定 t 檢定的 p 值，你需要針對每一個自由度都有一張類似表 D 的表格。因為這一點都不實際，所以只能求出 p 值的區間。例題 8-14 到例題 8-16 說明如何使用表 E 決定 t 檢定之 p 值的範圍。

例題 8-14

當 t 檢定數值是 2.056，樣本數是 11，而且檢定是右尾的時候，求出這一項檢定的 p 值。

解答

為了求出 p 值，在表 E 找到自由度 10 (d.f. $= n - 1$) 那一列，並且求出 2.056 落入其間的最小區間。它們是 1.812 和 2.228。因為這是一種右尾檢定，看著「單尾」那一列，求出對應 1.812 和 2.228 的兩個 α。它們分別是 0.05 和 0.025。詳見圖 8-22。

信賴區間	80%	90%	95%	98%	99%
單尾 α	0.10	0.05	0.025	0.01	0.005
d.f. 雙尾 α	0.20	0.10	0.05	0.02	0.01
1	3.078	6.314	12.706	31.821	63.657
2	1.886	2.920	4.303	6.965	9.925
3	1.638	2.353	3.182	4.541	5.841
4	1.533	2.132	2.776	3.747	4.604
5	1.476	2.015	2.571	3.365	4.032
6	1.440	1.943	2.447	3.143	3.707
7	1.415	1.895	2.365	2.998	3.499
8	1.397	1.860	2.306	2.896	3.355
9	1.383	1.833	2.262	2.821	3.250
10	1.372	1.812 *	2.228	2.764	3.169
11	1.363	1.796	2.201	2.718	3.106
12	1.356	1.782	2.179	2.681	3.055
13	1.350	1.771	2.160	2.650	3.012
14	1.345	1.761	2.145	2.624	2.977
15	1.341	1.753	2.131	2.602	2.947
(z) ∞	1.282	1.645	1.960	2.326	2.576

* 2.056 落在 1.812 和 2.228 之間。

圖 8-22 求出例題 8-14 的 p 值

因此，這一項檢定的 p 值落入區間 $0.025 < p$ 值 < 0.05。這意味著檢定的 p 值介於 0.025 和 0.05 之間。如果挑選 0.05 的 α，你會拒絕虛無假設，因為 p 值小於 0.05。但是如果 α 是 0.01，你不會拒絕虛無假設，因為 p 值大於 0.01。（實際上，p 值大於 0.025。）

例題 8-15

當 t 檢定數值是 2.983，樣本數是 6，而且檢定是雙尾的時候，求出這一項檢定的 p 值。

解答

為了求出 p 值，在表 E 找到自由度 5 (d.f. = 5) 那一列，並且求出 2.983 落入其間的最小區間。它們是 2.571 和 3.365。因為這是一種雙尾檢定，看著「雙尾」那一列，求出對應 2.571 和 3.365 的 α。

這時候，它們分別是 0.05 和 0.02。因此，這一項檢定的 p 值落入區間 $0.02 < p$ 值 < 0.05。這意味著檢定的 p 值介於 0.02 和 0.05 之間。現在，如果 $\alpha = 0.05$，虛無假設會被拒絕，因為 p 值小於 0.05。但是如果 $\alpha = 0.01$，虛無假設不會被拒絕，因為 p 值大於 0.01（實際上 p 值大於 0.02）。

注意：因為大多數學生會使用計算機或電腦程式獲得 t 檢定和本書往後會談到其他檢定之正確 p 值，在往後的例題和練習題裡會給予這些正確的 p 值以及區間。

針對例題 8-14，從計算機得到的正確 p 值是 0.033。而針對例題 8-15，從計算機得到的正確 p 值是 0.031。

為了使用 p 值法檢定假設，按照第 8-2 節說明的步驟。這裡重複這些步驟。

步驟 1 陳述假設並確立主張。
步驟 2 計算檢定數值。
步驟 3 求出 p 值。
步驟 4 決定拒絕虛無假設或是不拒絕虛無假設。
步驟 5 摘要結論。

例題 8-16 說明這個方法。

例題 8-16　慢跑者的氧攝取量

有一位醫生主張慢跑者平均氧攝取量超過所有成人的平均。由一組 15 位慢跑者的樣本發現，平均數是 40.6 ml/kg，標準差是 6 ml/kg。如果所有成人的平均是 36.7 ml/kg，有足夠的證據在 $\alpha = 0.05$ 之下支持這一位醫生的主張嗎？假設變數是常態分配的。

解答

步驟 1 陳述假設並確立主張。

$$H_0: \mu = 36.7 \quad \text{以及} \quad H_1: \mu > 36.7 \text{（主張）}$$

步驟 2 計算檢定數值。檢定數值是

$$t = \frac{\bar{X} - \mu}{s/\sqrt{n}} = \frac{40.6 - 36.7}{6/\sqrt{15}} = 2.517$$

步驟 3 求出 p 值。在表 E 找出 d.f. = 14 那一列，你會看到 2.517 介於 2.145 和 2.624 之間，因為這是一種右尾檢定而且對應 $\alpha = 0.025$ 和 $\alpha = 0.01$。因此，p 值 > 0.01 且 p 值 < 0.025，或是 0.01 < p 值 < 0.025。也就是說，p 值落在 0.01 和 0.025 之間的某一處。（從計算機得到的 p 值是 0.012。）

步驟 4 拒絕虛無假設，因為 p 值 < 0.05（亦即，p 值 < α）。

步驟 5 有足夠的證據支持慢跑者平均氧攝取量超過所有成人平均 36.7 ml/kg 的主張。

> **趣聞**
> 阿拉斯加州的面積是全美總面積的 1/6。

學生有時候無法決定該使用 z 檢定或是 t 檢定。其規則和當時決定用哪一種信賴區間的規則一樣。

1. 如果 σ 已知，使用 z 檢定。如果 n < 30，變數必須是常態分配的或是接近常態的。
2. 如果 σ 未知，但是 n ≥ 30，使用 t 檢定。
3. 如果 σ 未知，而且 n < 30，使用 t 檢定。（母體必須是接近常態分配的。）

這些規則摘要在圖 8-23。

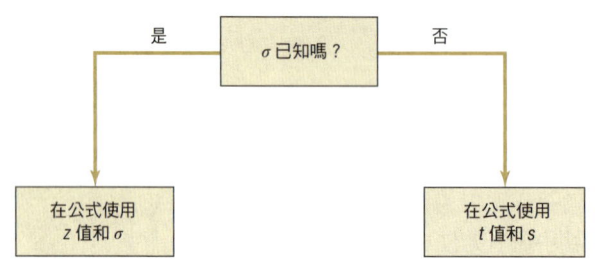

```
             σ 已知嗎？
         是／        ＼否
   在公式使用          在公式使用
    z 值和 σ          t 值和 s
```

*如果 n < 30，母體必須是（或是接近）常態分配的。

圖 8-23 使用 z 檢定或 t 檢定

觀念應用 8-3　這些香菸有多少尼古丁？

有一家香菸工廠主張它的最暢銷香菸尼古丁含量頂多 40 毫克。在 1% 的水準下，透過 15 支隨機挑選的香菸檢定這一項主張。平均尼古丁含量是 42.6 毫克，標準差是 3.7 毫克。由數據推測尼古丁含量是常態分配的。來自電腦報表的檢定資訊如下所示。

樣本平均 = 42.6　　　p 值 = 0.008
樣本標準差 = 3.7　　　顯著水準 = 0.01
樣本數 = 15　　　　　檢定統計量 t = 2.72155
自由度 = 14　　　　　臨界值 t = 2.62449

1. 自由度為何？
2. 這是 z 檢定還是 t 檢定？
3. 這是一種單樣本還是雙樣本的比較？
4. 這是右尾、左尾還是雙尾檢定？
5. 根據 p 值，你會作出什麼樣的決定？
6. 透過比較檢定數值和臨界值，你會作出什麼樣的決定？
7. 結果有衝突嗎？試解釋之。
8. 這一項研究證明了什麼？

答案在第 389 頁。

練習題 8-3

1. t 分配有哪些地方和標準常態分配是相似的？哪些地方是相異的？

2. 使用表 E，求出以下檢定值的 p 值範圍。
   a. $t = 2.321$，$n = 15$，右尾
   b. $t = 1.945$，$n = 28$，雙尾
   c. $t = -1.267$，$n = 8$，左尾
   d. $t = 1.562$，$n = 17$，雙尾

針對練習題 3~6，寫出以下每一個步驟。
   a. 陳述假設並確立主張
   b. 求出臨界值（一個或是兩個）
   c. 計算檢定數值
   d. 下決定
   e. 摘要結論

除非特別聲明，否則使用假設檢定的傳統法。假設母體是接近常態分配的。

3. **摩天大樓的高度** 有一位研究員估計在某一個大城市超過 30 層的大樓平均高度至少是 700 呎。隨機挑選 10 棟超過 30 層的大樓，並且求出它們的高度如下所示。在 $\alpha = 0.025$ 之下有足夠的證據拒絕此主張嗎？

   | 485 | 511 | 841 | 725 | 615 |
   | 520 | 535 | 635 | 616 | 582 |

   資料來源：*Pittsburgh Tribune-Review*.

4. **電影製作成本** 最近一年，製作一部電影的平均成本是 5,480 萬美元。今年，由一組 15 部動作片的樣本得到平均製片成本是 6,230 萬美元，變異數是 9,025 萬美元。在 0.05 的顯著水準之下，可以認為製作一部動作片的成本比平均高嗎？

   資料來源：*New York Times Almanac*.

5. **電影票價** 2010 年的平均電影票價是 7.89 美元。一組 15 張美國大都會郊區電影票的隨機樣本指出平均票價是 11.09 美元，而標準差是 4.86 美元。在 0.01 的顯著水準之下，可以認為這一個平均數高過全國的平均票價嗎？

6. **看病** 一份 Gallup Poll 的報告顯示，女性平均一年看醫生 5.8 次。有一位研究員隨機挑選一組 20 位女性樣本，並且得到以下數據。

   | 3 | 2 | 1 | 3 | 7 | 2 | 9 | 4 | 6 | 6 |
   | 8 | 0 | 5 | 6 | 4 | 2 | 1 | 3 | 4 | 1 |

   在 $\alpha = 0.05$ 之下，可以認為女性平均一年看醫生次數仍為 5.8 次嗎？

平均數的假設檢定：t 檢定

Excel 技術步驟解析

Excel 不提供進行平均數假設檢定的程序，不過你可以藉由線上資源的 MegaStat 外掛程式決定平均數的信賴區間。如果你還沒有安裝這一項外掛程式，根據第一章 Excel 技術步驟解析的說明進行安裝。

代課老師的薪資

有一位教育家主張在賓州 Allegheny 郡學區內代課老師每天的平均薪資低於 60 美元。挑選一組 8 個學區的隨機樣本，且顯示他們的日薪（以美元計）如下。在 $\alpha = 0.10$ 之下，有足夠的證據支持這一位教育家的主張嗎？

60 56 60 55 70 55 60 55

資料來源：*Pittsburgh Tribune-Review*.

MegaStat 的 *t* 檢定使用 *p* 值法。因此，沒必要輸入顯著水準。

1. 在 Excel 的新 worksheet（工作表）的 A 行輸入數據。
2. 從 toolbar（工具列）點選 Add-Ins（外掛程式），MegaStat>Hypothesis Tests>Mean vs. Hypothesized Value。注意：你或許需要從電腦硬碟的檔案 MegaStat.xls 打開 MegaStat。
3. 點選 data input（輸入數據）以及輸入 A1:A8 當作是 Input Range（輸入範圍）。
4. 為 Hypothesized mean（假定平均數）輸入 60，並且點選 less than（小於）的對立假設。
5. 點選 *t* test（*t* 檢定），然後點選 [OK]。

接下來顯示上述程序的結果。

Hypothesis Test: Mean vs. Hypothesized Value

60.000	Hypothesized value
58.875	Mean data
5.083	Standard deviation
1.797	Standard error
8	*n*
7	d.f.
−0.63	*t*
0.2756	*P*-value (one-tailed, lower)

8-4　比例的 *z* 檢定

學習目標 7
使用 *z* 檢定來檢定比例。

許多假設檢定情況涉及比例。回憶一下第七章，**比例 (proportion)** 就是母體百分比。

這些數據來自 Michael D. Shook 和 Robert L. Shook 合著的 *The Book of Odds* (New York: Penguin Putnam, Inc.)：

▶ 59% 的消費者為父親買過禮物。
▶ 85% 年齡超過 21 歲的人們說他們賭過賭金全贏制遊戲。
▶ 51% 的美國人買過無品牌產品。
▶ 35% 的美國人每週會上館子吃一次晚餐。

牽涉母體比例的假設檢定可以被視為是一種二項實驗，當每一次試驗只有兩種可能的出象，而且每一次試驗的成功機率維持固定不變。回憶第 5-3 節，二項分配的平均數是 $\mu = np$，而標準差是 $\sigma = \sqrt{npq}$。

因為當 $np \geq 5$ 且 $nq \geq 5$ 的時候，某一種常態分配可以用來近似二項分配，所以標準常態分配可以用來檢定比例的假設。

比例 z 檢定的公式

$$z = \frac{\hat{p} - p}{\sqrt{pq/n}}$$

其中　$\hat{p} = \dfrac{X}{n}$（樣本比例）

　　　$p =$ 母體比例

　　　$n =$ 樣本數

這項公式源自二項的常態近似，而且根據一般規則

$$\text{檢定數值} = \frac{\text{觀察值} - \text{期待值}}{\text{標準誤}}$$

我們從樣本取得 $\hat{p}$（也就是觀察值），p 是期待值（也就是假定的母體比例），$\sqrt{pq/n}$ 是標準誤。

可以透過把 $\mu = np$ 以及 $\sigma = \sqrt{npq}$ 代入公式 $z = \dfrac{X - \mu}{\sigma}$ 推導出公式 $z = \dfrac{\hat{p} - p}{\sqrt{pq/n}}$，然後把分子和分母同時除以 n。這裡需使用一些代數。

檢定比例的假設如下所示。

檢定比例的假設

1. 樣本是一種隨機樣本。
2. 滿足二項實驗的所有條件。（詳見第五章。）
3. $np \geq 5$ 且 $nq \geq 5$。

本書會在練習題指明該有的假設；但是，當你在其他情況遇到統計學，必須在繼續之前檢查這一些該有的假設是否滿足。

這時候假設檢定的步驟和第 8-3 節說過的完全一樣。使用表 D 來求出臨界值和 p 值。

例題 8-17 到例題 8-19 示範假設檢定的傳統法。例題 8-20 示範 p 值法。

有時候有必要求出 $\hat{p}$，如例題 8-17、例題 8-19 以及例題 8-20 所示，而有時候題目會提供 $\hat{p}$，如例題 8-18。

例題 8-17　肥胖的年輕人

有一位研究者根據從美國疾管局取得的資訊，主張 2-19 歲的年輕人當中有 17% 是肥胖的。為了檢定這一項主張，她隨機挑選 200 位年齡在 2-19 歲的年輕人，發現有 42 位是肥胖的。在 $\alpha = 0.05$ 之下，有足夠的證據拒絕此主張嗎？

解答

步驟 1　陳述假設並確立主張。

$$H_0: p = 0.17（主張）\quad 以及 \quad H_1: p \neq 0.17$$

步驟 2　求出臨界值。因為 $\alpha = 0.05$，而且檢定是雙尾的，所以臨界值是 ± 1.96。

步驟 3　計算檢定數值。首先有必要求出 $\hat{p}$。

$$\hat{p} = \frac{X}{n} = \frac{42}{200} = 0.21 \qquad p = 0.17 \qquad q = 1 - p = 1 - 0.17 = 0.83$$

代入公式

$$z = \frac{\hat{p} - p}{\sqrt{pq/n}} = \frac{0.21 - 0.17}{\sqrt{(0.17)(0.83)/200}} = 1.51$$

步驟 4　下決定。不拒絕虛無假設，因為檢定數值落入拒絕域之外的非拒絕域，如圖 8-24 所示。

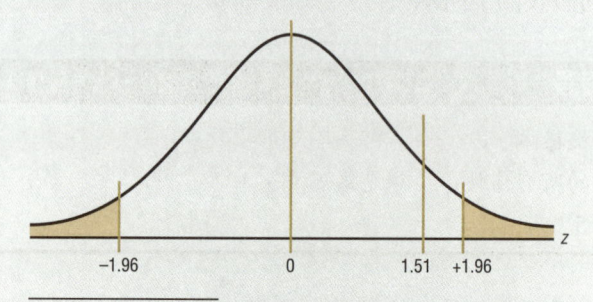

圖 8-24　例題 8-17 的臨界值和檢定數值

步驟 5　摘要結論。沒有足夠的證據拒絕 2-19 歲的年輕人當中有 17% 是肥胖的主張。

例題 8-18　女性擁槍者

蓋洛普犯罪調查 (Gallup Crime Survey) 指出 23% 的擁槍者是女性。有一位研究者相信在他居住的社區裡，該百分比會低於 23%。他隨機挑選 100 位擁有槍支的樣本，發現 11% 是女性。在 $\alpha = 0.01$ 之下，在他居住的社區裡，女性擁槍者的百分比低於 23% 嗎？

解答

步驟 1 陳述假設並確立主張。

$$H_0: p = 0.23 \quad 以及 \quad H_1: p < 0.23（主張）$$

步驟 2 求出臨界值。因為 $\alpha = 0.01$，而且檢定是單尾的，所以臨界值是 -2.33。

步驟 3 計算檢定數值，已知 $\hat{p}$。

$$p = 0.23 \quad q = 1 - p = 1 - 0.23 = 0.77 \quad \hat{p} = 0.11$$

$$z = \frac{\hat{p} - p}{\sqrt{pq/n}} = \frac{0.11 - 0.23}{\sqrt{(0.23)(0.77)/100}} = -2.85$$

步驟 4 下決定。拒絕虛無假設，因為檢定數值落入拒絕域，如圖 8-25 所示。

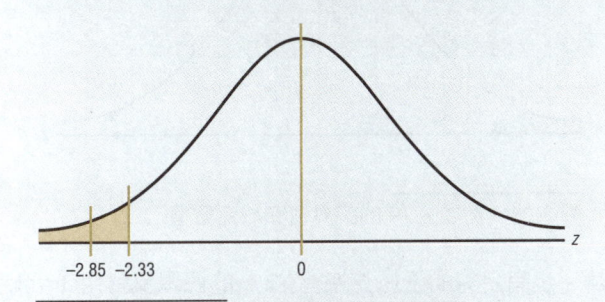

圖 8-25 例題 8-18 的臨界值和檢定數值

步驟 5 摘要結論。有足夠的證據支持在他居住的社區裡女性擁槍者的百分比低於 23%。

例題 8-19　用 1 元硬幣取代 1 元紙鈔

有一位統計學家得知至少有 77% 的民眾反對用 1 元硬幣取代 1 元紙鈔。為了檢視這一項主張的正確性，統計學家挑選一組 80 人的隨機樣本，並且發現有 55 人反對取代 1 元紙鈔。在 $\alpha = 0.01$ 之下，檢定至少有 77% 的民眾反對這一項改變的主張。

資料來源：*USA TODAY.*

解答

步驟 1 陳述假設並確立主張。

$$H_0: p = 0.77（主張） \quad 以及 \quad H_1: p < 0.77$$

步驟 2 求出臨界值。因為 $\alpha = 0.01$，而且檢定是左尾的，所以臨界值是 -2.33。

步驟 3 計算檢定數值。

$$\hat{p} = \frac{X}{n} = \frac{55}{80} = 0.6875$$

$$p = 0.77 \quad 且 \quad q = 1 - 0.77 = 0.23$$

$$z = \frac{\hat{p} - p}{\sqrt{pq/n}} = \frac{0.6875 - 0.77}{\sqrt{(0.77)(0.23)/80}} = -1.75$$

步驟 4 下決定。無法拒絕虛無假設,因為檢定數值沒有落入拒絕域,如圖 8-26 所示。

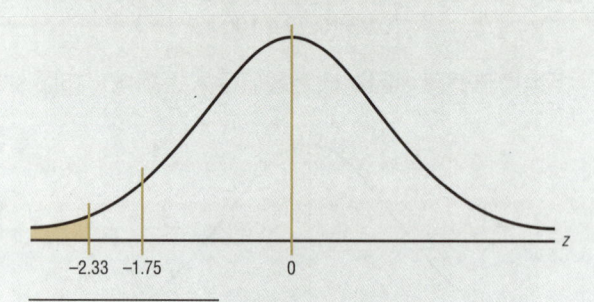

圖 8-26 例題 8-19 的臨界值和檢定數值

步驟 5 摘要結論。沒有足夠的證據支持有 77% 的民眾反對用 1 元硬幣取代 1 元紙鈔的主張。

例題 8-20　律師廣告

有一位律師主張超過 25% 的律師會打廣告。一組 200 位某城市的律師樣本顯示 63 位曾經使用過某種形式的廣告。在 $\alpha = 0.05$ 之下,有足夠的證據支持這一位律師的主張嗎?使用 p 值法。

解答

步驟 1 陳述假設並確立主張。

$$H_0: p = 0.25 \quad 以及 \quad H_1: p > 0.25 \text{(主張)}$$

步驟 2 計算檢定數值。

$$\hat{p} = \frac{X}{n} = \frac{63}{200} = 0.315$$

$$p = 0.25 \quad 且 \quad q = 1 - 0.25 = 0.75$$

$$z = \frac{\hat{p} - p}{\sqrt{pq/n}} = \frac{0.315 - 0.25}{\sqrt{(0.25)(0.75)/200}} = 2.12$$

趣 聞

閃電是暴風雨相關災難的第二大殺手。平均而言,每一年有 73 人被閃電打死。被閃電擊中的人們,確實有 90% 會活下來,不過,通常他們得持續面對醫療問題或是殘廢。

步驟 3 求出 p 值。針對 $z = 2.12$ 的曲線下面積是 0.9830。用 1.0000 減去這一項面積，你會得到 $1.0000 - 0.9830 = 0.0170$。p 值是 0.0170。

步驟 4 下決定。拒絕虛無假設，因為 $0.0170 < 0.05$（亦即，p 值 < 0.05）。詳見圖 8-27 所示。

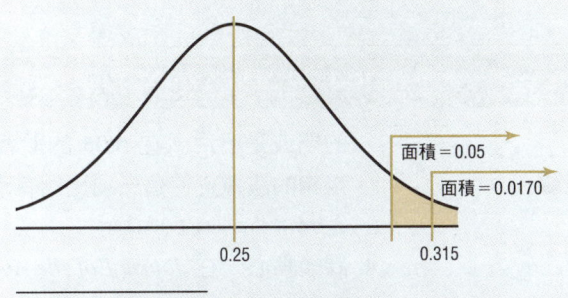

圖 8-27 例題 8-20 的 p 值和 α 值

步驟 5 摘要結論。有足夠的證據支持超過 25% 的律師會打廣告的主張。

觀念應用 8-4　戒菸

假設你是某個研究團隊的一員，這個團隊比較各種輔助戒菸的產品。Condor Consumer Products Company 希望得到更多關於可以公開給科學界的研究細節。詳閱以下內容，並回答關於你如何進行研究的問題。

新的 StopSmoke

沒有其他方法被證明更有效。StopSmoke 提供超越其他產品的顯著成效。StopSmoke 簡單好用，而且不需戒斷。比起其他領導品牌，StopSmoke 更便宜。兩項獨立的研究已經證實了 StopSmoke 的優越性。

1. 統計假設為何？
2. 虛無假設是什麼？
3. 對立假設是什麼？
4. 進行過任何統計檢定嗎？
5. 單尾檢定或是雙尾檢定？
6. 顯著水準是多少？
7. 如果犯了型 I 錯誤，解釋會有什麼樣的結果。
8. 如果犯了型 II 錯誤，解釋會有什麼樣的結果。
9. 這一些研究要證明什麼？
10. 關於顯著性的論述有兩句話。一句是「StopSmoke 提供超越其他產品的顯著

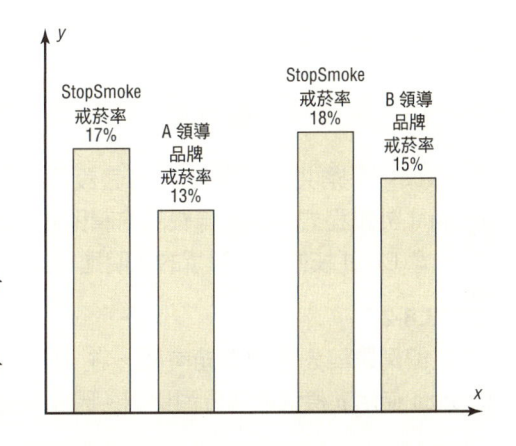

成效」，另一句是「比起其他領導品牌，StopSmoke 更便宜」。有哪一句談到統計顯著性？有其他形式的顯著性嗎？

答案在第 389~390 頁。

練習題 8-4

1. 舉出三個比例的例子。

針對練習題 2~5，寫出以下每一個步驟。
 a. 陳述假設並確立主張
 b. 求出臨界值（一個或是兩個）
 c. 計算檢定數值
 d. 下決定
 e. 摘要結論

除非特別聲明，否則使用假設檢定的傳統法。

2. **不當駕駛** 在 2009 年，45.6% 的機車事故不牽涉不當駕駛。在某個連接六個郡的區域內，發現 110 起隨機挑選的事故，有 60 起牽涉不當駕駛。在 0.01 的顯著水準之下，有足夠的證據支持不當駕駛比例有別於 2009 年的比例嗎？

   資料來源：*World Almanac 2012.*

3. **闖空門** 大概有 30% 的闖空門是穿過開啟或沒上鎖的門或是窗戶。一組 130 起闖空門的案件中，發現有 85 起不是穿過開啟或沒上鎖的門或是窗戶。在 0.05 的顯著水準之下，有足夠的證據支持這一項比例有別於 30% 嗎？

   資料來源：polling report.com

4. **課後點心** 在 *Journal of the American Dietetic Association* 中，有一份報告指出有 54% 的小孩會在下課後吃點心。挑選一組 60 位小孩的隨機樣本，有 36 位表示他們會在下課後吃點心。使用 $\alpha = 0.01$ 以及 p 值法檢定這一項主張。根據結果，父母應該關心孩子吃點心嗎？

5. **圖書館借書** 針對使用圖書館服務的美國人，美國圖書館協會 (ALA) 主張其中有 67% 會借書。有一位館長覺得這不是事實，所以他隨機挑選 100 位到館民眾，發現有 82 位會借書。他有證據支持 ALA 的主張是錯的嗎？使用 $\alpha = 0.05$。

   資料來源：American Library Association; *USA TODAY.*

Excel 技術步驟解析

比例的假設檢定：z 檢定

Excel 不提供進行母體比例假設檢定的程序，不過你可以藉由線上資源的 MegaStat 外掛程式決定平均數的信賴區間。如果你還沒有安裝這一項外掛程式，根據第一章 Excel 技術步驟解析的說明進行安裝。

例題 XL8-2

這個例題與先前的例題有關。在 1% 的顯著水準下，檢定 $p = 0.40$ 的主張。MegaStat 使用 p 值法檢定母體比例。因此，沒必要輸入顯著水準。

1. 從 toolbar（工具列）點選 Add-Ins（外掛程式），MegaStat>Hypothesis Tests>Proportion vs. Hypothesized Value。注意：你或許需要從電腦硬碟的檔案

MegaStat.xls 打開 MegaStat。
2. 為觀察比例 (p) 輸入 0.37。
3. 為假定比例 (p) 輸入 0.40。
4. 為樣本數 (n) 輸入 100。
5. 點選 not equal（不相等）的對立假設。
6. 點選 [OK]。

接下來顯示上述程序的結果。

Hypothesis Test for Proportion vs. Hypothesized Value

Observed	Hypothesized	
0.37	0.4	p (as decimal)
37/100	40/100	p (as fraction)
37.	40.	X
100	100	n
	0.049	standard error
	−0.61	z
	0.5403	p-value (two-tailed)

8-5 變異數或標準差的卡方檢定

在第七章，卡方分配被用來建構單一變異數或是標準差的某一種信賴區間。這一項分配同時也被用來檢定關於變異數或是標準差的主張。

回顧第七章關於卡方分配的特質。

學習目標 ⑧
使用卡方檢定來檢定變異數或是標準差。

1. 所有卡方值都會大於 0。
2. 卡方分配是一個基於自由度的曲線族。
3. 卡方分配曲線下的總面積等於 1。
4. 卡方分配是右偏斜分配。

為了求出卡方分配曲線下的面積，我們會使用附錄 C 的表 F。考慮三種情況：

1. 當假設檢定是右尾的時候，求出某一個特定 α 的卡方臨界值。
2. 當假設檢定是左尾的時候，求出某一個特定 α 的卡方臨界值。
3. 當假設檢定是雙尾的時候，求出某兩個特定 α 的卡方臨界值。

表 F 被設計來提供臨界值右邊的面積；如果檢定是右尾的，就直接採用表格內某特定自由度的面積。如果檢定是左尾的，先用 1 減去 α，然後採用表格內某特定自由度對應上述結果的面積。如果檢定是雙尾的，把 α 除以 2，然後針對右尾臨界值採用表格內某特定自由度對應上述結果的面積，接著針對左尾臨界值採用表格內某特定自由度對應 1 減去上述結果的面積。

例題 8-21

當 $\alpha = 0.05$ 且檢定是右尾的時候，求出自由度 15 的卡方臨界值。

解答

需要的分配顯示在圖 8-28。

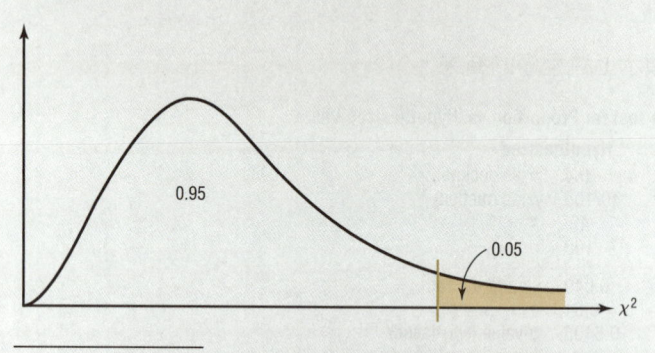

圖 8-28 例題 8-21 的卡方分配

在表 F 的最上方找出 α 值，並且在最左邊那一行找出對應的自由度。臨界值落在行和列交會的地方，這時候是 24.996。詳見圖 8-29。

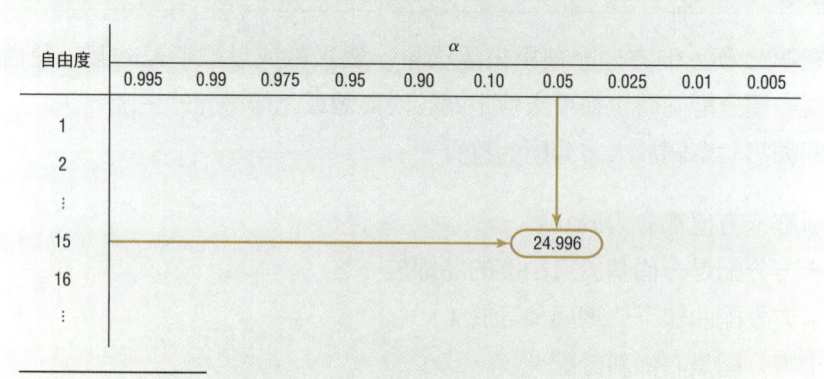

自由度	0.995	0.99	0.975	0.95	0.90	0.10	0.05	0.025	0.01	0.005
1										
2										
⋮										
15								24.996			
16										
⋮										

圖 8-29 例題 8-21 的卡方分配

例題 8-22

當 $\alpha = 0.05$ 且檢定是左尾的時候，求出自由度 10 的卡方臨界值。

解答

需要的分配顯示在圖 8-30。

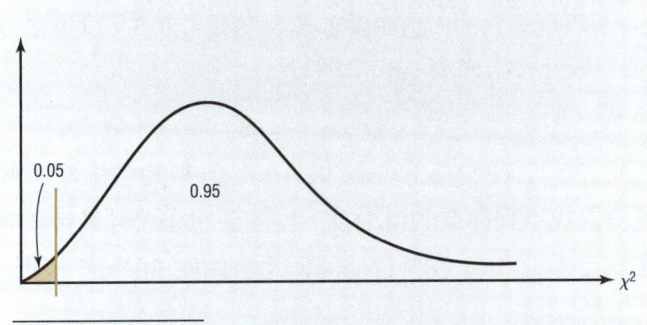

圖 8-30　例題 8-22 的卡方分配

當檢定是左尾的時候，必須先用 1 減去 α 值，也就是 1 − 0.05 = 0.95。這時候要用到表 F 的左半邊，因為卡方表提供的是臨界值右邊的面積，而且卡方統計量不能是負的。表 F 被設計為提供臨界值右邊的面積。在此例題中，右邊面積是 95%。針對 0.95 和自由度 10，臨界值是 3.940。詳見圖 8-31。

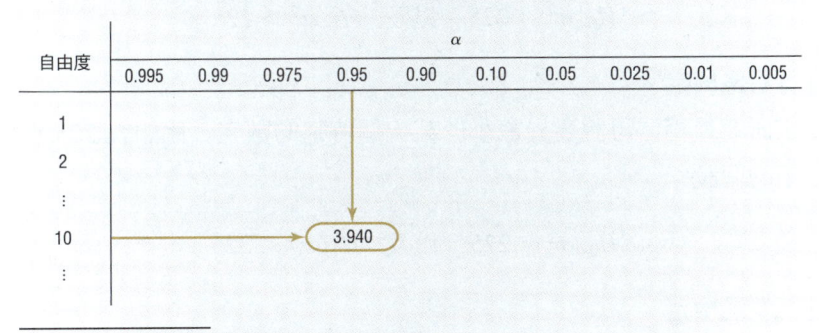

圖 8-31　在表 F 求出例題 8-22 的臨界值

例題 8-23

當 α = 0.05 且檢定是雙尾的時候，求出自由度 22 的卡方臨界值。

解答

當進行一項雙尾檢定的時候，必須切割面積，如圖 8-32 所示。注意，比較大的那一個臨界值的右邊面積是 0.025（0.05/2 或 α/2），而比較小的那一個臨界值的右邊面積是 0.975（1.00 − 0.5/2 或 1 − α/2）。

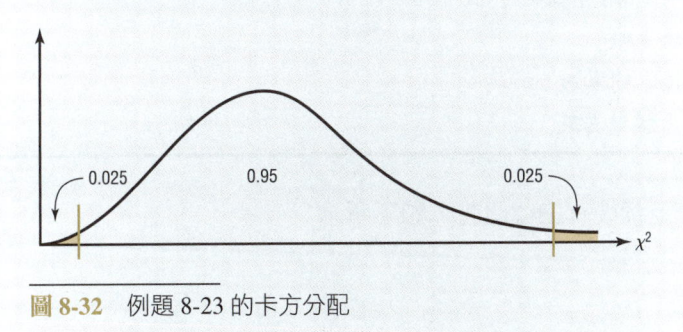

圖 8-32　例題 8-23 的卡方分配

記住，卡方臨界值不能是負的。這時候求出 α 值是 0.025 和 0.975，又自由度是 22，你會得到臨界值分別是 36.781 和 10.982。

自由度超過 30 之後，表 F 只提供 10 的倍數的自由度（40, 50, 60 等等）。當在表格內找不到你要的自由度，應該要用小於且最接近的自由度。比如說，如果想找自由度 36，我們會建議使用自由度 30。這一項原則讓型 I 錯誤機率小於或等於 α 值。

當你使用**卡方檢定 (chi-square test)** 來檢定某一個單一變異數的主張，有三種可能的檢定情況：右尾檢定、左尾檢定以及雙尾檢定。

如果研究員相信母體變異數大於某一個特定的數字，比如說 225，則他會陳述以下的假設：

$$H_0: \sigma^2 = 225 \quad 以及 \quad H_1: \sigma^2 > 225$$

並且進行右尾檢定。

如果研究員相信母體變異數小於某一個特定的數字，比如說 225，則他會陳述以下的假設：

$$H_0: \sigma^2 = 225 \quad 以及 \quad H_1: \sigma^2 < 225$$

並且進行左尾檢定。

最後，如果研究員不希望指定方向，他會陳述以下的假設：

$$H_0: \sigma^2 = 225 \quad 以及 \quad H_1: \sigma^2 \neq 225$$

並且進行雙尾檢定。

> **非凡數字**
> 美國的貓大約有 55% 超重。

單一變異數卡方檢定的公式

$$\chi^2 = \frac{(n-1)s^2}{\sigma^2}$$

自由度是 n−1，而且其中
n = 樣本數
s^2 = 樣本變異數
σ^2 = 母體變異數

卡方檢定背後有三項假設，如下所示。

第 8 章 假設檢定

單一變異數卡方檢定的假設

1. 樣本必須隨機來自母體。
2. 被研究的變數必須是常態分配的。
3. 觀察值彼此間必須是獨立的。

本書會在練習題指明該有的假設；但是，當你在其他情況遇到統計學，必須在繼續之前檢查這一些該有的假設是否滿足。

用來檢定關於母體變異數或是母體標準差假設的方法並不是穩健的，所以如果數據來自不是常態的母體時，不能使用本節的方法。

檢定用的傳統法步驟和先前條列過的五步驟是一樣的。我們再重複一遍。

步驟 1 陳述假設並確立主張。
步驟 2 求出臨界值。
步驟 3 計算檢定數值。
步驟 4 下拒絕或是不拒絕虛無假設的決定。
步驟 5 摘要結論。

例題 8-24 到例題 8-26 示範變異數假設檢定的傳統法。

你或許會問，為什麼檢定變異數這麼重要？有幾個理由。首先，在任何要求一致性的情況，例如製造業，你會希望產品的變異數愈小愈好。比如說，製造插銷的時候，因為製程帶來的直徑變化必須被維持在最小，要不然螺母就無法適當地密合。在教育界，測驗需要一致性。換言之，假如同樣一批學生考同樣一份考試卷許多次，他們應該會得到接近的分數，而且每一位學生成績的變化應該很小才對。另一方面，如果測驗是用來評斷學習成果，所有分數的整體標準差應該很大，這樣你才能分辨誰學到、誰沒學到。

例題 8-24　SAT 數學成績

SAT 數學成績的標準差是 100，變異數是 10,000。有一位老師希望得知在她的學校成績的變異數是否低於 10,000。隨機挑選 23 位學生，發現成績的變異數是 7,225。在 $\alpha = 0.05$ 之下，有足夠的證據支持她的主張嗎？假設成績變數是常態分配的。

解答

步驟 1 陳述假設並確立主張。

$$H_0: \sigma^2 = 10000 \quad \text{以及} \quad H_1: \sigma^2 < 10000 \text{（主張）}$$

步驟 2 求出臨界值。因為這一項檢定是左尾的而且 $\alpha = 0.05$，使用數值 $1 - 0.05$

= 0.95。自由度是 $n-1 = 23-1 = 22$。因此，臨界值是 12.338。注意拒絕域在左邊，如圖 8-33 所示。

步驟 3 計算檢定數值。

$$\chi^2 = \frac{(n-1)s^2}{\sigma^2} = \frac{(23-1)7225}{10000} = 15.895$$

步驟 4 下決定。因為檢定數值 15.895 落入非拒絕域，如圖 8-33 所示，我們不會拒絕虛無假設。

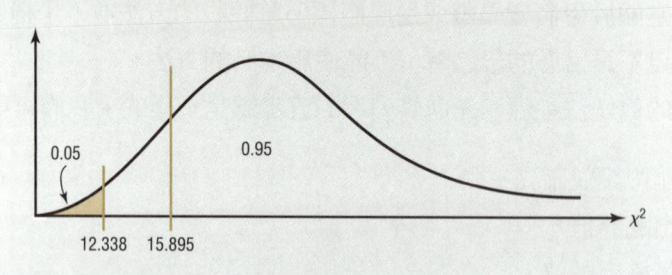

圖 8-33 例題 8-24 的臨界值和檢定數值

步驟 5 摘要結論。沒有足夠的證據支持學生成績的變異數低於母體變異數。

例題 8-25 門診手術

某一位醫院的主管相信接受門診手術病患每天人數的標準差超過 8。挑選一組 15 天的隨機樣本。數據如下所示。在 $\alpha = 0.10$ 之下，有足夠的證據支持這一位主管的主張嗎？假設變數是常態分配的。

25	30	5	15	18
42	16	9	10	12
12	38	8	14	27

解答

步驟 1 陳述假設並確立主張。

$$H_0: \sigma = 8 \quad \text{以及} \quad H_1: \sigma > 8 \text{（主張）}$$

因為題目給的是標準差，把它平方後會得到變異數。

步驟 2 求出臨界值。因為這一項檢定是右尾的，而且自由度 d.f. $= 15 - 1 = 14$，且 $\alpha = 0.10$，臨界值是 21.064。

步驟 3 計算檢定數值。因為題目提供原始數據，必須使用第三章的公式或是你的計算機求出樣本標準差。它是 $s = 11.2$。

$$\chi^2 = \frac{(n-1)s^2}{\sigma^2} = \frac{(15-1)(11.2)^2}{64} = 27.44$$

步驟 4 下決定。決定拒絕虛無假設，因為檢定數值 27.44 大於臨界值 21.064，也就是說它落入拒絕域，如圖 8-34 所示。

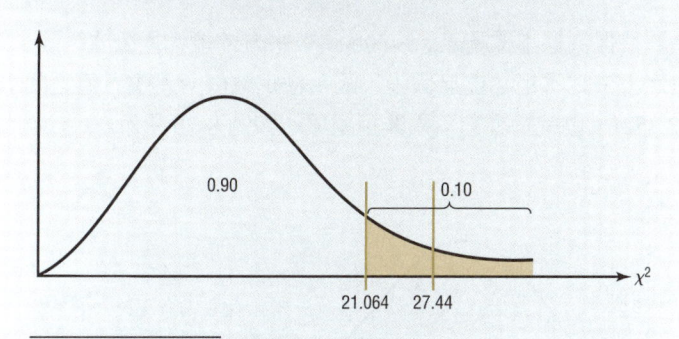

圖 8-34 例題 8-25 的臨界值和檢定數值

步驟 5 摘要結論。有足夠的證據支持接受門診手術病患每天人數的標準差超過 8 的主張。

例題 8-26　香菸的尼古丁含量

有一位香菸製造商希望檢定其香菸的尼古丁含量的變異數是 0.644。尼古丁含量以毫克計，而且假設它是常態的。由一組 20 支香菸的樣本求出標準差是 1.00 毫克。在 $\alpha = 0.05$ 之下，有足夠的證據拒絕製造商的主張嗎？

解答

步驟 1 陳述假設並確立主張。

$$H_0: \sigma^2 = 0.644 \text{（主張）} \quad \text{以及} \quad H_1: \sigma^2 \neq 0.644$$

步驟 2 求出臨界值。因為這一項檢定是雙尾的，而且 $\alpha = 0.05$，必須求出 0.025 和 0.975 的臨界值。自由度是 19，因此臨界值分別是 32.852 和 8.907。臨界值及拒絕域如圖 8-35 所示。

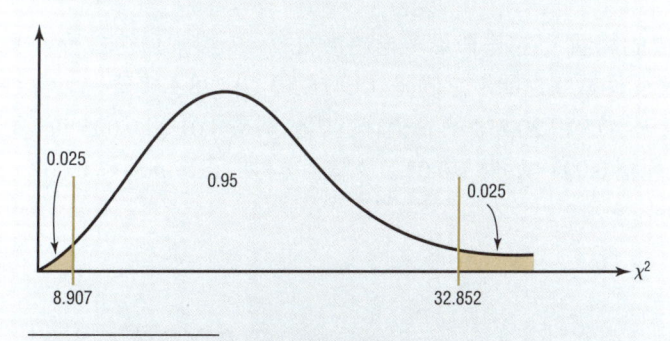

圖 8-35 例題 8-26 的臨界值

步驟 3 計算檢定數值。

$$\chi^2 = \frac{(n-1)s^2}{\sigma^2} = \frac{(20-1)(1.0)^2}{0.644} = 29.5$$

因為題目提供樣本標準差 s，它必須被平方才能代入公式。

步驟 4 下決定。決定不拒絕虛無假設，因為檢定數值落入臨界值之間 (8.907＜29.5＜32.852)，也就是說它落入非拒絕域，如圖 8-36 所示。

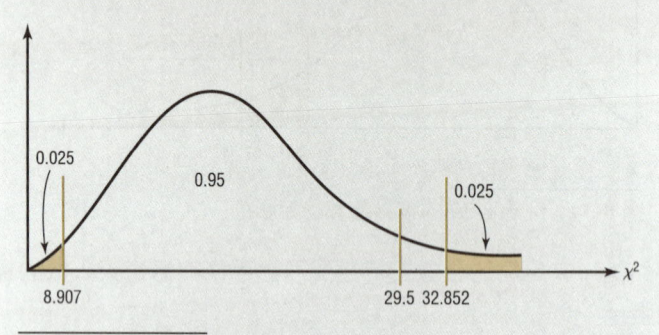

圖 8-36 例題 8-26 的臨界值和檢定數值

步驟 5 摘要結論。沒有足夠的證據拒絕該製造商的香菸尼古丁含量的變異數等於 0.644 的主張。

使用附錄 C 的表 F 求出卡方檢定的近似 p 值。求出 p 值的過程比之前討論過的 z 檢定和 t 檢定來得複雜，因為卡方分配不是對稱的，而且卡方值 (χ^2) 不可以是負的。就像我們曾經為 t 檢定做的，會根據表格決定 p 值的範圍。例題 8-27 到例題 8-29 會示範這一項求出 p 值範圍的過程。

例題 8-27

求出 $\chi^2 = 19.274$，$n = 8$ 且右尾檢定時的 p 值。

解答

為了求出 p 值的範圍，在表 F 沿著自由度 d.f. = 7 那一列往右看，求出檢定數值 19.274 落在哪兩個數字之間。它們是 18.475 和 20.278。接著往上看到最上面那一列，求出對應 18.475 和 20.278 的 α 值。它們分別是 0.01 和 0.005。詳見圖 8-37。因此，p 值落入範圍 0.005＜p 值＜0.01。（電腦提供的正確 p 值是 0.007。）

第 8 章 假設檢定

自由度	α								
	0.995	0.99	0.975	0.95	0.90	0.10	0.05	0.025	0.01	0.005
1	—	—	0.001	0.004	0.016	2.706	3.841	5.024	6.635	7.879
2	0.010	0.020	0.051	0.103	0.211	4.605	5.991	7.378	9.210	10.597
3	0.072	0.115	0.216	0.352	0.584	6.251	7.815	9.348	11.345	12.838
4	0.207	0.297	0.484	0.711	1.064	7.779	9.488	11.143	13.277	14.860
5	0.412	0.554	0.831	1.145	1.610	9.236	11.071	12.833	15.086	16.750
6	0.676	0.872	1.237	1.635	2.204	10.645	12.592	14.449	16.812	18.548
7	0.989	1.239	1.690	2.167	2.833	12.017	14.067	16.013	18.475	20.278
8	1.344	1.646	2.180	2.733	3.490	13.362	15.507	17.535	20.090	21.955
9	1.735	2.088	2.700	3.325	4.168	14.684	16.919	19.023	21.666	23.589
10	2.156	2.558	3.247	3.940	4.865	15.987	18.307	20.483	23.209	25.188
⋮	⋮	⋮	⋮	⋮	⋮	⋮	⋮	⋮	⋮	⋮
100	67.328	70.065	74.222	77.929	82.358	118.498	124.342	129.561	135.807	140.169

*19.274 落在 18.475 和 20.278 之間。

圖 8-37 例題 8-27 的 p 值區間

例題 8-28

求出 $\chi^2 = 3.823$，$n = 13$ 且左尾檢定時的 p 值。

解答

為了求出 p 值的範圍，在表 F 沿著自由度 d.f. = 12 那一列往右看，求出檢定數值 3.823 落在哪兩個數字之間。它們是 3.571 和 4.404。接著往上看到最上面那一列，求出對應 3.571 和 4.404 的 α 值。它們分別是 0.99 和 0.975。當卡方檢定數值落在左半邊，用 1 減去每一個數字才能得到 p 值的範圍。

$$1 - 0.99 = 0.01 \quad 且 \quad 1 - 0.975 = 0.025$$

因此，p 值落入範圍

$$0.01 < p 值 < 0.025$$

（電腦提供的正確 p 值是 0.014。）

當卡方檢定是雙尾的時候，區間兩端的數字都要乘以 2，才會是答案。如果例題 8-28 的檢定是一種雙尾檢定，則 p 值的範圍會是 2(0.01) < p 值 < 2(0.025)，或說是 0.02 < p 值 < 0.05。

用 p 值法檢定單一變異數或是標準差的假設是遵循和之前章節討論過一樣的步驟。

步驟 1 陳述假設並確立主張。
步驟 2 計算檢定數值。
步驟 3 求出 p 值。
步驟 4 決定拒絕虛無假設或是不拒絕虛無假設。
步驟 5 摘要結論。

例題 8-29 針對變異數或是標準差示範 p 值法。

例題 8-29　車檢時間

有一位研究員從過去的研究得知檢查一部車花費時間的標準差是 16.8 分鐘。挑選一組 24 部車的樣本並且檢查之。樣本標準差是 12.5 分鐘。在 $\alpha = 0.05$ 之下，可以下結論說標準差已經改變了嗎？使用 p 值法。假設變數是常態分配的。

解答

步驟 1 陳述假設並確立主張。

$$H_0: \sigma = 16.8 \quad \text{以及} \quad H_1: \sigma \neq 16.8 \text{（主張）}$$

步驟 2 計算檢定數值。

$$\chi^2 = \frac{(n-1)s^2}{\sigma^2} = \frac{(24-1)(12.5)^2}{(16.8)^2} = 12.733$$

步驟 3 求出 p 值。使用表 F 的自由度 d.f. = 23，求出檢定數值 12.733 落在 11.689 和 13.091 之間，分別對應 0.975 和 0.95。因為是在分配的左邊求出這一些數字，所以我們會用 1 減掉它們。因此，1 − 0.975 = 0.025 且 1 − 0.95 = 0.05。因為現在是雙尾檢定，所以我們得把區間的兩端乘以 2，因此 0.05 < p 值 < 0.10，或說是 p 值落在 0.05 和 0.10 之間的某處。（電腦提供的正確 p 值是 0.085。）

步驟 4 決定拒絕虛無假設或是不拒絕虛無假設。因為 $\alpha = 0.05$，而且 p 值落在 0.05 和 0.10 之間，我們決定不拒絕虛無假設，因為 p 值 > α。

步驟 5 摘要結論。沒有足夠的證據支持標準差已經改變的主張。

觀念應用 8-5　檢定哩程數主張

假設你為消費者保護機構工作，而且最近接到民眾關於新的 Dodge Caravans 高速公路哩程數的投訴。克萊斯勒汽車公司同意你可以隨機挑選 40 部新的 Dodge Caravans 以進行高速公路哩程數測試。克萊斯勒主張 Caravans 在高速公路的哩程數是 28 mpg。你的結果顯示平均是 26.7 mpg，標準差是 4.2 mpg。你支持克萊斯勒的主張。

第 8 章 假設檢定

1. 透過報表的 p 值說明為什麼你支持克萊斯勒的主張。後來有更多投訴，你決定檢定高速公路哩程數的變化程度。經過進一步詢問克萊斯勒的品管工程師之後，你發現他們主張的標準差是 2.1 mpg。使用單尾檢定。
2. 檢定關於標準差的主張。
3. 為你的結果寫一段簡短的摘要，以及有必要採取什麼行動以彌補消費者的投訴。
4. 陳述你同時進行變異數檢定和平均數檢定的必要性。

答案在第 390 頁。

練習題 8-5

1. 使用表 F 求出每一個檢定的臨界值（一個或是兩個），顯示拒絕域與非拒絕域，並且陳述合適的虛無假設與對立假設。使用 $\sigma^2 = 225$。
   a. $\alpha = 0.05$，$n = 18$，右尾
   b. $\alpha = 0.10$，$n = 23$，左尾
   c. $\alpha = 0.05$，$n = 15$，雙尾
   d. $\alpha = 0.10$，$n = 8$，雙尾

針對練習題 2~5，假設變數是常態分配的或是接近常態分配的。除非特別聲明，否則使用假設檢定的傳統法。

2. **被偷的飛機** 檢定在美國每一年飛機被偷個數的標準差低於 15，如果挑選 12 年的樣本，而且樣本標準差是 13.6。使用 $\alpha = 0.05$。
   資料來源：Aviation Crime Prevention Institute.

3. **高鉀食物** 鉀對保持健康低血壓是重要的。高鉀食物是指每一口食物的鉀含量超過 200 毫克。以下數據顯示一組隨機樣本的鉀含量。在 $\alpha = 0.10$ 之下，鉀含量的標準差會超過 100 毫克嗎？

   | 781 | 467 | 508 | 530 |
   | 707 | 535 | 498 | 400 |

   資料來源：www.drugs.com

4. **食物的含鹽量** 比較健康的飲食通常是低鹽的。美國心臟協會建議單日鹽分攝取量應該低於 2,300 毫克。（一茶匙食鹽含有 2,400 毫克的鹽分。）一組配置食物的隨機樣本顯示如下的含鹽量。有足夠的證據在 0.05 的顯著水準之下，支持配置食物含鹽量的標準差不會超過 150 毫克嗎？

   | 640 | 580 | 450 | 480 | 570 | 900 | 900 |
   | 600 | 540 | 500 | 350 | 500 | 700 | |

5. **鬆餅糖漿的熱量** 有一位營養學家主張，鬆餅糖漿領導品牌一湯匙糖漿熱量的標準差是 60 卡路里。挑選一組領導品牌的鬆餅糖漿，發現以下所示的熱量。在 $\alpha = 0.10$ 之下，可以拒絕此主張嗎？

53	210	100	200	100	220
210	100	240	200	100	210
100	210	100	210	100	60

   資料來源：*The Complete Book of Food Counts* by Corrine T. Netzer, Dell Publishers, New York.

統計學

Excel 技術步驟解析

平均數的假設檢定：χ^2 檢定

Excel 不提供進行變異數假設檢定的程序，不過你可以藉由線上資源的 MegaStat 外掛程式決定平均數的信賴區間。如果你還沒有安裝這一項外掛程式，根據第一章 Excel 技術步驟解析的說明進行安裝。

例題 XL8-3

這個例題與例題 8-26 有關。在 5% 的顯著水準下，檢定 $\sigma^2 = 0.644$ 的主張。MegaStat 的 χ^2 檢定使用 p 值法。因此，沒必要輸入顯著水準。

1. 在儲存格 A1 輸入變數的標籤：Nicotine。
2. 在儲存格 A2 輸入觀察到的變異數：1。
3. 在儲存格 A3 輸入樣本數：20。
4. 從 toolbar（工具列）點選 Add-Ins（外掛程式），MegaStat>Hypothesis Tests>Chi-Square Variance Test。注意：你或許需要從電腦硬碟的檔案 MegaStat.xls 打開 MegaStat。
5. 點選 summary input（摘要輸入）。
6. 為 Input Range（輸入範圍）輸入 A1:A3。
7. 為假定變異數輸入 0.644，並且點選 not equal（不相等）的對立假設。
8. 點選 [OK]。

接下來顯示上述程序的結果。

Chi-Square Variance Test

```
0.64    Hypothesized variance
1.00    Observed variance of nicotine
  20    n
  19    d.f.
29.50   Chi-square

0.1169  P-value (two-tailed)
```

8-6 假設檢定的其他主題

在假設檢定，有一些其他概念，說不定學習初等統計學的學生會有興趣。這一些主題包含假設檢定與信賴區間的關係，以及型 II 錯誤的進一步資訊。

學習目標 ❾
使用信賴區間進行假設檢定。

➡ 信賴區間與假設檢定

信賴區間與假設檢定之間有一種關係。當拒絕虛無假設，使用同樣顯著水準的信賴區間不會包含假設假定的平均數。也就是說，如果不拒絕虛無假設，使用同樣顯著水準的信賴區間會包含假設假定的平均數。例題 8-30 和例題 8-31 為雙尾檢定示範這一項關係。

例題 8-30　糖製品

已知一包糖是 5 磅重。有一位檢查員懷疑糖包可能不是 5 磅。由一組 50 包糖的樣本發現平均數是 4.6 磅，而且標準差是 0.7 磅。在 $\alpha = 0.05$ 之下，有足夠的證據支持糖包不是 5 磅嗎？同時求出真實平均數的 95% 信賴區間。假設變數是常態分配的。

解答

步驟 1　陳述假設並確立主張。

$$H_0: \mu = 5 \quad \text{以及} \quad H_1: \mu \neq 5 \text{（主張）}$$

步驟 2　在 $\alpha = 0.05$ 以及 d.f. = 49（採用 d.f. = 45）之下，求出臨界值是 $+2.014$ 和 -2.014。

步驟 3　計算檢定值。

$$t = \frac{\overline{X} - \mu}{s/\sqrt{n}} = \frac{4.6 - 5.0}{0.7/\sqrt{50}} = \frac{-0.4}{0.099} = -4.04$$

步驟 4　下決定。拒絕虛無假設，因為 $-4.04 < -2.014$。詳見圖 8-38。

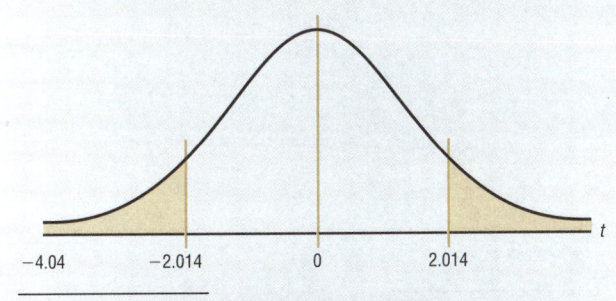

圖 8-38　例題 8-30 的臨界值和檢定數值

步驟 5　摘要結果。有足夠的證據支持糖包不是 5 磅的主張。

平均數的 95% 信賴區間是

$$\overline{X} - t_{\alpha/2}\frac{s}{\sqrt{n}} < \mu < \overline{X} + t_{\alpha/2}\frac{s}{\sqrt{n}}$$

$$4.6 - (2.014)\left(\frac{0.7}{\sqrt{50}}\right) < \mu < 4.6 + (2.014)\left(\frac{0.7}{\sqrt{50}}\right)$$

$$4.4 < \mu < 4.8$$

注意，μ 的 95% 信賴區間沒有包含假定的平均數 $\mu = 5$。因此，假設檢定和信賴區間是一致的。

例題 8-31　豬的重量

有一位研究員主張吃某一種飼料的成年豬隻平均會有 200 磅重。由一組 10 隻豬的樣本得到平均重量 198.2 磅，而且標準差是 3.3 磅。在 $\alpha = 0.05$ 之下，可以拒絕該主張嗎？同時，求出真實平均數的 95% 信賴區間。假設變數是常態分配的。

解答

步驟 1　陳述假設並確立主張。

$$H_0: \mu = 200 \text{ 磅（主張）} \quad \text{以及} \quad H_1: \mu \neq 200 \text{ 磅}$$

步驟 2　求出臨界值。在 $\alpha = 0.05$ 以及 d.f. = 9 之下，求出臨界值是 +2.262 和 −2.262。

步驟 3　計算檢定值。

$$t = \frac{\bar{X} - \mu}{s/\sqrt{n}} = \frac{198.2 - 200}{3.3/\sqrt{10}} = \frac{-1.8}{1.0436} = -1.72$$

步驟 4　下決定。無法拒絕虛無假設。詳見圖 8-39。

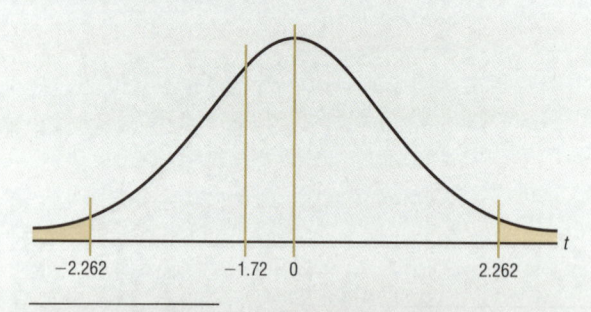

圖 8-39　例題 8-31 的臨界值和檢定數值

步驟 5　摘要結果採沒有足夠的證據支持成年豬隻平均會有 200 磅重的主張。

平均體重的 95% 信賴區間是

$$\bar{X} - t_{\alpha/2}\frac{s}{\sqrt{n}} < \mu < \bar{X} + t_{\alpha/2}\frac{s}{\sqrt{n}}$$

$$198.2 - (2.262)\left(\frac{3.3}{\sqrt{10}}\right) < \mu < 198.2 + (2.262)\left(\frac{3.3}{\sqrt{10}}\right)$$

$$198.2 - 2.361 < \mu < 198.2 + 2.361$$

這一項 95% 信賴區間確實包含假定平均數 $\mu = 200$。再一次地，假設檢定和信賴區間是一致的。

總結而言，當虛無假設在顯著水準 α 之下被拒絕了，用 $1 - \alpha$ 水準算出來的信賴區間不會包含虛無假設所陳述的平均數。另一方面，如果虛無假設不被拒絕，以同樣水準算出來的信賴區間會包含虛無假設所陳述的平均數。對其他

不是平均數的假設檢定情況而言，這一類的結果也會是對的。

這裡呈現的信賴區間與假設檢定的關係對雙尾檢定而言是對的。單尾假設檢定與單尾信賴區間之間也有一種對應關係，不過，這一項技術超過本書的範圍。

➡ 檢定的型 II 錯誤與檢定力

回顧一下，在假設檢定有兩種可能：虛無假設 H_0 不是為真就是為假。再進一步，根據統計檢定，虛無假設不是被拒絕就是不被拒絕。這些結果會帶來四種可能的結局，如圖 8-40 所示。這一張圖類似圖 8-2。

如前述，有兩種錯誤：型 I 錯誤和型 II 錯誤。型 I 錯誤發生在拒絕虛無假設的時候。透過選擇顯著水準，比如說 0.05 或是 0.01，研究員可以自行決定犯下型 I 錯誤的機率。比如說，假如虛無假設是 $H_0: \mu = 50$，而且它被拒絕了。在 0.05 水準下（單尾），研究員只會有 5% 的機會犯錯，亦即拒絕正確的虛無假設。

另一方面，如果虛無假設不被拒絕，則不是正確的決定就是犯了型 II 錯誤。型 II 錯誤發生在不拒絕真的錯誤的虛無假設之時。犯下型 II 錯誤的機率記作 β。

計算 β 並不容易。它和幾件事有關，包括 α 值、樣本數、母體標準差以及參數期待值與真實值之間的差距。研究員可以控制其中兩項：α 值和樣本數。母體標準差有時候已知或是可以估計。最大的問題是無法得知參數期待值與真實值之間的差距。如果知道這一項差距，就會知道參數的真實值；如果知道參數的真實值，我們就不需要假設檢定了。因此，β 值無法計算，但這不意味著應該忽略這一個問題。研究員經常會做的其實是想辦法降低 β 或是增加 $1 - \beta$，後面這一項數字叫做**檢定力 (power of a test)**。

學習目標 ⑩
解釋型 I 錯誤和型 II 錯誤以及檢定力之間的關係。

	H_0 是對的	H_0 是錯的
拒絕 H_0	型 I 錯誤 α	正確決定 $1 - \beta$
不拒絕 H_0	正確決定 $1 - \alpha$	型 II 錯誤 β

圖 8-40　假設檢定的可能性

統計檢定的檢定力測量檢定察覺真實差距的靈敏度。檢定力也是一種機率，而且就像其他機率一樣，它會在 0 和 1 之間。檢定力愈高，檢定愈敏感，也就是說檢定愈容易察覺真實存在的差距。換言之，檢定力愈接近 1，檢定愈有能力拒絕錯誤的虛無假設。

檢定力等於 $1-\beta$，也就是 1 減去犯下型 II 錯誤的機率。檢定力顯示在圖 8-40 的右上角。如果知道 $\beta = 0.04$，則檢定力會是 $1 - 0.04 = 0.96$ 或說是 96%。這時候，拒絕錯誤虛無假設的機率是 96%。

如前述，檢定力和型 II 錯誤的機率有關係，因為不容易計算 β，則也同樣不容易計算檢定力。

不過，當你進行某些關注檢定力的統計研究時，還是有一些指導原則可以用。當你進行一項統計研究時，挑選對數據而言檢定力較高的檢定。有時候研究員可以選擇，從兩種以上的檢定挑一種，應該使用檢定力比較高的那一種檢定。不過，要記得檢定背後通常會有一些假設必須考慮。

如果無法滿足某一些假設，則應該使用檢定力較低的檢定。可以透過增加 α 增加檢定力。比如說，不用 $\alpha = 0.01$，改用 $\alpha = 0.05$。回顧一下，α 增加，β 會減少。因為 β 減少，則 $1-\beta$ 增加，檢定力會因此而增加。

另一個增加檢定力的辦法是挑選較大的樣本數。較大的樣本數會降低樣本平均數的標準誤，也因此降低 β。（這裡不提供推導細節。）

這兩種方法不應該在研究員心血來潮時使用。在增加 α 之前，研究員應該考量犯下型 I 錯誤的後果。假如型 I 錯誤的後果比型 II 錯誤的後果嚴重，則不應該增加 α。

同樣地，增加樣本數也會帶來一些後果。這一些後果可能包括增加研究的成本，以及增加整理數據的時間。如果增加這些後果，則增加樣本數或許不切實際。

還有其他可以增加某一種統計檢定檢定力的方法，但是這些方法都超過本書的範圍。

最後一件事也很重要。當研究員無法拒絕虛無假設，這並不意味著沒有足夠的證據支持對立假設。有可能虛無假設為假，但是統計檢定沒有察覺真實差距的檢定力；因此，人們只能說在這一項研究沒有足夠的證據拒絕虛無假設。

除了以上的解釋，α、β 以及檢定力之間的關係還可以再進一步深入分析。不過，希望這裡的解釋可以讓你體會沒有神奇的統計檢定可以萬無一失的保證得到 H_0 正確性的決策。不論結論是拒絕 H_0 還是不拒絕 H_0，都有可能犯錯。我們的目標是盡可能降低型 I 和型 II 錯誤的機會。

觀念應用 8-6　投訴消費者保護機構

假設檢定和使用信賴區間檢定主張是兩種不一樣的方法，但是會得到一樣的結論。透過以下的活動，你可以比較這兩種方法。

假設你為消費者保護機構工作，而且最近接到民眾關於新的 Dodge Caravans 高速公路哩程數的投訴。克萊斯勒同意你可以隨機挑選 40 部新的 Dodge Caravans 以進行高速公路哩程數測試。克萊斯勒主張 Caravans 在高速公路的哩程數是 28 mpg。你的結果顯示平均是 26.7 mpg，標準差是 4.2 mpg。你不確定是不是應該取得某一種信賴區間，還是進行某一種假設檢定。你決定兩個都做。

1. 繪製一條常態曲線，標上臨界值、拒絕域、檢定統計量以及母體平均數。條列顯著水準以及虛無假設和對立假設。
2. 在常態分配下方繪製一種信賴區間，標上樣本平均數、標準誤以及區間界限。
3. 解釋兩種方法一樣的地方和不一樣的地方。
4. 繪製一條常態曲線和信賴區間，其中樣本平均數和假定平均數（期待值）在同一個位置。
5. 繪製一條常態曲線和信賴區間，其中區間的下界等於假定平均數。
6. 繪製一條常態曲線和信賴區間，其中樣本平均數落在拒絕域的左邊。

答案在第 390 頁。

練習題 8-6

1. **第一胎**　根據歷書，女性第一胎的平均年齡是 25.2 歲。一組 35 位職業婦女第一胎的平均年齡是 28.7 歲，標準差是 4.6 歲。同時使用信賴區間與假設檢定，在 0.05 的顯著水準之下，檢定職業婦女第一胎的年齡是否有別於 25.2 歲？

2. **在家工作**　根據勞資間的正式合約，員工在家工作平均每週 19 小時。一組 15 位抵押貸款經紀人的樣本指出每週平均在家工作 21.3 小時，標準差是 6.5 小時。在 $\alpha = 0.05$ 之下，有充分的證據支持有差別嗎？為真正的在家工作平均支薪工時建構一項 95% 信賴區間。比較信賴區間結果和假設檢定結果，並且討論內含的意義。

   資料來源：www.bls.gov

3. 檢定力是什麼？
4. 如何增加檢定力？

結語

這一章介紹假設檢定的基本觀念。統計假設是關於母體的假說。有兩種統計假設：虛無假設和對立假設。虛無假設主張無差別，而對立假設則主張有差別。為了檢定虛無假設，研究員必須使用一種統計檢定。透過

$$檢定數值 = \frac{觀察值 - 期待值}{標準誤}$$

來計算許多檢定數值。

- 為了決定是否拒絕虛無假設，研究員從樣本數據計算檢定數值。統計檢定可以是單尾的或是雙尾的，端賴假設決定。

  當母體參數與樣本統計量之間的差距是顯著的時候，虛無假設被拒絕。當檢定數值落入分配的拒絕域，差距是顯著的。檢定的顯著水準 α 決定拒絕域。顯著水準是犯下型 I 錯誤的機率。當拒絕正確的虛無假設時，發生型 I 錯誤。一般而言，有三種被認定的顯著水準 0.10、0.05 和 0.01。第二種錯誤叫做型 II 錯誤，當不拒絕錯誤的虛無假設時會發生。(8-1)

- 有兩種方法常用來檢定假設：傳統法和 p 值法。(8-2)
- 使用傳統法進行假設檢定必須包含以下的五步驟：
  1. 陳述假設並確立主張。
  2. 選定顯著水準 α，並且求出臨界值。
  3. 計算檢定數值。
  4. 下拒絕或是不拒絕虛無假設的決定。
  5. 摘要結論。
- 使用 p 值法進行假設檢定必須包含以下的五步驟：
  1. 陳述假設並確立主張。
  2. 計算檢定數值。
  3. 求出 p 值。
  4. 下決定。
  5. 摘要結論。
- 當母體標準差已知，研究員用 z 檢定來檢定與平均數有關的主張。當樣本數低於 30，母體的數值需要是常態分配的或是接近常態分配的。(8-2)
- 當母體標準差未知，研究員用 t 檢定來檢定與平均數有關的主張。當樣本數低於 30，母體的數值需要是常態分配的或是接近常態分配的。(8-3)
- 當 $np \geq 5$ 且 $nq \geq 5$ 的時候，研究員用 z 檢定來檢定與比例有關的主張。(8-4)
- 卡方檢定用來檢定單一變異數的主張。(8-5)
- 信賴區間和假設檢定之間有一種關係。當虛無假設被拒絕，使用同樣水準建構的平均數信賴區間不會包含假定的母體平均數。當虛無假設不被拒絕，使用同樣水準建構的平均數信賴區間會包含假定的母體平均數。(8-6)
- 統計檢定的檢定力測量檢定察覺真實差距的靈敏度。$1 - \beta$ 叫做檢定的檢定力。(8-6)

複習題

針對複習題 1~10，寫出以下每一個步驟。
    a. 陳述假設並確立主張
    b. 求出臨界值（一個或是兩個）
    c. 計算檢定數值
    d. 下決定
    e. 摘要結論
除非特別聲明，否則使用假設檢定的傳統法。

8-2

1. **上線時數** 研究發現每週每一位網民平均花了 18.3 小時在線上。一組 48 位青少年的隨機樣本指出他們平均每週花 20.9 小時上線。假如母體變異數是 32.49。在 0.02 的顯著水準之下，有足夠的證據認為這一項平均時數有別於每週的 18.3 小時嗎？

2. **大學畢業生的債務** 一組從百大公立學院與大學挑選 30 所平均畢業時債務的樣本如下所示。在 $\alpha = 0.01$ 之下，有充分的證據支持畢業時的平均母體債務低於 18,000 美元嗎？假設 $\sigma = \$2,605$。

16012	15784	16597	18105	12665	14734
17225	16953	15309	15297	14437	14835
13607	13374	19410	18385	22312	16656
20142	17821	12701	22400	15730	17673
18978	13661	12580	14392	16000	15176

資料來源：www.Kiplinger.com

3. **每月房租** 在舊金山，單人房的每月平均租金是 1,229 美元。一組 15 間大約離舊金山 15 哩遠的單人房樣本平均租金 1,350 美元。母體標準差是 250 美元。在 $\alpha = 0.05$ 之下，我們可以認為舊金山外的平均單人房租金有別於城市內的嗎？假設變數是常態分配的。

資料來源：*New York Times Almanac.*

8-3

4. **男用足球鞋的重量** 輕一點會比較好嗎？從一份國際目錄上隨機挑選一組男用足球鞋樣本有著以下的重量（以盎司計）。

10.8	9.8	8.8	9.6	9.9
10	8.4	9.6	10	9.4
9.8	9.4	9.8		

在 $\alpha = 0.05$ 之下，可以認為平均重量低於 10 盎司嗎？假設變數是常態分配的。

8-4

5. **居家保全系統** 在 2008 年，17% 的美國房屋採用了某種居家保全系統。一組跨數個街坊鄰居 220 所房子的隨機樣本，有 28% 安裝了居家保全系統。在 0.05 的顯著水準之下，有足夠的證據認為這一項比例真的高過 17% 嗎？

6. **免費營養午餐** 報告指出，在美國有 59.3% 的營養午餐是免費或是低價的。一組 300 位大都會小孩的樣本指出有 156 位接受免費或是低價的營養午餐。在 0.01 的顯著水準之下，有足夠的證據支持此比例低於 59.3% 嗎？

資料來源：www.fns.usda.gov

7. **高中生與菸酒** 過去 30 年來，高年級高中生的抽菸及喝酒比例已經下降。喝酒比例從 68.2% 降到 43.1%，抽菸比例從 36.7% 降到 20.4%。一組 300 名大區域高年級高中生的樣本指出，調查的 30 天前有 18% 抽菸。在 0.05 顯著水準之下，這一項比例有別於全國比例嗎？

資料來源：*New York Times Almanac.*

8-5

8. **燃料消耗** 某一種汽車油耗的標準差被認為大於等於每加侖 4.3 哩。由一組 20 部車的樣本得到標準差為每加侖 2.6 哩。標準差真的低於先前認為的嗎？使用 $\alpha = 0.05$ 和 p 值法。假設變數是常態分配的。

9. **NBA 明星賽** 一組 NBA 明星球員比賽場次的隨機樣本如下所示。有充分的證據支持比賽場次的變異數有別於 40 嗎？使用 $\alpha = 0.05$。假設變數是常態分配的。

| 72 | 79 | 80 | 74 | 82 |
| 79 | 82 | 78 | 60 | 75 |

資料來源：*Time Almanac.*

8-6

10. **樹葉長度** 有一位生物學家知道某一種成熟植物的葉子平均長度是 4 吋，母體標準差是 0.6 吋。在施用新肥料後，一組 20 片該種植物的葉子樣本有著平均長度 4.2 吋。有理由相信新肥料造成葉子成長的改變嗎？使用 $\alpha = 0.01$。求出平均數的 99% 信賴區間。結果一致嗎？試解釋之。假設變數是常態分配的。

小試身手

是非題。如果答案是「非」，請提供理由。
1. 拒絕錯誤的虛無假設不會犯錯。
2. 檢定數值區分拒絕域與非拒絕域。
3. 變異數的卡方檢定永遠是單尾的。

選擇題
4. 如果你希望檢定母體平均數是 100 的主張，虛無假設應該是
   a. $\bar{X} = 100$ c. $\mu \le 100$
   b. $\mu \ge 100$ d. $\mu = 100$
5. 針對 t 檢定，人們會使用＿＿＿＿而不用 σ。
   a. n c. χ^2
   b. s d. t

填充題
6. 型 II 錯誤的機率使用的符號是＿＿＿＿。
7. 為了檢定平均數超過 87 的主張，你應該使用一種＿＿＿＿尾檢定。

針對練習題 8~17，寫出以下每一個步驟：
   a. 陳述假設並確立主張
   b. 求出臨界值（一個或是兩個）
   c. 計算檢定數值
   d. 下決定
   e. 摘要結論

除非特別聲明，否則使用假設檢定的傳統法。

8. **職業婦女的年齡** 有一位社會科學家想要知道某一群職業婦女的第一胎平均而言是否發生在 28.6 歲。挑選一組 36 位職業婦女的樣本，記錄她們第一胎的年齡。在 $\alpha = 0.05$ 之下，有證據反駁這一位社會科學家的主張嗎？假設 $\sigma = 4.18$。

32	28	26	33	35	34
29	24	22	25	26	28
28	34	33	32	30	29
30	27	33	34	28	25
24	33	25	37	35	33
34	36	38	27	29	26

9. **嚼口香糖** 最近一份研究指出如果有人習慣嚼口香糖，則他每天平均會嚼 8 片口香糖。為了檢定這一項主張，有一位研究員挑選一組有嚼口香糖習慣的 36 人樣本，並且發現每天平均嚼 9 片口香糖，母體標準差是 1 片。在 $\alpha = 0.05$ 之下，有嚼口香糖習慣的人每天平均會嚼超過 8 片口香糖嗎？

10. **模特兒的身高** 在紐約的某一家模特兒經紀公司，有一位研究員想要看看女模特兒的平均身高是否真的如老闆所說低於 67 吋。由一組 20 位女模特兒的樣本發現，平均身高是 65.8 吋，樣本的標準差是 1.7 吋。在 $\alpha = 0.05$ 之下，女模特兒的平均身高真的低於 67 吋嗎？使用 p 值法。

11. **被搶劫者的年齡** 最近一份小鎮的研究指出，被搶劫者的平均年齡是 63.5 歲。由一組 20 位最近受害者的樣本發現，平均年齡是 63.7 歲，標準差是 1.9 歲。在 $\alpha = 0.05$ 之下，平均年齡高過原先相信的嗎？使用 p 值法。

12. **調查維他命用量** *Men's Health* 雜誌的一份調查指出，有 39% 的心臟科醫生表示他們會服用維他命 E。為了得知這件事是否依舊，有一位研究員隨機挑選 100 位心臟科醫生，並且發現有 36 位表示他們會服用維他命 E。在 $\alpha = 0.05$ 之下，檢定有 39% 的心臟科醫生會服用維他命 E 的主張。

13. **咖啡因飲料調查** Harris Poll 發現,有 35% 的人表示他們會為了中午不睡覺而喝咖啡因飲料。一項最近的研究發現,48 人之中,有 19 人會為了中午不睡覺而喝咖啡因飲料。在 $\alpha=0.02$ 之下,Harris Poll 求出的主張可信嗎?

14. 求出第 8 題之 z 檢定的 p 值。

15. **言情小說的頁數** 有一位主編認為言情小說頁數的標準差超過 6 頁。由一組 25 本言情小說的樣本發現標準差是 9 頁。在 $\alpha=0.05$ 之下,它是否高過主編所主張的?

16. **副產品污染** 燃燒 1 加侖汽油所釋放出副產品污染量的標準差是 2.3 盎司。測試一組 20 部汽車的樣本,發現標準差是 1.9 盎司。污染量的標準差真的比先前認為的低嗎?使用 $\alpha=0.05$。

17. 求出第 8 題的 90% 信賴區間。μ 被包含在區間內嗎?

觀念應用的答案

觀念應用 8-1 蛋與健康

1. 這一項研究的動機是想要把高膽固醇食物和高血液血清膽固醇關聯起來。
2. 研究的母體是一般民眾。
3. 收集了 500 位民眾的樣本。
4. 假設是吃蛋不會增加血液血清膽固醇水準。
5. 收集血液血清膽固醇的數據。
6. 很有可能,但未告知是哪項檢定。
7. 結論是吃適量的蛋不會顯著增加血液血清膽固醇水準。

觀念應用 8-2 汽車失竊

1. 假設是 $H_0: \mu=44$ 以及 $H_1: \mu \neq 44$。
2. 針對我們的目的,這一組樣本可以被認為是大樣本。
3. 變數必須是常態分配的。
4. z 分配。
5. 因為我們有興趣知道失竊率是否已經改變,所以我們會用雙尾檢定。
6. 答案因人而異。如果顯著水準 $\alpha=0.05$,臨界值是 $z=\pm 1.96$。
7. 樣本平均數 $\bar{X}=55.97$,母體標準差是 30.30。檢定數值是 $z=\frac{55.97-44}{30.30/\sqrt{36}}=2.37$。
8. 因為 2.37 > 1.96,我們拒絕虛無假設。
9. 有足夠的證據支持汽車失竊率已經改變。
10. 答案因人而異。根據樣本數據,看起來每 10,000 人的失竊率已經不再是 44 部。事實上,數據指出汽車失竊率已經提高。
11. 根據我們的樣本,我們會期待每 10,000 人失竊 55.97 部車,所以我們預期這個都市會失竊 (55.97)(5) = 279.85 或是大概 280 部車。

觀念應用 8-3 這些香菸有多少尼古丁?

1. 自由度是 15 − 1 = 14。
2. 這是 t 檢定。
3. 我們只檢定一個樣本。
4. 這是右尾檢定,因為香菸公司的假設是 $H_0: \mu=40$ 以及 $H_1: \mu>40$。
5. p 值是 0.008,它小於顯著水準 0.01。我們拒絕香菸公司的主張。
6. 因為檢定數值 2.72 高過臨界值 2.62,所以我們會拒絕香菸公司的主張。
7. 結果沒有衝突,因為根據 p 值與根據臨界值的結論是一致的。
8. 答案因人而異。看起來香菸公司的主張是錯的,其香菸的尼古丁含量超過 40 毫克。

觀念應用 8-4 戒菸

1. 統計假設是 StopSmoke 比起其他領導品牌幫助過更多人成功戒菸。
2. 虛無假設是 StopSmoke 和其他領導品牌有一樣的戒菸效果。
3. 對立假設是 StopSmoke 比起其他領導品牌幫助過更多人成功戒菸。(對立假設即是統計假設。)
4. 未告知進行哪一項統計檢定。

5. 應該是單尾檢定。
6. 可能的顯著水準有 0.01、0.05 以及 0.10。
7. 型 I 錯誤就是 StopSmoke 比較好，但實際上不是。
8. 型 II 錯誤就是 StopSmoke 沒有比較好，但實際上是。
9. 沒有證明什麼。我們只是檢定 StopSmoke 的戒菸效果。
10. 答案因人而異。因為未告知使用哪一種檢定，所以這兩句話應該談論實務顯著性。

觀念應用 8-5　檢定哩程數主張

1. 假設是 $H_0: \mu = 28$ 以及 $H_1: \mu < 28$。檢定數值是 $t = -1.93$，且對應的 p 值是 0.0287。我們會拒絕克萊斯勒對於高速公路哩程數是 28 mpg 的主張。
2. 假設是 $H_0: \sigma = 2.1$ 以及 $H_1: \sigma > 2.1$。檢定數值是 $\chi^2 = \frac{(n-1)s^2}{\sigma^2} = \frac{(39)4.2^2}{2.1^2} = 156$，且對應的 p 值大概是 0。我們會拒絕克萊斯勒對於標準差不高於 2.1 mpg 的主張。
3. 答案因人而異。建議克萊斯勒降低高速公路哩程數的主張。同時也應該降低高速公路哩程數的變化程度，並且提供高速公路哩程數的信賴區間。
4. 答案因人而異。高速公路哩程數的平均數或許很好，但是變化太大導致顧客投訴（因為缺乏一致性）。

觀念應用 8-6　投訴消費者保護機構

1. 答案因人而異。
2. 答案因人而異。
3. 答案因人而異。
4. 答案因人而異。
5. 答案因人而異。
6. 答案因人而異。

CHAPTER 9

檢定兩平均數、兩比例與兩變異數的差距

學習目標 ▶▶

經過本章的洗禮之後,你將具有以下的能力:

❶ 使用 z 檢定來檢定兩樣本平均數的差距。
❷ 使用 t 檢定來檢定兩獨立樣本平均數的差距。
❸ 檢定兩相依樣本平均數的差距。
❹ 檢定兩比例的差距。
❺ 檢定兩變異數或兩標準差的差距。

本章大綱 ▶▶

簡介
9-1 使用 z 檢定來檢定兩樣本平均數的差距
9-2 使用 t 檢定來檢定兩獨立樣本平均數的差距
9-3 檢定兩相依樣本平均數的差距
9-4 檢定兩比例的差距
9-5 檢定兩變異數的差距
結語

簡介

第八章解釋了假設檢定的基本觀念。透過 z 檢定、t 檢定、卡方檢定，樣本平均數、樣本變異數、樣本比例可以和某一個特定的母體平均數、變異數、比例比較，進而決定是否應該拒絕虛無假設。

不過，研究員經常希望比較兩項樣本平均數，像使用實驗組和對照組。比如說，或許可以檢定兩種不同品牌公車輪胎的平均使用壽命，進而求出兩者間的磨損差異。或許可以檢定兩種不同品牌的肥料，看看其中一種是不是對植物生長比較有利。或是，檢定兩種咳嗽糖漿，看看其中一牌是不是比較有效。

在比較兩項平均數的時候，會用到第八章討論過的假設檢定基本步驟，而且我們也會用 z 檢定和 t 檢定。當比較兩項平均數的時候，研究員必須決定兩樣本是獨立的還是相依的。獨立樣本與相依樣本會分別在第 9-2 節和第 9-3 節解釋。

z 檢定也可以用來比較兩項比例，在第 9-4 節會解釋這一項技術。最後，在第 9-5 節會解釋如何使用 F 檢定比較兩項變異數。

9-1　使用 z 檢定來檢定兩樣本平均數的差距

學習目標 ❶
使用 z 檢定來檢定兩樣本平均數的差距。

假設某一位研究員想要知道某所社區大學和某所大學護理系學生的平均年齡是否有差別。這時候，該名研究員沒有興趣知道所有護理系學生的平均年齡，而是希望比較兩群學生個別的平均年齡。他的研究問題是，某所社區大學護理系學生的平均年齡和某所大學護理系學生的平均年齡是不是有差別？這時候，假設是

$$H_0: \mu_1 = \mu_2$$
$$H_1: \mu_1 \neq \mu_2$$

其中

μ_1 = 某所社區大學護理系學生的平均年齡
μ_2 = 某所大學護理系學生的平均年齡

也可以用另一種方式陳述上面的假設：

$$H_0: \mu_1 - \mu_2 = 0$$
$$H_1: \mu_1 - \mu_2 \neq 0$$

如果兩項母體平均數沒有差別，兩者相減會得到 0。如果有差別，兩者相減會得到一個不等於 0 的結果。以上兩種陳述方式都是可行的，不過，本書會使用第一種方式。

第 9 章 檢定兩平均數、兩比例與兩變異數的差距

如果兩組樣本之間彼此**獨立 (independent)**，也就是說，第一組樣本內的物件無法以任何方式影響第二組樣本內的物件。比如說，如果為了測試一種新藥的有效性，把 50 個人隨機分成兩組各 25 個人，其中一組服用新藥、一組服用安慰劑，則這樣的兩組樣本彼此間是獨立的。

另外，兩組樣本應該被視為**相依 (dependent)** 的，如果第一組的物件會以某種方式影響第二組的物件。比如說，假如你想知道人們的右腳是不是比左腳大一點。這時候，樣本是相依的，因為一旦挑選了某人的右腳進入第一組樣本，你必須挑選同樣那個人的左腳進入第二組樣本，因為你會使用同一個人的兩隻腳。

在你可以使用 z 檢定檢定兩獨立樣本平均數之間的差距之前，必須確定以下的假設是被滿足的。

決定兩平均數差距之 z 檢定的假設

1. 兩項樣本都是隨機樣本。
2. 樣本和樣本之間是獨立的。也就是說，第一組樣本內的對象（產生數據的物件，比如說某一位問卷調查的受訪者）和第二組樣本內的對象彼此間是獨立的。
3. 兩母體的標準差都必須是已知的，而且如果樣本數小於 30，研究變數必須是常態的或是接近常態的。

比較兩項平均數背後的理論是根據成對或不成對樣本以及兩平均數的比較。事先並不知道母體平均數。

分別從母體取得一組隨機樣本，然後計算自己的樣本平均數，接著相減（哪一個減去哪一個都無所謂）。如果兩母體有著一樣的平均數，則上述的差距會是一個接近 0 的數字。

有時候會因為機會的關係出現一些比較大的差距，有些是正的，有些是負的。如果把差距畫出來，曲線的形狀會接近常態分配的形狀，而且平均數會接近 0，如圖 9-1 所示。

非凡數字

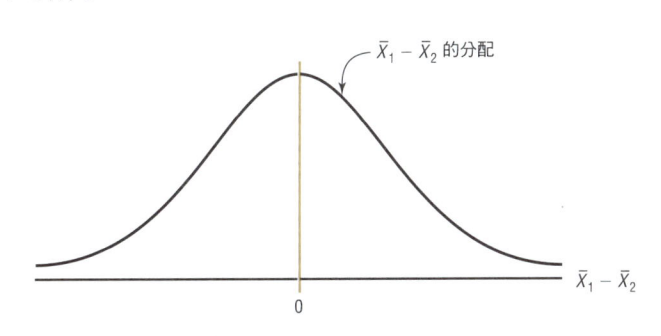

和父母親住在一起的成年子女，每天花超過 2 小時處理家務事。根據一份研究，女兒每週大概貢獻 17 小時，而兒子大概是 14.4 小時。

圖 9-1 雙樣本平均數的差距

差距 $\bar{X}_1 - \bar{X}_2$ 的變異數等於個別樣本平均數 $\bar{X}_1$ 和 $\bar{X}_2$ 之變異數的總和，也就是說

$$\sigma^2_{\bar{X}_1 - \bar{X}_2} = \sigma^2_{\bar{X}_1} + \sigma^2_{\bar{X}_2}$$

其中 $\quad \sigma^2_{\bar{X}_1} = \dfrac{\sigma^2_1}{n_1} \quad$ 以及 $\quad \sigma^2_{\bar{X}_2} = \dfrac{\sigma^2_2}{n_2}$

所以 $\bar{X}_1 - \bar{X}_2$ 的標準差是

$$\sqrt{\frac{\sigma^2_1}{n_1} + \frac{\sigma^2_2}{n_2}}$$

比較雙獨立母體平均數差距之 z 檢定的公式

$$z = \frac{(\bar{X}_1 - \bar{X}_2) - (\mu_1 - \mu_2)}{\sqrt{\dfrac{\sigma^2_1}{n_1} + \dfrac{\sigma^2_2}{n_2}}}$$

這一項公式也是根據一般公式

$$檢定數值 = \frac{觀察值 - 期待值}{標準誤}$$

其中 $\bar{X}_1 - \bar{X}_2$ 是觀察到的差距，而期待值就是期待差距 $\mu_1 - \mu_2$，現在是 0，因為當虛無假設成立的時候，$\mu_1 = \mu_2$，也就是說，$\mu_1 - \mu_2$ 會等於 0。最後，差距的標準誤為

$$\sqrt{\frac{\sigma^2_1}{n_1} + \frac{\sigma^2_2}{n_2}}$$

在比較兩項樣本平均數的時候，差距說不定來自機會，在這種情形下虛無假設不會被拒絕，所以研究員會認為基本上兩母體平均數是一樣的。這時候，差距不是顯著的。詳見圖 9-2(a)。另一方面，如果差距是顯著的，虛無假設會被拒絕，而且研究員會認為兩母體平均數是不一樣的。詳見圖 9-2(b)。

這些檢定也可以是單尾的，請使用以下的假設：

右尾			左尾	
$H_0: \mu_1 = \mu_2$	或	$H_0: \mu_1 - \mu_2 = 0$	$H_0: \mu_1 = \mu_2$	或	$H_0: \mu_1 - \mu_2 = 0$
$H_1: \mu_1 > \mu_2$		$H_1: \mu_1 - \mu_2 > 0$	$H_1: \mu_1 < \mu_2$		$H_1: \mu_1 - \mu_2 < 0$

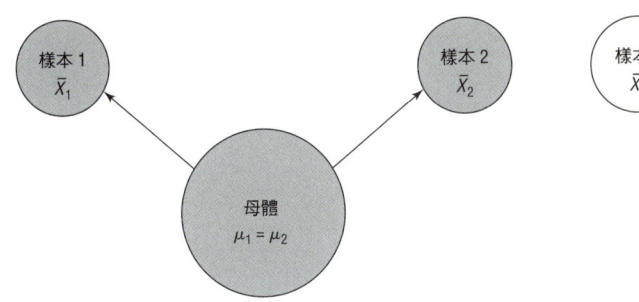

第 9 章 檢定兩平均數、兩比例與兩變異數的差距

(a) 差距不是顯著的，母體平均數是一樣的。
不拒絕 $H_0: \mu_1 = \mu_2$，因為 $\bar{X}_1 - \bar{X}_2$ 不是顯著的。

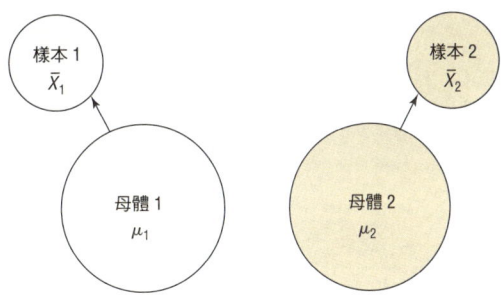

(b) 差距是顯著的，母體平均數是不一樣的。
拒絕 $H_0: \mu_1 = \mu_2$，因為 $\bar{X}_1 - \bar{X}_2$ 是顯著的。

圖 9-2 比較平均數的假設檢定情況

這裡使用的臨界值和第 8-2 節一樣，可以從附錄 C 的表 D 找到它們。

使用傳統法進行假設檢定的基本步驟如下所示：

步驟 1 陳述假設並確立主張。
步驟 2 求出臨界值。
步驟 3 計算檢定數值。
步驟 4 決定拒絕虛無假設還是不拒絕虛無假設。
步驟 5 摘要結論。

例題 9-1　休閒時間

有一項研究使用兩組隨機樣本，每一組各 35 人，發現年齡在 26 到 35 歲的這一組，平均休閒時間是 39.6 小時，而年齡在 46 到 55 歲這一組，平均休閒時間是 35.4 小時。假設以往的研究發現，第一組的母體標準差是 6.3 小時，而第二組的母體標準差是 5.8 小時。在 $\alpha = 0.05$ 之下，可以認為這兩項平均休閒時間之間有顯著差距嗎？

解答

步驟 1 陳述假設並確立主張。

$$H_0: \mu_1 = \mu_2 \quad \text{以及} \quad H_1: \mu_1 \neq \mu_2 \text{（主張）}$$

步驟 2 求出臨界值。因為 $\alpha = 0.05$，臨界值是 $+1.96$ 和 -1.96。

步驟 3 計算檢定數值。

$$z = \frac{(\bar{X}_1 - \bar{X}_2) - (\mu_1 - \mu_2)}{\sqrt{\dfrac{\sigma_1^2}{n_1} + \dfrac{\sigma_2^2}{n_2}}} = \frac{(39.6 - 35.4) - 0}{\sqrt{\dfrac{6.3^2}{35} + \dfrac{5.8^2}{35}}} = \frac{4.2}{1.447} = 2.90$$

步驟 4 決定拒絕虛無假設或是不拒絕虛無假設。在 $\alpha = 0.05$ 之下，拒絕虛無假設，因為 2.90＞1.96。詳見圖 9-3。

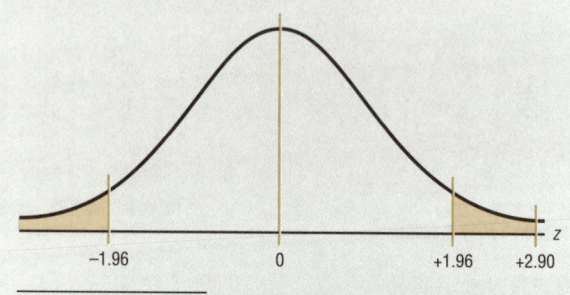

圖 9-3　例題 9-1 的臨界值與檢定數值

步驟 5 摘要結論。有足夠的證據支持平均數不相等的主張，也就是說，這兩組的平均休閒時間是不一樣的。

也可以用和第 8-2 節一樣的 p 值法程序進行這一項檢定。比如說，如果一種雙尾檢定的檢定數值是 2.90，則從表 D 可以知道它的 p 值是 0.0038。從觀察 $z = 2.90$ 的面積得到 0.9981，然後用 1.0000 減去這一個數字會得到 0.0019。最後，將這一個數字乘以 2 得到 0.0038，因為現在的檢定是一種雙尾檢定。如果 $\alpha = 0.05$，則決定是不拒絕虛無假設，因為 p 值＜α（也就是 0.0038＜0.05）。

這一章假設檢定的 p 值法也一樣如同第八章討論過的步驟。再一次呈現這些步驟。

步驟 1　陳述假設並確立主張。
步驟 2　計算檢定數值。
步驟 3　求出 p 值。
步驟 4　決定拒絕虛無假設或是不拒絕虛無假設。
步驟 5　摘要結論。

例題 9-2 示範這些步驟。

例題 9-2　大學運動設施

有一位研究員假設平均而言，大學提供給男學生的運動設施多過於提供給女學生的。以下數據顯示一組大學提供多少運動設施的樣本。在 $\alpha = 0.10$ 之下，有足夠的證據支持前述的主張嗎？假設 σ_1 和 $\sigma_2 = 3.3$。

第 9 章 檢定兩平均數、兩比例與兩變異數的差距

男學生					女學生				
6	11	11	8	15	6	8	11	13	8
6	14	8	12	18	7	5	13	14	6
6	9	5	6	9	6	5	5	7	6
6	9	18	7	6	10	7	6	5	5
15	6	11	5	5	16	10	7	8	5
9	9	5	5	8	7	5	5	6	5
8	9	6	11	6	9	18	13	7	10
9	5	11	5	8	7	8	5	7	6
7	7	5	10	7	11	4	6	8	7
10	7	10	8	11	14	12	5	8	5

資料來源：*USA TODAY*.

解答

步驟 1 陳述假設並確立主張。

$$H_0: \mu_1 = \mu_2 \quad \text{以及} \quad H_1: \mu_1 > \mu_2 \text{（主張）}$$

步驟 2 計算檢定數值。使用第三章提供的公式或是計算機，求出每一組樣本的平均數。

對男學生而言，$\bar{X}_1 = 8.6$ 和 $\sigma_1 = 3.3$。
對女學生而言，$\bar{X}_2 = 7.9$ 和 $\sigma_2 = 3.3$。

代入公式。

$$z = \frac{(\bar{X}_1 - \bar{X}_2) - (\mu_1 - \mu_2)}{\sqrt{\frac{\sigma_1^2}{n_1} + \frac{\sigma_2^2}{n_2}}} = \frac{(8.6 - 7.9) - 0}{\sqrt{\frac{3.3^2}{50} + \frac{3.3^2}{50}}} = 1.06*$$

步驟 3 求出 p 值。針對 $z = 1.06$，面積是 0.8554，因此 $1.0000 - 0.8554 = 0.1446$，或說是 p 值是 0.1446。

步驟 4 決定拒絕虛無假設或是不拒絕虛無假設。因為 p 值大於 α（也就是 $0.1446 > 0.10$），我們決定不拒絕虛無假設。詳見圖 9-4。

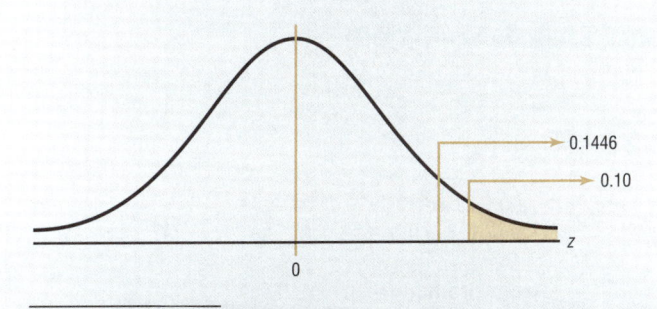

圖 9-4 例題 9-2 的 p 值與 α 值

*注意：計算機的結果或許有所不同，原因是四捨五入。

步驟 5 摘要結論。在 0.10 的顯著水準之下，沒有足夠的證據支持大學提供給男學生的運動設施多過提供給女學生的主張。

有時候，研究員有興趣檢定兩平均數間某種固定的差距。比如說，他或許假定說社區大學護理系學生的年齡大過大學護理系學生的年齡 3.2 歲。這時候，假設是

$$H_0: \mu_1 - \mu_2 = 3.2 \quad \text{以及} \quad H_1: \mu_1 - \mu_2 > 3.2$$

z 檢定的公式依舊是

$$z = \frac{(\bar{X}_1 - \bar{X}_2) - (\mu_1 - \mu_2)}{\sqrt{\frac{\sigma_1^2}{n_1} + \frac{\sigma_2^2}{n_2}}}$$

其中 $\mu_1 - \mu_2$ 是假定的差距，或是期待值。這時候，$\mu_1 - \mu_2 = 3.2$。

我們也可以求出兩平均數差距的信賴區間。當你假定差距等於 0 的時候，如果信賴區間包含 0，假設檢定的結果是不拒絕虛無假設。如果信賴區間不包含 0，則虛無假設會被拒絕。

可以用以下這個公式得到兩平均數差距的信賴區間：

兩平均數差距的 z 信賴區間公式

$$(\bar{X}_1 - \bar{X}_2) - z_{\alpha/2}\sqrt{\frac{\sigma_1^2}{n_1} + \frac{\sigma_2^2}{n_2}} < \mu_1 - \mu_2 < (\bar{X}_1 - \bar{X}_2) + z_{\alpha/2}\sqrt{\frac{\sigma_1^2}{n_1} + \frac{\sigma_2^2}{n_2}}$$

例題 9-3　休閒時間

求出例題 9-1 數據平均數差距的信賴區間。

解答

代入公式，使用 $z_{\alpha/2} = 1.96$。

$$(\bar{X}_1 - \bar{X}_2) - z_{\alpha/2}\sqrt{\frac{\sigma_1^2}{n_1} + \frac{\sigma_2^2}{n_2}} < \mu_1 - \mu_2 < (\bar{X}_1 - \bar{X}_2) + z_{\alpha/2}\sqrt{\frac{\sigma_1^2}{n_1} + \frac{\sigma_2^2}{n_2}}$$

$$(39.6 - 35.4) - 1.96\sqrt{\frac{6.3^2}{35} + \frac{5.8^2}{35}} < \mu_1 - \mu_2 < (39.6 - 35.4) + 1.96\sqrt{\frac{6.3^2}{35} + \frac{5.8^2}{35}}$$

$$4.2 - 2.8 < \mu_1 - \mu_2 < 4.2 + 2.8$$

$$1.4 < \mu_1 - \mu_2 < 7.0$$

因為這一項信賴區間沒有包含 0，最後的決定是拒絕虛無假設，這和之前的結果是一致的。

觀念應用 9-1　　全壘打

為了一集廣播運動談話節目，你被要求研究一個問題，國家聯盟的全壘打次數多，還是美國聯盟的多？你決定使用過去 40 年來全壘打球星的紀錄。

國家聯盟
47 49 73 50 65 70 49 47 40 43
46 35 38 40 47 39 49 37 37 36
40 37 31 48 48 45 52 38 38 36
44 40 48 45 45 36 39 44 52 47

美國聯盟
47 57 52 47 48 56 56 52 50 40
46 43 44 51 36 42 49 49 40 43
39 39 22 41 45 46 39 32 36 32
32 32 37 33 44 49 44 44 49 32

使用以上數據回答以下的問題。

1. 定義母體。
2. 使用哪一種樣本？
3. 你覺得樣本有代表性嗎？
4. 你的假設是什麼？
5. 你會用什麼樣的顯著水準？
6. 你會用什麼樣的統計檢定？
7. 檢定結果為何？（假設 $\sigma_1 = 8.8$ 和 $\sigma_2 = 7.8$。）
8. 你的決定為何？
9. 你的結論為何？
10. 你覺得上述數據可以回答原先設定的問題嗎？
11. 其他什麼樣的數據也可以回答原先設定的問題？

答案在第 439~440 頁。

練習題 9-1

1. 解釋檢定單一平均數和檢定兩平均數差距之間的差別。

針對練習題 2~4，執行以下每一個步驟。
    a. 陳述假設並確立主張
    b. 求出臨界值
    c. 計算檢定數值
    d. 下決定
    e. 摘要結論

除非特別聲明,否則使用傳統法進行假設檢定。

2. **美國主要河川的長度** 有一位研究員想要知道美國主要河川的平均長度和歐洲主要河川的平均長度是不是一樣。河川樣本提供的數據(以哩計)如下所示。在 $\alpha = 0.01$ 之下,有足夠的證據拒絕主張嗎?假設 $\sigma_1 = 450$ 和 $\sigma_2 = 474$。

美國			歐洲		
729	560	434	481	724	820
329	332	360	532	357	505
450	2315	865	1776	1122	496
330	410	1036	1224	634	230
329	800	447	1420	326	626
600	1310	652	877	580	210
243	605	360	447	567	252
525	926	722	824	932	600
850	310	430	634	1124	1575
532	375	1979	565	405	2290
710	545	259	675	454	
300	470	425			

資料來源:*The World Almanac and Book of Facts.*

3. **住院時間** 男性病人的平均短期住院天數比起女性病人的平均短期住院天數稍微多一點,分別是 5.2 天和 4.5 天。最近一份隨機樣本的男性與女性結果如下所示。在 $\alpha = 0.01$ 之下,有充分的證據支持男性病人的平均天數比女性病人的平均天數更多嗎?

	男性病人	女性病人
樣本數	32	30
樣本平均數	5.5 天	4.2 天
母體標準差	1.2 天	1.5 天

資料來源:www.cdc.gov/nchs

4. **個人所得** 威斯康辛州的個人平均所得是 37,314 美元,而南達科他州則是 37,375 美元,幾乎是一樣的。從每一州各挑選一組 50 名上班族的樣本,得到以下的統計數據。

	威斯康辛州	南達科他州
樣本數	50	50
樣本平均數	$40,275	$38,750
母體標準差	$10,500	$12,500

在 $\alpha = 0.05$ 之下,我們可以認為個人平均所得不一樣嗎?

資料來源:*New York Times Almanac.*

5. **解決問題的能力** 兩群學生參加一份解決問題能力的測驗,接著比較結果。求出平均數真實差距的 90% 信賴區間。

主修數學	主修資訊科學
$\bar{X}_1 = 83.6$	$\bar{X}_2 = 79.2$
$\sigma_1 = 4.3$	$\sigma_2 = 3.8$
$n_1 = 36$	$n_2 = 36$

6. **看電視** 超過 55 歲的女性每週看電視的平均時數是 48 小時,而超過 55 歲的男性的平均時數則是 43 小時。來自一家大型養老中心 40 位男性與 40 位女性的隨機樣本,得知以下的結果。在 0.01 的顯著水準之下,可以認為女性比男性看更多的電視嗎?

	樣本數	平均數	母體標準差
女性	40	48.2	5.6
男性	40	44.3	4.5

資料來源:*World Almanac 2012.*

Excel 技術步驟解析

兩平均數差距的 z 檢定

Excel 的 Data Analysis Add-in 有 two-sample z test(雙樣本 z 檢定)。為了進行兩母體平均數差距的 z 檢定,在已知兩獨立樣本的條件下,執行以下的動作:

1. 在 A 行輸入第一組樣本。
2. 在 B 行輸入第一組樣本。
3. 如果母體變異數未知,但是兩組樣本的樣本數 $n \geq 30$,使用公式 =VAR(A1:A*n*) 和 =VAR(B1:B*n*) 求出樣本的變異數,其中 A*n* 和 B*n* 代表每一行數據的最後一個儲存格。

第 9 章　檢定兩平均數、兩比例與兩變異數的差距

4. 點選 toolbar（工具列）的 Data，然後點選 Data Analysis（資料分析）。
5. 點選 Analysis Tools（分析工具）框的 z test: Two samples for Means（平均數的雙樣本 z 檢定）。
6. 打入 A 行和 B 行數據的範圍，並且設定 Hypothesized Mean Difference（平均數差距的假定數值），通常是 0。
7. 如果母體變異數已知，為第一個變數和第二個變數分別輸入已知的數字。否則，輸入第三步得到的樣本變異數。
8. 指定信心水準 Alpha。
9. 指定結果輸出的位置，然後點選 [OK]。

例題 XL9-1

利用以下提供的樣本數據，在 $\alpha = 0.05$ 之下，檢定兩母體平均數相等的主張。假設母體變異數分別是 $\sigma_A^2 = 10.067$ 和 $\sigma_B^2 = 7.067$。

A 數據集	10	2	15	18	13	15	16	14	18	12	15	15	14	18	16
B 數據集	5	8	10	9	9	11	12	16	8	8	9	10	11	7	6

這裡顯示 two-sample z test（雙樣本 z 檢定）的對話框（輸入變異數之前）；結果會出現在 Excel 產生的表格。注意，會提供 p 值和 z 臨界值給單尾和雙尾檢定。這裡用科學記號表達 p 值：7.09045E-6 = 7.09045 × 10^{-6} = 0.00000709045。因為這一項數值小於 0.05，所以我們拒絕虛無假設，並且認為兩母體平均數不相等。

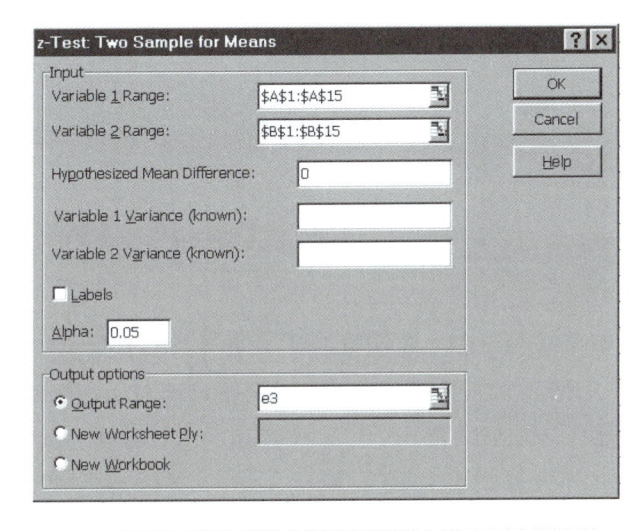

雙樣本 z 檢定對話框

z-Test: Two Sample for Means

	Variable 1	Variable 2
Mean	14.06666667	9.266666667
Known Variance	10.067	7.067
Observations	15	15
Hypothesized Mean Difference	0	
z	4.491149228	
P(Z<=z) one-tail	3.54522E-06	
z Critical one-tail	1.644853	
P(Z<=z) two-tail	7.09045E-06	
z Critical two-tail	1.959961082	

9-2 使用 t 檢定來檢定兩獨立樣本平均數的差距

學習目標 ❷
使用 t 檢定來檢定兩獨立樣本平均數的差距。

在第 9-1 節，z 檢定被用來檢定兩平均數的差距，當母體標準差已知而且兩變數是常態的或是接近常態的時候，或者當兩樣本數都大於等於 30 的時候。不過有許多情況並無法滿足所有條件，比如說母體標準差已知。這時候，我們會用 t 檢定兩平均數差距，當兩樣本是獨立的、當樣本都來自常態或是接近常態的母體。當樣本彼此沒有關聯的時候，樣本是獨立的，稱為**獨立樣本 (independent samples)**。同時，我們也會假設變異數不相等。

比較雙獨立樣本平均數差距的 t 檢定公式

變異數被認定為不相等：

$$t = \frac{(\bar{X}_1 - \bar{X}_2) - (\mu_1 - \mu_2)}{\sqrt{\dfrac{s_1^2}{n_1} + \dfrac{s_2^2}{n_2}}}$$

其中自由度等於 $n_1 - 1$ 和 $n_2 - 1$ 的最小值。

公式

$$t = \frac{(\bar{X}_1 - \bar{X}_2) - (\mu_1 - \mu_2)}{\sqrt{\dfrac{s_1^2}{n_1} + \dfrac{s_2^2}{n_2}}}$$

也是根據一般公式

$$\text{檢定數值} = \frac{\text{觀察值} - \text{期待值}}{\text{標準誤}}$$

其中 $\bar{X}_1 - \bar{X}_2$ 是觀察到的差距，而期待值就是期待差距 $\mu_1 - \mu_2$，現在是 0，因為假定兩母體平均數之間無差距。分母的 $\sqrt{s_1^2/n_1 + s_2^2/n_2}$ 是兩樣本平均數差距的標準誤。這個公式跟 σ_1 與 σ_2 已知時候類似，但當我們用這個 t 檢定的時候 σ_1 與 σ_2 未知，所以公式用 s_1 與 s_2 取代 σ_1 與 σ_2。因為標準誤的數學推導相當複雜，在這裡略過不談。

當 σ_1 與 σ_2 未知的時候，在引用檢定方法決定兩獨立樣本的平均數是否不一樣之前，你必須先檢查以下假設是否被滿足。

第 9 章　檢定兩平均數、兩比例與兩變異數的差距

當 σ_1 和 σ_2 未知的時候，決定兩平均數差距 t 檢定的假設

1. 兩項樣本都是隨機樣本。
2. 樣本和樣本之間是獨立的。
3. 如果樣本數小於 30，研究變數必須是常態的或是接近常態的。

本書會在練習題指明該有的假設；但是，當你在其他情況遇到統計學，必須在繼續之前檢查這一些該有的假設是否滿足。

再一次，這裡的假設檢定依循著與第 9-1 節同樣的步驟，只是公式使用 s_1 和 s_2 以及表 E 提供的臨界值。

例題 9-4　新生兒體重

有一位研究人員希望了解男性新生兒的平均體重是否有別於女性新生兒的平均體重。她挑選一組 10 個男性新生兒的隨機樣本，發現平均體重是 7 磅 11 盎司，且樣本標準差是 8 盎司。她再挑選一組 8 個女性新生兒的隨機樣本，發現平均體重是 7 磅 4 盎司，且樣本標準差是 5 盎司。可以在 $\alpha = 0.05$ 之下，認為男性新生兒的平均體重有別於女性新生兒的平均體重嗎？假設上述兩變數都是常態分配的。

解答

步驟 1　陳述假設並確立主張。

$$H_0: \mu_1 = \mu_2 \quad \text{以及} \quad H_1: \mu_1 \neq \mu_2 \text{（主張）}$$

步驟 2　求出臨界值。因為檢定是雙尾的，而且 $\alpha = 0.05$，自由度是 $n_1 - 1$ 和 $n_2 - 1$ 兩者較小的那一個。這時候，$n_1 - 1 = 10 - 1 = 9$，而 $n_2 - 1 = 8 - 1 = 7$。從表 E 我們求出臨界值會是 $+2.365$ 和 -2.365。

步驟 3　計算檢定數值。把平均體重的單位改成盎司。

$$7 \text{ lb } 11 \text{ oz} = 7 \times 16 + 11 = 123 \text{ oz}$$
$$7 \text{ lb } 4 \text{ oz} = 7 \times 16 + 4 = 116 \text{ oz}$$

$$t = \frac{(\bar{X}_1 - \bar{X}_2) - (\mu_1 - \mu_2)}{\sqrt{\dfrac{s_1^2}{n_1} + \dfrac{s_2^2}{n_2}}} = \frac{(123 - 116) - 0}{\sqrt{\dfrac{8^2}{10} + \dfrac{5^2}{8}}} = \frac{7}{3.086} = 2.268$$

步驟 4　下決定。不拒絕虛無假設，因為 $2.268 < 2.365$。詳見圖 9-5。

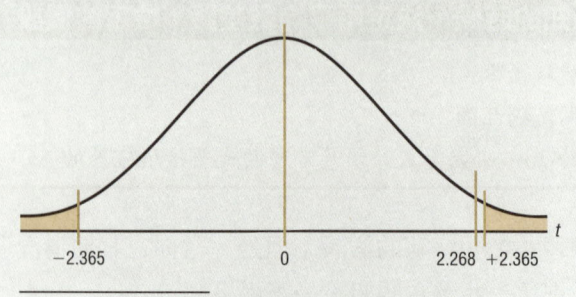

圖 9-5 例題 9-4 的臨界值與檢定數值

步驟 5 摘要結論。沒有足夠的證據支持男性新生兒的平均體重有別於女性新生兒的平均體重。

如果題目提供原始數據，則應使用第三章的公式或是你的計算機求出數據集的平均數以及標準差，然後按照本節前述的步驟進行假設檢定。

我們也可以使用以下這個公式得到兩平均數差距的信賴區間：

兩平均數差距的信賴區間公式：獨立標本

變異數被假設不相等：

$$(\bar{X}_1 - \bar{X}_2) - t_{\alpha/2}\sqrt{\frac{s_1^2}{n_1} + \frac{s_2^2}{n_2}} < \mu_1 - \mu_2 < (\bar{X}_1 - \bar{X}_2) + t_{\alpha/2}\sqrt{\frac{s_1^2}{n_1} + \frac{s_2^2}{n_2}}$$

d.f. 等於 $n_1 - 1$ 和 $n_2 - 1$ 的最小值

例題 9-5

求出例題 9-4 數據的 95% 信賴區間。

解答

代入公式。

$$(\bar{X}_1 - \bar{X}_2) - t_{\alpha/2}\sqrt{\frac{s_1^2}{n_1} + \frac{s_2^2}{n_2}} < \mu_1 - \mu_2 < (\bar{X}_1 - \bar{X}_2) + t_{\alpha/2}\sqrt{\frac{s_1^2}{n_1} + \frac{s_2^2}{n_2}}$$

$$(123 - 116) - 2.365\sqrt{\frac{8^2}{10} + \frac{5^2}{8}} < \mu_1 - \mu_2 < (123 - 116) + 2.365\sqrt{\frac{8^2}{10} + \frac{5^2}{8}}$$

$$7 - 7.3 < \mu_1 - \mu_2 < 7 + 7.3$$

$$-0.3 < \mu_1 - \mu_2 < 14.3$$

因為 0 被包含在區間內，沒有足夠的證據支持兩項平均體重是不一樣的。

第 9 章　檢定兩平均數、兩比例與兩變異數的差距

在許多統計套裝軟體，會使用一種不一樣的方法計算這一項 t 檢定的自由度。它們用的公式如下：

$$\text{d.f.} = \frac{(s_1^2/n_1 + s_2^2/n_2)^2}{(s_1^2/n_1)^2/(n_1 - 1) + (s_2^2/n_2)^2/(n_2 - 1)}$$

本書將不會使用這一個公式。

使用 t 檢定實際上有兩種選項。一個是當母體變異數不相等的時候，而另一個選項是當變異數相等的時候。為了決定兩母體變異數是否相等，研究員會用一種 F 檢定，在第 9-5 節會討論這一件事。

當變異數被認為相等的時候，我們會用以下的公式：

$$t = \frac{(\bar{X}_1 - \bar{X}_2) - (\mu_1 - \mu_2)}{\sqrt{\frac{(n_1 - 1)s_1^2 + (n_2 - 1)s_2^2}{n_1 + n_2 - 2}}\sqrt{\frac{1}{n_1} + \frac{1}{n_2}}}$$

而且這一項公式同樣遵守一般公式的模式：

$$\text{檢定數值} = \frac{\text{觀察值} - \text{期待值}}{\text{標準誤}}$$

對分子而言，項目和之前是一樣的。不過，第二種檢定統計量的分母需要進一步解釋解釋。因為兩母體的變數被認為是一樣的，我們用所謂的 pooled 變異數估計計算標準誤。**pooled 變異數估計 (pooled estimate of the variance)** 是一種樣本變異數的加權平均數，而且權重和每一個樣本變異數的自由度有關。再一次地，因為推導這一項標準誤的代數有點複雜，不在這裡詳述。

注意，並不是所有統計學家都同意在 t 檢定之前先進行一項 F 檢定。有些人相信使用同樣的顯著水準進行 F 檢定和 t 檢定會降低 t 檢定的整體顯著水準。他們的理由超越了本書的範圍。也因為如此，本書假設變異數不等 ($\sigma_1 \neq \sigma_2$)。

觀念應用 9-2　電話通話時間太久

有一家公司收集了某兩個部門員工打電話花了多少時間的數據。行銷部門的平均數和標準差分別是 10.26 和 8.56，而收發部門則分別是 6.93 和 4.93。進行一項假設檢定，並且得到以下的報表。

自由度 = 56
信賴區間界線 = −0.18979, 6.84979
t 檢定統計量 = 1.89566

t 臨界值 = $-2.0037, 2.0037$

p 值 = 0.06317

顯著水準 = 0.05

1. 樣本是獨立的還是相依的？
2. 報表中哪一個數字被用來和顯著水準比較，並因此決定是否應該拒絕虛無假設？
3. 報表中哪一個數字是從樣本數據算出的型 I 錯誤機率？
4. 是左尾、右尾還是雙尾檢定？為什麼？
5. 你的結論為何？
6. 如果顯著水準一開始設定為 0.10，則你的結論會是？

答案在第 440 頁。

練習題 9-2

針對練習題 1~6，執行以下每一個步驟。假設所有隨機變數都是常態分配的。

    a. 陳述假設並確立主張

    b. 求出臨界值

    c. 計算檢定數值

    d. 下決定

    e. 摘要結論

除非特別聲明，否則使用傳統法進行假設檢定。針對以下這些練習題，我們假設變異數都是不相等的。

1. **暢銷書** 15 本 *New York Times* 精裝小說類暢銷書的平均上架時間是 22 週，標準差是 6.17 週；而 15 本 *New York Times* 精裝非小說類暢銷書的平均上架時間是 28 週，標準差是 13.2 週。在 $\alpha = 0.10$ 之下，我們可以認定暢銷書的平均上架時間有差別嗎？

2. **糖果含糖量** 隨機挑選一次一盎司巧克力與非巧克力糖果的平均含糖量如下所示。有充分的證據支持平均數的差距顯著嗎？使用 $\alpha = 0.10$。

巧克力：	29	25	17	36	41	25	32	29
	38	34	24	27	29			
非巧克力：	41	41	37	29	30	38	39	10
	29	55	29					

資料來源：*The Doctor's Pocket Calorie, Fat, and Carbohydrate Counter.*

3. **看電視時間** 根據 Nielsen Media Research，2-11 歲的孩童平均每個禮拜花了 21 小時 30 分鐘看電視，而 12-17 歲的青少年平均每個禮拜花了 20 小時 40 分鐘看電視。根據以下的樣本統計量，有充分的證據支持這兩群人的平均看電視時間有差別嗎？使用 $\alpha = 0.01$。

	孩童	青少年
樣本平均數	22.45	18.50
樣本變異數	16.4	18.2
樣本數	15	15

資料來源：*Time Almanac.*

4. **產婦的住院時間** 根據健保知識系統的報告，有保險的女性平均生一胎住院 2.3 天，而沒有保險的女性平均生一胎住院 1.9 天。假如兩組樣本都挑選了 16 位女性。第一組樣本的標準差是 0.6 天，而第二組樣本的標準差是 0.3 天。在 $\alpha = 0.01$ 之下，檢定平均數相等的

主張。求出平均數差距的 99% 信賴區間。使用 p 值法。

資料來源：Michael D. Shook and Robert L. Shook, *The Book of Odds*.

5. **汽油價格** 一組取自 2005 年和 2011 年每月汽油價格的隨機樣本，發現以下的數據。使用 $\alpha = 0.01$，可以認為 2005 年的汽油價格比較低嗎？使用 p 值法。

2005	2.017 2.468 2.502 2.701 3.130 2.560
2011	3.345 3.807 4.074 3.972 3.553 4.192 3.424

6. **隨機整數** 透過計算機產生兩組 15 個分別來自 1 到 100 的隨機整數。數據如下所示。在 0.10 的顯著水準下，可以認為它們的平均數不一樣嗎？你會期待哪一種結果？為什麼？

第一組	80 43 60 41 16 39 29 12 12 13 54 24 9 46 25
第二組	94 53 28 83 26 86 72 2 85 36 23 81 15 1 100

檢定兩平均數差距：獨立樣本

Excel 技術步驟解析

Excel 的 Data Analysis Add-in 有 two-sample t test（雙樣本 t 檢定）。以下的例題顯示如何進行兩母體平均數差距的 t 檢定。

例題 XL9-2

根據下述樣本數據檢定母體平均數之間無差距的主張。假設母體變異數不必相等。使用 $\alpha = 0.05$。

A 數據集	32	38	37	36	36	34	39	36	37	42
B 數據集	30	36	35	36	31	34	37	33	32	

1. 在 A 行輸入 A 數據集的 10 個數字。
2. 在 B 行輸入 B 數據集的 9 個數字。
3. 點選 toolbar（工具列）的 Data，然後點選 Data Analysis（資料分析）。
4. 點選 Analysis Tools（分析工具）框的 t test: Two-sample Assuming Unequal Variances（雙樣本 t 檢定：假設變異數不等），然後點選 [OK]。
5. 在 Input（輸入），輸入第一個變數的儲存格範圍，Variable 1 Range: A1:A10，以及第二個變數的儲存格範圍，Variable 2 Range: B1:B9。
6. 設定 Hypothesized Mean Difference（平均數差距的假定數值）等於 0。
7. 指定信心水準 Alpha 等於 0.05。
8. 在結果輸出的選項，為輸出範圍 Output Range 輸入 D7，然後點選 [OK]。

Excel 的雙樣本 t 檢定

	Variable 1	Variable 2
Mean	36.7	33.77777778
Variance	7.344444444	5.944444444
Observations	10	9
Hypothesized Mean Difference	0	
df	17	
t Stat	2.474205364	
P(T<=t) one-tail	0.012095	
t Critical one-tail	1.739606716	
P(T<=t) two-tail	0.024189999	
t Critical two-tail	2.109815559	

注意：或許需要增加欄位的寬度，讓你可以看到所有結果。請這樣做：

1. 反白 D、E 和 F 行。
2. 點選 Format>AutoFit Column Width（格式＞自動調整欄寬）。

輸出會同時報告單尾和雙尾的 p 值。

9-3　檢定兩相依樣本平均數的差距

學習目標 ❸
檢定兩相依樣本平均數的差距。

在第 9-1 節，z 檢定被用來比較兩獨立樣本且 σ_1 和 σ_2 已知的樣本平均數。在第 9-2 節，t 檢定被用來比較兩獨立樣本的平均數。這一節我們將解釋另一種版本的 t 檢定。當樣本是相依的，我們使用這一個版本。如果數據是成對的或是以某種方式被配成對，則稱樣本是**相依樣本 (dependent samples)**。相依樣本有時候叫做配對樣本。

比如說，有一位醫學研究員想要知道某一種藥會不會影響患者的反應時間。為了檢定這一項假設，研究員必須先給每一位樣本內的患者一項前測。也就是說，會有前測確定他們一般時候的反應時間。然後在服藥之後，會用後測再測一次每一位參與者的反應時間。最後，比較兩項測驗的平均數看看是否有差距。因為兩次測驗用的是同一批人，樣本是有關聯的；前測分數高的人，後測通常會比較高，即使吃了藥。同樣地，前測分數低的人，後測分數往往也會

第 9 章 檢定兩平均數、兩比例與兩變異數的差距

比較低。為了考慮這樣的效果,研究員透過前測與後測的差距引進了另一種 t 檢定。這樣做就只是比較退步或是進步的分數。

這裡有一些相依樣本的例子。某一位研究員想要設計一堂 SAT 的預備課程,幫助學生提高考第二次 SAT 的分數。因此,我們會比較這兩次的成績。有一位醫藥專家想要看看新的輔導計畫是不是可以幫學員減重。因此,這一位專家會比較學員之前的體重和之後的體重。

除了上述這種發生在同一個人身上前後測的情況,還有其他情況也是相依的樣本。比如說,可以根據某一個和研究有關的變數配對學生;接著把某一位學生指定給第一群,把另一位學生指定給第二群等等。(當然全部參與學生都會被指定。)比如說,涉及學習的研究,我們會挑選學生,然後根據他們的智商進行分群。也就是說,有一樣智商或是智商接近的學生會被配成一對。然後把這成對的兩位學生,一個指定給第一組(他們或許是透過電腦學習);而另一個指定給第二組(他們或許是透過課堂討論學習)。這一類的指定過程當然是隨機的。因為學生的智商對學習而言是重要的,它就是一項應該被控制的變數。大部分時候,透過智商配對學生可以消除這一項變數的影響。透過消除無關變數「配對學生」幫助我們降低型 II 錯誤。

有兩件事要特別注意。第一,當透過某一個變數配對參與者,配對過程無法消除其他變數的影響。根據智商配對學生,則無法考慮學生的數學或是資訊能力。因為無法控制所有影響學生的變數,故得靠研究員決定用哪一些變數進行配對。第二,當同一個人被用在前後測的時候,有時候相關研究的知識會影響結果。比如說,人們參與一項特殊的計畫,會因為參與而強化了成功的動機;但計畫本身可能一點也不會影響成功。

當樣本是相依的時候,用一種特別為相依平均數設計的 t 檢定。這一項檢定引進配對數據的差距。假設如下所示:

雙尾	左尾	右尾
$H_0: \mu_D = 0$	$H_0: \mu_D = 0$	$H_0: \mu_D = 0$
$H_1: \mu_D \neq 0$	$H_1: \mu_D < 0$	$H_1: \mu_D > 0$

其中 μ_D 是配對數據差距的期待值。求出這一項檢定數值的一般程序涉及幾個步驟。

第一,求出成對數據的差:

$$D = X_1 - X_2$$

第二,透過公式求出這一些差距的平均數 $\overline{D}$:

$$\bar{D} = \frac{\Sigma D}{n}$$

其中 n 是成對數據的樣本數。第三，透過公式求出這一些差距的標準差 s_D：

$$s_D = \sqrt{\frac{n\Sigma D^2 - (\Sigma D)^2}{n(n-1)}}$$

第四，求出標準誤 $s_{\bar{D}}$，它等於

$$s_{\bar{D}} = \frac{s_D}{\sqrt{n}}$$

最後，用以下的公式求出檢定數值：

$$t = \frac{\bar{D} - \mu_D}{s_D/\sqrt{n}} \qquad 有著自由度 \text{d.f.} = n - 1$$

最後一步的公式也同樣地遵守了這一類公式的基本型態：

$$檢定數值 = \frac{觀察值 - 期待值}{標準誤}$$

其中觀察值是差距的平均數。期待值 μ_D 是 0，如果假設是 $\mu_D = 0$。標準誤是差距的標準差除以樣本數（有幾對）的正方根。參與研究的這兩個母體必須是常態的或是接近常態分配的。

在你使用這一節提供的檢定方法之前，必須先檢查以下的假設是否被滿足。

兩相依樣本平均數之 t 檢定的假設

1. 樣本是隨機的。
2. 樣本數據是相依的。
3. 只要樣本數小於 30，母體就必須是常態的或是接近常態的。

本書會在練習題指明該有的假設；但是，當你在其他情況遇到統計學，必須在繼續之前檢查這一些該有的假設是否滿足。

這一項 t 檢定的公式如下。

第 9 章 檢定兩平均數、兩比例與兩變異數的差距

相依樣本之 *t* 檢定的公式

$$t = \frac{\bar{D} - \mu_D}{s_D/\sqrt{n}}$$

有著自由度 d.f. = $n-1$，而且其中

$$\bar{D} = \frac{\Sigma D}{n} \quad \text{和} \quad s_D = \sqrt{\frac{n\Sigma D^2 - (\Sigma D)^2}{n(n-1)}}$$

這一項 *t* 檢定的步驟被摘要在下述的程序表。

程序表

檢定相依樣本平均數之間的差距

步驟 1 陳述假設並確立主張。
步驟 2 求出臨界值（一個或兩個）。
步驟 3 計算檢定數值。

　　a. 首先製作表格，如下所示。

X_1	X_2	**A** $D = X_1 - X_2$	**B** $D^2 = (X_1 - X_2)^2$
⋮	⋮		
		$\Sigma D =$ _____	$\Sigma D^2 =$ _____

　　b. 求出差距，並且把結果放在 A 行。

$$D = X_1 - X_2$$

　　c. 求出差距的平均數。

$$\bar{D} = \frac{\Sigma D}{n}$$

　　d. 將差距平方，然後把結果放在 B 行。完成表格。

$$D^2 = (X_1 - X_2)^2$$

　　e. 求出差距的標準差。

$$s_D = \sqrt{\frac{n\Sigma D^2 - (\Sigma D)^2}{n(n-1)}}$$

　　f. 求出檢定數值。

$$t = \frac{\bar{D} - \mu_D}{s_D/\sqrt{n}} \quad \text{有著自由度 d.f.} = n-1$$

非凡數字

大概有 4% 的美國人每年在監獄至少住上一晚。

步驟 4 下決定。

步驟 5 摘要結論。

例題 9-6 銀行存款

一組 9 家地方銀行的樣本顯示它們 3 年前的存款（以十億美元計）和現在的存款（以十億美元計）。在 $\alpha = 0.05$ 之下，可以認為現在的平均存款大於 3 年前的平均存款嗎？使用 $\alpha = 0.05$。假設變數是常態分配的。

資料來源：SNL Financial.

銀行	1	2	3	4	5	6	7	8	9
3 年前	11.42	8.41	3.98	7.37	2.28	1.10	1.00	0.9	1.35
現在	16.69	9.44	6.53	5.58	2.92	1.88	1.78	1.5	1.22

解答

步驟 1 陳述假設並確立主張。因為我們有興趣知道存款是否已經增加，也就是說 3 年前的平均存款必須小於現在的平均存款；因此 3 年前和現在的差距必須顯著地小於 0。

$$H_0: \mu_D = 0 \quad \text{以及} \quad H_1: \mu_D < 0 \text{（主張）}$$

步驟 2 求出臨界值。自由度是 $n-1$ 或是 $9-1=8$。使用表 E，有著 $\alpha = 0.05$ 之左尾檢定的臨界值是 -1.860。

步驟 3 計算檢定數值。

a. 首先製作表格。

3 年前 (X_1)	現在 (X_2)	A $D = X_1 - X_2$	B $D^2 = (X_1 - X_2)^2$
11.42	16.69		
8.41	9.44		
3.98	6.53		
7.37	5.58		
2.28	2.92		
1.10	1.88		
1.00	1.78		
0.90	1.50		
1.35	1.22		

b. 求出差距，並且把結果放在 A 行。

第 9 章　檢定兩平均數、兩比例與兩變異數的差距

$$\begin{aligned}
11.42 - 16.69 &= -5.27 \\
8.41 - 9.44 &= -1.03 \\
3.98 - 6.53 &= -2.55 \\
7.37 - 5.58 &= +1.79 \\
2.28 - 2.92 &= -0.64 \\
1.10 - 1.88 &= -0.78 \\
1.00 - 1.78 &= -0.78 \\
0.9 - 1.50 &= -0.60 \\
1.35 - 1.22 &= +0.13 \\
\Sigma D &= -9.73
\end{aligned}$$

c. 求出差距的平均數。

$$\bar{D} = \frac{\Sigma D}{n} = \frac{-9.73}{9} = -1.081$$

d. 將差距平方，然後把結果放在 B 行。

$$\begin{aligned}
(-5.27)^2 &= 27.7729 \\
(-1.03)^2 &= 1.0609 \\
(-2.55)^2 &= 6.5025 \\
(+1.79)^2 &= 3.2041 \\
(-0.64)^2 &= 0.4096 \\
(-0.78)^2 &= 0.6084 \\
(-0.78)^2 &= 0.6084 \\
(-0.60)^2 &= 0.3600 \\
(+0.13)^2 &= 0.0169 \\
\Sigma D^2 &= 40.5437
\end{aligned}$$

完成的表格如下所示。

3 年前 (X_1)	現在 (X_2)	A $D = X_1 - X_2$	B $D^2 = (X_1 - X_2)^2$
11.42	16.69	−5.27	27.7729
8.41	9.44	−1.03	1.0609
3.98	6.53	−2.55	6.5025
7.37	5.58	+1.79	3.2041
2.28	2.92	−0.64	0.4096
1.10	1.88	−0.78	0.6084
1.00	1.78	−0.78	0.6084
0.90	1.50	−0.60	0.3600
1.35	1.22	+0.13	0.0169
		$\Sigma D = -9.73$	$\Sigma D^2 = 40.5437$

e. 求出差距的標準差。

$$s_D = \sqrt{\frac{n\Sigma D^2 - (\Sigma D)^2}{n(n-1)}}$$

$$= \sqrt{\frac{9(40.5437) - (-9.73)^2}{9(9-1)}}$$

$$= \sqrt{\frac{270.2204}{72}}$$

$$= 1.937$$

f. 求出檢定數值。

$$t = \frac{\overline{D} - \mu_D}{s_D/\sqrt{n}} = \frac{-1.081 - 0}{1.937/\sqrt{9}} = -1.674$$

步驟 4 下決定。不拒絕虛無假設，因為檢定數值 -1.674 大於臨界值 -1.860。詳見圖 9-6。

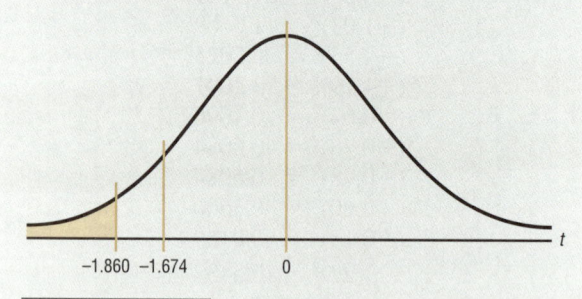

圖 9-6 例題 9-6 的臨界值與檢定數值

步驟 5 摘要結論。沒有足夠的證據支持 3 年來平均存款已經增加的主張。

例題 9-7　膽固醇水準

有一位營養學家希望發現吃某種礦物質的副食品是否能夠改變人們的膽固醇水準。有 6 個人接受前測，接下來他們按時吃礦物質副食品 6 個禮拜。其結果見以下的表格。（膽固醇水準以每公合毫克計。）在 $\alpha = 0.10$ 之下，可以認定膽固醇水準已經改變了嗎？假設膽固醇水準的分配接近常態分配。

受測人	1	2	3	4	5	6
之前 (X_1)	210	235	208	190	172	244
之後 (X_2)	190	170	210	188	173	228

解答

步驟 1 陳述假設並確立主張。假如吃副食品是有效的，則之前和之後的膽固醇水準應該不一樣。

$$H_0: \mu_D = 0 \quad \text{以及} \quad H_1: \mu_D \neq 0 \,(\text{主張})$$

步驟 2 求出臨界值。自由度是 $6-1=5$。在 $\alpha = 0.10$ 之下，雙尾檢定的臨界值是 ± 2.015。

步驟 3 計算檢定數值。

a. 首先製作表格。

之前 (X_1)	之後 (X_2)	A $D = X_1 - X_2$	B $D^2 = (X_1 - X_2)^2$
210	190		
235	170		
208	210		
190	188		
172	173		
244	228		

b. 求出差距，並且把結果放在 A 行。

$$\begin{aligned} 210 - 190 &= 20 \\ 235 - 170 &= 65 \\ 208 - 210 &= -2 \\ 190 - 188 &= 2 \\ 172 - 173 &= -1 \\ 244 - 228 &= \underline{16} \\ \Sigma D &= 100 \end{aligned}$$

c. 求出差距的平均數。

$$\overline{D} = \frac{\Sigma D}{n} = \frac{100}{6} = 16.7$$

d. 將差距平方，然後把結果放在 B 行。

$$\begin{aligned} (20)^2 &= 400 \\ (65)^2 &= 4225 \\ (-2)^2 &= 4 \\ (2)^2 &= 4 \\ (-1)^2 &= 1 \\ (16)^2 &= \underline{256} \\ \Sigma D^2 &= 4890 \end{aligned}$$

完成的表格如下所示。

之前 (X_1)	之後 (X_2)	A $D = X_1 - X_2$	B $D^2 = (X_1 - X_2)^2$
210	190	20	400
235	170	65	4225
208	210	−2	4
190	188	2	4
172	173	−1	1
244	228	16	256
		$\Sigma D = 100$	$\Sigma D^2 = 4890$

e. 求出差距的標準差。

$$s_D = \sqrt{\frac{n\Sigma D^2 - (\Sigma D)^2}{n(n-1)}}$$

$$= \sqrt{\frac{6 \cdot 4890 - 100^2}{6(6-1)}}$$

$$= \sqrt{\frac{29{,}340 - 10{,}000}{30}}$$

$$= 25.4$$

f. 求出檢定數值。

$$t = \frac{\overline{D} - \mu_D}{s_D/\sqrt{n}} = \frac{16.7 - 0}{25.4/\sqrt{6}} = 1.610$$

步驟 4 下決定。虛無假設無法被拒絕，因為檢定數值 1.610 落在非拒絕域，如圖 9-7 所示。

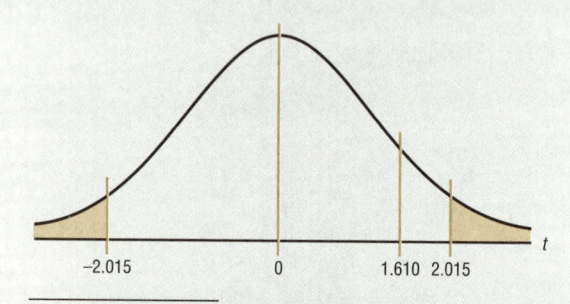

圖 9-7 例題 9-7 的臨界值與檢定數值

步驟 5 摘要結論。沒有足夠的證據支持膽固醇水準已經改變的主張。

在表 E 可以求出這一項 t 檢定的 p 值。針對一種有著 d.f. = 5 和 t = 1.610 的雙尾檢定，得到 p 值介於 1.476 和 2.015；因此，0.10＜p 值＜0.20。所以虛無假設無法在 α = 0.10 之下被拒絕。

如果假定差距不等於 0，應該使用以下的公式：

第 9 章 檢定兩平均數、兩比例與兩變異數的差距

$$t = \frac{\bar{D} - \mu_D}{s_D/\sqrt{n}}$$

其中 μ_D 是假定的差距。

比如說，如果營養學家主張吃某一份特定的餐點一週平均可以減重 3 磅，假設會是

$$H_0: \mu_D = 3 \quad 以及 \quad H_1: \mu_D \neq 3$$

數字 3 會被代入公式中的 μ_D 這一項。

可以用以下的公式求出平均差距的信賴區間。

平均差距的信賴區間

$$\bar{D} - t_{\alpha/2}\frac{s_D}{\sqrt{n}} < \mu_D < \bar{D} + t_{\alpha/2}\frac{s_D}{\sqrt{n}}$$

$$\text{d.f.} = n - 1$$

例題 9-8

求出例題 9-7 數據的 90% 信賴區間。

解答

代入公式。

$$\bar{D} - t_{\alpha/2}\frac{s_D}{\sqrt{n}} < \mu_D < \bar{D} + t_{\alpha/2}\frac{s_D}{\sqrt{n}}$$

$$16.7 - 2.015 \cdot \frac{25.4}{\sqrt{6}} < \mu_D < 16.7 + 2.015 \cdot \frac{25.4}{\sqrt{6}}$$

$$16.7 - 20.89 < \mu_D < 16.7 + 20.89$$

$$-4.19 < \mu_D < 37.59$$

$$-4.2 < \mu_D < 37.6$$

因為 0 在區間內，決定是不拒絕虛無假設 $H_0: \mu_D = 0$。因此，沒有足夠證據支持膽固醇水準已經改變的主張，如先前所示。

觀念應用 9-3　空氣品質

身為一位 EPA 的研究員，你被要求檢視美國的空氣品質在過去 2 年內是否已經改變。你從 10 個都會區挑選一組隨機樣本，並且求出該區域不滿足空氣品質標準的天數。數據如下所示。

| 第一年 | 18 | 125 | 9 | 22 | 138 | 29 | 1 | 19 | 17 | 31 |
| 第二年 | 24 | 152 | 13 | 21 | 152 | 23 | 6 | 31 | 34 | 20 |

資料來源：*The World Almanac and Book of Facts.*

根據數據，回答以下的問題。

1. 這一項研究的目的為何？
2. 樣本是獨立的或是相依的？
3. 你會用什麼樣的假設？
4. 你會用什麼樣的臨界值（一個還是兩個）？
5. 你會用什麼樣的統計檢定？
6. 自由度為多少？
7. 你的結論為何？
8. 可以用一種獨立平均數檢定嗎？
9. 你認為上述的過程回答了原先設定的問題嗎？

答案在第 440 頁。

練習題 9-3

1. 以下情況是獨立樣本或是相依樣本？
   a. 雙胞胎的身高
   b. 同一位學生的英文和心理學成績
   c. 在兩群人身上使用兩種阿斯匹靈的藥效
   d. 在兩群人身上使用前測和後測測量某一種藥物的反應時間
   e. 兩種食譜對兩群人的效果

針對練習題 2~4，執行以下每一個步驟。假設所有隨機變數都是常態分配或是接近常態分配的。
   a. 陳述假設並確立主張
   b. 求出臨界值
   c. 計算檢定數值
   d. 下決定
   e. 摘要結論

除非特別聲明，否則使用傳統法進行假設檢定。

2. **睡眠報告**　一組統計課學生被要求報告週末夜和平日晚上的睡覺時間。在 $\alpha = 0.05$ 之下，有充分證據支持平均睡覺時間有差別嗎？

學生	1	2	3	4	5	6	7	8
週日到週四（時數）	8	5.5	7.5	8	7	6	6	8
週五到週六（時數）	4	7	10.5	12	11	9	6	9

3. **雙胞胎的心跳速度**　有一位研究員想要比較雙胞胎的心跳速度，進而知道彼此間是否有差異。隨機挑選 8 對雙胞胎。以下表格提供每分鐘跳幾下的數據。在 $\alpha = 0.01$ 之下，支持雙胞胎的平均心跳速度有差別嗎？求出平

均心跳速度差距的 99% 信賴區間。使用 p 值法。

| 雙胞胎 A | 87 | 92 | 78 | 83 | 88 | 90 | 84 | 93 |
| 雙胞胎 B | 83 | 95 | 79 | 83 | 86 | 93 | 80 | 86 |

4. **高爾夫球成績** 某位研究人員假設美國高爾夫公開賽第一局和最後一局的分數是不一樣的。以下的成對數據來自 2012 美國公開賽選手的隨機樣本。在 0.05 的顯著水準之下，兩局的平均分數有差別嗎？

高爾夫選手	1	2	3	4	5	6	7	8
第一局	72	73	72	72	72	70	73	70
最後一局	72	69	75	76	75	73	75	74

檢定兩平均數差距：相依樣本

Excel 技術步驟解析

例題 XL9-3

根據下述樣本數據檢定母體平均數之間無差距的主張。使用 $\alpha = 0.05$。

| A 數據集 | 33 | 35 | 28 | 29 | 32 | 34 | 30 | 34 |
| B 數據集 | 27 | 29 | 36 | 34 | 30 | 29 | 28 | 24 |

1. 在 A 行輸入 A 數據集的 8 個數字。
2. 在 B 行輸入 B 數據集的 8 個數字。
3. 點選 toolbar（工具列）的 Data，然後點選 Data Analysis（資料分析）。
4. 點選 Analysis Tools（分析工具）框的 t test: Paired Two Sample for Means（成對雙樣本 t 檢定），然後點選 [OK]。
5. 在 Input（輸入），輸入第一個變數的儲存格範圍，Variable 1 Range: A1:A8，以及第二個變數的儲存格範圍，Variable 2 Range: B1:B8。
6. 設定 Hypothesized Mean Difference（平均數差距的假定數值）等於 0。
7. 指定信心水準 Alpha 等於 0.05。
8. 在結果輸出的選項，為輸出範圍 Output Range 輸入 D5，然後點選 [OK]。

統計學

t-Test: Paired Two Sample for Means		
	Variable 1	Variable 2
Mean	31.875	29.625
Variance	6.696428571	14.55357143
Observations	8	8
Pearson Correlation	-0.757913399	
Hypothesized Mean Difference	0	
df	7	
t Stat	1.057517468	
P(T<=t) one-tail	0.1626994	
t Critical one-tail	1.894578604	
P(T<=t) two-tail	0.3253988	
t Critical two-tail	2.364624251	

注意：或許需要增加欄位的寬度，讓你可以看到所有結果。請這樣做：

1. 反白 D、E 和 F 行。
2. 點選 Format > AutoFit Column Width（格式 > 自動調整欄寬）。

輸出顯示雙尾的 p 值是 0.3253988。這一個數字比 alpha 的顯著水準 0.05 高，所以我們無法拒絕虛無假設。

9-4　檢定兩比例的差距

學習目標 ❹
檢定兩比例的差距。

在第八章，解釋了單一比例的推論問題。這一節，將解釋如何檢定兩樣本比例的差距。

適當修改 z 檢定可以檢定兩比例的一致性。比如說，某一位研究員或許會問，男性經常運動的比例是不是比女性經常運動的比例低？學生擁有電腦的比例和非學生擁有電腦的比例是不是有差別？大學生付現買東西的比例和非大學生付現買東西的比例是不是有差別？

回憶第七章，符號 $\hat{p}$ 所代表的樣本比例被用來估計符號為 p 的母體比例。比如說，如果一組 30 位大學生的樣本裡有 9 位延畢，則樣本比例是 $\hat{p} = \frac{9}{30}$ 或是 0.3。母體比例 p 是所有學生的延畢比例，等於延畢生總數除以大學生總數。$\hat{p}$ 的公式是

$$\hat{p} = \frac{X}{n}$$

其中
　　$X =$ 擁有某個有興趣特質的總樣本個數
　　$n =$ 樣本數

第 9 章　檢定兩平均數、兩比例與兩變異數的差距

當你檢定兩母體比例 p_1 和 p_2 的差距時，如果假定兩者之間沒有差距，則假設如下所述：

$$H_0: p_1 = p_2 \quad \text{或} \quad H_0: p_1 - p_2 = 0$$
$$H_1: p_1 \neq p_2 \qquad\qquad H_1: p_1 - p_2 \neq 0$$

在對立假設使用＞和＜可以形成單尾檢定。

針對兩項樣本比例，估計 p_1 的 $\hat{p} = X_1/n_1$ 以及估計 p_2 的 $\hat{p} = X_2/n_2$，它們差距的標準誤是

$$\sigma_{\hat{p}_1 - \hat{p}_2} = \sqrt{\sigma_{p_1}^2 + \sigma_{p_2}^2} = \sqrt{\frac{p_1 q_1}{n_1} + \frac{p_2 q_2}{n_2}}$$

其中 $\sigma_{p_1}^2$ 和 $\sigma_{p_2}^2$ 是樣本比例的變異數，$q_1 = 1 - p_1$，$q_2 = 1 - p_2$，以及 n_1 和 n_2 代表個別的樣本數。

因為 p_1 和 p_2 未知，可以用以下的公式得到 p 的加權估計：

$$\bar{p} = \frac{n_1 \hat{p}_1 + n_2 \hat{p}_2}{n_1 + n_2}$$

而且 $\bar{q} = 1 - \bar{p}$。這一項加權估計根據假設 $p_1 = p_2$。因此，$\bar{p}$ 會比 $\hat{p}_1$ 或是 $\hat{p}_2$ 好，因為這是一種同時使用 $\hat{p}_1$ 和 $\hat{p}_2$ 的平均。

因為 $\hat{p}_1 = X_1/n_1$ 以及 $\hat{p}_2 = X_2/n_2$，$\bar{p}$ 可以被簡化為

$$\bar{p} = \frac{X_1 + X_2}{n_1 + n_2}$$

最後，用這一項加權估計得到的樣本比例差距的標準誤是

$$\sigma_{\hat{p}_1 - \hat{p}_2} = \sqrt{\bar{p}\bar{q}\left(\frac{1}{n_1} + \frac{1}{n_2}\right)}$$

檢定數值的公式如下所示。

比較兩比例之 z 檢定的公式

$$z = \frac{(\hat{p}_1 - \hat{p}_2) - (p_1 - p_2)}{\sqrt{\bar{p}\bar{q}\left(\dfrac{1}{n_1} + \dfrac{1}{n_2}\right)}}$$

其中

$$\bar{p} = \frac{X_1 + X_2}{n_1 + n_2} \qquad \hat{p}_1 = \frac{X_1}{n_1}$$
$$\bar{q} = 1 - \bar{p} \qquad\qquad \hat{p}_2 = \frac{X_2}{n_2}$$

這一項公式也同樣地遵守一般公式模式：

$$檢定數值 = \frac{觀察值 - 期待值}{標準誤}$$

在檢定兩樣本比例的差距之前，你必須先檢查以下的假設是否被滿足。

比較兩比例之 z 檢定的假設

1. 樣本都是隨機樣本。
2. 樣本數據是獨立的。
3. 兩樣本都必須同時滿足 $np \geq 5$ 和 $nq \geq 5$。

本書會在練習題指明該有的假設；但是，當你在其他情況遇到統計學，必須在繼續之前檢查這一些該有的假設是否滿足。

這裡使用的假設檢定程序依循先前說過的五步驟，除了必須計算 $\hat{p}_1$、$\hat{p}_2$、$\bar{p}$ 和 $\bar{q}$。

例題 9-9　安養中心的感染率

研究發現 34 家小型安養中心有 12 家院內感染率小於 80%，而 24 家大型安養中心有 17 家院內感染率小於 80%。在 $\alpha = 0.05$ 之下，檢定小型安養中心和大型安養中心院內感染率小於 80% 的比例是沒有差別的。

資料來源：Nancy Arden, Arnold S. Monto, and Suzanne E. Ohmit, "Vaccine Use and the Risk of Outbreaks in a Sample of Nursing Homes During an Influenza Epidemic," *American Journal of Public Health*.

解答

步驟 1　陳述假設並確立主張。

$$H_0: p_1 = p_2 \text{（主張）} \quad \text{以及} \quad H_1: p_1 \neq p_2$$

步驟 2　求出臨界值。因為 $\alpha = 0.05$，臨界值是 +1.96 和 −1.96。

步驟 3　計算檢定數值。首先計算 $\hat{p}_1$、$\hat{p}_2$、$\bar{p}$ 和 $\bar{q}$。然後代入公式。

令 $\hat{p}_1$ 是小型安養中心院內感染率小於 80% 的樣本比例，並且令 $\hat{p}_2$ 是大型安養中心院內感染率小於 80% 的樣本比例。然後，

$$\hat{p}_1 = \frac{X_1}{n_1} = \frac{12}{34} = 0.35 \quad \text{和} \quad \hat{p}_2 = \frac{X_2}{n_2} = \frac{17}{24} = 0.71$$

$$\bar{p} = \frac{X_1 + X_2}{n_1 + n_2} = \frac{12 + 17}{34 + 24} = \frac{29}{58} = 0.5$$

$$\bar{q} = 1 - \bar{p} = 1 - 0.5 = 0.5$$

$$z = \frac{(\hat{p}_1 - \hat{p}_2) - (p_1 - p_2)}{\sqrt{\bar{p}\,\bar{q}\left(\frac{1}{n_1} + \frac{1}{n_2}\right)}}$$

$$= \frac{(0.35 - 0.71) - 0}{\sqrt{(0.5)(0.5)\left(\frac{1}{34} + \frac{1}{24}\right)}} = \frac{-0.36}{0.1333} = -2.70$$

步驟 4 下決定。拒絕虛無假設，因為 $-2.70 < -1.96$。詳見圖 9-8。

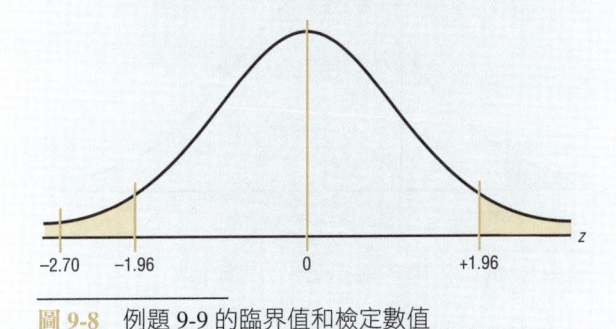

圖 9-8 例題 9-9 的臨界值和檢定數值

步驟 5 摘要結論。有足夠的證據拒絕小型安養中心和大型安養中心院內感染率小於 80% 的比例沒有差別的主張。

例題 9-10 男性工人與女性工人

有一項隨機挑選 200 人（男性與女性各 100 人）的調查，發現 7% 的男性工人每週工作超過 5 天，而 11% 的女性工人每週工作超過 5 天。在 $\alpha = 0.01$ 之下，可以認為男性工人每週工作超過 5 天的比例低於女性工人的比例嗎？

資料來源：Fit survey of workers.

解答

步驟 1 陳述假設並確立主張。

$$H_0: p_1 = p_2 \quad \text{以及} \quad H_1: p_1 < p_2 \text{（主張）}$$

步驟 2 求出臨界值。使用表 D，$\alpha = 0.01$，臨界值是 $z = -2.33$。

步驟 3 計算檢定數值。你已經知道百分比，$\hat{p}_1 = 7\%$ 或是 0.07；以及 $\hat{p}_2 = 11\%$ 或者 0.11。為了計算 $\bar{p}$ 和 $\bar{q}$，你必須得知 X_1 和 X_2。

$$X_1 = \hat{p}_1 n_1 = 0.07(100) = 7$$

$$X_2 = \hat{p}_2 n_2 = 0.11(100) = 11$$

$$\bar{p} = \frac{\bar{X}_1 + \bar{X}_2}{n_1 + n_2} = \frac{7 + 11}{100 + 100} = \frac{18}{200} = 0.09$$

$$\bar{q} = 1 - \bar{p} = 1 - 0.09 = 0.91$$

$$z = \frac{(\hat{p}_1 - \hat{p}_2) - (p_1 - p_2)}{\sqrt{\bar{p}\bar{q}\left(\frac{1}{n_1} + \frac{1}{n_2}\right)}} = \frac{(0.07 - 0.11) - 0}{\sqrt{(0.09)(0.91)\left(\frac{1}{100} + \frac{1}{100}\right)}} = \frac{-0.04}{0.0404} = -0.99$$

步驟 4 下決定。無法拒絕虛無假設，因為 $-0.99 > -2.33$，其實，-0.99 不在拒絕域內。詳見圖 9-9。

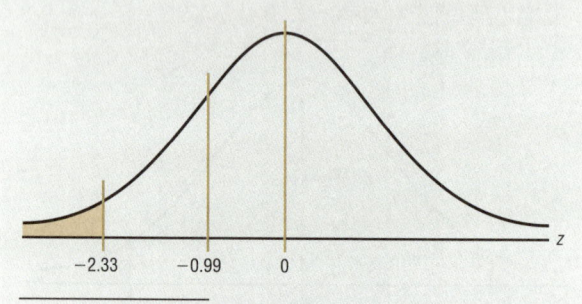

圖 9-9 例題 9-10 的臨界值和檢定數值

步驟 5 摘要結論。沒有充分的證據支持男性工人每週工作超過 5 天的比例低於女性工人的比例這樣的主張。

可以從表 D 求出比例差距 z 檢定的 p 值，就像第 9-1 節所示。針對例題 9-10，針對 -0.99，表格提供的數值是 0.1611。因此，$0.1611 > 0.01$；所以決定不拒絕虛無假設。

兩比例差距的抽樣分配可以被用來建構兩比例差距的信賴區間。可以用以下公式求出兩比例差距的信賴區間。

兩比例差距的信賴區間

$$(\hat{p}_1 - \hat{p}_2) - z_{\alpha/2}\sqrt{\frac{\hat{p}_1 \hat{q}_1}{n_1} + \frac{\hat{p}_2 \hat{q}_2}{n_2}} < p_1 - p_2 < (\hat{p}_1 - \hat{p}_2) + z_{\alpha/2}\sqrt{\frac{\hat{p}_1 \hat{q}_1}{n_1} + \frac{\hat{p}_2 \hat{q}_2}{n_2}}$$

此時，信賴區間使用母體比例估計值為基準的標準差，但是檢定用的卻是假設兩母體比例一致的標準差。這樣會造成兩者帶出不同的結論，所以當檢定

兩比例的差異時，應該用 z 檢定而不是信賴區間。

例題 9-11

利用例題 9-9 的數據求出比例差距的 95% 信賴區間。

解答

$$\hat{p}_1 = \frac{12}{34} = 0.35 \quad \hat{q}_1 = 0.65$$

$$\hat{p}_2 = \frac{17}{24} = 0.71 \quad \hat{q}_2 = 0.29$$

代入公式。

$$(\hat{p}_1 - \hat{p}_2) - z_{\alpha/2}\sqrt{\frac{\hat{p}_1\hat{q}_1}{n_1} + \frac{\hat{p}_2\hat{q}_2}{n_2}} < p_1 - p_2$$

$$< (\hat{p}_1 - \hat{p}_2) + z_{\alpha/2}\sqrt{\frac{\hat{p}_1\hat{q}_1}{n_1} + \frac{\hat{p}_2\hat{q}_2}{n_2}}$$

$$(0.35 - 0.71) - 1.96\sqrt{\frac{(0.35)(0.65)}{34} + \frac{(0.71)(0.29)}{24}}$$

$$< p_1 - p_2 < (0.35 - 0.71) + 1.96\sqrt{\frac{(0.35)(0.65)}{34} + \frac{(0.71)(0.29)}{24}}$$

$$-0.36 - 0.242 < p_1 - p_2 < -0.36 + 0.242$$

$$-0.602 < p_1 - p_2 < -0.118$$

觀念應用 9-4　抽菸與教育

你正在研究一項假設，該假設是公立學校學生的抽菸比例和私立學校學生的抽菸比例沒有差別。你從最近一份調查得到以下的結果。

學校	抽菸比例
公立	32.3
私立	14.5

根據上述結果回答以下的問題。

1. 如果你希望比較公立學校學生的抽菸比例和私立學校學生的抽菸比例，你會用什麼樣的假設？
2. 你會用什麼樣的臨界值？
3. 你會用什麼樣的統計檢定比較這兩項比例？

4. 你需要什麼樣的資訊以完成這一項統計檢定？
5. 假設你發現公私立學校學生各有 1,000 人參與調查。你可以進行統計檢定嗎？
6. 如果可以，完成檢定並且摘要結果。

答案在第 440 頁。

練習題 9-4

1. 求出以下各小題的 $\hat{p}$ 和 $\hat{q}$。
   a. $n = 48, X = 34$
   b. $n = 75, X = 28$
   c. $n = 100, X = 50$
   d. $n = 24, X = 6$
   e. $n = 144, X = 12$

2. 求出以下各小題的 $\bar{p}$ 和 $\bar{q}$。
   a. $X_1 = 60, n_1 = 100, X_2 = 40, n_2 = 100$
   b. $X_1 = 22, n_1 = 50, X_2 = 40, n_2 = 30$
   c. $X_1 = 18, n_1 = 60, X_2 = 18, n_2 = 80$
   d. $X_1 = 5, n_1 = 32, X_2 = 12, n_2 = 48$
   e. $X_1 = 12, n_1 = 75, X_2 = 15, n_2 = 50$

針對練習題 3~8，執行以下每一個步驟。
   a. 陳述假設並確立主張
   b. 求出臨界值
   c. 計算檢定數值
   d. 下決定
   e. 摘要結論

除非特別聲明，否則使用傳統法進行假設檢定。

3. **求富心態** 一組 80 位美國人的樣本，有 44 位希望他們是有錢人。一組 90 位歐洲人的樣本，有 41 位希望他們是有錢人。在 $\alpha = 0.01$ 之下，這兩項比例有差別嗎？求出這兩項比例之差距的 99% 信賴區間。

4. **戰爭必然性調查** 200 名青少年的樣本顯示有 50 位相信戰爭的必然性，而 300 名年齡超過 60 歲之成人的樣本顯示有 93 位相信戰爭的必然性。青少年相信戰爭必然性的比例有別於年齡超過 60 歲之成人的比例嗎？使用 $\alpha = 0.01$。使用 p 值法。

5. **資深工人** 看起來人們選擇或是發現年齡大了還是需要工作。由年齡超過 65 歲的 200 位男性和 200 位女性的樣本，發現有 80 位男性和 59 位女性還在工作。在 $\alpha = 0.01$ 之下，可以認定這兩項比例有差別嗎？

   資料來源：www.census.gov

6. **大學生的財務支助** 有一項研究希望知道女大學生拿到獎助學金的比例是否有別於男大學生的比例。一組大學生的隨機樣本透露以下的結果。在 $\alpha = 0.01$ 之下，有顯著的證據拒絕虛無假設嗎？

	女性	男性
樣本數	250	300
拿到獎助學金的人數	200	180

   資料來源：U.S. Department of Education, National Center for Education Statistics.

7. **折價券** 在現今經濟體系裡，每一個人都是省錢達人。一般相信女人比較會剪折價券。一組隨機樣本顯示 180 位女人有 132 位會剪折價券、100 位男人則有 56 位會剪折價券。在 $\alpha = 0.01$ 之下，有充分的證據支持女性的比例高過男性的比例嗎？使用 p 值法。

8. **霸凌** 霸凌是每一個年齡都有的問題，但是特別是年齡在 12 到 18 歲的學生。一項研究發現這個年齡的學生有 7.2% 表示曾經在過去六個月內被霸凌過，其中 6 年級最高，是 13.9%，而 12 年級最低，是 2.2%。為了了解

第 9 章　檢定兩平均數、兩比例與兩變異數的差距

公私立學校之間有差別，隨機從每一種學校挑選 200 位學生，並且得到以下的數據。在 0.05 的顯著水準之下，可以認定有差別嗎？

	私立	公立
樣本數	200	200
被霸凌人數	13	16

資料來源：www.nces.ed.gov

檢定兩比例之間的差距

Excel 技術步驟解析

Excel 不提供進行平均數假設檢定的程序，不過你可以藉由線上資源的 MegaStat 外掛程式決定平均數的信賴區間。如果你還沒有安裝這一項外掛程式，根據第一章 Excel 技術步驟解析的說明進行安裝。

我們將利用例題 9-9 摘要的資訊。

1. 從 toolbar（工具列）點選 Add-ins（外掛程式），MegaStat>Hypothesis Tests>Compare Two Independent Proportions。注意：你或許需要從電腦硬碟的檔案 MegaStat.xls 打開 MegaStat。
2. 在 Group 1（第一群）底下為 p 輸入 12，為 n 輸入 34。在 Group 2（第二群）底下為 p 輸入 17，為 n 輸入 24。MegaStat 會自動把 p 改成 X，除非在 p 的位置輸入小於 1 的小數。
3. 為 Hypothesized difference 輸入 0，並且挑選「not equal」（不等於）的對立假設，然後點選 [OK]。

Hypothesis Test for Two Independent Proportions

p_1	p_2		p_c	
0.3529	0.7083		0.5	p (as decimal)
12/34	17/24		29/58	p (as fraction)
12.	17.		29.	X
34	24		58	n

−0.3554	Difference
0.	Hypothesized difference
0.1333	Standard error
−2.67	z
0.0077	P-value (two-tailed)

9-5　檢定兩變異數的差距

學習目標 ❺
檢定兩變異數或兩標準差的差距。

除了比較兩項平均數（比例也是一種平均數），統計學家也有興趣比較兩項變異數或是標準差。比如說，某兩座城市某一個月溫度的變化程度是否不一樣？

另外，某研究員或許有興趣比較男性的膽固醇水準變異數與女性的膽固醇水準變異數。用一種 **F 檢定(F test)** 比較兩項變異數或是標準差。不要把 F 檢定和第八章的檢定單一變異數卡方檢定搞錯了。

圖 9-10 顯示幾條 F 分配曲線的形狀。

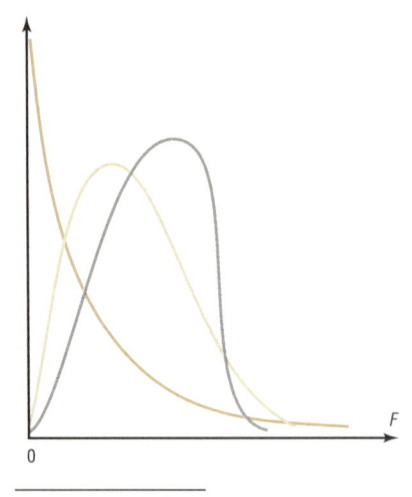

圖 9-10 F 的曲線族

如果從兩常態分配母體挑選獨立樣本，並且假設兩變異數相等 ($\sigma_1^2 = \sigma_2^2$)，這時候兩樣本變異數 s_1^2 和 s_2^2 的比值 $\frac{s_1^2}{s_2^2}$ 會有一種叫做 **F 分配 (F distribution)** 的抽樣分配。

F 分配的特徵

1. F 值不會是負的，因為變異數永遠大於等於 0。
2. 分配是正偏斜的。
3. F 的平均數大約是 1。
4. 根據分子自由度和分母自由度區分 F 分配曲線族的成員。

F 檢定的公式

$$F = \frac{s_1^2}{s_2^2}$$

其中比較大的樣本變異數被放在分子。（詳見第 434 頁的注意事項。）
F 檢定有兩項自由度：分子自由度 $n_1 - 1$ 和分母自由度 $n_2 - 1$，其中 n_1 是較大樣本變異數的樣本數。

當你在找出 F 檢定數值的時候，要把較大的樣本變異數放在 F 公式的分子；這和樣本數哪一個比較大無關。

附錄 C 的表 G 提供 F 在 $\alpha = 0.005, 0.01, 0.025, 0.05$ 以及 0.10 的臨界值

第 9 章 檢定兩平均數、兩比例與兩變異數的差距

（每一個 α 值都有自己的表格）。這些都是單尾檢定的臨界值；如果進行一種雙尾檢定，則必須使用 $\alpha/2$。比如說，如果進行 $\alpha = 0.05$ 的雙尾檢定，則用 $0.05/2 = 0.025$ 查閱表 G 的某一張表格。

例題 9-12

當 $\alpha = 0.05$，求出右尾 F 檢定的臨界值，其中分子自由度（記作 d.f.N.）是 15，而分母自由度（記作 d.f.D.）是 21。

解答

因為這是一種有著 $\alpha = 0.05$ 的右尾檢定，我們必須使用 0.05 的表格。分子自由度 d.f.N. 標示在表格最上方，而分母自由度 d.f.D. 標示在表格的最左邊那一行。這時候，它是 2.18。詳見圖 9-11。

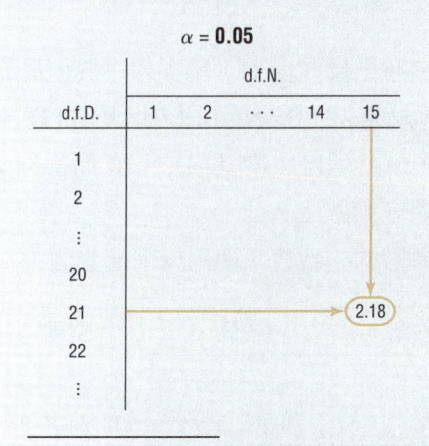

圖 9-11 為例題 9-12 在表 G 求出臨界值

注意，如前所述，當我們使用 F 檢定的時候，大的樣本變異數永遠要被放在公式的分子。當你進行某一項雙尾檢定的時候，α 被切半了；而且即使會有兩個臨界值，我們也只用右尾那一個。理由是 F 檢定數值永遠大於等於 1。

例題 9-13

當 $\alpha = 0.05$，求出一種雙尾 F 檢定的臨界值，其中分子樣本變異數的自由度是 21，而分母樣本變異數自由度是 12。

解答

因為這是一種雙尾檢定，$\alpha = 0.05$，必須使用 $0.05/2 = 0.025$ 的表格。此時，d.f.N. $= 21 - 1 = 20$ 以及 d.f.D. $= 12 - 1 = 11$；因此，臨界值是 3.23。詳見圖 9-12。

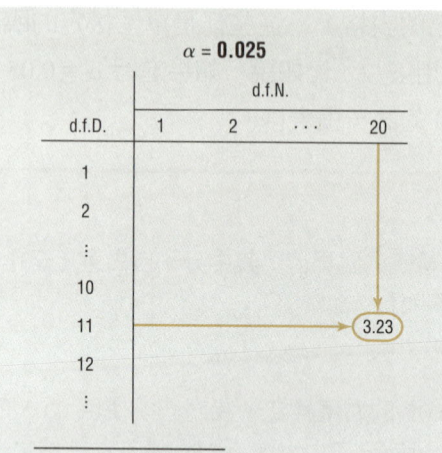

圖 9-12 為例題 9-13 在表 G 求出臨界值

　　如果正確的自由度沒有出現在表 G，請採用小於但最靠近的自由度。比如說，如果 α = 0.05（右尾檢定），d.f.N. = 18，以及 d.f.D. = 20，我們會建議採用行自由度 d.f.N. = 15，以及列自由度 d.f.D. = 20 而得到 F = 2.20。使用比較小的自由度是一種比較保守的做法。

　　當你正在檢定兩變異數的一致性，使用以下這些假設：

右尾	左尾	雙尾
$H_0: \sigma_1^2 = \sigma_2^2$	$H_0: \sigma_1^2 = \sigma_2^2$	$H_0: \sigma_1^2 = \sigma_2^2$
$H_1: \sigma_1^2 > \sigma_2^2$	$H_1: \sigma_1^2 < \sigma_2^2$	$H_1: \sigma_1^2 \neq \sigma_2^2$

當你使用 F 檢定的時候，記住以下四件事。

使用 F 檢定的注意事項

1. 不管下標是 1 還是 2，較大的樣本變異數要放在公式的分子部分。（詳見第 434 頁的注意事項。）

$$F = \frac{s_1^2}{s_2^2}$$

2. 針對雙尾檢定，顯著水準 α 要除以 2，並且使用 F 曲線的右尾臨界值。
3. 如果題目給的是樣本標準差，而不是樣本變異數，大的標準差除以小的標準差之後要記得平方，才是我們要的 F 檢定數值。
4. 當無法在表 G 求出需要的自由度，使用最接近而且不超過的自由度。

　　在檢定兩樣本變異數的差距之前，你必須先檢查以下的假設是否被滿足。

非凡數字

在美國所有誕生的嬰兒中，有 2% 是雙胞胎。

第 9 章　檢定兩平均數、兩比例與兩變異數的差距

兩變異數差距之 F 檢定的假設

1. 樣本必須是隨機樣本。
2. 被挑選樣本的母體必須是常態的。（注意：如果母體和常態差很多，不要用 F 檢定。）
3. 必須是獨立樣本。

本書會在練習題指明該有的假設；但是，當你在其他情況遇到統計學，必須在繼續之前檢查這一些該有的假設是否滿足。

記得使用傳統法進行假設檢定的五步驟：

步驟 1　陳述假設並確立主張。
步驟 2　求出臨界值。
步驟 3　計算檢定數值。
步驟 4　下決定。
步驟 5　摘要結論。

這一項程序不是穩健的，所以一點點偏離常態將影響檢定的結果。這一項檢定方法不應該用在非常態（尤其是左偏斜或是右偏斜的分配）的樣本，因為這時候樣本標準差不是非對稱分配離散程度的好估計。因為樣本標準差無法阻抗離群值或是極端值。當分配是偏一邊的時候，這樣的數字會拉高樣本標準差的數值。

例題 9-14　抽菸者的心跳速度

有一位醫藥研究員希望知道抽菸者的心跳速度變異數和非抽菸者的心跳速度變異數是不是一樣。挑選兩樣本，並且求出以下的數據。在 $\alpha = 0.05$ 之下，有足夠的證據支持主張嗎？假設變數是常態的。

抽菸者	非抽菸者
$n_1 = 26$	$n_2 = 18$
$s_1^2 = 36$	$s_2^2 = 10$

解答

步驟 1　陳述假設並確立主張。

$$H_0: \sigma_1^2 = \sigma_2^2 \quad \text{以及} \quad H_1: \sigma_1^2 \neq \sigma_2^2 \text{（主張）}$$

步驟 2　求出臨界值。使用表 G 的 0.025 表格，因為 $\alpha = 0.05$ 而且這是一種雙尾檢定。這時候，d.f.N. = 26 − 1 = 25 以及 d.f.D. = 18 − 1 = 17。臨界值是 2.56

（使用 d.f.N. = 24）。詳見圖 9-13。

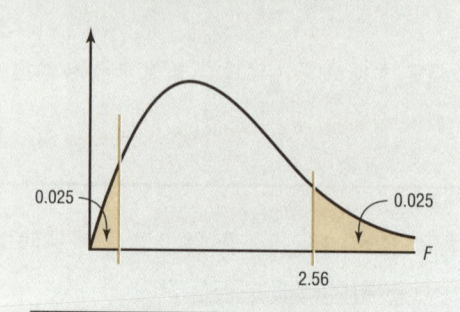

圖 9-13 例題 9-14 的臨界值

步驟 3　計算檢定數值。

$$F = \frac{s_1^2}{s_2^2} = \frac{36}{10} = 3.6$$

步驟 4　下決定。拒絕虛無假設，因為 3.6＞2.56。

步驟 5　摘要結論。有足夠的證據支持抽菸者的心跳速度變異數和非抽菸者的心跳速度變異數是一樣的主張。

例題 9-15　割草機的噪音水平

一組 16 部騎乘式割草機的隨機樣本顯示平均噪音水平是 93.2 分貝，而標準差是 4.3 分貝；另一組 12 部推式割草機的隨機樣本顯示平均噪音水平是 89.5 分貝，而標準差是 3.6 分貝。在 $\alpha = 0.01$ 之下，有足夠的證據支持騎乘式割草機的變異數高過推式割草機的變異數嗎？假設兩種割草機的噪音水平都是常態分配的。

解答

步驟 1　陳述假設並確立主張。

$$H_0: \sigma_1^2 = \sigma_2^2 \quad \text{以及} \quad H_1: \sigma_1^2 > \sigma_2^2 \text{（主張）}$$

步驟 2　求出臨界值。這時候，d.f.N. = 16 − 1 = 15 以及 d.f.D. = 12 − 1 = 11。在 $\alpha = 0.01$ 之下，從表格 G 求出臨界值是 4.25。

步驟 3　計算檢定數值。

$$F = \frac{s_1^2}{s_2^2} = \frac{36}{10} = 3.6$$

步驟 4　下決定。無法拒絕虛無假設，因為 1.43 沒有落入拒絕域 (1.43＜4.25)。詳見圖 9-14。

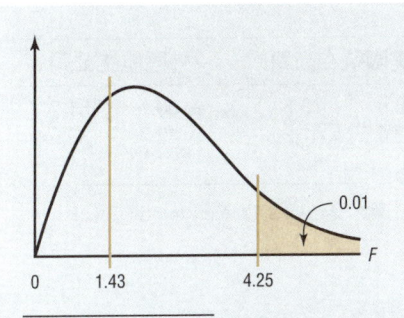

第 9 章　檢定兩平均數、兩比例與兩變異數的差距

圖 9-14　例題 9-15 的臨界值與檢定值

步驟 5　摘要結論。沒有足夠的證據支持騎乘式割草機的變異數高過推式割草機變異數的主張。

　　求出 F 檢定的 p 值更為複雜，因為需要看遍所有同樣分子和分母自由度的 F 分配表（附錄 C 的表 G）。比如說，假如某一次檢定 $F = 3.58$，d.f.N. = 5 以及 d.f.D. = 10。為了求出 $F = 3.58$ 的 p 值範圍，你必須針對 $\alpha = 0.005, 0.01, 0.025, 0.05$ 以及 0.10，在表 G 求出對應自由度 d.f.N. = 5 以及 d.f.D. = 10 的 F 值。然後製作一張像下面的表格：

α	0.10	0.05	0.025	0.01	0.005
F	2.52	3.33	4.24	5.64	6.87

現在找到檢定數值 3.58 落在哪一個 F 值的區間（要最短的區間）。在這個例子，3.58 落在 3.33 和 4.24 之間，對應 0.05 和 0.025，因此，這一項右尾檢定 $F = 3.58$ 的 p 值介於 0.025 和 0.05 之間（也就是說，$0.025 < p$ 值 < 0.05）。所以針對這一次的右尾檢定，你會在 $\alpha = 0.05$ 之下拒絕虛無假設，卻不會在 $\alpha = 0.01$ 之下拒絕虛無假設。從計算機取得的 p 值是 0.0408。記住，針對雙尾檢定，最後的答案要乘以 2，所以這個例子的 p 值滿足 $0.05 < p$ 值 < 0.10，如果 $F = 3.58$。再一次，如果 p 值小於 α，我們會拒絕虛無假設。

　　一旦了解觀念，你就能夠不需要上述表格而直接從表 G 找到答案。

例題 9-16　機場旅客

一家航空公司的總經理假設美國航空公司旅客人數的變異數大於外國航空公司旅客人數的變異數。在 $\alpha = 0.10$ 之下，有足夠的證據支持這一項假設嗎？以下數據顯示被挑選航空公司的每一年旅客人數（以百萬人計）。使用 p 值法。假設變數是常態的，而且樣本是隨機且獨立的。

美國航空公司		外國航空公司	
36.8	73.5	60.7	51.2
72.4	61.2	42.7	38.6
60.5	40.1		

資料來源：Airports Council International.

解答

步驟 1 陳述假設並確立主張。

$$H_0: \sigma_1^2 = \sigma_2^2 \quad \text{以及} \quad H_1: \sigma_1^2 > \sigma_2^2 \text{（主張）}$$

步驟 2 計算檢定數值。使用第三章的公式或是計算機求出每一群的變異數。

$$s_1^2 = 246.38 \quad \text{和} \quad s_2^2 = 95.87$$

代入公式並化簡之。

$$F = \frac{s_1^2}{s_2^2} = \frac{246.38}{95.87} = 2.57$$

步驟 3 從表 G 求出 p 值，使用 d.f.N. = 6 − 1 = 5 以及 d.f.D. = 4 − 1 = 3。

α	0.10	0.05	0.025	0.01	0.005
F	5.31	9.01	14.88	28.24	45.39

因為 2.57 小於 5.31，p 值會大於 0.10。（從計算機求出的 p 值是 0.234。）

步驟 4 下決定。無法拒絕虛無假設，因為 p 值 > 0.10。

步驟 5 摘要結論。沒有足夠的證據支持美國航空公司旅客人數的變異數大於外國航空公司旅客人數變異數的主張。

注意：當你進行一項 F 檢定的時候，並不是非把較大的樣本變異數放在公式的分子不可。對於左尾檢定，可以透過對調分子與分母自由度加上取倒數的方式找到需要的臨界值。

同時，當進行 F 檢定的時候應該小心，因為有時候數據會出現罕見狀況。比如說，如果假設是 $H_0: \sigma_1^2 \leq \sigma_2^2$（寫成 $H_0: \sigma_1^2 = \sigma_2^2$）和 $H_1: \sigma_1^2 > \sigma_2^2$，但是如果 $s_1^2 < s_2^2$，那麼不應該進行 F 檢定，況且你也無法拒絕虛無假設。

觀念應用 9-5　汽車傳動軸

假設以下數據來自 1996 年六月份的 Automative 雜誌。有一篇文章比較日本和美國跑車的各種參數。這一項報告主要關心一種選用汽車傳動軸的價格。在這一項價格上,哪一個國家的變化程度比較高?用以下的數據回答問題。

日本車		美國車	
Nissan 300ZX	$1,940	Dodge Stealth	$2,363
Mazda RX7	1,810	Saturn	1,230
Mazda MX6	1,871	Mercury Cougar	1,332
Nissan NX	1,822	Ford Probe	932
Mazda Miata	1,920	Eagle Talon	1,790
Honda Prelude	1,730	Chevy Lumina	1,833

1. 虛無假設為何?
2. 應使用哪一種檢定統計量來檢定變異數之間的任何顯著差異?
3. 該項價格的變化程度之間有某種顯著差異嗎?
4. 小樣本對標準差有什麼樣的影響?
5. 統計檢定的自由度為何?
6. 假如平均數上並沒有顯著的差異,兩組數據在變異數上可能會有顯著的差異嗎?

答案在第 440 頁。

練習題 9-5

1. 當你在計算 F 檢定數值的時候,什麼樣的樣本變異數會被放在分子?
2. 利用表 G 求出以下每一個小題的臨界值。
   a. 樣本一:$s_1^2 = 128$ 和 $n_1 = 23$;樣本二:$s_2^2 = 162$ 和 $n_2 = 16$。雙尾,$\alpha = 0.01$。
   b. 樣本一:$s_1^2 = 37$ 和 $n_1 = 14$;樣本二:$s_2^2 = 89$ 和 $n_2 = 25$。右尾,$\alpha = 0.01$。
   c. 樣本一:$s_1^2 = 232$ 和 $n_1 = 30$;樣本二:$s_2^2 = 387$ 和 $n_2 = 46$。雙尾,$\alpha = 0.05$。

針對練習題 3~7,執行以下每一個步驟。假設所有變數都是常態分配的。

   a. 陳述假設並確立主張
   b. 求出臨界值
   c. 計算檢定數值
   d. 下決定
   e. 摘要結論

除非特別聲明,否則使用傳統法進行假設檢定。

3. **小狼**　針對在 Montana 和 Idaho 這兩州的狼群,每一次新生小狼平均個數的變異數會不一樣嗎?從兩州隨機挑選一組樣本,並且記錄每一次新生小狼的個數。在 0.05 的顯著水準之下,有充分的證據認定兩變異數之間有差別嗎?

Montana 狼群	4	3	5	6	1	2	8	2
	3	1	7	6	5			
Idaho 狼群	2	4	5	4	2	4	6	3
	1	4	2	1				

資料來源:www.fws.gov

4. **人口與面積**　從美國前 50 大(根據人口數)城市隨機挑選一組樣本,每一座城市的面積

如下所示。在 $\alpha = 0.05$ 之下，有充分的證據支持東部都市的面積變異數超過西部都市的面積變異數嗎？另外，在 $\alpha = 0.01$ 之下呢？

東部		西部	
Atlanta, GA	132	Albuquerque, NM	181
Columbus, OH	210	Denver, CO	155
Louisville, KY	385	Fresno, CA	104
New York, NY	303	Las Vegas, NV	113
Philadelphia, PA	135	Portland, OR	134
Washington, DC	61	Seattle, WA	84

資料來源：*New York Times Almanac.*

5. **摩天大樓的高度** 檢定丹佛市摩天大樓高度的變異數和底特律市摩天大樓高度的變異數是一致的主張。使用 $\alpha = 0.10$。數據如下所示（以呎計）。

丹佛市			底特律市		
714	698	544	620	472	430
504	438	408	562	448	420
404			534	436	

資料來源：*The World Almanac and Book of Facts.*

6. **貨幣玩家聚會** 在一次區域收集玩家聚會的場合裡，14 位貨幣玩家平均帶來 12.7 樣收藏品，標準差是 2.4。9 位集郵家平均帶來 10.9 樣收藏品，標準差是 4.6。在 0.05 的顯著水準之下，可以認定變異數不一樣嗎？

7. **醫院病人的年齡** 住院病人的平均年齡已經逐漸提高到 52.5 歲。兩個主要醫療系統的研究發現以下的資訊。在 0.05 的顯著水準之下，有充分的證據支持兩變異數之間有所不同嗎？

	系統一	系統二
樣本數	60	60
樣本平均數	49.8	50.2
樣本標準差	5.4	7.6

資料來源：*New York Times Almanac.*

Excel 技術步驟解析

兩變異數差距的 F 檢定

Excel 的 Data Analysis Add-in 有 two-sample z test（雙樣本 z 檢定）。為了進行兩母體變異數差距的 F 檢定，在已知兩獨立樣本的條件下，執行以下的動作：

1. 在 A 行輸入第一組樣本。
2. 在 B 行輸入第一組樣本。
3. 點選 toolbar（工具列）的 Data，然後點選 Data Analysis（資料分析）。
4. 點選 Analysis Tools（分析工具）框的 F test: Two-sample for Variances（變異數的雙樣本 F 檢定）。
5. 輸入 A 行和 B 行數據的範圍。
6. 指定信心水準 Alpha。
7. 指定結果輸出的位置，然後點選 [OK]。

例題 XL9-4

利用以下提供的樣本數據，在 $\alpha = 0.05$ 之下檢定兩母體變異數相等的主張。

| A 數據集 | 63 | 73 | 80 | 60 | 86 | 83 | 70 | 72 | 82 |
| B 數據集 | 86 | 93 | 64 | 82 | 81 | 75 | 88 | 63 | 63 |

第 9 章 檢定兩平均數、兩比例與兩變異數的差距

這裡顯示 Excel 產生的表格。針對這個例題，輸出顯示在 $\alpha = 0.05$ 的水準下，我們無法拒絕虛無假設。

F-Test Two-Sample for Variances		
	Variable 1	Variable 2
Mean	74.33333333	77.22222222
Variance	82.75	132.9444444
Observations	9	9
df	8	8
F	0.622440451	
P(F<=f) one-tail	0.258814151	
F Critical one-tail	0.290858004	

結語

研究員常有興趣比較兩項參數，例如兩平均數、兩比例或是兩變異數。從兩樣本取得這些參數的估計，然後用 z 檢定、t 檢定或是 F 檢定比較之。

- 如果比較兩項樣本平均數，當樣本是獨立的且母體標準差已知，我們使用 z 檢定。如果樣本數小於 30，母體應該要是常態的。(9-1)
- 如果比較兩項樣本平均數，當樣本是獨立的且母體標準差未知，我們使用 t 檢定。假設兩母體變異數不相等。(9-2)
- 當兩樣本是相依的或是有關係的，例如用同一個人比較前測與後測的平均數，我們使用相依樣本 t 檢定。(9-3)
- 用 z 檢定比較兩母體比例。這時候，每一個 n_1p_1, n_1q_1, n_2p_2 和 n_2q_2 都必須大於等於 5。(9-4)
- 用 F 檢定比較兩母體變異數。用 F 分配求出檢定需要的臨界值。(9-5)
- 也可以求出兩參數差距的信賴區間。

複習題

針對練習題 1~7，執行以下每一個步驟。假設所有變數都是常態分配或是接近常態分配的。

a. 陳述假設並確立主張
b. 求出臨界值
c. 計算檢定數值
d. 下決定
e. 摘要結論

除非特別聲明，否則使用傳統法進行假設檢定。

9-1

1. **開車兜風** 調查兩組駕駛，了解他們每週開車兜風幾小時。數據如下所示。在 $\alpha = 0.05$ 之下，我們可以認定平均而言，單身駕駛花的時間比已婚駕駛多嗎？假設 $\sigma_1 = 16.7$ 和 $\sigma_2 = 16.1$。

單身駕駛					已婚駕駛				
106	110	115	121	132	97	104	138	102	115
119	97	118	122	135	133	120	119	136	96
110	117	116	138	142	139	108	117	145	114
115	114	103	98	99	140	136	113	113	150
108	117	152	147	117	101	114	116	113	135
154	86	115	116	104	115	109	147	106	88
107	133	138	142	140	113	119	99	108	105

9-2

2. **醫院志工** 一家大型區域醫院的 20 位年輕志工總共工作 172 小時，而標準差是 3.6。30 位年長志工總共工作 366 小時，而標準差是 4.2。在 $\alpha = 0.01$ 之下，可以認定平均數之間有差異嗎？

3. **教師薪資** 來自 Rhode Island 的一組 15 位教師樣本，平均薪資是 35,270 美元，標準差是 3,256 美元。來自 New York 的一組 30 位教師樣本，平均薪資是 29,512 美元，標準差是 1,432 美元。兩州的教師薪資有顯著的差別嗎？使用 $\alpha = 0.02$。求出兩平均數差距的 98% 信賴區間。

9-3

4. **高低溫** 3 月是美國東北部氣候變化最大的一個月。下表記錄賓州匹茲堡 3 月某些日子的最高溫和最低溫（以華氏溫度計）。在 0.01 的顯著水準之下，有充分的證據支持平均高低溫的差距超過華氏 10 度嗎？

最高	44	46	46	36	34	36	57	62	73	53
最低	27	34	24	19	19	26	33	57	46	26

資料來源：www.wunderground.com

9-4

5. **非神職教師** 一項研究發現，神學院的非神職教師比例稍微低於小學的比例。由一組 200 所小學的樣本和一組大教區內 200 所神學院的中學樣本得到以下的數據。在 0.05 的顯著水準之下，有充分的證據支持比例上有差別嗎？

	小學	中學
樣本數	200	200
非神職教師	49	62

資料來源：*New York Times Almanac.*

9-5

6. **醫院的噪音** 在之前提過的醫院調查，11 處「重症病房」的噪音水準標準差是 4.1 dBA，而 4 處「非醫療區域」（例如廚房和機房）的標準差是 13.2 dBA。在 $\alpha = 0.10$ 之下，這兩種區域的噪音水準標準差有顯著的差別嗎？

資料來源：M. Bayo, A. Garcia, and A. Garcia, "Noise Levels in an Urban Hospital and Workers' Subjective Responses," *Archives of Environmental Health.*

7. **油漆價格** 兩家大型販售住家修繕物品的商店廣告說每一加侖油漆的平均價格是一樣的。由一組 25 罐來自 Y 商店的樣本發現標準差是 5.21 美元，而一組 20 罐來自 Z 商店的樣本發現標準差是 4.08 美元。在 $\alpha = 0.05$ 之下，我們可以認定變異數不一樣嗎？Z 商店的標準差應該多小才能認定兩者的變異數是不一樣的？

小試身手

是非題。如果答案是「非」，請提供理由。

1. 當你正在進行兩平均數差距的檢定時，分辨樣本是不是獨立並不重要。

2. 當計算 F 檢定數值的時候，你永遠會把比較大的樣本變異數放在分數的分子。

選擇題

3. 為了檢定兩變異數的一致性，你應該使用＿＿＿＿＿＿＿檢定。
   a. z c. 卡方
   b. t d. F

4. F 分配的平均數大概是
   a. 0   c. 1
   b. 0.5   d. 無法決定

填充題

5. 如果你假設兩平均數無差別，這一件事會被表達為 H_0：＿＿＿＿＿＿＿。

6. 當你使用 t 檢定來檢定兩平均數的一致性，母體必須是＿＿＿＿＿＿＿。

7. 變異數 F 檢定的公式是＿＿＿＿＿＿＿。

第 9 章　檢定兩平均數、兩比例與兩變異數的差距

針對練習題 8~13，執行以下每一個步驟。
　a. 陳述假設並確立主張
　b. 求出臨界值
　c. 計算檢定數值
　d. 下決定
　e. 摘要結論

除非特別聲明，否則使用傳統法進行假設檢定。

8. **公寓租金**　以下數據顯示某大都市兩組公寓租金（以美元計）的樣本。在 $\alpha = 0.10$ 之下，我們可以認定東區的平均租金高過西區的平均租金嗎？假設 $\sigma_1 = 119$ 和 $\sigma_2 = 103$。

東區					西區				
495	390	540	445	420	525	400	310	375	750
410	550	499	500	550	390	795	554	450	370
389	350	450	530	350	385	395	425	500	550
375	690	325	350	799	380	400	450	365	425
475	295	350	485	625	375	360	425	400	475
275	450	440	425	675	400	475	425	410	450
625	390	485	550	650	425	450	620	500	400
685	385	450	550	425	295	350	300	360	400

資料來源：*Pittsburgh Post-Gazette*.

9. **噴射滑雪車意外**　以下數據顯示駕駛噴射滑雪車和其他雪上摩托車的意外次數。在 $\alpha = 0.05$ 之下，可以認定從這一個時期到下一個時期每年的平均意外次數已經增加了嗎？

	前期			後期	
376	650	844	1650	2236	3002
1162	1513		4028	4010	

資料來源：*USA TODAY*.

10. **家庭所得**　住在東部臨海大都會區 15 個家庭的平均所得是 62,456 美元，標準差是 9,652 美元。住在中西部鄉下區域 11 個家庭的平均所得是 60,213 美元，標準差是 2,009 美元。在 $\alpha = 0.05$ 之下，我們可以認定住在都市的家庭所得高過住在鄉下家庭的所得嗎？使用 p 值法。

11. **蛋的產量**　為了增加蛋的產量，有一位農夫決定增加雞舍的燈照時間。隨機挑選 10 隻雞，並且記錄牠們生了多少顆蛋。經過一個禮拜的延長燈照之後，再次記錄該群雞生了多少顆蛋。數據如下所示。在 $\alpha = 0.05$ 之下，可以認定延長燈照時間增加了蛋的產量嗎？

母雞	1	2	3	4	5	6	7	8	9	10
之前	4	3	8	7	6	4	9	7	6	5
之後	6	5	9	7	4	5	10	6	9	6

12. **男性家長**　最近一項 200 家戶的調查顯示，有 8 戶是單親爸爸家庭。四十年前，一份 200 家戶的調查顯示，有 6 戶是單親爸爸家庭。在 $\alpha = 0.05$ 之下，可以認定比例改變了嗎？求出兩項比例之差距的 95% 信賴區間。這一項信賴區間包含 0 嗎？為什麼知道這件事這麼重要？

資料來源：U.S. Census Bureau.

13. **籃球員的身高**　有一位研究員希望比較大學籃球員身高的變異數和大專籃球員身高的變異數（以吋計）。從每一種學校挑選 30 位選手，並且求出他們身高的變異數分別是 2.43 和 3.15。在 $\alpha = 0.10$ 之下，可以認定兩種學校籃球員身高的變異數有顯著的差異嗎？

觀念應用的答案

觀念應用 9-1　全壘打

1. 母體是所有大聯盟球員打擊出去的全壘打。
2. 使用一種群集樣本。
3. 答案因人而異。如果這一組數據沒有代表性，我們就無法比較兩聯盟的全壘打王。
4. $H_0: \mu_1 = \mu_2$ 和 $H_1: \mu_1 \neq \mu_2$。
5. 答案因人而異。可能的答案包括 0.05 和 0.01 的顯著水準。
6. 我們會用平均數差距的 z 檢定。
7. 我們的檢定數值是 $z = \dfrac{44.75 - 42.88}{\sqrt{\dfrac{8.8^2}{40} + \dfrac{7.8^2}{40}}} = 1.01$，

而 p 值是 0.3124。
8. 我們無法拒絕虛無假設。

9. 沒有足夠的證據支持國家聯盟的全壘打次數與美國聯盟的全壘打次數有差異。
10. 答案因人而異。一種可能的答案是，因為我們沒有兩個聯盟的隨機樣本，所以我們無法回答原先設定的問題。
11. 答案因人而異。一種可能的答案是，從最近的球季挑選兩個聯盟的隨機樣本。

觀念應用 9-2　電話通話時間太久

1. 樣本是獨立的。
2. 我們比較 p 值 0.06317 和顯著水準檢查是否應該拒絕虛無假設。
3. p 值為 0.06317 同時也告訴我們型 I 錯誤的機率。
4. 因為顯示兩項臨界值，所以是雙尾檢定。
5. 因為 p 值是 0.06317，超過顯著水準 0.05，所以我們無法拒絕虛無假設，並發現沒有足夠的證據支持這兩個部門的員工打電話花了不一樣多的時間。
6. 如果顯著水準一開始設定為 0.10，則我們會拒絕虛無假設，因為 p 值小於顯著水準。

觀念應用 9-3　空氣品質

1. 研究的目的是為了決定美國的空氣品質在過去 2 年內是否已經改變。
2. 樣本是相依的，因為我們從 10 個都會區的每一個得到前後兩次讀數。
3. 我們會用假設 $H_0: \mu_D = 0$ 和 $H_1: \mu_D \neq 0$。
4. 我們會用顯著水準 0.05 以及臨界值 $t = \pm 2.262$。
5. 我們會用相依樣本的 t 檢定。
6. 自由度有 $10 - 1 = 9$ 個。
7. 我們的檢定數值 $t = \dfrac{-6.7 - 0}{11.27/\sqrt{10}} = -1.879$。

我們無法拒絕虛無假設，並且發現沒有足夠的證據支持美國的空氣品質在過去 2 年內已經改變。

8. 不，我們不會使用獨立樣本的檢定，因為我們從每一個都會區得到前後兩次讀數。
9. 答案因人而異。一種可能的答案是，檢視其他測量空氣品質的方法進而回答問題。

觀念應用 9-4　抽菸與教育

1. 我們的假設是 $H_0: p_1 = p_2$ 和 $H_1: p_1 \neq p_2$。
2. 我們會用顯著水準 0.05 以及臨界值 $z = \pm 1.96$。
3. 我們會用兩比例差距的 z 檢定。
4. 為了完成這一項統計檢定，我們需要樣本數。
5. 有了個別的樣本數 1000，我們便可以完成檢定。
6. 我們的檢定數值

$$z = \dfrac{0.323 - 0.145}{\sqrt{(0.234)(0.766)\left(\dfrac{1}{1000} + \dfrac{1}{1000}\right)}} = 9.40,$$

p 值非常接近 0。我們拒絕虛無假設，並且發現有足夠的證據支持公立學校學生的抽菸比例和私立學校學生的抽菸比例有差別。

觀念應用 9-5　汽車傳動軸

1. 虛無假設是變異數相等：$H_0: \sigma_1^2 = \sigma_2^2$ 和 $H_1: \sigma_1^2 \neq \sigma_2^2$。
2. 我們會用 F 檢定。
3. 檢定數值 $F = \dfrac{s_1^2}{s_2^2} = \dfrac{514.8^2}{77.7^2} = 43.92$。$p$ 值是 0.0008＜0.005。在這一項價格上，兩個國家的變化程度有顯著的差異。
4. 離群值會嚴重地影響小樣本。
5. 分子和分母自由度都是 5。
6. 是的。兩組數據可以有一樣的平均數，但是在標準差上有顯著的差異。

第9章 檢定兩平均數、兩比例與兩變異數的差距

假設檢定摘要（一）

1. 比較樣本平均數和某個母體平均數。
   例子：$H_0: \mu = 100$。

   a. 當 σ 已知的時候，用 z 檢定：$z = \dfrac{\bar{X} - \mu}{\sigma/\sqrt{n}}$。

   b. 當 σ 未知的時候，用 t 檢定：$t = \dfrac{\bar{X} - \mu}{s/\sqrt{n}}$，自由度 d.f. $= n - 1$。

2. 比較樣本變異數或是標準差和某個母體變異數或是標準差。
   例子：$H_0: \sigma^2 = 225$。

   用卡方檢定：$\chi^2 = \dfrac{(n-1)s^2}{\sigma^2}$，自由度 d.f. $= n - 1$。

3. 比較兩個樣本平均數。
   例子：$H_0: \mu_1 = \mu_2$。

   a. 當樣本是獨立的且 σ 已知的時候，用 z 檢定：

   $$z = \dfrac{(\bar{X}_1 - \bar{X}_2) - (\mu_1 - \mu_2)}{\sqrt{\dfrac{\sigma_1^2}{n_1} + \dfrac{\sigma_2^2}{n_2}}}$$。

   b. 當樣本是獨立的且 σ 未知的時候，並且假設母體變異數不相等，用 t 檢定：

   $$t = \dfrac{(\bar{X}_1 - \bar{X}_2) - (\mu_1 - \mu_2)}{\sqrt{\dfrac{s_1^2}{n_1} + \dfrac{s_2^2}{n_2}}}$$

   自由度是 $n_1 - 1$ 和 $n_2 - 1$ 的最小值。

   c. 當樣本是相依的時候，用 t 檢定：
   例子：$H_0: \mu_D = 0$。

   $$t = \dfrac{\bar{D} - \mu_D}{s_D/\sqrt{n}}$$，自由度 d.f. $= n_1 - 1$

   其中 n 是成對數目。

4. 比較樣本比例和母體比例。
   例子：$H_0: p_1 = 0.32$。

   用 z 檢定：$z = \dfrac{X - \mu}{\sigma}$ 或者是 $z = \dfrac{\hat{p} - p}{\sqrt{pq/n}}$。

5. 比較兩個樣本比例。
   例子：$H_0: p_1 = p_2$。
   用 z 檢定：

   $$z = \dfrac{(\hat{p}_1 - \hat{p}_2) - (p_1 - p_2)}{\sqrt{\bar{p}\bar{q}\left(\dfrac{1}{n_1} + \dfrac{1}{n_2}\right)}}$$

   其中

   $\bar{p} = \dfrac{X_1 + X_2}{n_1 + n_2}$　　$\hat{p}_1 = \dfrac{X_1}{n_1}$

   $\bar{q} = 1 - \bar{p}$　　$\hat{p}_2 = \dfrac{X_2}{n_2}$

6. 比較兩個樣本變異數或是樣本標準差。
   例子：$H_0: \sigma_1^2 = \sigma_2^2$。
   用 F 檢定：

   $$F = \dfrac{s_1^2}{s_2^2}$$

   其中
   較大樣本變異數 s_1^2，d.f.N. $= n_1 - 1$
   較小樣本變異數 s_2^2，d.f.D. $= n_2 - 1$。

CHAPTER 10

相關與迴歸

學習目標 ▶▶

經過本章的洗禮之後,你將具有以下的能力:

1. 為成對數據繪製散佈圖。
2. 計算相關係數。
3. 檢定假設 $H_0: \rho = 0$。
4. 計算迴歸直線的方程式。
5. 計算決定係數。
6. 計算估計的標準誤。
7. 求出預測區間。

本章大綱 ▶▶

簡介
10-1 散佈圖與相關
10-2 迴歸
10-3 決定係數與估計的標準誤
結語

簡介

在第七章和第八章,解釋了推論統計的兩項領域——信賴區間和假設檢定。另一項統計推論領域涉及判斷兩個以上數值或屬量變數是否存在某種關係。比如說,商人可能想知道某一個月的銷售業績是否和那一個月公司投入多少廣告有關。教育學家有興趣判斷花多少小時念書是否和該科的成績有關。醫藥研究人員有興趣問,咖啡因和心臟病的關係?或是年齡和血壓的關係?動物學家可能想知道某一種動物的新生兒體重和壽命的關係。有許多問題可以用相關或是迴歸回答,這些只是其中一小部分。**相關 (correlation)** 是一種統計方法,用來決定變數間是否有線性關係。**迴歸 (regression)** 是一種統計方法,用來描述變數間關係的本質,也就是說,到底是正的或是負的,線性或是非線性。

非凡數字
人的一生大概走了 100,000 哩,也就是每天約走 3.4 哩。

用統計觀點回答下列問題是本章的目標:

1. 兩個或以上的變數之間有線性關係嗎?
2. 如果有,關係的強度有多少?
3. 存在哪一種關係?
4. 可以從關係進行哪一類的預測?

10-1 散佈圖與相關

學習目標 ❶
為成對數據繪製散佈圖。

在簡單相關與迴歸研究,研究員收集兩數值或屬量變數的數據,藉以求出兩變數間是否有某種關係。比如說,有一位研究員希望知道花多少時間念書和某一次考試成績的關係,她必須收集一組學生的隨機樣本,決定每一位學生的念書時間,以及取得每一位學生該科的考試成績。為數據做個表格,如下所示。

學生	念書時數 x	成績 $y(\%)$
A	6	82
B	2	63
C	1	57
D	5	88
E	2	68
F	3	75

這一項研究的兩個變數稱為**獨立變數 (independent variable)** 和**依變數 (dependent variable)**。迴歸裡的獨立變數是可以被控制或是操作的變數。這個例子中,念書時數是獨立變數,記作 x 變數。迴歸裡的依變數是無法被控制或是操作的變數。學生的考試成績是依變數,記作 y 變數。我們這樣區別變數

的原因是因為假設學生的考試成績是根據學生的念書時數。同時，某種程度上，我們也假設學生可以因應考試安排念書時數。獨立變數也叫做**解釋變數 (explanatory variable)**，而依變數也叫做**反應變數 (response variable)**。

決定哪一個變數是 x 變數，哪一個變數是 y 變數不會都如此明確，有時候是任意決定的。比如說，如果有一位研究員研究年齡對血壓的效果。一般而言，研究員會假設年齡影響血壓。因此年齡這一個變數被認為是獨立變數，而血壓變數就會被認為是依變數。另一方面，如果研究夫妻對某一件事的態度，這時候決定誰的態度是獨立變數、誰的態度是依變數是很困難的。這時候，研究員可能會任意決定這一件事。

獨立變數與依變數可以被畫在一張圖上，這張圖叫做散佈圖。獨立變數 x 是位在圖的 x 軸（橫軸）上，而依變數 y 是位在圖的 y 軸（縱軸）上。

散佈圖 (scatter plot) 是把獨立變數 x 和依變數 y 配成有序對 (x, y)，然後把每一對看做是二維平面上的一點，再描點繪圖。

散佈圖是一種視覺工具，可以用來描述獨立變數與依變數關係的本質。變數的單位可以不一樣，而且利用個別變數的最大值和最小值決定個別座標軸的範圍。

研究人員在散佈圖尋找各種圖型 (pattern)。比如說，在圖 10-1(a)，散佈圖上的點呈現某種**正線性關係 (positive linear relationship)**。這時候，當獨立變數（x 變數）的數值遞增，依變數（y 變數）也跟著遞增，而且圖上的點沿著某一條直線從左而右往上揚。

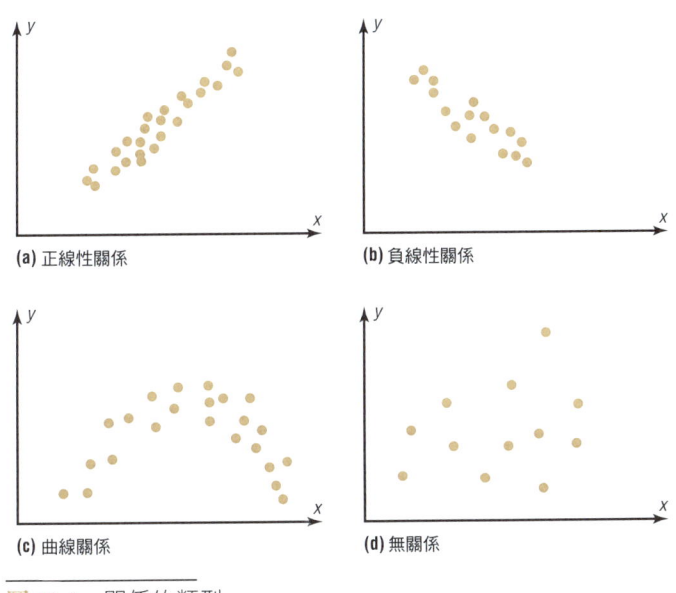

(a) 正線性關係　**(b)** 負線性關係
(c) 曲線關係　**(d)** 無關係

圖 10-1　關係的類型

在圖 10-1(b)，散佈圖上的點呈現某種**負線性關係 (negative linear relationship)**。這時候，當獨立變數（x 變數）的數值遞增，依變數（y 變數）也隨之遞減，而且圖上的點沿著某一條直線從左而右往下降。

在圖 10-1(c)，散佈圖上的點呈現某種非線性關係，或者說是某種曲線關係。

最後，呈現在圖 10-1(d) 的散佈圖顯示，基本上獨立變數與依變數之間沒有關係，因為圖上沒有看到任何模式（直線或曲線）。

繪製散佈圖的程序表如下所示。

程序表

繪製散佈圖

步驟 1 畫出 x 軸和 y 軸，並且加上標示。
步驟 2 在圖上描點。
步驟 3 如果存在關係的話，決定其類型。

繪製散佈圖的程序顯示在例題 10-1 至例題 10-3。

例題 10-1　租車公司

為以下美國租車公司最近一年的數據建構一張散佈圖。

公司	車輛數（以萬輛計）	收益（以十億美元計）
A	63.0	$7.0
B	29.0	3.9
C	20.8	2.1
D	19.1	2.8
E	13.4	1.4
F	8.5	1.5

資料來源：*Auto Rental News*.

解答

步驟 1 畫出 x 軸和 y 軸，並且加上標示。
步驟 2 在圖上描點，如圖 10-2 所示。

第 10 章 相關與迴歸

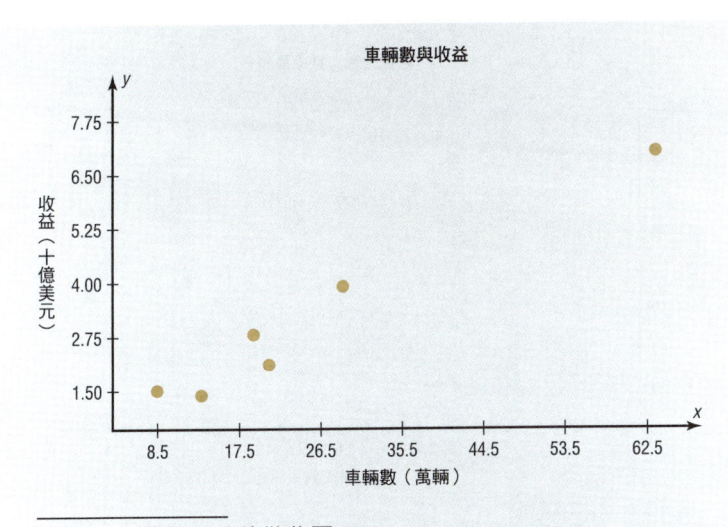

車輛數與收益

圖 10-2 例題 10-1 的散佈圖

步驟 3 如果存在的話，決定關係的類型。

在這一個例題裡，公司擁有的車輛數與該公司的總收益之間，似乎有著某種正向的線性關係。

例題 10-2 缺席次數與期末成績

從一份缺席次數與統計學期末成績的研究取得以下這一組隨機樣本，為數據繪製一張散佈圖。

學生	缺席次數 x	期末成績 $y(\%)$
A	6	82
B	2	86
C	15	43
D	9	74
E	12	58
F	5	90
G	8	78

解答

步驟 1 畫出 x 軸和 y 軸，並且加上標示。
步驟 2 在圖上描點，如圖 10-3 所示。

缺席次數與期末成績

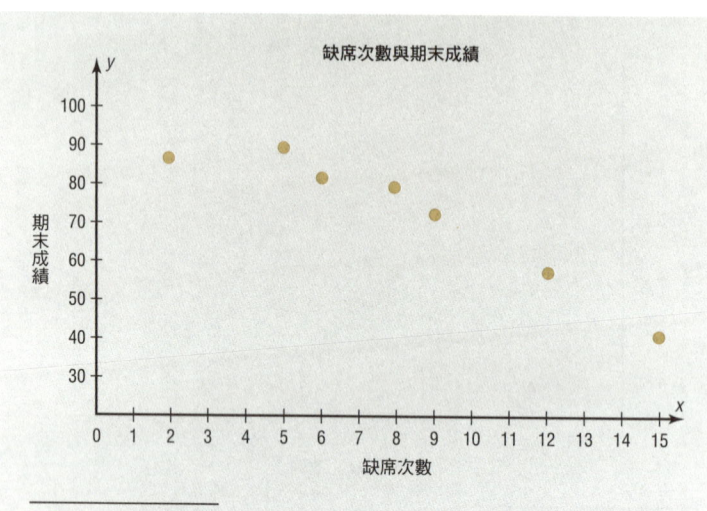

圖 10-3　例題 10-2 的散佈圖

步驟 3　如果存在的話，決定關係的類型。

在這一個例題裡，學生的缺席次數與期末總成績之間，似乎有著某種負向的線性關係。

例題 10-3　年齡與財產

有一位研究員希望知道美國有錢人的年齡和財產之間是不是有關係。從最近一年《富比士》的前 400 大富豪隨機挑選 10 人的一組樣本。某一年的數據如下所示。為數據繪一張散佈圖。

人	年齡 x	財產 y（以十億美元計）
A	60	11
B	72	69
C	56	11.9
D	55	30
E	83	12.2
F	67	36
G	38	18.7
H	62	10.2
I	62	23.3
J	46	10.6

資料來源：*Forbes* magazine.

解答

步驟 1　畫出 x 軸和 y 軸，並且加上標示。
步驟 2　在圖上描點，如圖 10-4 所示。

圖 10-4 例題 10-3 的散佈圖

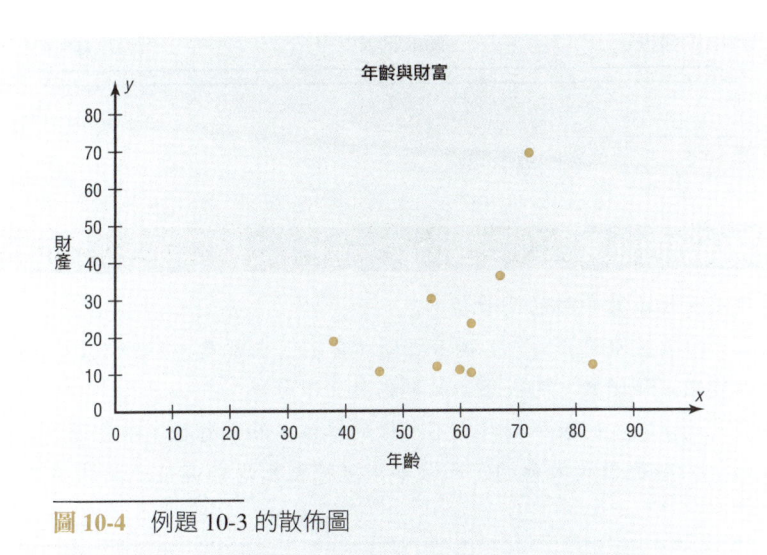

步驟 3 如果存在的話，決定關係的類型。

在這一個例題裡，某人的年齡與他的財富之間，似乎不存在某種強烈的線性或者是曲線關係。

➡ 相關

相關係數　如簡介所述，統計學家用一種叫做「相關係數」的測度決定兩變數的線性關係強度。相關係數有好幾種。

學習目標 ❷
計算相關係數。

根據正式定義，**母體相關係數 (population correlation coefficient)** ρ 就是用所有母體內可能的成對數據 (x, y) 計算出來的相關係數。

根據樣本數據計算的**線性相關係數 (linear correlation coefficient)** 度量兩屬量變數間某種線性關係的強度與方向。樣本相關係數的符號是 r。

本節要解釋的線性相關係數叫做 **Pearson 動差相關係數 (Pearson product moment correlation coefficient, PPMC)**，根據這個領域的研究先鋒 Karl Pearson 命名。

相關係數的範圍是從 -1 到 1。如果變數間有某種強烈的正線性關係，r 的數值會接近 $+1$。如果變數間有某種強烈的負線性關係，r 的數值會接近 -1。當變數間沒有線性關係，或是只有微弱的線性關係，r 的數值會接近 0。詳見圖 10-5。當 r 的值是 0 或者靠近 0，只意味著變數間沒有線性關係。數據間說不定是某種非線性關係。

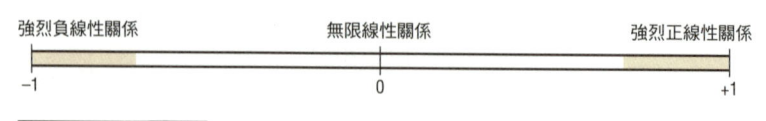

圖 10-5　相關係數的數值範圍

線性相關係數的性質

1. 相關係數是一種沒有單位的測量值。
2. 相關係數 r 的數值永遠介於 -1 和 1 之間（含），也就是 $-1 \leq r \leq 1$。
3. 如果交換變數 x 和變數 y 的數字，相關係數 r 不會變。
4. 如果變數 x 或變數 y 的數字被轉成不一樣的單位，相關係數 r 不會變。
5. 相關係數 r 對離群值是敏感的，而且如果數據裡出現離群值，相關係數會出現劇烈的改變。

圖 10-6 內的圖形顯示相關係數與對應的散佈圖。注意，當相關係數從 0 漸增到 $+1$（(a)、(b)、(c) 小圖），數據愈來愈靠近某種強烈的正線性關係。當相關係數從 0 漸減到 -1（(d)、(e)、(f) 小圖），數據愈來愈靠近某種強烈的負線性關係。這再一次顯現某種強烈的關係。

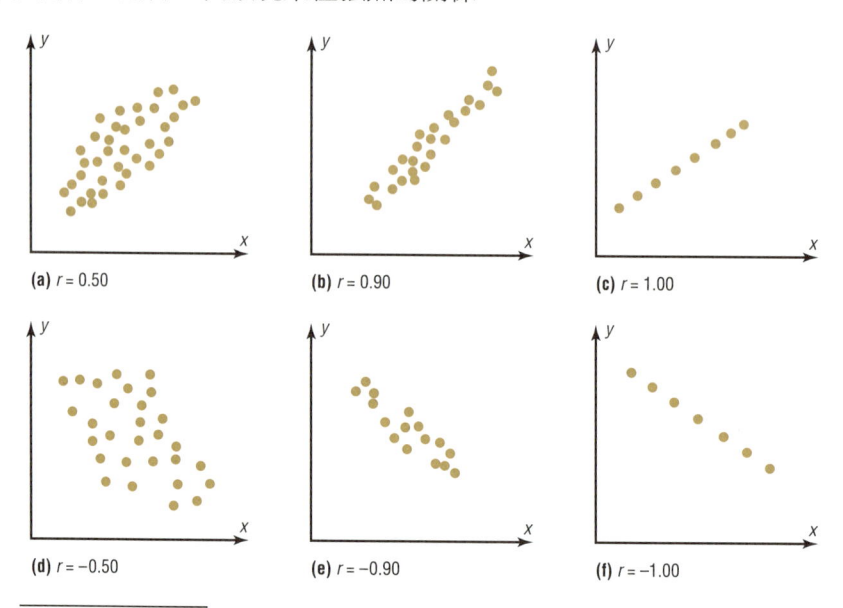

(a) $r = 0.50$
(b) $r = 0.90$
(c) $r = 1.00$
(d) $r = -0.50$
(e) $r = -0.90$
(f) $r = -1.00$

圖 10-6　相關係數與散佈圖之間的關係

相關係數的假設

1. 樣本是隨機樣本。
2. 成對數據大約落在一條直線上，而且以區間或是比例尺度取得數據。
3. 兩變數是某種雙變量常態分配。（這意味著對於任意已知的 x，y 的分配是常態

的；而且對於任意已知的 y，x 的分配是常態的。）

本書會在練習題指明該有的假設；但是，當你在其他情況遇到統計學，必須在繼續之前檢查這一些該有的假設是否滿足。

計算相關係數的數值有數種方式，其中一種就是使用以下的公式。

線性相關係數 r 的公式

$$r = \frac{n(\Sigma xy) - (\Sigma x)(\Sigma y)}{\sqrt{[n(\Sigma x^2) - (\Sigma x)^2][n(\Sigma y^2) - (\Sigma y)^2]}}$$

其中 n 是成對數據的個數。

相關係數的四捨五入規則 將 r 四捨五入到 3 位小數。

相關係數的公式看起來有點複雜，但是使用例題 10-4 建議的表格輔助計算，會讓計算變得比較簡單一點。

相關係數 r 沒有單位，而且如果對調 x 值和 y 值，r 不會改變。

求出線性相關係數的程序表如下所示。

程序表

求出線性相關係數

步驟 1 製作一張如下所示的表格。

x	y	xy	x^2	y^2

步驟 2 把變數 x 的數字放在標示為 x 的那一行，把變數 y 的數字放在標示為 y 的那一行。將同一列的 x 和 y 乘起來，放在標示為 xy 的那一行。每一個 x 取平方，放在標示為 x^2 的那一行。每一個 y 取平方，放在標示為 y^2 的那一行。為每一行計算總和。

步驟 3 代入公式，計算 r 的數值。

$$r = \frac{n(\Sigma xy) - (\Sigma x)(\Sigma y)}{\sqrt{[n(\Sigma x^2) - (\Sigma x)^2][n(\Sigma y^2) - (\Sigma y)^2]}}$$

其中 n 是成對（同一列的 x 和 y 是一對）數據的個數。

例題 10-4　租車公司

計算例題 10-1 數據的相關係數。

解答

步驟 1　製作一張如下所示的表格。

公司	車輛數（以萬輛計）	收益（以十億美元計）	xy	x^2	y^2
A	63.0	$7.0			
B	29.0	3.9			
C	20.8	2.1			
D	19.1	2.8			
E	13.4	1.4			
F	8.5	1.5			

步驟 2　求出 xy、x^2 和 y^2 的數值，並且把結果放在表內適當的行內。
完成的表格如下所示。

公司	車輛數（以萬輛計）	收益（以十億美元計）	xy	x^2	y^2
A	63.0	7.0	441.00	3969.00	49.00
B	29.0	3.9	113.10	841.00	15.21
C	20.8	2.1	43.68	432.64	4.41
D	19.1	2.8	53.48	364.81	7.84
E	13.4	1.4	18.76	179.56	1.96
F	8.5	1.5	12.75	72.25	2.25
	$\Sigma x = 153.8$	$\Sigma y = 18.7$	$\Sigma xy = 682.77$	$\Sigma x^2 = 5859.26$	$\Sigma y^2 = 80.67$

步驟 3　代入公式解得 r。

$$r = \frac{n(\Sigma xy) - (\Sigma x)(\Sigma y)}{\sqrt{[n(\Sigma x^2) - (\Sigma x)^2][n(\Sigma y^2) - (\Sigma y)^2]}}$$

$$= \frac{(6)(682.77) - (153.8)(18.7)}{\sqrt{[(6)(5859.26) - (153.8)^2][(6)(80.67) - (18.7)^2]}} = 0.982$$

相關係數建議車輛數與收益之間有一種強烈的正關係。也就是說，租車公司的車輛數愈多，收益愈高。

例題 10-5　缺席次數與期末成績

計算例題 10-2 的缺席次數與統計學期末成績樣本數據的相關係數。

解答

步驟 1　製作一張表格。
步驟 2　求出 xy、x^2 和 y^2 的數值，並且把結果放在表內適當的行內。

第 10 章 相關與迴歸

學生	缺席次數 x	期末成績 $y(\%)$	xy	x^2	y^2
A	6	82	492	36	6724
B	2	86	172	4	7396
C	15	43	645	225	1849
D	9	74	666	81	5476
E	12	58	696	144	3364
F	5	90	450	25	8100
G	8	78	624	64	6084
	$\Sigma x = 57$	$\Sigma y = 511$	$\Sigma xy = 3745$	$\Sigma x^2 = 579$	$\Sigma y^2 = 38993$

步驟 3 代入公式求出 r。

$$r = \frac{n(\Sigma xy) - (\Sigma x)(\Sigma y)}{\sqrt{[n(\Sigma x^2) - (\Sigma x)^2][n(\Sigma y^2) - (\Sigma y)^2]}}$$

$$= \frac{(7)(3745) - (57)(511)}{\sqrt{[(7)(579) - (57)^2][(7)(38993) - (511)^2]}} = -0.944$$

相關係數建議缺席次數與統計學期末成績之間有一種強烈的負關係。也就是說，缺席次數愈多的學生，期末成績愈低。

例題 10-6　年齡與財產

計算例題 10-3 美國有錢人的年齡和財產數據的相關係數。

解答

步驟 1 製作一張表格。

步驟 2 求出 xy、x^2 和 y^2 的數值，並且把結果放在表內適當的行內。

人	年齡 x	財產 y（以十億美元計）	xy	x^2	y^2
A	60	11	660	3600	121
B	72	69	4968	5184	4761
C	56	11.9	666.4	3136	141.61
D	55	30	1650	3025	900
E	83	12.2	1012.6	6889	148.84
F	67	36	2412	4489	1296
G	38	18.7	710.6	1444	349.69
H	62	10.2	632.4	3844	104.04
I	62	23.3	1444.6	3844	542.89
J	46	10.6	487.6	2116	112.36
	$\Sigma x = 601$	$\Sigma y = 232.9$	$\Sigma xy = 14644.2$	$\Sigma x^2 = 37571$	$\Sigma y^2 = 8477.43$

步驟 3 代入公式求出 r。

$$r = \frac{n(\Sigma xy) - (\Sigma x)(\Sigma y)}{\sqrt{[n(\Sigma x^2) - (\Sigma x)^2][n(\Sigma y^2) - (\Sigma y)^2]}}$$

$$= \frac{10(14644.2) - (601)(232.9)}{\sqrt{[10(37571) - (601)^2][10(8477.43) - (232.9)^2]}}$$

$$= \frac{6469.1}{\sqrt{(14509)(30531.89)}} = \frac{6469.1}{21047.26091} = 0.307$$

相關係數 r 指出兩變數間有一種非常微弱的正線性關係。

在例題 10-4，r 的數值很高（接近 1.00）；在例題 10-6，r 的數值很低（接近 0）。接著你可能會問，當 r 值和機會有關，什麼時候會建議變數間有一種顯著的線性關係？我們接下來回答這個問題。

學習目標 ❸
檢定假設
$H_0: \rho = 0$。

相關係數的顯著性　如前所述，相關係數的範圍落在 −1 和 +1 之間。當 r 值接近 +1，或是 −1，表示有一種強烈的線性關係。當 r 值接近 0，線性關係是微弱的，或是不存在的。因為 r 值是用樣本數據計算，當 r 不等於 0 的時候，有兩種可能性：若不是因為 r 夠高讓我們可以結論為變數間有顯著的線性關係，就是只是因為某種機會才讓我們看到現在的 r 值。

為了作出決策，你會使用某一種假設檢定。傳統法和前面章節用過的類似。

步驟 1　陳述假設。
步驟 2　求出臨界值。
步驟 3　計算檢定數值。
步驟 4　下決定。
步驟 5　摘要結論。

如果以下的假設是對的，則可以用樣本相關係數估計母體相關係數 ρ。

檢定線性相關係數顯著性的假設

1. 數據是屬量的，而且來自某一種隨機樣本。
2. 數據的散佈圖顯示某種近似的線性關係。
3. 數據裡無離群值。
4. 變數 x 和 y 必須來自某種常態分配的母體。

第 10 章 相關與迴歸

本書會在練習題指明該有的假設；但是，當你在其他情況遇到統計學，必須在繼續之前檢查這一些該有的假設是否滿足。

在假設檢定的時候，以下有一個假設是真的：

$H_0: \rho = 0$　　這一項虛無假設意味著變數 x 和 y 無相關。

$H_1: \rho \neq 0$　　這一項對立假設意味著變數 x 和 y 有顯著的相關。

> **趣　聞**
> 科學家認為人在任何時候都不會與一隻蜘蛛距離 3 呎以上。

當虛無假設在某一個顯著水準被拒絕的時候，它意味著 r 值和 0 之間有顯著的差距。當虛無假設不被拒絕的時候，它意味著 r 值和 0 之間沒有顯著的差距，而且可能是因為機會才看到現在的 r 值。

有許多方法可以用來檢定相關係數的顯著性，這一節會介紹三種方法。第一種方法是使用 t 檢定。

相關係數 t 檢定的公式

$$t = r\sqrt{\frac{n-2}{1-r^2}}$$

其中自由度是 $n-2$，其中 n 是成對數據 (x, y) 的個數。

在這裡你不需要指出主張，因為問題都是這樣：變數之間是否存在某種顯著的線性關係？

我們會用雙尾的臨界值。在附錄 C 的表 E 可以找出這些數字，同時，當你檢定相關係數的顯著性，兩變數 x 和 y 必須來自常態分配母體。

例題 10-7

檢定在例題 10-4 求出之相關係數的顯著性。使用 $\alpha = 0.05$ 和 $r = 0.982$。

解答

步驟 1　陳述假設。

$$H_0: \rho = 0 \quad \text{以及} \quad H_1: \rho \neq 0$$

步驟 2　求出臨界值。因為 $\alpha = 0.05$，而且有 $6 - 2 = 4$ 的自由度，從表 E 求出臨界值是 ± 2.776，如圖 10-7 所示。

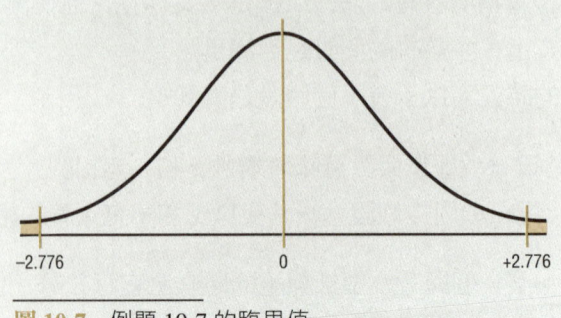

圖 10-7 例題 10-7 的臨界值

步驟 3 計算檢定數值。

$$t = r\sqrt{\frac{n-2}{1-r^2}} = 0.982\sqrt{\frac{6-2}{1-(0.982)^2}} = 10.398$$

步驟 4 下決定。拒絕虛無假設，因為檢定數值落在拒絕域，如圖 10-8 所示。

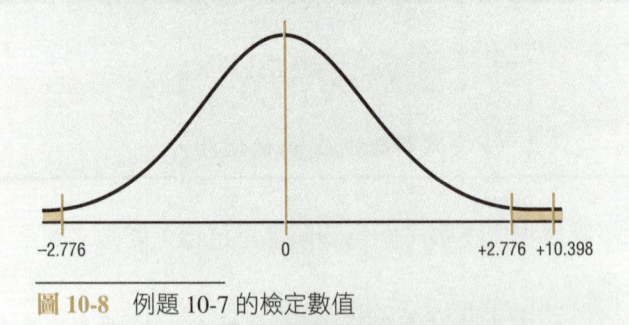

圖 10-8 例題 10-7 的檢定數值

步驟 5 摘要結論。在出租車輛數與公司的收益之間有一種顯著的關係。

第二種可以用來檢定 r 的顯著性的是 p 值法。這一個方法和第八章以及第九章的內容一樣。它使用以下的步驟。

步驟 1 陳述假設。
步驟 2 計算檢定數值。（這時候使用 t 檢定。）
步驟 3 求出 p 值。（這時候使用表 E。）
步驟 4 下決定。
步驟 5 摘要結論。

考慮一個例子，其中 $t = 4.059$，d.f. $= 4$ 和 $\alpha = 0.05$。使用表 E 加上 d.f. $= 4$，在雙尾那一列，發現數字 4.059 落入 3.747 和 4.604 之間；因此，$0.01 < p$ 值 < 0.02。（從計算機得到的 p 值是 0.015。）也就是說，p 值落在 0.01 和 0.02 之間。然後，我們決定拒絕虛無假設，因為 p 值 < 0.05。

第 10 章　相關與迴歸

第三個方法是用附錄 C 的表 H 檢定 r 的顯著性。針對特定的水準 α 和某個自由度，這一張表格顯示什麼樣的相關係數是顯著的。比如說，針對自由度 7 和 $\alpha = 0.05$，表格給我們的臨界值是 0.666。任何超過 $+0.666$ 或是 -0.666 的 r 都會被認為是顯著的，而且虛無假設會被拒絕。詳見圖 10-9。當使用表 H 的時候，你不需要計算 t 檢定數值。另外，表 H 只適用於雙尾檢定。

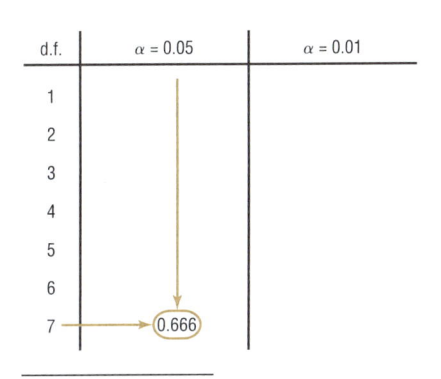

圖 10-9 從表 H 求出臨界值

例題 10-8

針對例題 10-6 求出的相關係數 $r = 0.307$，在 $\alpha = 0.01$ 之下利用表 H 檢定顯著性。

解答

$$H_0: \rho = 0 \quad \text{以及} \quad H_1: \rho \neq 0$$

因為樣本數是 10，有 $n - 2 = 10 - 2 = 8$ 個自由度。根據 $\alpha = 0.01$ 以及自由度 8，表 H 提供的臨界值是 ± 0.765。如果是顯著的線性關係，r 值要超過 $+0.765$ 或低於 -0.765。因為 $r = 0.370$ 小於 0.765，所以決定不拒絕虛無假設。因此，沒有足夠的證據支持年齡和財產之間有某種顯著的線性關係。

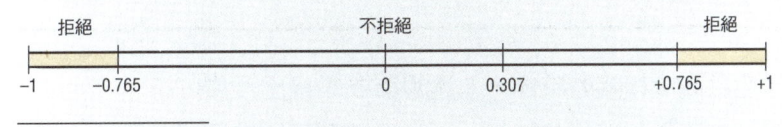

圖 10-10 例題 10-8 的拒絕域和非拒絕域

一般而言，相關係數的顯著性檢定是雙尾的；但是，它們也可以是單尾的。比如說，如果某研究人員假設兩變數之間的某種正線性關係，該假設會是

$$H_0: \rho = 0$$
$$H_1: \rho > 0$$

如果某研究人員假設兩變數之間的某種負線性關係，該假設會是

$$H_0: \rho = 0$$
$$H_1: \rho < 0$$

這一些案例中，t 檢定與 p 值檢定都應該是單尾的。同時，就像表 H 也一樣會有單尾檢定的表格。

相關和因果　研究員必須了解獨立變數 x 與依變數 y 之間線性關係的本質，當假設檢定指出變數間存在某種顯著的關係，研究員必須考慮以下內容的可能性。

變數間可能的關係

當虛無假設在某一個 α 值被拒絕的時候，會存在以下五種可能性：

1. 變數間有一種直接的因果關係。也就是說，x 引起 y。比如說，有水植物才會長大，中毒才會身亡，或是熱讓冰熔化。
2. 變數間有一種逆向的因果關係。也就是說，y 引起 x。比如說，假設某一位研究員相信喝太多咖啡會造成緊張，但是研究員卻沒有想到可能是相反的情況。也就是說，極度緊張的人想要喝咖啡減輕緊張的程度。
3. 變數間的關係可能是因為同時受到第三個變數的影響。比如說，如果有一位統計學家把死亡人數和溺死人數以及暑假每天喝幾罐汽水相關起來，他可能會發現某種顯著的關係。不過，汽水並不會造成死亡，因為兩個變數可能都和高溫以及溼度有關。
4. 許多變數之間有各種複雜關係。比如說，有一位研究員可能發現學生的成績和高中成績有顯著的關係。但也可能和其他變數有關，例如智商、念書時數、父母的影響、動機、年齡以及老師。
5. 有關係可能是因為巧合。比如說，某一位研究員可能在運動人數和犯罪人數之間發現一種顯著關係。但是由一般常識可知任何這兩種數字之間的關係一定是因為巧合。

　　當兩變數高度相關的時候，上述的第 3 點提出一種可能性，就是兩者相關是因為第三個變數。如果是這樣，而且研究員不知道是哪一個或是那一個變數未被包含在研究內，則它叫做**潛伏變數 (lurking variable)**。研究員會試圖找出這樣的變數，並且使用方法控制它們的影響。

　　再一次強調一項重點，如果兩變數的相關係數很高，不代表具有因果關係。也有其他可能，例如潛伏變數或是巧合。

　　同時，你應該注意一個或兩個變數涉及平均數而不是個別數據。用平均數不是錯誤，但是分析結果卻無法一般化到個體，因為平均數會淡化個別數據間的變異。這可能會帶出比實際情形高的相關結果。

因此，當拒絕虛無假設的時候，研究員必須考慮所有可能性，並且透過研究結果決定其中的一個。記住，相關不必然帶出因果。

觀念應用 10-1　煞車距離

在一項速度控制的研究，發現制定交通規則的最主要理由其實是為了車流效率和降低發生危險的風險。有一個領域曾經是研究的重點，就是各種速度下的煞車距離。使用以下的數據回答問題。

MPH	煞車距離（呎）
20	20
30	45
40	81
50	133
60	205
80	411

假設 MPH 會被用來預測煞車距離。

1. 上述兩個變數中，哪一個是獨立變數？
2. 哪一個是依變數？
3. 獨立變數是哪一種變數？
4. 依變數是哪一種變數？
5. 為數據建構一張散佈圖。
6. 兩變數之間有某種線性關係嗎？
7. 改變獨立變數的數字間的距離，再畫一張散佈圖。此關係看起來有不一樣嗎？
8. 關係是正的還是負的？
9. 可以用 MPH 準確預測煞車距離嗎？
10. 舉出幾個影響煞車距離的變數。
11. 計算相關係數 r。
12. 在 $\alpha = 0.05$ 之下，相關係數 r 顯著嗎？

答案在第 485~486 頁。

練習題 10-1

1. 兩變數相關的主張是什麼意思？
2. 兩變數之間有正關係的意思是什麼？負關係呢？
3. 哪一種統計檢定可用來檢定相關係數顯著性？

針對練習題 4~7，執行以下的步驟。

a. 為變數繪製散佈圖
b. 計算相關係數
c. 陳述假設
d. 使用表 H 在 $\alpha = 0.05$ 之下檢定相關係數的顯著性

e. 簡單解釋該關係的種類

4. **商業電影** 年度發表的數據顯示歷年來電影在每一家電影院的上映次數與它的總收入。根據數據，可以認為上映次數與總收入之間有某種關係嗎？

上映次數 x	361	270	306	22	35	10	8	12	21
總收入 y（百萬美元）	3844	1962	1371	1064	334	241	188	154	125

資料來源：www.showbizdata.com

5. **能源消耗** 針對天然氣與煤炭，以十億 Btu 計的年度能源消耗，數據如下所示。兩變數之間有某種線性關係嗎？

天然氣	223	474	377	289	747	146
煤炭	478	631	413	356	736	474

資料來源：*Time Almanac.*

6. **教職員與學生** 一組小型大學的隨機樣本顯示了教職員人數與學生數。兩變數間有顯著的關係嗎？對調 x 和 y 的角色再做一次。你認為哪一個是真正的獨立變數？

教職員人數	99	110	113	116	138	174	220
學生數	1353	1290	1091	1213	1384	1283	2075

資料來源：*World Almanac.*

7. **保齡球分數** 針對一組年度的隨機樣本，美國的男子與女子全國保齡球錦標賽冠軍成績如下所示。變數間有某種線性關係嗎？

男子	823	858	812	832	833	826
女子	752	754	771	736	792	763

10-2 迴歸

學習目標 ④
計算迴歸直線的方程式。

想研究兩變數之間的關係，我們會收集數據，然後建構一種散佈圖。如前所述，這一張散佈圖的用意是用來決定關係的本質。可能性包括正線性關係、負線性關係、曲線關係或是無明顯關係。散佈圖完成之後，下一步是計算相關係數的數值並且檢定關係的顯著性。如果相關係數是顯著的，下一步就是決定**迴歸線 (regression line)** 的方程式，它會和數據最相符。（注意：當 r 不顯著的時候，決定迴歸線的方程式並用來預測是無意義的。）迴歸線的目的是讓研究員了解趨勢，並且根據數據進行預測。

➡ 最適線

圖 10-11 顯示兩變數的一張散佈圖。在圖上出現幾條鄰近數據的直線。對於這樣的散佈圖，你必須能夠畫出一條**最適線 (line of best fit)**。「最適」意味著數據點與直線垂直距離的平方和會最小。

變數的真實值 y 與預測值 y' 之間的差距（也就是，垂直距離），叫做**殘差 (residual)** 或是預測誤差。殘差被用來決定兩變數間最佳線性關係的那一條直線。

讓殘差盡可能最小的方法叫做**最小平方法 (method of least squares)**。這種

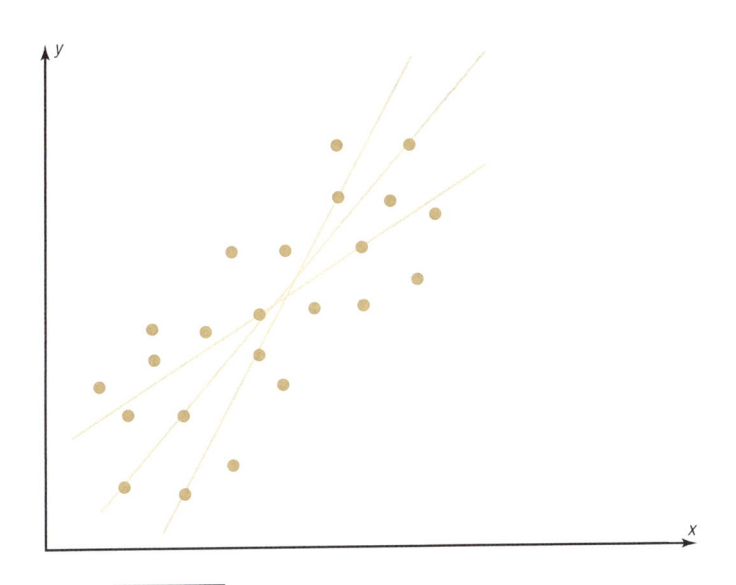

圖 10-11 散佈圖和三條與數據相符的直線

方法的結果迴歸線，叫做**最小平方迴歸線 (least squares requession line)**。

你需要一條最適線的理由是，可以用 x 值預測 y 值。因此，數據愈接近那一條直線，愈合適而且預測會愈好。詳見圖 10-12。當 r 是正的，直線斜率往上揚。當 r 是負的，直線斜率從左邊往右邊下滑。

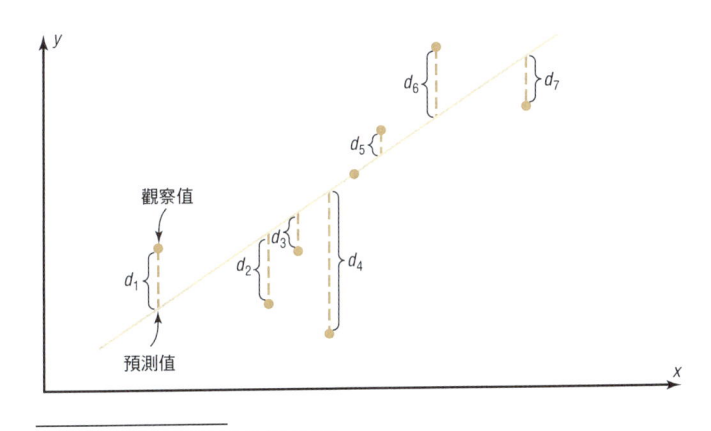

圖 10-12 一組數據的最適線

➥ 決定迴歸線方程式

直線的代數方程式定義為 $y = mx + b$，其中 m 是斜率，而 b 是 y 截距。（需要複習代數的學生，請在繼續之前先閱讀英文版線上資源。）在統計學，迴歸線的方程式寫成 $y' = a + bx$，其中 a 是 y' 截距，而 b 是斜率。詳見圖 10-13。

統計學

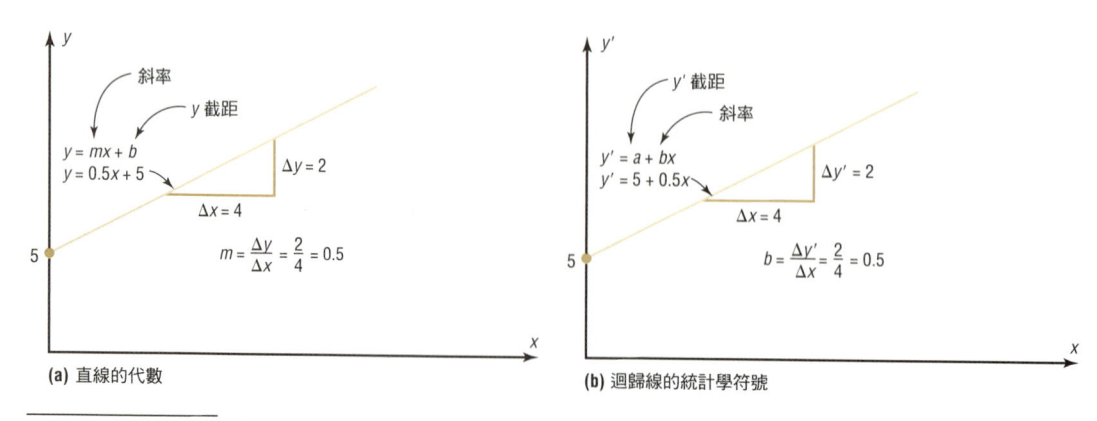

(a) 直線的代數

$y = mx + b$
$y = 0.5x + 5$
斜率
y 截距
$\Delta y = 2$
$\Delta x = 4$
$m = \dfrac{\Delta y}{\Delta x} = \dfrac{2}{4} = 0.5$

(b) 迴歸線的統計學符號

$y' = a + bx$
$y' = 5 + 0.5x$
y' 截距
斜率
$\Delta y' = 2$
$\Delta x = 4$
$b = \dfrac{\Delta y'}{\Delta x} = \dfrac{2}{4} = 0.5$

圖 10-13 代數與統計學裡的直線

有許多方法可以求出迴歸線的方程式，這裡會提供兩種公式。這些公式會用到計算相關係數時的那些數值。這些公式的數學推導已超過本書設定的範圍。

迴歸線 $y' = a + bx$ 的公式

$$a = \frac{(\Sigma y)(\Sigma x^2) - (\Sigma x)(\Sigma xy)}{n(\Sigma x^2) - (\Sigma x)^2}$$

$$b = \frac{n(\Sigma xy) - (\Sigma x)(\Sigma y)}{n(\Sigma x^2) - (\Sigma x)^2}$$

其中 a 是 y' 截距，而 b 是迴歸線的斜率。

計算截距與斜率的四捨五入規則　將 a 和 b 的數值四捨五入到第三位小數。

求出相關係數與迴歸線方程式的步驟摘要在以下的程序表。

程序表

求出相關係數與迴歸線方程式

步驟 1　製作表格，如步驟 2 所示。
步驟 2　求出 xy、x^2 和 y^2。將這些值放在適當的行內並且加總每一行。

x	y	xy	x^2	y^2
.	.	.	.	.
.	.	.	.	.
.	.	.	.	.
$\Sigma x =$	$\Sigma y =$	$\Sigma xy =$	$\Sigma x^2 =$	$\Sigma y^2 =$

步驟 3　當 r 是顯著的，代入公式為迴歸方程式 $y' = a + bx$ 求出 a 和 b 的數值。

$$a = \frac{(\Sigma y)(\Sigma x^2) - (\Sigma x)(\Sigma xy)}{n(\Sigma x^2) - (\Sigma x)^2} \qquad b = \frac{n(\Sigma xy) - (\Sigma x)(\Sigma y)}{n(\Sigma x^2) - (\Sigma x)^2}$$

例題 10-9　租車公司

求出例題 10-4 數據的迴歸線方程式，並且在散佈圖上畫出這一條直線。

解答

解方程式需要的數字有 $n = 6$，$\Sigma x = 153.8$，$\Sigma y = 18.7$，$\Sigma xy = 682.77$ 和 $\Sigma x^2 = 5859.26$。代入公式你會得到

$$a = \frac{(\Sigma y)(\Sigma x^2) - (\Sigma x)(\Sigma xy)}{n(\Sigma x^2) - (\Sigma x)^2}$$

$$= \frac{(18.7)(5859.26) - (153.8)(682.77)}{(6)(5859.26) - (153.8)^2} = 0.396$$

$$b = \frac{n(\Sigma xy) - (\Sigma x)(\Sigma y)}{n(\Sigma x^2) - (\Sigma x)^2}$$

$$= \frac{6(682.77) - (153.8)(18.7)}{(6)(5859.26) - (153.8)^2} = 0.106$$

因此，迴歸線 $y' = a + bx$ 的方程式是

$$y' = 0.396 + 0.106x$$

為了畫這一條迴歸線，挑選兩個 x，求出它們對應的 y。使用介於 10 和 60 之間的 x 值。比如說，令 $x = 15$，代入迴歸方程式求出 y' 值。

$$\begin{aligned} y' &= 0.396 + 0.106x \\ &= 0.396 + 0.106(15) \\ &= 1.986 \end{aligned}$$

令 $x = 40$，然後

$$\begin{aligned} y' &= 0.396 + 0.106x \\ &= 0.396 + 0.106(40) \\ &= 4.636 \end{aligned}$$

接著在散佈圖上描上這兩點 (15, 1.986) 和 (40, 4.636)，接著把這兩點用一條直線連起來。詳見圖 10-14。

統計學

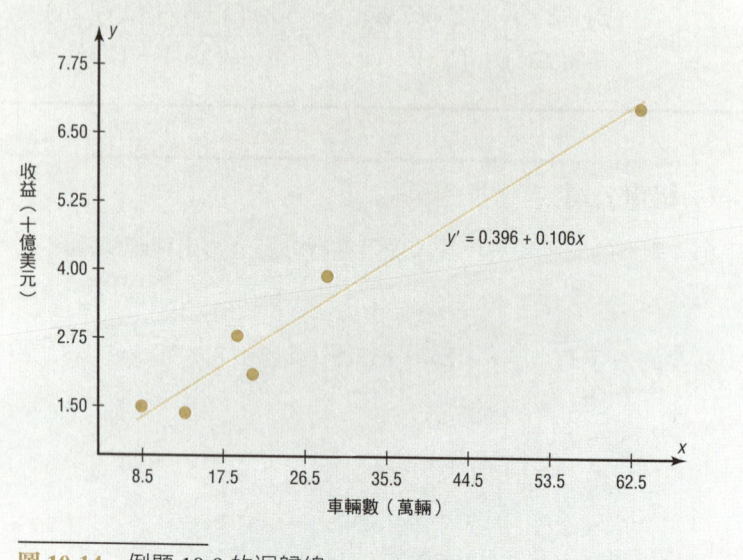

圖 10-14 例題 10-9 的迴歸線

注意：當你繪製迴歸線的時候，如果原點與 x 軸第一個標示的座標距離和 x 軸其他座標之間的距離不一樣，或是原點與 y' 軸第一個標示的座標的距離和 y' 軸其他座標之間的距離不一樣，這時候必須截斷圖形（請參考第二章）。當 x 軸或是 y' 軸被截斷的時候，不要用 y' 截距的數值繪製迴歸線。當你繪製迴歸線的時候，永遠要挑選最小 x 值和最大 x 值之間的數字。

例題 10-10　缺席次數與期末成績

求出例題 10-5 數據的迴歸線方程式，並且在散佈圖上畫出這一條迴歸線。

解答

解方程式需要的數字有 $n = 7$，$\Sigma x = 57$，$\Sigma y = 511$，$\Sigma xy = 3745$ 和 $\Sigma x^2 = 579$。代入公式你會得到

$$a = \frac{(\Sigma y)(\Sigma x^2) - (\Sigma x)(\Sigma xy)}{n(\Sigma x^2) - (\Sigma x)^2} = \frac{(511)(579) - (57)(3745)}{(7)(579) - (57)^2} = 102.493$$

$$b = \frac{n(\Sigma xy) - (\Sigma x)(\Sigma y)}{n(\Sigma x^2) - (\Sigma x)^2} = \frac{(7)(3745) - (57)(511)}{(7)(579) - (57)^2} = -3.622$$

因此，迴歸線 $y' = a + bx$ 的方程式是

$$y' = 102.493 - 3.622x$$

迴歸線的圖形顯示在圖 10-15。

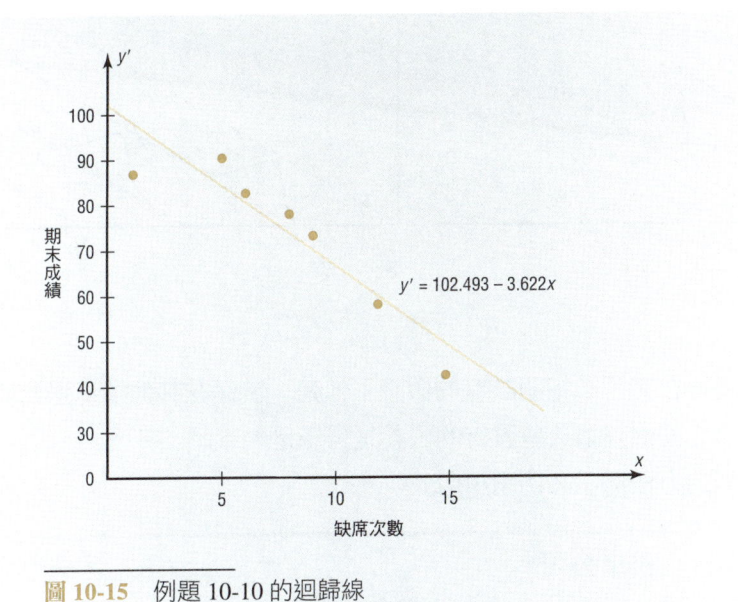

圖 10-15 例題 10-10 的迴歸線

相關係數的正負號和迴歸線斜率的正負號永遠是一樣的。也就是說，如果 r 是正的數字，則 b 也會是正的數字；如果 r 是負的數字，則 b 也會是負的數字。理由是前後兩項公式的分子是一樣的，而且分子決定最後答案的正負號，因為分母永遠是正的。另外，迴歸線永遠會通過 x 值的平均數和 y 值的平均數合起來的那一點，也就是點 $(\bar{x}, \bar{y})$。

迴歸線可以用來預測依變數。

當你預測的時候，應該引用以下這一些標準。

1. 散佈圖上的點與迴歸線之間有著合理契合度。
2. 相關係數 r 是顯著的。
3. 針對希望進行預測的某特定 x 值，與原始數據裡的 x 值比起來不會相距太遠。
4. 如果相關係數 r 不是顯著的，那麼針對某一個特定的 x 值，變數 y 值的最佳預測是原始數據裡變數 y 的平均數。

正確迴歸預測的假設

1. 樣本是隨機樣本。
2. 針對獨立變數 x 的任意特定值，依變數 y 的值必須是依著迴歸線呈現常態分配的。詳見圖 10-16(a)。
3. 針對獨立變數 x 的任意特定值，每一個依變數的標準差必須一致。詳見圖 10-16(b)。

(a) 依變數 y 呈現常態分配

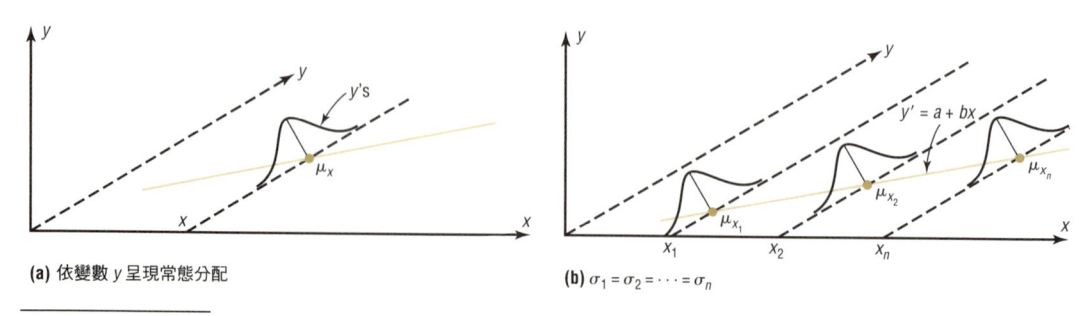

(b) $\sigma_1 = \sigma_2 = \cdots = \sigma_n$

圖 10-16 預測的假設

本書會在練習題指明該有的假設；但是，當你在其他情況遇到統計學，必須在繼續之前檢查這一些該有的假設是否滿足。

預測的方法提示在例題 10-11。

例題 10-11　租車公司

使用迴歸線的方程式預測有 200,000 輛車的租車公司的收益。

解答

因為 x 值以萬輛為單位，把 200,000 除以 10,000 得到 20，然後把 20 代入方程式的 x。

$$y' = 0.396 + 0.106x$$
$$= 0.396 + 0.106(20)$$
$$= 2.516（十億美元）$$

因此，當某家租車公司有 200,000 輛車，它的收益大概會是 25.16 億美元。

在例題 10-11 中得到的數字是一種點預測，而且根據點預測無法得知準確度也無法決定信賴程度。更多的預測資訊會在第 10-3 節討論。

當其他變數改變一個單位引起某變數改變多少，叫做**邊際變化 (marginal change)**。迴歸線方程式的斜率 b 就代表邊際變化。比如說，在例題 10-9，迴歸線的斜率是 0.106，這意味著每增加 1,000 部車，平均而言會增加 0.106 個單位的收益，也就是 1.06 億美元。

外插 (extrapolation)，即是超過數據範圍進行預測，必須謹慎解釋。比如說，在 1979 年，有一些專家預測美國會在 2003 年之前用盡石油。這一項預測是根據當時的石油用量和已知的石油存量。但是，自從那時候起，汽車工業開始生產節省能源的車子，同時還有許多未被發現的石油礦場。最後科學說不定會在哪一天發明一種只需使用花生油的車。另外，每加侖原油價格曾被預測幾年後會漲到 10 美元。幸運地這件事沒發生。記得，進行預測的時候，要根據

> **趣　聞**
> 根據估計，戴安全帽可以降低 30% 車禍的致命風險。

現在的情況或是根據趨勢不會變的信心。未來也不一定有能力證實或是反證這一項假設。

散佈圖的離群值應該進行檢查。離群值是那些看起來和其他點處在不一樣位置的點（請參考第三章）。這種點的某一些可能會影響到迴歸線的方程式。如果的確如此，則這樣的點叫做**影響點 (influential points)** 或是**影響觀察值 (influential observations)**。

當散佈圖上某一點可能是離群值，應該要檢查它是不是影響點。影響點會把迴歸線拉往它的方向。為了檢查是否為影響點，我們會先用該點繪製迴歸線，接著去掉那一點之後再繪製一次迴歸線。如果這二條線的位置改變不少，則這一個離群值就會被認為是影響點。在 x 方向的離群值比較容易成為影響點。

研究員必須使用專業判斷，決定是否應該在最後分析的時候加入影響點。如果研究員覺得不需要這一項觀察值，則剔除它，讓它不影響研究的最後結果。不過，如果研究員覺得有必要，則他可能希望取得那些靠近影響點 x 值的數據，然後把它們加入研究的數據分析。

觀念應用 10-2　再次探討煞車距離

在一項速度與煞車距離的研究，研究員透過測量煞車痕跡尋求一種方法估計車禍前人們的車速。這一項研究的一種領域是在各種速度下需要多少距離才能讓車子完全停下來。使用以下的表格回答問題。

MPH	煞車距離（呎）
20	20
30	45
40	81
50	133
60	205
80	411

假設 MPH 是被用來預測煞車距離。

1. 求出迴歸線方程式。
2. 由迴歸線斜率可知道哪些關於 MPH 和煞車距離之間的事？
3. 當 MPH = 45 的時候，煞車距離是多少？
4. 當 MPH = 100 的時候，煞車距離是多少？
5. 評論在數據範圍外的預測。

答案在第 486 頁。

練習題 10-2

1. 在迴歸分析之前要先做哪兩件事？
2. 最適線是什麼意思？
3. 相關係數與特定 x 之預測值的準確度之間有什麼樣的關係？

針對練習題 4~7，使用第 10-1 節對應練習題的數據。對於每一道練習題，求出迴歸線方程式，以及特定 x 的 y' 值。記住，當 r 不顯著的時候，不應該有迴歸。

4. **商業電影** 新電影在每一家電影院的上映次數與總收入如下：

上映次數 x	361	270	306	22	35	10	8	12	21
總收入 y'（百萬美元）	3844	1962	1371	1064	334	241	188	154	125

當 $x=200$，求出 y'。

5. **能源消耗** 任意選出數州的年度天然氣與煤炭之能源消耗，以十億 Btu 計，數據如下所示。

天然氣	223	474	377	289	747	146
煤炭	478	631	413	356	736	474

當使用 500 Btu 天然氣時，求出煤炭消耗量。

6. **教職員與學生** 一組小型大學的隨機樣本顯示了教職員人數與學生數。

教職員人數 x	99	110	113	116	138	174	220
學生數 y	1353	1290	1091	1213	1384	1283	2075

現在求出調換 x 和 y 的迴歸線方程式。

7. **保齡球分數** 針對一組年度的隨機樣本，美國的男子與女子全國保齡球錦標賽冠軍成績如下所示。

男子 x	823	858	812	832	833	826
女子 y	752	754	771	736	792	763

當 $x=810$，求出 y'。

針對練習題 8~9，透過執行以下每一步驟完成迴歸分析。

a. 繪製散佈圖
b. 計算相關係數
c. 陳述假設
d. 使用表 H 在 $\alpha = 0.05$ 之下檢定假設
e. 決定迴歸線方程式
f. 在散佈圖上畫出迴歸線
g. 摘要結果

8. **農庄面積** 州的農庄個數與每個農庄的面積之間有某種關係嗎？由一組全國的隨機樣本，包含西部和東部，產生以下的結果。可以認為這兩個變數之間有某種關係嗎？

農庄個數 x（千個）	77	52	20.8	49	28	58.2
每個農庄的面積 y	347	173	173	218	246	132

資料來源：World Almanac.

9. **缺席次數與期末成績** 有一位教師想要知道她班上學生的缺席次數如何影響期末成績。從一組樣本得到的數據如下。

缺席次數 x	10	12	2	0	8	5
期末成績 y	70	65	96	94	75	82

10. **年齡與財產** 人們的年齡和他們的財產有關係嗎？挑選一組 10 位億萬富翁的樣本，並且比較他們的年齡和財產，數據如下所示。進行完整的迴歸分析，並且在 $\alpha = 0.05$ 之下用 p 值法檢定 r 的顯著性。

年齡 x	56	39	42	60	84	37	68	66	73	55
財產 y	18	14	12	14	11	10	10	7	7	5

資料來源：The Associated Press.

例題 XL10-1

引用以下的數據產生一張散佈圖，計算相關係數，以及進行一項簡單線性迴歸分析。

Excel
技術步驟解析

x	43	48	56	61	67	70
y	128	120	135	143	141	152

在一張新工作簿輸入上述數據。把 x 變數的六個值放在 A 行，同時把 x 變數的對應 y 變數的值放在 B 行。

散佈圖

1. 從 toolbar（工具列）點選 Insert（插入）。
2. 透過按住滑鼠左鍵從第一個儲存格往其他儲存格拖曳的方式反白想要畫圖的數據。
3. 點選 Scatter chart 的種類，並且在左上角挑選散佈圖的種類。

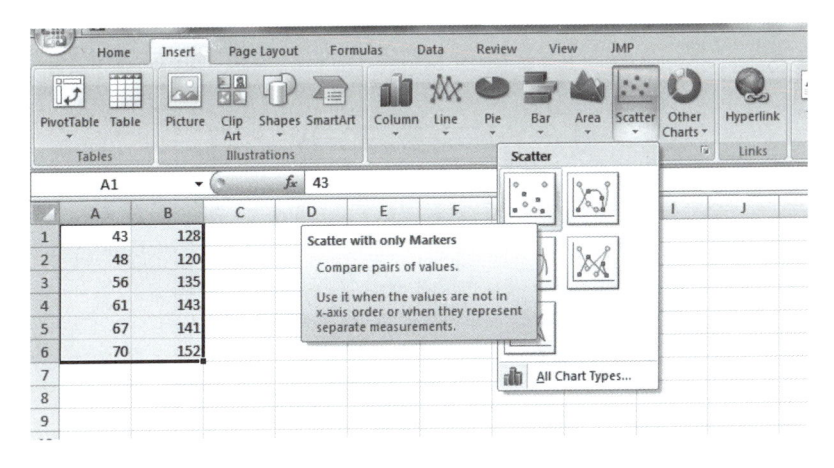

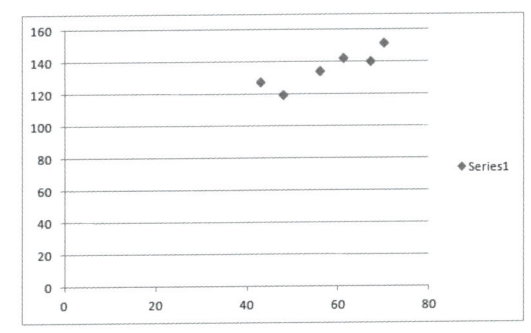

相關係數

1. 點選空白儲存格，從 toolbar（工具列）點選 Insert Function（插入函數）小圖示。

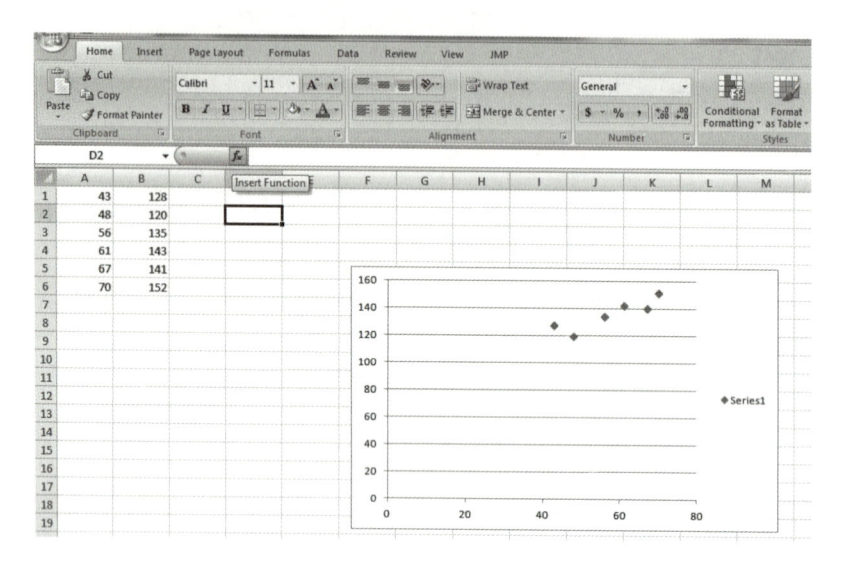

2. 從 Insert Function 對話框，點選 Statistical（統計類）函數，接著點選 CORREL 函數（這一個函數將產生數據的 Pearson 相關係數）。

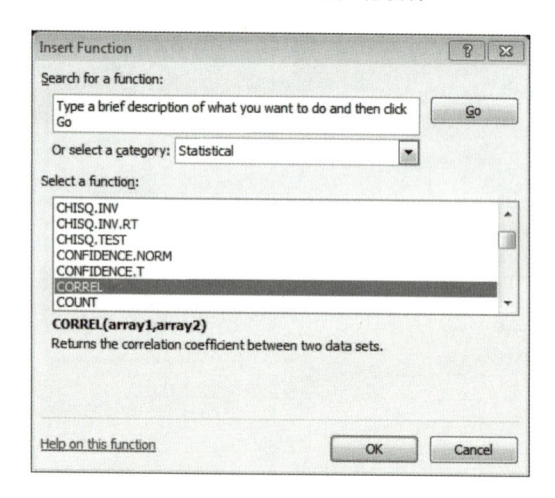

3. 為 x 變數在 Array 1 輸入數據範圍 A1:A6，為 y 變數在 Array 2 輸入數據範圍 B1:B6。

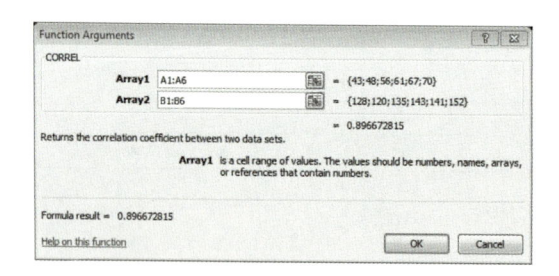

4. 點選 [OK]。

相關與迴歸

1. 從 toolbar（工具列）點選 Data（數據）。接著點選 Data Analysis（數據分析）。
2. 在 Analysis Tools（分析工具）下點選 Regression（迴歸）然後點選 [OK]。

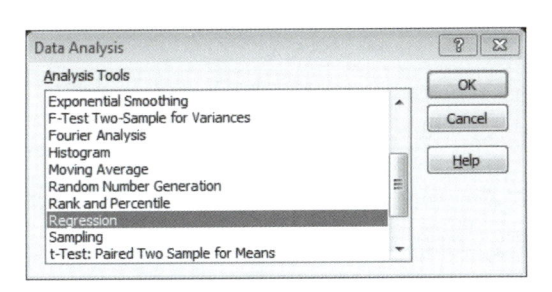

3. 在 Regression（迴歸）對話框，在 Input Y Range（輸入 Y 範圍）輸入 B1:B6，以及在 Input X Range（輸入 X 範圍）輸入 A1:A6。在 Output（輸出）選項下，你可以透過選擇 Output Range（輸出範圍）並且在儲存格輸入名稱（自行命名），在現在的工作簿插入迴歸分析。或者你可以選擇透過選擇「new Worksheet Ply（新工作簿）」把分析放在新的工作簿。
4. 點選 [OK]。
5. 一旦在工作簿看到輸出，可以為了適應數字的長度調整儲存格的寬度。然後你可以透過點選 Home，接著選擇 Format Autofit Column Width（自動調整欄位寬度），清楚看到輸出的所有小數。

SUMMARY OUTPUT

Regression Statistics	
Multiple R	0.896672815
R Square	0.804022136
Adjusted R Square	0.75502767
Standard Error	5.641090817
Observations	6

ANOVA

	df	SS	MS	F	Significance F
Regression	1	522.2123776	522.2123776	16.41046844	0.015463174
Residual	4	127.2876224	31.82190561		
Total	5	649.5			

	Coefficients	Standard Error	t Stat	P-value	Lower 95%	Upper 95%	Lower 95.0%	Upper 95.0%
Intercept	81.04808549	13.88088081	5.838828717	0.004289034	42.50858191	119.5875891	42.50858191	119.5875891
X Variable 1	0.964381122	0.238060977	4.050983638	0.015463174	0.303417888	1.625344356	0.303417888	1.625344356

10-3　決定係數與估計的標準誤

前一節提過，如果相關係數是顯著的，可以決定迴歸線方程式。同時，針對獨立變數 x 的各種數值，可以預測依變數 y 的對應數值。有許多測度都和相關係數與迴歸技術有關，包括決定係數、估計的標準誤以及預測區間。但是在

解釋這一些概念之前，必須先定義和迴歸模型有關的各種變異。

➥ 迴歸模型的各種變異

考慮以下的假設迴歸模型。

x	1	2	3	4	5
y	10	8	12	16	20

迴歸線的方程式是 $y' = 4.8 + 2.8x$，而且 $r = 0.919$。y 的樣本值是 10, 8, 12, 16, 20。針對每一個 x，符號 y' 表示預測值，透過把 x 值代入迴歸方程式求出 y'。比如說，當 $x = 1$，

$$y' = 4.8 + 2.8x = 4.8 + (2.8)(1) = 7.6$$

現在，針對每一個 x，有一個觀察值 y 和一個預測值 y'；比如說，當 $x = 1$ 的時候，$y = 10$ 以及 $y' = 7.6$。回憶一下，觀察值愈接近預測值，數據與迴歸線愈相符，而且 r 愈接近 $+1$ 或 -1。

總變異 (total variation) $\Sigma(y - \bar{y})^2$ 是每一個 y 和平均數之垂直距離的平方和。總變異分成兩部分：一部分是因為 x 和 y 的關係，一部分是因為機會。因為關係得到的變異是 $\Sigma(y' - \bar{y})^2$，也叫做**可解釋的變異 (explained variation)**。

也就是說，可解釋的變異是垂直距離 $y' - \bar{y}$，即預測值 y' 與平均值 $\bar{y}$ 之間的距離。迴歸關係可以解釋大部分的變異。r 值愈接近 $+1$ 或是 -1，數據與迴歸線愈相符，$\Sigma(y' - \bar{y})^2$ 和 $\Sigma(y - \bar{y})^2$ 愈靠近。事實上，如果所有點都落在迴歸線上，$\Sigma(y' - \bar{y})^2$ 會等於 $\Sigma(y - \bar{y})^2$，因為 y' 在每一個 x 值都等於 y。

另一方面，因為機會帶出來的變異，是 $\Sigma(y - y')^2$，叫做**無法解釋的變異 (unexplained variation)**。這一項變異不是關係貢獻的。當無法解釋的變異很小的時候，r 值會接近 $+1$ 或是 -1。如果所有點都落在迴歸線上，$\Sigma(y - y')^2$ 會等於 0。因此，總變異等於可解釋的變異加上無法解釋的變異。也就是說，

$$\Sigma(y - \bar{y})^2 = \Sigma(y' - \bar{y})^2 + \Sigma(y - y')^2$$

這些數值顯示在圖 10-17。針對某一點，差距叫做**離異 (deviation)**。對一開始假設的迴歸模型而言，針對 $x = 1$ 以及 $y = 10$，你會得到 $y' = 7.6$ 和 $\bar{y} = 13.2$。

求出三種變異的程序如下所示。

第 10 章 相關與迴歸

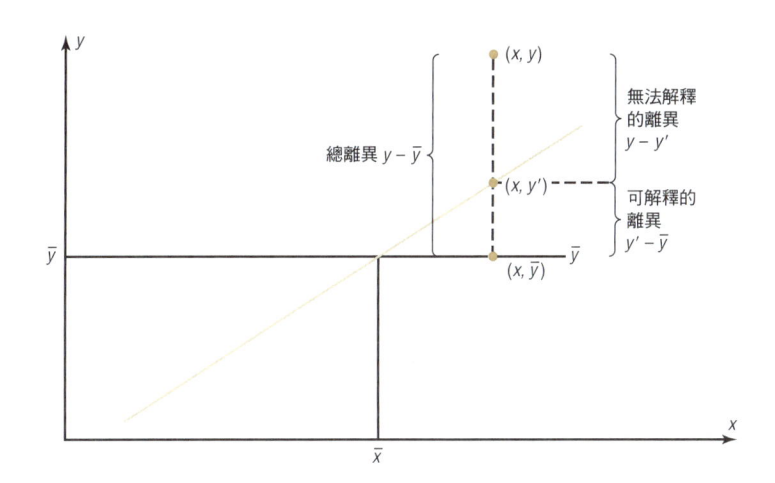

圖 10-17 迴歸方程式的離異

步驟 1 求出預測值 y'。

當 $x = 1$　　$y' = 4.8 + 2.8x = 4.8 + (2.8)(1) = 7.6$
當 $x = 2$　　$y' = 4.8 + (2.8)(2) = 10.4$
當 $x = 3$　　$y' = 4.8 + (2.8)(3) = 13.2$
當 $x = 4$　　$y' = 4.8 + (2.8)(4) = 16.0$
當 $x = 5$　　$y' = 4.8 + (2.8)(5) = 18.8$

因此，這個例題的數值如下所示：

x	y	y'
1	10	7.6
2	8	10.4
3	12	13.2
4	16	16.0
5	20	18.8

步驟 2 求出 y 值的平均數。

$$\bar{y} = \frac{10 + 8 + 12 + 16 + 20}{5} = 13.2$$

步驟 3 求出總變異 $\Sigma(y - \bar{y})^2$。

$$(10 - 13.2)^2 = 10.24$$
$$(8 - 13.2)^2 = 27.04$$
$$(12 - 13.2)^2 = 1.44$$
$$(16 - 13.2)^2 = 7.84$$
$$(20 - 13.2)^2 = \underline{46.24}$$
$$\Sigma(y - \bar{y})^2 = 92.8$$

步驟 4 求出可解釋的變異 $\Sigma(y' - \bar{y})^2$。

$$(7.6 - 13.2)^2 = 31.36$$
$$(10.4 - 13.2)^2 = 7.84$$
$$(13.2 - 13.2)^2 = 0.00$$
$$(16 - 13.2)^2 = 7.84$$
$$(18.8 - 13.2)^2 = \underline{31.36}$$
$$\Sigma(y' - \bar{y})^2 = 78.4$$

步驟 5 求出無法解釋的變異 $\Sigma(y - y')^2$。

$$(10 - 7.6)^2 = 5.76$$
$$(8 - 10.4)^2 = 5.76$$
$$(12 - 13.2)^2 = 1.44$$
$$(16 - 16)^2 = 0.00$$
$$(20 - 18.8)^2 = \underline{1.44}$$
$$\Sigma(y - y')^2 = 14.4$$

注意到，

總變異 ＝ 可解釋的變異 ＋ 無法解釋的變異
92.8 ＝ 78.4 ＋ 14.4

> **非凡數字**
> 一個魔術方塊總共會有 1,929,770,126,028,800 種不同顏色的組合，而且只有一種正確答案，那就是每一面的每一個方格有著一樣的顏色。

➥ 殘差圖

如前述，數值 $y - y'$ 叫做殘差（有時候也叫做預測誤差）。這些數值可以和 x 值畫在一張圖上，叫做**殘差圖 (residual plot)**，殘差圖可以用來決定用迴歸線預測得有多好。

前述例子的殘差的計算過程如下。

x	y	y'	$y - y'$ ＝ 殘差
1	10	7.6	10 − 7.6 ＝ 2.4
2	8	10.4	8 − 10.4 ＝ −2.4
3	12	13.2	12 − 13.2 ＝ −1.2
4	16	16	16 − 16 ＝ 0
5	20	18.8	20 − 18.8 ＝ 1.2

將 x 值畫在水平軸上，而將殘差畫在垂直軸上。因為殘差的平均數永遠是 0，所以我們會在 y 軸的原點處往右邊在圖上加一條水平線段，如圖 10-18 所示。

x 與殘差的圖形如圖 10-18 所示。

x	1	2	3	4	5
$y - y'$	2.4	−2.4	−1.2	0	1.2

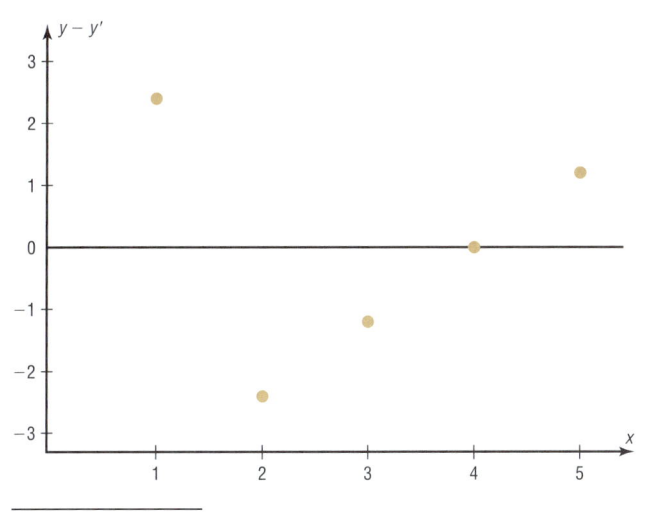

圖 10-18 殘差圖

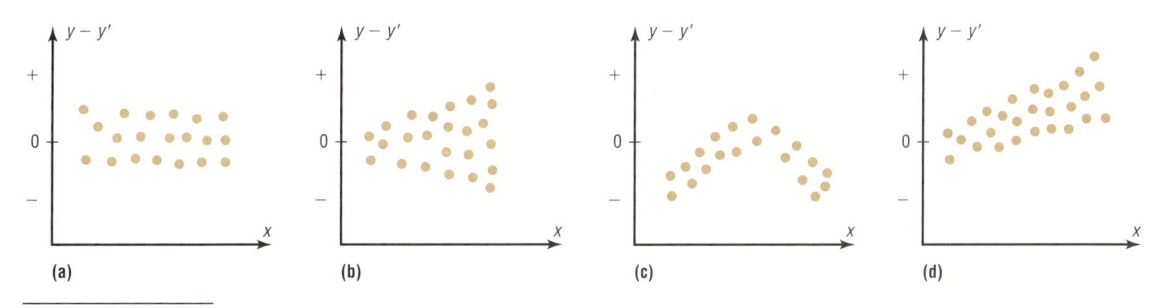

圖 10-19 殘差圖的例子

　　為了解釋殘差圖，你需要決定殘差是否形成某種樣式。圖 10-19 顯示四個殘差圖的例子。如果殘差或多或少沿直線分布，如圖 10-19(a) 所示，則 x 和 y 的關係是線性的，而且此迴歸線可以用來預測。這意味著每一個已知獨立變數下的依變數的標準差會一致。這是所謂的**變異數均質假設 (homoscedasticity assumption)**。詳見第 465 頁的假設 3。

　　圖 10-19(b) 顯示殘差的變異數隨著 x 值增加而增加。這意味著此迴歸線不適合用來預測。

　　圖 10-19(c) 顯示 x 值與殘差之間有一種曲線關係；因此，此迴歸線也一樣不適合用來進行預測。

　　圖 10-19(d) 顯示當 x 值漸增，殘差漸增而且愈來愈分散。這意味著此迴歸線也一樣不適合用來進行預測。

　　圖 10-18 的殘差圖顯示迴歸線 $y' = 4.8 + 2.8x$ 有點不適合用來預測，因為樣本數很小。

決定係數

學習目標 ⑤
計算決定係數。

決定係數是可解釋的變異和總變異的比值，記作 r^2。也就是，

$$r^2 = \frac{可解釋的變異}{總變異}$$

決定係數 (coefficient of determination) 是一種用迴歸線與獨立變數可以解釋多少比例依變數變異的測度。決定係數的符號是 r^2。

決定係數是一個介於 0 和 1 之間（含）的數字，或者 $0 \leq r^2 \leq 1$。如果 $r^2 = 0$，則最小平方迴歸線無法解釋任何變異。如果 $r^2 = 1$，則最小平方迴歸線解釋了依變數的 100%（百分之百的）變異。

舉個例子，$r^2 = 78.4/92.8 = 0.845$。r^2 通常用百分比表示。所以在這個例子，透過獨立變數迴歸線解釋了 84.5% 的總變異。

另一種取得決定 r^2 值的方法是將相關係數平方。在這個例子，由 $r = 0.919$ 得出 $r^2 = 0.845$，這個數字和使用變異比值得到的答案一樣。

當然，通常而言，把相關係數 r 取平方然後換成百分比會比較簡單，因此，如果 $r = 0.90$，則 $r^2 = 0.81$，也就是 81%。這個結果意味著解釋變數會算到依變數 81% 的變異。其他的變異，0.19 或說是 19% 是無法解釋的。這一個數字也叫做**無決定係數 (coefficient of nondetermination)**，可以用 1 減去決定係數來求出這一個數字。當 r 逼近 0，r^2 會掉得很快。比如說，如果 $r = 0.6$，則 $r^2 = 0.36$，這意味著用獨立變數只能解釋 36% 的依變數變異。

無決定係數

$$1.00 - r^2$$

例題 10-5 引用了缺席次數與期末總成績，求出相關係數 $r = -0.944$，然後可以知道 $r^2 = (-0.944)^2 = 0.891$。因此，缺席次數與期末總成績間的線性關係解釋了大約 0.891 或者是 89.1% 在期末總成績裡的變異。缺席次數的變異大約無法解釋 $1 - 0.891 = 0.109$ 或者是 10.9% 在期末總成績裡的變異。

估計的標準誤

學習目標 ⑥
計算估計的標準誤。

當預測某一個特定 x 值的 y'，預測是一種點預測。點預測的缺點是它無法提供點預測的精確度（可靠度）。在之前的章節，我們發展了信賴區間（區間估計）試圖彌補這樣的缺點。我們將引用所謂的預測區間，它是一種變數的區

間估計。

回顧之前的章節，某參數的某種區間估計，例如平均數或是標準差，叫做信賴區間。

當引用迴歸方程式以及針對某一個特定 x 值的時候，**預測區間 (prediction interval)** 是一種 y 預測值的區間估計。

我們也可以建構 y' 值的預測區間，就像為母體平均數的點估計建構某種信賴區間一樣。預測區間使用一種統計量，叫做估計的標準誤。

估計的標準誤 (standard error of the estimate)，記作 s_{est}，是觀察到的 y 值關於預測值 y' 的標準差。估計的標準誤公式是

$$s_{est} = \sqrt{\frac{\Sigma(y-y')^2}{n-2}}$$

估計的標準誤類似標準差，但是不使用平均數。記得，標準差測量數字與平均數的離異。估計的標準誤測量數據點與迴歸線的離異。

從公式可以發現，估計的標準誤是無法解釋的變異——也就是，因為觀察值與期望值之差距的變異——除以 $n-2$ 的正平方根。所以，如果觀察值愈靠近預測值，估計的標準誤會愈小。

求出估計標準誤的程序表顯示如下。

程序表

求出估計的標準誤

步驟 1　製作如下所示的表格。

x	y	y'	$y-y'$	$(y-y')^2$

步驟 2　針對每一個 x 值，求出預測值 y'，並且把結果放在標示為 y' 的那一行。

步驟 3　針對每一個 y 值，減去 y'，並且把結果放在標示為 $y-y'$ 的那一行。

步驟 4　把步驟 3 的每一個數字取平方，並且把結果的數字放在標示為 $(y-y')^2$ 的那一行。

步驟 5　求出 $(y-y')^2$ 這一行的總和。

步驟 6　代入公式，並且求出 s_{est}。

$$s_{est} = \sqrt{\frac{\Sigma(y-y')^2}{n-2}}$$

例題 10-12 顯示如何計算估計的標準誤。

例題 10-12　影印機維修費用

一位研究員收集了以下的數據，並發現影印機使用年數與每個月維護費用之間有一種顯著關係。迴歸線方程式是 $y' = 55.57 + 8.13x$。求出估計的標準誤。

機器	使用年數 x	每月費用 y
A	1	$ 62
B	2	78
C	3	70
D	4	90
E	4	93
F	6	103

解答

步驟 1　建立如下所示的表格。

x	y	y'	$y - y'$	$(y - y')^2$
1	62			
2	78			
3	70			
4	90			
4	93			
6	103			

步驟 2　利用迴歸線方程式 $y' = 55.57 + 8.13x$，為每一個 x 計算預測值 y'，並且把結果放在標示為 y' 的那一行。

$$x = 1 \quad y' = 55.57 + (8.13)(1) = 63.70$$
$$x = 2 \quad y' = 55.57 + (8.13)(2) = 71.83$$
$$x = 3 \quad y' = 55.57 + (8.13)(3) = 79.96$$
$$x = 4 \quad y' = 55.57 + (8.13)(4) = 88.09$$
$$x = 6 \quad y' = 55.57 + (8.13)(6) = 104.35$$

步驟 3　針對每一個 y，減去 y'，並且把結果擺在標示為 $y - y'$ 的那一行。

$$62 - 63.70 = -1.70 \qquad 90 - 88.09 = 1.91$$
$$78 - 71.83 = 6.17 \qquad 93 - 88.09 = 4.91$$
$$70 - 79.96 = -9.96 \qquad 103 - 104.35 = -1.35$$

步驟 4　將步驟 3 求出的每一個數字平方，並且把答案擺在標示為 $(y - y')^2$ 的那一行。

步驟 5　求出最後一行的總和。完成的表格如下所示。

x	y	y'	$y-y'$	$(y-y')^2$
1	62	63.70	−1.70	2.89
2	78	71.83	6.17	38.0689
3	70	79.96	−9.96	99.2016
4	90	88.09	1.91	3.6481
4	93	88.09	4.91	24.1081
6	103	104.35	−1.35	1.8225

$$\Sigma(y-y')^2 = 169.7392$$

步驟 6 代入公式並且求出 s_{est}。

$$s_{\text{est}} = \sqrt{\frac{\Sigma(y-y')^2}{n-2}} = \sqrt{\frac{169.7392}{6-2}} = 6.514$$

這時候，觀察值關於預測值的標準差是 6.514。

也可以用以下的公式求出估計的標準誤。

$$s_{\text{est}} = \sqrt{\frac{\Sigma y^2 - a\Sigma y - b\Sigma xy}{n-2}}$$

這一個程序表顯示求出估計標準誤的另一種方法。

程序表

求出估計標準誤的另一種方法

步驟 1 製作如下所示的表格。

x	y	xy	y^2

步驟 2 把 x 值放在第一行（標示為 x），把 y 值放在第二行（標示為 y）。求出同一列 x 和 y 的乘積，並且把結果放在第三行（標示為 xy）。針對每一個值取平方，並且把結果放在第四行（標示為 y^2）。

步驟 3 求出 y、xy 以及 y^2 這三行的總和。

步驟 4 找到迴歸方程式的 a 和 b，代入公式並計算之。

$$s_{\text{est}} = \sqrt{\frac{\Sigma y^2 - a\Sigma y - b\Sigma xy}{n-2}}$$

例題 10-13

為例題 10-12 的數據用前述的公式求出估計的標準誤。迴歸線的方程式是 $y' = 55.57 + 8.13x$。

解答

步驟 1 建立表格。

步驟 2 求出 x 和 y 的乘積，並且把結果放在第三行。將 y 值取平方，並且把結果放在第四行。

步驟 3 求出第二行、第三行、第四行的總和。完成的表格如下所示。

x	y	xy	y^2
1	62	62	3844
2	78	156	6084
3	70	210	4900
4	90	360	8100
4	93	372	8649
6	103	618	10609
	$\Sigma y = 496$	$\Sigma xy = 1778$	$\Sigma y^2 = 42186$

步驟 4 從方程式 $y' = 55.57 + 8.13x$ 求出 a 和 b，$a = 55.57$，$b = 8.13$。代入公式並且求出 s_{est}。

$$s_{est} = \sqrt{\frac{\Sigma y^2 - a\,\Sigma y - b\,\Sigma xy}{n-2}}$$

$$= \sqrt{\frac{42{,}186 - (55.57)(496) - (8.13)(1778)}{6-2}} = 6.483$$

這個數字非常接近我們在例題 10-12 求出的答案，這其中的差距是因為四捨五入所造成的誤差。

➥ 預測區間

學習目標 ❼
求出預測區間。

估計的標準誤可以用來建構關於 y' 值的**預測區間 (prediction interval)**（類似信賴區間）。

當某一個特定的 x 值被代入迴歸線方程式，會得到 y 的點預測 y'。例如，如果機器年齡與維護費用的迴歸線方程式是 $y' = 55.57 + 8.13x$（例題 10-12），則一部 3 年的機器的預測維護費用會是 $y' = 55.57 + 8.13(3)$ 或是 79.96 美元。由於這是一種點預測，你不會知道它有多準確，因為求迴歸線方程式牽涉多種可能的預測誤差源。第一種來源來自求估計標準誤的時候。第二種與第三種來自估計斜率與 y 截距的時候，這是因為如果用不同樣本會帶出些微不一樣的方

程式。但是你可以為它建構一種預測區間。透過選擇一個 α 值，你能求出一種有 $(1-\alpha)\cdot 100\%$ 信心包含真實反應變數 y 的區間。

y' 的預測區間公式

$$y' - t_{\alpha/2}s_{\text{est}}\sqrt{1 + \frac{1}{n} + \frac{n(x-\overline{X})^2}{n\Sigma x^2 - (\Sigma x)^2}} < y < y' + t_{\alpha/2}s_{\text{est}}\sqrt{1 + \frac{1}{n} + \frac{n(x-\overline{X})^2}{n\Sigma x^2 - (\Sigma x)^2}}$$

自由度是 d.f. $= n - 2$。

下一個程序表可以用來求出預測。

程序表

求出獨立變數某特定值的預測區間。

步驟 1 求出 Σx、Σx^2 和 $\overline{x}$。
步驟 2 求出特定 x 值的 y'。
步驟 3 求出 s_{est}。
步驟 4 代入公式並且計算之。

$$y' - t_{\alpha/2}s_{\text{est}}\sqrt{1 + \frac{1}{n} + \frac{n(x-\overline{X})^2}{n\Sigma x^2 - (\Sigma x)^2}} < y < y' + t_{\alpha/2}s_{\text{est}}\sqrt{1 + \frac{1}{n} + \frac{n(x-\overline{X})^2}{n\Sigma x^2 - (\Sigma x)^2}}$$

自由度 d.f. $= n - 2$。

例題 10-14

針對例題 10-12 的數據，求出使用 3 年之機器每月維護費用的 95% 預測區間。

解答

步驟 1 求出 Σx、Σx^2 和 $\overline{X}$。

$$\Sigma x = 20 \quad \Sigma x^2 = 82 \quad \overline{X} = \frac{20}{6} = 3.3$$

步驟 2 為 $x = 3$ 求出 y'。

$$\begin{aligned} y' &= 55.57 + 8.13x \\ &= 55.57 + 8.13(3) = 79.96 \end{aligned}$$

步驟 3 求出 s_{est}。

$$s_{\text{est}} = 6.48$$

如例題 10-13 所示。

步驟 4 代入公式並且求解：$t_{\alpha/2} = 2.776$，d.f. $= 6 - 2 = 4$ 以及針對 95% 的信心。

$$y' - t_{\alpha/2}s_{est}\sqrt{1 + \frac{1}{n} + \frac{n(x - \overline{X})^2}{n\sum x^2 - (\sum x)^2}} < y < y'$$
$$+ t_{\alpha/2}s_{est}\sqrt{1 + \frac{1}{n} + \frac{n(x - \overline{X})^2}{n\sum x^2 - (\sum x)^2}}$$

$$79.96 - (2.776)(6.48)\sqrt{1 + \frac{1}{6} + \frac{6(3 - 3.3)^2}{6(82) - (20)^2}} < y < 79.96$$
$$+ (2.776)(6.48)\sqrt{1 + \frac{1}{6} + \frac{6(3 - 3.3)^2}{6(82) - (20)^2}}$$

$$79.96 - (2.776)(6.48)(1.08) < y < 79.96 + (2.776)(6.48)(1.08)$$
$$79.96 - 19.43 < y < 79.96 + 19.43$$
$$60.53 < y < 99.39$$

因此，你可以有 95% 的信心認為區間 $60.53 < y < 99.39$ 包含真正的 y。

也就是說，如果是一部使用 3 年的影印機，我們有 95% 的信心認為它的維護費用將介於 60.53 和 99.39 美元之間。這一項範圍太大了，因為樣本數太小，$n = 6$，而且估計的標準誤是 6.48。

觀念應用 10-3 　解讀簡單線性迴歸

使用以下的電腦報表回答問題。

Linear correlation coefficient $r = 0.794556$

Coefficient of determination $= 0.631319$

Standard error of estimate $= 12.9668$

Explained variation $= 5182.41$

Unexplained variation $= 3026.49$

Total variation $= 8208.90$

Equation of regression line $y' = 0.725983X + 16.5523$

Level of significance $= 0.1$

Test statistic $= 0.794556$

Critical value $= 0.378419$

1. 這兩個變數朝同一個方向改變嗎？
2. 哪一個數字測量預測線和真實數值之間的距離？
3. 哪一個數字是迴歸線的斜率？
4. 哪一個數字是迴歸線的 y 截距？
5. 可以在表格求出哪一個臨界值？

第 10 章　相關與迴歸

6. 哪一個數字是犯型 I 錯誤的允許風險？
7. 哪一個數字測量迴歸可解釋的變異？
8. 哪一個數字測量數據點在迴歸線四周的散佈程度？
9. 虛無假設為何？
10. 為了知道是否應該拒絕虛無假設，會和臨界值比較哪一個數字？
11. 虛無假設應該被拒絕嗎？

答案在第 486 頁。

練習題 10-3

1. 可解釋的變異是什麼意思？如何計算？
2. 無法解釋的變異是什麼意思？如何計算？
3. 總變異是什麼意思？如何計算？
4. 如何求出決定係數？
5. 如何求出無決定係數？

針對練習題 6~8，求出決定係數和無決定係數，並且解釋之。

6. $r = 0.75$
7. $r = 0.42$
8. $r = 0.91$
9. 計算第 10-1 節練習題 4 估計的標準誤。迴歸線方程式請參考第 10-2 節練習題 4 的結果。
10. 針對第 10-1 節和第 10-2 節練習題 4 以及第 10-3 節練習題 9 的數據，求出當 $x = 200$ 的 90% 預測區間。

結語

- 真實世界的變數間有太多關係了。決定是不是有某種線性關係的方法是使用已知的統計技術：相關與迴歸。一般是使用相關係數測量線性關係的強度與方向。它的值介於 -1 和 $+1$ 之間。相關係數的值愈接近 -1 或是 $+1$，變數間的線性關係強度愈強。如果是 -1 或是 $+1$，表示一種完美的線性關係。兩變數的正關係表示小的獨立變數會跟著小的依變數、大的獨立變數會跟著大的依變數。兩變數的負關係表示小的獨立變數會跟著大的依變數、大的獨立變數會跟著小的依變數。(10-1)
- 記住兩變數間的顯著關係不必然代表一個變數直接引起另一個變數。對某些例子而言，這是真的，但是也應該考慮其他可能性，例如包含其他變數（或許未知）的複雜關係；和兩個變數交互作用的第三個變數，或是純粹只是機會巧合。(10-1)
- 關係可能是線性的也可能是曲線的。為了決定形狀，可以繪製變數間的散佈圖。如果關係是線性的，可以用一條直線近似數據。這一條直線叫做迴歸線或是最適線。相關係數 r 愈接近 -1 或是 $+1$，數據和迴歸線愈靠近。(10-2)
- 殘差圖可以用來決定迴歸線是否適合用來預測。(10-3)
- 以決定係數指示線性關係強度會比相關係數來得好用。因為它指出依變數的變異

統計學

有多少百分比直接是因為獨立變數的變異。透過相關係數取平方並且換成百分比而求出決定係數。(10-3)

- 另一個相關與迴歸會使用的統計量是估計的標準誤，它是 y 值關於 y' 值的標準誤。估計的標準誤可以用來建構某個特定 x 值的預測區間。(10-3)

複習題

針對練習題 1~4，透過執行以下每一步驟完成迴歸分析。
  a. 繪製散佈圖
  b. 計算相關係數
  c. 使用表 H 在 $\alpha = 0.01$ 之下檢定相關係數的顯著性
  d. 若 r 為顯著，決定迴歸線方程式
  e. 在散佈圖上畫出迴歸線
  f. 對於特定值 x，預測 y' 值

10-1、10-2

1. **旅客數與機票價格**　U.S. Department of Transportation Office of Aviation Analysis 提供每週每班飛機的平均旅客數以及經濟艙單程機票的平均價格。隨機挑選的班機和它們的數據如下所示。有證據支持這兩個變數之間有關係嗎？

航班	平均旅客數	單程機票的平均價格
Pittsburgh–Washington, DC	310	$236
Chicago–Pittsburgh	1388	105
Cincinnati–New York City	750	339
Denver–Phoenix	3019	96
Denver–Los Angeles	2151	176
Houston–Philadelphia	1104	180

資料來源：www.fedstats.gov

2. **達陣次數與四分衛排名**　以下數據顯示一組 NFL 樣本的四分衛排名和其在球季的達陣次數。這兩個變數間有顯著的關係嗎？

達陣次數 (TD)	34	21	15	22	34	26	23
四分衛排名	106	89	82	81	96	91	86

資料來源：*New York Times Almanac.*

3. **打字速度與文件處理**　有一位研究員很想知道秘書的打字速度（每分鐘幾個字）和她學習新文件處理程式的時間（以小時計）是不是有關係？數據如下所示。

速度 x	48	74	52	79	83	56	85	63	88	74	90	92
時間 y	7	4	8	3.5	2	6	2.3	5	2.1	4.5	1.9	1.5

如果有顯著的關係，預測打字速度每分鐘 72 個字的秘書需要多少時間學習新的文件處理程式？

4. **醫藥專家與性別**　雖然每一年的女醫師愈來愈多，但是在許多科別，男醫師的數目還是高出許多。以下顯示隨機挑選的科別以及從業的男醫師和女醫師人數。可以認為這兩個數字之間有某種顯著的關係嗎？當女醫師有 2,000 人，預測男醫師的從業人數。

專科	女醫師人數 x	男醫師人數 y
皮膚科	3482	6506
急診醫學科	5098	20429
神經內科	2895	10088
小兒心臟科	459	1241
放射科	1218	7574
病理學科	181	399
放射腫瘤科	968	3215

資料來源：*World Almanac.*

10-3

5. 針對練習題 3，求出估計的標準誤。
6. 針對練習題 3，求出當打字速度每分鐘 72 個字時需要時間的 90% 預測區間。

小試身手

是非題。如果答案是「非」，請提供理由。

1. 兩變數間的負關係意味著，在大部分時候，當 x 遞增，y 會遞減。
2. 即使相關係數很高（接近 $+1$）或是很低（接近 -1），它還是有可能不顯著。
3. 顯著的相關係數不會純粹只是機會造成的。

選擇題

4. 哪一個數字顯示兩屬量變數間的線性關係強度？
   a. r　　　　c. x
   b. a　　　　d. s_{est}
5. 相關係數 r 的顯著性檢定的自由度是
   a. 1　　　　c. $n-1$
   b. n　　　　d. $n-2$
6. 決定係數的符號是
   a. r　　　　c. a
   b. r^2　　　d. b

填充題

7. x 變數叫做_____變數。
8. 相關係數 r 的正負號永遠和_____的正負號一致。
9. 如果所有數據點都落在直線上，則相關係數不是_____就是_____。

針對練習題 10~11，透過執行以下每一步驟完成迴歸分析。
  a. 繪製散佈圖
  b. 計算相關係數
  c. 使用表 H 在 $\alpha = 0.05$ 之下檢定相關係數的顯著性
  d. 決定迴歸線方程式
  e. 在散佈圖上畫出迴歸線
  f. 對於特定值 x，預測 y' 值

10. **年齡與車禍**　進行一項研究決定駕駛年齡與過去一年內車禍次數的關係。數據如下所示。如果有顯著的關係，預測 64 歲駕駛的車禍次數。

駕駛年齡 x	63	65	60	62	66	67	59
車禍次數 y	2	3	1	0	3	1	4

11. **脂肪與膽固醇**　追蹤一群節食者進行一項研究，看看每日消耗脂肪重量和膽固醇水準有沒有關係。如果有某種顯著關係，預測某人每日吃 8.5 克脂肪的膽固醇水準。

脂肪重量 x	6.8	5.5	8.2	10	8.6	9.1	8.6	10.4
膽固醇水準 y	183	201	193	283	222	250	190	218

12. 針對練習題 11，求出估計的標準誤。
13. 針對練習題 11，求出吃了 10 克脂肪的某人，他的膽固醇水準的 95% 預測區間。

觀念應用的答案

觀念應用 10-1　煞車距離

1. 獨立變數是每小時幾哩 (MPH)。
2. 依變數是煞車距離。
3. 獨立變數每小時幾哩是連續的屬量變數。
4. 依變數煞車距離是連續的屬量變數。
5. 散佈圖如下所示。

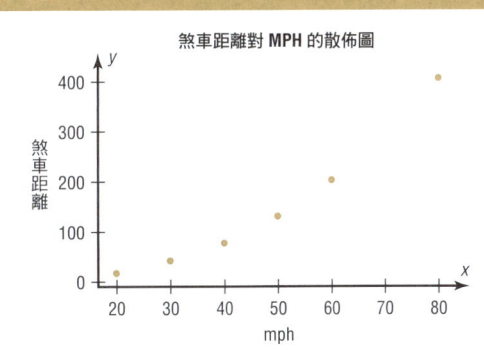

6. 兩變數之間可能有某種線性關係，但是這一組數據似乎有曲線關係。
7. 改變獨立變數數字間的距離，會改變關係看起來的樣子。
8. 兩變數間的關係是正的──速度愈快，煞車距離愈長。
9. 兩變數間的強烈關係建議我們可以用 MPH 準確預測煞車距離。不過，我們還是得關心數據呈現出來的曲線關係。
10. 答案因人而異。影響煞車距離的變數可能有道路狀況、駕駛反應時間以及煞車的堪用狀況。
11. 相關係數 $r = 0.966$。
12. 相關係數 $r = 0.966$ 在 $\alpha = 0.05$ 之下是顯著的。這和兩變數間的強烈正關係是一致的。

觀念應用 10-2　再次探討煞車距離

1. 迴歸線方程式是 $y' = -151.90 + 6.451x$。
2. 由迴歸線斜率得知，每增加 1 MPH，平均而言煞車距離就需增加 6.45 呎。y 截距是車速等於 0 MPH 時的煞車距離，語意上這是無意義的，但是 y 截距卻是模型的重要部分。
3. $y' = -151.90 + 6.451(45) = 138.4$。當 MPH = 45 的時候，煞車距離大概是 138 呎。
4. $y' = -151.90 + 6.451(100) = 493.2$。當 MPH = 100 的時候，煞車距離大概是 493 呎。
5. 在 MPH 數據的範圍外預測煞車距離是不恰當的（比如說，超過 100 MPH），因為我們並不知道數據範圍外，兩變數之間的關係。

觀念應用 10-3　解讀簡單線性迴歸

1. 是。這兩個變數朝同一個方向改變。換言之，兩變數間是正相關的。
2. 無法解釋的變異 3026.49 測量預測線和真實數值之間的距離。
3. 迴歸線的斜率是 0.725983。
4. 迴歸線的 y 截距是 16.5523。
5. 可以在表格求出臨界值 0.378419。
6. 犯型 I 錯誤的允許風險是 0.10，即顯著水準。
7. 迴歸可解釋的變異是 0.631319，大概是 63.1%。
8. 數據點在迴歸線四周的散佈程度是 12.9668，估計的標準誤。
9. 虛無假設是無相關，$H_0: \rho = 0$。
10. 我們會比較檢定數值 0.794556 和臨界值，決定是否應該拒絕虛無假設。
11. 因為 $0.794556 > 0.378419$，我們拒絕虛無假設，並且發現有足夠的證據支持相關係數不等於 0。

CHAPTER 11

卡方檢定

學習目標 ▶▶

經過本章的洗禮之後，你將具有以下的能力：

❶ 使用卡方檢定分配的適合度。
❷ 使用卡方檢定兩變數的獨立性。
❸ 使用卡方檢定比例的一致性。

本章大綱 ▶▶

簡介
11-1 適合度檢定
11-2 使用列聯表的檢定
結語

簡介

在第七章和第八章討論卡方分配時，是用來求出變異數或是標準差的信賴區間，以及檢定單一變異數或是標準差的假設。

卡方分配也可以用來檢定關於頻率分配的假設，例如，如果一組汽車買家的樣本，他們可以挑顏色，每一種顏色被挑中的機率一樣嗎？卡方分配也可以用來檢定兩變數的獨立性。比如說，眾議員對管制槍械的意見與政黨是獨立的。也就是說，共和黨和民主黨想的不一樣或是他們想的是一樣的？

最後，卡方分配也可以用來檢定比例的一致性。比如說，在美國的東南西北部高中畢業生立即升學的比例是一致的嗎？

這一章解釋卡方分配和它的應用。另外，除了這一章提到的應用外，卡方分配還有許多其他用途。

11-1 適合度檢定

學習目標 ❶
使用卡方檢定分配的適合度。

除了可以用來檢定單一變異數的假設外，卡方統計量也可以用來檢定某個頻率分配是否與某個特定的樣子一致。比如說，為了滿足客戶的需求，慢跑鞋的製造商希望知道買家是否喜歡某一種風格的鞋子。交通工程師希望知道某些日子是否比較容易發生車禍，這樣她可以藉此增加警力。急診室希望知道每天的某些時段是否比較容易接到電話，這樣就能夠適時地增加人力。

回顧一下卡方分配的特質：

1. 卡方分配是一個基於自由度的家族。
2. 卡方分配是右偏分配。
3. 所有卡方值都會大於 0。
4. 卡方分配曲線下的總面積等於 1。

當你想要檢定某頻率分配是否符合某一個特定的樣子，你可以使用卡方**適合度檢定 (goodness-of-fit test)**。

卡方適合度檢定 (chi-square goodness-of-fit test) 被用來檢定觀察頻率分配與期望頻率分配之間的契合度。

比如說，假設你是一位市場分析師，希望求出顧客對於新水果汽水的五種口味是否有某種偏好。一組 100 人的樣本提供以下的數據：

櫻桃	草莓	橘子	萊姆	葡萄
32	28	16	14	10

因為每一種口味被挑中的頻率來自樣本,這些真實發生的頻率叫做**觀察頻率 (observed frequency)**。如果沒有偏好,透過計算取得的頻率叫做**期望頻率 (expected frequency)**。

為了計算期望頻率,必須遵守以下兩條規則。

1. 如果所有期望頻率都相等,可以用 $E = n/k$ 計算這一項期望頻率,其中 n 是觀察值總個數,而 k 是分類別的個數。
2. 如果所有期望頻率不完全一致,可以用 $E = n \cdot p$ 計算這一項期望頻率,其中 n 是觀察值總個數,而 p 是該類別的機率。

在新水果口味的例題,如果沒有偏好,你應該預期每一種口味被挑到的頻率是一致的。這時候,一致頻率是 $100/5 = 20$。也就是說,每一種口味大約有 20 個人會選。該檢定的完整表格如下所示。

頻率	櫻桃	草莓	橘子	萊姆	葡萄
觀察頻率	32	28	16	14	10
期望頻率	20	20	20	20	20

因為抽樣誤差的關係,觀察頻率和期望頻率永遠不一樣,也就是說,數值會因為樣本不同而不同。但是問題是,這些差距顯著嗎(因為有偏好)?或是純粹因為機會?卡方適合度檢定讓研究員可以論斷問題的答案。

在計算檢定數值之前,你必須陳述假設。虛無假設應該是指出無差異或是無變動的主張。比如說在這個例子,假設如下所示:

H_0: 顧客對汽水口味無偏好
H_1: 顧客偏好某種口味

接著,我們需要一種測度,一種觀察頻率與期望頻率之間離異程度的測量值,所以我們引用了卡方適合度檢定的檢定統計量。

卡方適合度檢定的公式

$$\chi^2 = \sum \frac{(O - E)^2}{E}$$

自由度等於類別個數減去 1,其中

$O = $ 觀察頻率
$E = $ 期望頻率

趣聞

男人開始失去聽力的歲數比女人更早 30 年。這一項差別的主要原因可能是男人經常接觸電動工具以及割草機這一類的高噪音機器。

注意，檢定統計量的數值是根據觀察頻率與期望頻率之間的差距（一種距離）。如果觀察頻率與期望頻率顯著不同，那麼我們就會有足夠的證據支持拒絕虛無假設。

當觀察頻率與期望頻率之間完美一致的時候，$\chi^2 = 0$。同時，χ^2 絕對不會小於 0。最後，檢定是右尾的，因為「H_0: 合適」和「H_1: 不合適」意味著在虛無假設成立的時候，χ^2 會很小，而對立假設成立的時候，χ^2 會很大。

適合度檢定的自由度等於類別個數減去 1。針對這個例子，有五種類別（櫻桃、草莓、橘子、萊姆、葡萄），因此自由度是 $5 - 1 = 4$。之所以會這樣是因為前四種口味的人數可以自由變動。但是因為樣本數只有 100，是固定的，所以第五種口味的人數無法自由變動。

適合度檢定需要滿足兩項假設。這些假設如下所示。

卡方適合度檢定的假設

1. 數據來自隨機樣本。
2. 每一種類別的期望頻率必須超過 5。

本書會在練習題指明該有的假設；但是，當你在其他情況遇到統計學，必須在繼續之前檢查這一些該有的假設是否滿足。

為了使用卡方適合度檢定，統計學家發現了期望頻率至少要有 5，如上述假設所示。理由如下：卡方分配是連續的，而適合度檢定統計量是離散的。雖然如此，如果每一種分類的期望個數都至少有 5，那麼連續的卡方分配會是一項不錯的近似。如果某一個分類的期望頻率低於 5，那麼該分類應該與其他分類合併讓期望頻率至少有 5。

卡方適合度檢定的步驟摘要在以下的程序表。

程序表

卡方適合度檢定

步驟 1 陳述假設並確立主張。
步驟 2 從表 F 求出臨界值。檢定永遠是右尾的。
步驟 3 計算檢定數值。求出 $\dfrac{(O - E)^2}{E}$ 的總和。
步驟 4 下決定。
步驟 5 摘要結論。

例題 11-1 示範了分類期望頻率一致的情形。

例題 11-1　水果汽水口味的偏好

有足夠的證據拒絕挑選水果汽水口味時無偏好的主張嗎？使用前述顯示的數據。令 $\alpha = 0.05$。

解答

步驟 1　陳述假設並確立主張。

H_0: 顧客對汽水口味無偏好（主張）
H_1: 顧客偏好某種口味

步驟 2　求出臨界值。自由度是 $5 - 1 = 4$，而且 $\alpha = 0.05$，因此，來自附錄 C 表 F 的臨界值是 9.488。

步驟 3　計算檢定數值。注意每一種類別的期望頻率是 $E = n/k = 100/5 = 20$。
表格看起來像這樣：

頻率	櫻桃	草莓	橘子	萊姆	葡萄
觀察頻率	32	28	16	14	10
期望頻率	20	20	20	20	20

透過觀察頻率減去對應的期望頻率，然後把結果取平方並且除以期望頻率，最後加總結果。

$$\chi^2 = \sum \frac{(O - E)^2}{E}$$
$$= \frac{(32 - 20)^2}{20} + \frac{(28 - 20)^2}{20} + \frac{(16 - 20)^2}{20} + \frac{(14 - 20)^2}{20} + \frac{(10 - 20)^2}{20}$$
$$= 18.000$$

步驟 4　下決定。決定拒絕虛無假設，因為 $18.000 > 9.488$，如圖 11-1 所示。

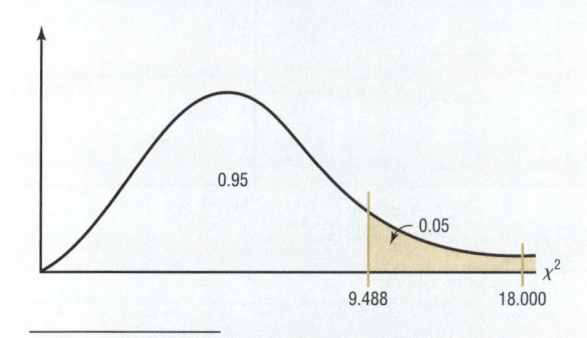

圖 11-1　例題 11-1 的臨界值與檢定數值

步驟 5　摘要結論。有足夠的證據拒絕顧客對口味無偏好的主張。

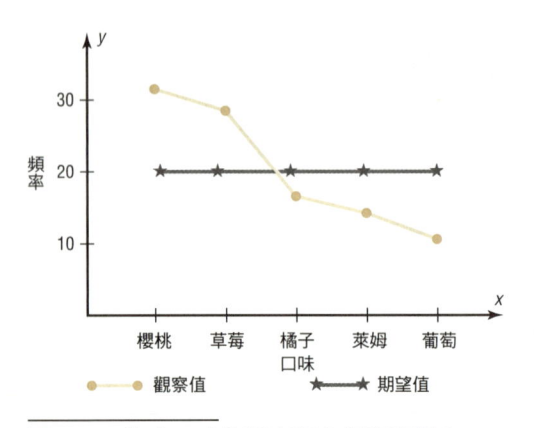

圖 11-2 汽水口味的觀察頻率與期望頻率

可以同時發現這一項檢定的 p 值。在例題 11-1，檢定統計量是 18.000。如果你搜尋表 F 自由度等於 4 那一列，會發現 18.000 超過 14.860，它對應表頭的 α 值 0.005，這件事意味著 p 值小於 0.005，所以虛無假設應該被拒絕。

為了稍微了解這個檢定叫做適合度檢定的原因，檢視幾張觀察頻率與期望頻率的圖形。詳見圖 11-2。你可以從圖形發現觀察頻率與期望頻率到底是靠近還是分離。這時候，觀察值跟期望值離得很遠，所以不是一種「合適」，結果，我們就拒絕了虛無假設。

當觀察頻率與期望頻率很靠近，卡方檢定數值會很小。所以決定不拒絕虛無假設，因此，有一種「合適」，詳見圖 11-3(a)。當觀察頻率與期望頻率是分離的，卡方檢定數值會很大。然後決定拒絕虛無假設，因此，有一種「不合適」，詳見圖 11-3(b)。

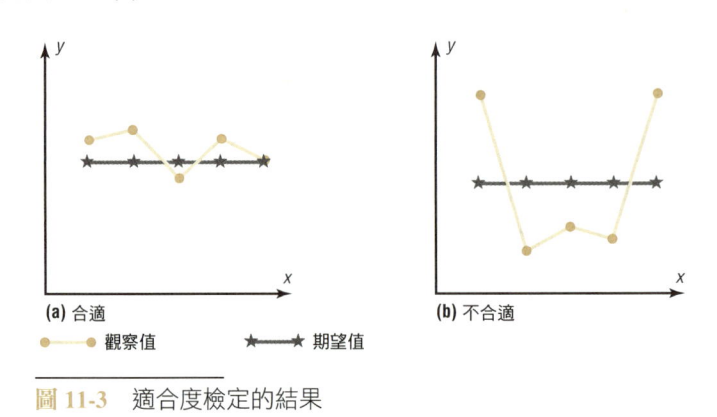

圖 11-3 適合度檢定的結果

例題 11-2　成年人的教育程度

美國政府的普查局發現 13% 的成年人未完成高中學業，30% 只有高中學歷，29% 念過大學但是沒有畢業，最後 28% 大學畢業。為了了解這一項比例與住在林肯郡內的居民是否一致，一位當地的研究人員挑選了一組 300 位成年人的隨機樣本，且發現

43 人未完成高中學業，76 人只有高中學歷，96 人念過大學但是沒有畢業，最後 85 人大學畢業。在 $\alpha = 0.10$ 之下，檢定林肯郡內的比例和普查局公佈的結果是一致的主張。

解答

步驟 1 陳述假設並確立主張。

H_0：比例如下：13% 的成年人未完成高中學業，30% 只有高中學歷，29% 念過大學但是沒有畢業，最後 28% 大學畢業。（主張）

H_1：分配不是虛無假設說的那樣。

步驟 2 求出臨界值。因為 $\alpha = 0.10$，而且自由度是 $4 - 1 = 3$，所以臨界值是 6.251。

步驟 3 計算檢定數值。首先，我們必須計算期望頻率。把參與調查的總人數 300 乘以每一種分類的百分比。

$$0.13 \times 300 = 39$$
$$0.30 \times 300 = 90$$
$$0.29 \times 300 = 87$$
$$0.28 \times 300 = 84$$

表格看起來像這樣：

頻率	未完成高中學業	高中學歷	念過大學但是沒有畢業	大學畢業
觀察頻率	43	76	96	85
期望頻率	39	90	87	84

接著計算檢定值：

$$x^2 = \sum \frac{(O-E)^2}{E} = \frac{(43-39)^2}{39} + \frac{(76-90)^2}{90} + \frac{(96-87)^2}{87} + \frac{(85-84)^2}{84}$$
$$= 0.410 + 2.178 + 0.931 + 0.012 = 3.531$$

步驟 4 下決定。因為 3.531＜6.251，所以決定是不拒絕虛無假設。詳見圖 11-4。

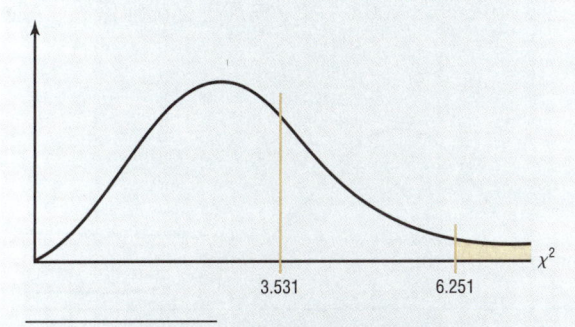

圖 11-4 例題 11-2 的臨界值和檢定數值

步驟 5 摘要結論。沒有足夠的證據支持拒絕主張。人們可以認為比例與虛無假設提供的無顯著的差異。也就是說，比例與美國普查局公佈的結果無顯著的差別。

例題 11-3　槍枝致死

有一位研究員讀到，在 1 歲到 18 歲因為槍枝而死亡之人的分配如下：74% 是意外，16% 是自殺，10% 是謀殺。在她的鎮上，過去一年內有 68 人是意外死亡，27 人是自殺，5 人是謀殺。在 $\alpha = 0.10$ 之下，檢定比例如上述的主張。

資料來源：Centers for Disease Control and Prevention.

解答

步驟 1　陳述假設並確立主張。

H_0：在 1 歲到 18 歲因為槍枝而死亡之人的分配如下：74% 是意外，16% 是自殺，10% 是謀殺。（主張）

H_1：分配不是虛無假設說的那樣。

步驟 2　求出臨界值。因為 $\alpha = 0.10$，而且自由度是 $3 - 1 = 2$，所以臨界值是 4.605。

步驟 3　計算檢定數值。期望頻率的計算 $E = n \cdot p$ 如下所示：

$$100 \times 0.74 = 74$$
$$100 \times 0.16 = 16$$
$$100 \times 0.10 = 10$$

表格看起來像這樣：

頻率	意外	自殺	謀殺
觀察頻率	68	27	5
期望頻率	74	16	10

$$\chi^2 = \sum \frac{(O - E)^2}{E}$$
$$= \frac{(68 - 74)^2}{74} + \frac{(27 - 16)^2}{16} + \frac{(5 - 10)^2}{10}$$
$$= 10.549$$

步驟 4　下決定。因為 $10.549 > 4.605$，所以決定拒絕虛無假設，如圖 11-5 所示。

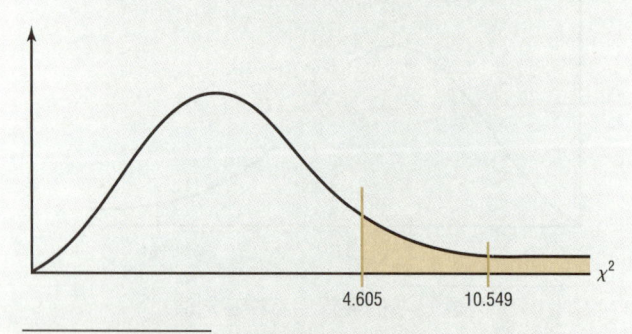

圖 11-5　例題 11-3 的臨界值和檢定數值

步驟 5　摘要結論。有足夠的證據拒絕分配是 74% 意外，16% 自殺，10% 謀殺的主張。

觀念應用 11-1　彩虹糖口味分配

彩虹糖的製造商 M&M/Mars 主張人們最喜歡的組合是每一種口味都占 20%。彩虹糖的口味包含檸檬、萊姆、橘子、草莓和葡萄。以下數據顯示隨機挑選四袋彩虹糖以及它們的口味組合。使用以下數據回答問題。

袋	檸檬	萊姆	口味 橘子	草莓	葡萄
1	14	7	20	10	7
2	17	20	5	5	13
3	4	4	16	13	21
4	17	12	9	16	3
總和	52	43	50	44	44

1. 這些變數是屬量的還是屬性的？
2. 哪一種檢定可以用來比較觀察值和期望值？
3. 針對總和進行卡方檢定。
4. 你會用什麼樣的假設？
5. 檢定的自由度是多少？臨界值是哪一個？
6. 你的結論為何？

答案在第 511 頁。

練習題 11-1

1. 適合度檢定和卡方變異數檢定有什麼不同？

針對練習題 2~5，執行以下每一個步驟。
   a. 陳述假設並確立主張
   b. 求出臨界值
   c. 計算檢定數值
   d. 下決定
   e. 摘要結論

除非特別聲明，否則使用傳統法進行假設檢定。

2. **使用購物袋**　在一項雜誌的調查裡，60% 的受訪者帶著重複使用的袋子、32% 向商家要塑膠袋、8% 要紙袋。一組 300 位消費者的隨機樣本顯示 28 位要求紙袋、120 位要求塑膠袋、其他的消費者則帶著可重複使用的袋子。在 $\alpha = 0.01$ 之下，樣本數據的結果有別於雜誌調查的結果嗎？

3. **基因改造食物**　一份 ABC 新聞台的調查詢問成人是否覺得基因改造食物是安全的。35% 的成人認為是安全的，52% 認為不安全，而 13% 沒意見。一組 120 位小鎮成人的隨機樣本在市場被問到同樣的問題，40 位認為是安全的，60 位認為不安全，20 位沒意見。在 0.01 的顯著水準之下，有充分的證據認為觀察到的比例和先前的不一樣嗎？

資料來源：ABCNews.com Poll, www.pollingreport.com

4. **槍擊死亡案例**　根據國家安全局的數據，10% 的槍擊死亡案例是不到 19 歲的受害者，50% 是 20 歲到 44 歲的受害者，40% 是 45 歲以上的受害者。某一州一組 100 位遭槍擊身亡者的隨機樣本得知以下數據：13 位是不到 19 歲的受害者、62 位是 20 歲到 44 歲的受害者、

剩下的是 45 歲以上的受害者。在 0.05 的顯著水準之下，樣本數據的結果有別於國家安全局的結論嗎？

資料來源：World Almanac.

5. **付費處方箋** 有一位醫藥研究員希望知道人們付處方箋的方式是否如下列的分配：60% 個人自費、25% 保險、15% 健保。由一份 50 人的調查發現 32 人是個人自費、10 人是個人保險給付、8 人使用健保。在 $\alpha = 0.05$ 之下，假設正確嗎？使用 p 值法。結果具有什麼樣的意涵？

資料來源：U.S. Health Care Financing.

Excel 技術步驟解析

卡方適合度檢定

Excel 不提供進行卡方適合度檢定的程序，不過你可以藉由線上資源的 MegaStat 外掛程式決定平均數的信賴區間。如果你還沒有安裝這一項外掛程式，根據第一章 Excel 技術步驟解析的說明進行安裝。

這個例題延續例題 11-1。

例題 XL11-1

檢定汽水口味無偏好的主張。使用顯著水準 $\alpha = 0.05$。頻率表顯示如下。

頻率	櫻桃	草莓	橘子	萊姆	葡萄
觀察頻率	32	28	16	14	10
期望頻率	20	20	20	20	20

1. 在一張新 worksheet（工作表）的第一列輸入觀察頻率（儲存格 A1 到 E1）。
2. 在第二列輸入觀察頻率（儲存格 A2 到 E2）。
3. 從 toolbar（工具列）點選 Add-Ins（外掛程式），MegaStat>Chi-Squares/Crosstab>Goodness of Fit Test。注意：你或許需要從電腦硬碟的檔案MegaStat.xls 打開 MegaStat。
4. 在對話框為 Observed values（觀察值）輸入 A1:E1，為 Expected values（期望值）輸入 A2:E2。然後點選 [OK]。

```
Goodness-of-Fit Test

Observed   Expected     O − E    (O − E)²/E   % of chisq
    32       20.000    12.000       7.200        40.00
    28       20.000     8.000       3.200        17.78
    16       20.000    −4.000       0.800         4.44
    14       20.000    −6.000       1.800        10.00
    10       20.000   −10.000       5.000        27.78
   100      100.000     0.000      18.000       100.00

   18.00    chi-square
       4    df
  0.0012    P-value
```

因為 p 值小於顯著水準，則虛無假設被拒絕，而且因為這樣我們無法支持無偏好的主張。

11-2　使用列聯表的檢定

當數據能以頻率的方式製成表格,便可使用卡方檢定來檢定許多假設。

這樣的檢定有兩種,變數獨立性檢定和比例一致性檢定。當只挑選一組樣本的時候,變數獨立性檢定用來決定兩變數到底是獨立還是相關。當從許多母體挑選許多樣本的時候,比例一致性檢定用來決定某一個變數的比例是否相等。兩種檢定都使用卡方分配以及一種列聯表,加上用同樣的方式求出檢定數值。先解釋獨立性檢定。

➥ 獨立性檢定

學習目標 ❷

使用卡方檢定兩變數的獨立性。

卡方獨立性檢定 (chi-square independence test) 用來檢定兩變數之間是否獨立。

卡方獨立性檢定的公式

$$\chi^2 = \sum \frac{(O-E)^2}{E}$$

它有著等於類別個數減去 1 的自由度,其中

$O = $ 觀察頻率

$E = $ 期望頻率

卡方獨立性檢定的假設

1. 數據來自某種隨機樣本。
2. 每一個格子的期望值都必須超過 5。如果發現沒有超過 5 的格子,必須合併某些分類。

本書會在練習題指明該有的假設;但是,當你在其他情況遇到統計學,必須在繼續之前檢查這一些該有的假設是否滿足。

一般而言,卡方獨立性檢定的虛無假設會這麼寫(實際上會有一些變種):

H_0: 變數間彼此獨立。

H_1: 變數間彼此相依。

兩變數的數據被放在一張**列聯表 (contingency table)** 裡。一個變數叫做**列變數 (row variable)**,而另一個變數叫做**行變數 (column variable)**。表格叫做 $R \times C$

表，其中 R 代表「列」的個數，C 代表「行」的個數。（記住，從左而右的叫做列、從上而下的叫做行）。比如說，2×3 列聯表長相如下所示。

	第1行	第2行	第3行
第1列	$C_{1,2}$	$C_{1,2}$	$C_{1,3}$
第2列	$C_{2,1}$	$C_{2,2}$	$C_{2,3}$

表格內的每一個數值叫做**格值 (cell value)**。比如說，格值 $C_{2,3}$ 意思是它在第 2 列、第 3 行。

觀察值來自樣本數據（也就是說，題目會給）。根據兩變數獨立的假設以及觀察值計算期望值。

計算每一個格子期望值的公式是

$$期望值 = \frac{(列總和)(行總和)}{總和}$$

就像卡方適合度檢定，如果觀察值與期望值的差距些微，那麼檢定統計量的數值會是小的，這將造成無法拒絕虛無假設，因此，兩變數間彼此獨立。

雖然如此，如果觀察值與期望值的差距夠大，那麼檢定統計量的數值會是大的，這將造成虛無假設被拒絕。這時候，有足夠的證據認為兩變數間彼此相依，或是彼此有關係。這一項檢定永遠都是右尾的。

卡方獨立性檢定的自由度乃根據列聯表的尺寸。自由度的公式是 $(R-1)(C-1)$，也就是，（列個數減去 1）乘以（行個數減去 1）。針對一種 2×3 列聯表，自由度應該是 $(2-1)(3-1) = 1(2) = 2$。

舉個例子，假如在一家大型醫院有一些病人被安排接受一種新的手術後療程。研究員可能會問，醫生對這一種新療程的感覺有別於護士嗎？或者，基本上他們覺得是一樣的？注意，問題不是「他們是否偏愛新療程」或是「兩群人在意見上是否有差別」。

為了回答這一類的問題，有一位研究員挑選一組護士的樣本和一組醫生的樣本，並且用以下的表格分類數據。

群組	偏愛新療程	偏愛舊療程	無偏愛
護士	100	80	20
醫生	50	120	30

根據調查指出，100 位護士偏愛新療程，80 位偏愛舊療程，而 20 位無偏愛；50 位醫生偏愛新療程，120 位偏愛舊療程，而 30 位無偏愛。因為主要問

題是意見上有沒有差別，我們會把虛無假設寫成：

H_0: 對於新療程的意見和專業之間是獨立的。

對立假設的陳述如下：

H_1: 對於新療程的意見和專業之間是相依的。

如果虛無假設無法被拒絕，檢定的結論是兩種專業對於新療程的感覺是一致的，而差距只是因為機會所造成的。如果虛無假設被拒絕，檢定的結論是兩種專業對於新療程的感覺是不一致的。記住，拒絕不意味著有一群人喜歡新療程而另外一群人不喜歡新療程。或許是兩群人都喜歡或是都不喜歡，只是比例上不一樣。

回憶任何列聯表的自由度都是（列個數減去 1）乘以（行個數減去 1）；也就是說，d.f. = $(R-1)(C-1)$。在此例中，$(2-1)(3-1) = (1)(2) = 2$。這樣算自由度 d.f. 的原因是每一列、每一行的期望值都會有一個無法自由改變。從表 F 可以求出自由度 2 且 $\alpha = 0.05$ 的臨界值是 5.991。

為了透過卡方獨立性檢定來檢定上述的虛無假設，你必須在虛無假設為真的情況下計算期望頻率。透過觀察頻率計算期望頻率如下表所示。

使用前述表格，你可以計算每一個格子的期望頻率，如下所示。

> **趣　聞**
>
> 太老或是太年輕都可以成功。George Foreman 在 46 歲贏得重量級拳擊的世界冠軍。William Pitt 在 24 歲就已經是英國的首相。Benjamin Franklin 在 16 歲曾經是報社的專欄作家，並且在 81 歲的時候為憲法立下框架。

1. 求出每一列以及每一行的總和，並且求出總和，結果如下所示。

群組	偏愛新療程	偏愛舊療程	無偏愛	總和
護士	100	80	20	200　第一列總和
醫生	+50	+120	+30	200　第二列總和
總和	150	200	50	400　總和
	第一行總和	第二行總和	第三行總和	

2. 針對每一個格子，對應的列總和乘以對應的行總和，再除以總和，這樣就可以得到期望頻率。

$$期望頻率 = \frac{列總和 \times 行總和}{總和}$$

比如說，針對 $C_{1,2}$，期望頻率 $E_{1,2}$ 是

$$E_{1,2} = \frac{(200)(200)}{400} = 100$$

針對每一個格子，期望頻率的計算如下所示：

$$E_{1,1} = \frac{(200)(150)}{400} = 75 \qquad E_{1,2} = \frac{(200)(200)}{400} = 100 \qquad E_{1,3} = \frac{(200)(50)}{400} = 25$$

$$E_{2,1} = \frac{(200)(150)}{400} = 75 \qquad E_{2,2} = \frac{(200)(200)}{400} = 100 \qquad E_{2,3} = \frac{(200)(50)}{400} = 25$$

現在把期望頻率和觀察頻率一起放在格子內，如下所示。

群組	偏愛新療程	偏愛舊療程	無偏愛	總和
護士	100 (75)	80 (100)	20 (25)	200
醫生	50 (75)	120 (100)	30 (25)	200
總和	150	200	50	400

為什麼使用頻率的列聯表是如此計算期望頻率呢？針對 $C_{1,1}$，400 人有 150 人偏愛新療程，而且有 200 位護士，所以如果虛無假設為真，我們會預期有 (150/400)(200) 或是 75 人偏愛新療程。

現在可以利用公式計算檢定值

$$\chi^2 = \sum \frac{(O-E)^2}{E}$$

$$= \frac{(100-75)^2}{75} + \frac{(80-100)^2}{100} + \frac{(20-25)^2}{25} + \frac{(50-75)^2}{75}$$

$$+ \frac{(120-100)^2}{100} + \frac{(30-25)^2}{25}$$

$$= 26.667$$

接下來，下決定。因為檢定值 26.667 高過臨界值 5.991，最後的決定就是拒絕虛無假設。詳見圖 11-6。

結論是有足夠的證據支持意見和專業有關的主張，也就是說，醫生和護士對於新療程有不同的意見。

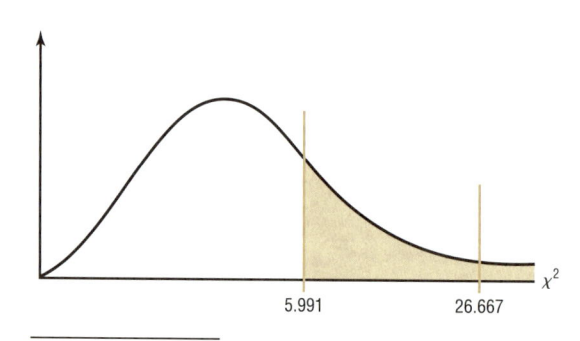

圖 11-6 療程例題的臨界值和檢定數值

也可以像以前一樣地找出 p 值。這時候，如果我們搜尋第二列 (d.f. = 2)，我們會發現卡方值 10.597 對應 0.005 的 α 值。因為我們的檢定值是 26.667，而且高過 10.597，所以 p 值低於 0.005，這會帶出拒絕虛無假設的決定。

進行卡方獨立性檢定的程序表如下所示。

程序表

卡方獨立性檢定

步驟 1 陳述假設並且確立主張。

步驟 2 使用表 F 求出右尾的臨界值。

步驟 3 計算檢定值。為了計算檢定值，首先求出期望值。針對列聯表內每一個格子，使用公式

$$E = \frac{(列總和)(行總和)}{總和}$$

得到期望值。為了求出檢定值，使用公式

$$\chi^2 = \sum \frac{(O-E)^2}{E}$$

步驟 4 下決定。

步驟 5 摘要結果。

例題 11-4 和例題 11-5 示範卡方獨立性檢定。

例題 11-4　醫院和感染

有一位研究員希望得知醫院和感染人數之間有沒有關係。挑選一組 3 家醫院的樣本，針對某一年得出感染人數的數據。數據如下所示。

醫院	手術部位感染	肺炎感染	血液感染	總和
A	41	27	51	119
B	36	3	40	79
C	169	106	109	384
總和	246	136	200	582

資料來源：Pennsylvania Health Care Cost Containment Council.

在 $\alpha = 0.05$ 之下，可以認為感染人數和發生在哪一家醫院有關嗎？

解答

步驟 1 陳述假設並確立主張。

> **趣聞**
>
> 五大湖區的水足以淹蓋北美大陸 9.5 吋。

H_0: 感染人數和哪一家醫院是獨立的。

H_1: 感染人數和哪一家醫院是相依的。（主張）

步驟 2 求出臨界值。在 $\alpha = 0.05$ 以及自由度等於 $(3-1)(3-1) = (2)(2) = 4$ 的情況下，臨界值是 9.488。

步驟 3 計算檢定數值。首先求出期望頻率。

$$E_{1,1} = \frac{(119)(246)}{582} = 50.30 \quad E_{1,2} = \frac{(119)(136)}{582} = 27.81 \quad E_{1,3} = \frac{(119)(200)}{582} = 40.89$$

$$E_{2,1} = \frac{(79)(246)}{582} = 33.39 \quad E_{2,2} = \frac{(79)(136)}{582} = 18.46 \quad E_{2,3} = \frac{(79)(200)}{582} = 27.15$$

$$E_{3,1} = \frac{(384)(246)}{582} = 162.31 \quad E_{3,2} = \frac{(384)(136)}{582} = 89.73 \quad E_{3,3} = \frac{(384)(200)}{582} = 131.96$$

完成的表格如下所示。

醫院	手術部位感染	肺炎感染	血液感染	總和
A	41 (50.30)	27 (27.81)	51 (40.89)	119
B	36 (33.39)	3 (18.46)	40 (27.15)	79
C	169 (162.31)	106 (89.73)	109 (131.96)	384
總和	246	136	200	582

代入公式並且評估結果。

$$\chi^2 = \sum \frac{(O-E)^2}{E}$$

$$= \frac{(41-50.30)^2}{50.30} + \frac{(27-27.81)^2}{27.81} + \frac{(51-40.89)^2}{40.89}$$

$$+ \frac{(36-33.39)^2}{33.39} + \frac{(3-18.46)^2}{18.46} + \frac{(40-27.15)^2}{27.15}$$

$$+ \frac{(169-162.31)^2}{162.31} + \frac{(106-89.73)^2}{89.73} + \frac{(109-131.96)^2}{131.96}$$

$$= 1.719 + 0.024 + 2.500 + 0.204 + 12.948 + 6.082$$

$$+ 0.276 + 2.950 + 3.995$$

$$= 30.698$$

步驟 4 下決定。我們決定拒絕虛無假設，因為 30.698＞9.488。詳見圖 11-7。

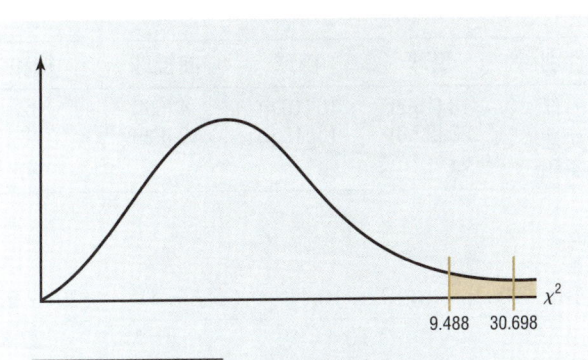

圖 11-7 例題 11-5 的臨界值和檢定數值

步驟 5 摘要結論。有足夠的證據支持感染人數和發生在哪一家醫院有關的主張。

例題 11-5　男性與女性的運動偏好

有一位研究人員希望了解男性與女性在運動偏好上是否有差異。她挑選了 32 位男性與 48 位女性的一組隨機樣本，並且詢問他們偏好三項運動的哪一項。結果如下所示。在 $\alpha = 0.10$ 之下，該名研究人員可以認為運動偏好和性別有關嗎？

性別	足球	棒球	曲棍球	總和
男性	18	10	4	32
女性	20	16	12	48
總和	38	26	16	80

解答

步驟 1 陳述假設並確立主張。

H_0: 運動偏好和性別是獨立的。
H_1: 運動偏好和性別是有關的。（主張）

步驟 2 求出臨界值。在 $\alpha = 0.10$ 以及自由度等於 $(2-1)(3-1) = 2$ 的情況下，臨界值是 4.605。

步驟 3 計算檢定數值。首先求出期望頻率。

$$E_{1,1} = \frac{(32)(38)}{80} = 15.2 \qquad E_{1,2} = \frac{(32)(26)}{80} = 10.4 \qquad E_{1,3} = \frac{(32)(16)}{80} = 6.4$$

$$E_{2,1} = \frac{(48)(38)}{80} = 22.8 \qquad E_{2,2} = \frac{(48)(26)}{80} = 15.6 \qquad E_{2,3} = \frac{(48)(16)}{80} = 9.6$$

完成的表格如下所示。

性別	足球	棒球	曲棍球	總和
男性	18 (15.2)	10 (10.4)	4 (6.4)	32
女性	20 (22.8)	16 (15.6)	12 (9.6)	48
總和	38	26	16	80

檢定值是

$$= \frac{(18-15.2)^2}{15.2} + \frac{(10-10.4)^2}{10.4} + \frac{(4-6.4)^2}{6.4} + \frac{(20-22.8)^2}{22.8}$$

$$+ \frac{(16-15.6)^2}{15.6} + \frac{(12-9.6)^2}{9.6}$$

$$= 0.516 + 0.015 + 0.900 + 0.344 + 0.010 + 0.600 = 2.385$$

步驟 4 下決定。我們無法拒絕虛無假設，因為 2.385＜4.605。詳見圖 11-8。

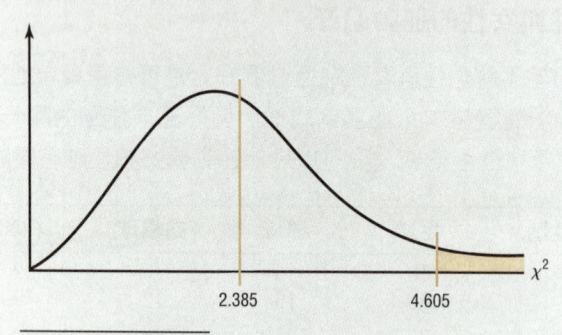

圖 11-8　例題 11-6 的臨界值與檢定值

步驟 5 摘要結論。沒有足夠的證據支持運動偏好和性別有關的主張。

學習目標 ❸
使用卡方檢定比例的一致性

➡ 比例一致性檢定

利用列聯表的第二種卡方檢定是**比例一致性檢定**（homogeneity of proportions test）。

比例一致性檢定用來檢定不同母體是否有著一樣比例的某些特質。

這時候，樣本來自數個不一樣的母體，而且研究員有興趣決定某一種共同特性的個體比例是否一致。要事先決定樣本數，這樣會在抽樣之前先知道列總和或是行總和。比如說，有一位研究員可能挑選一組 50 位大一學生、50 位大二學生、50 位大三學生、50 位大四學生的樣本，接著求出每一群大學生的吸菸比例。然後研究員會比較這些比例，試圖求出它們是否相等。這時候，假設會是

趣　聞

水是身體最關鍵的營養成分，身體內發生的每件事都需要它。水會迅速流失：光是呼吸，每天就會失去 2 杯水，平常的排泄與降低體溫就需要 10 杯水，而跑步、騎單車或是出外工作每小時需要 1 到 2 夸脫的水。

$H_0: p_1 = p_2 = p_3 = p_4$

H_1: 至少有一個比例和其他的不一樣。

如果該名研究員無法拒絕虛無假設，他就可以認定比例是一致的，而且數據上的差距純粹是因為機會所造成。因此從大一到大四，每一年的學生吸菸比例是一致的。當虛無假設被拒絕的時候，可以認定比例並非全部相等。

比例一致性檢定的假設和卡方獨立性檢定的假設是一樣的。這一項檢定的程序也和卡方獨立性檢定是一樣的。

例題 11-7　快樂與收入

有一位心理醫師從四種收入水平族群的每一種個別隨機挑選 100 人，並且詢問他們是否「非常快樂」。收入低於 30,000 美元的人有 24% 說「yes」；收入介於 30,000 到 74,999 美元的人有 33% 說「yes」；收入介於 75,000 到 99,999 美元的人有 38% 說「yes」，最後收入超過 100,000 美元的人有 49% 說「yes」。在 $\alpha = 0.05$ 之下，檢定各種經濟族群非常快樂的比例是一致的主張。

解答

有必要製作一張表格顯示每一族群內反應「yes」和反應「no」的人數。

針對第一種族群，24% 說「yes」，所以有 0.24(100) = 24 這麼多人說「yes」，而且 100 − 24 = 76 這麼多人說「no」。

針對第二種族群，33% 說「yes」，所以有 0.33(100) = 33 這麼多人說「yes」，而且 100 − 33 = 67 這麼多人說「no」。

針對第三種族群，38% 說「yes」，所以有 0.38(100) = 38 這麼多人說「yes」，而且 100 − 38 = 62 這麼多人說「no」。

針對第四種族群，49% 說「yes」，所以有 0.49(100) = 49 這麼多人說「yes」，而且 100 − 49 = 51 這麼多人說「no」。

把這些數字放在表格內，並且求出如下所示的列總和與行總和。

家戶收入	低於 30,000 美元 (24%)	30,000 到 74,999 美元 (33%)	75,000 到 99,999 美元 (38%)	超過 100,000 美元 (49%)	總和
是	24	33	38	49	144
否	76	67	62	51	256
	100	100	100	100	400

資料來源：Princeton Survey Research Associates International.

步驟 1　陳述假設並確立主張。

$H_0: p_1 = p_2 = p_3 = p_4$（主張）

H_1: 至少一個比例有別於其他比例。

步驟 2 求出臨界值。自由度的公式和之前一樣：$(R-1)(C-1) = (2-1)(4-1)$ $= 1(3) = 3$，所以臨界值是 7.815。

步驟 3 計算檢定數值。因為我們希望檢定比例一致的主張，我們使用期望頻率 $\frac{1}{4} \cdot 400 = 100$，首先如前述般計算期望值。

$$E_{1,1} = \frac{(144)(100)}{400} = 36 \quad E_{1,2} = \frac{(144)(100)}{400} = 36 \quad E_{1,3} = \frac{(144)(100)}{400} = 36 \quad E_{1,4} = \frac{(144)(100)}{400} = 36$$

$$E_{2,1} = \frac{(256)(100)}{400} = 64 \quad E_{2,2} = \frac{(256)(100)}{400} = 64 \quad E_{2,3} = \frac{(256)(100)}{400} = 64 \quad E_{2,4} = \frac{(256)(100)}{400} = 64$$

完成的表格如下所示。

家戶收入	低於 30,000 美元 (24%)	30,000 到 74,999 美元 (33%)	75,000 到 99,999 美元 (38%)	超過 100,000 美元 (49%)	總和
是	24 (36)	33 (36)	38 (36)	49 (36)	144
否	76 (64)	67 (64)	62 (64)	51 (64)	256
	100	100	100	100	400

接下來，計算檢定值。

$$\chi^2 = \sum \frac{(O-E)^2}{E}$$

$$= \frac{(24-36)^2}{36} + \frac{(33-36)^2}{36} + \frac{(38-36)^2}{36} + \frac{(49-36)^2}{36}$$

$$+ \frac{(76-64)^2}{64} + \frac{(67-64)^2}{64} + \frac{(62-64)^2}{64} + \frac{(51-64)^2}{64}$$

$$= 4.000 + 0.250 + 0.111 + 4.694 + 2.250 + 0.141 + 0.063 + 2.641$$

$$= 14.150$$

步驟 4 下決定。拒絕虛無假設，因為 14.150 > 7.815。詳見圖 11-9。

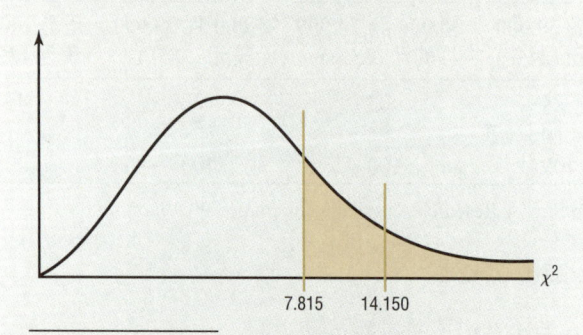

圖 11-9 例題 11-7 的臨界值和檢定數值

步驟 5 摘要結論。有足夠的證據支持比例不一樣的主張。因此，收入似乎在比例上造成某種不一致。

第 11 章 卡方檢定

當列聯表的自由度等於 1，也就是說，是一種 2×2 表格——有一些統計學家會建議使用**葉氏連續性校正 (Yates correction for continuity)**。這時候檢定的公式變成

$$\chi^2 = \sum \frac{(|O - E| - 0.5)^2}{E}$$

因為卡方檢定已經是一種保守檢定，大部分統計學家同意不需要葉氏連續性校正。

觀念應用 11-2　禁制區的衛星天線

參議院預期表決一項法案，讓契稅禁制區可以安裝任何尺寸的衛星天線。眾議院已經通過類似的法案。舉辦一項民意調查，希望求出人們的年齡和對於禁制衛星天線的反應之間的關聯性。進行一項卡方檢定之後，產生了以下的電腦報表。

Degrees of freedom d.f. = 6
Test statistic χ^2 = 61.25
Critical value C.V. = 12.6
P-value = 0.00
Significance level = 0.05

	18-29	30-49	50-64	65 以上
同意	96 (79.5)	96 (79.5)	90 (79.5)	36 (79.5)
不同意	201 (204.75)	189 (204.75)	195 (204.75)	234 (204.75)
不清楚	3 (15.75)	15 (15.75)	15 (15.75)	30 (15.75)

1. 比較顯著水準和報表的哪一個數字，可以檢查虛無假設是否應該被拒絕？
2. 報表的哪一個數字提供從數據算出來的型 I 錯誤機率？
3. 檢定是右尾的？左尾的？還是雙尾的？為什麼？
4. 藉由檢查自由度，你有辦法求出表格有幾列幾行嗎？
5. 增加樣本數會改變自由度嗎？
6. 你的結論為何？看著表格內的觀察頻率和期望頻率，找出一些關於受訪者反應與年齡的特定結論。
7. 如果顯著水準一開始定在 0.10，你的結論會是？
8. 根據卡方檢定，格子的觀察頻率和期望頻率有顯著的差別嗎？

答案在第 511~512 頁。

練習題 11-2

1. 卡方獨立性檢定和適合度檢定有多相似？有多不一樣？
2. 如何計算每一個格子的期望頻率？

針對練習題 3~8，執行以下每一個步驟。
   a. 陳述假設並確立主張
   b. 求出臨界值
   c. 計算檢定數值
   d. 下決定
   e. 摘要結論

除非特別聲明，否則使用傳統法進行假設檢定。

3. **瀕臨絕種或是受到威脅的物種** 你是否可以認為脊椎動物的種類和它是否為瀕臨絕種或是受到威脅的物種之間是有關係的？使用 0.05 的顯著水準。如果是 0.01 的顯著水準，結論會不一樣嗎？

	哺乳類	鳥類	爬蟲類	兩棲類	魚類
瀕臨絕種	68	76	14	13	76
威脅	13	15	23	10	61

資料來源：www.infoplease.com

4. **失業時間與行業** 失業時間與行業之間有關係嗎？由一組三種行業失業員工的隨機樣本得知如下的數據。在 0.05 的顯著水準之下，兩變數間相依嗎？

	低於 5 週	5 到 14 週	15 到 26 週
交通業	85	110	80
資訊業	48	57	45
金融業	83	111	114

資料來源：World Almanac.

5. **學習族群與教授** 某一所大學的學生必須挑選一位統計學教授以及一個學習社團。在 $\alpha = 0.05$ 之下，這兩種選擇之間有關係嗎？

	5a 群	5b 群	5c 群
Q 教授	25	22	15
E 教授	16	15	24
D 教授	17	18	22

6. **剖腹產比例與醫院** 最近一年全美國的剖腹產比例是 32.2%（剖腹產產子的個數）。一組來自三家大型醫院 100 個新生兒的隨機樣本產生如下的生產類別數據。在 $\alpha = 0.10$ 之下，檢定比例的一致性。

	A 醫院	B 醫院	C 醫院
剖腹產	44	28	39
非剖腹產	56	72	61

資料來源：World Almanac.

7. **人力分配** 有一位研究員希望知道過去 10 年內人力資源的比例是否已經改變。挑選一組 100 位賓州工人的樣本，並且顯示以下的結果。在 $\alpha = 0.05$ 之下，檢定比例沒有改變的主張。這一項結果可以被一般化到整個美國嗎？

	服務業	製造業	公務員	其他
10 年前	14	13	17	15
現在	11	12	8	10
總和	25	25	25	25

8. **猴欄遊戲區的傷害案件** 有一家兒童遊樂場製造商讀到一份調查，說明全美兒童遊樂場受傷案例有 55% 發生在猴欄遊戲區。該廠商希望調查全國四個區域的遊樂場受傷案例，看看在猴欄遊戲區的受傷比例是否一致。結果如下所示。在 $\alpha = 0.05$ 之下，檢定比例一致的主張。使用 p 值法。

意外	北區	南區	東區	西區
在猴欄遊戲區	15	18	13	16
不在猴欄遊戲區	15	12	17	14
總和	30	30	30	30

資料來源：Michael D. Shook and Robert L. Shook, *The Book of Odds*.

第 11 章　卡方檢定

使用列聯表的檢定

Excel 技術步驟解析

Excel 不提供使用列聯表的檢定程序，不過你可以藉由線上資源的 MegaStat 外掛程式決定平均數的信賴區間。如果你還沒有安裝這一項外掛程式，根據第一章 Excel 技術步驟解析的說明進行安裝。

例題 XL11-2

以下表格顯示完成幾年大學教育以及人們的居住地。

使用顯著水準 $\alpha = 0.05$ 決定念幾年制的大學和住在哪裡的關係。

1. 從儲存格 A2 開始在 A 行輸入位置變數。
2. 分別在儲存格 B1、C1 以及 D1 輸入幾年制大學的分類名稱。
3. 在適當的儲存格輸入觀察值。
4. 從 toolbar（工具列）點選 Add-Ins（外掛程式），MegaStat>Chi-Squares/Crosstab>Contingency Table。注意：你或許需要從電腦硬碟的檔案 MegaStat.xls 打開 MegaStat。
5. 在對話框為 Input range（輸入範圍）輸入 A1:D4。
6. 從 Output Options（輸出選項）勾選 chi-square（卡方）。
7. 點選 [OK]。

Chi-Square Contingency Table Test for Independence

	None	4-year	Advanced	Total
Urban	15	12	8	35
Suburban	8	15	9	32
Rural	6	8	7	21
Total	29	35	24	88

3.01　chi-square
4　df
.5569　P-value

檢定的結果顯示在 5% 的顯著水準下沒有足夠的證據支持住在哪裡和念幾年制的大學是相關的。

結語

- 這一章解釋了三種卡方分配的用法。可以使用適合度檢定決定某個頻率分配和假定的頻率是否一致。比如說，某一家工廠的不良品個數是否每天都一樣？這一項檢定是右尾檢定。(11-1)
- 獨立性檢定是用來決定兩變數是相依的還是獨立的。這一項檢定使用某種列聯表，而且一定是右尾的檢定。有一個例子是，決定市郊居民和鄉下居民對垃圾回收的意見是否有差別。(11-2)
- 最後，比例一致性檢定是用來決定當樣本來自數個不同的母體，數個比例是否一致。(11-2)

複習題

針對練習題 1~5，執行以下每一個步驟。
    a. 陳述假設並確立主張
    b. 求出臨界值
    c. 計算檢定數值
    d. 下決定
    e. 摘要結論
除非特別聲明，否則使用傳統法進行假設檢定。

11-1

1. **致命的交通意外** 有一項交通安全報告指出，針對 21–24 歲的年齡層，31.58% 的車禍死亡受害者使用安全帶，59.83% 的車禍死亡受害者未使用安全帶，至於剩下的則不清楚有沒有使用安全帶。某一個區域 120 件死亡車禍顯示在同樣的年齡層，35 位使用安全帶，78 位未使用安全帶，剩下的情況不明。在 $\alpha = 0.05$ 之下，有充分的證據支持該區域的比例有別於報告指出的比例嗎？
資料來源：*New York Times Almanac*.

2. **拒絕賣槍** 有一位警察研究人員讀過某些拒絕賣槍的理由，發現以下的分配：重罪犯罪史 75%，區域犯罪定讞 11%，濫用藥物、逃犯等等 14%。取得一組大型研究被拒絕售槍的申請者隨機樣本，並且得知以下的分配。在 $\alpha = 0.10$ 之下，可以認為分配如上述一般嗎？你認為鄉下的結果可能不一樣嗎？

理由	重罪犯罪史	區域犯罪定讞	濫用藥物等等
個數	120	42	38

資料來源：FBI statistics.

11-2

3. **退休金投資** 有一項調查想知道在 45 歲前和 65 歲前會如何進行退休金總價投資。數據如下所示。在 $\alpha = 0.05$ 之下，投資者年齡和投資方式之間有關係嗎？

	大公司股票基金	小公司股票基金	國際股票基金	CD 或是貨幣市場基金	公債
45 歲	20	10	10	15	45
65 歲	42	24	24	6	24

資料來源：*USA TODAY*.

4. **高中女生的就業** 有一位就業輔導員想要知道在他的學區內高中女生的就業比例是不是等於全國比例的 36%。他調查了 80 位高中女生，年齡從 16 到 18 歲，並詢問她們是否就業。結果如下所示。在 $\alpha = 0.01$ 之下，檢定高中女生就業比例是一樣的主張。使用 p 值法。

	16 歲	17 歲	18 歲
有工作	45	31	38
沒工作	35	49	42
總和	80	80	80

資料來源：Michael D. Shook and Robert L. Shook, *The Book of Odds*.

5. **保險給付** 根據以下有保險和沒有保險的人數（以千人計）數據，在 0.01 顯著水準下，可以認為有沒有健保的比例和哪一州有關係嗎？

	有	沒有
阿肯色州	552	123
蒙大拿州	793	146
北達科他州	553	61
懷俄明州	447	70

資料來源：*New York Times Almanac*.

小試身手

是非題。如果答案是「非」，請提供理由。
1. 卡方獨立性檢定是一種雙尾檢定。
2. 當適合度檢定的虛無假設被拒絕，意味著觀察與期望頻率之間有密切的一致性。

選擇題
3. 卡方獨立性檢定的虛無假設主張兩變數是
    a. 相依的   c. 相關的
    b. 獨立的   d. 永遠等於 0

填充題

4. 4×3 列聯表的自由度是_____。
5. 卡方適合度檢定是_____尾的。

針對練習題 6~10，執行以下每一個步驟。

　　a. 陳述假設並確立主張
　　b. 求出臨界值
　　c. 計算檢定數值
　　d. 下決定
　　e. 摘要結論

除非特別聲明，否則使用傳統法進行假設檢定。

6. **失業原因** 某一項失業調查的結果如下。在 $\alpha = 0.05$ 之下，檢定各個答案是均勻分配的主張。如果這一項研究發生在 10 年前，你認為結果或許會不一樣嗎？

理由	工廠關門	部門消失	不需要的職位
個數	26	18	28

資料來源：U.S. Department of Labor.

7. **電視收視率** 有一項調查發現有 62% 的受訪者表示不會看有線電視的購物頻道，23% 表示很少看，11% 表示偶爾看，以及 4% 表示經常看。調查 200 位大學生的意見，105 位表示不會看有線電視的購物頻道，72 位很少看，13 位偶爾看，10 位經常看。在 $\alpha = 0.05$ 之下，可以認為大學生的購物頻道偏好有別於之前的調查嗎？

資料來源：*USA TODAY* Snapshots.

8. **喜愛的冰淇淋口味** 某一項調查詢問男性與女性喜歡哪一種口味的冰淇淋。結果如下所示。在 $\alpha = 0.05$ 之下，可以認為偏好和性別之間是獨立的嗎？

	偏好			
	香草	巧克力	草莓	其他
女性	62	36	10	2
男性	49	37	5	9

9. **旗幟的顏色** 有一項球場的調查，顯示以下球迷選擇旗幟的結果。數據如下所示。在 $\alpha = 0.10$ 之下，旗幟的顏色和性別是獨立的嗎？

	藍色	黃色	紅色
男性	519	659	876
女性	487	702	787

10. **員工滿意度** 一項針對 60 位男性和 60 位女性的調查，問到與現在同事在未來繼續共事是否會開心。結果如下所示。在 $\alpha = 0.10$ 之下，可以認為比例一致嗎？如果它們不一致，為此差異舉出一個可能的理由。

	是	否	未決定
男性	40	15	5
女性	36	9	15

資料來源：Maritz Poll.

觀念應用的答案

觀念應用 11-1　彩虹糖口味分配

1. 變數都是屬性的，而且我們有每一種類別的個數。
2. 卡方適合度檢定。
3. 總共有 233 顆糖果，所以我們預期每一種口味有 46.6 顆。我們的檢定數值是 $\chi^2 = 1.442$。
4. H_0: 所有口味均勻分布。
   H_1: 所有口味不是均勻分布。
5. 檢定有 $5 - 1 = 4$ 個自由度。臨界值和顯著水準有關，如果是 0.05 的顯著水準，臨界值是 9.488。
6. 因為 $1.442 < 9.488$，我們無法拒絕虛無假設。沒有足夠的證據支持口味不是均勻分布。

觀念應用 11-2　禁制區的衛星天線

1. 我們比較顯著水準和 p 值，藉以檢查虛無假設是否應該被拒絕。
2. 數字 p 值提供從數據求出的型 I 錯誤機率。
3. 這個檢定是右尾的，因為卡方獨立性檢定一定是右尾的。

4. 藉由檢查自由度沒有辦法求出表格有幾列幾行。
5. 增加樣本數不會改變自由度，因為我們是根據幾列幾行來算自由度。
6. 我們會拒絕虛無假設。有一些格子的觀察頻率和期望頻率非常不一樣。
7. 如果顯著水準一開始定在 0.10，我們還是會拒絕虛無假設。
8. 不。卡方檢定無法告訴你哪幾個格子的觀察頻率和期望頻率有顯著的差別。

CHAPTER 12

變異數分析

學習目標 ▶▶

經過本章的洗禮之後，你將具有以下的能力：

❶ 使用單向變異數分析技術決定三個以上的平均數是否有顯著差異。

❷ 如果虛無假設在單向變異數分析時被拒絕，使用 Scheffé 或者 Tukey 檢定決定哪一個平均數與其他平均數不一樣。

❸ 使用雙向變異數分析技術決定主效果或者是交互作用效果是否有顯著差異。

本章大綱 ▶▶

簡介
12-1　單向變異數分析
12-2　Scheffé 檢定和 Tukey 檢定
12-3　雙向變異數分析
結語

簡介

第九章討論過比較兩個變異數的 F 檢定，也可以用來比較三個以上的平均數。這一項技術叫做變異數分析，或是 ANOVA。它用來檢定多個平均數的主張。（注意：F 檢定也可以用來檢定兩平均數的一致性。但是這時候它和 t 檢定是一樣的，所以當只有兩個平均數的時候，我們通常用 t 檢定而不用 F 檢定。）比如說，假設有一位研究員希望求出三組學生分別使用 Fortran、Basic、Pascal 解決某電腦問題所花的平均時間是否不一樣。研究員會針對這一項檢定使用變異數分析技術。當比較三個以上平均數的時候，無法使用 z 檢定或是 t 檢定，在這一章稍後會說明理由。

針對三個群組，F 檢定只能顯示三項平均數之間是否有某種差異。它無法反應差異在哪裡，也就是說，在 $\overline{X}_1$ 和 $\overline{X}_2$ 之間，或是在 $\overline{X}_1$ 和 $\overline{X}_3$ 之間，或是在 $\overline{X}_2$ 和 $\overline{X}_3$ 之間。如果 F 檢定指出平均數之間存在某種差異，我們會試著用其他統計檢定求出差異在哪裡。最常用的檢定是 Scheffé 檢定和 Turkey 檢定，我們也會在這一章解釋這兩項技術。

用來比較三個或更多個平均數的變異數分析叫做單向變異數分析，因為它只包含一個變數。在前一個例子，變數是使用哪一種電腦語言。變異數分析也可以研究兩個變數，例如使用哪一種電腦語言以及學生的數學背景。這些研究涉及雙向變異數分析，在第 12-3 節會解釋雙向變異數分析。

12-1　單向變異數分析

學習目標 ❶
使用單向變異數分析技術決定三個以上的平均數是否有顯著差異。

當某種 F 檢定被用來檢定涉及三個或是更多個母體平均數的時候，這樣的技術叫做**變異數分析 (analysis of variance, ANOVA)**。

> **單向變異數分析檢定 (one-way analysis of variance test)** 透過樣本變異數以檢定三個以上平均數是否相等。

這一節使用的程序叫做單向變異數分析，因為只研究一項區分不同母體的獨立變數。獨立變數也叫做因子。

第一次遇到這樣問題的時候，你或許會想說為了比較三個或是更多個樣本的平均數，可以使用 t 檢定，一次比較兩個平均數。但是有幾個不用 t 檢定的理由。

首先，當你一次比較兩個平均數，其他研究中的平均數會被忽略。使用 F 檢定可以同時比較所有平均數。第二，當你一次比較兩個平均數，並且進行所有兩兩的比較，拒絕正確虛無假設的機率會增加，因為進行愈多 t 檢定，因

運氣看到顯著差異的機會愈高。第三，需要比較的平均數愈多，需要愈多 t 檢定。比如說，為了用一次兩個的方式比較三個平均數，需要 3 個 t 檢定。為了兩兩一次比較 5 個平均數，需要 10 個 t 檢定。而為了兩兩一次比較 10 個平均數，需要 45 個 t 檢定。

當需要被比較的母體個數增加，在給定顯著水準 α 之下，使用多項 t 檢定的型 I 錯誤機率會增加。為了解決這個問題，我們使用變異數分析。這一項技術比較了同一個母體變異數的兩種估計。

回顧 F 分配如下的特質：

1. F 值不會是負的，因為變異數永遠大於等於 0。
2. 分配是正偏斜的。
3. F 的平均數大概是 1。
4. 根據分子自由度和分母自由度區分 F 分配家族的成員。

雖然你正在使用 F 檢定比較三個或是超過三個平均數，檢定的時候是使用變異數而不是平均數。

使用 F 檢定的時候，我們會用兩種不同的母體變異數估計。第一種估計是**群間變異數 (between-group variance)**，而且它必須求出樣本平均數的變異數。第二種估計是**群內變異數 (within-group variance)**，我們使用所有數據計算這項變異數且不論平均數的差異。如果平均數之間無差異，群間變異數估計會很接近群內變異數估計，則 F 檢定數值大概等於 1。這時候，虛無假設不會被拒絕。但是，當平均數的差異是顯著的時候，群間變異數估計會明顯地大於群內變異數估計；F 檢定數值會顯著地大於 1；而且虛無假設會被拒絕。因為比較變異數，所以這項程序被叫做變異數分析 (ANOVA)。

F 檢定的公式是

$$F = \frac{\text{群間變異數}}{\text{群內變異數}}$$

群間變異數測度因為不同處理帶出每群組平均數之間的差異。為了計算這一項數值，有必要求出**總平均數 (grand mean)** $\overline{X}_{GM}$，它是所有樣本所有數值的平均數。總平均數的公式是

$$\overline{X}_{GM} = \frac{\Sigma X}{N}$$

這一個數字被用來求出群間變異數 s_B^2，這是用樣本數當作是權重算出來的平均數變異數。

群間變異數，記作 s_B^2，公式如下

$$s_B^2 = \frac{\Sigma n_i(\overline{X}_i - \overline{X}_{GM})}{k-1}$$

其中　k = 群組個數
　　　n_i = 樣本數
　　　$\overline{X}_i$ = 樣本平均數

這一項公式也可以寫成

$$s_B^2 = \frac{n_1(\overline{X}_1 - \overline{X}_{GM})^2 + n_2(\overline{X}_2 - \overline{X}_{GM})^2 + \cdots + n_k(\overline{X}_k - \overline{X}_{GM})^2}{k-1}$$

接下來，求出記作 s_B^2 的群內變異數。這一項公式透過計算個別變異數的一種加權平均求出整體的變異數。它並不會使用平均數之間的差異。群內變異數的公式如下，

$$s_W^2 = \frac{\Sigma(n_i - 1)s_i^2}{\Sigma(n_i - 1)}$$

其中　n_i = 樣本數
　　　s_B^2 = 樣本變異數

這一項公式也可以寫成

$$s_W^2 = \frac{(n_1 - 1)s_1^2 + (n_2 - 1)s_2^2 + \cdots + (n_k - 1)s_k^2}{(n_1 - 1) + (n_2 - 2) + \cdots + (n_k - 1)}$$

最後，計算 F 檢定值。現在可以用符號 s_B^2 和 s_W^2 寫這一個公式。

單向變異數分析的 F 檢定公式是

$$F = \frac{s_B^2}{s_W^2}$$

其中　s_B^2 = 群間變異數
　　　s_W^2 = 群內變異數

如前述，某個顯著的檢定數值意味著平均數的差異不是因為運氣的機會很高，但是它不會清楚指出差異落在哪裡。

這一項 F 檢定的自由度是 d.f.N. = $k - 1$，其中 k 是平均數個數，而且 d.f.D = $N - k$，其中 N 是總樣本數 $N = n_1 + n_2 + \cdots + n_k$。樣本數不一定要相等。比

較平均數的 F 檢定永遠都是右尾的。

單向變異數分析的結果可以被摘要在**變異數分析表 (ANOVA summary table)**。s_B^2 比例的分子項叫做**群間平方和 (sum of squares between groups)**，記作 SS_B；s_W^2 比例的分子項叫做**群內平方和 (sum of squares within groups)**，記作 SS_W。這一項統計量也叫做誤差平方和。SS_B 除以 d.f.N 得到群間變異數。SS_W 除以 $N-k$ 得到群內變異數或是誤差變異數。這兩項變異數有時候被叫做**均方 (mean squares)**，記作 MS_B 以及 MS_W。這些項目被用來摘要變異數分析，並且被放置在一張摘要表格內，如表 12-1 所示。

表 12-1 變異數分析表

變異源	平方和	自由度	均方	F
群間	SS_B	$k-1$	MS_B	
群內（誤差）	SS_W	$N-k$	MS_W	
總和				

在這個表內，

$$SS_B = 群間平方和$$
$$SS_W = 群內平方和$$
$$k = 群組個數$$
$$N = n_1 + n_2 + \cdots + n_k = 總樣本數$$
$$MS_B = \frac{SS_B}{k-1}$$
$$MS_W = \frac{SS_W}{N-k}$$
$$F = \frac{MS_B}{MS_W}$$

為了使用 F 檢定比較兩個以上的平均數，以下的假設必須被滿足。

> **非凡數字**
>
> American College of Nutrition 出版的期刊指出，有一份研究發現體重和下午五點以後吃下熱量所占的百分比沒有線性相關。

比較三個或是超過三個平均數的 F 檢定需要滿足的假設

1. 取得樣本的母體必須是常態或是接近常態的。
2. 樣本彼此必須是獨立的。
3. 所有母體的變異數必須是一致的。
4. 來自每一個母體的樣本必須是簡單隨機樣本。

本書會在練習題指明該有的假設；但是，當你在其他情況遇到統計學，必須在繼續之前檢查這一些該有的假設是否滿足。

計算變異數分析 F 檢定需要的步驟被摘要在以下的程序表。

程序表

求出變異數分析 F 檢定

1. 求出每一組樣本的平均數和變異數。

$$(\bar{X}_1, s_1^2), (\bar{X}_2, s_2^2), \ldots, (\bar{X}_k, s_k^2)$$

2. 求出總平均數。

$$\bar{X}_{GM} = \frac{\Sigma X}{N}$$

3. 求出群間變異數。

$$s_B^2 = \frac{\Sigma n_i(\bar{X}_i - \bar{X}_{GM})^2}{k-1}$$

4. 求出群內變異數。

$$s_W^2 = \frac{\Sigma(n_i - 1)s_i^2}{\Sigma(n_i - 1)}$$

5. 求出 F 檢定數值。

$$F = \frac{s_B^2}{s_W^2}$$

自由度是

$$\text{d.f.N.} = k - 1$$

其中 k 是群組個數，而且

$$\text{d.f.D.} = N - k$$

其中 N 是總樣本數

$$N = n_1 + n_2 + \cdots + n_k$$

單向變異數分析依循一般五步驟的假設檢定程序。

步驟 1 陳述假設。
步驟 2 求出臨界值。
步驟 3 計算檢定值。
步驟 4 下決定。
步驟 5 摘要結論。

例題 12-1 和 12-2 示範比較三個或是超過三個平均數的 ANOVA 技術的計算程序，步驟摘要於程序表。

例題 12-1　每加侖里程數

有一位研究人員希望了解都市開車族三種車款（小車、房車、豪華房車）油耗的差異。他隨機挑選了四部小車、五部房車以及三部豪華房車。每加侖的里程數如下所示。在 $\alpha = 0.05$ 之下，檢定三種平均數之間無差異的主張。數據如下。

小車	房車	豪華房車
36	43	29
44	35	25
34	30	24
35	29	
	40	

資料來源：U.S. Environmental Protection Agency.

解答

步驟 1　陳述假設並確立主張。

$H_0: \mu_1 = \mu_2 = \mu_3$（主張）
H_1: 至少一個平均數有別於其他平均數。

步驟 2　求出臨界值。根據

$$N = 12 \quad k = 3$$
$$\text{d.f.N.} = k - 1 = 3 - 1 = 2$$
$$\text{d.f.D.} = N - k = 12 - 3 = 9$$

從附錄 C 表 G 可以找出 $\alpha = 0.05$ 的臨界值是 4.26。

步驟 3　計算檢定數值。

a. 求出每一組樣本的平均數和變異數如下（採用第三章的公式）。

針對小車：　　　$\bar{X} = 37.25$　　$s^2 = 20.917$
針對房車：　　　$\bar{X} = 35.4$　　 $s^2 = 37.3$
針對豪華房車：　$\bar{X} = 26$　　　$s^2 = 7$

b. 求出總平均數。

$$\bar{X}_{\text{GM}} = \frac{\Sigma X}{N} = \frac{36 + 44 + 34 + \cdots + 24}{12} = \frac{404}{12} = 33.667$$

c. 求出群間變異數。

$$s_B^2 = \frac{\Sigma n(\bar{X}_i - \bar{X}_{\text{GM}})^2}{k - 1}$$
$$= \frac{4(37.25 - 33.667)^2 + 5(35.4 - 33.667)^2 + 3(26 - 33.667)^2}{3 - 1}$$
$$= \frac{242.717}{2} = 121.359$$

d. 求出群內變異數。

$$s_W^2 = \frac{\Sigma(n_i - 1)s_i^2}{\Sigma(n_i - 1)} = \frac{(4 - 1)(20.917) + (5 - 1)(37.3) + (3 - 1)7}{(4 - 1) + (5 - 1) + (3 - 1)}$$

$$= \frac{225.951}{9} = 25.106$$

e. 求出 F 檢定數值。

$$F = \frac{s_B^2}{s_W^2} = \frac{121.359}{25.106} = 4.83$$

步驟 4 下決定。因為 4.83＞4.26，所以決定拒絕虛無假設。詳見圖 12-1。

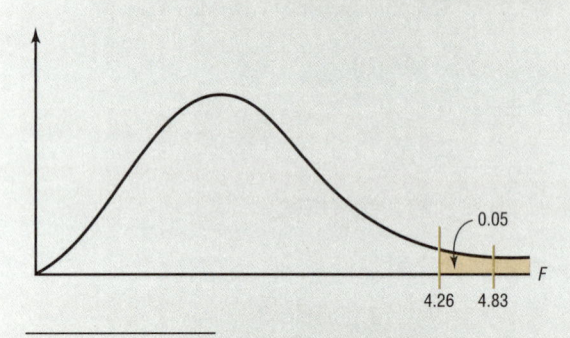

圖 12-1 例題 12-1 的臨界值與檢定值

步驟 5 摘要結論。樣本有足夠的證據支持平均數之間有差異的主張。

這個例題的變異數分析表如表 12-2 所示。

表 12-2 例題 12-1 的變異數分析表

變異源	平方和	自由度	均方	F
群間	242.717	2	121.359	4.83
群內（誤差）	225.954	9	25.106	
總和	468.671	11		

可以用第 9-5 節同樣的程序找到變異數分析的 p 值。針對例題 12-1，F 檢定值是 4.83。在表 G，d.f.N. = 2 加上 d.f.D. = 9，可以發現 F 檢定值落在 $\alpha = 0.025$ 的 F 值 5.71 與 $\alpha = 0.05$ 的 F 值 4.26 之間，因此 $0.025 < P$ 值 < 0.05。這時候，虛無假設會在 $\alpha = 0.05$ 下被拒絕，因為 p 值小於 0.05。

例題 12-2　付費公路收費站的雇員

有一位州雇員希望求出三州付費公路收費站的雇員人數之間是否有某種顯著差異。數據如下所示。在 $\alpha = 0.05$ 之下，是否可以認為州付費公路收費站的平均雇員人數之間有某種顯著差異？

第12章 變異數分析

賓州 付費公路	格林斯堡 快速道路	海貍溪谷 快速道路
7	10	1
14	1	12
32	1	1
19	0	9
10	11	1
11	1	11

資料來源：Pennsylvania Turnpike Commission.

解答

步驟1 陳述假設並確立主張。

$H_0: \mu_1 = \mu_2 = \mu_3$
$H_1:$ 至少一個平均數有別於其他平均數。（主張）

步驟2 求出臨界值。因為 $k = 3$，$N = 18$ 且 $\alpha = 0.05$，

$$\text{d.f.N.} = k - 1 = 3 - 1 = 2$$
$$\text{d.f.D.} = N - k = 18 - 3 = 15$$

臨界值是 3.68。

步驟3 計算檢定數值。

a. 求出每一組樣本的平均數和變異數如下

賓州付費公路　　　$\bar{X}_1 = 15.5$　　$s_1^2 = 81.9$
格林斯堡快速道路　$\bar{X}_2 = 4.0$　　$s_2^2 = 25.6$
海貍溪谷快速道路　$\bar{X}_3 = 5.8$　　$s_3^2 = 29.0$

b. 求出總平均數

$$\bar{X}_{\text{GM}} = \frac{\Sigma X}{N} = \frac{7 + 14 + 32 + \cdots + 11}{18} = \frac{152}{18} = 8.44$$

c. 求出群間變異數

$$s_B^2 = \frac{\Sigma n_i(\bar{X}_i - \bar{X}_{\text{GM}})^2}{k - 1}$$

$$= \frac{6(15.5 - 8.44)^2 + 6(4 - 8.44)^2 + 6(5.8 - 8.44)^2}{3 - 1}$$

$$= \frac{459.16}{2} = 229.58$$

d. 求出群內變異數

> **趣聞**
>
> 一立方呎濕雪的重量大概是 10 磅，而一立方呎乾雪的重量大概是 3 磅。

$$s_W^2 = \frac{\Sigma(n_i - 1)s_i^2}{\Sigma(n_i - 1)}$$

$$= \frac{(6-1)(81.9) + (6-1)(25.6) + (6-1)(29.0)}{(6-1) + (6-1) + (6-1)}$$

$$= \frac{682.50}{15} = 45.50$$

e. 求出 F 檢定數值

$$F = \frac{s_B^2}{s_W^2} = \frac{229.58}{45.50} = 5.05$$

步驟 4 下決定。因為 5.05＞3.68，所以決定拒絕虛無假設。

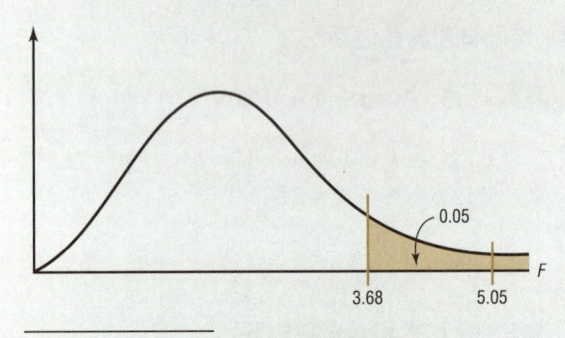

圖 12-2 例題 12-2 的臨界值與檢定值

步驟 5 摘要結論。有足夠的證據支持平均數之間有差異的主張。這個例題的變異數分析表在表 12-3。

表 12-3 例題 12-2 的變異數分析表

變異源	平方和	自由度	均方	F
群間	459.16	2	229.58	5.05
群內（誤差）	682.50	15	45.50	
總和	1141.66	17		

透過第 9-2 節介紹的程序求出變異數分析 F 檢定的 p 值。針對例題 12-2，使用 d.f.N. = 2 和 d.f.D. = 15，在 F 分配表（表 G）內求出 F = 5.05 落入的兩個 α 值。在這個例子，5.05 落在分別對應 α = 0.025 的 4.77 和 α = 0.01 的 6.36 之間；因此，0.01＜p 值＜0.025。因為 p 值介於 0.01 和 0.025 之間，而且因為 p 值＜0.05（一開始設定的 α 值），我們決定拒絕虛無假設。（計算機提供的 p 值是 0.021。）

當 ANOVA 的虛無假設被拒絕的時候，它只意味著至少有一個平均數有別於其他平均數。為了求出哪一個平均數和其他的不一樣，有必要使用其他檢定，例如 Turkey 檢定或是 Scheffé 檢定。

第 12 章　變異數分析

觀念應用 12-1　讓你更聰明的顏色

以下數據來自一項人類認知的研究，想要知道衣服的顏色和看起來多聰明是否有關係。參與研究的人用 1 到 10 分為眼前的人打分數。第一群會隨機看到穿著藍色和灰色衣服的人。第二群會隨機看到穿著咖啡色和黃色衣服的人。第三群會隨機看到穿著粉紅色和橘色衣服的人。結果如下：

第一群	第二群	第三群
8	7	4
7	8	9
7	7	6
7	7	7
8	5	9
8	8	8
6	5	5
8	8	8
8	7	7
7	6	5
7	6	4
8	6	5
8	6	4

1. 使用變異數分析檢定三個平均數之間是否有任何顯著的差異。
2. 這一項研究的目的為何？
3. 解釋這時候為什麼不能使用個別的 t 檢定。

答案在第 544 頁。

練習題 12-1

1. 哪一種檢定是用來比較三個或三個以上的平均數？
2. 陳述變異數分析檢定的假設。

針對練習題 3~5，假設所有變數都是常態分配，樣本是獨立的，以及母體變異數全等。同時，針對每一個練習題，進行以下的步驟。
  a. 陳述假設並確立主張
  b. 求出臨界值
  c. 計算檢定數值
  d. 下決定
  e. 摘要結論，並且解釋平均數的差異在哪裡
除非特別說明，否則使用假設檢定的傳統法。

3. **混合動力車種**　在油價大幅波動之前進行一項關於油價的研究，比較幾種混合動力車行駛 25 哩的成本。在研究期間，油價大概是每加侖 2.50 美元。根據以下關於各種混合動力汽車、休旅車和卡車，有充分的證據認為行駛 25 哩的成本有某種差異嗎？使用 $\alpha = 0.05$。

混合動力汽車	混合動力休旅車	混合動力卡車
2.10	2.10	3.62
2.70	2.42	3.43
1.67	2.25	
1.67	2.10	
1.30	2.25	

資料來源：www.fueleconomy.com

4. **每一位小孩的開銷**　西南賓州三個學區內網

路學校每一位學童的學雜費（以千美元計）如下所示。在 $\alpha = 0.05$ 之下，平均數之間有某種差異嗎？如果有，舉出一個發生差異的可能理由。

區域一	區域二	區域三
6.2	7.5	5.8
9.3	8.2	6.4
6.8	8.5	5.6
6.1	8.2	7.1
6.7	7.0	3.0
6.9	9.3	3.5

資料來源：*Tribune-Review*.

5. **班級的寵物個數** 某大型學區內有幾所中學。隨機挑選三所，然後再從中挑選四個班級。每個班級擁有的寵物個數如下所示。在 $\alpha = 0.10$ 之下，樣本數據有足夠的證據支持每班的平均寵物個數是不一樣的嗎？

MS 1	MS 2	MS 3
21	28	25
25	22	20
19	25	23
17	30	22

Excel 技術步驟解析

單向變異數分析

例題 XL12-1

1. 在 A 行、B 行與 C 行輸入以下的數據。

10	6	5
12	8	9
9	3	12
15	0	8
13	2	4

2. 點選 toolbar（工具列）的 Data，然後點選 Data Analysis（資料分析）。
3. 點選 Anova: Single Factor（變異數分析：單因子）。
4. 在 Input Range（輸入範圍）輸入 A1:C5。
5. 勾選 Grouped By: Columns。
6. 在 Alpha 水準輸入 0.05。
7. 在結果輸出的選項，為輸出範圍 Output Range 輸入 E2。
8. 然後點選 [OK]。

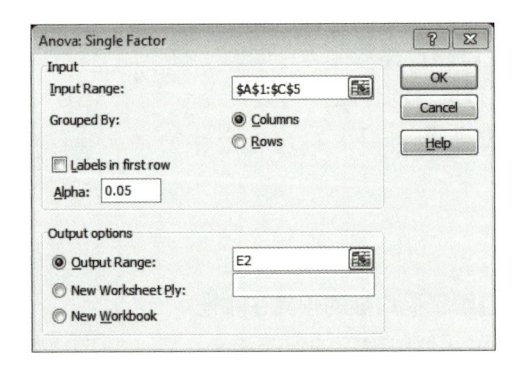

ANOVA 的結果顯示如下。

Anova: Single Factor						
SUMMARY						
Groups	Count	Sum	Average	Variance		
Column 1	5	59	11.8	5.7		
Column 2	5	19	3.8	10.2		
Column 3	5	38	7.6	10.3		
ANOVA						
Source of Variation	SS	df	MS	F	P-value	F crit
Between Groups	160.1333333	2	80.06666667	9.167938931	0.003831317	3.885293835
Within Groups	104.8	12	8.733333333			
Total	264.9333333	14				

12-2 Scheffé 檢定和 Tukey 檢定

當使用 F 檢定的虛無假設被拒絕時，研究員或許想知道有差異的平均數在哪裡。目前已經發展了許多在 ANOVA 程序之後決定顯著差異的平均數落在哪裡的方法。其中最常用的有 Scheffé 檢定和 Tukey 檢定。

學習目標 ❷

如果虛無假設在單向變異數分析時被拒絕，使用 Scheffé 檢定或者 Tukey 檢定決定哪一個平均數與其他平均數不一樣。

➡ Scheffé 檢定

為了進行 **Scheffé 檢定 (Scheffé test)**，你必須一次比較兩個平均數，並且使用所有可能的組合。比如說，如果有三個平均數，必須比較以下的組合：

$$\overline{X}_1 \text{ 對上 } \overline{X}_2 \quad \overline{X}_1 \text{ 對上 } \overline{X}_3 \quad \overline{X}_2 \text{ 對上 } \overline{X}_3$$

Scheffé 檢定的公式

$$F_S = \frac{(\overline{X}_i - \overline{X}_j)^2}{s_W^2[(1/n_i) + (1/n_j)]}$$

其中 $\overline{X}_i$ 和 $\overline{X}_j$ 是即將進行比較的樣本平均數，n_i 和 n_j 是個別的樣本數，而 s_W^2 是群內變異數。

非凡數字

根據 British Medical Journal，身體生理時鐘會在午夜產生睡意，這和凌晨的 2:00 到早上 7:00 間只發生與睡眠有關的車禍是吻合的。

為了求出 Scheffé 檢定的臨界值 F'，把 F 檢定的臨界值乘上 $k-1$：

$$F' = (k-1)(\text{C.V.})$$

當 F_S 大於 F' 的時候，表示正在比較的這兩個平均數之間有某種顯著的差異。例題 12-3 示範 Scheffé 檢定的用法。

例題 12-3

利用 Scheffé 檢定檢定例題 12-1 的每一對平均數,並試圖發現每一對平均數之間是否存有顯著的差距。使用 $\alpha = 0.05$。

解答

例題 12-1 的 F 臨界值是 4.26,因此個別檢定需要的臨界值(d.f.N. = 2 且 d.f.D. = 9)是

$$F' = (k-1)(C.V.) = (3-1)(4.26) = 8.52$$

a. 針對 $\bar{X}_1$ 和 $\bar{X}_2$,

$$F_S = \frac{(\bar{X}_1 - \bar{X}_2)^2}{s_W^2[(1/n_1) + (1/n_2)]} = \frac{(37.25 - 35.4)^2}{25.106(\frac{1}{4} + \frac{1}{5})} = 0.30$$

由於 $0.30 < 8.52$,所以 μ_1 與 μ_2 並沒有顯著不同。

b. 針對 $\bar{X}_1$ 和 $\bar{X}_3$,

$$F_S = \frac{(\bar{X}_1 - \bar{X}_3)^2}{s_W^2[(1/n_1) + (1/n_3)]} = \frac{(37.25 - 26)^2}{25.106(\frac{1}{4} + \frac{1}{3})} = 8.64$$

由於 $8.64 > 8.52$,所以 μ_1 與 μ_3 顯著不同。

c. 針對 $\bar{X}_2$ 和 $\bar{X}_3$,

$$F_S = \frac{(\bar{X}_2 - \bar{X}_3)^2}{s_W^2[(1/n_2) + (1/n_3)]} = \frac{(35.4 - 26)^2}{25.106(\frac{1}{5} + \frac{1}{3})} = 6.60$$

由於 $6.60 < 8.52$,所以 μ_2 與 μ_3 並沒有顯著不同。

因此,只有小車的平均數不等於豪華房車的平均數。

有時候,當變異數分析的 F 檢定數值大於臨界值,但是 Scheffé 檢定或許無法顯示任何一對平均數是顯著的。會有這樣結果的原因是因為當和其他平均數比較的時候,真正的差距落在兩個或是更多個平均數的平均之內。Scheffé 檢定也可以用來一次比較兩個以上的平均數,但是這樣的技術已超越本書設定的範圍。

➡ Tukey 檢定

當樣本數一致的時候,**Tukey 檢定 (Tukey test)** 也可以在變異數分析之後用來兩兩比較平均數。Tukey 檢定的檢定數值是以 q 表示。

Tukey 檢定的公式

$$q = \frac{\overline{X}_i - \overline{X}_j}{\sqrt{s_W^2/n}}$$

其中 $\overline{X}_i$ 和 $\overline{X}_j$ 是即將進行比較的樣本平均數，n 是樣本數，而 s_W^2 是群內變異數。

當 q 的絕對值大於 Tukey 檢定的臨界值，表示正在比較的樣本平均數有某種顯著差異。

可以在附錄 C 的表 I 找出 Tukey 檢定的臨界值，其中 k 是原始問題內的平均數個數，而 v 是 s_W^2 的自由度，等於 $N-k$。數值 k 可以在表格的最上方找到，在最左邊的行可以找到 v。

例題 12-4

使用 Tukey 檢定來檢定例題 12-2 的每一對平均數，看看在 $\alpha = 0.05$ 之下是否有某種顯著差異。

解答

a. 針對 $\overline{X}_1$ 對上 $\overline{X}_2$，

$$q = \frac{\overline{X}_1 - \overline{X}_2}{\sqrt{s_W^2/n}} = \frac{15.5 - 4.0}{\sqrt{45.50/5}} = 3.812$$

b. 針對 $\overline{X}_1$ 對上 $\overline{X}_3$，

$$q = \frac{\overline{X}_1 - \overline{X}_3}{\sqrt{s_W^2/n}} = \frac{15.5 - 5.8}{\sqrt{45.50/5}} = 3.216$$

c. 針對 $\overline{X}_2$ 對上 $\overline{X}_3$，

$$q = \frac{\overline{X}_2 - \overline{X}_3}{\sqrt{s_W^2/n}} = \frac{4.0 - 5.8}{\sqrt{45.50/5}} = -0.597$$

我們使用附錄 C 的表 I 求出 Tukey 檢定的臨界值。平均數個數 k 可以在最上面那一列找到，而 s_W^2 的自由度可以在表格的最左邊那一行找到（記作 v）。因為 $k = 3$，d.f. $= 18 - 3 = 15$ 且 $\alpha = 0.05$，臨界值是 3.67。詳見圖 12-3。因此，唯一一個絕對值大於臨界值的 q 是 $\overline{X}_1$ 和 $\overline{X}_2$ 之間的那一個。然後，我們的結論是吃藥和運動的平均數之間有某種顯著差異。這樣的結果和 Scheffé 檢定的結果一致。

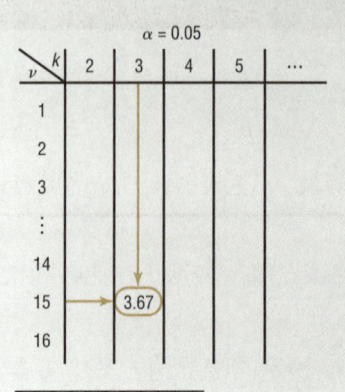

圖 12-3 在表 I 求出 Tukey 檢定的臨界值（例題 12-4）

你或許會懷疑為什麼在 ANOVA 之後需要兩種檢定。事實上，除了 Scheffé 檢定和 Tukey 檢定，還有其他檢定可以用。研究員可以自行決定使用哪一種檢定。Scheffé 檢定是最一般的方法，而且它可以用在樣本數不一樣的時候。另外，Scheffé 檢定也可以用來比較 $\bar{X}_1$ 和 $\bar{X}_2$ 的平均與 $\bar{X}_3$。不過，針對平均數的兩兩比較，Tukey 檢定比 Scheffé 檢定更有力（檢定力比較高）。一般的原則是當樣本數一致的時候用 Tukey 檢定；當樣本數不一致的時候用 Scheffé 檢定。

觀念應用 12-2　讓你更聰明的顏色

以下數據來自一項人類認知的研究，想要知道衣服的顏色和看起來多聰明是否有關係。參與研究的人用 1 到 10 分為眼前的人打分數。第一群會隨機看到穿著藍色和灰色衣服的人。第二群會隨機看到穿著咖啡色和黃色衣服的人。第三群會隨機看到穿著粉紅色和橘色衣服的人。結果如下：

第一群	第二群	第三群
8	7	4
7	8	9
7	7	6
7	7	7
8	5	9
8	8	8
6	5	5
8	8	8
8	7	7
7	6	5
7	6	4
8	6	5
8	6	4

第 12 章　變異數分析

1. 使用 Tukey 檢定來檢定各種可能的兩兩比較。
2. 有任何矛盾的結果嗎？
3. 解釋為什麼這時候個別 t 檢定無法被接受。
4. 什麼時候 Tukey 檢定比 Scheffé 檢定好用？試解釋之。

答案在第 544 頁。

練習題 12-2

1. 當使用單向變異數分析 F 檢定拒絕虛無假設的時候，哪兩種檢定可以用來兩兩比較平均數？

針對練習題 2~3，虛無假設被拒絕。當樣本數不等的時候，使用 Scheffé 檢定，或是當樣本數相等的時候，使用 Tukey 檢定，檢定兩兩平均數之間的差異。假設所有變數都是常態分配，樣本是獨立的，而且母體變異數全等。

2. 第 12-1 節的練習題 3。
3. 第 12-1 節的練習題 4。

針對練習題 4~5，進行一次完整的單向變異數分析。如果虛無假設被拒絕，使用 Scheffé 檢定或 Tukey 檢定，求出兩兩平均數之間是否有顯著差異。假設所有假設都滿足。

4. **食物的纖維含量**　一組三種食物的隨機樣本顯示以下每一匙的纖維含量（以公克計）。在 0.05 的顯著水準之下，有充分的證據支持在早餐玉米片、水果以及蔬菜的平均纖維含量之間有某種差異嗎？

早餐玉米片	水果	蔬菜
3	5.5	10
4	2	1.5
6	4.4	3.5
4	1.6	2.7
10	3.8	2.5
5	4.5	6.5
6	2.8	4
8		3
5		

資料來源：*The Doctor's Pocket Calorie, Fat, and Carbohydrate Counter.*

5. **每週失業補助**　美國整體的平均每週失業補助是 297 美元。隨機挑選三州，記錄每一州一組每週失業補助的樣本。在 $\alpha = 0.05$ 之下，有充分的證據支持平均數之間有某種差異嗎？如果有，進行適當的檢定求出差異發生在哪裡。

佛州	賓州	緬因州
200	300	250
187	350	195
192	295	275
235	362	260
260	280	220
175	340	290

資料來源：*World Almanac.*

12-3　雙向變異數分析

前面章節討論過的變異數分析技術叫做**單向變異數分析 (one-way ANOVA)**，因為只有一個獨立變數。**雙向變異數分析 (two-way ANOVA)** 是單向變異數分析的一種延伸；它涉及兩個獨立變數。獨立變數這時候也叫做**因子 (factors)**。

學習目標 ❸
使用雙向變異數分析技術決定主效果或者是交互作用效果是否有顯著差異。

雙向變異數分析非常複雜,當你使用雙向變異數分析進行某一項研究的時候,應該要考慮許多和主題有關的事。針對本書的目標,我們只提供和主題有關的簡明介紹。

進行一項涉及雙向變異數分析的研究,研究可以檢定兩獨立變數或說是因子對依變數的效果。另外,也可以檢定兩獨立變數的交互作用。

比如說,假設有一位研究員希望檢定兩種植物肥料和兩種土壤對某種植物生長的效果。這時候,獨立變數是肥料種類和土壤種類,而依變數是植物生長。其他因子,例如水、溫度和日照會保持固定。

為了進行這一項實驗,研究員準備了四組植物。詳見圖 12-4。假設植物肥料的種類記作 A_1 和 A_2,而土壤的種類記作 I 和 II。這樣的雙向變異數分析的群組有時候叫做**處理群組 (treatment groups)**。現在這四群分別是

第一群　　肥料 A_1、土壤 I
第二群　　肥料 A_1、土壤 II
第三群　　肥料 A_2、土壤 I
第四群　　肥料 A_2、土壤 II

指定植物給哪一群是隨機的。這樣的設計叫做 2×2 (two-by-two) 設計,因為每一個變數都貢獻兩個**水準 (level)**。

雙向變異數分析讓研究員可以在一次實驗內同時檢定肥料和土壤的效果,而不是個別使用肥料或是土壤的實驗。

這時候,肥料效果就是因為改變肥料種類(水準)造成對反應變數的改變。土壤效果就是因為改變土壤種類(水準)造成對反應變數的改變。這兩種獨立變數的效果叫做**主效果 (main effect)**。再者,研究員可以檢定兩變數——肥料與土壤——的交互作用效果,這一項額外的假設。比如說,使用肥料

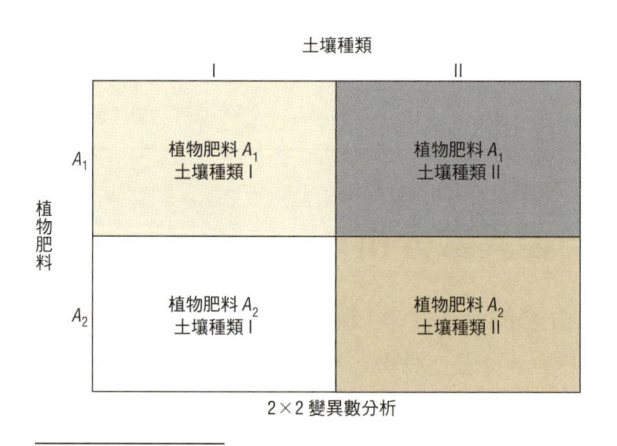

圖 12-4　植物肥料和土壤實驗的處理

A_1 和土壤 II 和使用肥料 A_2 和土壤 I 對植物生長有差別嗎？當發生這一類的差異，我們會說實驗有一種顯著的**交互作用效果 (interaction effect)**。交互作用效果代表同時考慮兩因子時超越或是低於單獨考慮個別因子的一種綜合效果。也就是說，不一樣肥料影響植物生長的效果會因為不一樣的土壤而不一樣。當交互作用效果在統計上是顯著的，研究員如果未考慮交互作用效果，不應該考慮個別因子的效果。

有許多不同種類的雙向變異數分析設計，端賴每一個變數貢獻多少水準。圖 12-5 顯示一些這樣的設計。如前述，植物肥料與土壤的實驗使用一種 2×2 變異數分析。

圖 12-5(a) 的設計叫做 3×2 設計，因為標示在列的因子有三個水準，且標示在行的因子有兩個水準。圖 12-5(b) 的設計叫做 3×3 設計，因為每一個因子都有三個水準。圖 12-5(c) 的設計是一種 4×3 設計。

雙向變異數分析會有幾種虛無假設。每一個獨立變數有一種，加上交互作用有一種。在植物的肥料與土壤問題裡，假設如下所示：

1. H_0: 針對植物生長，植物肥料與土壤之間無交互作用效果。
   H_1: 針對植物生長，植物肥料與土壤之間有交互作用效果。
2. H_0: 不一樣的肥料對植物的平均成長高度無差異。
   H_1: 不一樣的肥料對植物的平均成長高度有差異。
3. H_0: 不一樣的土壤對植物的平均成長高度無差異。
   H_1: 不一樣的土壤對植物的平均成長高度有差異。

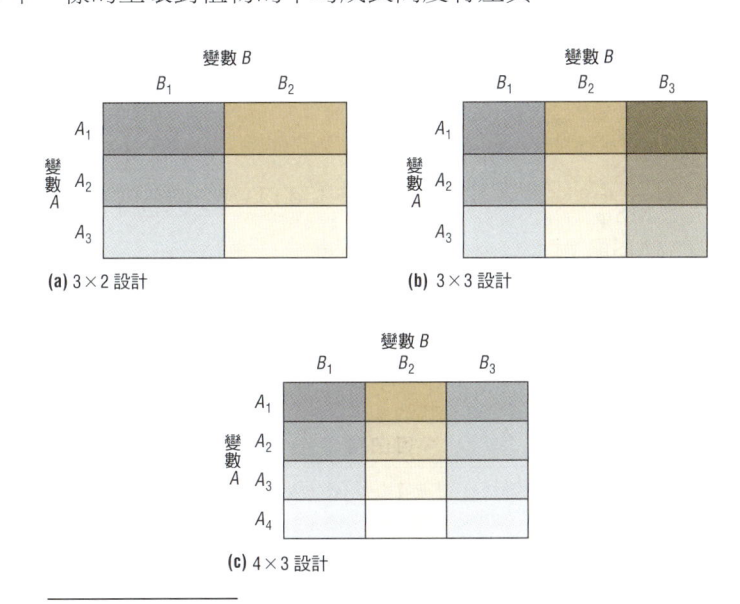

> **趣聞**
>
> 雖然聽起來不太可能，但是雷會沿著電話線傳遞。你應該在有閃電的暴風雨時延後洗澡或是淋浴。根據 *Annals of Emergency Medicine* 這一份期刊，閃電也可能走水管線路到達你家。

(a) 3×2 設計

(b) 3×3 設計

(c) 4×3 設計

圖 12-5 數種雙向變異數分析設計

表 12-4 植物肥料與土壤的變異數分析表

變異源	平方和	自由度	均方	F
肥料				
土壤				
交互作用				
誤差（群內）				
總和				

就像單向變異數分析，計算一種群間變異數估計，和一種群內變異數估計。每一個獨立變數和交互作用都有自己的 F 檢定數值。雙向變異數分析的結果也會摘要在一種雙向變異數分析表，如表 12-4 所示，它是植物實驗的結果。

一般而言，雙向變異數分析表如表 12-5 所示。

在這個表內，

$$SS_A = \text{因子 } A \text{ 的平方和}$$
$$SS_B = \text{因子 } B \text{ 的平方和}$$
$$SS_{A \times B} = \text{交互作用的平方和}$$
$$SS_W = \text{誤差的平方和（群內）}$$
$$a = \text{因子 } A \text{ 的水準個數}$$
$$b = \text{因子 } B \text{ 的水準個數}$$
$$n = \text{每一群組的樣本數}$$
$$MS_A = \frac{SS_A}{a-1}$$
$$MS_B = \frac{SS_B}{b-1}$$
$$MS_{A \times B} = \frac{SS_{A \times B}}{(a-1)(b-1)}$$
$$MS_W = \frac{SS_W}{ab(n-1)}$$
$$F_A = \frac{MS_A}{MS_W} \quad \text{有著 d.f.N.} = a-1, \text{d.f.D.} = ab(n-1)$$
$$F_B = \frac{MS_B}{MS_W} \quad \text{有著 d.f.N.} = b-1, \text{d.f.D.} = ab(n-1)$$
$$F_{A \times B} = \frac{MS_{A \times B}}{MS_W} \quad \text{有著 d.f.N.} = (a-1)(b-1), \text{d.f.D.} = ab(n-1)$$

表 12-5 雙向變異數分析表

變異源	平方和	自由度	均方	F
A	SS_A	$a-1$	MS_A	F_A
B	SS_B	$b-1$	MS_B	F_B
$A \times B$	$SS_{A \times B}$	$(a-1)(b-1)$	$MS_{A \times B}$	$F_{A \times B}$
誤差（群內）	SS_W	$ab(n-1)$	MS_W	
總和				

第 12 章　變異數分析

雙向變異數分析的假設基本上和單向變異數分析的假設是一樣的，除了樣本數。

雙向變異數分析的假設

1. 取得樣本的母體必須是常態的或是接近常態的。
2. 樣本必須是獨立的。
3. 母體變異數必須是一致的。
4. 群組的樣本數都一樣。

本書會在練習題指明該有的假設；但是，當你在其他情況遇到統計學，必須在繼續之前檢查這一些該有的假設是否滿足。

雙向變異數分析依循一般五步驟的假設檢定程序。

步驟 1　陳述假設。
步驟 2　求出臨界值。
步驟 3　完成摘要表（變異數分析表）並取得檢定值。
步驟 4　下決定。
步驟 5　摘要結果。

雙向變異數分析的計算過程非常冗長。因為這樣，在例題 12-5 我們會忽略這一段，只顯示雙向變異數分析表。例題 12-5 所使用的表格和大部分電腦程式產生的報表類似。你應該能夠解讀表格並且摘要結果。

例題 12-5　汽油消耗

有一位研究員希望知道汽油種類和汽車款式對汽油消耗是否有任何效果。使用兩種汽油，一般和高辛烷值汽油，以及兩種汽車，兩輪傳動和四輪傳動。每一種群組會有兩部車，所以總共使用八部車。採用雙向變異數分析，決定是否存在交互作用、因為汽油種類帶來的效果以及因為汽車款式帶來的效果。
數據（每加侖幾哩）如下所示，而摘要表（變異數分析表）列在表 12-6。

| | 車種 ||
汽油	兩輪傳動	四輪傳動
一般	26.7	28.6
	25.2	29.3
高辛烷值	32.3	26.1
	32.8	24.2

非凡數字

現今誕生的美國人，根據 American Academy of Anti-Aging Medicine 學會主席 Ronald Klatz 醫生的研究，1/3 的女人可以活到 100 歲，而男人只有 10% 可以。

表 12-6 例題 12-5 的變異數分析表

變異源	平方和	自由度	均方	F
汽油 A	3.920			
車種 B	9.680			
交互作用 $A \times B$	54.080			
誤差（群內）	3.300			
總和	70.980			

解答

步驟 1 陳述假設。交互作用的假設是

H_0: 針對汽油消耗，汽油種類和駕駛開的車種之間無交互作用。
H_1: 針對汽油消耗，汽油種類和駕駛開的車種之間有交互作用。

針對汽油種類的假設是

H_0: 兩種汽油種類的平均汽油消耗無差異。
H_1: 兩種汽油種類的平均汽油消耗有差異。

針對車種的假設是

H_0: 兩輪傳動和四輪傳動的平均汽油消耗無差異。
H_1: 兩輪傳動和四輪傳動的平均汽油消耗有差異。

步驟 2 求出每一個 F 檢定的臨界值。這時候，每一個獨立變數或說是因子都有兩水準，因此我們使用 2×2 變異數分析表。因子 A 是汽油種類，它有兩個水準，一般和高辛烷值汽油；所以，$a=2$。因子 B 是車輛種類，它也有兩個水準；所以，$b=2$。每一個因子的自由度如下：

$$因子\ A： \quad \text{d.f.N.} = a - 1 = 2 - 1 = 1$$
$$因子\ B： \quad \text{d.f.N.} = b - 1 = 2 - 1 = 1$$
$$交互作用\ A \times B： \quad \text{d.f.N.} = (a-1)(b-1)$$
$$= (2-1)(2-1) = 1 \cdot 1 = 1$$
$$群內（誤差）： \quad \text{d.f.D.} = ab(n-1)$$
$$= 2 \cdot 2(2-1) = 4$$

其中 n 是每一群組的數據個數。在這個例子，$n=2$。

藉由 $\alpha = 0.05$，d.f.N. $= 1$ 和 d.f.D. $= 4$，求出 F_A 檢定的臨界值。在這個例子，$F_A = 7.71$。藉由 $\alpha = 0.05$，d.f.N. $= 1$ 和 d.f.D. $= 4$，求出 F_B 檢定的臨界

值；F_B 也是 7.71。最後，藉由 d.f.N. = 1 和 d.f.D. = 4，求出 F_{AB} 檢定的臨界值；它也是 7.71。

注意：如果因子有不一樣的水準個數，臨界值就不會一樣。比如說，如果因子 A 有三個水準，因子 B 有四個水準，而且如果每一群組都有兩筆數據，則自由度分別如下：

$$\text{d.f.N.} = a - 1 = 3 - 1 = 2 \qquad \text{因子 } A$$
$$\text{d.f.N.} = b - 1 = 4 - 1 = 3 \qquad \text{因子 } B$$
$$\text{d.f.N.} = (a-1)(b-1) = (3-1)(4-1) \qquad \text{因子 } A \times B$$
$$= 2 \cdot 3 = 6$$
$$\text{d.f.D.} = ab(n-1) = 3 \cdot 4(2-1) = 12 \qquad \text{群內（誤差）因子}$$

步驟 3 完成摘要表以取得檢定數值。先計算均方。

$$\text{MS}_A = \frac{\text{SS}_A}{a-1} = \frac{3.920}{2-1} = 3.920$$
$$\text{MS}_B = \frac{\text{SS}_B}{b-1} = \frac{9.680}{2-1} = 9.680$$
$$\text{MS}_{A \times B} = \frac{\text{SS}_{A \times B}}{(a-1)(b-1)} = \frac{54.080}{(2-1)(2-1)} = 54.080$$
$$\text{MS}_W = \frac{\text{SS}_W}{ab(n-1)} = \frac{3.300}{4} = 0.825$$

接下來計算 F 檢定數值。

$$F_A = \frac{\text{MS}_A}{\text{MS}_W} = \frac{3.920}{0.825} = 4.752 \qquad \text{d.f.N.} = a-1 = 1 \qquad \text{d.f.D.} = ab(n-1) = 4$$
$$F_B = \frac{\text{MS}_B}{\text{MS}_W} = \frac{9.680}{0.825} = 11.733 \qquad \text{d.f.N.} = b-1 = 1 \qquad \text{d.f.D.} = ab(n-1) = 4$$
$$F_{A \times B} = \frac{\text{MS}_{A \times B}}{\text{MS}_W} = \frac{54.080}{0.825} = 65.552 \qquad \text{d.f.N.} = (a-1)(b-1) = 1 \qquad \text{d.f.D.} = ab(n-1) = 4$$

完成的變異數分析表如表 12-7 所示。

變異源	平方和	自由度	均方	F
汽油 A	3.920	1	3.920	4.752
車種 B	9.680	1	9.680	11.733
交互作用 $A \times B$	54.080	1	54.080	65.552
誤差（群內）	3.300	4	0.825	
總和	70.980	7		

表 12-7 例題 12-5 的變異數分析表

步驟 4 下決定。因為 $F_B = 11.733$ 和 $F_{A \times B} = 65.552$ 都比臨界值 7.71 大，和車種以及交互作用效果的虛無假設應該被拒絕。因為交互作用效果是統計顯著

的，如果沒有進一步探討，不應該下任何關於車種如何影響汽油消耗的結論。

步驟 5 摘要結果。因為拒絕了交互作用效果的虛無假設，我們可以認定汽油種類和車種的組合確實會影響汽油消耗。

> **趣 聞**
> 有些鳥只能飛 5 哩高。

在之前的分析，汽油種類的效果和車種的效果，叫做主效果。如果沒有顯著的交互作用效果，主效果可以個別獨立解釋。不過，如果有顯著的交互作用效果，必須小心地解讀主效果。

為了解讀雙向變異數分析的結果，研究員建議繪製一張圖，一張將每一組平均數描點的圖，分析這一張圖，並且解讀分析結果。在例題 12-5，透過加總格子內所有數據除以 n 求出每一個格子的平均數。每一個格子的平均數如下所示：

汽油	車種	
	兩輪傳動	四輪傳動
一般	$\bar{X} = \dfrac{26.7 + 25.2}{2} = 25.95$	$\bar{X} = \dfrac{28.6 + 29.3}{2} = 28.95$
高辛烷值	$\bar{X} = \dfrac{32.3 + 32.8}{2} = 32.55$	$\bar{X} = \dfrac{26.1 + 24.2}{2} = 25.15$

每一個變數平均數的圖顯示在圖 12-6。在這一張圖，兩條直線交會了。當發生這一類的交會，交互作用是顯著的，這樣的交互作用叫做**非常態交互作用 (disordinal interaction)**。如果有某一種非常態交互作用，你不應該在沒有考慮交互作用的情況下解讀主效果。

另一種可能發生的交互作用叫做常態交互作用。圖 12-7 顯示一張兩變數發生常態交互作用的圖。兩條直線沒有交會，但也沒有平行。如果交互作用的 F 檢定數值是顯著的，而且兩條直線沒有交會，則這樣的交互作用叫做**常態交互作用 (ordinal interaction)**，而且可以個別獨立解讀主效果。

最後，當交互作用效果不顯著，圖上的兩條直線會是平行或是接近平行的。當發生這樣的情況，可以個別獨立解讀主效果，因為不會有顯著的交互作用效果。圖 12-8 顯示當交互作用不顯著時兩變數之平均數的圖。

例題 12-5 是一個 2×2 雙向變異數分析的例子，因為每一個獨立變數都有兩個水準。這一類的變異數分析問題，例如 3×2 變異數分析和 4×3 變異數分析，結果的比較可能是複雜的。也有類似 Tukey 檢定和 Scheffé 檢定的程序可以分析格子平均數，但是它們都超過本書設定的範圍。研究員還有許多其他

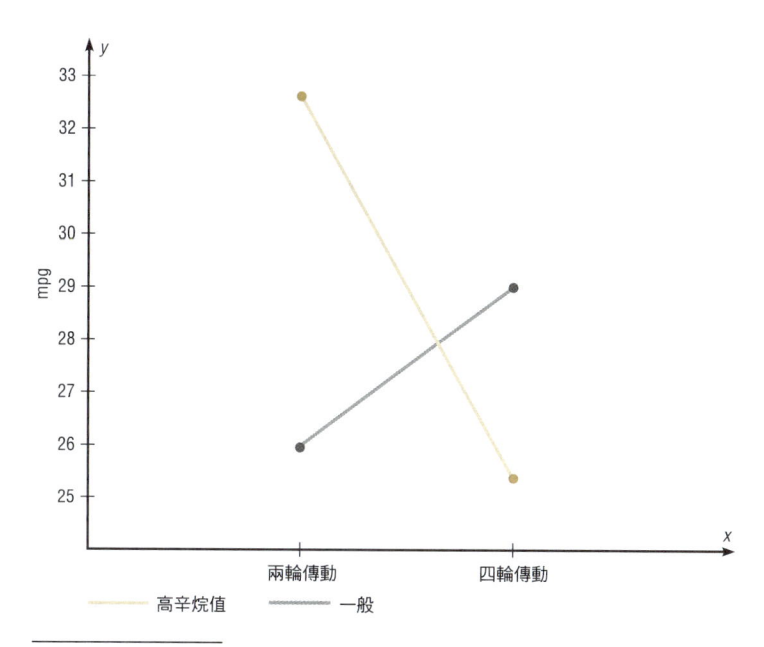

圖 12-6 例題 12-5 變數的平均數圖

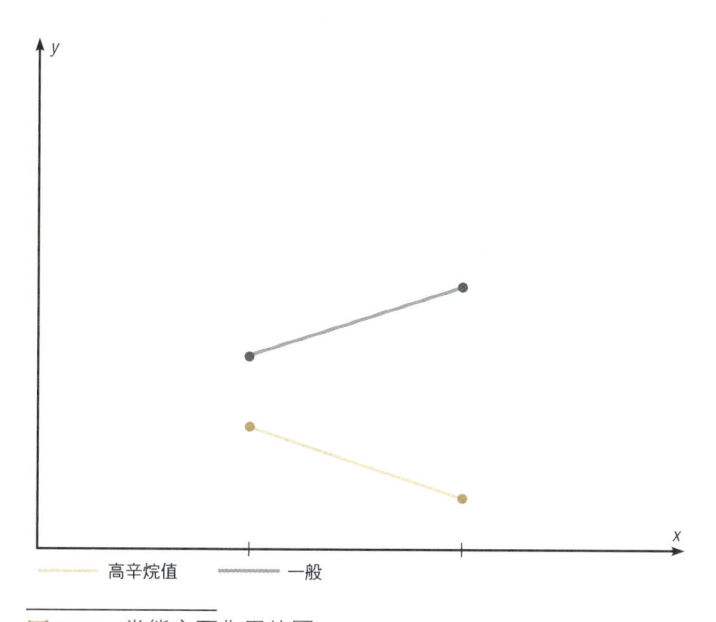

圖 12-7 常態交互作用的圖

變異數分析設計可以選擇，例如三因子設計、重複測量設計；它們也都超過本書設定的範圍。

摘要來看，雙向變異數分析是單向變異數分析的延伸。雙向變異數分析可以用來檢定兩獨立變數的效果和可能的交互作用效果。

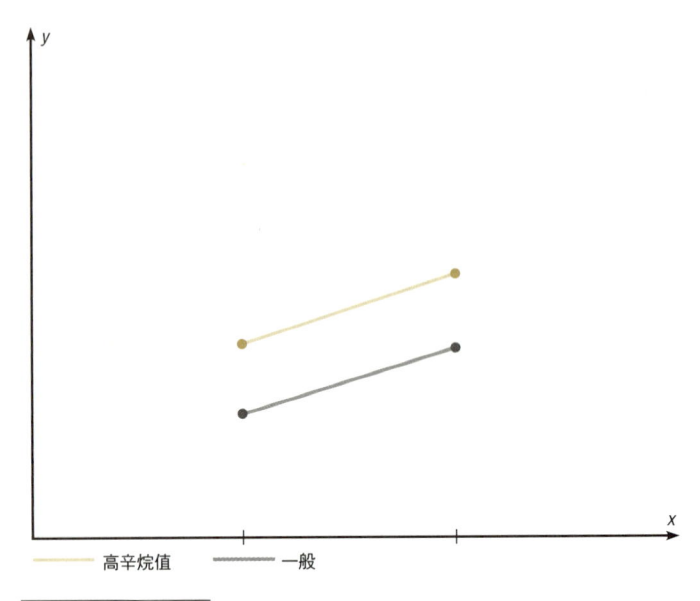

圖 12-8 無交互作用的平均數圖

觀念應用 12-3　銷售車子的技巧

以下的電腦報表來自一項分析報告，希望得知業務的經驗和行銷技巧會如何影響賣車的業績。將經驗分為四種水準，並且使用兩種行銷技巧。分析以下的結果以及為經驗和技巧如何影響業績下結論。

雙向變異數分析

Analysis of Variance for Sales

Source	DF	SS	MS
Experience	3	3414.0	1138.0
Presentation	1	6.0	6.0
Interaction	3	414.0	138.0
Error	16	838.0	52.4
Total	23	4672.0	

Individual 95% CI

Experience	Mean
1	62.0
2	63.0
3	78.0
4	91.0

```
------------+------------+------------+------------+------------
      (----------*----------)
        (----------*----------)
                         (----------*----------)
                                      (----------*----------)
------------+------------+------------+------------+------------
           60.0         70.0         80.0         90.0
```

Individual 95% CI

Presentation	Mean
1	74.0
2	73.0

```
------------+------------+------------+------------+------------
         (------------------------*------------------------)
      (------------------------*------------------------)
------------+------------+------------+------------+------------
```

交互作用圖——業績的平均數

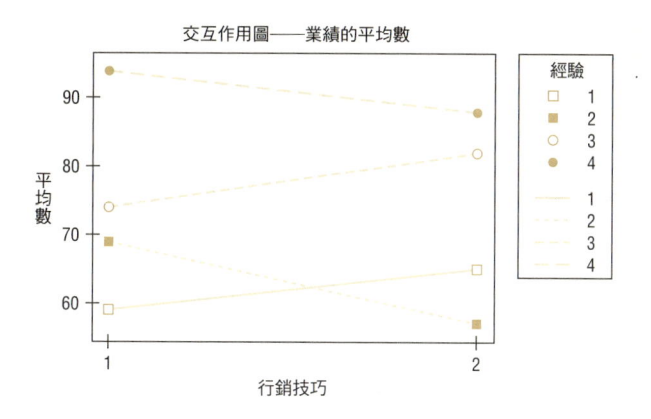

答案在第 544 頁。

練習題 12-3

1. 雙向變異數分析和單向變異數分析有什麼不同？
2. 如何計算均方？
3. 在一個雙向變異數分析，變數 A 有三個水準，而且變數 B 有兩個水準。每一個格子有 5 筆數據。求出以下每一個自由度。
   a. 因子 A 的 d.f.N.
   b. 因子 B 的 d.f.N.
   c. 因子 A 和因子 B 交互作用 A×B 的 d.f.N.
   d. 誤差（群內）的 d.f.D.
4. 在雙向變異數分析可能會看到哪兩種交互作用效果？

針對練習題 5~6，假設所有變數都是常態分配，樣本是獨立的，以及母體變異數全等。同時，針對每一個練習題，進行以下的步驟。

   a. 陳述假設並確立主張
   b. 為每一項 F 檢定求出臨界值
   c. 完成變異數分析表並且計算檢定數值
   d. 下決定
   e. 摘要結論（如果必要的話，繪製一張格子平均數的圖。）

5. **對環境友善的空氣清淨機** 有一種新型對環境友善的空氣清淨機正在研發。透過檢測希望發現溫度與濕度是否影響除臭的時間效率。針對兩種溫度和兩種濕度，以下數據顯示需要幾天臭味才會有顯著的下降。兩因子間有顯著的交互作用嗎？對濕度而言，平均天數間有某種差異嗎？對溫度而言，平均天數間有某種差異嗎？使用 $\alpha = 0.05$。

	溫度一	溫度二
濕度一	35, 25, 26	35, 31, 37
濕度二	28, 22, 21	23, 19, 18

6. **油漆的有效期限** 某一所顏料實驗室，正在測試乾燥添加劑與溶解添加劑對某種油漆製品有效值（1 到 10 之間的整數）的影響。將油漆分成四等份進行測試，而且兩種添加劑的不同組合被加入其中的 1/4 份油漆。在加入添加劑幾個小時之後，取得 16 份樣本每一份的有效值，並且用適當的空位記錄結果。

	乾燥添加劑一	乾燥添加劑二
溶解添加劑 A	9, 8, 5, 6	4, 5, 8, 9
溶解添加劑 B	7, 7, 6, 8	10, 8, 6, 7

乾燥添加劑與溶解添加劑的交互作用存在嗎？針對乾燥添加劑，平均有效值之間有某種差異嗎？針對溶解添加劑，平均有效值之間有某種差異嗎？使用 $\alpha = 0.05$。

Excel 技術步驟解析

雙向變異數分析

這個例題延續例題 12-5。

例題 XL12-2

有一位研究員希望知道汽油種類和汽車款式對汽油消耗是否有任何效果。使用 $\alpha = 0.05$。

1. 在新 Excel worksheet（工作表）完全一樣地輸入以下這一張圖顯示的數據。

	A	B	C
1		2-wheel Drive	All-wheel drive
2	Regular	26.7	28.6
3		25.2	29.3
4	Hi-octane	32.3	26.1
5		32.8	24.2

2. 點選 toolbar（工具列）的 Data，然後點選 Data Analysis（資料分析）。
3. 點選 Analysis Tools（分析工具）框的 Anova: Two-Factor With Replication（變異數分析：重複實驗的雙因子），然後點選 [OK]。
4. 在 Anova: Two-Factor With Replication（變異數分析：重複實驗的雙因子）對話框，為 Input Range（輸入範圍）輸入 A1:C5。
5. 為每一種樣本的 Rows（列）輸入 2。
6. 為 Alpha 水準輸入 0.05。
7. 在結果輸出的選項，為輸出範圍 Output Range 輸入 E2。
8. 然後點選 [OK]。

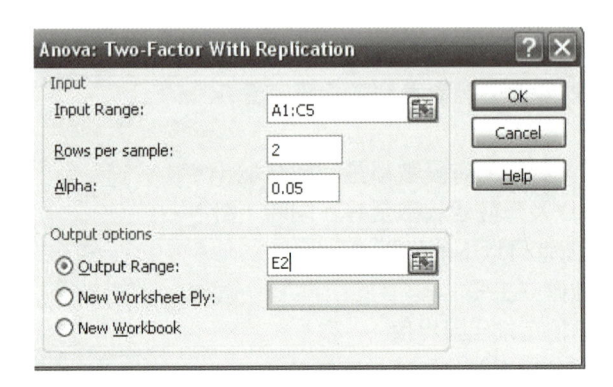

雙向 ANOVA 的結果顯示如下。

ANOVA						
Source of Variation	SS	df	MS	F	P-value	F crit
Sample	3.92	1	3.92	4.751515152	0.094766001	7.708647421
Columns	9.68	1	9.68	11.73333333	0.026647909	7.708647421
Interaction	54.08	1	54.08	65.55151515	0.00126491	7.708647421
Within	3.3	4	0.825			
Total	70.98	7				

結語

- 第九章討論過的 F 檢定，可以用來比較兩個樣本變異數以求出它們是否相等。它也可以用來比較三個或是三個以上的平均數。當比較三個或是三個以上平均數的時候，用到的技術叫做變異數分析。變異數分析技巧使用兩種母體變異數的估計。群間變異數是樣本平均數的變異數；群內變異數是所有數據的變異數。當平均數之間無顯著差異的時候，前述兩項估計大概一樣，帶出 F 檢定大概會等於 1。如果平均數之間有顯著差異的時候，群間變異數會大過群內變異數，而帶出顯著的檢定結果。(12-1)
- 如果平均數之間有某種顯著的差異，研究員會希望求出這一項差異發生在哪裡（哪一個平均數）。許多統計檢定可以在變異數分析之後比較樣本平均數。最常用的是 Scheffé 檢定和 Tukey 檢定。當樣本數一致的時候，可以使用 Tukey 檢定。Scheffé 檢定比較一般，可以用在樣本數不相等和相等的時候。(12-2)
- 當有一個獨立變數的時候，變異數分析叫做單向變異數分析。當有兩個獨立變數的時候，變異數分析叫做雙向變異數分析。雙向變異數分析讓研究員可以檢定兩獨立變數的效果和可能的交互作用效果。如果發現某種顯著的交互作用效果，研究員必須進一步探討主效果是不是可以被檢驗。(12-3)

複習題

如果練習題 1~4 的虛無假設被拒絕，當樣本數不一致的時候，使用 Scheffé 檢定；當樣本數一致的時候，使用 Tukey 檢定。針對這一些練習題，進行以下步驟。假設所有假設都滿足。

a. 陳述假設並確立主張
b. 為每一項 F 檢定求出臨界值
c. 完成變異數分析表並且計算檢定數值
d. 下決定
e. 摘要結論

除非特別說明，否則使用假設檢定的傳統法。

12-1、12-2

1. **各種橋樑的長度** 以下數據顯示美國三種橋樑的長度（以呎計）。在 $\alpha = 0.01$ 之下，檢定三種橋樑的平均長度之間不存在某一種顯著差異的主張。

簡單桁架	分段混凝土	連續板
745	820	630
716	750	573
700	790	525
650	674	510
647	660	480
625	640	460
608	636	451
598	620	450
550	520	450
545	450	425
534	392	420
528	370	360

資料來源：*World Almanac and Book of Facts.*

2. **穀物的碳水化合物** 以下數據顯示從三家廠商隨機挑選穀物內的碳水化合物含量。在 0.05 的顯著水準之下，有充分證據支持碳水化合物平均含量之間有某種差異嗎？

廠商一	廠商二	廠商三
25	23	24
26	44	39
24	24	28
26	24	25
26	36	23
41	27	32
26	25	
43		

資料來源：*The Doctor's Pocket Calorie, Fat, and Carbohydrate Counter.*

3. **食物與飲料的鐵質含量**　以下數據顯示三種食物的鐵質含量。在 0.10 的顯著水準之下，有充分的證據支持魚和肉、早餐玉米片和高蛋白飲料的平均鐵質含量之間有某種差異嗎？

魚和肉	早餐玉米片	高蛋白飲料
3.4	8	3.6
2.5	2	3.6
5.5	1.5	4.5
5.3	3.8	5.5
2.5	3.8	2.7
1.3	6.8	3.6
2.7	1.5	6.3
	4.5	

資料來源：*The Doctor's Pocket Calorie, Fat, and Carbohydrate Counter.*

4. **報警的校園事件**　有一位研究員希望求出報警的校園事件在平均次數上是不是有某種差異。挑選學區的樣本，以及列出某一年報警的次數。在 $\alpha = 0.05$ 之下，平均數之間有某種差異嗎？如果有，推測一種發生差異的理由。

A 郡	B 郡	C 郡	D 郡
13	16	15	11
11	33	12	31
2	12	19	3
	2	2	
	2		

資料來源：U.S. Department of Education.

12-3

5. **統計的複習準備**　有一位統計老師希望了解學生投入複習準備是否帶來較高的考試成績。隨機挑選五個學生，並且把每一個放在三週統計推論課的考試準備群組。單元結束後，每一位同學都參加一樣的考試，結果的成績如下所示。在 $\alpha = 0.05$ 之下，有充分的證據支持兩因子間有交互作用嗎？有充分的證據支持公式講授方式不同帶出成績的差異嗎？有充分的證據支持組織方式不同帶出成績的差異嗎？

	提供公式	學生自製公式卡
學生帶頭複習	89, 76, 80, 90, 75	94, 86, 80, 79, 82
老師帶頭複習	75, 80, 68, 65, 79	88, 78, 85, 65, 72

小試身手

是非題。如果答案是「非」，請提供理由。

1. 在變異數分析，只有在所有成對平均數個別有某種顯著差異的時候，才會拒絕虛無假設。
2. 當 F 檢定數值接近 1 的時候，應該拒絕虛無假設。

選擇題

3. 變異數分析使用＿＿＿＿檢定。
   a. z　　　　　　c. χ^2
   b. t　　　　　　d. F
4. 當你進行某一種 F 檢定，會比較＿＿＿＿種母體變異數的估計。
   a. 兩　　　　　　c. 任意多
   b. 三　　　　　　d. 零

填充題

5. 當比較三個或是更多個平均數的時候，你會使用＿＿＿＿技術。

針對練習題 6~9，除非特別說明，否則使用假設檢定的傳統法。

6. **汽油價格**　來自三個州每加侖汽油價格的隨機樣本如下所示。根據 $\alpha = 0.01$ 的顯著水準，有足夠的證據支持平均價格之間有差異嗎？

州 1	州 2	州 3
3.20	3.68	3.70
3.25	3.50	3.65
3.18	3.70	3.75
3.15	3.65	3.72

7. **深夜談話性節目觀眾的年齡** 有一位媒體研究員想知道三個深夜談話性節目觀眾的年齡有沒有某種差異。挑選三組觀眾，這些人的年齡如下所示。在 $\alpha = 0.01$ 之下，觀眾的平均年齡有沒有某種差異？為什麼觀眾的年齡對一位電視節目評論員而言這麼重要？

David Letterman	Jay Leno	Conan O'Brien
53	48	40
46	51	36
48	57	35
42	46	42
35	38	39

資料來源：Nielsen Media Research.

8. **空氣污染** 有許多因素會造成空氣污染。在三大洲的一些知名都市測量一種特定的因子──懸浮顆粒。懸浮顆粒包括煙霧、煤煙、灰塵、油滴。測量結果如下所示。在 0.05 的顯著水準之下，有充分的證據認定平均數之間有某種差異嗎？如果有，進行適當的檢定求出差異在哪裡？

亞洲	歐洲	非洲
79	34	33
104	35	16
40	30	43
73	43	

資料來源：*World Almanac.*

9. **食譜與運動** 有一位研究員進行一項有兩種食譜和兩種運動的研究。每一種組合的群組被隨機指派三個人，進行一個月的實驗。以下表格內的數字代表每一個人減重多少。

運動 \ 食譜	A	B
I	5, 6, 4	8, 10, 15
II	3, 4, 8	12, 16, 11

根據以下的報表回答問題。

a. 使用哪一種統計方法？
b. 這兩個變數叫什麼名字？
c. 每一個變數包含幾個水準？
d. 此研究的假設為何？
e. 此假設的 F 數值是多少？使用 p 值法說明哪一個是顯著的。
f. 根據上述小題的答案，哪些假設會被拒絕？

複習題 9 的電腦報表

Datafile: NONAME.SST   Procedure: Two-way ANOVA

TABLE OF MEANS:

	DIET A	B	Row Mean
EX PROG I	5.000	11.000	8.000
II	5.000	13.000	9.000
Col Mean	5.000	12.000	
Tot Mean	8.500		

SOURCE TABLE:

Source	df	Sums of Squares	Mean Square	F Ratio	p-value
DIET	1	147.000	147.000	21.000	0.00180
EX PROG	1	3.000	3.000	0.429	0.53106
DIET X EX P	1	3.000	3.000	0.429	0.53106
Within	8	56.000	7.000		
Total	11	209.000			

觀念應用的答案

觀念應用 12-1　讓你更聰明的顏色

1. 變異數分析產生的檢定數值是 $F = 3.06$，它的 p 值是 0.059。我們無法拒絕虛無假設，也就是說，沒有足夠的證據認定在 $\alpha = 0.05$ 之下，衣服的顏色和看起來多聰明有關係。
2. 研究的目的是決定衣服的顏色和看起來多聰明的認知是否有關係。
3. 我們必須進行三次個別的 t 檢定，這樣會膨脹發生誤差的機率。

觀念應用 12-2　讓你更聰明的顏色

1. Tukey 兩兩比較檢定顯示三對平均數的兩兩比較沒有任何顯著的差異。
2. 無。這個結果和使用第 12-1 節的變異數分析檢定得到的結果是一致的。
3. 我們不會使用多次個別的 t 檢定，因為它們會膨脹發生誤差的機率。
4. 當樣本數相同的時候，Tukey 檢定比 Scheffé 檢定好用。

觀念應用 12-3　銷售車子的技巧

業務經驗水準一和二之間沒有任何顯著的差異。業務經驗水準三和四確實比水準一和二好，而水準四平均而言表現最好。如果同時考慮行銷技巧，交互作用圖呈現一種顯著的差異。最佳的組合似乎是業務經驗水準四加上第一種行銷技巧。

摘要假設檢定（二）*

*這一份摘要接續第九章後面的摘要假設檢定(一)。

7. 檢定相關係數的顯著性。
   例子：$H_0: \rho = 0$。
   使用 t 檢定：
   $$t = r\sqrt{\frac{n-2}{1-r^2}} \quad \text{其中 d.f.} = n - 2$$

8. 複相關係數的 F 檢定公式。
   例子：$H_0: \rho = 0$。
   $$F = \frac{R^2/k}{(1-R^2)/(n-k-1)}$$
   $$\text{d.f.N.} = n - k \qquad \text{d.f.D.} = n - k - 1$$

9. 比較樣本分配和某一個特定的母體。
   例子：H_0：兩分配之間無差異。
   使用卡方適合度檢定：
   $$\chi^2 = \sum \frac{(O-E)^2}{E}$$
   d.f. = 類別個數 $- 1$

10. 比較兩個變數的獨立性。
    例子：H_0：變數 A 和變數 B 是獨立的。
    使用卡方獨立性檢定：
    $$\chi^2 = \sum \frac{(O-E)^2}{E}$$
    $$\text{d.f.} = (R-1)(C-1)$$

11. 檢定比例一致性。
    例子：$H_0: p_1 = p_2 = p_3$。
    使用卡方檢定：
    $$\chi^2 = \sum \frac{(O-E)^2}{E}$$
    $$\text{d.f.} = (R-1)(C-1)$$

12. 比較三個或是三個以上的平均數。
    例子：$H_0: \mu_1 = \mu_2 = \mu_3$。
    使用變異數分析檢定：
    $$F = \frac{s_B^2}{s_W^2}$$
    其中
    $$s_B^2 = \frac{\sum n_i(\bar{X}_i - \bar{X}_{\text{GM}})^2}{k-1}$$
    $$s_W^2 = \frac{\sum (n_i - 1)s_i^2}{\sum (n_i - 1)}$$

d.f.N. $= k - 1$ $\quad N = n_1 + n_2 + \cdots + n_k$
d.f.D. $= N - k$ $\quad k =$ 群組個數

13. 當變異數分析的 F 檢定數值是顯著的時候，使用 Scheffé 檢定求出哪一對平均數有顯著差異。

$$F_s = \frac{(\bar{X}_i - \bar{X}_j)^2}{s_W^2[(1/n_i) + (1/n_j)]}$$

$$F' = (k - 1)(\text{C.V.})$$

使用 Tukey 檢定求出哪一對平均數有顯著差異。

$$q = \frac{\bar{X}_i - \bar{X}_j}{\sqrt{s_W^2/n}} \quad \begin{array}{l} \text{d.f.N.} = k \\ \text{d.f.D.} = s_W^2 \text{ 的自由度} \end{array}$$

14. 雙向變異數分析檢定。

例子：

H_0: 主效果間無顯著差異。
H_0: 變數間沒有顯著的交互作用效果。

$$\text{MS}_A = \frac{\text{SS}_A}{a - 1}$$

$$\text{MS}_B = \frac{\text{SS}_B}{b - 1}$$

$$\text{MS}_{A \times B} = \frac{\text{SS}_{A \times B}}{(a - 1)(b - 1)}$$

$$\text{MS}_W = \frac{\text{SS}_W}{ab(n - 1)}$$

$$F_A = \frac{\text{MS}_A}{\text{MS}_W} \quad \begin{array}{l} \text{d.f.N.} = a - 1 \\ \text{d.f.D.} = ab(n - 1) \end{array}$$

$$F_B = \frac{\text{MS}_B}{\text{MS}_W} \quad \begin{array}{l} \text{d.f.N.} = (b - 1) \\ \text{d.f.D.} = ab(n - 1) \end{array}$$

$$F_{A \times B} = \frac{\text{MS}_{A \times B}}{\text{MS}_W} \quad \begin{array}{l} \text{d.f.N.} = (a - 1)(b - 1) \\ \text{d.f.D.} = ab(n - 1) \end{array}$$

APPENDIX A 習題解答

Chapter 1

練習題 1-1
1. 統計學 (statistics) 是一種收集、組織、摘要、分析數據以及從中獲取結論的科學。
2. 敘述統計學 (descriptive statistics) 包含收集、組織、摘要以及呈現數據的學問。推論統計學 (inferential statistics) 包含估計、假設檢定、決定變數之間的關係、進行預測等等透過把樣本結果一般化到母體的工作。
3. 這是推論統計學，因為它正試圖對母體進行某種一般化的舉動。
4. 這是推論統計學，因為它正試圖對母體進行某種一般化的舉動。
5. 這是推論統計學，因為它根據樣本正試圖對母體進行某種一般化的舉動。

練習題 1-2
1. 屬性變數 (qualitative variables) 是根據某些特徵或屬性把樣本歸類為某一種分類的變數。屬量變數 (quantitative variables) 是數值的，而且可以排列大小順序。
2. 屬性的
3. 屬性的
4. 連續的
5. 6.5–7.5 呎
6. 25.75–25.85 碼
7. 比例尺度
8. 比例尺度

練習題 1-3
1. 收集數據的方法有電話訪問、郵寄問卷、面訪、調查紀錄、直接觀察。
2. 母體可以是全部美國成年人。樣本可能會是被某項郵寄調查挑到的那一些美國人。答案因人而異。
3. 母體可以是全部 2012 年患有糖尿病的美國成年人。樣本可能來自某項病歷調查挑到的那一些食用他汀類藥物的美國人。再一次，抽樣過程應該考慮病人隱私權的相關規定。以上答案因人而異。
4. 隨機抽樣

練習題 1-4
1. 所謂的觀察型研究 (observational study)，研究員只觀察現在發生了什麼，或是過去發生了什麼，而且嘗試根據這些觀察結果下結論。實驗型研究 (experimental study)，研究員會操作其中一個研究變數，並且試著決定這樣的操作如何影響其他變數。
2. 有時候隨機指定是不可能的，研究員使用完整群。在教育界經常做這一類的研究，其中完整群就是已經存在的班級。用這樣的方式進行實驗，叫做準實驗型研究 (quasi-experimental study)。
3. 交絡變數 (confounding variable) 是指跟獨立變數一樣會影響依變數（反應變數）的變數，但是它卻與獨立變數分不開。
4. 完全隨機設計隨機指派參與者給某一區，而所謂的匹配設計，某一位參與者指定給其中一組，則下一位參與者就會被指定給另外一組。但是在指定之前，會根據某些特質匹配參與者。這兩類的設計都會隨機指派處理給各組。

5. 觀察型
6. 獨立變數：冥想；依變數：合理地下決定
7. 財富、年齡、教育程度。答案因人而異。
8. 如何測量止痛了 24 小時？
9. 該研究只調查了 20 人。
10. 對於如何取得結論，隻字未提。
11. 不行，因為還有許多因素會導致犯罪行為。
12. 可能的答案：可能是咖啡或是茶的咖啡因含量。可能是釀造方法。

複習題
1-1
1. 推論統計學
2. 敘述統計學
3. 推論統計學
4. 敘述統計學

1-2
5. 比例尺度
6. 區間尺度
7. 比例尺度
8. 順序尺度
9. 比例尺度
10. 屬性的
11. 屬量的
12. 屬量的
13. 屬量的
14. 離散的
15. 離散的
16. 連續的
17. 連續的
18. 35.5–36.5 吋
19. 72.55–72.65 噸

1-3
20. 群集的
21. 隨機的
22. 分層的

1-4
23. 實驗型
24. 觀察型
25. 實驗型
26. 獨立變數：咖啡種類；依變數：每盎司咖啡的咖啡因毫克數
27. 獨立變數：麝香；依變數：抗氧化程度
28. 電話調查無法接觸到全部型態的線上購物者。答案因人而異。
29. 人們並不會誠實地報告他們的收入。答案因人而異。
30. 答案可能跟如何使用網路有關。答案因人而異。

小試身手
1. 是 2. 非 3. 是 4. 非 5. b 6. a 7. a
8. 賭博，保險。答案因人而異。
9. 樣本
10. 隨機抽樣，系統抽樣，群聚抽樣，分層抽樣
11. 隨機抽樣
12. a. 名目尺度 b. 比例尺度 c. 順序尺度 d. 區間尺度 e. 比例尺度
13. a. 31.5–32.5 分鐘 b. 0.475–0.485 毫米
    c. 6.15–6.25 吋 d. 18.5–19.5 磅
    e. 12.05–12.15 夸脫

Chapter 2
練習題 2-1
1. 為了用有意義的方式組織數據，為了決定分配的形狀，為了協助統計的計算程序，為了方便繪圖與製表，為了比較不同的數據集。
2. 5–20；組距應該是某一個奇數，這樣組別的中點才會跟數據有著同樣的位數。
3. 42.5–47.5, 45, 5
4. 8.235–11.365, 9.8, 3.13
5. 組距不一致。
6. 有一組被忽略了。
7.

組別	劃記	頻率	百分比
F	正正正正	19	38
C	正正正	14	28
B	正正	10	20
A	正	7	14
總和		50	100

最多人熱愛的組別是職業美式足球。
最少人熱愛的組別是賽車。

附錄 A 習題解答

8.

組界	組邊際	頻率
465–473	464.5–473.5	9
474–482	473.5–482.5	7
483–491	482.5–491.5	7
492–500	491.5–500.5	6
501–509	500.5–509.5	7
510–518	509.5–518.5	4
	總和	40

	累加頻率
小於等於 464.5	0
小於等於 473.5	9
小於等於 482.5	16
小於等於 491.5	23
小於等於 500.5	29
小於等於 509.5	36
小於等於 518.5	40

9.

組界	組邊際	頻率
12–20	11.5–20.5	7
21–29	20.5–29.5	7
30–38	29.5–38.5	3
39–47	38.5–47.5	3
48–56	47.5–56.5	4
57–65	56.5–65.5	3
66–74	65.5–74.5	0
75–83	74.5–83.5	2
84–92	83.5–92.5	1
	總和	30

	累加頻率
小於等於 11.5	0
小於等於 20.5	7
小於等於 29.5	14
小於等於 38.5	17
小於等於 47.5	20
小於等於 56.5	24
小於等於 65.5	27
小於等於 74.5	27
小於等於 83.5	29
小於等於 92.5	30

10.

組界	組邊際	頻率
77–83	76.5–83.5	1
84–90	83.5–90.5	1
91–97	90.5–97.5	6
98–104	97.5–104.5	14
105–111	104.5–111.5	8
112–118	111.5–118.5	1
119–125	118.5–125.5	1
	總和	32

	累加頻率
小於等於 76.5	0
小於等於 83.5	1
小於等於 90.5	2
小於等於 97.5	8
小於等於 104.5	22
小於等於 111.5	30
小於等於 118.5	31
小於等於 125.5	32

11.

組界	組邊際	頻率
6.2–7.0	6.15–7.05	1
7.1–7.9	7.05–7.95	7
8.0–8.8	7.95–8.85	9
8.9–9.7	8.85–9.75	7
9.8–10.6	9.75–10.65	8
10.7–11.5	10.65–11.55	4
11.6–12.4	11.55–12.45	4
	總和	40

	累加頻率
小於等於 6.15	0
小於等於 7.05	1
小於等於 7.95	8
小於等於 8.85	17
小於等於 9.75	24
小於等於 10.65	32
小於等於 11.55	36
小於等於 12.45	40

統計學

練習題 2-2

1.

組界	組邊際	頻率	組中點
90–98	89.5–98.5	6	94
99–107	98.5–107.5	22	103
108–116	107.5–116.5	43	112
117–125	116.5–125.5	28	121
126–134	125.5–134.5	9	130
		總和 108	

	累加頻率
小於等於 89.5	0
小於等於 98.5	6
小於等於 107.5	28
小於等於 116.5	71
小於等於 125.5	99
小於等於 134.5	108

80 位申請不用參加暑期先修。

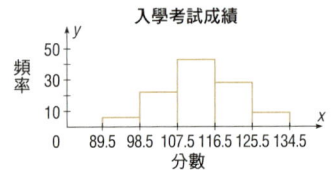

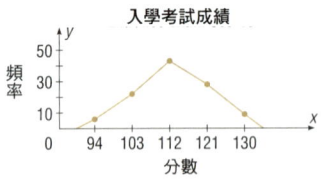

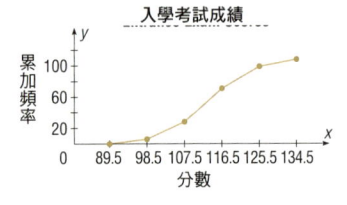

	累加頻率
小於等於 0.5	0
小於等於 43.5	24
小於等於 86.5	41
小於等於 129.5	44
小於等於 172.5	48
小於等於 215.5	49
小於等於 258.5	49
小於等於 301.5	49
小於等於 344.5	50

分配是正偏斜。

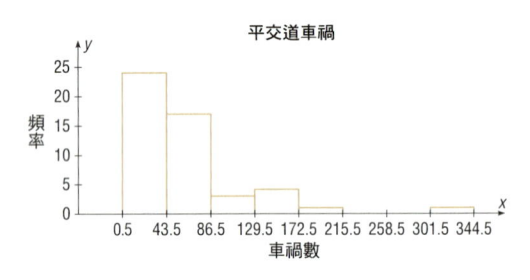

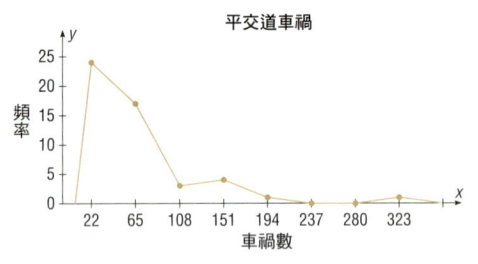

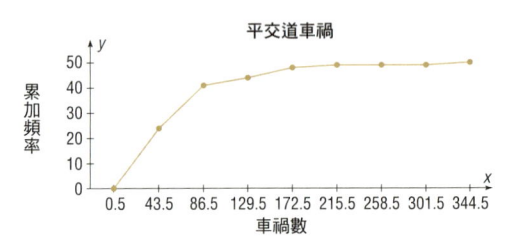

2.

組界	組邊際	頻率	組中點
1–43	0.5–43.5	24	22
44–86	43.5–86.5	17	65
87–129	86.5–129.5	3	108
130–172	129.5–172.5	4	151
173–215	172.5–215.5	1	194
216–258	215.5–258.5	0	237
259–301	258.5–301.5	0	280
302–344	301.5–344.5	1	323
		總和 50	

3.

組界	組邊際	頻率（現在）	頻率（五年前）
10–14	9.5–14.5	6	5
15–19	14.5–19.5	4	4
20–24	19.5–24.5	3	2
25–29	24.5–29.5	2	3
30–34	29.5–34.5	5	6
35–39	34.5–39.5	1	2
40–44	39.5–44.5	2	1
45–49	44.5–49.5	1	1
		總和 24	總和 24

雖然有一點點差別，直方圖還蠻接近的。

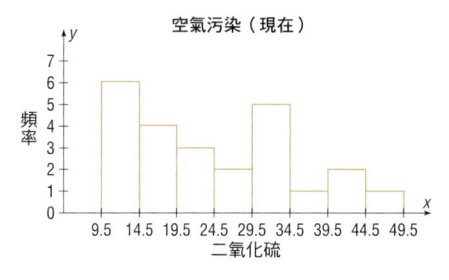

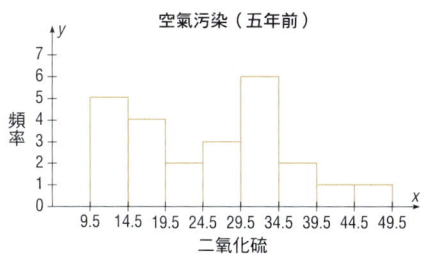

空氣污染（現在）

空氣污染（五年前）

4.

組邊際	相對頻率	組中點
89.5–98.5	0.06	94
98.5–107.5	0.20	103
107.5–116.5	0.40	112
116.5–125.5	0.26	121
125.5–134.5	0.08	130
總和	1.00	

	累加頻率
小於等於 89.5	0
小於等於 98.5	0.06
小於等於 107.5	0.26
小於等於 116.5	0.66
小於等於 125.5	0.92
小於等於 134.5	1.00

不需要參加暑期先修班的申請者比例大約是 0.74。

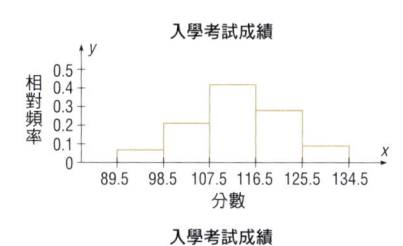

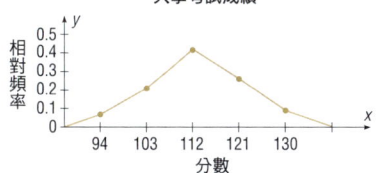

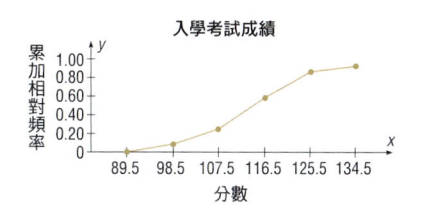

入學考試成績

入學考試成績

入學考試成績

5.

組邊際	相對頻率	組中點
79.5–108.5	0.17	94
108.5–137.5	0.28	123
137.5–166.5	0.04	152
166.5–195.5	0.20	181
195.5–224.5	0.22	210
224.5–253.5	0.04	239
253.5–282.5	0.04	268
總和	0.99	

	累加相對頻率
小於等於 79.5	0.00
小於等於 108.5	0.17
小於等於 137.5	0.45
小於等於 166.5	0.49
小於等於 195.5	0.69
小於等於 224.5	0.91
小於等於 253.5	0.95
小於等於 282.5	0.99*

*因為四捨五入的關係。

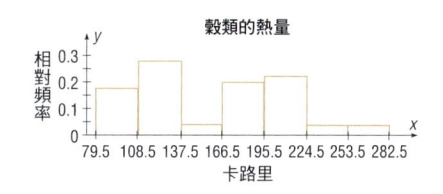

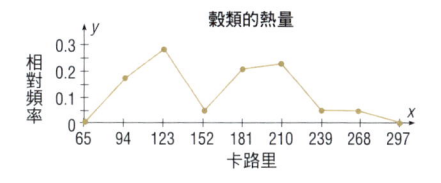

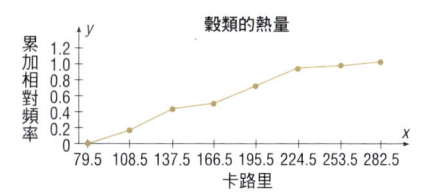

穀類的熱量

穀類的熱量

穀類的熱量

統計學

練習題 2-3

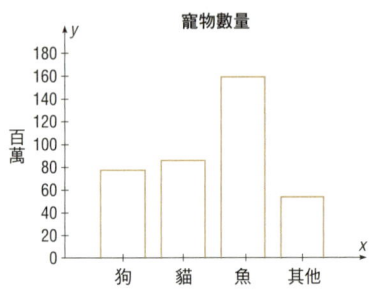

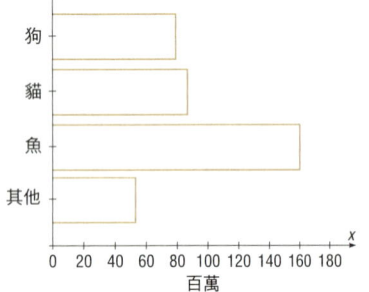

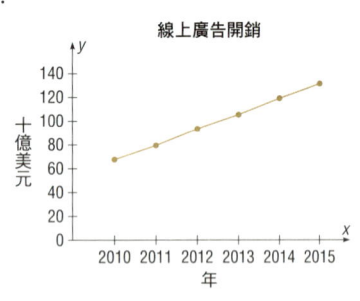

1. 寵物數量（長條圖，狗約80、貓約90、魚約160、其他約55，單位：百萬）

   寵物數量（橫條圖，同上資料）

2. 線上廣告開銷（2010–2015年，折線圖，由約65升至約130，單位：十億美元）

   這幾年呈現上升的趨勢。

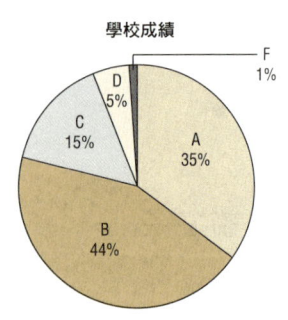

3. 學校成績（圓餅圖）
   - A 35%
   - B 44%
   - C 15%
   - D 5%
   - F 1%

   大部分的人為 B。非常少部分的人為 D 或 F。

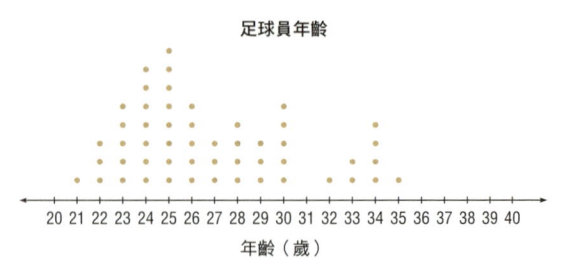

4. 足球員年齡（點圖，橫軸20–40歲）

   大部分球員的年紀介於 21 到 30 歲之間，其中有兩個高峰，位在 24 和 25 歲，其中 24 歲的有 7 人，25 歲的有 8 人。

5. 50 支全壘打俱樂部

   ```
   5 | 0 0 0 0 0 0 1 1 1 1 1 2 2 2 2 2 2 4 4 4 4 4 4 4
   5 | 6 6 6 7 7 8 8 8 8 9
   6 | 0 1 3 4
   6 | 5 6
   7 | 0 3
   ```

   俱樂部內的大部分球員在單一球季擊出的全壘打數介於 50 到 54。全壘打數的最大值是 73。

6. a. 柏拉圖　　　d. 時序圖
   b. 柏拉圖　　　e. 柏拉圖
   c. 圓餅圖　　　f. 時序圖

7. 2011 年瓶子的面積比 1988 年的大上許多，所以你的眼睛是比較面積不是比較高度，這一件事會造成兩者間的差距看起來似乎又更多了。

複習題

2-1

1.

組別	頻率	百分比
報紙	10	20
電視	16	32
廣播	12	24
網路	12	24
總和	50	100

附錄 A 習題解答

2.

組別	頻率
11	1
12	2
13	2
14	2
15	1
16	2
17	4
18	2
19	2
20	1
21	0
22	1
總和	20

	累加頻率
小於等於 10.5	0
小於等於 11.5	1
小於等於 12.5	3
小於等於 13.5	5
小於等於 14.5	7
小於等於 15.5	8
小於等於 16.5	10
小於等於 17.5	14
小於等於 18.5	16
小於等於 19.5	18
小於等於 20.5	19
小於等於 21.5	19
小於等於 22.5	20

3.

組界	組邊際	頻率
15–19	14.5–19.5	3
20–24	19.5–24.5	18
25–29	24.5–29.5	18
30–34	29.5–34.5	8
35–39	34.5–39.5	3
	總和	50

	累加頻率
小於等於 14.5	0
小於等於 19.5	3
小於等於 24.5	21
小於等於 29.5	39
小於等於 34.5	47
小於等於 39.5	50

2-2

4.

組界	組邊際	相對頻率
15–19	14.5–19.5	0.06
20–24	19.5–24.5	0.36
25–29	24.5–29.5	0.36
30–34	29.5–34.5	0.16
35–39	34.5–39.5	0.06
	總和	1.00

	累加頻率
小於等於 14.5	0.00
小於等於 19.5	0.06
小於等於 24.5	0.42
小於等於 29.5	0.78
小於等於 34.5	0.94
小於等於 39.5	1.00

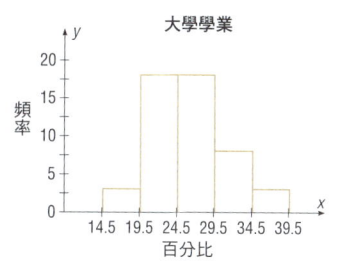

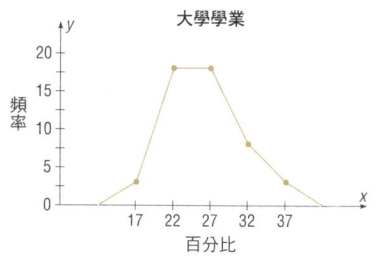

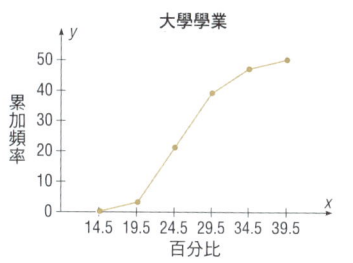

5.

大學學業

6.

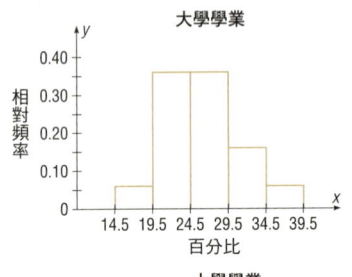

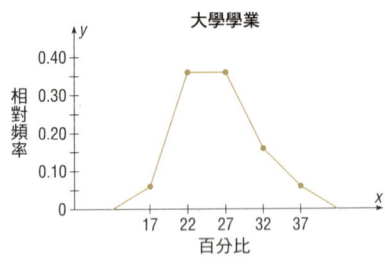

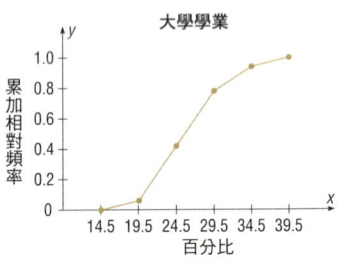

(大學學業 相對頻率直方圖,組界 14.5, 19.5, 24.5, 29.5, 34.5, 39.5)

(大學學業 相對頻率多邊形圖,中點 17, 22, 27, 32, 37)

(大學學業 累加相對頻率分配圖)

2-3

7.

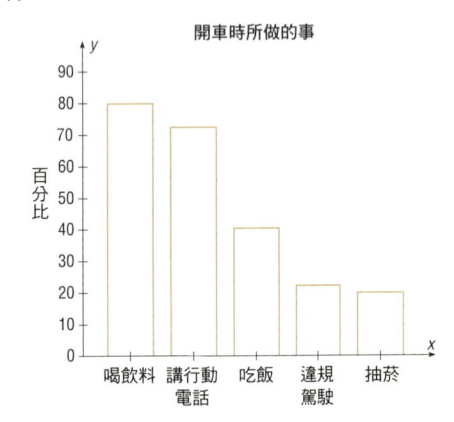

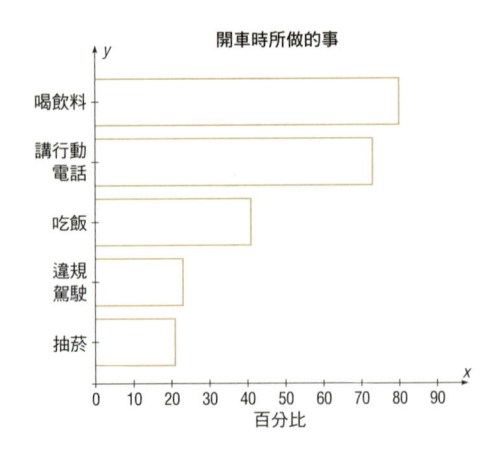

(開車時所做的事 長條圖：喝飲料 80、講行動電話 73、吃飯 40、違規駕駛 23、抽菸 20)

(開車時所做的事 水平長條圖，同上數據)

8.

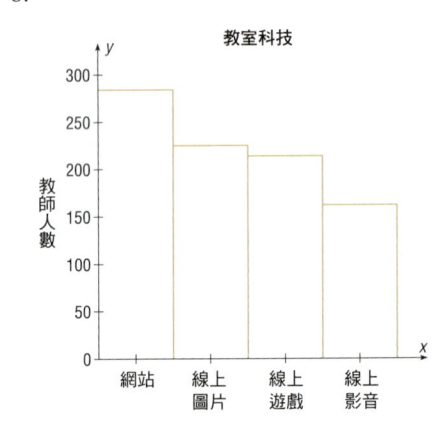

(教室科技 長條圖：網站 285、線上圖片 225、線上遊戲 215、線上影音 165)

9.

(太空發射 折線圖：60–69 約 610，70–79 約 245，80–89 約 195，90–99 約 305，00–09 約 210)

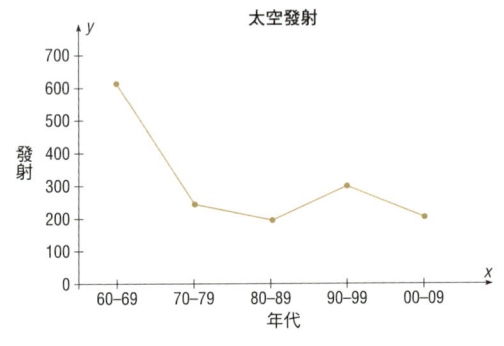

太空發射次數從 1960 年代到 1970、1980 年代下降不少，但是 1990 年代有增加，然後在 2000 年後又下降了。

附錄 A　習題解答

10.

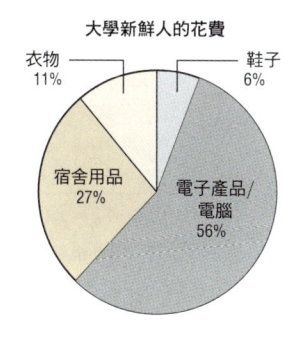

大學新鮮人的花費
- 衣物 11%
- 鞋子 6%
- 宿舍用品 27%
- 電子產品/電腦 56%

11.

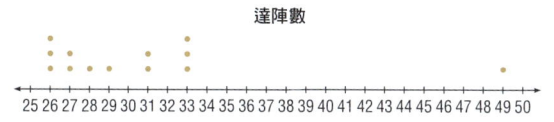

達陣數

25 26 27 28 29 30 31 32 33 34 35 36 37 38 39 40 41 42 43 44 45 46 47 48 49 50

這一張圖顯示 Manning 生涯裡單一球季的達陣數大部分介於 26 和 33 之間（除了曾經有一季是 49）。

12.

2	9 9
3	2 4 5 6 8 8
4	1 2 3 7 7
5	1 3 5 8
6	2 2 2 3 7
7	2 3

13. x 軸和 y 軸上沒數字，所以不可能得知緩解疼痛所需的時間。

小試身手

1. 非　2. 非　3. 是　4. 非　5. c　6. b　7. 5, 20
8. 時間序列　9. 縱或 y
10.

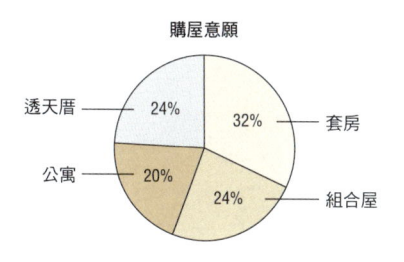

購屋意願
- 透天厝 24%
- 套房 32%
- 公寓 20%
- 組合屋 24%

11.

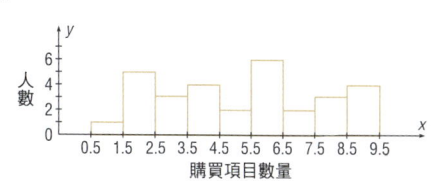

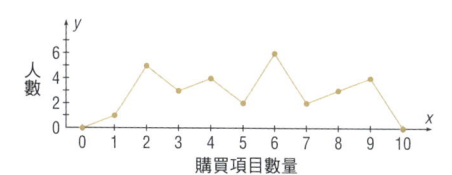

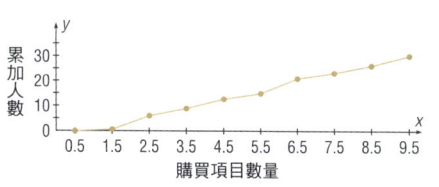

（人數 vs 購買項目數量 —— 直方圖、折線圖、累加人數圖）

12.

身分盜用
- 網路釣魚 5%
- 其他 12%
- 電腦駭客 9%
- 信件被偷 11%
- 零售購物 18%
- 皮夾等被偷 45%

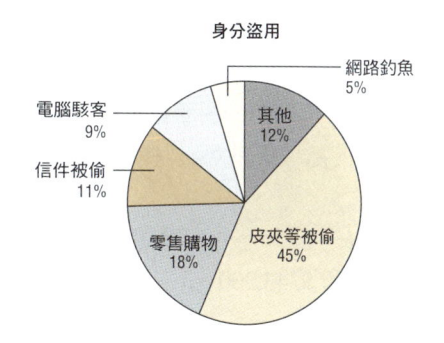

13.

1	5 9
2	6 8
3	1 5 8 8 9
4	1 7 8
5	3 3 4
6	2 3 7 8
7	6 9
8	6 8 9
9	8

14. 瓶子有著不一樣的直徑，所以你的眼睛會比較面積而不是高度。

Chapter 3

練習題 3-1

1. 994.6; 940; 1180; 1092.5
2. 113.6; 119.5; 120; 103

3. 1494.6; 1415.5; 無; 1777.5
4. 5; 3.5–6.5
5. 26.66; 24.2–28.6
6. 23.7; 21.5–24.5
7. 35.4%
8. a. 眾數　b. 中位數　c. 中位數　d. 眾數
   e. 平均數　f. 中位數

練習題 3-2

1. 變異數的正方根是標準差。
2. 當樣本數小於 30 的時候，樣本變異數會低估母體變異數。
3. 男子：71; 446.8; 21.1
   女子：80; 615.8; 24.82
   女子的數據集比較有變化。
4. $s \approx R/4$，因此 $s \approx 5$ 年。
5. 130; 1156.7; 34.0
6. 27,941.8; 167.2
7. 211.2; 14.5; 不，電池壽命的變化程度頗大。
8. 13.1%; 15.2%。處理後就可出院的病人比較有變化。
9. 至少有 93.75%
10. 介於 $149,300 和 $343,300
11. 474–554; 2.5%

練習題 3-3

1. z 分數告訴我們數據高於或是低於平均數幾個標準差。
2. $Q_1 = P_{25}$; $Q_2 = P_{50}$; $Q_3 = P_{75}$
3. 加拿大：-0.40，義大利：1.47，
   美國：-1.91
4. 兩者皆非；每一個都是 $z = 1.5$
5. a. 第 87，第 49，第 20　b. 79　c. 75　d. 69
6. 第 94，第 72，第 61，第 17，第 83，第 50，第 39，第 28，第 6，597
7. $Q_1 = 16$; $Q_3 = 27.1$
8. a. 3　b. 54　c. 無

練習題 3-4

1. 6, 8, 19, 32, 54; 24
2. 14.6, 15.05, 16.3, 19, 19.8; 3.95
3. 11, 3, 8, 5, 9, 4
4.

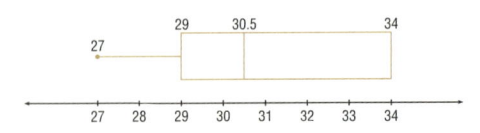

5. 高蛋白質飲料有比較高的蛋白質含量中位數，而且也比較有變化。

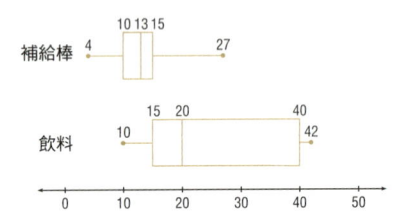

複習題

3-1

1. $\overline{X} = 27.2$，中位數 $= 19$，眾數 $= 17$，中檔數 $= 38$
2. 7.3, 7–9 或 8
3. 1.43（百萬人）

3-2

4. 306; 7242.01; 85.1
5. 566.1; 23.8
6. 6
7. 31.25%；18.6%；教科書的數據集比較有變化。
8. $0.26–$0.38
9. 56%
10. 23.7–35.7
11. a. 0.86　b. -0.87

3-3

12. a.

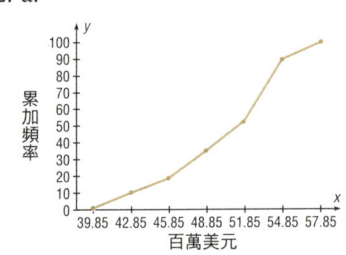

b. 50, 53, 55　c. 第 10，第 26，第 78
13. a. 400　b. 無

3-4

14.

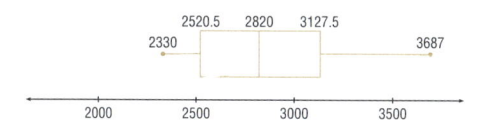

小試身手

1. 是　2. 非　3. 非　4. 非　5. 非　6. c　7. b
8. b　9. 參數，統計量　10. σ　11. 正偏斜
12. a. 15.3　b. 15.5　c. 15、16 和 17　d. 15　e. 6
   f. 3.57　g. 1.9
13. 4.5　14. 88.89%　15. 4.5
16. a.

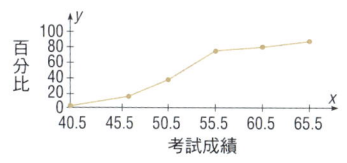

b. 47; 55; 64

c. 第 56，第 6，第 99 個百分位數

Chapter 4

練習題 4-1

1. 機率實驗是一種帶出具體結果的機會過程。樣本空間是某一項機率實驗所有可能出象所構成的集合。
2. 範圍從 0（含）到 1（含）。
3. 0.80，因為不會下雨的機率是 80%，所以不帶雨傘出門也沒關係。
4. a. $\frac{1}{6}$　b. 0　c. $\frac{1}{2}$　d. 1
5. a. $\frac{1}{13}$　b. $\frac{1}{4}$　c. $\frac{1}{52}$　d. $\frac{2}{13}$　e. $\frac{4}{13}$
6. a. 0.43　b. 0.52　c. 0.17
7. a. $\frac{1}{8}$　b. $\frac{1}{4}$　c. $\frac{3}{4}$　d. $\frac{3}{4}$
8. a. 27%　b. 33%　c. 67%　d. 14%
9. 0.268; 0.597

10.

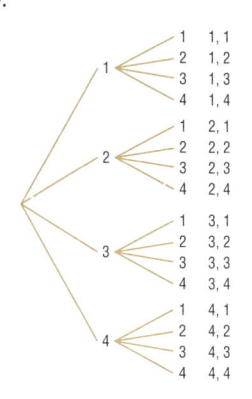

練習題 4-2

1. 兩事件是互斥的，如果它們不會同時發生（也就是說，它們沒有共同的出象）。例子因人而異。
2. a. 否　b. 否　c. 是　d. 否
3. a. 0.707　b. 0.589　c. 0.011　d. 0.731
4. $\frac{11}{19}$
5. a. 0.058　b. 0.942　c. 0.335
6. a. $\frac{7}{58}$　b. $\frac{16}{29}$　c. $\frac{12}{29}$
7. a. $\frac{5}{12}$　b. $\frac{1}{8}$　c. $\frac{2}{3}$　d. $\frac{23}{24}$
8. 0.318

練習題 4-3

1. a. 獨立的　b. 相依的　c. 相依的　d. 相依的
2. 0.002，此事件不容易發生，因為機率太低。
3. 0.179
4. a. $\frac{1}{270725}$　b. $\frac{11}{4165}$　c. $\frac{46}{835}$
5. 0.0005；可能性非常低。
6. 0.03
7. 0.656; 0.438
8. 68.4%
9. a. 0.198　b. 0.188　c. 0.498
10. a. 0.172　b. 0.828
11. 0.987
12. a. 0.332　b. 0.668
13. 0.665；它發生的機會將近 67%，可能性有一點高。

統計學

練習題 4-4

1. 100,000; 30,240
2. 100,000; 30,240
3. 112
4. a. 40,320　b. 3,628,800　c. 1　d. 1　e. 2,520
   f. 11,880　g. 60　h. 1　i. 120　j. 30
5. 7,315　6. 151,200　7. 495; 11,880　8. 1,260
9. a. 10　b. 56　c. 35　d. 15　e. 15
10. 210　11. 6,400　12. 475
13. $_7C_2 = 21$ 張，再加 7 張數字重複的，共 28 張。
14. 194,040　15. 1,860,480　16. 120　17. 336

練習題 4-5

1. $\frac{11}{221}$
2. a. 0.192　b. 0.269　c. 0.538　d. 0.013
3. 0.917; 0.594; 0.001　4. $\frac{5}{72}$　5. 0.727

複習題

4-1

1. a. 0.167　b. 0.667　c. 0.5
2. a. 0.7　b. 0.5
3. 0.265

4-2

4. 0.19　5. 0.98
6. a. 0.0001　b. 0.402　c. 0.598

4-3

7. a. $\frac{2}{17}$　b. $\frac{11}{850}$　c. $\frac{1}{5525}$
8. a. 0.603　b. 0.340　c. 0.324　d. 0.379
9. 0.4　10. 0.507　11. 57.3%　12. a. $\frac{19}{44}$　b. $\frac{1}{4}$
13. 0.718

4-4

14. 175,760,000; 78,624,000; 88,583,040
15. 350　16. 8,568
17. 100!
18. 495　19. 60　20. 15,504

4-5

21. 175,760,000; 0.00001　22. 0.097
23.

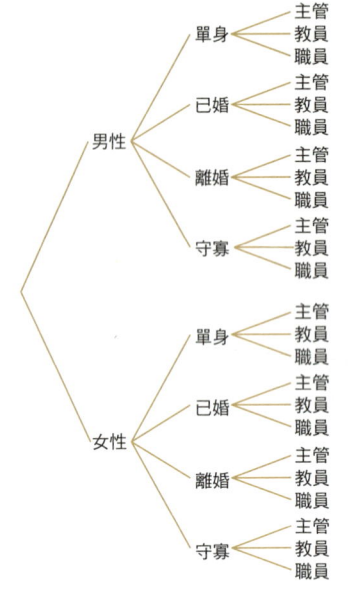

（樹狀圖：男性／女性 → 單身／已婚／離婚／守寡 → 主管／教員／職員）

小試身手

1. 非　2. 是　3. 非　4. 是　5. b　6. d　7. c　8. d
9. b　10. 0, 1　11. 1
12. a. $\frac{1}{13}$　b. $\frac{1}{13}$　c. $\frac{4}{13}$
13. a. $\frac{1}{4}$　b. $\frac{4}{13}$　c. $\frac{1}{52}$　d. $\frac{1}{13}$　e. $\frac{1}{2}$
14. 0.68
15. a. $\frac{253}{9996}$　b. $\frac{33}{66640}$　c. 0
16. 0.533　17. 0.056　18. 0.992　19. 0.9999886
20. 40,320　21. 1,188,137,600; 710,424,000
22. 33,554,432　23. $\frac{1}{4}$　24. $\frac{12}{35}$　25. 120,120

Chapter 5

練習題 5-1

1. 隨機變數是一種變數，它出現哪一個數字完全由機率決定。無固定例子。
2. 例子：
   連續變數：全壘打的距離，比賽的時間長度，比賽時的溫度，投手的 ERA，安打率。
   離散變數：打擊次數，投球數，每一排有幾個位置等等。
3. 是　4. 離散的　5. 離散的

附錄 A　習題解答

6.

X	2	3	5	7
P(X)	0.35	0.41	0.15	0.09

7.

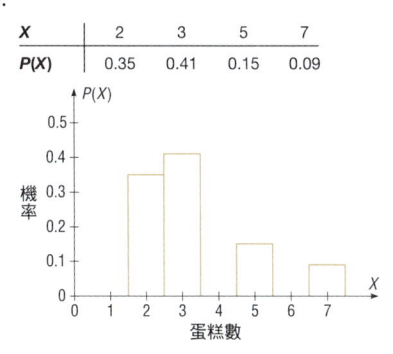

X	2	3	4	5
P(X)	0.01	0.34	0.62	0.03

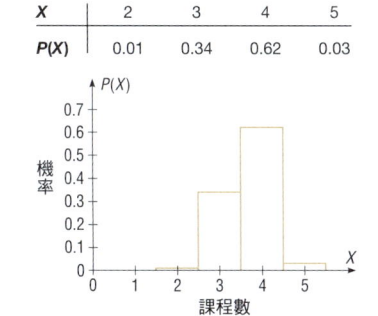

8.

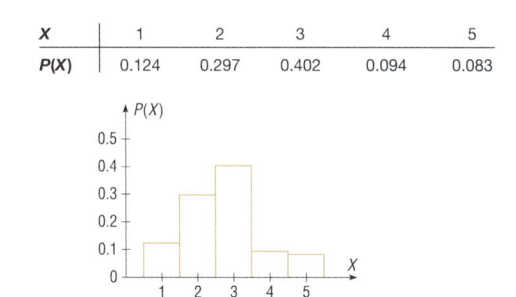

X	1	2	3	4	5
P(X)	0.124	0.297	0.402	0.094	0.083

練習題 5-2

1. 0.17; 0.321; 0.567　2. 5.4; 2.9; 1.7; 0.027
3. 9.4; 5.24; 2.3; 0.25　4. $0.83
5. －$0.50; －$0.52

練習題 5-3

1. a. 是　b. 是　c. 是　d. 否　e. 否
2. a. 0.0005　b. 0.131　c. 0.342
3. a. 0.124　b. 0.912　c. 0.016
4. a. 0.346　b. 0.913　c. 0.663　d. 0.683
5. a. 75; 18.8; 4.3　b. 90; 63; 7.9　c. 10; 5; 2.2
　d. 8; 1.6; 1.3
6. 52.7; 6.4; 2.5　7. 0.199　8. 0.177

複習題

5-1

1. 是
2. 否，機率總和大於 1。
3. a. 0.35　b. 1.55; 1.808; 1.344
4.

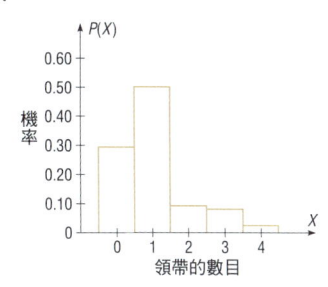

5-2

5. 7.2; 2.2; 1.5　6. 24.2; 1.5; 1.2　7. $2.15

5-3

8. a. 0.008　b. 0.724　c. 0.0002　d. 0.275
9. 120; 24; 4.9　10. 0.886　11. 0.190

小試身手

1. 是　2. 非　3. 機會　4. 1　5. c
6. 否，因為 $\Sigma P(X) > 1$　7. 是
8.

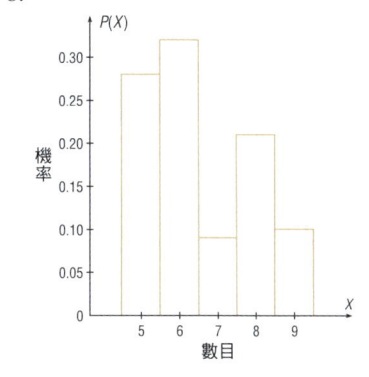

9. 2.0; 1.3; 1.1　10. 5.2　11. 0.124
12. 240; 48; 6.9

Chapter 6

練習題 6-1

1. 常態分配的特徵如下：
　a. 鐘形
　b. 在平均數兩側是對稱的

統計學

c. 平均數、中位數、眾數是同一個數字
d. 是連續的分配
e. 不會接觸到 x 軸
f. 曲線下的面積是 1
g. 單峰
h. 大概有 68% 的面積會落在與平均數距離 1 個標準差的範圍內，大概有 95% 是落在 2 個標準差以內，而且大概有 99.7% 是落在 3 個標準差以內。

2. 68%; 95%; 99.7%   3. 0.4838
4. 0.0823   5. 0.0258
6. 0.9868   7. 0.3574
8. 0.4236   9. 0.0721
10. 0.0505   11. $z = -1.39$
12. $z = -1.26$
13. a. $z = +1.96$ 以及 $z = -1.96$
    b. 大概是 $z = +1.65$ 以及 $z = -1.65$
    c. 大概是 $z = +2.58$ 以及 $z = -2.58$

練習題 6-2

1. 0.0022
2. a. 0.3023   b. 0.0062
3. 0.0262；0.0001；想知道為什麼只開不到 6,000 哩。
4. a. 0.1635 b. 0.0516 c. 0.4658
5. 0.0838   6. 0.006; $821
7. 6.7; 4.05   8. 18.6 個月
9. a. $\mu = 120, \sigma = 20$ b. $\mu = 15, \sigma = 2.5$
   c. $\mu = 30, \sigma = 5$
10. 11.7 度   11. $1175.54
12. 0.1075   13. 不是常態
14. 不是常態   15. 答案因人而異

練習題 6-3

1. 分配稱為樣本平均數的抽樣分配。
2. 當樣本數很大的時候，分配大概是常態的。
3. a. 0.0026；   b. 0.8212；   c. 0.1787
4. 0.2877   5. 0.4176
6. a. 0.4052 或 40.52%
   b. 0.0901 或 9.01%

c. 是的，機率稍微超過 40%。
d. 有可能，因為機率大約 9%。
7. 大約 60

練習題 6-4

1. 當 P 大約是 0.5，如果 n 遞增，二項分配的形狀會接近某一種常態的形狀。
2. a. 0.0811   b. 0.0516   c. 0.1052
3. 0.2578   4. 0.1003
5. 0.9875；可能性很高。
6. 0.0087

複習題

6-1

1. a. 0.4744 b. 0.1443 c. 0.0590 d. 0.8329
   e. 0.2139
2. a. 0.4808 b. 0.4664 c. 0.9219 d. 0.0617
   e. 0.6391

6-2

3. 0.1131；$4,872 以及 $5,676
4. a. 0.3621 或 36.21%
   b. 0.1190 或 11.9%
   c. 0.0606 或 6.06%
5. $130.92
6. 不是常態的

6-3

7. a. 0.0143   b. 0.9641
8. a. 0.3859   b. 0.1841
   c. 個別數字會比平均數更有變化。

6-4

9. 0.5234   10. 0.7123; 0.9999   11. 0.0465

小試身手

1. 非   2. 是   3. 非   4. a   5. b   6. c
7. 樣本誤差   8. 平均數的標準誤   9. 5
10. a. 0.4332   b. 0.3944   c. 0.0344   d. 0.1029
    e. 0.2912   f. 0.8284   g. 0.0401   h. 0.8997
    i. 0.017   j. 0.9131

11. a. 0.4846 b. 0.4693 c. 0.9334 d. 0.0188
    e. 0.7461 f. 0.0384 g. 0.0089 h. 0.9582
    i. 0.9788 j. 0.8461
12. a. 0.0668 b. 0.0228 c. 0.4649 d. 0.0934
13. a. 0.0013 b. 0.5 c. 0.0081 d. 0.5511
14. 8.804 公分   15. 0.015
16. 0.0495；不是   17. 0.8577
18. 不是常態的

Chapter 7
練習題 7-1
1. 參數的點估計是某一個特定數字，諸如 $\mu = 87$。區間估計指定參數的某一個數字範圍，例如 $84 < \mu < 90$。區間估計的好處是可以挑選某一種特定的信心水準（如 95%），而且人們可以有 95% 的信心認為該區間包含真正的參數。
2. 良好的估計式應該是不偏的、一致的而且是相對有效的。
3. $26.6 < \mu < 29.6$ 4. $295.2 < \mu < 397.3$
5. $4913 < \mu < 5087$；4,000 小時看起來不合理，因為它在區間的外面。
6. 137   7. 240 次考試

練習題 7-2
1. t 分配的特徵如下：鐘形的。對平均數對稱的。曲線永遠不會接觸到 x 軸。平均數、中位數以及眾數都是 0，而且位在分配的中央位置。變異數大於 1。t 分配是一群根據自由度（和樣本數有密切關係）區分彼此的曲線。當樣本數遞增，t 分配會趨近標準常態分配。
2. $74.6 < \mu < 86.8$
3. $226.3 < \mu < 260.1$
4. $17.87 < \mu < 20.53$；它比較高
5. $32.0 < \mu < 71.0$
6. $22.827 < \mu < 58.161$

練習題 7-3
1. a. 0.5, 0.5 b. 0.45, 0.55 c. 0.46, 0.54
   d. 0.25, 0.75 e. 0.42, 0.58

2. $0.092 < p < 0.152$；11% 包含在信賴區間內。
3. $0.596 < p < 0.704$
4. $0.184 < p < 0.346$
5. 801 戶；1,068 戶

練習題 7-4
1. 卡方
2. $56.6 < \sigma^2 < 236.3$; $7.5 < \sigma < 15.4$
3. $603.72 < \sigma^2 < 5836.83$; $24.57 < \sigma < 76.40$
4. $17.3 < \sigma < 38.4$
5. $31.5 < \sigma < 67.9$

複習題
7-1
1. $13.99 < \mu < 25.27$（或 $14 < \mu < 25$）
2. 28

7-2
3. $76.9 < \mu < 88.3$

7-3
4. $0.409 < p < 0.471$
5. $0.467 < p < 0.573$
6. 1634

7-4
7. $0.22 < \sigma < 0.44$。是，看起來標準差很高。
8. $5.1 < \sigma^2 < 18.3$

小試身手
1. 是   2. 非   3. b   4. b   5. 誤差界限
6. 90; 95; 99
7. $44.80; $43.15 < \mu < $46.45
8. $45.7 < \mu < 51.5$ 9. $26 < \mu < 36$ 10. 25
11. $0.295 < p < 0.425$ 12. 545
13. $30.9 < \sigma^2 < 78.2$; $5.6 < \sigma < 8.8$

Chapter 8
練習題 8-1
1. 虛無假設陳述參數與某特定數字之間無差距，或者是兩參數之間無差距。對立假設陳述參數與某特定數字之間有某種差距，或者是兩參數

統計學

之間有差距。例子因人而異。
2. 拒絕域是一種檢定統計量的範圍，指出在那裡有某種顯著差距而且應該拒絕虛無假設。非拒絕域是一種檢定統計量的範圍，指出在那裡沒有某種顯著差距而且應該不拒絕虛無假設。
3. 當假設某特定方向，應該使用單尾檢定，諸如大於或是小於。當不指定某方向，應該使用雙尾檢定。
4. a. $H_0: \mu = 24.6$ 以及 $H_1: \mu \neq 24.6$
   b. $H_0: \mu = \$51,497$ 以及 $H_1: \mu \neq \$51,497$
   c. $H_0: \mu = 25.4$ 以及 $H_1: \mu > 25.4$
   d. $H_0: \mu = 88$ 以及 $H_1: \mu < 88$
   e. $H_0: \mu = 70$ 以及 $H_1: \mu < 70$

練習題 8-2

1. $H_0: \mu = 305$; $H_1: \mu > 305$（主張）；C.V. = 1.65; $z = 4.69$；拒絕。有足夠的證據支持深度大於 305 呎的主張。原因可能是溫度較暖和或更多的降雨。
2. $H_0: \mu = 30.9$; $H_1: \mu \neq 30.9$（主張）；C.V. = ± 2.58; $z = 1.89$；不拒絕。沒有足夠的證據支持平均已改變的主張。
3. $H_0: \mu = \$8,121$; $H_1: \mu > \$8,121$（主張）；C.V. = 2.33; $z = 1.93$；不拒絕。沒有足夠的證據認為平均超過 8,121 美元。
4. $H_0: \mu = 60.35$; $H_1: \mu < 60.35$（主張）；C.V. = -1.65; $z = -4.82$；拒絕 H_0。有充分的證據認為州參議員較年輕。
5. $H_0: \mu = 264$ 以及 $H_1: \mu < 264$（主張）；$z = -2.53$；p 值 = 0.0057；拒絕。有足夠的證據支持平均煞車距離小於 264 呎。
6. $H_0: \mu = 444$; $H_1: \mu \neq 444$; $z = -1.70$; p 值 = 0.0892；不拒絕 H_0。在 $\alpha = 0.05$ 之下沒有充分的證據認為平均規模不同於 444 畝。
7. $H_0: \mu = 10$ 以及 $H_1: \mu < 10$（主張）；$z = -8.67$；p 值 < 0.0001；因為 p 值 < 0.05，拒絕。是，有足夠的證據支持員工的病假天數低於全國平均 10 天的主張。

練習題 8-3

1. t 分配和標準常態分配有以下相似之處：(1) 它是鐘形的。(2) 它在平均數兩側是對稱的。(3) 平均數、中位數以及眾數都等於 0，而且位在分配的中心。(4) 分配曲線不會接觸到 x 軸。t 分配和標準常態分配有以下相異之處：(1) 變異數大於 1。(2) t 分配是一個家族，用和樣本數有關的自由度區分彼此。(3) 當樣本數漸增，t 分配會逼近某一種常態分配。
2. 個別的 p 值放在括號內。
   a. $0.01 < p$ 值 < 0.025 (0.018)
   b. $0.05 < p$ 值 < 0.10 (0.062)
   c. $0.10 < p$ 值 < 0.25 (0.123)
   d. $0.10 < p$ 值 < 0.20 (0.138)
3. $H_0: \mu = 700$（主張）以及 $H_1: \mu < 700$; C.V. = -2.262; d.f. = 9; $t = -2.710$；拒絕。有足夠的證據拒絕平均高度至少為 700 呎的主張。
4. $H_0: \mu = 54.8$ 百萬美元以及 $H_1: \mu > 54.8$ 百萬美元（主張）；C.V. = 1.761; d.f. = 14; $t = 3.058$；拒絕。是，有足夠的證據支持一部動作片的成本高於 54.8 百萬美元的主張。
5. $H_0: \mu = \$7.89$; $H_1: \mu > \$7.89$（主張）；C.V. = 2.624; d.f. = 14; $t = 2.550$；不拒絕。沒有足夠的證據支持該平均數高過全國平均票價的 \$7.89。
6. $H_0: \mu = 5.8$ 以及 $H_1: \mu \neq 5.8$（主張）；d.f. = 19; $t = -3.462$; p 值 < 0.01；拒絕。有足夠的證據支持看醫生平均次數已改變的主張。

練習題 8-4

1. 答案因人而異。
2. $H_0: p = 0.456$; $H_1: p \neq 0.456$（主張）；C.V. = ± 1.65; $z = 1.87$；拒絕。有足夠的證據支持該不當駕駛之比例有別於 45.6%。
3. $H_0: p = 0.30$; $H_1: p \neq 0.30$（主張）；C.V. = ± 1.96; $z = 1.14$；不拒絕。沒有足夠的證據支持該項比例有別於 30%。
4. $H_0: p = 0.54$（主張）以及 $H_1: p \neq 0.54$; $z = 0.93$; p 值 = 0.3524；不拒絕。沒有足夠的證據拒絕

比例是 0.54 的主張。是，小孩下課後應該吃健康的點心。

5. H_0: $p = 0.67$ 以及 H_1: $p \neq 0.67$（主張）；C.V. = ±1.96; $z = 3.19$；拒絕。是，有足夠的證據支持百分比不是 67%。

練習題 8-5

1. a. H_0: $\sigma^2 = 225$ 以及 H_1: $\sigma^2 > 225$; C.V. = 27.587; d.f. = 17
   b. H_0: $\sigma^2 = 225$ 以及 H_1: $\sigma^2 < 225$; C.V. = 14.042; d.f. = 22
   c. H_0: $\sigma^2 = 225$ 以及 H_1: $\sigma^2 \neq 225$; C.V. = 5.629; 26.119; d.f. = 14
   d. H_0: $\sigma^2 = 225$ 以及 H_1: $\sigma^2 \neq 225$; C.V. = 2.167; 14.067; d.f. = 7

2. H_0: $\sigma = 15$ 以及 H_1: $\sigma < 15$（主張）；C.V. = 4.575; d.f. = 11; $\chi^2 = 9.0425$；不拒絕。沒有足夠的證據支持標準差小於 15。

3. H_0: $\sigma = 100$; H_1: $\sigma > 100$（主張）；C.V. = 12.017; d.f. = 7; $\chi^2 = 11.241$；不拒絕。沒有足夠的證據支持標準差大於 100 毫克。

4. H_0: $\sigma = 150$; H_1: $\sigma > 150$（主張）；C.V. = 21.026; d.f. = 12; $\chi^2 = 14.012$；不拒絕。沒有充分的證據認為配置食物含鹽量的標準差超過 150 毫克。

5. H_0: $\sigma = 60$（主張）以及 H_1: $\sigma \neq 60$; C.V. = 8.672; 27.587; d.f. = 17; X2 = 19.707；不拒絕。沒有足夠的證據拒絕標準差是 60 卡路里。

練習題 8-6

1. H_0: $\mu = 25.2$；H_1: $\mu \neq 25.2$（主張）；C.V. = ±2.032; $z = 4.50$; $27.2 < \mu < 30.2$；拒絕。有足夠的證據支持平均年齡並非 25.2 歲。信賴區間並不包含 25.2。

2. H_0: $\mu = 19$; H_1: $\mu \neq 19$（主張）；C.V. = ±2.145; d.f. = 14; $t = 1.37$；不拒絕 H_0。沒有充分的證據認為工時的平均數有別於 19 小時。95% C.I.: $17.7 < \mu < 24.9$。因為平均數（$\mu = 19$）落入區間，沒有證據支持有差距的想法。

3. 檢定力是統計檢定拒絕錯誤虛無假設的機率。
4. 透過增加或是挑選大樣本可以增加檢定力。

複習題

8-2

1. H_0: $\mu = 18.3$; H_1: $\mu \neq 18.3$（主張）；C.V. = ±2.33; $z = 3.16$；拒絕。有充分證據認為上線平均時數有別於 18.3 小時。

2. H_0: $\mu = 18000$; H_1: $\mu < 18000$（主張）；C.V. = −2.33；檢定統計量 $z = -3.58$；拒絕 H_0。有充分的證據認為平均債務低於 18,000 美元。

3. H_0: $\mu = 1229$; H_1: $\mu \neq 1229$（主張）；C.V. = ±1.96; $z = 1.875$；不拒絕 H_0。沒有充分的證據認為租金有所不同。

8-3

4. H_0: $\mu = 10$; H_1: $\mu < 10$（主張）；C.V. = −1.782; d.f. = 12; $t = -2.230$；拒絕。有足夠的證據支持平均重量低於 10 盎司。

8-4

5. H_0: $p = 0.17$; H_1: $p > 0.17$（主張）；C.V. = 1.65; $z = 4.34$；拒絕。有足夠的證據支持美國房屋有超過 17% 採用居家保全系統。

6. H_0: $p = 0.593$; H_1: $p < 0.593$（主張）；C.V. = −2.33; $z = -2.57$；拒絕 H_0。有足夠的證據認為營養午餐是免費或是低價的比例低於 59.3%。

7. H_0: $p = 0.204$; H_1: $p \neq 0.204$（主張）；C.V. = ±1.96; $z = -1.03$；不拒絕。沒有足夠的證據支持此比例有別於全國比例。

8-5

8. H_0: $\sigma = 4.3$（主張）以及 H_1: $\sigma < 4.3$; d.f. = 19; $\chi^2 = 6.95$; $0.005 < p$ 值 < 0.01 (0.006)；因為 p 值 < 0.05，拒絕。是，有足夠的證據拒絕標準差大於或等於每加侖 4.3 哩。

9. H_0: $\sigma^2 = 40$; H_1: $\sigma^2 \neq 40$（主張）；C.V. = 2.700 以及 19.023；檢定統計量 $\chi^2 = 9.801$；

不拒絕 H_0。沒有充分的證據認為比賽場次的變異數有別於 40。

8-6

10. $H_0: \mu = 4$ 以及 $H_1: \mu \neq 4$（主張）；C.V. = ± 2.58；$z = 1.49$；$3.85 < \mu < 4.55$；不拒絕。沒有足夠的證據支持成長改變的主張。

小試身手

1. 是 2. 非 3. 非 4. d 5. b 6. β 7. 右
8. $H_0: \mu = 28.6$（主張）以及 $H_1: \mu \neq 28.6$；$z = 2.15$；C.V. = ± 1.96；拒絕。有足夠的證據拒絕第一胎是在 28.6 歲的主張。
9. $H_0: \mu = 8$ 以及 $H_1: \mu > 8$（主張）；$z = 6$；C.V. = 1.65；拒絕。有足夠的證據支持平均會嚼超過 8 片口香糖的主張。
10. $H_0: \mu = 67$ 以及 $H_1: \mu < 67$（主張）；$t = -3.1568$；p 值 < 0.005 (0.003)；因為 p 值 < 0.05，拒絕。有足夠的證據支持平均身高低於 67 吋的主張。
11. $H_0: \mu = 63.5$ 以及 $H_1: \mu > 63.5$（主張）；$t = 0.47075$；p 值 > 0.25 (0.322)；因為 p 值 > 0.05，不拒絕。沒有足夠的證據支持被搶劫者的平均年齡是 63.5 歲的主張。
12. $H_0: p = 0.39$（主張）以及 $H_1: p \neq 0.39$；C.V. = ± 1.96；$z = -0.62$；不拒絕。沒有足夠的證據拒絕有 39% 的心臟科醫生會服用維他命 E 的主張。此研究支持之前的研究成果。
13. $H_0: p = 0.35$（主張）以及 $H_1: p \neq 0.35$；C.V. = ± 2.33；$z = 0.668$；不拒絕。沒有足夠的證據拒絕比例是 35% 的主張。
14. p 值 = 0.0316
15. $H_0: \sigma = 6$ 以及 $H_1: \sigma > 6$（主張）；$\chi^2 = 54$；C.V. = 36.415；拒絕。有足夠的證據支持此主張。
16. $H_0: \sigma = 2.3$ 以及 $H_1: \sigma < 2.3$（主張）；$\chi^2 = 13$；C.V. = 10.117；不拒絕。沒有足夠的證據支持標準差小於 2.3 的主張。
17. $28.9 < \mu < 31.2$；否。

Chapter 9

練習題 9-1

1. 檢定單一平均數就是比較樣本平均數和某一個特定的數字，例如 $\mu = 100$。檢定兩平均數的差距就是比較兩組樣本的平均數，例如 $\mu_1 = \mu_2$。
2. $H_0: \mu_1 = \mu_2$（主張）以及 $H_1: \mu_1 \neq \mu_2$；C.V. = ± 2.58；$z = -0.88$；不拒絕。沒有足夠的證據拒絕主要河川的平均長度是一樣的主張。
3. $H_0: \mu_1 = \mu_2$；$H_1: \mu_1 > \mu_2$（主張）；C.V. = 2.33；$z = 3.75$；拒絕。在 $\alpha = 0.01$ 下，有足夠的證據認為男性病人的平均天數比女性病人的平均天數更多。
4. $H_0: \mu_1 = \mu_2$；$H_1: \mu_1 \neq \mu_2$（主張）；C.V. = ± 1.96；$z = 0.66$；不拒絕。沒有足夠的證據支持個人平均所得不一樣的主張。
5. $2.8 < \mu_1 - \mu_2 < 6.0$
6. $H_0: \mu_1 = \mu_2$ 以及 $H_1: \mu_1 > \mu_2$（主張）；C.V. = 2.33；$z = 3.43$；拒絕。有足夠的證據支持女人比男人看更多電視的主張。

練習題 9-2

1. $H_0: \mu_1 = \mu_2$；$H_1: \mu_1 \neq \mu_2$（主張）；C.V. = ± 1.761；d.f. = 14；$t = -1.595$；不拒絕。沒有足夠的證據支持平均上架時間有差別。
2. $H_0: \mu_1 = \mu_2$；$H_1: \mu_1 \neq \mu_2$（主張）；C.V. = ± 1.812；d.f. = 10；$t = -1.220$；不拒絕。沒有足夠的證據支持平均數不相同。
3. $H_0: \mu_1 = \mu_2$；$H_1: \mu_1 \neq \mu_2$（主張）；C.V. = ± 2.977；d.f. = 14；$t = 2.601$；不拒絕。沒有充分的證據認為平均看電視時間有差別。
4. $H_0: \mu_1 = \mu_2$（主張）以及 $H_1: \mu_1 \neq \mu_2$；d.f. = 15；$t = 2.385$。t 檢定的 p 值是 $0.02 < p$ 值 < 0.05 (0.026)。不拒絕，因為 p 值 > 0.01。沒有足夠的證據拒絕平均數相等的主張。$-0.1 < \mu_1 - \mu_2 < -0.9$。
5. $H_0: \mu_1 = \mu_2$；$H_1: \mu_1 < \mu_2$（主張）；$t = -6.222$；拒絕。有足夠的證據支持 2005 年的汽油價格比 2011 年低的主張。

6. $H_0: \mu_1 = \mu_2$；$H_1: \mu_1 \neq \mu_2$（主張）；C.V. = ± 1.761；$t = -1.782$；拒絕。有足夠的證據支持兩組的平均數據不一樣。

練習題 9-3

1. a. 相依 b. 相依 c. 獨立 d. 相依 e. 獨立
2. $H_0: \mu_D = 0$ 以及 $H_1: \mu_D \neq 0$（主張）；C.V. = ± 2.365; d.f. = 7; $t = -1.658$；不拒絕。沒有足夠的證據支持平均睡覺時間有差別。
3. $H_0: \mu_D = 0$ 以及 $H_1: \mu_D \neq 0$（主張）；d.f. = 7; $t = 0.978$；p 值 > 0.20 (0.361)。不拒絕，因為 p 值 > 0.01。沒有足夠的證據支持平均心跳速度有差別。$-3.2 < \mu_D < 5.7$。
4. $H_0: \mu_D = 0$ 以及 $H_1: \mu_D \neq 0$（主張）；C.V. = ± 2.365; $t = -1.967$；不拒絕。沒有足夠的證據支持兩局的平均分數有差別。

練習題 9-4

1. a. $\hat{p} = \frac{34}{48}, \hat{q} = \frac{14}{48}$ d. $\hat{p} = \frac{6}{24}, \hat{q} = \frac{18}{24}$
   b. $\hat{p} = \frac{28}{75}, \hat{q} = \frac{47}{75}$ e. $\hat{p} = \frac{12}{144}, \hat{q} = \frac{132}{144}$
   c. $\hat{p} = \frac{50}{100}, \hat{q} = \frac{50}{100}$
2. a. $\bar{p} = 0.5$; $\bar{q} = 0.5$ d. $\bar{p} = 0.2125$; $\bar{q} = 0.7875$
   b. $\bar{p} = 0.5$; $\bar{q} = 0.5$ e. $\bar{p} = 0.216$; $\bar{q} = 0.784$
   c. $\bar{p} = 0.27$; $\bar{q} = 0.73$
3. $\hat{p} = 0.55$; $\hat{p}_2 = 0.46$; $\bar{p} = 0.5$; $\bar{q} = 0.5$; $H_0: p_1 = p_2$ 以及 $H_1: p_1 \neq p_2$（主張）；C.V. = ± 2.58; $z = 1.23$；不拒絕。沒有足夠的證據支持比例不同的主張。$-0.104 < p_1 - p_2 < 0.293$。
4. $\hat{p}_1 = 0.25$; $\hat{p}_2 = 0.31$; $\bar{p} = 0.286$; $\bar{q} = 0.714$; $H_0: p_1 = p_2$ 以及 $H_1: p_1 \neq p_2$（主張）；C.V. = ± 2.58; $z = -1.45$；不拒絕。沒有足夠的證據支持此比例有差距。$-0.165 < p_1 - p_2 < 0.045$。
5. $\hat{p}_1 = 0.4$; $\hat{p}_2 = 0.295$; $\bar{p} = 0.3475$; $\bar{q} = 0.6525$; $H_0: p_1 = p_2$; $H_1: p_1 \neq p_2$（主張）；C.V. = ± 2.58; $z = 2.21$；不拒絕。沒有足夠的證據支持此比例有差別。
6. $\hat{p}_1 = 0.80$; $\hat{p}_2 = 0.60$; $\bar{p} = 0.69$; $\bar{q} = 0.31$; $H_0: p_1 = p_2$ 以及 $H_1: p_1 \neq p_2$（主張）；C.V. = ± 2.58; $z = 5.05$；拒絕。有證據支持比例不同的主張。
7. $\hat{p}_1 = 0.733$; $\hat{p}_2 = 0.56$; $\bar{p} = 0.671$; $\bar{q} = 0.329$; $H_0: p_1 = p_2$ 以及 $H_1: p_1 > p_2$（主張）；$z = 2.96$；p 值 < 0.002；拒絕。有足夠證據支持女性剪折價卷的比例高過男性。
8. $\hat{p}_1 = 0.065$; $\hat{p}_2 = 0.08$; $\bar{p} = 0.0725$; $\bar{q} = 0.9275$; $H_0: p_1 = p_2$ 以及 $H_1: p_1 \neq p_2$（主張）；C.V. = ± 1.96; $z = -0.58$；不拒絕。沒有足夠的證據認定其差別。

練習題 9-5

1. 分子的變異數應該是兩變異數中比較大的那一個變異數。
2. a. d.f.N. = 15, d.f.D. = 22; C.V. = 3.36
   b. d.f.N. = 24, d.f.D. = 13; C.V. = 3.59
   c. d.f.N. = 45, d.f.D. = 29; C.V. = 2.03
3. $H_0: \sigma_1^2 = \sigma_2^2$; $H_1: \sigma_1^2 \neq \sigma_2^2$（主張）；C.V. = 3.43; d.f.N. = 12; d.f.D. = 11; $F = 2.08$；不拒絕。沒有足夠的證據支持變異數之間有差別。
4. $H_0: \sigma_1^2 = \sigma_2^2$; $H_1: \sigma_1^2 > \sigma_2^2$（主張）；C.V. = 4.950; d.f.N. = 6; d.f.D. = 5; $F = 9.80$；拒絕。在 $\alpha = 0.05$ 下，有足夠的證據認為東部都市的面積變異數超過西部都市的面積變異數。C.V. = 10.67；不拒絕。在 $\alpha = 0.01$ 之下，沒有足夠的證據認為變異數會超過。
5. $H_0: \sigma_1^2 = \sigma_2^2$（主張）以及 $H_1: \sigma_1^2 \neq \sigma_2^2$; C.V. = 3.87; d.f.N. = 6; d.f.D. = 7; $F = 3.18$；不拒絕。沒有足夠的證據拒絕變異數是一致的主張。
6. $H_0: \sigma_1^2 = \sigma_2^2$ 以及 $H_1: \sigma_1^2 \neq \sigma_2^2$（主張）；$F = 3.67$; d.f.N. = 8; d.f.D. = 13; C.V. = 3.39；拒絕。有足夠的證據支持變異數不一樣。
7. $H_0: \sigma_1^2 = \sigma_2^2$ 以及 $H_1: \sigma_1^2 \neq \sigma_2^2$（主張）；C.V. = 1.88; d.f.N. = 59; d.f.D. = 59; $F = 1.98$；拒絕。有足夠的證據支持兩變異數之間有所不同。

複習題

9-1

1. $H_0: \mu_1 = \mu_2$ 以及 $H_1: \mu_1 > \mu_2$（主張）；C.V. = 2.33; $z = 0.59$；不拒絕。沒有足夠的證據支持單身駕駛花的時間比已婚駕駛多。

9-2

2. H_0: $\mu_1 = \mu_2$；H_1: $\mu_1 \neq \mu_2$（主張）；C.V. = ±2.861；$t = -3.283$；拒絕。有足夠的證據支持兩平均數之間有差異。

3. H_0: $\mu_1 = \mu_2$ 以及 H_1: $\mu_1 \neq \mu_2$（主張）；C.V. = ±2.624；d.f. = 14；$t = 6.540$；拒絕。是，有足夠的證據支持兩州的教師薪資有顯著的差別。$3,494.80 < \mu_1 - \mu_2 < \$8,021.20$。

9-3

4. H_0: $\mu_D = 10$；H_1: $\mu_D > 10$（主張）；C.V. = 2.821；$t = 3.249$；拒絕。有充分的證據認為平均高低溫的差距超過華氏 10 度。

9-4

5. $\hat{p}_1 = 0.245$；$\hat{p}_2 = 0.31$；$\bar{p} = 0.2775$；$\bar{q} = 0.7225$；H_0: $p_1 = p_2$；H_1: $p_1 \neq p_2$（主張）；C.V. = ±1.96；$z = -1.45$；不拒絕。沒有足夠的證據支持比例上有差別。

9-5

6. H_0: $\sigma_1 = \sigma_2$ 以及 H_1: $\sigma_1 \neq \sigma_2$（主張）；C.V. = 2.77；$\alpha = 0.10$；d.f.N. = 23；d.f.D. = 10；$F = 10.37$；拒絕。有足夠的證據支持這兩種區域的噪音水準標準差有顯著的差別。

7. H_0: $\sigma_1^2 = \sigma_2^2$；H_1: $\sigma_1^2 \neq \sigma_2^2$（主張）；C.V. = 2.45；d.f.N. = 24；d.f.D. = 19；$F = 1.63$；不拒絕。沒有足夠的證據支持兩者的變異數不一樣。Z 商店的標準差應該是 3.33 美元。

小試身手

1. 非 2. 是 3. d 4. c 5. $\mu_1 = \mu_2$

6. 常態的 7. $F = \dfrac{s_1^2}{s_2^2}$

8. H_0: $\mu_1 = \mu_2$ 以及 H_1: $\mu_1 > \mu_2$（主張）；C.V. = 1.28；$z = 1.61$；拒絕。有足夠的證據認定東區的平均租金高過西區。

9. H_0: $\mu_1 = \mu_2$ 以及 H_1: $\mu_1 < \mu_2$（主張）；C.V. = −2.132；d.f. = 4；$t = -4.046$；拒絕。有足夠的證據支持每年的平均意外次數在增加。

10. H_0: $\mu_1 = \mu_2$ 以及 H_1: $\mu_1 > \mu_2$（主張）；d.f. = 10；$t = 0.874$；$0.10 < p$ 值 < 0.25 (0.198)；不拒絕，因為 p 值 > 0.05。沒有足夠的證據支持住在都市的家庭所得高過住在鄉下家庭的所得。

11. H_0: $\mu_D = 0$；H_1: $\mu_D < 0$（主張）；$t = -1.714$；d.f. = 9；C.V. = −1.833；不拒絕。沒有足夠的證據支持蛋的產量增加了。

12. $\hat{p}_1 = 0.04$；$\hat{p}_2 = 0.03$；$\bar{p} = 0.035$；$\bar{q} = 0.965$；H_0: $p_1 = p_2$；H_1: $p_1 \neq p_2$（主張）；C.V. = ±1.96；$z = 0.54$；不拒絕。沒有足夠的證據支持比例改變了。$-0.026 < p_1 - p_2 < 0.046$。是，信賴區間包含 0；因此，不拒絕虛無假設。

13. H_0: $\sigma_1^2 = \sigma_2^2$；H_1: $\sigma_1^2 \neq \sigma_2^2$（主張）；$F = 1.30$；C.V. = 1.90；不拒絕。沒有足夠的證據支持變異數有差異。

Chapter 10

練習題 10-1

1. 當兩者間有可識別的模式存在，表示兩變數有關係。

2. 當 x 增加、y 增加表示兩變數之間有正關係，當 x 增加、y 減少表示兩變數之間有負關係。

3. t 檢定

4. H_0: $\rho = 0$；H_1: $\rho \neq 0$；$r = 0.880$；C.V. = ±0.666；拒絕。有充分的證據認為上映次數與總收入之間有顯著關係。

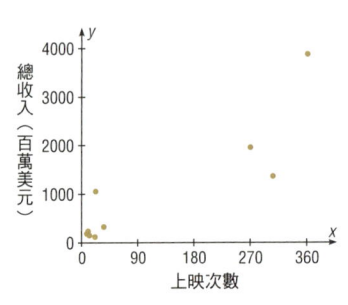

5. H_0: $\rho = 0$；H_1: $\rho \neq 0$；$r = 0.800$；C.V. = ±0.811；不拒絕。沒有足夠證據顯示天然氣消耗與煤炭消耗之間有顯著的線性關係。

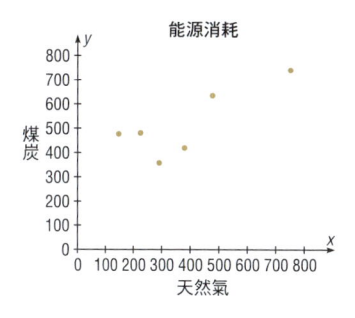

[能源消耗散佈圖：x軸 天然氣 0-800，y軸 煤炭 0-800]

6. H_0: $\rho = 0$; H_1: $\rho \neq 0$; $r = 0.812$; C.V. = ± 0.754；拒絕。教職員人數與學生數有顯著的線性關係。對調 x 和 y 之後結果是相同的，學生數極可能是真正的獨立變數。

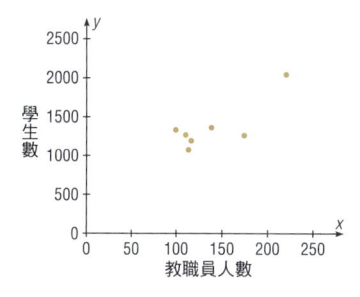

[散佈圖：x軸 教職員人數 0-250，y軸 學生數 0-2500]

7. H_0: $\rho = 0$; H_1: $\rho \neq 0$; $r = -0.190$; C.V. = ± 0.811；不拒絕。沒有足夠證據以認定美國的男子與女子全國保齡球錦標賽冠軍成績有顯著的線性關係。

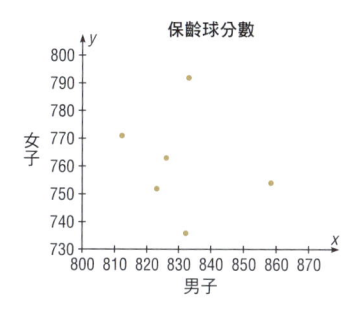

[保齡球分數散佈圖：x軸 男子 800-870，y軸 女子 730-800]

練習題 10-2

1. 應繪製散佈圖，檢定相關係數的值以得知出它是否為顯著的。
2. 將在散佈圖上的點畫出直線，使數據點與直線垂直距離的平方和會最小。
3. r 愈接近 $+1$ 或是 -1，預測值愈準確。
4. $y' = 181.661 + 7.319x$; $y' = 1{,}645.5$ 百萬美元
5. 因為 r 不顯著，不應該有迴歸。

6. $y' = -14.974 + 0.111x$
7. 因為 r 不顯著，不應該有迴歸。
8. H_0: $\rho = 0$; H_1: $\rho \neq 0$; $r = 0.429$; C.V. = ± 0.811；不拒絕。有充分證據認定兩個變數之間存在關係。

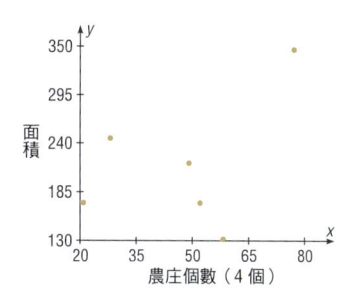

[散佈圖：x軸 農庄個數（4個）20-80，y軸 面積 130-350]

9. H_0: $\rho = 0$; H_1: $\rho \neq 0$; $r = -0.981$; C.V. = ± 0.811；拒絕。缺席次數與期末成績之間有顯著線性關係。$y' = 96.784 - 2.668x$。

[散佈圖：x軸 缺席次數 0-12，y軸 期末成績 50-100，直線 $y' = 96.784 - 2.668x$]

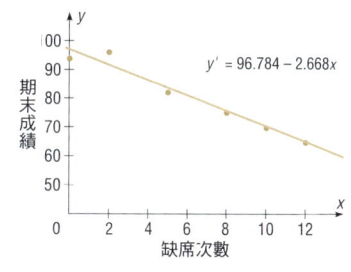

10. H_0: $\rho = 0$; H_1: $\rho \neq 0$; $r = -0.265$; d.f. = 8; $t = -0.777$; p 值 $> 0.05 (0.459)$；不拒絕。年齡與財產之間無顯著線性關係。不應該有迴歸。

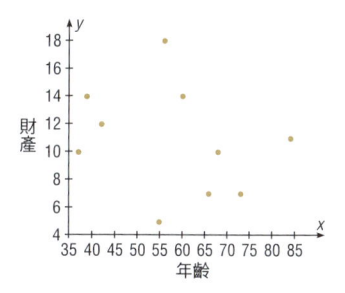

[散佈圖：x軸 年齡 35-85，y軸 財產 4-18]

練習題 10-3

1. 因為關係得到的變異是可解釋的變異，可由 $\Sigma (y' - \bar{y})^2$ 計算得到。
2. 因為機會帶來的變異是無法解釋的變異，可由 $\Sigma (y - y')^2$ 計算得到。
3. 總變異是每一個 y 和平均數之垂直距離的平方

統計學

和，可由 $\Sigma(y-\bar{y})^2$ 計算得到。
4. 決定係數是可解釋的變異和總變異的比值。
5. 用 1 減去決定係數 r^2 則求出無決定係數。
6. $r^2 = 0.5625$；y 有56.25% 的變異是由於 x 的變異；43.75% 和機會有關。
7. $r^2 = 0.1764$；y 有 17.64% 的變異是由於 x 的變異；82.36% 和機會有關。
8. $r^2 = 0.8281$；y 有 82.81% 的變異是由於 x 的變異；17.19% 和機會有關。
9. 629.49
10. $365.88 < y' < 2925.04$*

*答案可能會因四捨五入而有所不同。

複習題

10-1、10-2

1. $H_0: \rho = 0$; $H_1: \rho \neq 0$; $r = -0.686$; C.V. = ± 0.917; d.f. = 4；不拒絕。沒有足夠證據顯示班飛機的平均旅客數以及經濟艙單程機票的平均價格有關係。不應該有迴歸。

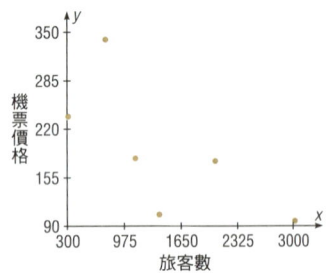

2. $H_0: \rho = 0$; $H_1: \rho \neq 0$; $r = 0.873$; d.f. = 5; C.V. = ± 0.875；不拒絕。四分衛排名和其在球季擲出的達陣次數沒有顯著線性關係。不應該有迴歸。

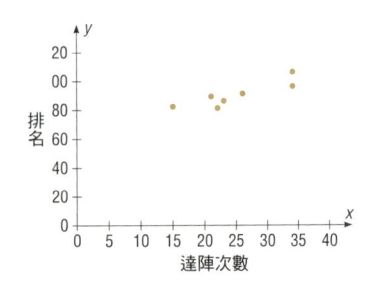

3. $H_0: \rho = 0$; $H_1: \rho \neq 0$; $r = -0.974$; C.V. = ± 0.708; d.f. = 10；拒絕。打字速度與學習新文件處理程式的時間有顯著線性關係。$y' = -14.086 - 0.137x$; $y' = 4.2$ 小時。

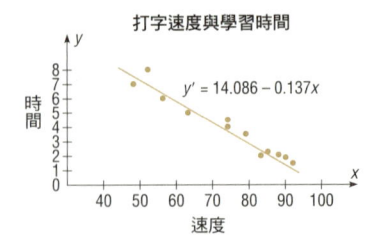

4. $H_0: \rho = 0$; $H_1: \rho \neq 0$; $r = 0.974$; d.f. = 5; C.V. = ± 0.875；拒絕。有足夠證據顯示男醫師和女醫師人數有顯著線性關係。$y' = 102.846 - 3.408x$; $y' = 6919$。

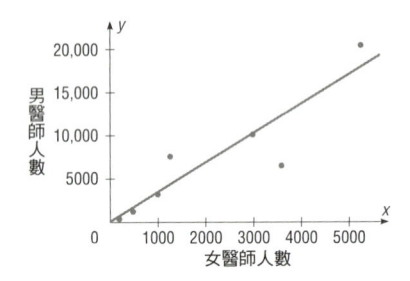

10-3

5. 0.468*
6. $3.34 < y < 5.10$*

*答案可能會因四捨五入而有所不同。

小試身手

1. 非　2. 是　3. 非　4. a　5. d　6. b　7. 獨立
8. b（斜率）　9. +1, −1
10. $H_0: \rho = 0$; $H_1: \rho \neq 0$; d.f. = 5; $r = -0.078$; C.V. = ± 0.754；不拒絕。不應該有迴歸。

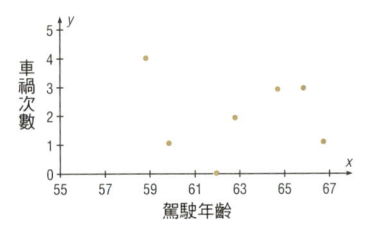

11. $H_0: \rho = 0$; $H_1: \rho \neq 0$; $r = 0.602$; d.f. = 6; C.V. = ± 0.707；不拒絕。不應該有迴歸。

脂肪與膽固醇

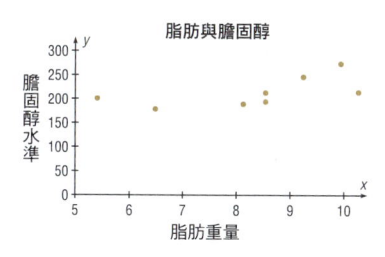

12. 29.5* 只是為了計算。不應該有迴歸。
13. 217.5（使用 y' 值的平均，因為沒有顯著的關係）

* 答案可能會因為計算方式或四捨五入而有所不同。

Chapter 11

練習題 11-1

1. 變異數檢定是比較樣本變異數與假設母體變異數；適合度檢定則是比較從一個樣本所獲得的分配與假設分配。
2. H_0: 60% 的受訪者帶著重複使用的袋子、32% 向商家要塑膠袋、8% 要紙袋。H_1: 此分配和虛無假設有差別（主張）。C.V. = 9.210; χ^2 = 11.022；拒絕。有足夠的證據支持樣本數據的結果有別於雜誌調查的結果。
3. H_0: 35% 的成人認為是安全的，52% 認為不安全，而 13% 沒意見。H_1: 此分配和虛無假設有差別（主張）。C.V. = 9.210; d.f. = 2; χ^2 = 1.429；不拒絕。沒有足夠的證據支持觀察到的比例和先前的調查報告不同。
4. H_0: 10% 的槍擊死亡案例是不到 19 歲的受害者，50% 是 20 歲到 44 歲的受害者，40% 是 45 歲以上的受害者。H_1: 此分配和虛無假設有差別（主張）。C.V. = 5.991; d.f. = 2; χ^2 = 9.405；拒絕。有足夠的證據支持樣本數據的分配結果有別於國家安全局的結論。
5. H_0: 付處方箋的方式分配為：60% 個人自費、25% 保險、15% 健保（主張）。H_1: 此分配和虛無假設有差別。d.f. = 2; α = 0.05; χ^2 = 0.667；不拒絕，因為 p 值 > 0.10。沒有足夠的證據拒絕主張此分配與虛無假設相同。此結果的一項意義是：大多數人使用個人自費付處方箋，也許處方箋費用應該降低以幫助這些人。

練習題 11-2

1. 獨立性檢定和適合度檢定都是使用相同的公式計算檢定值。然而，獨立性檢定使用列聯表，適合度檢定則否。
2. 期望頻率的計算為：（列總和×行總和）÷總和。
3. H_0: 瀕臨絕種的物種和受到威脅的物種是獨立的。H_1: 瀕臨絕種的物種和受到威脅的物種是相依的（主張）。C.V. = 9.488; d.f. = 4; χ^2 = 45.315；拒絕。在 α = 0.01 之下，有足夠的證據認為是有關係的。
4. H_0: 失業時間與行業種類彼此之間是獨立的。H_1: 失業時間與行業種類彼此之間是相依的（主張）。C.V. = 9.488; d.f. = 4; χ^2 = 4.974；不拒絕。沒有足夠的證據支持失業時間與行業種類彼此之間是相依的主張。
5. H_0: 學習族群的選擇與統計學教授的選擇彼此之間是獨立的。H_1: 學習族群的選擇與統計學教授的選擇彼此之間是相依的（主張）。C.V. = 9.488; d.f. = 4; χ^2 = 5.483；不拒絕。沒有足夠的證據支持學習族群的選擇與統計學教授的選擇彼此之間是相依的主張。
6. H_0: $p_1 = p_2 = p_3$（主張）。H_1: 至少有一項比例不相同。C.V. = 4.605; d.f. = 2; χ^2 = 5.749；拒絕。有足夠的證據拒絕比例一致的主張。
7. H_0: $p_1 = p_2 = p_3 = p_4$（主張）。H_1: 至少有其中一項比例不同於其他。C.V. = 7.815; d.f. = 3; χ^2 = 1.447；不拒絕。沒有足夠的證據拒絕比例相同的主張。因為這項調查是在賓州進行，要一般化到整個美國是有疑慮的。
8. H_0: $p_1 = p_2 = p_3 = p_4$（主張）。H_1: 至少有一項比例不相同。d.f. = 3; χ^2 = 1.735; α = 0.05; p 值 > 0.10 (0.6291)；不拒絕，因為 p 值 > 0.05。沒有足夠的證據拒絕比例一致的主張。

複習題

11-1

1. H_0: 車禍死亡的分配為：31.58% 使用安全帶，59.83%未使用安全帶，8.59% 未知。H_1: 此分配不同於虛無假設（主張）。C.V. = 5.991; d.f. = 2; $\chi^2 = 1.819$；不拒絕。沒有足夠的證據支持該區域的比例有別於報告指出的比例。

2. H_0: 拒絕賣槍的理由之分配為：重罪犯罪史 75%，區域犯罪定讞 11%，濫用藥物等等 14%。H_1: 此分配不同於虛無假設（主張）。C.V. = 4.605; d.f. = 2; $\chi^2 = 27.753$；拒絕。有足夠的證據否定該分配與虛無假設的主張相同。是的，不同地區的分配比例會相當不同。

11-2

3. H_0: 投資方式和投資者年齡是獨立的。H_1: 投資方式和投資者年齡是相依的（主張）。C.V. = 9.488; d.f. = 4; $\chi^2 = 27.998$；拒絕。有足夠的證據支持投資者年齡和投資方式之間有關係。

4. H_0: $p_1 = p_2 = p_3$（主張）。H_1: 至少有一項比例不相同。$\chi^2 = 4.912$; d.f. = 2; $0.05 < p$ 值 < 0.10 (0.086)；不拒絕，因為 p 值 > 0.01。沒有足夠的證據拒絕比例相同的主張。

5. H_0: 健保給付的人數和居住的州是獨立的。H_1: 健保給付的人數和居住的州是相關的（主張）。C.V. = 11.345; $\chi^2 = 18.993$；拒絕。有足夠的證據健保給付的人數和居住的州是相關的。

小試身手

1. 非　2. 非　3. b　4. 6　5. 右

6. H_0: 人們失業的原因是均勻分配的（主張）。H_1: 人們失業的原因不是均勻分配的。C.V. = 5.991; d.f. = 2; $\chi^2 = 2.333$；不拒絕。沒有足夠的證據拒絕主張人們失業的原因是均勻分配的。如果這一項研究發生在 10 年前，研究結果或許會不一樣，因為當時的經濟因素不同。

7. H_0: 大學生的購物頻道偏好與之前的調查相同。H_1: 大學生的購物頻道偏好有別於之前的調查（主張）。C.V. = 7.815; d.f. = 3; $\alpha = 0.05$; $\chi^2 = 21.789$；拒絕。有足夠的證據支持大學生的購物頻道偏好有別於之前的調查。

8. H_0: 冰淇淋偏好和購買者的性別是獨立的（主張）。H_1: 冰淇淋偏好和購買者的性別是相依的。C.V. = 7.815; d.f. = 3; $\chi^2 = 7.198$；不拒絕。沒有足夠的證據拒絕冰淇淋偏好和購買者的性別是獨立的主張。

9. H_0: 購買旗幟的顏色和球迷的性別是獨立的（主張）。H_1: 購買旗幟的顏色和球迷的性別是相依的。$\chi^2 = 5.632$; d.f. = 2; C.V. = 4.605；拒絕。有足夠的證據拒絕購買旗幟的顏色和球迷的性別是獨立的主張。

10. H_0: $p_1 = p_2 = p_3$（主張）。H_1: 至少有一項比例不同於其他。C.V. = 4.605; d.f. = 2; $\chi^2 = 6.711$；拒絕。有足夠的證據拒絕比例相同的主張。似乎有較多的女性未決定，或許是因為她們想要更好的收入或更多的晉升機會。

Chapter 12

練習題 12-1

1. 使用 F 檢定的變異數分析。

2. H_0: $\mu_1 = \mu_2 = \cdots = \mu_k$。$H_1$: 至少有一個平均數不同於其他。

3. H_0: $\mu_1 = \mu_2 = \mu_3$。H_1: 至少有一個平均數不同於其他。C.V. = 4.26; d.f.N. = 2; d.f.D. = 9; $F = 14.15$；拒絕。有足夠的證據認定至少有一個平均數不同於其他。

4. H_0: $\mu_1 = \mu_2 = \mu_3$。H_1: 至少有一個平均數不同於其他（主張）。C.V. = 3.68; d.f.N. = 2; d.f.D. = 15; $F = 8.14$；拒絕。有足夠的證據認定至少有一個平均數不同於其他。

5. H_0: $\mu_1 = \mu_2 = \mu_3$。H_1: 至少有一個平均數不同於其他（主張）。C.V. = 3.01; d.f.N. = 2; d.f.D. = 9; $F = 3.62$；拒絕。有足夠的證據認定至少有一個平均數不同於其他。

練習題 12-2

1. 使用 Scheffé 檢定和 Tukey 檢定。
2. $F_{1\times2} = 2.10$; $F_{2\times3} = 17.64$; $F_{1\times3} = 27.923$。Scheffé 檢定：C.V. = 8.52。有足夠的證據認為混合動力汽車與混合動力卡車之間、混合動力休旅車與混合動力卡車之間在行駛 25 哩的平均成本上有某種差異。
3. Tukey 檢定：C.V. = 3.67; $\bar{X}_1 = 7.0$; $\bar{X}_2 = 8.12$; $\bar{X}_3 = 5.23$；$\bar{X}_1$ 對 $\bar{X}_2$，$q = -2.20$；$\bar{X}_1$ 對 $\bar{X}_3$，$q = 3.47$；$\bar{X}_2$ 對 $\bar{X}_3$，$q = 5.67$。$\bar{X}_1$ 和 $\bar{X}_3$ 以及 $\bar{X}_2$ 和 $\bar{X}_3$ 之間有顯著的差異。有差異的原因之一可能是學生因為在網路學校註冊而學雜費不同。
4. H_0: $\mu_1 = \mu_2 = \mu_3$。H_1: 至少有一個平均數不同於其他（主張）。C.V. = 3.47; $\alpha = 0.05$; d.f.N. = 2; d.f.D. = 21; $F = 1.99$；不拒絕。沒有足夠的證據支持至少有一個平均數不同於其他。
5. H_0: $\mu_1 = \mu_2 = \mu_3$。H_1: 至少有一個平均數不同於其他（主張）。C.V. = 3.68; d.f.N. = 2; d.f.D. = 16; $F = 17.17$；拒絕。有足夠的證據支持至少有一個平均數不同於其他的主張。Tukey 檢定：C.V. = 3.67；$\bar{X}_1$ 對 $\bar{X}_2$，$q = -8.17$；$\bar{X}_1$ 對 $\bar{X}_3$，$q = -2.91$；$\bar{X}_2$ 對 $\bar{X}_3$，$q = 5.27$。$\bar{X}_1$ 和 $\bar{X}_2$ 之間以及 $\bar{X}_2$ 和 $\bar{X}_3$ 之間有一項顯著的差異。

練習題 12-3

1. 雙向變異數分析讓研究者檢定兩獨立變數的效果以及一項可能的交互作用。單向變異數分析可檢定只有一個獨立變數的效果。
2. 均方的計算是以平方和除以相對應的自由度。
3. a. 因子 A，d.f.$_A$ = 2   c. d.f.$_{A \times B}$ = 2
   b. 因子 B，d.f.$_B$ = 1   d. d.f.$_{群內}$ = 24
4. 常態交互作用和非常態交互作用。
5. 交互作用：H_0: 溫度和濕度水準之間沒有交互作用。H_1: 溫度和濕度水準之間沒有交互作用。濕度：H_0: 濕度對平均天數無差異。H_1: 濕度對平均天數有差異。溫度：H_0: 溫度對平均天數無差異。H_1: 溫度對平均天數有差異。對濕度而言，C.V. = 5.32; d.f.N. = 1; d.f.D. = 8; $F = 18.38$。有足夠的證據認為濕度對平均天數有差異。溫度和交互作用的效果則不顯著。

練習題 5 的變異數分析表

變異源	平方和	自由度	均方	F	p 值
濕度	280.3333	1	280.3333	18.383	0.003
溫度	3	1	3	0.197	0.669
交互作用	65.33333	1	65.33333	4.284	0.0722
誤差（群內）	122	8	15.25		
總和	470.6667	11			

6. 交互作用：H_0: 乾燥添加劑與溶解添加劑之間沒有交互作用。H_1: 乾燥添加劑與溶解添加劑之間有交互作用。溶解添加劑：H_0: 針對溶解添加劑，平均有效值沒有差異。H_1: 針對溶解添加劑，平均有效值有差異。乾燥添加劑：H_0: 針對乾燥添加劑，平均有效值沒有差異。H_1: 針對乾燥添加劑，平均有效值有差異。C.V. = 4.75; d.f.N. = 1; d.f.D. = 12。沒有顯著的交互作用效果。加入溶解添加劑或乾燥添加劑皆沒有顯著效果。

練習題 6 的變異數分析表

變異源	平方和	自由度	均方	F	p 值
溶解添加劑	1.563	1	1.563	0.50	0.494
乾燥添加劑	0.063	1	0.063	0.020	0.890
交互作用	1.563	1	1.563	0.50	0.494
誤差（群內）	37.750	12	3.146		
總和	40.939	15			

複習題

12-1、12-2

1. H_0: $\mu_1 = \mu_2 = \mu_3$（主張）。H_1: 至少有一個平均數不同於其他。C.V. = 5.39；d.f.N. = 2; d.f.D. = 33; $\alpha = 0.01$; $F = 6.94$；拒絕。Tukey 檢定：C.V. = 4.45；$\bar{X}_1$ 對 $\bar{X}_2$：$q = 0.34$；$\bar{X}_1$ 對 $\bar{X}_3$：$q = 4.72$；$\bar{X}_2$ 對 $\bar{X}_3$：$q = 4.38$。$\bar{X}_1$ 和 $\bar{X}_3$ 之間有一顯著的差異。

2. H_0: $\mu_1 = \mu_2 = \mu_3$。H_1: 至少有一個平均數不同於其他（主張）。C.V. = 3.55; $\alpha = 0.05$;

d.f.N. = 2；d.f.D. = 18；$F = 0.04$；不拒絕。沒有足夠的證據支持至少有一個平均數不同於其他的主張。

3. $H_0: \mu_1 = \mu_2 = \mu_3$。$H_1$：至少有一個平均數不同於其他（主張）。C.V. = 2.61；$\alpha = 0.10$；d.f.N. = 2；d.f.D. = 19；$F = 0.49$；不拒絕。沒有足夠的證據支持至少有一個平均數不同於其他的主張。

4. $H_0: \mu_1 = \mu_2 = \mu_3 = \mu_4$。$H_1$：至少有一個平均數不同於其他（主張）。C.V. = 3.59；$\alpha = 0.05$；d.f.N. = 3；d.f.D. = 11；$F = 0.18$；不拒絕。沒有足夠的證據支持至少有一個平均數不同於其他的主張。

12-3

5. 交互作用：H_0：公式講授方式與組織方式之間無交互作用。H_1：公式講授方式與組織方式之間有交互作用。

   公式講授方式：H_0：各個公式講授方式的平均數之間無差別。H_1：各個公式講授方式的平均數之間有某種差別。

   組織方式：H_0：各個組織方式的平均數之間無差別。H_1：各個組織方式的平均數之間有某種差別。

   C.V. = 4.49；d.f.N. = 1；d.f.D. = 16；$F = 5.244$。有充分的證據支持組織方式的平均數之間有顯著的差異。公式講授方式與交互作用不顯著。

練習題 5 的 ANOVA 摘要表

變異源	平方和	自由度	均方	F	p 值
組織方式	288.8	1	288.8	5.24	0.036
公式講授方式	51.2	1	51.2	0.93	0.349
交互作用	5	1	5	0.09	0.767
誤差	881.2	16	55.075		
總和	1226.2	19			

小試身手

1. 非　2. 非　3. d　4. a　5. 變異數分析

6. $H_0: \mu_1 = \mu_2 = \mu_3$。$H_1$：至少有一個平均數不同於其他（主張）。C.V. = 8.02；d.f.N. = 2；d.f.D. = 9；$F = 77.69$。拒絕。有足夠的證據支持至少有一個平均數不同於其他的主張。Tukey 檢定：C.V. = 5.43；$\overline{X}_1 = 3.195$；$\overline{X}_2 = 3.633$；$\overline{X}_3 = 3.705$；$\overline{X}_1$ 對 $\overline{X}_2$，$q = -13.99$；$\overline{X}_1$ 對 $\overline{X}_3$，$q = -16.29$；$\overline{X}_2$ 對 $\overline{X}_3$，$q = -2.30$。$\overline{X}_1$ 和 $\overline{X}_2$ 以及 $\overline{X}_1$ 和 $\overline{X}_3$ 之間有一顯著的差異。

7. $H_0: \mu_1 = \mu_2 = \mu_3$。$H_1$：至少有一個平均數不同於其他（主張）。C.V. = 6.93；$\alpha = 0.01$；d.f.N. = 2；d.f.D. = 12；$F = 3.49$。沒有足夠的證據支持至少有一個平均數不同於其他的主張。評論員應該將其素材鎖定觀眾的年齡。

8. $H_0: \mu_1 = \mu_2 = \mu_3$。$H_1$：至少有一個平均數不同於其他（主張）。C.V. = 4.46；d.f.N. = 2；d.f.D. = 8；$F = 6.65$；拒絕。Scheffé 檢定：C.V. = 8.90；$\overline{X}_1$ 對 $\overline{X}_2$，$F_s = 9.32$；$\overline{X}_1$ 對 $\overline{X}_3$，$F_s = 10.13$；$\overline{X}_2$ 對 $\overline{X}_3$，$F_s = 0.13$。$\overline{X}_1$ 和 $\overline{X}_2$ 以及 $\overline{X}_1$ 和 $\overline{X}_3$ 之間有一顯著的差異。

9. a. 雙向變異數分析

   b. 食譜和運動方式

   c. 2

   d. H_0：運動方式和食譜對一個人的減重沒有交互作用。H_1：運動方式和食譜對一個人的減重有交互作用。

   H_0：兩種運動方式的人們的減重平均數沒有差異。H_1：兩種運動方式的人們的減重平均數有差異。

   H_0：兩種食譜的人們的減重平均數沒有差異。H_1：兩種食譜的人們的減重平均數有差異。

   e. 食譜：$F = 21.0$，顯著；運動方式：$F = 0.429$，不顯著；交互作用：$F = 0.429$，不顯著。

   f. 拒絕食譜的虛無假設。

APPENDIX B 重要公式

第 2 章

每一組包含多少個數字的百分比：

$$\% = \frac{f}{n} \cdot 100$$

其中

$$f = 各組頻率$$
$$n = 總共幾個數字$$

全距的公式：

$$R = 最大值 - 最小值$$

組距的公式：

$$組距 = 上組邊際 - 下組邊際$$

組中點的公式：

$$X_m = \frac{下組邊際 + 上組邊際}{2}$$

或是

$$X_m = \frac{下組界 + 上組界}{2}$$

圓餅圖每個部分的角度：

$$角度 = \frac{f}{n} \cdot 360°$$

第 3 章

平均數：

$$\text{樣本} \quad \bar{X} = \frac{\Sigma X}{n} \qquad \text{母體} \quad \mu = \frac{\Sigma X}{N}$$

群組數據的平均數：

$$\bar{X} = \frac{\Sigma f \cdot X_m}{n}$$

加權平均數：

$$\bar{X} = \frac{\Sigma wX}{\Sigma w}$$

中檔數：

$$MR = \frac{最小值 + 最大值}{2}$$

全距：

$$R = 最大值 - 最小值$$

母體變異數：

$$\sigma^2 = \frac{\Sigma(X - \mu)^2}{N}$$

樣本變異數（不偏估計的快速公式）：

$$s^2 = \frac{n(\Sigma X^2) - (\Sigma X)^2}{n(n-1)}$$

群組數據的變異數：

$$s^2 = \frac{n(\Sigma f \cdot X_m^2) - (\Sigma f \cdot X_m)^2}{n(n-1)}$$

母體標準差：

$$\sigma = \sqrt{\frac{\Sigma(X - \mu)^2}{N}}$$

樣本標準差（快速公式）：

$$s = \sqrt{\frac{n(\Sigma X^2) - (\Sigma X)^2}{n(n-1)}}$$

群組數據的標準差：

$$s = \sqrt{\frac{n(\Sigma f \cdot X_m^2) - (\Sigma f \cdot X_m)^2}{n(n-1)}}$$

母體變異係數：

$$CV = \frac{\sigma}{\mu} \cdot 100$$

統計學

樣本變異係數：

$$CV = \frac{s}{\bar{X}} \cdot 100$$

全距的經驗法則：

$$s \approx \frac{全距}{4}$$

柴比雪夫定理的表示式：多少數據落入與平均數相距 k 個標準差以內的比例至少是

$$1 - \frac{1}{k^2}$$

其中 k 是一個大於 1 的數字。

z 分數（標準分數）：

$$\text{樣本} \quad z = \frac{X - \mu}{\sigma} \quad 或 \quad \text{母體} \quad z = \frac{X - \bar{X}}{s}$$

累加百分比：

$$累加\ \% = \frac{累加頻率}{n} \cdot 100$$

百分位數等第：

$$百分位數 = \frac{(比\ X\ 小的數據有幾筆) + 0.5}{總共幾筆數據} \cdot 100$$

求出百分位數的位置：

$$c = \frac{n \cdot p}{100}$$

四分位數間距：

$$IQR = Q_3 - Q_1$$

第 4 章

古典機率的公式：

$$P(E) = \frac{E\ 的出象數}{樣本空間的出象數} = \frac{n(E)}{n(S)}$$

經驗機率的公式：

$$P(E) = \frac{組別的頻率}{分配的總頻率} = \frac{f}{n}$$

加法規則 1，針對兩互斥事件：

$$P(A\ 或\ B) = P(A) + P(B)$$

加法規則 2，針對兩不互斥的事件：

$$P(A\ 或\ B) = P(A) + P(B) - P(A\ 且\ B)$$

乘法規則 1，針對獨立事件：

$$P(A\ 且\ B) = P(A) \cdot P(B)$$

乘法規則 2，針對相依事件：

$$P(A\ 且\ B) = P(A) \cdot P(B|A)$$

條件機率的公式：

$$P(B|A) = \frac{P(A\ 且\ B)}{P(A)}$$

餘補事件的公式：

$$P(\bar{E}) = 1 - P(E) \quad 或 \quad P(E) = 1 - P(\bar{E})$$
$$或 \quad P(E) + P(\bar{E}) = 1$$

基礎計數規則 1：如果第一個事件有 k_1 種方式、第二個事件有 k_2 種方式、第三個事件有 k_3 種方式，依此類推，則這一連串事件可能發生的方式數為

$$k_1 \cdot k_2 \cdot k_3 \cdots k_n$$

排列規則 1：從 n 個物件依序挑選 r 個並且考慮它們出現順序的可能數為

$$_nP_r = \frac{n!}{(n-r)!}$$

排列規則 2：n 個物件排列，其中 r_1 個相同、r_2 個相同，……，r_p 個相同，則出現順序的可能數為

$$\frac{n!}{r_1!\, r_2! \cdots r_p!}$$

組合規則：從 n 個物件依序挑選 r 個但是不考慮它們出現順序的可能數為

$$_nC_r = \frac{n!}{(n-r)!\, r!}$$

第 5 章

機率分配的平均數：

$$\mu = \Sigma X \cdot P(X)$$

機率分配的變異數與標準差：

$$\sigma^2 = \Sigma[X^2 \cdot P(X)] - \mu^2$$
$$\sigma = \sqrt{\Sigma[X^2 \cdot P(X)] - \mu^2}$$

期望值：

$$E(X) = \Sigma X \cdot P(X)$$

二項機率：

$$P(X) = \frac{n!}{(n-X)!X!} \cdot p^X \cdot q^{n-X}$$

其中 $X = 0, 1, 2, 3, \ldots n$

二項分配的平均數：

$$\mu = n \cdot p$$

二項分配的變異數與標準差：

$$\sigma^2 = n \cdot p \cdot q \qquad \sigma = \sqrt{n \cdot p \cdot q}$$

第 6 章

z 值（z 分數或是標準分數）的公式：

$$z = \frac{X - \mu}{\sigma}$$

求出某特定數值的公式：

$$X = z \cdot \sigma + \mu$$

樣本平均數的平均數公式：

$$\mu_{\bar{X}} = \mu$$

平均數標準誤的公式：

$$\sigma_{\bar{X}} = \frac{\sigma}{\sqrt{n}}$$

中央極限定理的 z 值公式：

$$z = \frac{\bar{X} - \mu}{\sigma/\sqrt{n}}$$

二項分配的平均數以及標準差：

$$\mu = n \cdot p \qquad \sigma = \sqrt{n \cdot p \cdot q}$$

第 7 章

當 σ 已知（當 $n \geq 30$，s 可以取代未知的 σ），平

均數信賴區間的公式：

$$\bar{X} - z_{\alpha/2}\left(\frac{\sigma}{\sqrt{n}}\right) < \mu < \bar{X} + z_{\alpha/2}\left(\frac{\sigma}{\sqrt{n}}\right)$$

平均數所需樣本數的公式：

$$n = \left(\frac{z_{\alpha/2} \cdot \sigma}{E}\right)^2$$

其中 E 是誤差界限。

當 σ 未知，平均數信賴區間的公式：

$$\bar{X} - t_{\alpha/2}\left(\frac{s}{\sqrt{n}}\right) < \mu < \bar{X} + t_{\alpha/2}\left(\frac{s}{\sqrt{n}}\right)$$

比例的信賴區間公式：

$$\hat{p} - z_{\alpha/2}\sqrt{\frac{\hat{p}\hat{q}}{n}} < p < \hat{p} + z_{\alpha/2}\sqrt{\frac{\hat{p}\hat{q}}{n}}$$

其中 $\hat{p} = X/n$ 且 $\hat{q} = 1 - \hat{p}$。

比例所需樣本數的公式：

$$n = \hat{p}\hat{q}\left(\frac{z_{\alpha/2}}{E}\right)^2$$

變異數信賴區間的公式：

$$\frac{(n-1)s^2}{\chi^2_{\text{right}}} < \sigma^2 < \frac{(n-1)s^2}{\chi^2_{\text{left}}}$$

標準差信賴區間的公式：

$$\sqrt{\frac{(n-1)s^2}{\chi^2_{\text{right}}}} < \sigma < \sqrt{\frac{(n-1)s^2}{\chi^2_{\text{left}}}}$$

第 8 章

平均數的 z 檢定公式：

$$z = \frac{\bar{X} - \mu}{\sigma/\sqrt{n}} \quad \text{如果 } n < 30\text{，變數必須是常態分配的。}$$

平均數的 t 檢定公式：

$$t = \frac{\bar{X} - \mu}{s/\sqrt{n}} \quad \text{如果 } n < 30\text{，變數必須是常態分配的。}$$

比例的 z 檢定公式：

$$z = \frac{\hat{p} - p}{\sqrt{pq/n}}$$

變異數或是標準差的卡方檢定公式：

$$\chi^2 = \frac{(n-1)s^2}{\sigma^2}$$

第 9 章

使用獨立樣本比較兩平均數的 z 檢定公式；當母體變異數 σ_1 和 σ_2 已知的時候：

$$z = \frac{(\bar{X}_1 - \bar{X}_2) - (\mu_1 - \mu_2)}{\sqrt{\frac{\sigma_1^2}{n_1} + \frac{\sigma_2^2}{n_2}}}$$

當母體變異數 σ_1 和 σ_2 已知的時候，兩平均數差距的信賴區間公式：

$$(\bar{X}_1 - \bar{X}_2) - z_{\alpha/2}\sqrt{\frac{\sigma_1^2}{n_1} + \frac{\sigma_2^2}{n_2}} < \mu_1 - \mu_2$$
$$< (\bar{X}_1 - \bar{X}_2) + z_{\alpha/2}\sqrt{\frac{\sigma_1^2}{n_1} + \frac{\sigma_2^2}{n_2}}$$

當母體變異數 σ_1 和 σ_2 未知且母體變異數不相等的時候；使用獨立樣本比較兩平均數的 t 檢定公式：

$$t = \frac{(\bar{X}_1 - \bar{X}_2) - (\mu_1 - \mu_2)}{\sqrt{\frac{s_1^2}{n_1} + \frac{s_2^2}{n_2}}}$$

且自由度等於 $n_1 - 1$ 和 $n_2 - 1$ 的最小值。

當母體變異數 σ_1 和 σ_2 未知且母體變異數不相等的時候，兩平均數差距的信賴區間公式：

$$(\bar{X}_1 - \bar{X}_2) - t_{\alpha/2}\sqrt{\frac{s_1^2}{n_1} + \frac{s_2^2}{n_2}} < \mu_1 - \mu_2$$
$$< (\bar{X}_1 - \bar{X}_2) + t_{\alpha/2}\sqrt{\frac{s_1^2}{n_1} + \frac{s_2^2}{n_2}}$$

且自由度等於 $n_1 - 1$ 和 $n_2 - 1$ 的最小值。

使用相依樣本比較兩平均數的 t 檢定公式：

$$t = \frac{\bar{D} - \mu_D}{s_D/\sqrt{n}}$$

其中 $\bar{D}$ 是差距的平均數：

$$\bar{D} = \frac{\Sigma D}{n}$$

而 s_D 是差距的標準差：

$$s_D = \sqrt{\frac{n\Sigma D^2 - (\Sigma D)^2}{n(n-1)}}$$

相依樣本平均數差距的信賴區間公式：

$$\bar{D} - t_{\alpha/2}\frac{s_D}{\sqrt{n}} < \mu_D < \bar{D} + t_{\alpha/2}\frac{s_D}{\sqrt{n}}$$

而 d.f. $= n - 1$。

比較兩比例的 z 檢定公式：

$$z = \frac{(\hat{p}_1 - \hat{p}_2) - (p_1 - p_2)}{\sqrt{\bar{p}\bar{q}\left(\frac{1}{n_1} + \frac{1}{n_2}\right)}}$$

其中

$$\bar{p} = \frac{X_1 + X_2}{n_1 + n_2} \qquad \hat{p}_1 = \frac{X_1}{n_1}$$

$$\bar{q} = 1 - \bar{p} \qquad \hat{p}_2 = \frac{X_2}{n_2}$$

兩比例差距的信賴區間公式：

$$(\hat{p}_1 - \hat{p}_2) - z_{\alpha/2}\sqrt{\frac{\hat{p}_1\hat{q}_1}{n_1} + \frac{\hat{p}_2\hat{q}_2}{n_2}} < p_1 - p_2$$
$$< (\hat{p}_1 - \hat{p}_2) + z_{\alpha/2}\sqrt{\frac{\hat{p}_1\hat{q}_1}{n_1} + \frac{\hat{p}_2\hat{q}_2}{n_2}}$$

比較兩變異數 F 檢定的公式：

$$F = \frac{s_1^2}{s_2^2} \qquad \text{d.f.N.} = n_1 - 1$$
$$\text{d.f.D.} = n_2 - 1$$

較大的樣本變異數被放在分子。

第 10 章

相關係數的公式：

$$r = \frac{n(\Sigma xy) - (\Sigma x)(\Sigma y)}{\sqrt{[n(\Sigma x^2) - (\Sigma x)^2][n(\Sigma y^2) - (\Sigma y)^2]}}$$

相關係數 t 檢定的公式：

$$t = r\sqrt{\frac{n-2}{1-r^2}} \qquad \text{d.f.} = n - 2$$

迴歸線方程式：

$$y' = a + bx$$

其中

$$a = \frac{(\Sigma y)(\Sigma x^2) - (\Sigma x)(\Sigma xy)}{n(\Sigma x^2) - (\Sigma x)^2}$$

$$b = \frac{n(\Sigma xy) - (\Sigma x)(\Sigma y)}{n(\Sigma x^2) - (\Sigma x)^2}$$

估計的標準誤公式：

$$s_{est} = \sqrt{\frac{\Sigma(y - y')^2}{n - 2}}$$

或

$$s_{est} = \sqrt{\frac{\Sigma y^2 - a\Sigma y - b\Sigma xy}{n - 2}}$$

預測區間的公式：

$$y' - t_{\alpha/2} s_{est} \sqrt{1 + \frac{1}{n} + \frac{n(x - \bar{X})^2}{n\Sigma x^2 - (\Sigma x)^2}} < y$$
$$< y' + t_{\alpha/2} s_{est} \sqrt{1 + \frac{1}{n} + \frac{n(x - \bar{X})^2}{n\Sigma x^2 - (\Sigma x)^2}}$$

$$\text{d.f.} = n - 2$$

第 11 章

卡方適合度檢定的公式：

$$\chi^2 = \sum \frac{(O - E)^2}{E}$$

自由度等於類別個數減去 1，其中

$$O = 觀察頻率$$
$$E = 期望頻率$$

卡方獨立性和比例一致性檢定的公式：

$$\chi^2 = \sum \frac{(O - E)^2}{E}$$

其中自由度等於（列數 -1）乘以（行數 -1）。
每一個格子的期望頻率公式：

$$E = \frac{(列總和)(行總和)}{全部總和}$$

第 12 章

單向變異數分析檢定的公式：

$$\bar{X}_{GM} = \frac{\Sigma X}{N}$$

$$F = \frac{s_B^2}{s_W^2}$$

其中

$$s_B^2 = \frac{\Sigma n_i(\bar{X}_i - \bar{X}_{GM})^2}{k - 1} \quad s_W^2 = \frac{\Sigma(n_i - 1)s_i^2}{\Sigma(n_i - 1)}$$

$$\text{d.f.N.} = k - 1 \quad\quad N = n_1 + n_2 + \cdots + n_k$$
$$\text{d.f.D.} = N - k \quad\quad k = 群組個數$$

Scheffé 檢定的公式：

$$F_s = \frac{(\bar{X}_i - \bar{X}_j)^2}{s_W^2[(1/n_i) + (1/n_j)]}$$

以及 $\quad F' = (k - 1)(\text{C.V.})$

Tukey 檢定的公式：

$$q = \frac{\bar{X}_i - \bar{X}_j}{\sqrt{s_W^2/n}}$$

$\text{d.f.N.} = k$ 以及 $\text{d.f.D.} = s_W^2$ 的自由度

雙向變異數分析的公式：

$$\text{MS}_A = \frac{\text{SS}_A}{a - 1}$$

$$\text{MS}_B = \frac{\text{SS}_B}{b - 1}$$

$$\text{MS}_{A \times B} = \frac{\text{SS}_{A \times B}}{(a - 1)(b - 1)}$$

$$\text{MS}_W = \frac{\text{SS}_W}{ab(n - 1)}$$

$$F_A = \frac{\text{MS}_A}{\text{MS}_W} \quad\quad \text{d.f.N.} = a - 1$$
$$\quad\quad\quad\quad\quad \text{d.f.D.} = ab(n - 1)$$

$$F_B = \frac{\text{MS}_B}{\text{MS}_W} \quad\quad \text{d.f.N.} = b - 1$$
$$\quad\quad\quad\quad\quad \text{d.f.D.} = ab(n - 1)$$

$$F_{A \times B} = \frac{\text{MS}_{A \times B}}{\text{MS}_W} \quad \text{d.f.N.} = (a - 1)(b - 1)$$
$$\quad\quad\quad\quad\quad\quad\quad \text{d.f.D.} = ab(n - 1)$$

APPENDIX C 表格

表 A 階乗

n	$n!$
0	1
1	1
2	2
3	6
4	24
5	120
6	720
7	5,040
8	40,320
9	362,880
10	3,628,800
11	39,916,800
12	479,001,600
13	6,227,020,800
14	87,178,291,200
15	1,307,674,368,000
16	20,922,789,888,000
17	355,687,428,096,000
18	6,402,373,705,728,000
19	121,645,100,408,832,000
20	2,432,902,008,176,640,000

表 B 二項分配

							p					
n	x	0.05	0.1	0.2	0.3	0.4	0.5	0.6	0.7	0.8	0.9	0.95
2	0	0.902	0.810	0.640	0.490	0.360	0.250	0.160	0.090	0.040	0.010	0.002
	1	0.095	0.180	0.320	0.420	0.480	0.500	0.480	0.420	0.320	0.180	0.095
	2	0.002	0.010	0.040	0.090	0.160	0.250	0.360	0.490	0.640	0.810	0.902
3	0	0.857	0.729	0.512	0.343	0.216	0.125	0.064	0.027	0.008	0.001	
	1	0.135	0.243	0.384	0.441	0.432	0.375	0.288	0.189	0.096	0.027	0.007
	2	0.007	0.027	0.096	0.189	0.288	0.375	0.432	0.441	0.384	0.243	0.135
	3		0.001	0.008	0.027	0.064	0.125	0.216	0.343	0.512	0.729	0.857
4	0	0.815	0.656	0.410	0.240	0.130	0.062	0.026	0.008	0.002		
	1	0.171	0.292	0.410	0.412	0.346	0.250	0.154	0.076	0.026	0.004	
	2	0.014	0.049	0.154	0.265	0.346	0.375	0.346	0.265	0.154	0.049	0.014
	3		0.004	0.026	0.076	0.154	0.250	0.346	0.412	0.410	0.292	0.171
	4			0.002	0.008	0.026	0.062	0.130	0.240	0.410	0.656	0.815
5	0	0.774	0.590	0.328	0.168	0.078	0.031	0.010	0.002			
	1	0.204	0.328	0.410	0.360	0.259	0.156	0.077	0.028	0.006		
	2	0.021	0.073	0.205	0.309	0.346	0.312	0.230	0.132	0.051	0.008	0.001
	3	0.001	0.008	0.051	0.132	0.230	0.312	0.346	0.309	0.205	0.073	0.021
	4			0.006	0.028	0.077	0.156	0.259	0.360	0.410	0.328	0.204
	5				0.002	0.010	0.031	0.078	0.168	0.328	0.590	0.774
6	0	0.735	0.531	0.262	0.118	0.047	0.016	0.004	0.001			
	1	0.232	0.354	0.393	0.303	0.187	0.094	0.037	0.010	0.002		
	2	0.031	0.098	0.246	0.324	0.311	0.234	0.138	0.060	0.015	0.001	
	3	0.002	0.015	0.082	0.185	0.276	0.312	0.276	0.185	0.082	0.015	0.002
	4		0.001	0.015	0.060	0.138	0.234	0.311	0.324	0.246	0.098	0.031
	5			0.002	0.010	0.037	0.094	0.187	0.303	0.393	0.354	0.232
	6				0.001	0.004	0.016	0.047	0.118	0.262	0.531	0.735
7	0	0.698	0.478	0.210	0.082	0.028	0.008	0.002				
	1	0.257	0.372	0.367	0.247	0.131	0.055	0.017	0.004			
	2	0.041	0.124	0.275	0.318	0.261	0.164	0.077	0.025	0.004		
	3	0.004	0.023	0.115	0.227	0.290	0.273	0.194	0.097	0.029	0.003	
	4		0.003	0.029	0.097	0.194	0.273	0.290	0.227	0.115	0.023	0.004
	5			0.004	0.025	0.077	0.164	0.261	0.318	0.275	0.124	0.041
	6				0.004	0.017	0.055	0.131	0.247	0.367	0.372	0.257
	7					0.002	0.008	0.028	0.082	0.210	0.478	0.698
8	0	0.663	0.430	0.168	0.058	0.017	0.004	0.001				
	1	0.279	0.383	0.336	0.198	0.090	0.031	0.008	0.001			
	2	0.051	0.149	0.294	0.296	0.209	0.109	0.041	0.010	0.001		
	3	0.005	0.033	0.147	0.254	0.279	0.219	0.124	0.047	0.009		
	4		0.005	0.046	0.136	0.232	0.273	0.232	0.136	0.046	0.005	
	5			0.009	0.047	0.124	0.219	0.279	0.254	0.147	0.033	0.005
	6			0.001	0.010	0.041	0.109	0.209	0.296	0.294	0.149	0.051
	7				0.001	0.008	0.031	0.090	0.198	0.336	0.383	0.279
	8					0.001	0.004	0.017	0.058	0.168	0.430	0.663

表 B 二項分配（續）

n	x	0.05	0.1	0.2	0.3	0.4	0.5	0.6	0.7	0.8	0.9	0.95
9	0	0.630	0.387	0.134	0.040	0.010	0.002					
	1	0.299	0.387	0.302	0.156	0.060	0.018	0.004				
	2	0.063	0.172	0.302	0.267	0.161	0.070	0.021	0.004			
	3	0.008	0.045	0.176	0.267	0.251	0.164	0.074	0.021	0.003		
	4	0.001	0.007	0.066	0.172	0.251	0.246	0.167	0.074	0.017	0.001	
	5		0.001	0.017	0.074	0.167	0.246	0.251	0.172	0.066	0.007	0.001
	6			0.003	0.021	0.074	0.164	0.251	0.267	0.176	0.045	0.008
	7				0.004	0.021	0.070	0.161	0.267	0.302	0.172	0.063
	8					0.004	0.018	0.060	0.156	0.302	0.387	0.299
	9						0.002	0.010	0.040	0.134	0.387	0.630
10	0	0.599	0.349	0.107	0.028	0.006	0.001					
	1	0.315	0.387	0.268	0.121	0.040	0.010	0.002				
	2	0.075	0.194	0.302	0.233	0.121	0.044	0.011	0.001			
	3	0.010	0.057	0.201	0.267	0.215	0.117	0.042	0.009	0.001		
	4	0.001	0.011	0.088	0.200	0.251	0.205	0.111	0.037	0.006		
	5		0.001	0.026	0.103	0.201	0.246	0.201	0.103	0.026	0.001	
	6			0.006	0.037	0.111	0.205	0.251	0.200	0.088	0.011	0.001
	7			0.001	0.009	0.042	0.117	0.215	0.267	0.201	0.057	0.010
	8				0.001	0.011	0.044	0.121	0.233	0.302	0.194	0.075
	9					0.002	0.010	0.040	0.121	0.268	0.387	0.315
	10						0.001	0.006	0.028	0.107	0.349	0.599
11	0	0.569	0.314	0.086	0.020	0.004						
	1	0.329	0.384	0.236	0.093	0.027	0.005	0.001				
	2	0.087	0.213	0.295	0.200	0.089	0.027	0.005	0.001			
	3	0.014	0.071	0.221	0.257	0.177	0.081	0.023	0.004			
	4	0.001	0.016	0.111	0.220	0.236	0.161	0.070	0.017	0.002		
	5		0.002	0.039	0.132	0.221	0.226	0.147	0.057	0.010		
	6			0.010	0.057	0.147	0.226	0.221	0.132	0.039	0.002	
	7			0.002	0.017	0.070	0.161	0.236	0.220	0.111	0.016	0.001
	8				0.004	0.023	0.081	0.177	0.257	0.221	0.071	0.014
	9				0.001	0.005	0.027	0.089	0.200	0.295	0.213	0.087
	10					0.001	0.005	0.027	0.093	0.236	0.384	0.329
	11							0.004	0.020	0.086	0.314	0.569
12	0	0.540	0.282	0.069	0.014	0.002						
	1	0.341	0.377	0.206	0.071	0.017	0.003					
	2	0.099	0.230	0.283	0.168	0.064	0.016	0.002				
	3	0.017	0.085	0.236	0.240	0.142	0.054	0.012	0.001			
	4	0.002	0.021	0.133	0.231	0.213	0.121	0.042	0.008	0.001		
	5		0.004	0.053	0.158	0.227	0.193	0.101	0.029	0.003		
	6			0.016	0.079	0.177	0.226	0.177	0.079	0.016		
	7			0.003	0.029	0.101	0.193	0.227	0.158	0.053	0.004	
	8			0.001	0.008	0.042	0.121	0.213	0.231	0.133	0.021	0.002
	9				0.001	0.012	0.054	0.142	0.240	0.236	0.085	0.017
	10					0.002	0.016	0.064	0.168	0.283	0.230	0.099
	11						0.003	0.017	0.071	0.206	0.377	0.341
	12							0.002	0.014	0.069	0.282	0.540

表 B 二項分配（續）

n	x	p=0.05	0.1	0.2	0.3	0.4	0.5	0.6	0.7	0.8	0.9	0.95
13	0	0.513	0.254	0.055	0.010	0.001						
	1	0.351	0.367	0.179	0.054	0.011	0.002					
	2	0.111	0.245	0.268	0.139	0.045	0.010	0.001				
	3	0.021	0.100	0.246	0.218	0.111	0.035	0.006	0.001			
	4	0.003	0.028	0.154	0.234	0.184	0.087	0.024	0.003			
	5		0.006	0.069	0.180	0.221	0.157	0.066	0.014	0.001		
	6		0.001	0.023	0.103	0.197	0.209	0.131	0.044	0.006		
	7			0.006	0.044	0.131	0.209	0.197	0.103	0.023	0.001	
	8			0.001	0.014	0.066	0.157	0.221	0.180	0.069	0.006	
	9				0.003	0.024	0.087	0.184	0.234	0.154	0.028	0.003
	10				0.001	0.006	0.035	0.111	0.218	0.246	0.100	0.021
	11					0.001	0.010	0.045	0.139	0.268	0.245	0.111
	12						0.002	0.011	0.054	0.179	0.367	0.351
	13							0.001	0.010	0.055	0.254	0.513
14	0	0.488	0.229	0.044	0.007	0.001						
	1	0.359	0.356	0.154	0.041	0.007	0.001					
	2	0.123	0.257	0.250	0.113	0.032	0.006	0.001				
	3	0.026	0.114	0.250	0.194	0.085	0.022	0.003				
	4	0.004	0.035	0.172	0.229	0.155	0.061	0.014	0.001			
	5		0.008	0.086	0.196	0.207	0.122	0.041	0.007			
	6		0.001	0.032	0.126	0.207	0.183	0.092	0.023	0.002		
	7			0.009	0.062	0.157	0.209	0.157	0.062	0.009		
	8			0.002	0.023	0.092	0.183	0.207	0.126	0.032	0.001	
	9				0.007	0.041	0.122	0.207	0.196	0.086	0.008	
	10				0.001	0.014	0.061	0.155	0.229	0.172	0.035	0.004
	11					0.003	0.022	0.085	0.194	0.250	0.114	0.026
	12					0.001	0.006	0.032	0.113	0.250	0.257	0.123
	13						0.001	0.007	0.041	0.154	0.356	0.359
	14							0.001	0.007	0.044	0.229	0.488
15	0	0.463	0.206	0.035	0.005							
	1	0.366	0.343	0.132	0.031	0.005						
	2	0.135	0.267	0.231	0.092	0.022	0.003					
	3	0.031	0.129	0.250	0.170	0.063	0.014	0.002				
	4	0.005	0.043	0.188	0.219	0.127	0.042	0.007	0.001			
	5	0.001	0.010	0.103	0.206	0.186	0.092	0.024	0.003			
	6		0.002	0.043	0.147	0.207	0.153	0.061	0.012	0.001		
	7			0.014	0.081	0.177	0.196	0.118	0.035	0.003		
	8			0.003	0.035	0.118	0.196	0.177	0.081	0.014		
	9			0.001	0.012	0.061	0.153	0.207	0.147	0.043	0.002	
	10				0.003	0.024	0.092	0.186	0.206	0.103	0.010	0.001
	11				0.001	0.007	0.042	0.127	0.219	0.188	0.043	0.005
	12					0.002	0.014	0.063	0.170	0.250	0.129	0.031
	13						0.003	0.022	0.092	0.231	0.267	0.135
	14							0.005	0.031	0.132	0.343	0.366
	15								0.005	0.035	0.206	0.463

表 B 二項分配（續）

n	x	p=0.05	0.1	0.2	0.3	0.4	0.5	0.6	0.7	0.8	0.9	0.95
16	0	0.440	0.185	0.028	0.003							
	1	0.371	0.329	0.113	0.023	0.003						
	2	0.146	0.275	0.211	0.073	0.015	0.002					
	3	0.036	0.142	0.246	0.146	0.047	0.009	0.001				
	4	0.006	0.051	0.200	0.204	0.101	0.028	0.004				
	5	0.001	0.014	0.120	0.210	0.162	0.067	0.014	0.001			
	6		0.003	0.055	0.165	0.198	0.122	0.039	0.006			
	7			0.020	0.101	0.189	0.175	0.084	0.019	0.001		
	8			0.006	0.049	0.142	0.196	0.142	0.049	0.006		
	9			0.001	0.019	0.084	0.175	0.189	0.101	0.020		
	10				0.006	0.039	0.122	0.198	0.165	0.055	0.003	
	11				0.001	0.014	0.067	0.162	0.210	0.120	0.014	0.001
	12					0.004	0.028	0.101	0.204	0.200	0.051	0.006
	13					0.001	0.009	0.047	0.146	0.246	0.142	0.036
	14						0.002	0.015	0.073	0.211	0.275	0.146
	15							0.003	0.023	0.113	0.329	0.371
	16								0.003	0.028	0.185	0.440
17	0	0.418	0.167	0.023	0.002							
	1	0.374	0.315	0.096	0.017	0.002						
	2	0.158	0.280	0.191	0.058	0.010	0.001					
	3	0.041	0.156	0.239	0.125	0.034	0.005					
	4	0.008	0.060	0.209	0.187	0.080	0.018	0.002				
	5	0.001	0.017	0.136	0.208	0.138	0.047	0.008	0.001			
	6		0.004	0.068	0.178	0.184	0.094	0.024	0.003			
	7		0.001	0.027	0.120	0.193	0.148	0.057	0.009			
	8			0.008	0.064	0.161	0.185	0.107	0.028	0.002		
	9			0.002	0.028	0.107	0.185	0.161	0.064	0.008		
	10				0.009	0.057	0.148	0.193	0.120	0.027	0.001	
	11				0.003	0.024	0.094	0.184	0.178	0.068	0.004	
	12				0.001	0.008	0.047	0.138	0.208	0.136	0.017	0.001
	13					0.002	0.018	0.080	0.187	0.209	0.060	0.008
	14						0.005	0.034	0.125	0.239	0.156	0.041
	15						0.001	0.010	0.058	0.191	0.280	0.158
	16							0.002	0.017	0.096	0.315	0.374
	17								0.002	0.023	0.167	0.418

表 B 二項分配（續）

n	x	p=0.05	0.1	0.2	0.3	0.4	0.5	0.6	0.7	0.8	0.9	0.95
18	0	0.397	0.150	0.018	0.002							
	1	0.376	0.300	0.081	0.013	0.001						
	2	0.168	0.284	0.172	0.046	0.007	0.001					
	3	0.047	0.168	0.230	0.105	0.025	0.003					
	4	0.009	0.070	0.215	0.168	0.061	0.012	0.001				
	5	0.001	0.022	0.151	0.202	0.115	0.033	0.004				
	6		0.005	0.082	0.187	0.166	0.071	0.015	0.001			
	7		0.001	0.035	0.138	0.189	0.121	0.037	0.005			
	8			0.012	0.081	0.173	0.167	0.077	0.015	0.001		
	9			0.003	0.039	0.128	0.185	0.128	0.039	0.003		
	10			0.001	0.015	0.077	0.167	0.173	0.081	0.012		
	11				0.005	0.037	0.121	0.189	0.138	0.035	0.001	
	12				0.001	0.015	0.071	0.166	0.187	0.082	0.005	
	13					0.004	0.033	0.115	0.202	0.151	0.022	0.001
	14					0.001	0.012	0.061	0.168	0.215	0.070	0.009
	15						0.003	0.025	0.105	0.230	0.168	0.047
	16						0.001	0.007	0.046	0.172	0.284	0.168
	17							0.001	0.013	0.081	0.300	0.376
	18								0.002	0.018	0.150	0.397
19	0	0.377	0.135	0.014	0.001							
	1	0.377	0.285	0.068	0.009	0.001						
	2	0.179	0.285	0.154	0.036	0.005						
	3	0.053	0.180	0.218	0.087	0.017	0.002					
	4	0.011	0.080	0.218	0.149	0.047	0.007	0.001				
	5	0.002	0.027	0.164	0.192	0.093	0.022	0.002				
	6		0.007	0.095	0.192	0.145	0.052	0.008	0.001			
	7		0.001	0.044	0.153	0.180	0.096	0.024	0.002			
	8			0.017	0.098	0.180	0.144	0.053	0.008			
	9			0.005	0.051	0.146	0.176	0.098	0.022	0.001		
	10			0.001	0.022	0.098	0.176	0.146	0.051	0.005		
	11				0.008	0.053	0.144	0.180	0.098	0.071		
	12				0.002	0.024	0.096	0.180	0.153	0.044	0.001	
	13				0.001	0.008	0.052	0.145	0.192	0.095	0.007	
	14					0.002	0.022	0.093	0.192	0.164	0.027	0.002
	15						0.007	0.047	0.149	0.218	0.080	0.011
	16						0.002	0.017	0.087	0.218	0.180	0.053
	17							0.005	0.036	0.154	0.285	0.179
	18							0.001	0.009	0.068	0.285	0.377
	19								0.001	0.014	0.135	0.377

表 B 二項分配（續）

n	x	p=0.05	0.1	0.2	0.3	0.4	0.5	0.6	0.7	0.8	0.9	0.95
20	0	0.358	0.122	0.012	0.001							
	1	0.377	0.270	0.058	0.007							
	2	0.189	0.285	0.137	0.028	0.003						
	3	0.060	0.190	0.205	0.072	0.012	0.001					
	4	0.013	0.090	0.218	0.130	0.035	0.005					
	5	0.002	0.032	0.175	0.179	0.075	0.015	0.001				
	6		0.009	0.109	0.192	0.124	0.037	0.005				
	7		0.002	0.055	0.164	0.166	0.074	0.015	0.001			
	8			0.022	0.114	0.180	0.120	0.035	0.004			
	9			0.007	0.065	0.160	0.160	0.071	0.012			
	10			0.002	0.031	0.117	0.176	0.117	0.031	0.002		
	11				0.012	0.071	0.160	0.160	0.065	0.007		
	12				0.004	0.035	0.120	0.180	0.114	0.022		
	13				0.001	0.015	0.074	0.166	0.164	0.055	0.002	
	14					0.005	0.037	0.124	0.192	0.109	0.009	
	15					0.001	0.015	0.075	0.179	0.175	0.032	0.002
	16						0.005	0.035	0.130	0.218	0.090	0.013
	17						0.001	0.012	0.072	0.205	0.190	0.060
	18							0.003	0.028	0.137	0.285	0.189
	19								0.007	0.058	0.270	0.377
	20								0.001	0.012	0.122	0.358

注意：省略所有小於等於 0.0005 的數字。

資料來源：J. Freund and G. Simon, *Modern Elementary Statistics*, Table "The Binomial Distribution," © 1992 Prentice-Hall, Inc. Reproduced by permission of Pearson Education, Inc.

表 C 亂數表

10480	15011	01536	02011	81647	91646	67179	14194	62590	36207	20969	99570	91291	90700
22368	46573	25595	85393	30995	89198	27982	53402	93965	34095	52666	19174	39615	99505
24130	48360	22527	97265	76393	64809	15179	24830	49340	32081	30680	19655	63348	58629
42167	93093	06243	61680	07856	16376	39440	53537	71341	57004	00849	74917	97758	16379
37570	39975	81837	16656	06121	91782	60468	81305	49684	60672	14110	06927	01263	54613
77921	06907	11008	42751	27756	53498	18602	70659	90655	15053	21916	81825	44394	42880
99562	72905	56420	69994	98872	31016	71194	18738	44013	48840	63213	21069	10634	12952
96301	91977	05463	07972	18876	20922	94595	56869	69014	60045	18425	84903	42508	32307
89579	14342	63661	10281	17453	18103	57740	84378	25331	12566	58678	44947	05584	56941
85475	36857	43342	53988	53060	59533	38867	62300	08158	17983	16439	11458	18593	64952
28918	69578	88231	33276	70997	79936	56865	05859	90106	31595	01547	85590	91610	78188
63553	40961	48235	03427	49626	69445	18663	72695	52180	20847	12234	90511	33703	90322
09429	93969	52636	92737	88974	33488	36320	17617	30015	08272	84115	27156	30613	74952
10365	61129	87529	85689	48237	52267	67689	93394	01511	26358	85104	20285	29975	89868
07119	97336	71048	08178	77233	13916	47564	81056	97735	85977	29372	74461	28551	90707
51085	12765	51821	51259	77452	16308	60756	92144	49442	53900	70960	63990	75601	40719
02368	21382	52404	60268	89368	19885	55322	44819	01188	65255	64835	44919	05944	55157
01011	54092	33362	94904	31273	04146	18594	29852	71585	85030	51132	01915	92747	64951
52162	53916	46369	58586	23216	14513	83149	98736	23495	64350	94738	17752	35156	35749
07056	97628	33787	09998	42698	06691	76988	13602	51851	46104	88916	19509	25625	58104
48663	91245	85828	14346	09172	30168	90229	04734	59193	22178	30421	61666	99904	32812
54164	58492	22421	74103	47070	25306	76468	26384	58151	06646	21524	15227	96909	44592
32639	32363	05597	24200	13363	38005	94342	28728	35806	06912	17012	64161	18296	22851
29334	27001	87637	87308	58731	00256	45834	15398	46557	41135	10367	07684	36188	18510
02488	33062	28834	07351	19731	92420	60952	61280	50001	67658	32586	86679	50720	94953
81525	72295	04839	96423	24878	82651	66566	14778	76797	14780	13300	87074	79666	95725
29676	20591	68086	26432	46901	20849	89768	81536	86645	12659	92259	57102	80428	25280
00742	57392	39064	66432	84673	40027	32832	61362	98947	96067	64760	64584	96096	98253
05366	04213	25669	26422	44407	44048	37937	63904	45766	66134	75470	66520	34693	90449
91921	26418	64117	94305	26766	25940	39972	22209	71500	64568	91402	42416	07844	69618
00582	04711	87917	77341	42206	35126	74087	99547	81817	42607	43808	76655	62028	76630
00725	69884	62797	56170	86324	88072	76222	36086	84637	93161	76038	65855	77919	88006
69011	65797	95876	55293	18988	27354	26575	08625	40801	59920	29841	80150	12777	48501
25976	57948	29888	88604	67917	48708	18912	82271	65424	69774	33611	54262	85963	03547
09763	83473	73577	12908	30883	18317	28290	35797	05998	41688	34952	37888	38917	88050
91567	42595	27958	30134	04024	86385	29880	99730	55536	84855	29080	09250	79656	73211
17955	56349	90999	49127	20044	59931	06115	20542	18059	02008	73708	83517	36103	42791
46503	18584	18845	49618	02304	51038	20655	58727	28168	15475	56942	53389	20562	87338
92157	89634	94824	78171	84610	82834	09922	25417	44137	48413	25555	21246	35509	20468
14577	62765	35605	81263	39667	47358	56873	56307	61607	49518	89656	20103	77490	18062
98427	07523	33362	64270	01638	92477	66969	98420	04880	45585	46565	04102	46880	45709
34914	63976	88720	82765	34476	17032	87589	40836	32427	70002	70663	88863	77775	69348
70060	28277	39475	46473	23219	53416	94970	25832	69975	94884	19661	72828	00102	66794
53976	54914	06990	67245	68350	82948	11398	42878	80287	88267	47363	46634	06541	97809
76072	29515	40980	07391	58745	25774	22987	80059	39911	96189	41151	14222	60697	59583
90725	52210	83974	29992	65831	38857	50490	83765	55657	14361	31720	57375	56228	41546
64364	67412	33339	31926	14883	24413	59744	92351	97473	89286	35931	04110	23726	51900
08962	00358	31662	25388	61642	34072	81249	35648	56891	69352	48373	45578	78547	81788
95012	68379	93526	70765	10593	04542	76463	54328	02349	17247	28865	14777	62730	92277
15664	10493	20492	38391	91132	21999	59516	81652	27195	48223	46751	22923	32261	85653

資料來源：W. H. Beyer, *Handbook of Tables for Probability and Statistics,* 2nd ed. Copyright CRC Press, Boca Raton, Fla., 1986.

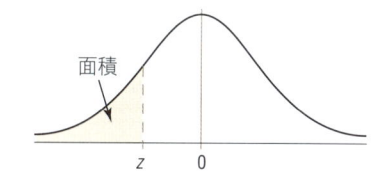

表 D　標準常態分配

累加標準常態分配

z	.00	.01	.02	.03	.04	.05	.06	.07	.08	.09
−3.4	.0003	.0003	.0003	.0003	.0003	.0003	.0003	.0003	.0003	.0002
−3.3	.0005	.0005	.0005	.0004	.0004	.0004	.0004	.0004	.0004	.0003
−3.2	.0007	.0007	.0006	.0006	.0006	.0006	.0006	.0005	.0005	.0005
−3.1	.0010	.0009	.0009	.0009	.0008	.0008	.0008	.0008	.0007	.0007
−3.0	.0013	.0013	.0013	.0012	.0012	.0011	.0011	.0011	.0010	.0010
−2.9	.0019	.0018	.0018	.0017	.0016	.0016	.0015	.0015	.0014	.0014
−2.8	.0026	.0025	.0024	.0023	.0023	.0022	.0021	.0021	.0020	.0019
−2.7	.0035	.0034	.0033	.0032	.0031	.0030	.0029	.0028	.0027	.0026
−2.6	.0047	.0045	.0044	.0043	.0041	.0040	.0039	.0038	.0037	.0036
−2.5	.0062	.0060	.0059	.0057	.0055	.0054	.0052	.0051	.0049	.0048
−2.4	.0082	.0080	.0078	.0075	.0073	.0071	.0069	.0068	.0066	.0064
−2.3	.0107	.0104	.0102	.0099	.0096	.0094	.0091	.0089	.0087	.0084
−2.2	.0139	.0136	.0132	.0129	.0125	.0122	.0119	.0116	.0113	.0110
−2.1	.0179	.0174	.0170	.0166	.0162	.0158	.0154	.0150	.0146	.0143
−2.0	.0228	.0222	.0217	.0212	.0207	.0202	.0197	.0192	.0188	.0183
−1.9	.0287	.0281	.0274	.0268	.0262	.0256	.0250	.0244	.0239	.0233
−1.8	.0359	.0351	.0344	.0336	.0329	.0322	.0314	.0307	.0301	.0294
−1.7	.0446	.0436	.0427	.0418	.0409	.0401	.0392	.0384	.0375	.0367
−1.6	.0548	.0537	.0526	.0516	.0505	.0495	.0485	.0475	.0465	.0455
−1.5	.0668	.0655	.0643	.0630	.0618	.0606	.0594	.0582	.0571	.0559
−1.4	.0808	.0793	.0778	.0764	.0749	.0735	.0721	.0708	.0694	.0681
−1.3	.0968	.0951	.0934	.0918	.0901	.0885	.0869	.0853	.0838	.0823
−1.2	.1151	.1131	.1112	.1093	.1075	.1056	.1038	.1020	.1003	.0985
−1.1	.1357	.1335	.1314	.1292	.1271	.1251	.1230	.1210	.1190	.1170
−1.0	.1587	.1562	.1539	.1515	.1492	.1469	.1446	.1423	.1401	.1379
−0.9	.1841	.1814	.1788	.1762	.1736	.1711	.1685	.1660	.1635	.1611
−0.8	.2119	.2090	.2061	.2033	.2005	.1977	.1949	.1922	.1894	.1867
−0.7	.2420	.2389	.2358	.2327	.2296	.2266	.2236	.2206	.2177	.2148
−0.6	.2743	.2709	.2676	.2643	.2611	.2578	.2546	.2514	.2483	.2451
−0.5	.3085	.3050	.3015	.2981	.2946	.2912	.2877	.2843	.2810	.2776
−0.4	.3446	.3409	.3372	.3336	.3300	.3264	.3228	.3192	.3156	.3121
−0.3	.3821	.3783	.3745	.3707	.3669	.3632	.3594	.3557	.3520	.3483
−0.2	.4207	.4168	.4129	.4090	.4052	.4013	.3974	.3936	.3897	.3859
−0.1	.4602	.4562	.4522	.4483	.4443	.4404	.4364	.4325	.4286	.4247
−0.0	.5000	.4960	.4920	.4880	.4840	.4801	.4761	.4721	.4681	.4641

針對小於 −3.49 的 z 值，使用 0.0001。

表 D 　標準常態分配（續）

累加標準常態分配

z	.00	.01	.02	.03	.04	.05	.06	.07	.08	.09
0.0	.5000	.5040	.5080	.5120	.5160	.5199	.5239	.5279	.5319	.5359
0.1	.5398	.5438	.5478	.5517	.5557	.5596	.5636	.5675	.5714	.5753
0.2	.5793	.5832	.5871	.5910	.5948	.5987	.6026	.6064	.6103	.6141
0.3	.6179	.6217	.6255	.6293	.6331	.6368	.6406	.6443	.6480	.6517
0.4	.6554	.6591	.6628	.6664	.6700	.6736	.6772	.6808	.6844	.6879
0.5	.6915	.6950	.6985	.7019	.7054	.7088	.7123	.7157	.7190	.7224
0.6	.7257	.7291	.7324	.7357	.7389	.7422	.7454	.7486	.7517	.7549
0.7	.7580	.7611	.7642	.7673	.7704	.7734	.7764	.7794	.7823	.7852
0.8	.7881	.7910	.7939	.7967	.7995	.8023	.8051	.8078	.8106	.8133
0.9	.8159	.8186	.8212	.8238	.8264	.8289	.8315	.8340	.8365	.8389
1.0	.8413	.8438	.8461	.8485	.8508	.8531	.8554	.8577	.8599	.8621
1.1	.8643	.8665	.8686	.8708	.8729	.8749	.8770	.8790	.8810	.8830
1.2	.8849	.8869	.8888	.8907	.8925	.8944	.8962	.8980	.8997	.9015
1.3	.9032	.9049	.9066	.9082	.9099	.9115	.9131	.9147	.9162	.9177
1.4	.9192	.9207	.9222	.9236	.9251	.9265	.9279	.9292	.9306	.9319
1.5	.9332	.9345	.9357	.9370	.9382	.9394	.9406	.9418	.9429	.9441
1.6	.9452	.9463	.9474	.9484	.9495	.9505	.9515	.9525	.9535	.9545
1.7	.9554	.9564	.9573	.9582	.9591	.9599	.9608	.9616	.9625	.9633
1.8	.9641	.9649	.9656	.9664	.9671	.9678	.9686	.9693	.9699	.9706
1.9	.9713	.9719	.9726	.9732	.9738	.9744	.9750	.9756	.9761	.9767
2.0	.9772	.9778	.9783	.9788	.9793	.9798	.9803	.9808	.9812	.9817
2.1	.9821	.9826	.9830	.9834	.9838	.9842	.9846	.9850	.9854	.9857
2.2	.9861	.9864	.9868	.9871	.9875	.9878	.9881	.9884	.9887	.9890
2.3	.9893	.9896	.9898	.9901	.9904	.9906	.9909	.9911	.9913	.9916
2.4	.9918	.9920	.9922	.9925	.9927	.9929	.9931	.9932	.9934	.9936
2.5	.9938	.9940	.9941	.9943	.9945	.9946	.9948	.9949	.9951	.9952
2.6	.9953	.9955	.9956	.9957	.9959	.9960	.9961	.9962	.9963	.9964
2.7	.9965	.9966	.9967	.9968	.9969	.9970	.9971	.9972	.9973	.9974
2.8	.9974	.9975	.9976	.9977	.9977	.9978	.9979	.9979	.9980	.9981
2.9	.9981	.9982	.9982	.9983	.9984	.9984	.9985	.9985	.9986	.9986
3.0	.9987	.9987	.9987	.9988	.9988	.9989	.9989	.9989	.9990	.9990
3.1	.9990	.9991	.9991	.9991	.9992	.9992	.9992	.9992	.9993	.9993
3.2	.9993	.9993	.9994	.9994	.9994	.9994	.9994	.9995	.9995	.9995
3.3	.9995	.9995	.9995	.9996	.9996	.9996	.9996	.9996	.9996	.9997
3.4	.9997	.9997	.9997	.9997	.9997	.9997	.9997	.9997	.9997	.9998

針對大於 3.49 的 z 值，使用 0.9999。

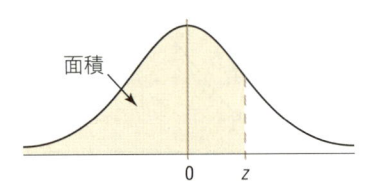

表 E t 分配

自由度	信賴區間	80%	90%	95%	98%	99%
	單尾 α	0.10	0.05	0.025	0.01	0.005
	雙尾 α	0.20	0.10	0.05	0.02	0.01
1		3.078	6.314	12.706	31.821	63.657
2		1.886	2.920	4.303	6.965	9.925
3		1.638	2.353	3.182	4.541	5.841
4		1.533	2.132	2.776	3.747	4.604
5		1.476	2.015	2.571	3.365	4.032
6		1.440	1.943	2.447	3.143	3.707
7		1.415	1.895	2.365	2.998	3.499
8		1.397	1.860	2.306	2.896	3.355
9		1.383	1.833	2.262	2.821	3.250
10		1.372	1.812	2.228	2.764	3.169
11		1.363	1.796	2.201	2.718	3.106
12		1.356	1.782	2.179	2.681	3.055
13		1.350	1.771	2.160	2.650	3.012
14		1.345	1.761	2.145	2.624	2.977
15		1.341	1.753	2.131	2.602	2.947
16		1.337	1.746	2.120	2.583	2.921
17		1.333	1.740	2.110	2.567	2.898
18		1.330	1.734	2.101	2.552	2.878
19		1.328	1.729	2.093	2.539	2.861
20		1.325	1.725	2.086	2.528	2.845
21		1.323	1.721	2.080	2.518	2.831
22		1.321	1.717	2.074	2.508	2.819
23		1.319	1.714	2.069	2.500	2.807
24		1.318	1.711	2.064	2.492	2.797
25		1.316	1.708	2.060	2.485	2.787
26		1.315	1.706	2.056	2.479	2.779
27		1.314	1.703	2.052	2.473	2.771
28		1.313	1.701	2.048	2.467	2.763
29		1.311	1.699	2.045	2.462	2.756
30		1.310	1.697	2.042	2.457	2.750
32		1.309	1.694	2.037	2.449	2.738
34		1.307	1.691	2.032	2.441	2.728
36		1.306	1.688	2.028	2.434	2.719
38		1.304	1.686	2.024	2.429	2.712
40		1.303	1.684	2.021	2.423	2.704
45		1.301	1.679	2.014	2.412	2.690
50		1.299	1.676	2.009	2.403	2.678
55		1.297	1.673	2.004	2.396	2.668
60		1.296	1.671	2.000	2.390	2.660
65		1.295	1.669	1.997	2.385	2.654
70		1.294	1.667	1.994	2.381	2.648
75		1.293	1.665	1.992	2.377	2.643
80		1.292	1.664	1.990	2.374	2.639
90		1.291	1.662	1.987	2.368	2.632
100		1.290	1.660	1.984	2.364	2.626
500		1.283	1.648	1.965	2.334	2.586
1000		1.282	1.646	1.962	2.330	2.581
(z) ∞		1.282[a]	1.645[b]	1.960	2.326[c]	2.576[d]

[a] 在本書中，這個數字已經被四捨五入到 1.28。
[b] 在本書中，這個數字已經被四捨五入到 1.65。
[c] 在本書中，這個數字已經被四捨五入到 2.33。
[d] 在本書中，這個數字已經被四捨五入到 2.58。

資料來源：W. H. Beyer, *Handbook of Tables for Probability and Statistics,* 2nd ed., CRC Press, Boca Raton, Fla., 1986. Reprinted with permission.

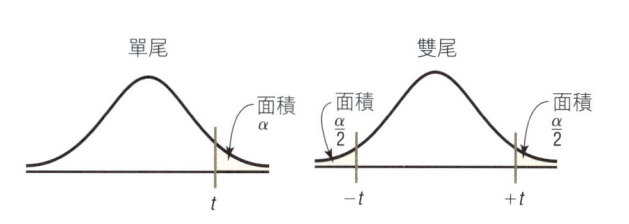

表 F　卡方分配

自由度	0.995	0.99	0.975	0.95	0.90	0.10	0.05	0.025	0.01	0.005
1	—	—	0.001	0.004	0.016	2.706	3.841	5.024	6.635	7.879
2	0.010	0.020	0.051	0.103	0.211	4.605	5.991	7.378	9.210	10.597
3	0.072	0.115	0.216	0.352	0.584	6.251	7.815	9.348	11.345	12.838
4	0.207	0.297	0.484	0.711	1.064	7.779	9.488	11.143	13.277	14.860
5	0.412	0.554	0.831	1.145	1.610	9.236	11.071	12.833	15.086	16.750
6	0.676	0.872	1.237	1.635	2.204	10.645	12.592	14.449	16.812	18.548
7	0.989	1.239	1.690	2.167	2.833	12.017	14.067	16.013	18.475	20.278
8	1.344	1.646	2.180	2.733	3.490	13.362	15.507	17.535	20.090	21.955
9	1.735	2.088	2.700	3.325	4.168	14.684	16.919	19.023	21.666	23.589
10	2.156	2.558	3.247	3.940	4.865	15.987	18.307	20.483	23.209	25.188
11	2.603	3.053	3.816	4.575	5.578	17.275	19.675	21.920	24.725	26.757
12	3.074	3.571	4.404	5.226	6.304	18.549	21.026	23.337	26.217	28.299
13	3.565	4.107	5.009	5.892	7.042	19.812	22.362	24.736	27.688	29.819
14	4.075	4.660	5.629	6.571	7.790	21.064	23.685	26.119	29.141	31.319
15	4.601	5.229	6.262	7.261	8.547	22.307	24.996	27.488	30.578	32.801
16	5.142	5.812	6.908	7.962	9.312	23.542	26.296	28.845	32.000	34.267
17	5.697	6.408	7.564	8.672	10.085	24.769	27.587	30.191	33.409	35.718
18	6.265	7.015	8.231	9.390	10.865	25.989	28.869	31.526	34.805	37.156
19	6.844	7.633	8.907	10.117	11.651	27.204	30.144	32.852	36.191	38.582
20	7.434	8.260	9.591	10.851	12.443	28.412	31.410	34.170	37.566	39.997
21	8.034	8.897	10.283	11.591	13.240	29.615	32.671	35.479	38.932	41.401
22	8.643	9.542	10.982	12.338	14.042	30.813	33.924	36.781	40.289	42.796
23	9.262	10.196	11.689	13.091	14.848	32.007	35.172	38.076	41.638	44.181
24	9.886	10.856	12.401	13.848	15.659	33.196	36.415	39.364	42.980	45.559
25	10.520	11.524	13.120	14.611	16.473	34.382	37.652	40.646	44.314	46.928
26	11.160	12.198	13.844	15.379	17.292	35.563	38.885	41.923	45.642	48.290
27	11.808	12.879	14.573	16.151	18.114	36.741	40.113	43.194	46.963	49.645
28	12.461	13.565	15.308	16.928	18.939	37.916	41.337	44.461	48.278	50.993
29	13.121	14.257	16.047	17.708	19.768	39.087	42.557	45.722	49.588	52.336
30	13.787	14.954	16.791	18.493	20.599	40.256	43.773	46.979	50.892	53.672
40	20.707	22.164	24.433	26.509	29.051	51.805	55.758	59.342	63.691	66.766
50	27.991	29.707	32.357	34.764	37.689	63.167	67.505	71.420	76.154	79.490
60	35.534	37.485	40.482	43.188	46.459	74.397	79.082	83.298	88.379	91.952
70	43.275	45.442	48.758	51.739	55.329	85.527	90.531	95.023	100.425	104.215
80	51.172	53.540	57.153	60.391	64.278	96.578	101.879	106.629	112.329	116.321
90	59.196	61.754	65.647	69.126	73.291	107.565	113.145	118.136	124.116	128.299
100	67.328	70.065	74.222	77.929	82.358	118.498	124.342	129.561	135.807	140.169

資料來源：Owen, *Handbook of Statistical Tables*, Table A–4 "Chi-Square Distribution Table," © 1962 by Addison-Wesley Publishing Company, Inc. Copyright renewal © 1990. Reproduced by permission of Pearson Education, Inc.

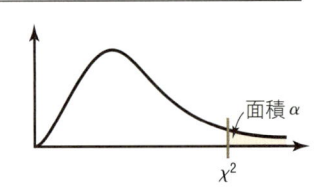

表 G　F 分配

$\alpha = 0.005$

d.f.N.: 分子自由度

d.f.D.: 分母自由度	1	2	3	4	5	6	7	8	9	10	12	15	20	24	30	40	60	120	∞
1	16,211	20,000	21,615	22,500	23,056	23,437	23,715	23,925	24,091	24,224	24,426	24,630	24,836	24,940	25,044	25,148	25,253	25,359	25,465
2	198.5	199.0	199.2	199.2	199.3	199.3	199.4	199.4	199.4	199.4	199.4	199.4	199.4	199.5	199.5	199.5	199.5	199.5	199.5
3	55.55	49.80	47.47	46.19	45.39	44.84	44.43	44.13	43.88	43.69	43.39	43.08	42.78	42.62	42.47	42.15	42.15	41.99	41.83
4	31.33	26.28	24.26	23.15	22.46	21.97	21.62	21.35	21.14	20.97	20.70	20.44	20.17	20.03	19.89	19.75	19.61	19.47	19.32
5	22.78	18.31	16.53	15.56	14.94	14.51	14.20	13.96	13.77	13.62	13.38	13.15	12.90	12.78	12.66	12.53	12.40	12.27	12.14
6	18.63	14.54	12.92	12.03	11.46	11.07	10.79	10.57	10.39	10.25	10.03	9.81	9.59	9.47	9.36	9.24	9.12	9.00	8.88
7	16.24	12.40	10.88	10.05	9.52	9.16	8.89	8.68	8.51	8.38	8.18	7.97	7.75	7.65	7.53	7.42	7.31	7.19	7.08
8	14.69	11.04	9.60	8.81	8.30	7.95	7.69	7.50	7.34	7.21	7.01	6.81	6.61	6.50	6.40	6.29	6.18	6.06	5.95
9	13.61	10.11	8.72	7.96	7.47	7.13	6.88	6.69	6.54	6.42	6.23	6.03	5.83	5.73	5.62	5.52	5.41	5.30	5.19
10	12.83	9.43	8.08	7.34	6.87	6.54	6.30	6.12	5.97	5.85	5.66	5.47	5.27	5.17	5.07	4.97	4.86	4.75	4.64
11	12.23	8.91	7.60	6.88	6.42	6.10	5.86	5.68	5.54	5.42	5.24	5.05	4.86	4.76	4.65	4.55	4.44	4.34	4.23
12	11.75	8.51	7.23	6.52	6.07	5.76	5.52	5.35	5.20	5.09	4.91	4.72	4.53	4.43	4.33	4.23	4.12	4.01	3.90
13	11.37	8.19	6.93	6.23	5.79	5.48	5.25	5.08	4.94	4.82	4.64	4.46	4.27	4.17	4.07	3.97	3.87	3.76	3.65
14	11.06	7.92	6.68	6.00	5.56	5.26	5.03	4.86	4.72	4.60	4.43	4.25	4.06	3.96	3.86	3.76	3.66	3.55	3.44
15	10.80	7.70	6.48	5.80	5.37	5.07	4.85	4.67	4.54	4.42	4.25	4.07	3.88	3.79	3.69	3.58	3.48	3.37	3.26
16	10.58	7.51	6.30	5.64	5.21	4.91	4.69	4.52	4.38	4.27	4.10	3.92	3.73	3.64	3.54	3.44	3.33	3.22	3.11
17	10.38	7.35	6.16	5.50	5.07	4.78	4.56	4.39	4.25	4.14	3.97	3.79	3.61	3.51	3.41	3.31	3.21	3.10	2.98
18	10.22	7.21	6.03	5.37	4.96	4.66	4.44	4.28	4.14	4.03	3.86	3.68	3.50	3.40	3.30	3.20	3.10	2.99	2.87
19	10.07	7.09	5.92	5.27	4.85	4.56	4.34	4.18	4.04	3.93	3.76	3.59	3.40	3.31	3.21	3.11	3.00	2.89	2.78
20	9.94	6.99	5.82	5.17	4.76	4.47	4.26	4.09	3.96	3.85	3.68	3.50	3.32	3.22	3.12	3.02	2.92	2.81	2.69
21	9.83	6.89	5.73	5.09	4.68	4.39	4.18	4.01	3.88	3.77	3.60	3.43	3.24	3.15	3.05	2.95	2.84	2.73	2.61
22	9.73	6.81	5.65	5.02	4.61	4.32	4.11	3.94	3.81	3.70	3.54	3.36	3.18	3.08	2.98	2.88	2.77	2.66	2.55
23	9.63	6.73	5.58	4.95	4.54	4.26	4.05	3.88	3.75	3.64	3.47	3.30	3.12	3.02	2.92	2.82	2.71	2.60	2.48
24	9.55	6.66	5.52	4.89	4.49	4.20	3.99	3.83	3.69	3.59	3.42	3.25	3.06	2.97	2.87	2.77	2.66	2.55	2.43
25	9.48	6.60	5.46	4.84	4.43	4.15	3.94	3.78	3.64	3.54	3.37	3.20	3.01	2.92	2.82	2.72	2.61	2.50	2.38
26	9.41	6.54	5.41	4.79	4.38	4.10	3.89	3.73	3.60	3.49	3.33	3.15	2.97	2.87	2.77	2.67	2.56	2.45	2.33
27	9.34	6.49	5.36	4.74	4.34	4.06	3.85	3.69	3.56	3.45	3.28	3.11	2.93	2.83	2.73	2.63	2.52	2.41	2.25
28	9.28	6.44	5.32	4.70	4.30	4.02	3.81	3.65	3.52	3.41	3.25	3.07	2.89	2.79	2.69	2.59	2.48	2.37	2.29
29	9.23	6.40	5.28	4.66	4.26	3.98	3.77	3.61	3.48	3.38	3.21	3.04	2.86	2.76	2.66	2.56	2.45	2.33	2.24
30	9.18	6.35	5.24	4.62	4.23	3.95	3.74	3.58	3.45	3.34	3.18	3.01	2.82	2.73	2.63	2.52	2.42	2.30	2.18
40	8.83	6.07	4.98	4.37	3.99	3.71	3.51	3.35	3.22	3.12	2.95	2.78	2.60	2.50	2.40	2.30	2.18	2.06	1.93
60	8.49	5.79	4.73	4.14	3.76	3.49	3.29	3.13	3.01	2.90	2.74	2.57	2.39	2.29	2.19	2.08	1.96	1.83	1.69
120	8.18	5.54	4.50	3.92	3.55	3.28	3.09	2.93	2.81	2.71	2.54	2.37	2.19	2.09	1.98	1.87	1.75	1.61	1.43
∞	7.88	5.30	4.28	3.72	3.35	3.09	2.90	2.74	2.62	2.52	2.36	2.19	2.00	1.90	1.79	1.67	1.53	1.36	1.00

表 G F 分配（續）

$\alpha = 0.01$

d.f.N.: 分子自由度

d.f.D.: 分母自由度	1	2	3	4	5	6	7	8	9	10	12	15	20	24	30	40	60	120	∞
1	4052	4999.5	5403	5625	5764	5859	5928	5982	6022	6056	6106	6157	6209	6235	6261	6287	6313	6339	6366
2	98.50	99.00	99.17	99.25	99.30	99.33	99.36	99.37	99.39	99.40	99.42	99.43	99.45	99.46	99.47	99.47	99.48	99.49	99.50
3	34.12	30.82	29.46	28.71	28.24	27.91	27.67	27.49	27.35	27.23	27.05	26.87	26.69	26.60	26.50	26.41	26.32	26.22	26.13
4	21.20	18.00	16.69	15.98	15.52	15.21	14.98	14.80	14.66	14.55	14.37	14.20	14.02	13.93	13.84	13.75	13.65	13.56	13.46
5	16.26	13.27	12.06	11.39	10.97	10.67	10.46	10.29	10.16	10.05	9.89	9.72	9.55	9.47	9.38	9.29	9.20	9.11	9.02
6	13.75	10.92	9.78	9.15	8.75	8.47	8.26	8.10	7.98	7.87	7.72	7.56	7.40	7.31	7.23	7.14	7.06	6.97	6.88
7	12.25	9.55	8.45	7.85	7.46	7.19	6.99	6.84	6.72	6.62	6.47	6.31	6.16	6.07	5.99	5.91	5.82	5.74	5.65
8	11.26	8.65	7.59	7.01	6.63	6.37	6.18	6.03	5.91	5.81	5.67	5.52	5.36	5.28	5.20	5.12	5.03	4.95	4.86
9	10.56	8.02	6.99	6.42	6.06	5.80	5.61	5.47	5.35	5.26	5.11	4.96	4.81	4.73	4.65	4.57	4.48	4.40	4.31
10	10.04	7.56	6.55	5.99	5.64	5.39	5.20	5.06	4.94	4.85	4.71	4.56	4.41	4.33	4.25	4.17	4.08	4.00	3.91
11	9.65	7.21	6.22	5.67	5.32	5.07	4.89	4.74	4.63	4.54	4.40	4.25	4.10	4.02	3.94	3.86	3.78	3.69	3.60
12	9.33	6.93	5.95	5.41	5.06	4.82	4.64	4.50	4.39	4.30	4.16	4.01	3.86	3.78	3.70	3.62	3.54	3.45	3.36
13	9.07	6.70	5.74	5.21	4.86	4.62	4.44	4.30	4.19	4.10	3.96	3.82	3.66	3.59	3.51	3.43	3.34	3.25	3.17
14	8.86	6.51	5.56	5.04	4.69	4.46	4.28	4.14	4.03	3.94	3.80	3.66	3.51	3.43	3.35	3.27	3.18	3.09	3.00
15	8.68	6.36	5.42	4.89	4.56	4.32	4.14	4.00	3.89	3.80	3.67	3.52	3.37	3.29	3.21	3.13	3.05	2.96	2.87
16	8.53	6.23	5.29	4.77	4.44	4.20	4.03	3.89	3.78	3.69	3.55	3.41	3.26	3.18	3.10	3.02	2.93	2.84	2.75
17	8.40	6.11	5.18	4.67	4.34	4.10	3.93	3.79	3.68	3.59	3.46	3.31	3.16	3.08	3.00	2.92	2.83	2.75	2.65
18	8.29	6.01	5.09	4.58	4.25	4.01	3.84	3.71	3.60	3.51	3.37	3.23	3.08	3.00	2.92	2.84	2.75	2.66	2.57
19	8.18	5.93	5.01	4.50	4.17	3.94	3.77	3.63	3.52	3.43	3.30	3.15	3.00	2.92	2.84	2.76	2.67	2.58	2.49
20	8.10	5.85	4.94	4.43	4.10	3.87	3.70	3.56	3.46	3.37	3.23	3.09	2.94	2.86	2.78	2.69	2.61	2.52	2.42
21	8.02	5.78	4.87	4.37	4.04	3.81	3.64	3.51	3.40	3.31	3.17	3.03	2.88	2.80	2.72	2.64	2.55	2.46	2.36
22	7.95	5.72	4.82	4.31	3.99	3.76	3.59	3.45	3.35	3.26	3.12	2.98	2.83	2.75	2.67	2.58	2.50	2.40	2.31
23	7.88	5.66	4.76	4.26	3.94	3.71	3.54	3.41	3.30	3.21	3.07	2.93	2.78	2.70	2.62	2.54	2.45	2.35	2.26
24	7.82	5.61	4.72	4.22	3.90	3.67	3.50	3.36	3.26	3.17	3.03	2.89	2.74	2.66	2.58	2.49	2.40	2.31	2.21
25	7.77	5.57	4.68	4.18	3.85	3.63	3.46	3.32	3.22	3.13	2.99	2.85	2.70	2.62	2.54	2.45	2.36	2.27	2.17
26	7.72	5.53	4.64	4.14	3.82	3.59	3.42	3.29	3.18	3.09	2.96	2.81	2.66	2.58	2.50	2.42	2.33	2.23	2.13
27	7.68	5.49	4.60	4.11	3.78	3.56	3.39	3.26	3.15	3.06	2.93	2.78	2.63	2.55	2.47	2.38	2.29	2.20	2.10
28	7.64	5.45	4.57	4.07	3.75	3.53	3.36	3.23	3.12	3.03	2.90	2.75	2.60	2.52	2.44	2.35	2.26	2.17	2.06
29	7.60	5.42	4.54	4.04	3.73	3.50	3.33	3.20	3.09	3.00	2.87	2.73	2.57	2.49	2.41	2.33	2.23	2.14	2.03
30	7.56	5.39	4.51	4.02	3.70	3.47	3.30	3.17	3.07	2.98	2.84	2.70	2.55	2.47	2.39	2.30	2.21	2.11	2.01
40	7.31	5.18	4.31	3.83	3.51	3.29	3.12	2.99	2.89	2.80	2.66	2.52	2.37	2.29	2.20	2.11	2.02	1.92	1.80
60	7.08	4.98	4.13	3.65	3.34	3.12	2.95	2.82	2.72	2.63	2.50	2.35	2.20	2.12	2.03	1.94	1.84	1.73	1.60
120	6.85	4.79	3.95	3.48	3.17	2.96	2.79	2.66	2.56	2.47	2.34	2.19	2.03	1.95	1.86	1.76	1.66	1.53	1.38
∞	6.63	4.61	3.78	3.32	3.02	2.80	2.64	2.51	2.41	2.32	2.18	2.04	1.88	1.79	1.70	1.59	1.47	1.32	1.00

表 G　F 分配（續）

$\alpha = 0.025$

d.f.N.: 分子自由度

d.f.D. 分母自由度	1	2	3	4	5	6	7	8	9	10	12	15	20	24	30	40	60	120	∞
1	647.8	799.5	864.2	899.6	921.8	937.1	948.2	956.7	963.3	968.6	976.7	984.9	993.1	997.2	1001	1006	1010	1014	1018
2	38.51	39.00	39.17	39.25	39.30	39.33	39.36	39.37	39.39	39.40	39.41	39.43	39.45	39.46	39.46	39.47	39.48	39.49	39.50
3	17.44	16.04	15.44	15.10	14.88	14.73	14.62	14.54	14.47	14.42	14.34	14.25	14.17	14.12	14.08	14.04	13.99	13.95	13.90
4	12.22	10.65	9.98	9.60	9.36	9.20	9.07	8.98	8.90	8.84	8.75	8.66	8.56	8.51	8.46	8.41	8.36	8.31	8.26
5	10.01	8.43	7.76	7.39	7.15	6.98	6.85	6.76	6.68	6.62	6.52	6.43	6.33	6.28	6.23	6.18	6.12	6.07	6.02
6	8.81	7.26	6.60	6.23	5.99	5.82	5.70	5.60	5.52	5.46	5.37	5.27	5.17	5.12	5.07	5.01	4.96	4.90	4.85
7	8.07	6.54	5.89	5.52	5.29	5.12	4.99	4.90	4.82	4.76	4.67	4.57	4.47	4.42	4.36	4.31	4.25	4.20	4.14
8	7.57	6.06	5.42	5.05	4.82	4.65	4.53	4.43	4.36	4.30	4.20	4.10	4.00	3.95	3.89	3.84	3.78	3.73	3.67
9	7.21	5.71	5.08	4.72	4.48	4.32	4.20	4.10	4.03	3.96	3.87	3.77	3.67	3.61	3.56	3.51	3.45	3.39	3.33
10	6.94	5.46	4.83	4.47	4.24	4.07	3.95	3.85	3.78	3.72	3.62	3.52	3.42	3.37	3.31	3.26	3.20	3.14	3.08
11	6.72	5.26	4.63	4.28	4.04	3.88	3.76	3.66	3.59	3.53	3.43	3.33	3.23	3.17	3.12	3.06	3.00	2.94	2.88
12	6.55	5.10	4.47	4.12	3.89	3.73	3.61	3.51	3.44	3.37	3.28	3.18	3.07	3.02	2.96	2.91	2.85	2.79	2.72
13	6.41	4.97	4.35	4.00	3.77	3.60	3.48	3.39	3.31	3.25	3.15	3.05	2.95	2.89	2.84	2.78	2.72	2.66	2.60
14	6.30	4.86	4.24	3.89	3.66	3.50	3.38	3.29	3.21	3.15	3.05	2.95	2.84	2.79	2.73	2.67	2.61	2.55	2.49
15	6.20	4.77	4.15	3.80	3.58	3.41	3.29	3.20	3.12	3.06	2.96	2.86	2.76	2.70	2.64	2.59	2.52	2.46	2.40
16	6.12	4.69	4.08	3.73	3.50	3.34	3.22	3.12	3.05	2.99	2.89	2.79	2.68	2.63	2.57	2.51	2.45	2.38	2.32
17	6.04	4.62	4.01	3.66	3.44	3.28	3.16	3.06	2.98	2.92	2.82	2.72	2.62	2.56	2.50	2.44	2.38	2.32	2.25
18	5.98	4.56	3.95	3.61	3.38	3.22	3.10	3.01	2.93	2.87	2.77	2.67	2.56	2.50	2.44	2.38	2.32	2.26	2.19
19	5.92	4.51	3.90	3.56	3.33	3.17	3.05	2.96	2.88	2.82	2.72	2.62	2.51	2.45	2.39	2.33	2.27	2.20	2.13
20	5.87	4.46	3.86	3.51	3.29	3.13	3.01	2.91	2.84	2.77	2.68	2.57	2.46	2.41	2.35	2.29	2.22	2.16	2.09
21	5.83	4.42	3.82	3.48	3.25	3.09	2.97	2.87	2.80	2.73	2.64	2.53	2.42	2.37	2.31	2.25	2.18	2.11	2.04
22	5.79	4.38	3.78	3.44	3.22	3.05	2.93	2.84	2.76	2.70	2.60	2.50	2.39	2.33	2.27	2.21	2.14	2.08	2.00
23	5.75	4.35	3.75	3.41	3.18	3.02	2.90	2.81	2.73	2.67	2.57	2.47	2.36	2.30	2.24	2.18	2.11	2.04	1.97
24	5.72	4.32	3.72	3.38	3.15	2.99	2.87	2.78	2.70	2.64	2.54	2.44	2.33	2.27	2.21	2.15	2.08	2.01	1.94
25	5.69	4.29	3.69	3.35	3.13	2.97	2.85	2.75	2.68	2.61	2.51	2.41	2.30	2.24	2.18	2.12	2.05	1.98	1.91
26	5.66	4.27	3.67	3.33	3.10	2.94	2.82	2.73	2.65	2.59	2.49	2.39	2.28	2.22	2.16	2.09	2.03	1.95	1.88
27	5.63	4.24	3.65	3.31	3.08	2.92	2.80	2.71	2.63	2.57	2.47	2.36	2.25	2.19	2.13	2.07	2.00	1.93	1.85
28	5.61	4.22	3.63	3.29	3.06	2.90	2.78	2.69	2.61	2.55	2.45	2.34	2.23	2.17	2.11	2.05	1.98	1.91	1.83
29	5.59	4.20	3.61	3.27	3.04	2.88	2.76	2.67	2.59	2.53	2.43	2.32	2.21	2.15	2.09	2.03	1.96	1.89	1.81
30	5.57	4.18	3.59	3.25	3.03	2.87	2.75	2.65	2.57	2.51	2.41	2.31	2.20	2.14	2.07	2.01	1.94	1.87	1.79
40	5.42	4.05	3.46	3.13	2.90	2.74	2.62	2.53	2.45	2.39	2.29	2.18	2.07	2.01	1.94	1.88	1.80	1.72	1.64
60	5.29	3.93	3.34	3.01	2.79	2.63	2.51	2.41	2.33	2.27	2.17	2.06	1.94	1.88	1.82	1.74	1.67	1.58	1.48
120	5.15	3.80	3.23	2.89	2.67	2.52	2.39	2.30	2.22	2.16	2.05	1.94	1.82	1.76	1.69	1.61	1.53	1.43	1.31
∞	5.02	3.69	3.12	2.79	2.57	2.41	2.29	2.19	2.11	2.05	1.94	1.83	1.71	1.64	1.57	1.48	1.39	1.27	1.00

表 G F 分配（續）

α = 0.05

d.f.N.: 分子自由度

d.f.D.: 分母自由度	1	2	3	4	5	6	7	8	9	10	12	15	20	24	30	40	60	120	∞
1	161.4	199.5	215.7	224.6	230.2	234.0	236.8	238.9	240.5	241.9	243.9	245.9	248.0	249.1	250.1	251.1	252.2	253.3	254.3
2	18.51	19.00	19.16	19.25	19.30	19.33	19.35	19.37	19.38	19.40	19.41	19.43	19.45	19.45	19.46	19.47	19.48	19.49	19.50
3	10.13	9.55	9.28	9.12	9.01	8.94	8.89	8.85	8.81	8.79	8.74	8.70	8.66	8.64	8.62	8.59	8.57	8.55	8.53
4	7.71	6.94	6.59	6.39	6.26	6.16	6.09	6.04	6.00	5.96	5.91	5.86	5.80	5.77	5.75	5.72	5.69	5.66	5.63
5	6.61	5.79	5.41	5.19	5.05	4.95	4.88	4.82	4.77	4.74	4.68	4.62	4.56	4.53	4.50	4.46	4.43	4.40	4.36
6	5.99	5.14	4.76	4.53	4.39	4.28	4.21	4.15	4.10	4.06	4.00	3.94	3.87	3.84	3.81	3.77	3.74	3.70	3.67
7	5.59	4.74	4.35	4.12	3.97	3.87	3.79	3.73	3.68	3.64	3.57	3.51	3.44	3.41	3.38	3.34	3.30	3.27	3.23
8	5.32	4.46	4.07	3.84	3.69	3.58	3.50	3.44	3.39	3.35	3.28	3.22	3.15	3.12	3.08	3.04	3.01	2.97	2.93
9	5.12	4.26	3.86	3.63	3.48	3.37	3.29	3.23	3.18	3.14	3.07	3.01	2.94	2.90	2.86	2.83	2.79	2.75	2.71
10	4.96	4.10	3.71	3.48	3.33	3.22	3.14	3.07	3.02	2.98	2.91	2.85	2.77	2.74	2.70	2.66	2.62	2.58	2.54
11	4.84	3.98	3.59	3.36	3.20	3.09	3.01	2.95	2.90	2.85	2.79	2.72	2.65	2.61	2.57	2.53	2.49	2.45	2.40
12	4.75	3.89	3.49	3.26	3.11	3.00	2.91	2.85	2.80	2.75	2.69	2.62	2.54	2.51	2.47	2.43	2.38	2.34	2.30
13	4.67	3.81	3.41	3.18	3.03	2.92	2.83	2.77	2.71	2.67	2.60	2.53	2.46	2.42	2.38	2.34	2.30	2.25	2.21
14	4.60	3.74	3.34	3.11	2.96	2.85	2.76	2.70	2.65	2.60	2.53	2.46	2.39	2.35	2.31	2.27	2.22	2.18	2.13
15	4.54	3.68	3.29	3.06	2.90	2.79	2.71	2.64	2.59	2.54	2.48	2.40	2.33	2.29	2.25	2.20	2.16	2.11	2.07
16	4.49	3.63	3.24	3.01	2.85	2.74	2.66	2.59	2.54	2.49	2.42	2.35	2.28	2.24	2.19	2.15	2.11	2.06	2.01
17	4.45	3.59	3.20	2.96	2.81	2.70	2.61	2.55	2.49	2.45	2.38	2.31	2.23	2.19	2.15	2.10	2.06	2.01	1.96
18	4.41	3.55	3.16	2.93	2.77	2.66	2.58	2.51	2.46	2.41	2.34	2.27	2.19	2.15	2.11	2.06	2.02	1.97	1.92
19	4.38	3.52	3.13	2.90	2.74	2.63	2.54	2.48	2.42	2.38	2.31	2.23	2.16	2.11	2.07	2.03	1.98	1.93	1.88
20	4.35	3.49	3.10	2.87	2.71	2.60	2.51	2.45	2.39	2.35	2.28	2.20	2.12	2.08	2.04	1.99	1.95	1.90	1.84
21	4.32	3.47	3.07	2.84	2.68	2.57	2.49	2.42	2.37	2.32	2.25	2.18	2.10	2.05	2.01	1.96	1.92	1.87	1.81
22	4.30	3.44	3.05	2.82	2.66	2.55	2.46	2.40	2.34	2.30	2.23	2.15	2.07	2.03	1.98	1.94	1.89	1.84	1.78
23	4.28	3.42	3.03	2.80	2.64	2.53	2.44	2.37	2.32	2.27	2.20	2.13	2.05	2.01	1.96	1.91	1.86	1.81	1.76
24	4.26	3.40	3.01	2.78	2.62	2.51	2.42	2.36	2.30	2.25	2.18	2.11	2.03	1.98	1.94	1.89	1.84	1.79	1.73
25	4.24	3.39	2.99	2.76	2.60	2.49	2.40	2.34	2.28	2.24	2.16	2.09	2.01	1.96	1.92	1.87	1.82	1.77	1.71
26	4.23	3.37	2.98	2.74	2.59	2.47	2.39	2.32	2.27	2.22	2.15	2.07	1.99	1.95	1.90	1.85	1.80	1.75	1.69
27	4.21	3.35	2.96	2.73	2.57	2.46	2.37	2.31	2.25	2.20	2.13	2.06	1.97	1.93	1.88	1.84	1.79	1.73	1.67
28	4.20	3.34	2.95	2.71	2.56	2.45	2.36	2.29	2.24	2.19	2.12	2.04	1.96	1.91	1.87	1.82	1.77	1.71	1.65
29	4.18	3.33	2.93	2.70	2.55	2.43	2.35	2.28	2.22	2.18	2.10	2.03	1.94	1.90	1.85	1.81	1.75	1.70	1.64
30	4.17	3.32	2.92	2.69	2.53	2.42	2.33	2.27	2.21	2.16	2.09	2.01	1.93	1.89	1.84	1.79	1.74	1.68	1.62
40	4.08	3.23	2.84	2.61	2.45	2.34	2.25	2.18	2.12	2.08	2.00	1.92	1.84	1.79	1.74	1.69	1.64	1.58	1.51
60	4.00	3.15	2.76	2.53	2.37	2.25	2.17	2.10	2.04	1.99	1.92	1.84	1.75	1.70	1.65	1.59	1.53	1.47	1.39
120	3.92	3.07	2.68	2.45	2.29	2.17	2.09	2.02	1.96	1.91	1.83	1.75	1.66	1.61	1.55	1.50	1.43	1.35	1.25
∞	3.84	3.00	2.60	2.37	2.21	2.10	2.01	1.94	1.88	1.83	1.75	1.67	1.57	1.52	1.46	1.39	1.32	1.22	1.00

表 G　F 分配（續）

$\alpha = 0.10$

d.f.N.: 分子自由度

d.f.D.: 分母自由度	1	2	3	4	5	6	7	8	9	10	12	15	20	24	30	40	60	120	∞
1	39.86	49.50	53.59	55.83	57.24	58.20	58.91	59.44	59.86	60.19	60.71	61.22	61.74	62.00	62.26	62.53	62.79	63.06	63.33
2	8.53	9.00	9.16	9.24	9.29	9.33	9.35	9.37	9.38	9.39	9.41	9.42	9.44	9.45	9.46	9.47	9.47	9.48	9.49
3	5.54	5.46	5.39	5.34	5.31	5.28	5.27	5.25	5.24	5.23	5.22	5.20	5.18	5.18	5.17	5.16	5.15	5.14	5.13
4	4.54	4.32	4.19	4.11	4.05	4.01	3.98	3.95	3.94	3.92	3.90	3.87	3.84	3.83	3.82	3.80	3.79	3.78	3.76
5	4.06	3.78	3.62	3.52	3.45	3.40	3.37	3.34	3.32	3.30	3.27	3.24	3.21	3.19	3.17	3.16	3.14	3.12	3.10
6	3.78	3.46	3.29	3.18	3.11	3.05	3.01	2.98	2.96	2.94	2.90	2.87	2.84	2.82	2.80	2.78	2.76	2.74	2.72
7	3.59	3.26	3.07	2.96	2.88	2.83	2.78	2.75	2.72	2.70	2.67	2.63	2.59	2.58	2.56	2.54	2.51	2.49	2.47
8	3.46	3.11	2.92	2.81	2.73	2.67	2.62	2.59	2.56	2.54	2.50	2.46	2.42	2.40	2.38	2.36	2.34	2.32	2.29
9	3.36	3.01	2.81	2.69	2.61	2.55	2.51	2.47	2.44	2.42	2.38	2.34	2.30	2.28	2.25	2.23	2.21	2.18	2.16
10	3.29	2.92	2.73	2.61	2.52	2.46	2.41	2.38	2.35	2.32	2.28	2.24	2.20	2.18	2.16	2.13	2.11	2.08	2.06
11	3.23	2.86	2.66	2.54	2.45	2.39	2.34	2.30	2.27	2.25	2.21	2.17	2.12	2.10	2.08	2.05	2.03	2.00	1.97
12	3.18	2.81	2.61	2.48	2.39	2.33	2.28	2.24	2.21	2.19	2.15	2.10	2.06	2.04	2.01	1.99	1.96	1.93	1.90
13	3.14	2.76	2.56	2.43	2.35	2.28	2.23	2.20	2.16	2.14	2.10	2.05	2.01	1.98	1.96	1.93	1.90	1.88	1.85
14	3.10	2.73	2.52	2.39	2.31	2.24	2.19	2.15	2.12	2.10	2.05	2.01	1.96	1.94	1.91	1.89	1.86	1.83	1.80
15	3.07	2.70	2.49	2.36	2.27	2.21	2.16	2.12	2.09	2.06	2.02	1.97	1.92	1.90	1.87	1.85	1.82	1.79	1.76
16	3.05	2.67	2.46	2.33	2.24	2.18	2.13	2.09	2.06	2.03	1.99	1.94	1.89	1.87	1.84	1.81	1.78	1.75	1.72
17	3.03	2.64	2.44	2.31	2.22	2.15	2.10	2.06	2.03	2.00	1.96	1.91	1.86	1.84	1.81	1.78	1.75	1.72	1.69
18	3.01	2.62	2.42	2.29	2.20	2.13	2.08	2.04	2.00	1.98	1.93	1.89	1.84	1.81	1.78	1.75	1.72	1.69	1.66
19	2.99	2.61	2.40	2.27	2.18	2.11	2.06	2.02	1.98	1.96	1.91	1.86	1.81	1.79	1.76	1.73	1.70	1.67	1.63
20	2.97	2.59	2.38	2.25	2.16	2.09	2.04	2.00	1.96	1.94	1.89	1.84	1.79	1.77	1.74	1.71	1.68	1.64	1.61
21	2.96	2.57	2.36	2.23	2.14	2.08	2.02	1.98	1.95	1.92	1.87	1.83	1.78	1.75	1.72	1.69	1.66	1.62	1.59
22	2.95	2.56	2.35	2.22	2.13	2.06	2.01	1.97	1.93	1.90	1.86	1.81	1.76	1.73	1.70	1.67	1.64	1.60	1.57
23	2.94	2.55	2.34	2.21	2.11	2.05	1.99	1.95	1.92	1.89	1.84	1.80	1.74	1.72	1.69	1.66	1.62	1.59	1.55
24	2.93	2.54	2.33	2.19	2.10	2.04	1.98	1.94	1.91	1.88	1.83	1.78	1.73	1.70	1.67	1.64	1.61	1.57	1.53
25	2.92	2.53	2.32	2.18	2.09	2.02	1.97	1.93	1.89	1.87	1.82	1.77	1.72	1.69	1.66	1.63	1.59	1.56	1.52
26	2.91	2.52	2.31	2.17	2.08	2.01	1.96	1.92	1.88	1.86	1.81	1.76	1.71	1.68	1.65	1.61	1.58	1.54	1.50
27	2.90	2.51	2.30	2.17	2.07	2.00	1.95	1.91	1.87	1.85	1.80	1.75	1.70	1.67	1.64	1.60	1.57	1.53	1.49
28	2.89	2.50	2.29	2.16	2.06	2.00	1.94	1.90	1.87	1.84	1.79	1.74	1.69	1.66	1.63	1.59	1.56	1.52	1.48
29	2.89	2.50	2.28	2.15	2.06	1.99	1.93	1.89	1.86	1.83	1.78	1.73	1.68	1.65	1.62	1.58	1.55	1.51	1.47
30	2.88	2.49	2.28	2.14	2.05	1.98	1.93	1.88	1.85	1.82	1.77	1.72	1.67	1.64	1.61	1.57	1.54	1.50	1.46
40	2.84	2.44	2.23	2.09	2.00	1.93	1.87	1.83	1.79	1.76	1.71	1.66	1.61	1.57	1.54	1.51	1.47	1.42	1.38
60	2.79	2.39	2.18	2.04	1.95	1.87	1.82	1.77	1.74	1.71	1.66	1.60	1.54	1.51	1.48	1.44	1.40	1.35	1.29
120	2.75	2.35	2.13	1.99	1.90	1.82	1.77	1.72	1.68	1.65	1.60	1.55	1.48	1.45	1.41	1.37	1.32	1.26	1.19
∞	2.71	2.30	2.08	1.94	1.85	1.77	1.72	1.67	1.63	1.60	1.55	1.49	1.42	1.38	1.34	1.30	1.24	1.17	1.00

資料來源：M. Merrington and C. M. Thompson (1943). Table of Percentage Points of the Inverted Beta (F) Distribution. *Biometrika 33*, pp. 74–87. Reprinted with permission from Biometrika.

表 H　PPMC 的臨界值

拒絕 $H_0: \rho = 0$，如果 r 的絕對值大於表內提供的數字。這些數字適用雙尾檢定；d.f. $= n - 2$。

d.f.	$\alpha = 0.05$	$\alpha = 0.01$
1	0.999	0.999
2	0.950	0.999
3	0.878	0.959
4	0.811	0.917
5	0.754	0.875
6	0.707	0.834
7	0.666	0.798
8	0.632	0.765
9	0.602	0.735
10	0.576	0.708
11	0.553	0.684
12	0.532	0.661
13	0.514	0.641
14	0.497	0.623
15	0.482	0.606
16	0.468	0.590
17	0.456	0.575
18	0.444	0.561
19	0.433	0.549
20	0.423	0.537
25	0.381	0.487
30	0.349	0.449
35	0.325	0.418
40	0.304	0.393
45	0.288	0.372
50	0.273	0.354
60	0.250	0.325
70	0.232	0.302
80	0.217	0.283
90	0.205	0.267
100	0.195	0.254

資料來源：*Biometrika Tables for Statisticians,* vol. 1 (1962), p. 138. Reprinted with permission.

表 I　Tukey 檢定的臨界值

$\alpha = 0.01$

k\v	2	3	4	5	6	7	8	9	10	11	12	13	14	15	16	17	18	19	20
1	90.03	135.0	164.3	185.6	202.2	215.8	227.2	237.0	245.6	253.2	260.0	266.2	271.8	277.0	281.8	286.3	290.4	294.3	298.0
2	14.04	19.02	22.29	24.72	26.63	28.20	29.53	30.68	31.69	32.59	33.40	34.13	34.81	35.43	36.00	36.53	37.03	37.50	37.95
3	8.26	10.62	12.17	13.33	14.24	15.00	15.64	16.20	16.69	17.13	17.53	17.89	18.22	18.52	18.81	19.07	19.32	19.55	19.77
4	6.51	8.12	9.17	9.96	10.58	11.10	11.55	11.93	12.27	12.57	12.84	13.09	13.32	13.53	13.73	13.91	14.08	14.24	14.40
5	5.70	6.98	7.80	8.42	8.91	9.32	9.67	9.97	10.24	10.48	10.70	10.89	11.08	11.24	11.40	11.55	11.68	11.81	11.93
6	5.24	6.33	7.03	7.56	7.97	8.32	8.61	8.87	9.10	9.30	9.48	9.65	9.81	9.95	10.08	10.21	10.32	10.43	10.54
7	4.95	5.92	6.54	7.01	7.37	7.68	7.94	8.17	8.37	8.55	8.71	8.86	9.00	9.12	9.24	9.35	9.46	9.55	9.65
8	4.75	5.64	6.20	6.62	6.96	7.24	7.47	7.68	7.86	8.03	8.18	8.31	8.44	8.55	8.66	8.76	8.85	8.94	9.03
9	4.60	5.43	5.96	6.35	6.66	6.91	7.13	7.33	7.49	7.65	7.78	7.91	8.03	8.13	8.23	8.33	8.41	8.49	8.57
10	4.48	5.27	5.77	6.14	6.43	6.67	6.87	7.05	7.21	7.36	7.49	7.60	7.71	7.81	7.91	7.99	8.08	8.15	8.23
11	4.39	5.15	5.62	5.97	6.25	6.48	6.67	6.84	6.99	7.13	7.25	7.36	7.46	7.56	7.65	7.73	7.81	7.88	7.95
12	4.32	5.05	5.50	5.84	6.10	6.32	6.51	6.67	6.81	6.94	7.06	7.17	7.26	7.36	7.44	7.52	7.59	7.66	7.73
13	4.26	4.96	5.40	5.73	5.98	6.19	6.37	6.53	6.67	6.79	6.90	7.01	7.10	7.19	7.27	7.35	7.42	7.48	7.55
14	4.21	4.89	5.32	5.63	5.88	6.08	6.26	6.41	6.54	6.66	6.77	6.87	6.96	7.05	7.13	7.20	7.27	7.33	7.39
15	4.17	4.84	5.25	5.56	5.80	5.99	6.16	6.31	6.44	6.55	6.66	6.76	6.84	6.93	7.00	7.07	7.14	7.20	7.26
16	4.13	4.79	5.19	5.49	5.72	5.92	6.08	6.22	6.35	6.46	6.56	6.66	6.74	6.82	6.90	6.97	7.03	7.09	7.15
17	4.10	4.74	5.14	5.43	5.66	5.85	6.01	6.15	6.27	6.38	6.48	6.57	6.66	6.73	6.81	6.87	6.94	7.00	7.05
18	4.07	4.70	5.09	5.38	5.60	5.79	5.94	6.08	6.20	6.31	6.41	6.50	6.58	6.65	6.73	6.79	6.85	6.91	6.97
19	4.05	4.67	5.05	5.33	5.55	5.73	5.89	6.02	6.14	6.25	6.34	6.43	6.51	6.58	6.65	6.72	6.78	6.84	6.89
20	4.02	4.64	5.02	5.29	5.51	5.69	5.84	5.97	6.09	6.19	6.28	6.37	6.45	6.52	6.59	6.65	6.71	6.77	6.82
24	3.96	4.55	4.91	5.17	5.37	5.54	5.69	5.81	5.92	6.02	6.11	6.19	6.26	6.33	6.39	6.45	6.51	6.56	6.61
30	3.89	4.45	4.80	5.05	5.24	5.40	5.54	5.65	5.76	5.85	5.93	6.01	6.08	6.14	6.20	6.26	6.31	6.36	6.41
40	3.82	4.37	4.70	4.93	5.11	5.26	5.39	5.50	5.60	5.69	5.76	5.83	5.90	5.96	6.02	6.07	6.12	6.16	6.21
60	3.76	4.28	4.59	4.82	4.99	5.13	5.25	5.36	5.45	5.53	5.60	5.67	5.73	5.78	5.84	5.89	5.93	5.97	6.01
120	3.70	4.20	4.50	4.71	4.87	5.01	5.12	5.21	5.30	5.37	5.44	5.50	5.56	5.61	5.66	5.71	5.75	5.79	5.83
∞	3.64	4.12	4.40	4.60	4.76	4.88	4.99	5.08	5.16	5.23	5.29	5.35	5.40	5.45	5.49	5.54	5.57	5.61	5.65

表 I Tukey 檢定的臨界值（續）

$\alpha = 0.05$

k\v	2	3	4	5	6	7	8	9	10	11	12	13	14	15	16	17	18	19	20
1	17.97	26.98	32.82	37.08	40.41	43.12	45.40	47.36	49.07	50.59	51.96	53.20	54.33	55.36	56.32	57.22	58.04	58.83	59.56
2	6.08	8.33	9.80	10.88	11.74	12.44	13.03	13.54	13.99	14.39	14.75	15.08	15.38	15.65	15.91	16.14	16.37	16.57	16.77
3	4.50	5.91	6.82	7.50	8.04	8.48	8.85	9.18	9.46	9.72	9.95	10.15	10.35	10.53	10.69	10.84	10.98	11.11	11.24
4	3.93	5.04	5.76	6.29	6.71	7.05	7.35	7.60	7.83	8.03	8.21	8.37	8.52	8.66	8.79	8.91	9.03	9.13	9.23
5	3.64	4.60	5.22	5.67	6.03	6.33	6.58	6.80	6.99	7.17	7.32	7.47	7.60	7.72	7.83	7.93	8.03	8.12	8.21
6	3.46	4.34	4.90	5.30	5.63	5.90	6.12	6.32	6.49	6.65	6.79	6.92	7.03	7.14	7.24	7.34	7.43	7.51	7.59
7	3.34	4.16	4.68	5.06	5.36	5.61	5.82	6.00	6.16	6.30	6.43	6.55	6.66	6.76	6.85	6.94	7.02	7.10	7.17
8	3.26	4.04	4.53	4.89	5.17	5.40	5.60	5.77	5.92	6.05	6.18	6.29	6.39	6.48	6.57	6.65	6.73	6.80	6.87
9	3.20	3.95	4.41	4.76	5.02	5.24	5.43	5.59	5.74	5.87	5.98	6.09	6.19	6.28	6.36	6.44	6.51	6.58	6.64
10	3.15	3.88	4.33	4.65	4.91	5.12	5.30	5.46	5.60	5.72	5.83	5.93	6.03	6.11	6.19	6.27	6.34	6.40	6.47
11	3.11	3.82	4.26	4.57	4.82	5.03	5.20	5.35	5.49	5.61	5.71	5.81	5.90	5.98	6.06	6.13	6.20	6.27	6.33
12	3.08	3.77	4.20	4.51	4.75	4.95	5.12	5.27	5.39	5.51	5.61	5.71	5.80	5.88	5.95	6.02	6.09	6.15	6.21
13	3.06	3.73	4.15	4.45	4.69	4.88	5.05	5.19	5.32	5.43	5.53	5.63	5.71	5.79	5.86	5.93	5.99	6.05	6.11
14	3.03	3.70	4.11	4.41	4.64	4.83	4.99	5.13	5.25	5.36	5.46	5.55	5.64	5.71	5.79	5.85	5.91	5.97	6.03
15	3.01	3.67	4.08	4.37	4.59	4.78	4.94	5.08	5.20	5.31	5.40	5.49	5.57	5.65	5.72	5.78	5.85	5.90	5.96
16	3.00	3.65	4.05	4.33	4.56	4.74	4.90	5.03	5.15	5.26	5.35	5.44	5.52	5.59	5.66	5.73	5.79	5.84	5.90
17	2.98	3.63	4.02	4.30	4.52	4.70	4.86	4.99	5.11	5.21	5.31	5.39	5.47	5.54	5.61	5.67	5.73	5.79	5.84
18	2.97	3.61	4.00	4.28	4.49	4.67	4.82	4.96	5.07	5.17	5.27	5.35	5.43	5.50	5.57	5.63	5.69	5.74	5.79
19	2.96	3.59	3.98	4.25	4.47	4.65	4.79	4.92	5.04	5.14	5.23	5.31	5.39	5.46	5.53	5.59	5.65	5.70	5.75
20	2.95	3.58	3.96	4.23	4.45	4.62	4.77	4.90	5.01	5.11	5.20	5.28	5.36	5.43	5.49	5.55	5.61	5.66	5.71
24	2.92	3.53	3.90	4.17	4.37	4.54	4.68	4.81	4.92	5.01	5.10	5.18	5.25	5.32	5.38	5.44	5.49	5.55	5.59
30	2.89	3.49	3.85	4.10	4.30	4.46	4.60	4.72	4.82	4.92	5.00	5.08	5.15	5.21	5.27	5.33	5.38	5.43	5.47
40	2.86	3.44	3.79	4.04	4.23	4.39	4.52	4.63	4.73	4.82	4.90	4.98	5.04	5.11	5.16	5.22	5.27	5.31	5.36
60	2.83	3.40	3.74	3.98	4.16	4.31	4.44	4.55	4.65	4.73	4.81	4.88	4.94	5.00	5.06	5.11	5.15	5.20	5.24
120	2.80	3.36	3.68	3.92	4.10	4.24	4.36	4.47	4.56	4.64	4.71	4.78	4.84	4.90	4.95	5.00	5.04	5.09	5.13
∞	2.77	3.31	3.63	3.86	4.03	4.17	4.29	4.39	4.47	4.55	4.62	4.68	4.74	4.80	4.85	4.89	4.93	4.97	5.01

表 I　Tukey 檢定的臨界值（續）

$\alpha = 0.10$

k\v	2	3	4	5	6	7	8	9	10	11	12	13	14	15	16	17	18	19	20
1	8.93	13.44	16.36	18.49	20.15	21.51	22.64	23.62	24.48	25.24	25.92	26.54	27.10	27.62	28.10	28.54	28.96	29.35	29.71
2	4.13	5.73	6.77	7.54	8.14	8.63	9.05	9.41	9.72	10.01	10.26	10.49	10.70	10.89	11.07	11.24	11.39	11.54	11.68
3	3.33	4.47	5.20	5.74	6.16	6.51	6.81	7.06	7.29	7.49	7.67	7.83	7.98	8.12	8.25	8.37	8.48	8.58	8.68
4	3.01	3.98	4.59	5.03	5.39	5.68	5.93	6.14	6.33	6.49	6.65	6.78	6.91	7.02	7.13	7.23	7.33	7.41	7.50
5	2.85	3.72	4.26	4.66	4.98	5.24	5.46	5.65	5.82	5.97	6.10	6.22	6.34	6.44	6.54	6.63	6.71	6.79	6.86
6	2.75	3.56	4.07	4.44	4.73	4.97	5.17	5.34	5.50	5.64	5.76	5.87	5.98	6.07	6.16	6.25	6.32	6.40	6.47
7	2.68	3.45	3.93	4.28	4.55	4.78	4.97	5.14	5.28	5.41	5.53	5.64	5.74	5.83	5.91	5.99	6.06	6.13	6.19
8	2.63	3.37	3.83	4.17	4.43	4.65	4.83	4.99	5.13	5.25	5.36	5.46	5.56	5.64	5.72	5.80	5.87	5.93	6.00
9	2.59	3.32	3.76	4.08	4.34	4.54	4.72	4.87	5.01	5.13	5.23	5.33	5.42	5.51	5.58	5.66	5.72	5.79	5.85
10	2.56	3.27	3.70	4.02	4.26	4.47	4.64	4.78	4.91	5.03	5.13	5.23	5.32	5.40	5.47	5.54	5.61	5.67	5.73
11	2.54	3.23	3.66	3.96	4.20	4.40	4.57	4.71	4.84	4.95	5.05	5.15	5.23	5.31	5.38	5.45	5.51	5.57	5.63
12	2.52	3.20	3.62	3.92	4.16	4.35	4.51	4.65	4.78	4.89	4.99	5.08	5.16	5.24	5.31	5.37	5.44	5.49	5.55
13	2.50	3.18	3.59	3.88	4.12	4.30	4.46	4.60	4.72	4.83	4.93	5.02	5.10	5.18	5.25	5.31	5.37	5.43	5.48
14	2.49	3.16	3.56	3.85	4.08	4.27	4.42	4.56	4.68	4.79	4.88	4.97	5.05	5.12	5.19	5.26	5.32	5.37	5.43
15	2.48	3.14	3.54	3.83	4.05	4.23	4.39	4.52	4.64	4.75	4.84	4.93	5.01	5.08	5.15	5.21	5.27	5.32	5.38
16	2.47	3.12	3.52	3.80	4.03	4.21	4.36	4.49	4.61	4.71	4.81	4.89	4.97	5.04	5.11	5.17	5.23	5.28	5.33
17	2.46	3.11	3.50	3.78	4.00	4.18	4.33	4.46	4.58	4.68	4.77	4.86	4.93	5.01	5.07	5.13	5.19	5.24	5.30
18	2.45	3.10	3.49	3.77	3.98	4.16	4.31	4.44	4.55	4.65	4.75	4.83	4.90	4.98	5.04	5.10	5.16	5.21	5.26
19	2.45	3.09	3.47	3.75	3.97	4.14	4.29	4.42	4.53	4.63	4.72	4.80	4.88	4.95	5.01	5.07	5.13	5.18	5.23
20	2.44	3.08	3.46	3.74	3.95	4.12	4.27	4.40	4.51	4.61	4.70	4.78	4.85	4.92	4.99	5.05	5.10	5.16	5.20
24	2.42	3.05	3.42	3.69	3.90	4.07	4.21	4.34	4.44	4.54	4.63	4.71	4.78	4.85	4.91	4.97	5.02	5.07	5.12
30	2.40	3.02	3.39	3.65	3.85	4.02	4.16	4.28	4.38	4.47	4.56	4.64	4.71	4.77	4.83	4.89	4.94	4.99	5.03
40	2.38	2.99	3.35	3.60	3.80	3.96	4.10	4.21	4.32	4.41	4.49	4.56	4.63	4.69	4.75	4.81	4.86	4.90	4.95
60	2.36	2.96	3.31	3.56	3.75	3.91	4.04	4.16	4.25	4.34	4.42	4.49	4.56	4.62	4.67	4.73	4.78	4.82	4.86
120	2.34	2.93	3.28	3.52	3.71	3.86	3.99	4.10	4.19	4.28	4.35	4.42	4.48	4.54	4.60	4.65	4.69	4.74	4.78
∞	2.33	2.90	3.24	3.48	3.66	3.81	3.93	4.04	4.13	4.21	4.28	4.35	4.41	4.47	4.52	4.57	4.61	4.65	4.69

資料來源："Tables of Range and Studentized Range," *Annals of Mathematical Statistics*, vol. 31, no. 4. Reprinted with permission of the Institute of Mathematical Sciences.